십선도

1. 산목숨을 죽이거나 해치지 않는다.
모든 생명에게 자비를 베풀고, 내 목숨처럼 소중히 여기며, 함부로 죽이거나 해쳐서는 안 된다. 산목숨을 죽이는 것은 모든 죄 중에서 큰 악업이다. 자비 종자를 끊는다.

2. 남의 재물을 탐내거나, 훔치거나, 빼앗지 않는다.
남의 것을 도둑질하거나 사기횡령 등을 하고자 일시적으로 나쁜 수단을 동원하여, 남의 재물을 취득하면, 그것은 자성 가운데 복덕 종자를 끊게 되므로 큰 재앙과 과보를 받게 된다.

3. 간음을 하지 않는다.
남의 보호를 받는 유부, 유처의 남녀가 간음하지 않는다. 자성의 청정종자를 끊는다.

4. 거짓말을 하지 않는다.
다른 이를 위하여서나, 자기를 위하여서 아는 일을 모른다하고, 모르는 일을 안다고 하거나, 본 것을 못 보았다하고, 안본 것을 보았다고 하지 않는다. 항상 진실한 말을 한다. 도를 닦지 않은 것을 얻었다하여 남을 속이는 것은 중요한 망어로 큰 죄를 받는다.

5. 이간질을 하지 않는다.
이쪽 말을 저쪽에 옮기어 화합을 해치게 하거나 불필요한 말을 만들어 모략중상하는 등의 일을 하지 않는다. 이간질은 잔성합성을 깨뜨린다. 그 죄보가 크다.

6. 사나운 말을 하지 않는다.
다른 이가 듣고 불쾌한 말, 상대를 괴롭힐 만한 말, 원한 맺힌 말을 하지 않는다. 언제나 사랑스러운 말, 듣고 기뻐할 말, 감화될 말만 한다.

7. 겉치레하거나, 잡스런 말을 하지 않는다.
실속 없이 꾸며대는 말, 사리에 맞지 않는 말, 희롱 잡담 추잡한 말 하지 않고 진실하고 사리에 맞으며, 남에게 이익 되고 교훈될 말을 한다.

8. 간 탐심을 버린다.
내 것을 아끼고 남의 것을 탐내거나, 허영심, 욕심을 버린다. 간 탐심은 온갖 죄악의 뿌리가 된다.

9. 진한 심을 버린다.
다른 이를 미워하고 성내며 시기, 질투, 한을 맺는 일을 하지 않는다. 작고 큰일에 화를 내고 남을 미워하고, 원한을 맺는 것은 마침내, 서로 원수가 되어 죽이고 해치는 온갖 죄악을 저질러 그 죄보가 지중하다. 진한 심은 자정 가운데 공덕의 재물을 잃게 한다.

10. 어리석은 행위와 삿된 소견을 버린다.
사물의 이치를 바로보고 판단할 능력이 없는 이는 항상 선지식에 따라 바른 지혜를 닦아 거룩한 성현의 도를 믿어 받들고 허황된 말에 속거나 그릇된 행위를 하지 않는다. 또는 불법을 비방하는 일을 하여서는 아니 된다. 이 십선계문은 처음 계를 받들 때로부터 명심하고 실천하여야 한다.

한국불교성가

Korean Buddhist Hymns

곽 영 석 엮음

대한불교찬불가제정위원회

발 간 사

대한불교찬불가제정위원회가 발족한 지 40년 만에 '한국불교음악(Korean Buddhist Hymns)'이란 표제로 불교음악공동체성가를 펴냅니다.

그동안 만든 36권의 찬불가와 찬불동요집은 인적 물적 지원이 부족한 상황에서 이 책 한 권을 엮기 위한 연구와 재능을 모으는 결집의 과정이기도 했습니다. 지난 해 '청소년불교성가 교정본 686편'에 이어 신도용으로 골라 엮는 찬불가 868곡은 수행자의 마음으로 창작에 참여한 회원들의 헌신적 노력의 결정이라 큰 기쁨으로 회향합니다.

불교의 경전은 대부분 부처님과 제자들의 일화 중심으로 엮어져 수만 편의 게송이 존재하여 음악부분이 다양하게 발전할 수 있었음에도 2천 5백여 년이 흐른 지금에야 겨우 자리 메김을 하게 되었습니다. 우리나라의 경우에도 세종 임금 때 국악찬불가가 작시 작곡되었으나 대중적 포교의 방편으로 시도된 것은 최근의 일이며, 해방이후 제1기 태동기에는 작곡가의 부재로 독립군가나 타종교의 선율에 기대어 만들어진 곡이 대부분이었습니다.

이 같은 시대적 요구에 부응하기 위해 1981년 7월14일 서울 강남 봉은사에서 삼막사 지환스님의 발의로 석주큰스님을 초대이사장으로 하는 36명의 작시 작곡가가 모여 원력을 세우고, 이제 1만 2천여 곡을 만든 신행단체로 성장하였음을 기쁘게 생각합니다. 처음에는 교사불자 중심으로 골목유치원 놀이동요를 시작으로 어린이와 청소년포교용 찬불가를 만들기 시작하여 부산과 대전을 중심으로 중·고등학교 교사들이 참여하면서 전국단위 신행단체로 발돋움하게 되었습니다. 이 같은 노력이 종단이나 종교언론 매체가 아닌 재가불자 중심의 재능보시로 회향한 것은 그 의미가 다릅니다.

그동안 불교유치원음악 보조교재와 어린이와 청소년들과 신도들이 함께 부를 수 있는 계층 음악포교자료 개발에 수고해준 작시 작곡자와 각 사찰에서 지도를 하고 있는 가창지도법사 여러분과 찬불가 결집의 방향을 일러주신 초대불교음악원장 고 홍 윤식 박사와 초대 지도법사를 역임하신 밀운 원로스님의 은혜를 잊지 않습니다. 또한, 40여 년간 이 단체의 실무를 맡아 사재 출연과 찬불가 제작과 보급에 혼신의 노력을 다해온 곽영석 거사의 원력에 부처님의 가피 함께하길 소망합니다.

불기 2565(2021)년 7월 1일

한국불교청소년문화진흥원 총 재 **송운 현보**
산하, 대한불교찬불가위원회 이사장 **대 우**

일러두기

1. 이 책은 1991년 발행한 신작찬불가20집의 4차 증보, 보정판이며 신행단체에 보급하는 도서로, 발행과 동시에 저작권은 해당 저작자에게 귀속됩니다.
2. 이 책의 악보는 해방 후 1981년까지를 제1기, 2001년까지를 2기, 2021년 1월까지를 3기로 구분하여, 불교유치원 음악교재와 어린이청소년용 악보를 제외한 찬불가 8,812곡 중에 868편을 12;33;55 비율로 주제가 선명한 작품을 선정하였습니다.
3. 이 책의 편집형태는 8개 단원으로 구분하여 제1부, 종단 가와 종립학교 교가, 신행단체 회가 등 의식 곡을 비롯하여 예배·찬송·귀의 참회와 회향 등 모두 22개 소주제로 세분화하여 법회에서 쉽게 활용할 수 있게 하였으며, 낙도나 지방사찰 포교단체를 위해 종이책 외에 전자책으로도 발행합니다.
4. 찬불가의 가사는 우리의 전통적 가치에 기초한 고유의 효사상과 경전에 근거한 교리와 교훈, 포교 지향점을 살펴 새롭게 창작되었으며, 선율이 가사의 의미를 살피지 못한 악보는 재창작을 거쳐 완성도를 높였습니다.
5. 가사와 멜로디는 교주의 존엄성과 찬송의 의미를 부각하도록 유의하였으며, 가사는 아함경을 비롯하여 화엄경, 육도집경, 현우경, 비유경, 반야경, 대일경, 본생경과 법구경의 경구를 살핀 원고도 포함하였습니다.
6. '대한불교찬불가제정위원회'가 1997년부터 공모한 작품을 비롯하여 2004년부터 시행한 '대한민국 찬불가요 대상' 수상 곡은 연도별로 대표곡을 선정하였으며, 전국불교합창제 수상 곡 중에 대중성을 가진 곡은 별도 사정을 거쳐 악보를 포함하였습니다.
7. 이 찬불가 악보집 발행에는 대한불교조계종을 비롯하여 42개 종단 교역자와 작사가 294명 작곡가 149명, 편곡자 24명 등 총 467명, 가창지도자 187명 등 공동체성원의 재능보시로 만들어졌습니다.
8. 가곡 작가가 제작한 찬불가중에 지나치게 고음이나 전문적 반주를 요구하는 곡은 대중성을 고려하여 제외하였으며, 대중음악으로 분류된 '사자 산 법흥사가' 등 1,822곡의 사찰 가와 불음가요는 '찬불 가요대상' 수상곡 중에 선정하였습니다.
9. 제1기 발표 작품 중에 독립군가와 타종교의 선율에 기대어 가사를 입힌 '장하다 청년불자야' 등 87곡은 폐기하기로 결정하였습니다.
10. 신행단체와 포교현장의 구조적 여건을 고려하여 국악찬불가는 형식별 일부만 보기작품으로 수록하였으며 초대 불교음악원 홍윤식 원장께서 전해주신 1,282곡의 현대찬불가는 대중성과 교리중심의 곡을 선별하여 수록하였습니다.
11. 각 종단에서 공모제작한 찬불가는 저작권자의 자천을 받아 수록하였습니다.

불기 2565(2021)년 7월 1일

한국불교성가 제작참여 작시 작곡 저작권자

◆ 신도용 불교성가 작곡부문 참여자

강민영, 강영화, 강주현, 강시남, 강인구, 곽민석, 곽영석, 권상희, 권태호, 구완서, 김경옥, 김기범, 김기우, 김남삼, 김대성, 김동진, 김동환, 김만석, 김명표, 김미영, 김법동, 김병학, 김상민, 김석태, 김세형, 김영애, 김용호, 김정란, 김주영, 김화림, 김현경, 김현성, 김현지, 김회경, 김희조, 김회영, 금 강, 나운영, 노순덕, 노영준, 능 인, 도 신, 랑승일, 마상원, 묘 공, 박동원, 박문희, 박범훈, 박병춘, 박보강, 박수남, 박수진, 박이제, 박지애, 박태준, 박 철, 백승태, 백영운, 백인보, 범 능, 변규백, 서근영, 서윤재, 서창업, 송 결, 송인세, 신영수, 심민정, 심순보, 안경수, 안병룡, 오세균, 오세희, 오영민, 오인혁, 오재환, 오해균, 우덕상, 우한솔, 원상연, 원세휘, 원종인, 유수웅, 유익상, 윤성중, 윤해중, 이달철, 이무영, 이문주, 이민영, 이상규, 이순희, 이종록, 이재석, 이재성, 이재인, 이윤정, 이종만, 이찬우, 이창규, 이충자, 이흥렬, 이태현, 이현호, 자 용, 전석환, 정경천, 정동수, 정미령, 정민섭, 정부기, 정영화, 정유탁, 장일남, 정진실, 정홍근, 조경재, 조광재, 조영근, 조원행, 주천봉, 지 범, 최미선, 최백건, 최선기, 최 성, 최영철, 최진의, 추월성, 한광희, 한동훈, 한정일, 한희은, 황 산, 황영선, 황옥경, 황옥진

◆ 신도용 불교성가 작사부문 참여자

강민영, 강병건, 강용숙, 강주현, 강태혁, 경 암, 고규태, 고미숙, 광 덕, 공현혜, 곽근성, 곽영석, 곽종분, 권대자, 권문자, 권상노, 권영주, 김관식, 김광섭, 김귀자, 김기전, 김동억, 김명희, 김미영, 김미형, 김무한, 김문응, 김사엽, 김선화, 김수인, 김어수, 김정자, 김점자, 김종상, 김진광, 김성학, 김진식, 김애리, 김영학, 김원희, 김원휘, 김재순, 김재영, 김정빈, 김현성, 김현정, 김창현, 김철민, 김 화, 김홍근, 남미숙, 남승인, 눌 주, 대 우, 대 행, 덕 문, 덕 신, 도리천, 도 신, 도 일, 맹석분, 무 등, 무 일, 류복희, 박 민, 박범훈, 박성희, 박순조, 박용열, 박윤덕, 박정숙, 박정우, 박정희, 배정순, 백두현, 백수미, 반인자, 법 륜, 법 운, 법 정, 변재근, 보 광, 서경자, 서순옥, 서은희, 서정우, 서정주, 선진규, 설 봉, 성 각, 성 원, 성환희, 손민희, 손재석, 손정윤, 송 운, 손성일, 손정윤, 승 원, 신순애, 신현득, 신호균, 심교신, 안법민, 안상민, 야 산, 여영희, 연규석, 우 학, 운 문, 원상연, 원창연, 원 효, 월 강, 오상영, 오세영, 오인자, 오해균, 용 산, 유 정, 유지안, 유은자, 유한준, 윤동기, 윤자월, 윤후명, 이강철, 이극래, 이근숙, 이문자, 이민영, 이봉수, 이성자, 이순금, 이순희, 이종례, 이종명, 이정순, 이종완, 이연숙, 이연실, 이영란, 이애리, 이은상, 이은자, 이은희, 이재성, 이창규, 이현주, 이혜성, 이희옥, 인 각, 일 겸, 알 타, 임정진, 임 향, 자 용, 전미숙, 전병호, 전세준, 정다운, 정 목, 정완영, 정영화, 정유탁, 정 율, 정 인, 정헌성, 정송전, 조운두, 조재일, 조지훈, 조학유, 주순희, 정민시, 장지현, 자 용, 종 실, 지 공, 지 광, 지 성, 지 일, 지혜림, 진 여, 진진욱, 차경섭, 천양희, 천진화, 최동호, 최영묵, 최영철, 초 연, 최연주, 탁계석, 탄 공, 한승욱, 한영재, 한혜숙, 한혜범, 함 현, 해 강, 황영선, 황학현, 허말임, 혜 봉, 혜 총, 홍경식, 홍춘표, 효종일

만(萬)가지 업(業)이 스스로 지어 스스로 받는 것이니

인과(因果)를 보는 사람이 없다고 이르지 말라.

- 삼세인과경(三世因果經) -

목 차

번호	제 목	작사	작곡
033	중생불교조계종 종단가	곽영석	노순덕
034	중앙승가대학교 교가	서정주	장일남
035	한국불교미륵종 종단가	곽영석	강주현
036	(사)한국불교조계종 종단가	곽영석	김남삼
037	(재)한국불교법륜종 종단가	곽영석	정홍근
038	대불련 회가	조지훈	김희조
039	대한민국지키기불교도총연합회가	박희도	오해균
040	한국불교태고종 종단가	곽영석	박이제
041	금강대학교 교가	오세영	이상규
042	동국대학교 교가	이은상	김동진
043	동방불교대학 교가	윤자월	서창업
044	위덕대학교 교가	손재석	박범훈
045	한국불교대학 교가	우 학	이달철
046	불교도의 노래	서정주	김동진
047	불교 보육교사의 노래	여영희	이태현
048	불교여성의 노래	김어수	전석환
049	영산회상 봄소식이 (원불교교가)	김기천	김세형
050	전법사의 노래	곽근성	김영애
051	포교사의 노래	곽영석	김정란
052	사홍서원	경 전	최영철
053	산회가	운 문	정민섭
054	삼귀의	경 전	최영철
055	집회가	운 문	정민섭
056	청법가	이광수	이찬우

2. 예배, 찬송, 귀의

번호	제 목	작사	작곡
001	감로의 푸른 법문	곽영석	백승태
002	같이 가세 건너보세 (공모작)	백두현	김영애
003	거룩하신 미륵불	전세준	강주현
004	거룩한 임의 말씀 (공모작)	여영희	강주현
005	관세음보살찬가 (수상곡)	곽영석	조광재
006	관세음보살 십대 서원	곽영석	이종록
007	관세음의 노래	법 정	김동진
008	관음보살이시여	김정자	강영화
009	관음회송 (수상곡)	혜 봉	조경재
010	게송공부	곽영석	정홍근

번호	제 목	작사	작곡
011	견고당보살의 찬송	곽영석	정영화
012	견고한 나의 다짐 (공모작)	곽영석	정영화
013	구원의 등불	곽영석	김정란
014	구원의 손길 (공모작)	강병건	정영화
015	구파보살 찬가	곽영석	이종록
016	귀 있는 자 들어라	곽영석	이종록
017	금강당보살의 노래	곽영석	강주현
018	극락정토 예찬가 (공모작)	곽영석	김영애
019	나는 부처님을 알아요	여영희	송 결
020	나를 사랑하시니	곽영석	이태현
021	나반존자 찬가	곽영석	조영근
022	나의 부처님 (가사공모작)	전병호	최선기
023	내 마음의 부처님 (수상곡)	송 운	조광재
024	노사나불 찬양	곽영석	오영민
025	다함께 두 손 모아	경 암	오해균
026	다함없는 삼보님 (수상곡)	이은희	김영애
027	달마대사와 혜가 스님	정민시	조영근
028	당간에 괘불 걸고	여영희	이창규
029	당신의 미소	손정윤	최영철
030	도량을 여는 노래 (수상곡)	곽영석	정홍근
031	독성각의 나반존자	곽영석	김남삼
032	마애부처님	전병호	박문희
033	마하반야의 노래 (수상곡)	광 덕	서창업
034	무상의 그림자	곽영석	강주현
035	문수보살 10대 서원	곽영석	이순희
036	미륵부처님 (수상곡)	이극래	오세희
037	미륵보살 찬가	곽영석	강주현
038	미타재일의 노래 (공모작)	도 일	이태현
039	반야의 배에 올라	이순금	이태현
040	백팔배 드립니다	배정순	이재성
041	백팔배가 좋아요 (공모작)	김진광	안경수
042	법신 부처님	곽영석	정홍근
043	법신공덕 예찬가	곽영석	강주현
044	법신부처 계신 나라	곽영석	이태현
045	법신불 찬탄가 (작곡공모작)	송 운	원상연
046	법신으로 오신 부처님	곽영석	조광재
047	변치 않는 임의 진리 (수상곡)	허말임	정홍근
048	보당보살의 찬송	곽영석	오세균

번호	제목	작사	작곡
049	보리수 아래에서	이순금	조영근
050	보리의 씨앗 되어 (작곡공모작)	여영희	황옥경
051	보현보살 찬가	곽영석	정동수
052	보현행원 (수상곡)	운 문	정민섭
053	부도 탑에 앉은 잠자리	오인자	정홍근
054	부도 탑에 예배하며	김미지	최선기
055	부처님 같은 사람 (공모작)	전병호	조영근
056	부처님 오신 날	곽영석	김남삼
057	부처님 오신 날	송 운	조영근
058	부처님을 경배하며	김창현	강주현
059	부처님을 찬양하며	인 각	이창규
060	부처님을 찬양합시다	송 운	강주현
061	부처님 말씀 듣고 나니 (공모작)	서정우	오세희
062	부처님 부처님	권영주	조영근
063	부처님께 가는 길 (공모작)	이종완	정동수
064	부처님 몸 세 가지	곽영석	조광재
065	부처님을 불러보자	김 화	한광희
066	부처님을 뵈러 갑시다	이은자	오세희
067	부처님의 귀 (공모작)	강태혁	노순덕
068	부처님의 길을 따라	허말임	오세균
069	부처님의 사리	곽근성	강주현
070	부처님의 일생 (가사공모작)	박정희	곽영석
071	부처님의 침묵 (가사공모작)	임 향	김영애
072	부처님의 향기	이종완	조광재
073	부처님의 향기동산	허말임	정동수
074	부처님께 경배하세 (수상곡)	전세준	이태현
075	빛으로 오신 님	곽영석	김정란
076	사바 교주찬	운 문	김화림
077	삼보에 귀의합니다	곽영석	한광희
078	삼보에 귀의하오니	곽영석	지 범
079	삼보의 노래	이순금	노영준
080	삼보 일 배	여영희	조광재
081	삼보 일 배로	곽영석	최선기
082	삼천대천 부처님 땅	신현득	김병학
083	상주 설법	곽영석	백승태
084	석가모니 부처님	곽영석	백승태
085	성도가 (수상곡)	권상노	랑승일
086	손 모아 절합니다	대 우	정홍근

번호	제목	작사	작곡
125	향화 단에 촛불 켜고 (작곡공모작)	곽영석	김상민
126	화목관찰보살의 노래	곽영석	이종록
127	화장세계 왕생가	곽영석	노영준
128	화장세계 찬탄 가	곽영석	오재찬

3. 교리, 정진

번호	제목	작사	작곡
001	가야산 육년 고행	곽영석	금 강
002	가지기도	곽영석	서근영
003	견성의 하늘 빛 (가사공모작)	여영희	정동수
004	견성하게 도우소서	전세준	정동수
005	견성하는 그날까지	곽영석	송 결
006	경전의 바다에는	곽영석	김남삼
007	관세음보살님 (수상곡)	곽영석	박수남
008	구도정진의 노래 (가사공모작)	임채진	김병학
009	구하라 얻으리라	곽영석	강주현
010	깨끗한 마음	전세준	조영근
011	깨달음의 네 가지 소리	원 성	이진구
012	깨친 자리 마음자리	곽영석	강주현
013	그 결심 거룩하시니 (가사공모작)	놀 주	지 범
014	길상 초 깔고	곽영석	오헌수
015	길을 잃고 헤매는 자	반인자	정동수
016	길을 찾는 바람	오인자	조영근
017	금강 송처럼	이순금	최선기
018	금강경 사구게	경 전	오해균
019	나를 찾는 칭명염불 (공모작)	김선화	강주현
020	나의 염주는 (공모작)	허말임	오재찬
021	나하기 나름	반영규	이찬우
022	나 항상 정진하리라 (공모작)	전병호	능 인
023	낙숫물이 바위를 뚫듯	여영희	강주현
024	눈빛만 보아도	곽영석	김정란
025	내 마음의 불성	김정자	조영근
026	내 마음의 주인	대 행	변규백
027	내 생애 최고의 선물	곽영석	김정란
028	내 인생의 주인공 (가사공모작)	김수인	노영준
029	내 영혼의 등불	전병호	백승태
030	내 한 생각에 일체 움직이리라	대 행	서윤재

번호	제 목	작사	작곡
031	너도나도 수행기도	권대자	강민영
032	님 오시는 길	손민희	강주현
033	대자대비 관세음보살	지혜림	조영근
034	도솔천의 호명보살	이순금	조영근
035	돌탑	김종상	이종만
036	뚜벅이처럼	김수인	정동수
037	마음으로 가는 길	김정자	조영근
038	마음으로 만난 부처님	박성희	백인보
039	마음을 담는 그릇	강민영	오해균
040	마음의 꽃밭을 만들 듯 (공모작)	원창연	오헌수
041	마음의 문을 열고	이종완	지 범
042	마음의 밭 (공모작)	이순금	백승태
043	마음의 짐	허말임	강주현
044	마음이 바르면	초 연	이창규
045	만자기를 보면 (가사공모작)	한승욱	최선기
046	모감주 백팔염주 (공모작)	곽근성	김병학
047	목탁소리 풍경소리	곽영석	윤해중
048	무자(無字)화두를 들고 (공모작)	도 일	노영준
049	무문관의 기적	곽영석	이태현
050	물과 바람과 불과 흙 (공모작)	유한준	정동수
051	물방울이 바위를 뚫듯	곽영석	오세균
052	믿음 갖고 정진하면	곽영석	최선기
053	반야의 등불 (수상곡)	최동호	최백건
054	반야의 배 (수상곡)	이순금	정홍근
055	백장선사 이른 말씀	반인자	강주현
056	법당에 촛불 켜고 (공모작)	전병호	한광희
057	법문을 배웁시다	곽영석	황옥경
058	법문을 열어주소서	곽영석	강주현
059	법 사리 화엄석경	곽영석	이순희
060	법성게 찬가 (공모작)	곽영석	강주현
061	법식으로 불린 배는	권영주	이종록
062	보리달마 달마스님	곽영석	박이제
063	부루나 존자처럼	김선화	이창규
064	부처님 마음 (수상곡)	서순옥	한희은
065	부처님 말 (수상곡)	성환희	신영수
066	부처님 말씀 (수상곡)	김영학	김현정
067	부처님 미묘 법문	김진미	조광재
068	부처님 법장열고 (가사공모작)	류복희	오영민

번호	제 목	작사	작곡
069	부처님 역사하신 그대로	곽영석	백승태
070	부처님 우리 부처님	대 우	이창규
071	부처님을 배웁시다	이창규	최선기
072	부처님의 십선 계율 (가사공모작)	정민시	김남삼
073	부처님의 이름으로 (수상작)	곽영석	김정란
074	부처님이 말씀하시니 (수상곡)	곽영석	김정란
075	부처님처럼 (수상곡)	곽영석	김법동
076	불교의 경전 세 가지	도 일	정홍근
077	불교의 사대 (가사공모작)	남승인	김남삼
078	불교의 성전 법화경	곽영석	오영민
079	불이문 연못가에 (공모당선작)	곽영석	김현지
080	사경하세 (공모당선작)	이길수	오해균
081	사위성의 청소부 니제	이연숙	신민정
082	산골여승	혜 봉	조경재
083	생명의 무게는 같으니	곽근성	박문희
084	성도 정진가 (작곡공모작)	곽영석	허철영
085	성도하시던 날	곽영석	오재찬
086	성불의 그날까지 (수상곡)	최동호	박이제
087	성불하는 그날까지	곽영석	강주현
088	승만경의 실천계율	여영희	노영준
089	심안(心眼)으로 나를 보면	곽영석	백승태
090	십선도의 가르침 (가사공모작)	임채진	최 성
091	아침서곡	곽영석	서근영
092	아함경의 말씀	김 화	강주현
093	애착을 끊어 편안하리라	곽영석	백승태
094	얼마나 닦아야 거울마음 닮을까 (수상곡)	대 우	조영근
095	여명의 목탁소리	최동호	조광재
096	연꽃을 바라보면	이애리	노순덕
097	연기의 가르침	곽영석	황옥경
098	연화대위에	곽영석	오세균
099	열반의 빛 (공모작)	곽영석	김영애
100	열반의 아침	곽영석	한광희
101	염불을 하다보면 (수상곡)	김 화	노순덕
102	오계의 노래	일 타	최진의
103	오대산 갈반지에	이근숙	조영근
104	우리도 부처님 같이 (수상곡)	맹석분	이달철
105	우상을 섬기지마라	곽영석	백승태
106	율력의 땀방울	정영화	강민영

번호	제 목	작사	작곡
107	유마경의 가르침	곽영석	이창규
108	유마경의 보시법문	송 운	이재석
109	육바라밀 (가사공모작)	권영주	노영준
110	육조대사 혜능스님	곽영석	백승태
111	이내몸을 세울 때	곽영석	이태현
112	일곱 가지 아내모습	이근숙	최선기
113	일곱 걸음 걸으시고 (수상곡)	운 문	추월성
114	자성부처님 (가사공모작)	남미숙	정미령
115	장군죽비 어깨 메고	박정희	강주현
116	장좌 불와 앉은 자리	곽영석	강주현
117	정근 하는 자세	곽근성	박이제
118	정토염불 아미타불	곽영석	백승태
119	중도(中道)의 지혜 (가사공모작)	곽영석	강주현
120	지혜의 노래	이은희	최영철
121	지혜의 부자	곽영석	김정란
122	지혜의 화엄변상도	곽영석	이재석
123	진리의 행진곡	운 문	김주영
124	진리의 빛	정헌성	최영철
125	참 나를 찾아 (공모작)	백두현	오재찬
126	초록향기 목탁소리	전세준	강민영
127	천강이 바다가 되듯 (공모작)	전세준	정홍근
128	천수대비주	이순금	우한솔
129	초발심의 노래	곽영석	권상희
130	출가	서경자	한정일
131	출가의 결심 (가사공모작)	김 화	이윤정
132	출가의 자리에서	여영희	정동수
133	팔정도의 노래 (수상곡)	곽영석	윤해중
134	팔천송 반야경	곽영석	박이제
135	풀잎에 구르는 이슬처럼 (공모작)	곽영석	이찬우
136	하늘과 땅위에 홀로 존귀 하시네	김재영	김명표
137	항마가	곽영석	이순희
138	허공에 피는 연꽃	곽영석	이태현
139	현우경의 비유말씀	곽영석	오재찬

4. 기원, 발원, 서원

001	가슴에 뜨는 달	곽영석	이종록

번호	제 목	작사	작곡
002	거룩하신 서원	여영희	오해균
003	경배하고 찬송하라	곽영석	이재석
004	기도 서원의 노래	허말임	김상민
005	기도하는 마음 (가사공모작)	강민영	오해균
006	기원의 촛불 켜고	곽영석	강주현
007	깨침의 노래	곽영석	곽민석
008	끝없는 서원	이순금	이창규
009	기원 (가사공모작)	지 일	오해균
010	기원 관세음 찬송	곽영석	황옥경
011	나무대비 관세음 발원하오니	곽영석	최선기
012	나를 사랑합시다	여영희	신민정
013	나를 찾아서	곽영석	오해균
014	나의 눈과 귀가 어두워서	곽영석	황옥경
015	나의 서원	백두현	정홍근
016	나의 연꽃 (공모당선작)	지 성	김용호
017	나의 작은 서원이	곽영석	송 결
018	나의 큰 소원	황학현	유익상
019	내가 올리는 기도	권대자	김남삼
020	내가 지금 이 시간에	곽영석	김정란
021	내가 짓는 집	곽영석	송 결
022	내 마음의 연화도량	보 광	최영철
023	노래하는 파랑새처럼	곽영석	심순보
024	노추산 모정탑 삼천불심	김진광	이태현
025	눈물로 그리는 서원	대 우	백승태
026	당신은 나의 부처님	곽영석	이재석
027	당신은 나의 세존	김정자	오헌수
028	두 눈을 감고	이정순	노순덕
029	등불을 켜자	곽영석	백승태
030	마음 (수상곡)	황학현	강주현
031	마음 앓이 (수상곡)	지 안	원종인
032	마음의 문	곽영석	박이제
033	마음이 바다라면 (수상곡)	곽영석	김경옥
034	먹감나무 숲길 가에	곽근성	강주현
035	목어소리 (수상곡)	백두현	최영철
036	목탁소리	한영재	최선기
037	무명 깨워 지혜주소서	곽영석	노영준
038	무명의 종지	곽영석	이창규
039	믿음 잃고 방황할 때	곽영석	지 범

번호	제 목	작사	작곡
040	믿음의 부처님	조운두	백승태
041	바람 부는 산사 (수상곡)	정 목	정경천
042	바람의 향기	곽영석	조영근
043	발원	송 운	오인혁
044	발원 (수상곡)	함 현	김동환
045	밤과 낮을 열어두시고	곽영석	김정란
046	백일홍 피는 절 마당에	곽영석	최선기
047	백팔배의 기도서원 (공모작)	곽영석	우덕상
048	범종소리 울다지면	곽영석	강주현
049	법당에 불 밝히고	류복희	능 인
050	법장 서원가 (수상곡)	곽영석	정동수
051	보덕낭자의 노래	이순금	박지애
052	보신불 찬송	곽영석	황옥경
053	보현보살 크신 서원	여영희	오세균
054	보현보살 서원 찬송	곽영석	이종록
055	부처가 되었네	이은희	이달철
056	부처님 찾아가는 길	김원희	노영준
057	부처님의 이름으로	곽영석	강주현
058	불자의 길 (가사공모작)	이문자	최선기
059	부처님은 아시리라	류복희	이순희
060	불자 서원의 노래 (작곡공모작)	곽영석	황옥경
061	붓다여 인도 하소서	곽영석	지 범
062	사랑의 항해	황학현	박수진
063	산사의 밤	이극래	곽영석
064	삼천 배 발원기도	곽영석	이태현
065	서원이 간절하면	곽영석	최선기
066	서원의 공덕	곽영석	김남삼
067	서원의 등불 (공모작)	윤동기	최성덕
068	서방정토 극락하늘	곽영석	백승태
069	서원으로 피는 연꽃	김정자	조영근
070	서원의 꽃등	곽영석	조영근
071	성불 (가사공모작)	차경섭	능 인
072	성불을 위하여	천양희	이달철
073	성불을 이루리	법 운	강영화
074	성불합시다	김미형	김회경
075	성불을 향하여	황영선	황영선
076	세상의 빛 (공모작)	유한준	오영민
077	수덕사의 여승	김문응	한동훈

번호	제목	작사	작곡
078	수행자의 기도 (가사공모작)	홍춘표	우덕상
079	아도화상과 모례	곽영석	조광재
080	어느 봄날의 서원	김정자	황옥진
081	연꽃으로 피어오르리	덕 신	김회경
082	염주를 돌리며	강용숙	김정란
083	오체투지	곽영석	최선기
084	옴마니반메훔 (수상곡)	지 안	원종인
085	우리 부처님	전병호	송 결
086	우리절의 만자기	남승인	강주현
087	우리 집에 기원 불	곽영석	최성덕
088	윤회의 끝에는 적멸 (작곡공모작)	곽영석	신민정
089	이생이 아니면 언제 풀까	이은희	오해균
090	작은 암자 하늘높이	손민희	오세균
091	전법사를 위한 찬송	곽영석	김남삼
092	주인인가 머슴인가	곽영석	조영근
093	준제보살 찬양	곽영석	이종록
094	중생의 발원	김정자	정동수
095	지혜를 주옵소서	김진광	조영근
096	지혜를 열어주소서	곽영석	김남삼
097	지혜를 찾아서	손성일	지 범
098	지혜의 명종소리	곽영석	김남삼
099	청빈한 수행자	이순금	오재찬
100	청정한 그 마음이 부처	초 연	정영화
101	촛불이 질 때까지	곽영석	이종만
102	포교사의 노래	선진규	김용호
103	탑돌이 (가사공모작)	김관식	노영준
104	탑돌이	곽영석	한광희
105	한 마음 있음이여	윤후명	김동환
106	향심 (수상곡)	정 율	조영근
107	행복을 주시옵소서	운 문	김기우
108	행복한 동행 길에	곽영석	강주현
109	화신불로 오신 부처님	곽영석	최선기
110	화신불찬 (작곡공모작)	곽영석	이창규

5. 가피, 공양, 인연

번호	제목	작사	작곡
001	가진 것이 없더라도	곽영석	강주현

번호	제 목	작사	작곡
040	부처님 사랑 안에	유 정	조광재
041	부처님의 어머니	곽영석	정동수
042	북소리	공현혜	김병학
043	불영사 탑 그림자	박윤덕	조영근
044	불은 산 부처바위	곽영석	최선기
045	불이문 앞에서	정민시	황옥경
046	불이문을 바라보며	백두현	강주현
047	사랑해요 부처님 (수상곡)	우 학	이윤정
048	사랑해요 부처님 (가사공모작)	한혜범	장태민
049	산사	정다운	안경수
050	산사를 찾아갑시다 (수상작)	여영희	이순희
051	삼종염불의 가피	곽영석	조영근
052	새벽길 암자	안상민	최선기
053	생전예수재의 공덕 (방송공모작)	곽영석	지 범
054	서원으로 짓는 공양탑	여영희	이종록
055	석등에 불 밝히고 (공모작)	곽영석	조영근
056	선방의 오후	이순금	정홍근
057	섶 다리 공양	이극래	강주현
058	수미보탑 찬탄가	승 원	지 범
059	아름다운 사바세계	일 겸	이순희
060	아미타불의 가피	이순금	최선기
061	안개비에 옷이 젖듯	윤동기	정영화
062	어둠을 밝히는 달빛처럼	곽영석	오세균
063	엄마	도 신	강주현
064	연등 걸린 숲속 길을 (공모작)	오인자	김정란
065	연등을 달아요	허말임	백승태
066	연등을 따라서 (작곡공모작)	김현정	한광희
067	연등꽃등 만들자 (가사공모작)	여영희	황옥진
068	연꽃 같은 마음	허말임	정홍근
069	연꽃 한 송이	강용숙	이태현
070	연잎위에 이슬처럼	김원희	곽영석
071	오묘한 임의 가피	곽영석	오해균
072	우리 절의 만발공양 (가사공모작)	곽영석	백승태
073	우전 차 다려놓고	성 원	김희경
074	은혜에 감사합니다	대 우	김남삼
075	은혜하며 사는 생활	강병건	오헌수
076	이 공양 받으소서	변재근	마상원
077	인생별곡	김무한	박 철

번호	제 목	작사	작곡
078	인연	이극래	조영근
079	인연 (수상곡)	인 각	강주현
080	인연 따라 왔다가	곽영석	오헌수
081	인연 따라 온 길	허말임	조영근
082	인연으로 나셨으니	곽영석	강주현
083	인연으로 왔다가	박 빈	오세균
084	인연으로 짓는 세상 (공모작)	곽영석	김정란
085	인연으로 짓는 세상	곽영석	최선기
086	인연의 꽃	이종완	조영근
087	인연의 등불	곽영석	한광희
088	인연의 수레바퀴	곽영석	곽민석
089	인연의 수레바퀴 (가사공모작)	허말임	최선기
090	인연의 수레바퀴	권대자	신민정
091	인연의 수레를 끌며	김 화	이재석
092	잃어버린 나	인 각	이달철
093	임의 가피 간절해서	곽영석	강주현
094	임의 가피 자비 손 (가사공모작)	윤동기	정영화
095	임의 가피 한량없어	곽영석	김정란
096	임의가피 햇살같이	곽영석	김회영
097	임의 숨결	광 덕	황 산
098	임의 원력 크시오니	이창규	김남삼
099	자랑스러운 불교문화재	여영희	심순보
100	저 풀잎 위에 이슬처럼	곽영석	최선기
101	적멸보궁 건너면	공현혜	강주현
102	좋은 인연	덕 신	이종만
103	중생의 인연으로	류복희	능 인
104	참마음 (가사공모작)	이희옥	서근영
105	천년 향 (공모작)	곽영석	이달철
106	천년 송	곽영석	조영근
107	천상의 꽃	천진화	강주현
108	최후의 공양 (작곡공모작)	강용숙	이순희
109	탑 (작곡공모작)	도리천	박동원
110	탑돌이	탁계석	안경수
111	피안의 강	조운두	정영화
112	하늘에 쌓는 복전	곽영석	강주현

번호	제 목	작사	작곡

6. 자비, 보시, 방생

번호	제목	작사	작곡
001	가야의 노래	박윤덕	백승태
002	거울을 닦아내듯	정완영	이무영
003	공덕 행의 자비향기 (공모작)	곽근성	강주현
004	꽃씨 한 줌 나무 한 그루	권영주	최선기
005	길을 밝혀주소서	전세준	조영근
006	나눌수록 넉넉한	곽영석	이재석
007	나눔과 기쁨	김현성	김현성
008	나눔의 공덕	곽영석	신민정
009	나눔의 손길	지 광	정영화
010	나눔이 기쁨이니	이종례	한광희
011	나눔의 손 보시의 향기	곽영석	김정란
012	나를 사랑하고 베풀면	곽영석	강주현
013	내가 가진 모든 것	곽근성	지 범
014	내가 먼저 만들어가요	권대자	오세균
015	눈이 부신 백의관음	이근숙	우덕상
016	달빛 걷기	곽영석	강주현
017	당신은 바람	여영희	정동수
018	대자비의 인연 (가사공모작)	연규석	김남삼
019	대장경을 사경하면	효 종	지 범
020	마음내기 사랑내기	곽영석	최선기
021	마음의 부처 꽃 피워	박순조	안경수
022	마음의 평화	서순옥	오해균
023	만행결사 자비순례	곽영석	신민정
024	말 한마디의 공덕	남승인	심순보
025	밝은 햇살처럼	대 석	서근영
026	방생의 공덕 크나니	곽영석	이재성
027	방생의 자비 행	정송전	황옥경
028	방생하는 날 (가사공모작)	신호균	묘 공
029	방생 하세요	곽영석	이문주
030	버드나무 방생	혜 총	김병학
031	법보시의 가피	곽영석	최선기
032	법보시의 공덕	곽영석	이태현
033	법보시의 노래 (수상곡)	곽영석	강주현
034	법보시의 은혜	곽근성	강주현
035	법보시의 참된 기쁨	임채진	강주현
036	보살의 마음은	이창규	심순보

번호	제목	작사	작곡
037	보살의 정신	여영희	정홍근
038	보시	이민영	이민영
039	보시와 가피	곽영석	백승태
040	보시의 공양탑	곽영석	심순보
041	보시의 기쁨	송 운	지 범
042	보시의 노래	곽영석	오영민
043	보시하는 마음	곽영석	백승태
044	부처님 당신 품에	이창규	강주현
045	부처님 앞에서면	허말임	오해균
046	부처님을 아는 자	곽영석	김정란
047	사랑받고 싶어요 (가사공모작)	유은자	정동수
048	사랑의 눈	방자경	오영민
049	사랑의 눈길	곽영석	김남삼
050	사랑의 눈빛 미소 (공모작)	대 우	오헌수
051	사랑의 장기 나눔	이종례	노순덕
052	사랑의 징검다리	박윤덕	오헌수
053	사랑의 그 온도	신현득	이재석
054	사랑의 온도 (가사공모작)	김명희	이재석
055	사랑의 허락	공현혜	최선기
056	사랑하는 마음	곽영석	김정란
057	사랑합니다 당신은 부처님	곽영석	이태현
058	산목숨을 앗은 자	곽영석	김정란
059	산사에 올라 (가사공모작)	진진욱	강인구
060	산사의 바람소리	곽영석	조광재
061	산사의 풍경소리 (가사공모작)	유은자	오해균
062	산의 마음	성 각	백승태
063	생명 나눔의 노래	곽영석	오인혁
064	순례자의 길 (가사공모작)	이종완	최 성
065	승방불사 지진불사	곽영석	조영근
066	아름다운 보시행	곽영석	이태현
067	어간문 앞에 서서	권대자	지 범
068	언제나 자비로운 부처님	곽영석	최선기
069	연꽃 향기 가득히	박범훈	박범훈
070	용서하는 마음	곽근성	조광재
071	용서하며 사랑하며 (공모작)	원상연	오세희
072	우리들의 부처님	유 정	조영근
073	원 하옵나니 (작곡공모작)	여영희	오재찬
074	인간방생 그 공덕	임정진	노영준

번호	제목	작사	작곡
075	인과에는 열매가 있어	곽종분	정동수
076	인과응보의 세상 (공모작)	홍춘표	정홍근
077	일곱 가지의 보시	곽영석	강주현
078	자비 (가사공모작)	전미숙	오해균
079	자비도량 우리 절	곽영석	송 결
080	자비등불 켜 놓고	이근숙	김남삼
081	자비 등을 함께 들고	곽영석	오해균
082	자비를 베푸소서	김귀자	정홍근
083	자비방생의 노래	이혜성	서창업
084	자비사랑 은혜사랑	전세준	백승태
085	자비 손을 들고	윤동기	김남삼
086	자비 손을 이어서	덕 문	김남삼
087	자비의 갑옷	곽영석	강주현
088	자비의 길 걸으리 (가사공모작)	강용숙	강주현
089	자비의 마음	밀 운	김영애
090	자비의 빛을 놓으시어	곽영석	곽민석
091	자비의 불빛 (가사공모작)	김철민	조영근
092	자비의 서원기도	곽영석	김정란
093	자비의 연가 (가사공모작)	신순애	조광재
094	자비스런 사람은 언제나	곽영석	김정란
095	자비하신 임이시여	야 산	정영화
096	장기 나눔 거룩한 보시	이극래	조영근
097	천수관음 대자비로	곽영석	최선기
098	함께 사는 세상	곽영석	이태현
099	함께하게 하소서 (수상곡)	대 우	박수남
100	함께하는 만행 길	곽근성	지 범
101	해조음 소리	덕 신	김정란
102	행복한 동행	한영재	오영민
103	화엄등불 자비 등 (가사공모작)	이문자	심순보

7. 절기, 행사, 장례

번호	제목	작사	작곡
001	개산대재 거룩한 빛	임정진	최선기
002	걷고 싶은 길	백두현	송 결
003	겨울산사에서	허말임	이태현
004	결혼 축가	박정우	구완서
005	관등놀이 호기놀이	곽영석	이재석

번호	제 목	작사	작곡
006	관음재일의 노래	곽영석	권상희
007	구원의 빛 수륙대재	인 각	이태현
008	나의 영혼 구원하사	곽영석	서근영
009	눈 내리는 산사	강병건	최성덕
010	눈 덮인 설산에서	이순금	조영근
011	다비장의 무지개	정송전	강민영
012	다례재를 모시며	곽영석	황옥진
013	단오절의 소금 묻기	곽영석	강주현
014	동백꽃 피는 계절에	곽영석	이종록
015	동백나무 동백꽃	허말임	조영근
016	동지기도	곽영석	오세균
017	만다라 걷기명상	곽영석	심순보
018	미묘 법력의 노래	강주현	강주현
019	반야용선	이은희	조광재
020	반야용선 타시었네	곽영석	강주현
021	백중기도	허말임	오해균
022	백중 재의 서원기도	곽영석	강주현
023	백팔산사 순례길 (공모작)	곽근성	백승태
024	백팔산사 순례 길에	곽영석	지 범
025	법문을 열어주소서	여영희	김정란
026	부처님 법 안에서	김미영	김미영
027	부처님 앞에서	최동호	김남석
028	부처님 오신 날	무 등	최미선
029	부처님 우리 결혼해요	류복희	조영근
030	부처님은 아시리라	류복희	능 인
031	부처님을 사랑해	정유탁	정유탁
032	부처님의 예수재 말씀	곽영석	강주현
033	불 밝혀라 릴리리	전세준	이창규
034	빛으로 이끄소서	곽영석	강주현
035	산사의 밤	안상민	최선기
036	산신대재의 노래	김정자	강주현
037	산이 좋아 절이 좋아	권영주	최선기
038	새 법우 환영가	정다운	서창업
039	새해 덕담 신년 인사	곽근성	김병학
040	생전예수재 아침에	남승인	최성덕
041	성도절 아침	곽영석	오세희
042	성도절 아침이면	박윤덕	김남삼
043	성도하시던 날 (공모작)	곽종분	김병학

번호	제 목	작사	작곡
044	성지순례 만행결사	김선화	오세균
045	성지순례 백팔참회	곽영석	황옥경
046	성탄절의 노래	곽근성	김상민
047	솔바람 산바람	김선화	한광희
048	수계 받는 날	여영희	강주현
049	수륙재를 모시며 (공모작)	최영묵	최성덕
050	승시	여영희	이재석
051	십재일의 노래	이순금	한광희
052	아기님 영가시여	류복희	우한솔
053	아미타의 품에 드소서	법 륜	정부기
054	아름다운 가을 산사	허말임	이종록
055	아름다운 꽃들이	이종명	윤성중
056	아름다운 도량에서	최동호	이창규
057	약사재일 아침에 (공모작)	한영재	오세희
058	약사재일의 노래	곽영석	백승태
059	연등꽃등 만들기	여영희	오재찬
060	연등놀이 (공모작)	이은희	주천봉
061	연등 다는 날	최동호	최백건
062	연등 들고 걸어요	곽영석	김남삼
063	연등 들어 밝히자	김현성	김현성
064	연등을 들어요	전병호	조광재
065	연등불을 밝히자	김정자	주천봉
066	연등축제	이은희	오재찬
067	열반의 노래	이순금	조영근
068	열반의 노래	이봉수	김명표
069	열반절의 노래	곽영석	강주현
070	열반절의 대 서원 (공모작)	김관식	권상희
071	열반절의 새벽	곽영석	이종록
072	영가시여 새로 나소서	이근숙	최선기
073	오늘같이 좋은 날	정영화	정영화
074	오늘은 좋은 날	황학현	이종만
075	오늘은 초파일 (공모작)	이순희	이순희
076	용왕대재의 노래	김정자	강주현
077	우란분절 공 승재 (공모작)	곽영석	최선기
078	우란분재를 지내며	곽영석	강주현
079	우리는 불자	김정빈	이충자
080	우리 아기 영가에	곽영석	강주현
081	우리 절 도량석	허말임	강주현

번호	제 목	작사	작곡
082	우리 절의 산신 제	여영희	지 범
083	우리들의 초파일	이근숙	이창규
084	우란분절의 아침	한승욱	송 결
085	우리 이별할 때는	곽영석	이태현
086	우리 절 승시	강태혁	조영근
087	우리 절의 승시마당	여영희	권상희
088	우리절의 승시대회 (공모작)	원상연	오세균
089	우리 절 평등 보시회	곽영석	김남삼
090	우리 절 화전놀이	김관식	김영애
091	육도윤회 해탈가	곽영석	권상희
092	이 참 좋은 계절에 (공모작)	김수인	오세희
093	자랑스러운 성년식	김선화	오세희
094	자장스님의 영고 재	곽영석	이재석
095	잠을 깨어라	남승인	이태현
096	중양절의 부도 헌다 례	곽영석	이재석
097	지구의 주인	권대자	정영화
098	지장재일의 노래	곽영석	권상희
099	찔레꽃	이연실	박태준
100	참꽃 피는 계절이 오면	한승욱	정동수
101	창밖에 비 내리고	곽영석	백승태
102	천성산 야단법석	심교신	백승태
103	초파일 아침에	곽영석	정동수
104	초하루 보름날	곽영석	심순보
105	초파일 송가 (수상곡)	광 덕	정부기
106	초하루 보름 법회	이연숙	노순덕
107	축하합니다	권영주	신민정
108	칠월백중우란분절	곽영석	이태현
109	팔만대장경 정대불사	오인자	이종록
110	평등보시 무차대회	곽영석	최선기
111	피안의 노래	오해균	오해균
112	하늘 길	일 감	박범훈
113	함박눈은 소리 없이	김선화	강주현
114	헌화가	곽영석	정동수

8. 참회, 회향

001	가꾼 대로 뿌린 대로	이순금	이태현

번호	제 목	작사	작곡
040	방하착(수상곡)	곽영석	이재인
041	백년을 살지라도	황학현	김정란
042	번뇌는 구름처럼 (공모작)	김 화	오세희
043	법고소리	김정자	조영근
044	부처님께 가는 길(공모작)	강용숙	강주현
045	분향(수상곡)	운 문	이찬우
046	산사로 가자	곽영석	김정란
047	빛이 있게 삽시다	곽종분	이태현
048	산사에 들어(수상곡)	오해균	오해균
049	산사의 법당에는	도 일	최선기
050	살며 사랑하며	방자경	최선기
051	석불의 빈손	곽영석	우덕상
052	세상에서 가장 아름다운 사람	유 정	한광희
053	아라 연꽃 활짝(수상곡)	곽영석	송 결
054	어둠이 비켜가는 그 날까지	곽영석	이재성
055	에밀레종	곽영석	강주현
056	연꽃 향기	최동호	조원행
057	옛 고향집	강용숙	오해균
058	옛 절터에서	이종천	강주현
059	욕심을 내려놓고	배정순	박문희
060	용서를 구하노니	곽종분	최성덕
061	우리나라 적멸보궁	곽영석	조영근
062	운주사 (수상곡)	김홍근	김기범
063	윤회의 바다에서	이순금	강주현
064	이심전심 염화미소	김진광	최성덕
065	익산 미륵사지	강병건	오해균
066	일주문 그 앞에 서서	손민희	조영근
067	일주문에 서서 (공모작)	한승욱	노영준
068	잃어버린 시간	곽영석	신민정
069	임의 뜻 따라 살면	백두현	김병학
070	자등명 법등명	김성학	조광재
071	저녁예불 종소리 (공모작)	윤동기	최선기
072	절에 갑시다	곽영석	지 범
073	지극한 마음으로 경배합니다	심교신	곽영석
074	지혜법문 한량없어	곽영석	정영화
075	참회의 게송하나	곽영석	최선기
076	참회의 과보 (공모작)	권영주	강주현
077	참회 기도	용 산	범 능

정성스럽고 올바른 기도(祈禱)는 우리 생명에 깃든 부처의 무한한 공덕(功德)으로 드러나게 해야 한다.

- 법구경 -

종단가 및 종립학교 교가

1-001

도솔천 유마종 종단가

곽영석 작사
조영근 작곡

Moderato
유마 거 사구도서ㅡ 원 중 생 구 제뜻이옵ㅡ 고 제불
일체 중 생구제서ㅡ 원 유 마 거 사뜻이옵ㅡ 고 역대
보 살원력따 라 사 홍 서 원회 향하 고 사바
조 사선지식 이 깨 친 법 문우 뚝하 여 각행
연 에 용화 세 상 부 처 님 의가피이ㅡ 라
원 만 견성 성 불 유 마 종 의종지이ㅡ 라
염 불삼 매 수 행 정 진 유마종에모인종ㅡ 도
태 고보 우 역 대 선 사 유마종의산문열ㅡ 고
자비실천 전법도생 견성성불종지들ㅡ 어
도솔천궁 서원기도 가피원력충만하ㅡ 여
불 국정 토 용 화 세 상 유마종이이루리 라
시 방세 계 용 화 세 상 유마종이열리리 라

1-002

대한불교보문종 종단가

곽영석 작사
강주현 작곡

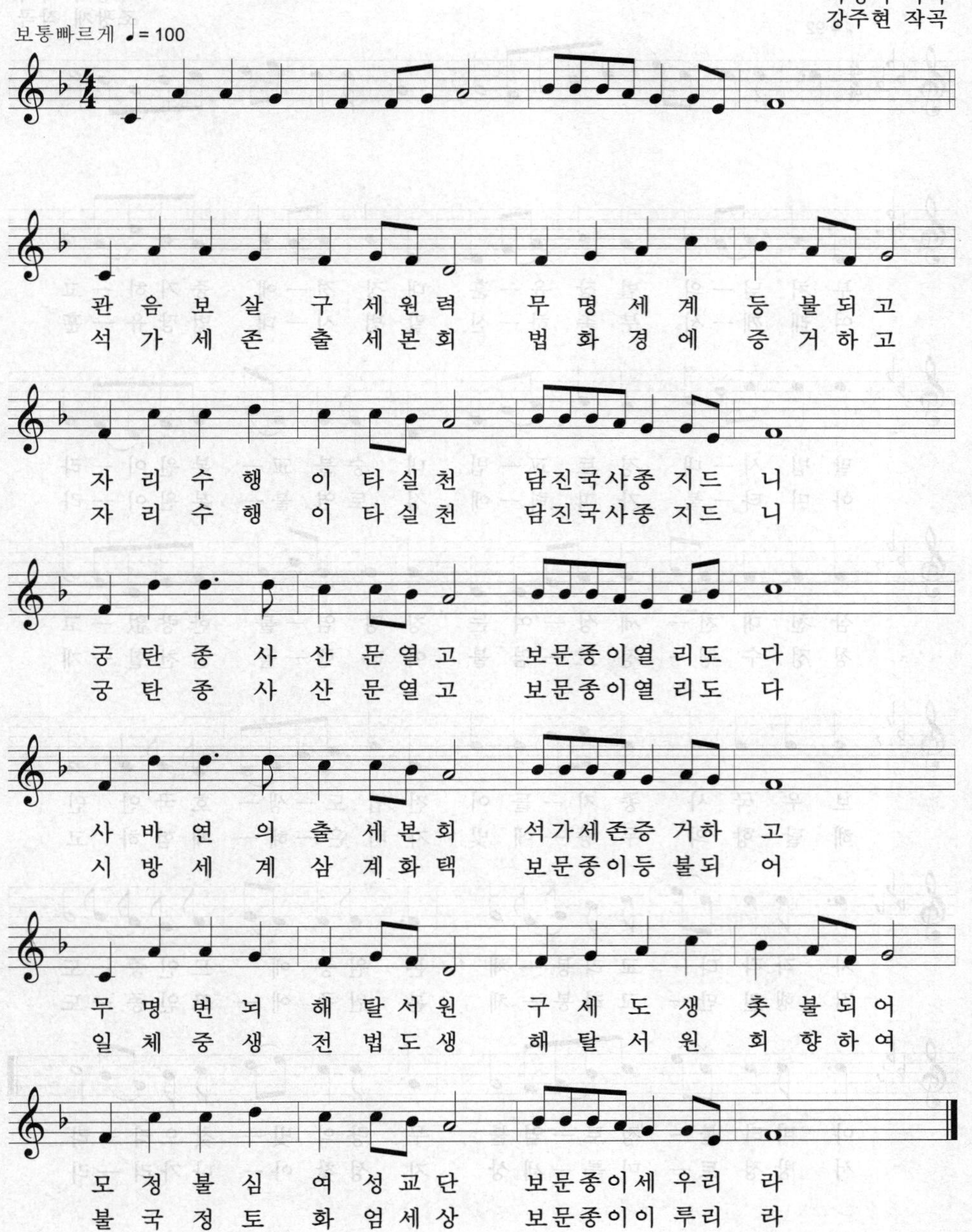
보통빠르게 ♩= 100
관 음 보 살 구 세 원 력 무 명 세 계 등 불 되 고
석 가 세 존 출 세 본 회 법 화 경 에 증 거 하 고
자 리 수 행 이 타 실 천 담 진 국 사 종 지 드 니
자 리 수 행 이 타 실 천 담 진 국 사 종 지 드 니
궁 탄 종 사 산 문 열 고 보 문 종 이 열 리 도 다
궁 탄 종 사 산 문 열 고 보 문 종 이 열 리 도 다
사 바 연 의 출 세 본 회 석 가 세 존 증 거 하 고
시 방 세 계 삼 계 화 택 보 문 종 이 등 불 되 어
무 명 번 뇌 해 탈 서 원 구 세 도 생 촛 불 되 어
일 체 중 생 전 법 도 생 해 탈 서 원 회 향 하 여
모 정 불 심 여 성 교 단 보 문 종 이 세 우 리 라
불 국 정 토 화 엄 세 상 보 문 종 이 이 루 리 라

1-003

대승불교본원종 종단가

곽영석 작사
조광재 작곡

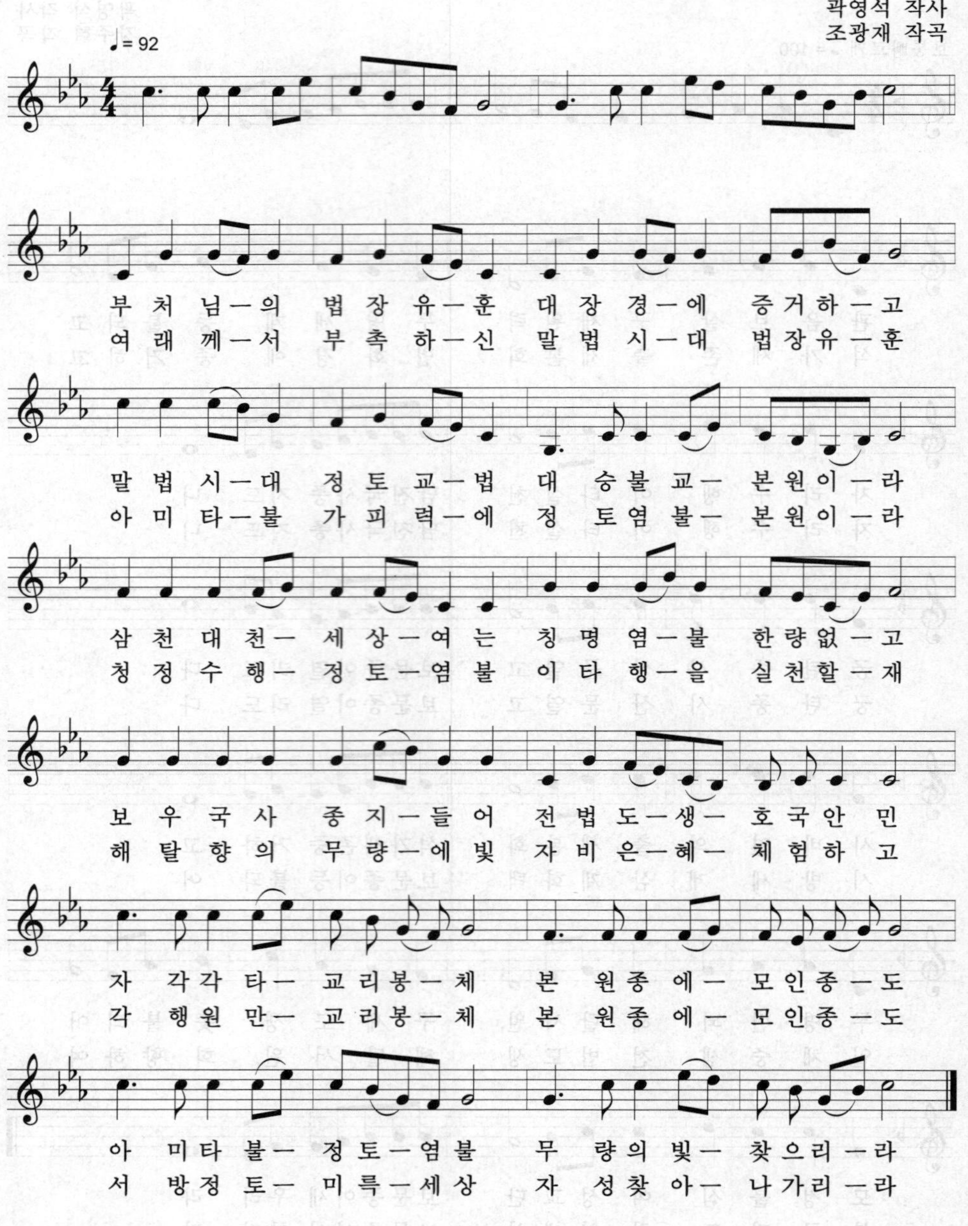
♩= 92
부 처 님ㅡ의 법 장 유ㅡ훈 대 장 경ㅡ에 증거하ㅡ고
여 래 께ㅡ서 부 촉 하ㅡ신 말 법 시ㅡ대 법장유ㅡ훈
말 법 시ㅡ대 정 토 교ㅡ법 대 승불 교ㅡ 본원이ㅡ라
아 미 타ㅡ불 가 피 력ㅡ에 정 토염 불ㅡ 본원이ㅡ라
삼 천 대 천ㅡ 세 상ㅡ여 는 칭 명 염ㅡ불 한량없ㅡ고
청 정 수 행ㅡ 정 토ㅡ염 불 이 타 행ㅡ을 실천할ㅡ재
보 우 국 사 종 지ㅡ들 어 전 법 도ㅡ생ㅡ 호 국 안 민
해 탈 향 의 무 량ㅡ에 빛 자 비 은ㅡ혜ㅡ 체 험 하 고
자 각각 타ㅡ 교 리 봉ㅡ체 본 원종 에ㅡ 모인종ㅡ도
각 행 원 만ㅡ 교 리 봉ㅡ체 본 원종 에ㅡ 모인종ㅡ도
아 미타 불ㅡ 정 토ㅡ염 불 무 량의 빛ㅡ 찾으리ㅡ라
서 방정 토ㅡ 미 륵ㅡ세 상 자 성찾 아ㅡ 나가리ㅡ라

1-004

대한불교관음종 종단가

곽영석 작사
조영근 작곡
Modarato
부 처
부 처
님 의 법 — 계 연 기 화 엄 경 에 설 하 시 고
님 의 상 — 주 불 멸 법 화 경 에 설 하 시 고
일 승 삼 관 보 살 도 는 전 법 도 량 목 표 이 라
정 혜 겸 수 수 행 방 편 보 살 도 의 실 천 이 념
대 각 국 사 종 지 삼 아 관 음 종 의 문 을 여 — 니
대 각 종 조 종 지 삼 아 관 음 종 의 문 을 여 — 니
태 허 경 조 양 대 선 사 관 음 종 의 중 흥 조 — 요
태 허 경 조 양 대 선 사 관 음 종 의 중 흥 조 — 요
보 살 원 교 — 실 천 수 행 — 제 세 원 력 가 피 받 — 아
육 바 라 밀 — 실 천 수 행 — 제 세 원 력 서 원 하 — 니
1.
연 화 장 의 불 국 정 토 이 땅 위 에 세 우 리 라
2.
rit
관 음 종 도 중 지 모 아 불 국 정 토 이 루 리 — 라

1-005

대한불교대각종 종단가

곽영석 작사
박이제 작곡
Andantino ♩= 72
석가 세 존께 친ㅡ법 문 중 ㅡ 생 들의 빛이되 고 사 바
부처 님 의육 년ㅡ고 행 사 ㅡ 바 세계 등불되 고 지 ㅡ
연 에 불 연ㅡ맺 어 여 래 장 의 세 상 여 니 제 불
혜 구 족 금강경 문 나 를 찾 는 구 법 의 길 삼 ㅡ
보 살 호 위ㅡ하 고 대 ㅡ 우 주 가 찬탄이 라 순 도 화
세 제 불 원력따 라 법 ㅡ 장 서 원 성만이 라 대 자 대
상 종 지 들 어 대 각 종 에 모 인 성 도 상 구 보
비 자 비 보 시 대 각 종 에 모 인 성 도 선 정 후
리 하 화 중 생 사 바 세 계 대 원 이 뤄 불 국 정
혜 성 불 이 뤄 염 불 수 행 가 피 받 아 불 국 정
1.
토 청 정 세 상 이 땅 위 에 세 우 리 라
토 용 화 세 상 대 각 종
2.
이 이 루 리 라 대 각 종 이 이 루 리 라 ㅡ

1-006

대한불교대승종 종단가

곽영석 작사
김병학 작곡

Waltz
3
부 처 님 의 전 법 포 교 중 생 구 제 대 원 이 면
석 가 세 존 중 생 구 원 상 구 보 리 하 화 중 생
상 구 보 리 광 도 중 생 대 승 종 의 종 지 일 세
호 국 안 민 세 계 평 화 대 승 종 의 종 풍 이 라
태 고 보 우 선 맥 이 어 대 승 종 의 산 문 열 고
태 고 도 암 양 대 선 사 부 처 님 의 법 통 이 어
타 력 염 불 종 지 들 어 도 암 선 사 빛 이 되 니
전 법 륜 의 수 행 정 진 대 승 종 의 빛 이 되 니
(후렴) 아 미 타 ㅡ 불 염 불 서 ㅡ 원
정 토 세 상 열 어 가 ㅡ 는 ㅡ
대 승 종 ㅡ 도 보 살 수 ㅡ 행
불 지 견 을 깨 치 리 ㅡ 라 ㅡ

1-007

대한불교미타종 종단가

곽영석 작사
유수웅 작곡
♩. = 60
법 장비ㅡ구 서원하신 미 륵정ㅡ토 용화세상
아 미타ㅡ불 대원이신 서 방정ㅡ토 무량세계
제불보살 원력따라 극ㅡ락세ㅡ계 예비하고 ㅡ
역대조사 가르치신 대ㅡ통법ㅡ문 미타선법 ㅡ
아ㅡ미타ㅡ불 미타선법 미ㅡ타종ㅡ의 종지이라 ㅡ
아ㅡ미타ㅡ불 10 선계율 미ㅡ타종ㅡ의 종지이라 ㅡ
전 법 륜 에 수행정진 ㅡ
전 법 륜 에 수행정진 ㅡ
미 타 종 에 모인종도 아 ㅡ
미 타 종 에 모인종도 아 ㅡ
아미타불 염불수행 사바연에인연지어 ㅡ
아미타불 염불수행 무명세계빛이되어 ㅡ
불국정토 미래세상 미타종이열리리라 ㅡ
용화세상 무량정토 미타종이열리리라 ㅡ

1-008

대한불교법연종 종단가

곽영석 작사
박이제 작곡
Moderato (경건하게) ♩= 85
mf
부 처 님 의 육 년고행 중ㅡ생 구 제 뜻 이 옵 고
석 가 세 존 설 산고행 대ㅡ자 비 의 뜻 이 옵 고
원 효 성 사 공 유 불 성 일ㅡ심 수 행 종 지 세 워
원 효 성 사 화 쟁 사 상 일ㅡ심 이 론 종 지 드 니
차 별 없 는 만 유 평 등 법ㅡ연 종 에 모 인 종 도
만 유 평 등 일 체 중 생 법ㅡ연 종 에 모 인 종 도
대 원 본 존 지 장 보 살 지ㅡ혜 복 덕 구 비 하 고
법 왕 보 살 대 원 력 에 지ㅡ은 업 장 소 멸 하 고
1.
자 비 실 천 전 법 도 생 용ㅡ화 세 상 이 루 리 라
대 자 대 비 자 비 실 천
2.
불ㅡ국 정 토 이 루 리 라 불ㅡ국 정 토 이 루 리 라

1-009

대한불교법상종 종단가

곽영석 작사
서근영 작곡
Moderato
미 륵불 의 자비실천 용화세상대원이 — 면
미 륵불 의 용화세상 사바세계구현하 — 면
10 선계 율 재가실 천 법상종의 종지이 — 라
무 착보 살 법상학 의 실천계율 중생제 — 도
대 현선 사 진표율 사 유 가종조법통이 어
미 륵신 행 10 선운 동 업 장소멸회향하 고
연 화장 의 용화세 상 법 상종에모 인종 도
미 륵정 토 청정세 상 법 상종에모 인종 도
(후렴) 상 구보 리 하화중 생 10 선수 행 회향하 면
1.
미 륵정 토 용 화세 상 법 상종이이루리 — 라
2.
법 상 종 이 이 루 리 라

1-010

대한불교법화종 종단가

곽영석 작사
김남삼 작곡

힘을 실어 보통빠르기로

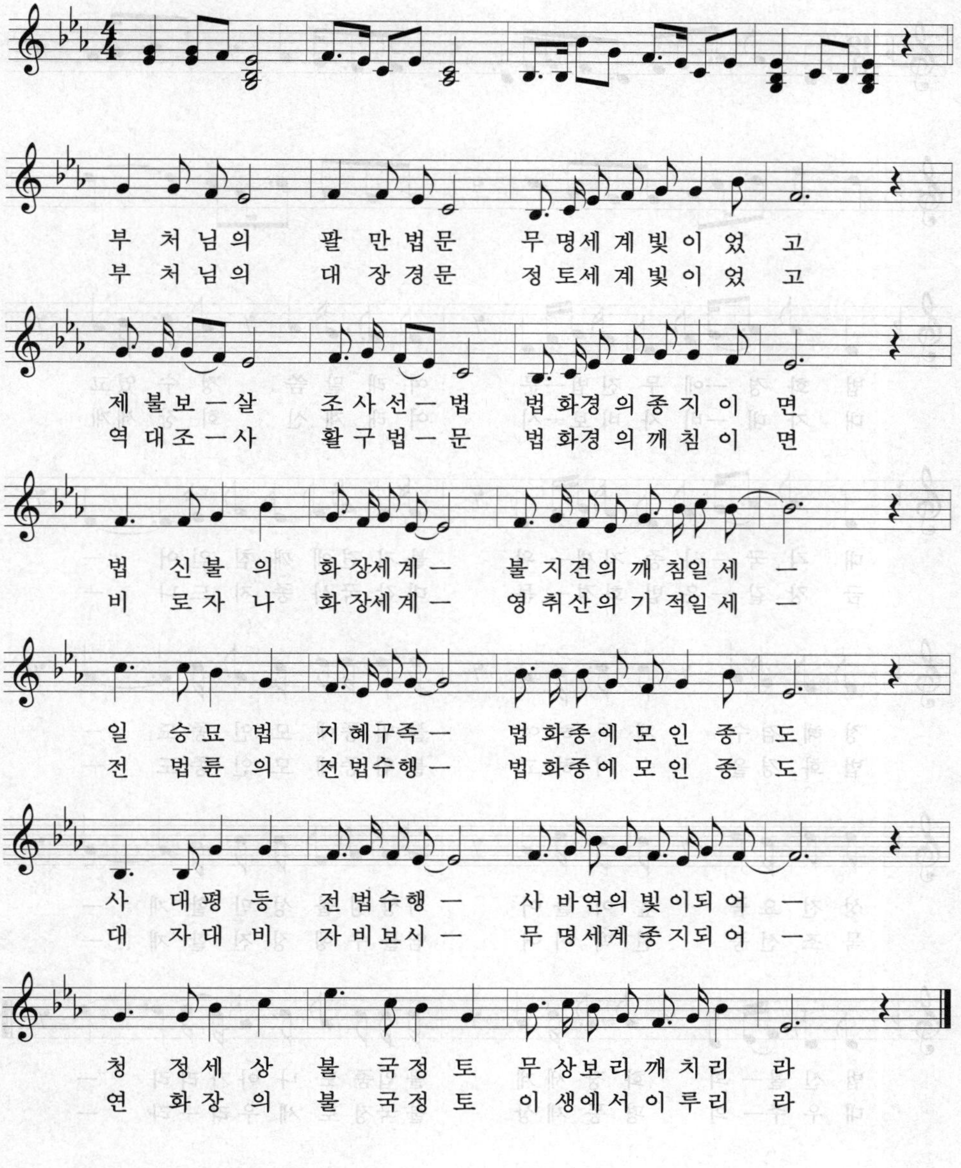

부 처님의 팔 만법문 무명세계빛이었 고
부 처님의 대 장경문 정토세계빛이었 고

제불보—살 조사선—법 법화경의종지이 면
역대조—사 활구법—문 법화경의깨침이 면

법 신불 의 화장세계— 불지견의깨침일세 —
비 로자 나 화장세계— 영취산의기적일세 —

일 승묘법 지혜구족— 법화종에모인 종 도
전 법륜의 전법수행— 법화종에모인 종 도

사 대평등 전법수행 — 사바연의빛이되어 —
대 자대비 자비보시 — 무명세계종지되어 —

청 정세상 불 국정토 무상보리깨치리 라
연 화장의 불 국정토 이생에서이루리 라

1-011

대한불교불입종 종단가

곽영석 작사
우덕상 작곡

굿거리장단 ♩. = 52

법 화경 —에 무 진법—문 여 래 말씀 정 수 였고
대 자대 —비 자 비보—시 여 래계신 화 장 세계
대 각국 —사 종 지세— 워 불지견에 깨 침 얻어 —
금 강같 —은 법 화경— 문 대각국사 종 지 드니 —
정 혜 겸수 체 득하여 불입종에 모 인 종도 —
법 화 경을 수 지하고 불입종에 모 인 종도 —
성 전 요품 높 이 들어 자성성불 성만 할 재 —
묵 조 선풍 선 맥 이어 염불수행 정 진 할 재 —
법 신 불— 의 화 장 세계 불입종 도 나 아가리라 —
대 우 주— 의 평 등 세상 불국정 토 세 우리—라 —

1-012

대한불교삼론종 종단가

곽영석 작사
최 성 작곡

Honky Tonky ♩= 118

종 도여 일어나라— 눈을 들—어— 라
종 도여 일어나라— 빛을 놓—아— 라
대 승 교 법 손 에들고 삼 론 을 익 혀
삼 론 대 의 수 지하고 교 의 를 익 혀
파 사 현 정 인 을지어 선 을 베 풀 자
대 자 비 의 자 비보시 선 업 을 쌓 자
성 불 작 조 구 도승생 삼 륜종종— 지
성 불 작 조 구 도중생 삼 륜종종— 지
승 랑 조 사 법 맥이어 종 풍—을이— 어
석 가 여 래 전 법도생 법 장—받들— 어
국 리 만 복 정 토세상 함 께—만들— 자
정 토 향 의 용 화세상 함 께—만들— 자

1-013

대한불교선각종 종단가

이순금 작사
오세희 작곡

Slow Rock ♩ = 80
석 가 모
석 가 모
니 부 처 님 의 팔 만 장 경 의 지 하 여 선 과
니 부 처 님 의 모 든 경 전 의 지 하 여 정 과
교 를 함 께 닦 아 이 사 무 애 이 뤄 보 자
혜 를 함 께 닦 아 일 류 공 영 이 룩 하 자
정 법 횃 불 ― 높 ― 이 들 고 교 육 불 사 불 밝 ― 히 니
지 혜 자 비 ― 횃 ― 불 들 고 세 존 뜻 ― 널 리 ― 펴 니
직 지 인 심 견 ― 성 성 불 선 각 종 의 종 지 로 다
전 법 도 생 호 ― 국 안 민 선 각 종 의 종 지 로 다
(후렴) 제 불 보 살 ― 크 신 서 원 모 든 종 도 함 께 ― 배 워
상 락 아 정 정 토 세 상 선 각 종 이 이 루 ― 리 라

대한불교승가종 종단가

곽영석 작사
이태현 작곡

♩= 112
f
mf
승 가 종 도— 일 어 나 라— 종 지 를—들 라 —
승 가 종 도— 일 어 나 라— 불 도 이—루 자 —
부 처 님 의— 법 장 유 훈— 가 슴 에 새 겨 —
전 법 륜 에— 수 행 정 진— 빛 나 는 전 통 —
정 토— 향 의— 용 화 세 상— 함 께 만—들 자 —
전 법— 도 생— 중 생 구 제— 함 께 일—하 자 —
역 대 조 사— 천 하 종 사— 이 어 온—법 통 —
정 토 장 엄— 서 원 세 워— 이 룩 한—세 상 —
f
전 법 도 생— 중 생 구 제— 지 극 한 서 원 —
중 생 교 화— 불 도 성 취— 이 생 에 서 원 —
승 가 종 이— 힘 을 모 아— 함 께 이—루 자 —
승 가 종 도— 힘 을 모 아— 함 께 이—루 자 —

1-015

대한불교약사여래종 종단가

곽영석 작사
강주현 작곡

보통빠르게 ♩= 100

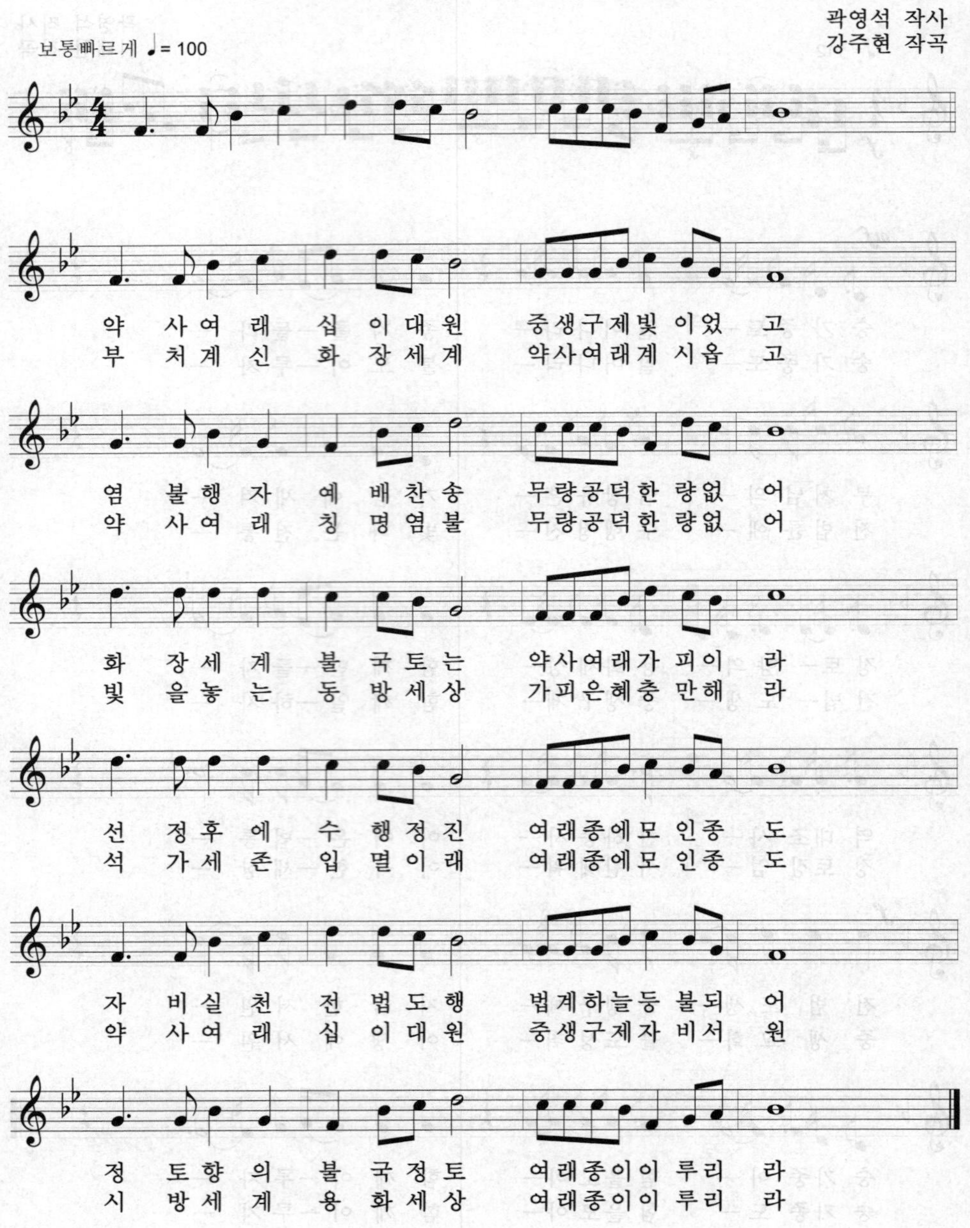
약 사여 래 십 이대원 중생구제빛 이었 고
부 처계 신 화 장세계 약사여래계 시옵 고
염 불행 자 예 배찬송 무량공덕한 량없 어
약 사여 래 칭 명염불 무량공덕한 량없 어
화 장세 계 불 국토는 약사여래가 피이 라
빛 을놓 는 동 방세상 가피은혜충 만해 라
선 정후 에 수 행정진 여래종에모 인종 도
석 가세 존 입 멸이래 여래종에모 인종 도
자 비실 천 전 법도행 법계하늘등 불되 어
약 사여 래 십 이대원 중생구제자 비서 원
정 토향 의 불 국정토 여래종이이 루리 라
시 방세 계 용 화세상 여래종이이 루리 라

1-016

대한불교여래종 종단가

곽영석 작사
황옥경 작곡

♩= 93

부 처 님 의 전 법 도 행 사 바 세 계 등 불 되 고
여 래 교 설 무 량 의 빛 사 바 세 계 빛 이 되 고

제 불 보 살 원 력 따 라 사 홍 서 원 회 향 하 — 고
역 대 조 사 천 하 종 사 천 태 교 의 정 법 열 — 어

법 화 현 의 마 하 지 관 지 의 관 정 법 설 여 니
법 화 현 의 마 하 지 관 대 각 국 사 종 지 드 니

선 정 후 혜 성 불 이 뤄 여 래 종 에 모 인 종 도
자 비 실 천 정 법 수 행 여 래 종 에 모 인 종 도

약 사 여 래 대 원 이 뤄 중 생 구 제 회 향 할 재
상 구 보 리 하 화 중 생 육 바 라 밀 실 천 하 여

불 국 정 토 용 화 세 상 여 래 종 도 이 루 리 라
청 정 행 의 불 국 정 토 이 땅 위 에 세 우 리 라

1-017

대한불교열반종 종단가

곽영석 작사
박이제 작곡
Andante ♩= 70
부 처
부 처
님 의 법 장 유 훈 열 반 경 에 부 촉 하 고 열 반
님 의 최 후 법 문 열 반 경 에 설 하 시 고 천 하
적 정 근 본 — 교 — 리 보 덕 화 상 종 지 드 니 여 래
종 사 운 복 — 무 — 기 열 반 종 에 종 지 드 니 불 성
계 신 법 장 세 계 열 반 종 에 모 인 종 도 견 성
찾 은 모 든 사 람 열 반 종 에 모 인 종 도 자 등
3
성 불 전 법 도 생 실 천 수 행 모 범 되 어 석 가
명 에 법 등 명 은 부 처 님 의 유 훈 이 라 석 가
세 존 해 탈 — 서 — 원 정 진 하 여 깨 치 리 라
세 존 해 탈 — 서 — 원 이 승 에 서 이 루 리 라

1-018

대한불교원융종 종단가

곽영석 작사
강주현 작곡

장엄하게 ♩= 110
보 살행의 왕 생서원 대자대비 자비보시
미 륵불의 중 생구제 대자대의 서원이고
상 구보리 하 화중생 원융종의종지이 면
상 구보리 하 화중생 원융종의종지이 라
태 고보우 종 풍세워 원융교전법문열 고
태 고보우 종 풍세워 원융교전빛을놓 고
청 허부유 양 대선사 전법도생등불되 니
청 허부유 양 대선사 일체중생제도할 재
원 융종에ㅡ 모인종ㅡ도 육바라밀실천하ㅡ 여
원 융종에ㅡ 모인종ㅡ도 염불서원성만하ㅡ 여
무 량불의ㅡ 불국정ㅡ토 원융종이이루리ㅡ 라
청 정향의ㅡ 불국정ㅡ토 우리종도세우리ㅡ 라

1-019

대한불교원효종 종단가

곽영석 작사
조영근 작곡

Moderato
부 처 님 의 전 법 여 행 대 자 비 의 뜻 이 옵 고
부 처 님 의 설 산 고 행 중 생 교 화 뜻 이 옵 고
팔 만 사 천 법 문 열 어 일 체 중 생 이 끄 시 니
대 장 경 의 법 문 열 어 사 바 세 계 등 불 되 니
원 효 성 사 화 쟁 사 상 일 승 불 교 10 선 계 율
원 효 성 사 귀 일 사 상 무 애 행 이 종 지 이 라
원 융 무 애 실 천 불 교 원 효 종 에 모 인 종 도
원 융 무 애 실 천 불 교 원 효 종 에 모 인 종 도
팔 정 도 에 의 지 하 여 — 육 바 라 밀 갈 고 닦 아
자 비 실 천 전 법 도 생 — 중 생 교 화 빛 이 되 니
청 정 국 토 연 화 세 상 이 땅 위 에 세 우 리 라
부 처 님 의 보 리 법 문 모 든 중 생 깨 치 리 라

1-020

대한불교용화종 종단가

곽영석 작사
심순보 작곡

♩= 104
부 처님의 법 장유훈 무착보살수지하 고
석 가세존 예 비하신 정토향의용화세 상
현 장진표 천 하종사 법상종품이어받 아
진 표율사 진 공선사 법상종풍이어받 아
선 교 쌍 수 전법도 생 보국안민종지세— 워
말 법 시 대 중생구 제 보국안민종지들— 고
청 정 행 에 염불삼 매 용화성도정진할 재
십 선 계 율 자비실 천 용화성도성만할 재
1.
D.C.
미 륵 정 토 자비실 천 용화종이세우리 라
2.
Fine
불 국 정 토 용화세 계 우리들이이루리 라

1-021

(사)대한불교응공조계종 종단가

곽영석 작사
최선기 작곡

♩= 60-70
아 도화상불법 전 한 정 토향의불국 정 토
일 체중생구제 서 원 부 처님의뜻이 옵 고
제 불보살원력 따 라 산문열어회ㅡ향하 고
각 행원만자리 이 타 대각이룬종ㅡ지이 라
석 가세존부촉 하 신 전 법도생견성 성 불
제 불보살원력 따 라 법 계연기증거 하 고
전 법륜에수행 정 진 조계종에모 인성 도
시 방세계정토 세 상 대장경의실 천법 문
(후렴) 육 바라밀실천 수 행 무 명세계빛이 되 어
불국정 토 용ㅡ화세상 조계종이이루리 라
조계종도이루리 라 ㅡ

1-022

대한불교일승종 종단가

곽영석 작사
조광재 작곡

♩= 92
천 태산ㅡ문 법화전ㅡ통 형 광법ㅡ사 문을열ㅡ고
여 래교ㅡ설 정수법ㅡ문 일 승묘ㅡ전 수지하ㅡ고
대 승실ㅡ교 종지들ㅡ어 대 각국ㅡ사 법통이으니
천 태산ㅡ문 법화전ㅡ통 대 각국ㅡ사 종지드ㅡ니
여 래 장ㅡ의 연 화 종ㅡ풍 일 승ㅡ종ㅡ에 모 인 종ㅡ도
일 체 중ㅡ생 전 법 도ㅡ행 일 승ㅡ종ㅡ에 모 인 종ㅡ도
석 가 여ㅡ래 부 촉 하ㅡ신 정 법포ㅡ교ㅡ 실 천 하ㅡ여
일 승 묘ㅡ법 법 화 현ㅡ의 마 하지ㅡ관ㅡ 체 득 하ㅡ여
(후렴) 일 체중ㅡ생 자성성ㅡ불 일 승종ㅡ이 이루리ㅡ라
여 래장ㅡ의 미륵정ㅡ토 청 정국ㅡ토 세우리ㅡ라

1-023

대한불교정토종 종단가

곽영석 작사
백승태 작곡
Andante
mf
mp
부 처님 이 예 비 하 신 유심정토용 화세 상
중 생구 제 전 법 도 생 부처님의유 훈이 고
제 불보 살 원 력 따 라 사홍서원회 향하 고
제 불보 살 원 력 따 라 의지하여깨 친법 문
mf
정 토 왕 생 견 불 문 법 염불선이최상 일 세
견 불 문 법 칭 관 염 불 사생성불방편 일 세
칭 관 염 불 순 정 신 은 정토종의수행 도 법
염 불 선 법 수 행 정 진 정토종에모인종 도
f
염불참선전 법도 생 사바세계등 불되 어
자비실천전 법도 생 무명세계빛 이되 어
rit
연화장의청 정국 토 정토종이이 루리 라
미타불의청 정국 토 이땅위에세 우리 라

1-024

대한불교조동종 종단가

총무원 작사
오해균 작곡

장엄하게 ♩= 88

부처님의육 년고 행 사바세계등 불되 고
대자대비자 비보 시 부처님의뜻 이옵 고
달 마 대ㅡ사 면 벽구년 묵조선의선꽃이 면
제 불 보ㅡ살 원 력따라 사홍서원회향하 고
동 산이ㅡ엄 양 대선사 묵조선의중 흥 조 ㅡ요 선정
화 장세ㅡ계 불 국토는 묵조선의가 피 일 ㅡ세 전법
후 혜성 불이 뤄 조동종에모인종ㅡ 도
륜 에수 행정 진 조동종에모인종ㅡ 도
(후렴)자 비 실천 전법도 생 무명세계빛이되어 라
D.C. al Fine
불 국정 토 묵 조선 풍 온우주 심으리ㅡ 라

1-025

대한불교총지종 종단가

이종완 작사
권상희 작곡

깨 어 나 라 천 년 의 잠 비 로 자 나 불 다 라 니 비 법
깨 어 나 라 천 년 의 잠 옴 마 니 반 메 훔 육 바 라 밀 실 천
참 된 뜻 의 진 언 염 송 실 천 하 고 정 진 하 여
한 맘 되 는 진 언 염 송 실 천 하 고 수 행 하 여
불 국 세 계 이 땅 위 에 부 처 님 뜻 열 으 리 라
밀 엄 국 토 이 땅 위 에 부 처 님 뜻 펼 치 리 라
현 실 속 의 진 리 찾 아 즉 신 성 불 이 루 리 라
생 활 불 교 실 천 하 여 마 음 실 상 찾 으 리 라
(후렴) 우 리 는 총 지 종 인 삼 밀 관 행 통 一 해
비 로 자 나 비 밀 세 계 법 의 문 을 열 一 리 라

1-026

대한불교총화종 종단가

오해균 작사
오해균 작곡
Slow ♩= 85
무명세계등불 되고ㅡ 서원세워행하라시 는
대자대비사홍 서원ㅡ 불보살님원력따라 서
거룩하신 부처 님 의 숭 고 하 신뜻을받들 어
화장세계 이루 리 라 우 리 모 두함께모여 서
하나되어정진 하 고 신행 하 는총화종 도 전법
전법륜 을굴려 가 며 신행 하 는우리앞 에 어 둠
도 생 자비 실 ㅡ천 온인 류 의빛ㅡ이 어ㅡ라
건 힌무명세 ㅡ계 밝은 빛 이장엄을 하ㅡ네
(후렴) 우리들은총화 종 다함께힘 을 모아 서
불국정 토 가꿔 나 가ㅡ자 대ㅡ 한 의빛 이되 자

1-027

대한불교천태종 종단가

이순금 작사
조영근 작곡

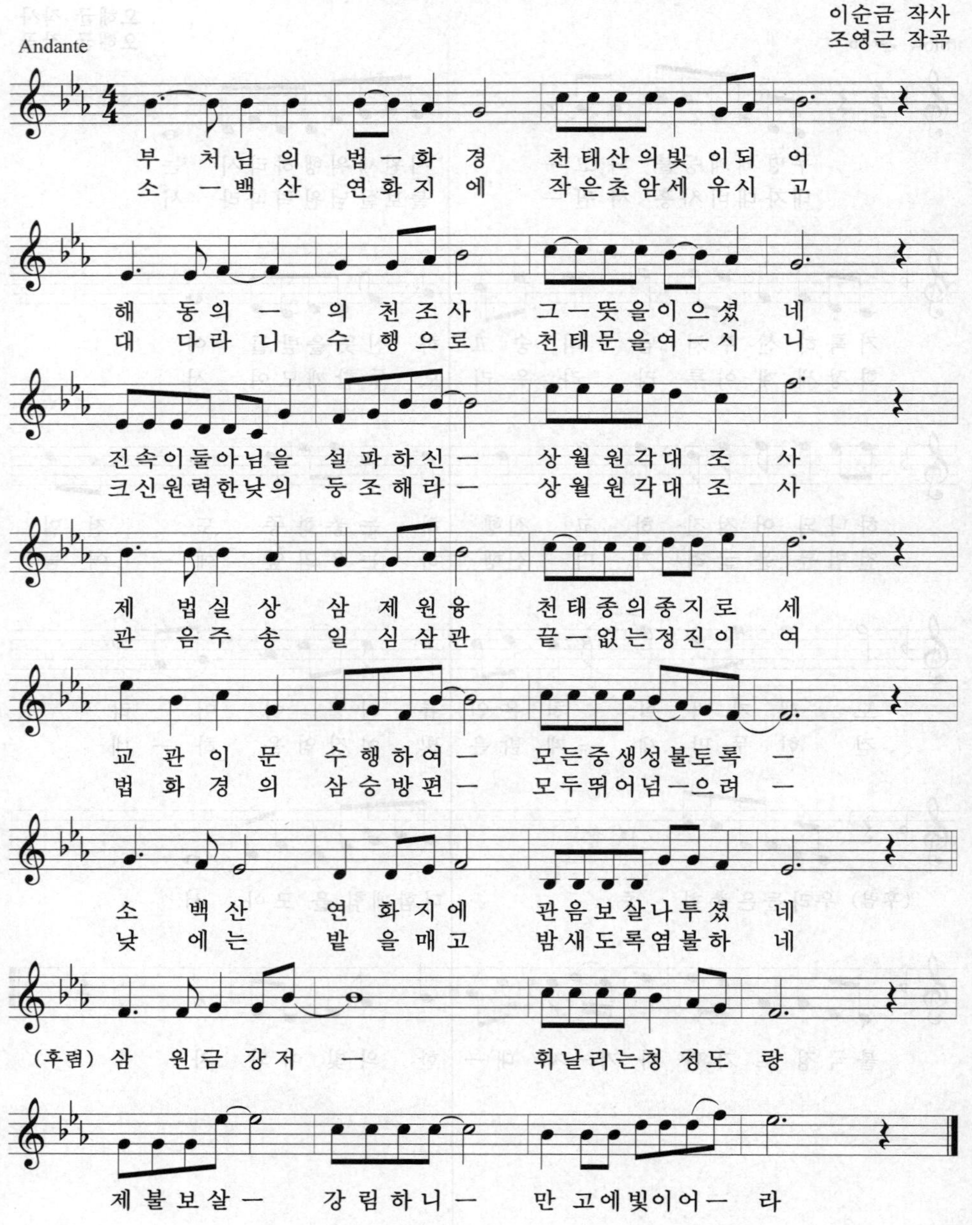
Andante
부 처님의 법ㅡ화 경 천태산의빛 이되 어
소 ㅡ백 산 연화지 에 작은초암세 우시 고
해 동의 ㅡ 의 천 조사 그ㅡ뜻을이으셨 네
대 다라 니 수 행 으로 천태문을여ㅡ시 니
진속이둘아님을 설파하신ㅡ 상월원각대 조 사
크신원력한낮의 둥 조해라ㅡ 상월원각대 조 사
제 법실 상 삼 제 원융 천태종의종지로 세
관 음주 송 일 심 삼관 끝ㅡ없는정진이 여
교 관 이 문 수 행하여ㅡ 모든중생성불토록 ㅡ
법 화 경 의 삼승방편ㅡ 모두뛰어넘ㅡ으려 ㅡ
소 백 산 연 화 지에 관음보살나투셨 네
낮 에는 밭 을매고 밤새도록염불하 네
(후렴) 삼 원금 강저 ㅡ 휘날리는청 정도 량
제불보살ㅡ 강 림하니ㅡ 만 고에빛이어ㅡ 라

1-028

대한불교화엄종 종단가

곽영석 작사
오헌수 작곡
경쾌하고 우렁차게 ♩= 110
부 처 님 의 연 기 법 ㅡ 문 화 엄 경 에 ㅡ 설 하 시 고
부 처 님 의 법 계 연 ㅡ 기 화 엄 경 에 ㅡ 설 하 시 고
일 체 만 법 걸 림 없 ㅡ 는 원 융 무 애 ㅡ 법 계 여 ㅡ 니
대 우 주 의 무 진 연 ㅡ 기 법 설 열 어 ㅡ 증 거 하 ㅡ 니
원 효 성 사 대 통 법 ㅡ 문 염 불 선 이 최 상 이 ㅡ 라
현 수 대 사 법 장 열 ㅡ 고 원 효 성 사 종 지 드 ㅡ 니
견 성 성 불 염 불 삼 ㅡ 매 화 엄 종 에 ㅡ 모 인 종 도
보 살 행 의 전 법 도 ㅡ 행 화 엄 종 에 ㅡ 모 인 종 도
화 엄 지 관 닦 고 닦 ㅡ 아 보 살 행 을 ㅡ 실 천 하 여
사 사 무 애 중 중 무 ㅡ 진 보 살 행 을 ㅡ 실 천 하 여
연 화 장 의 불 국 정 ㅡ 토 이 생 에 서 ㅡ 이 루 리 ㅡ 라
비 로 자 나 화 장 세 ㅡ 계 태 어 나 기 ㅡ 서 원 이 ㅡ 라
태 어 나 기 ㅡ 서 원 이 라 ㅡ
1.
2.
D.C.
Fine
rit

1-029

보국불교염불종 종단가

곽영석 작사
오재찬 작곡

Allegro Mod
일 체 중 생 염 불수 행ㅡ 견 성 이 뤄 성 불하 고ㅡ
구 세 제 중 염 불수 행ㅡ 정 토 왕 생 방 편이 고ㅡ
상 구 보 리 하 화중 생ㅡ 원 효성 사종 지드 니 ㅡ
상 구 보 리 하 화중 생ㅡ 염 불종 에종 지이 면 ㅡ
성 불 도 생 보 국불 교ㅡ 염 불종 에모 인종 도 ㅡ
청 허 휴 정 법 맥이 어ㅡ 염 불종 에모 인종 도 ㅡ
청 허 휴 정 법 맥 이 어 ㅡ 원 융 종 풍 계 승 하 여 ㅡ
선 교 쌍 수 이 사 무 애 ㅡ 원 융 종 풍 계 승 하 여 ㅡ
아 미 타 불 염 불 수 행 ㅡ 정 토 왕 생 이 루 리 라 ㅡ
불 국 정 토 미 타 세 상 ㅡ 염 불 종 도 나 가 리 라 ㅡ
(후렴) 일 심 으 로 정 토염 불ㅡ 미 타 여 래 염 송할 재ㅡ
서 방 정 토 무 량세 계ㅡ 염 불속 에열 리리 라 ㅡ

1-030

부산불교승가연합회찬가

안법민 작사
이순희 작곡

Alla marcin con anima ♩= 88
mp
mf
f
mp
천
영
년 을지ㅡ켜 온 불 모 의부 ㅡ 산 삼
겁 의불교성 지 지 켜 온부 ㅡ 산 우
보 의불교 성 지 지 키 기위 하 여 우 리
리 들신심 으 로 지 키 기위 하 여 한 마
poco a poco cresc
는 함께 모였 네 부 ㅡ 산 승 가 회 영 원
음 한데 뭉ㅡ 친 부 ㅡ 산 승 가 회 다ㅡ
토 ㅡ 록 불모 의땅 지 켜 가 리 다 금
함 ㅡ 께 불교 성지 지 켜 가 리 다 금
cresc
정 산서기 아 래 자 리 한부 ㅡ 산 백ㅡ
정 산반석 아 래 불 지 의부 ㅡ 산 법ㅡ
poco a poco cresc accelerand
연 ㅡ화 법향길은 법연도량 승 가 의신 심 피워온고향 불
화 ㅡ의 세계일화 피우기위해 승 가 의후 예 함께모여서 홍
grandioso
ff
rit
연 의 전법도ㅡ랑 지 켜 가 리 다
련 화 영원토ㅡ록 키 워 가 리 라

1-031

우리불교조계종 종단가

정민시 작사
오해균 작곡

Andantino ♩= 82
부 처님의육년 고 행은 무 명세계빛으 로
부 처님의전법 도 생은 대 자비의뜻이 고
제 불보살원력 키 워서 정 토세상이루 네
역 대선사천하 대 종사 가 피은혜높아 라
직 지인심견성 성 불은 우 리불교종지 요
선 농종단우리 불 교는 화 장세계빛이 요
선 정후혜성불 이 루어 밝 은빛 되어 라
세 상만물교화 하 여서 불 국토 이루 리
자 비실천전법 도 생은 불 국토 이루 어
상 구보리하화 중 생은 우 리들의사 명
D.C. al Fine
용 화세계장엄 하 여라 빛이나라우리 불 교
시 방세계용화 세 상을 우리모두이루 리 라

1-032

(사)정토불교 조계종 종단가

오인자 작사
강주현 작곡

♩= 110
부 처 님 의 법 장 진 리 사 바 세 계 등 불 되 고
대 자 대 비 자 비 보 시 부 처 님 의 교 시 옵 고
제 불 보 살 증 장 원 력 정 토 세 상 자 양 이 라
팔 만 사 천 대 장 경 문 중 생 구 제 유 훈 이 라
전 법 륜 에 수 행 정 진 정 토 불 교 조 계 종 도
전 법 륜 에 수 행 정 진 정 토 불 교 모 인 종 도
전 법 도 생 자 성 성 불 무 명 세 계 빛 이 되 어
정 토 왕 생 견 불 문 법 염 불 선 을 증 장 하 여
정 토 향 의 용 화 세 상 조 계 종 도 이 루 리 라
유 심 정 토 용 화 세 상 우 리 들 이 이 루 리 라

1-033

중생불교조계종 종단가

곽영석 작사
노순덕 작곡

장엄하게 ♩= 112

f
mf
부 ㅡ 처 님 의 전 법포 교 중생들의빛ㅡ이였 고
석 ㅡ 가 세 존 예 비하 신 미륵불의용ㅡ화세 상
제 ㅡ 불 보 살 예 비하 신 이 땅위 에 용ㅡ화 세 상
중 ㅡ 생 들 의 업 장서 원 계 율지 켜 회ㅡ향 하 고
무 량 수 불 예 비 하 신 이 땅 위 에 용 화 세 ㅡ 상
10 선 수 행 선 업 공 덕 중 생 불 교 창 종 이 ㅡ 념
중 생 불 ㅡ 교 조 ㅡ 계 종 의 근 기 따 라
중 생 불 ㅡ 교 조 ㅡ 계 종 의 근 기 따 라
모 인종 ㅡ 도 (후렴) 당 래 불 ㅡ 의
모 인종 ㅡ 도
청 정 국 토 미 륵 세 상 만 ㅡ 드 ㅡ 리 라
ff
만 드 리 라 만 드 리 라
rit

1-034

중앙승가대학교 교가

서정주 작사
장일남 작곡
Moderato (정중하게)
사 — 자 를 가 르 쳐 연 꽃 피 우 게 하 고 새 벽
중 — 생 의 서 름 은 우 리 네 서 름 이 요 중 생
삼 — 계 와 삼 세 와 하 나 인 우 리 이 니 모 —
종 — 울 리 어 거 친 바 다 세 워 서 우 주
의 — 고 난 은 우 리 네 고 난 이 니 우 리
든 — 인 욕 은 어 여 뿐 만 다 라 꽃 험 —
를 — 지 키 는 우 리 영 원 한 목 — 숨 진 리
는 — 언 제 나 맑 게 맑 게 도 웁 — 고 어 디
한 가 싯 길 은 오 래 갈 우 리 신 — 발 이 —
에 — 하 늘 에 길 이 비 치 게 하 리 (후렴) 이 —
서 나 우 리 는 밝 게 고 쳐 내 리 라
존 엄 이 희 생 아 니 잇 고 어 이 리
세 상 승 가 — 의 모 — 든 길 — 은 우 — 리 들 의 승
1.,2.
3.
가 대 학 에 — 서 학 에 서

1-035

한국불교미륵종 종단가

곽영석 작사
강주현 작곡
한마음 한뜻으로 ♩= 92
부 처님 이 수 기 하 ㅡ 신 미 륵 불 의 용 화 세 ㅡ 상
부 처님 이 예 비 하 ㅡ 신 미 륵 불 의 용 화 세 ㅡ 상
자 비 공 덕 원 력 쌓 ㅡ 아 도 솔 천 에 예 비 하 고
불 멸 이 후 말 법 중 ㅡ 생 미 륵 불 에 귀 의 하 고
10 선 계 의 전 법 도 생 미 륵 종 에 모 인 종 도
10 선 계 율 10 선 공 덕 미 륵 종 에 모 인 종 도
말 법 중 생 중 생 구 제 미 륵 종 에 종 지 이 ㅡ 면
육 바 라 밀 이 타 행 이 미 륵 종 의 종 지 이 ㅡ 면
자 비 공 덕 염 불 공 ㅡ 양 정 토 향 의 참 빛 되 ㅡ 어
자 비 공 덕 실 천 수 ㅡ 행 불 국 토 에 열 매 맺 ㅡ 어
당 래 불 의 지 상 정 ㅡ 토 용 화 세 상 이 루 리 라
당 래 불 의 지 상 정 ㅡ 토 용 화 세 상 열 리 리 라

1-036

(사)한국불교조계종 종단가

곽영석 작사
김남삼 작곡

(경건하게)

보 우 국 사 종 풍 이 어 산 문 ― 을 열 고
조 계 선 풍 종 지 이 어 견 성 ― 이 루 고
일 불 제 자 기 치 아 래 본 을 세 운 다
중 생 구 제 전 법 도 생 함 께 나 서 자
일 승 일 불 화 계 장 무 애 교 화 의 목 표
대 열 반 을 원 성 하 는 대 원 력 으 로
조 계 종 도 무 진 원 력 선 꽃 이 되 ― 자
조 계 종 도 정 토 세 상 이 룩 해 보 ― 자
(후렴) 사 부 대 중 실 천 불 교 상 생 의 종 단
한 국 불 교 조 계 종 ― 이 앞 장 서 리 ― 라

1-037

(재)한국불교법륜종 종단가

곽영석 작사
정홍근 작곡
Moderato
가 섭존 자 율 법이 어 선 가종 풍 이룩하 고
가 섭존 자 선 가수 행 율 법계 승 종풍이 어
원 중국 사 원 융사 상 법륜종의종풍이 뤄
청 허휴 정 양 대선 사 법륜종의중흥조 요
자 성성 불 전법도 생 법 륜종 도 목표이 라
화 장세 계 불국토 는 묵 조선 의 가피이 라
전 법륜 에 수행정 진 법륜종에모인종 도
전 법도 생 자비실 천 육바라밀실천하 여
상 구보 리 하 화중 생 시 방세 계 등불되 어
일 체중 생 구 제서 원 성 불서 원 이루어 서
불 국정 토 연 화세 상 법륜종이세우리 라
용 화세 상 불 국정 토 이땅위에세우리 라

1-038

대불련 회가

조지훈 작사
김희조 작곡

Moderato
1.우 리 는 빛—을찾 는 나 — 젊 은 구 도—자다
2.무 명 의 구—름속 에 본 래 밝 은 저 불——을
3.어 둠 에 빛—이되 고 목 마 를 때 샘 이—되는
불 — 타 의 혜 명—받 아 한 —마—음 손을잡 고
못 — 보 아 중 생들— 은 길 을잃—고 헤 — 맨 다
불 — 교 를 절 간—— 과 경 전에—서 끌어내 어
시 방 — 의 가 이—없—는 중 생 들 을 위—하 여
번 뇌 가 곧 보 ——리—요 괴 로 움 이 낙— 인 줄
대 중 에 게 갖 다—주—자 생 활 속 에 살—리 자
몸 과마 음 바 치기를 다 —함 께 맹 세—한
깨 —달 아 끝 —없 는 정 진으 로 이 룩하자
자 —비 와 지 —혜 가 서 로돕 는 정 성으로
아 — ! 우 리 는 진 —리의 벗
아 — ! 찬 란 한 불 — 국 토 가
아 — ! 무 량 한 광 — 명 — 의
영 원 — 한 동 지 — 다
땅 위 — 에 열 리 리 라
꽃 비 — 가 내 리 리 라

1-039

대한민국지키기 불교도 총연합회가

씩씩하게
♩= 112
박희도 작사
오해균 작곡
안 으로 는 정ㅡ법ㅡ을 지 키고받들ㅡ 고
정 의앞 에 우ㅡ리들은 한 마음한가ㅡ 족
밖 으로ㅡ는 자유대한의 가 치를높혀나 간 다
풍 전등ㅡ화 자유대한을 불법으로지켜나 간 다
천칠 백년호국불교 법 통 을 진리의횃불밝힌 우 리 는
파사 현정호국불교전 통 을 대불총법우들이 이 어 서
삼보를외호하고 정 법ㅡ을 지 켜나ㅡ간ㅡ 다
자유를지켜내는 민 족혼의 중 심이ㅡ된ㅡ 다
자 ㅡ유대한 내 조 국 천 년 이어 나 갈
자 ㅡ유대한 내 조 국 천 년 이어 나 갈
D.C. al Fine
아 ㅡㅡ 대불총도반 구ㅡ국의빛이되어 라
아 ㅡㅡ 대불총도반 호국불교횃불이되 자

1-040

한국불교태고종 종단가

곽영석 작사
박이제 작곡
Andante ♩= 70 con espressivo
mf
mp
mf
부 처님의 설 산고행 중 생구제 뜻이옵고
불 지견의 깨 친법문 대 자대비 자비보시
견 성성불 전 법도생 사 바세계 빛 이었네
제 불보살 원 력따라 자 성성불 성 만하고
자각각타ㅡ 근 본교리 실 천수행 정진할 재
각행원만ㅡ 대 원경지 실 천수행 정진할 재
전 법륜의 자 비실천 태 고종에 모 인종도
견 성성불 전 법도생 태 고종에 모 인종도
보우국사ㅡ 종 풍이어 염 불선을 실천할 재
보우국사ㅡ 종 풍이어 태 고선맥 계승하여
자 리이타 자 성성불 보 리도를 이 루리라
무 량의빛 불 국정토 태 고종이 열 리리라

1-041

금강대학교 교가

오세영 작사
이상규 작곡

♩= 94
mp
보 아라 계 룡 산 떠오르는아침햇 살
보 아라 금 ㅡ 강 굽이치는푸른물 결
찬 란한 그ㅡ빛 이 무ㅡ명을걷어내 어
민 족의 젖줄되 어 온국토를흘ㅡ러 서
mf
진 리의 횃불로 ㅡ 온 누ㅡ리밝히나 니 새
중 생의 어진마 음 생 명 수로적시나 니 새
역 사 창조위한 겨레의집지으려 고
운 명 건 설위한 겨레의양식되려 고
f
이 곳 에 터를닦아 우리여기모였ㅡ 다
이 곳 을 일 구ㅡ어 우리여기모였ㅡ 다
아 아 빛 나거 라 학 문의 전 당
rit.
아 아 영 원하 라 금 강 대 학 교

1-042

동국대학교 교가

이은상 작사
김동진 작곡

Maestoso (장엄하게)

거룩한삼보의 언덕위ㅡ에 한줄기눈부신 동국의 빛
큰광명큰지혜 큰힘으ㅡ로 누리의어둠ㅡ 밝히노니
mp
우 러보 라 진리의동산 학문의성ㅡ화 높이들렸다
mf
f
가 슴마 다 높푸른이상 오 직의기에찬 젊은모 습
ff
이 땅 에 새역사를 창조하리라 겨레를 위해 인류를
위해 이 땅에새역사를 창 조 ㅡ하리 라

1-043

동방불교대학 교가

윤자월 작사
서창업 작곡

우람하고 씩씩하게

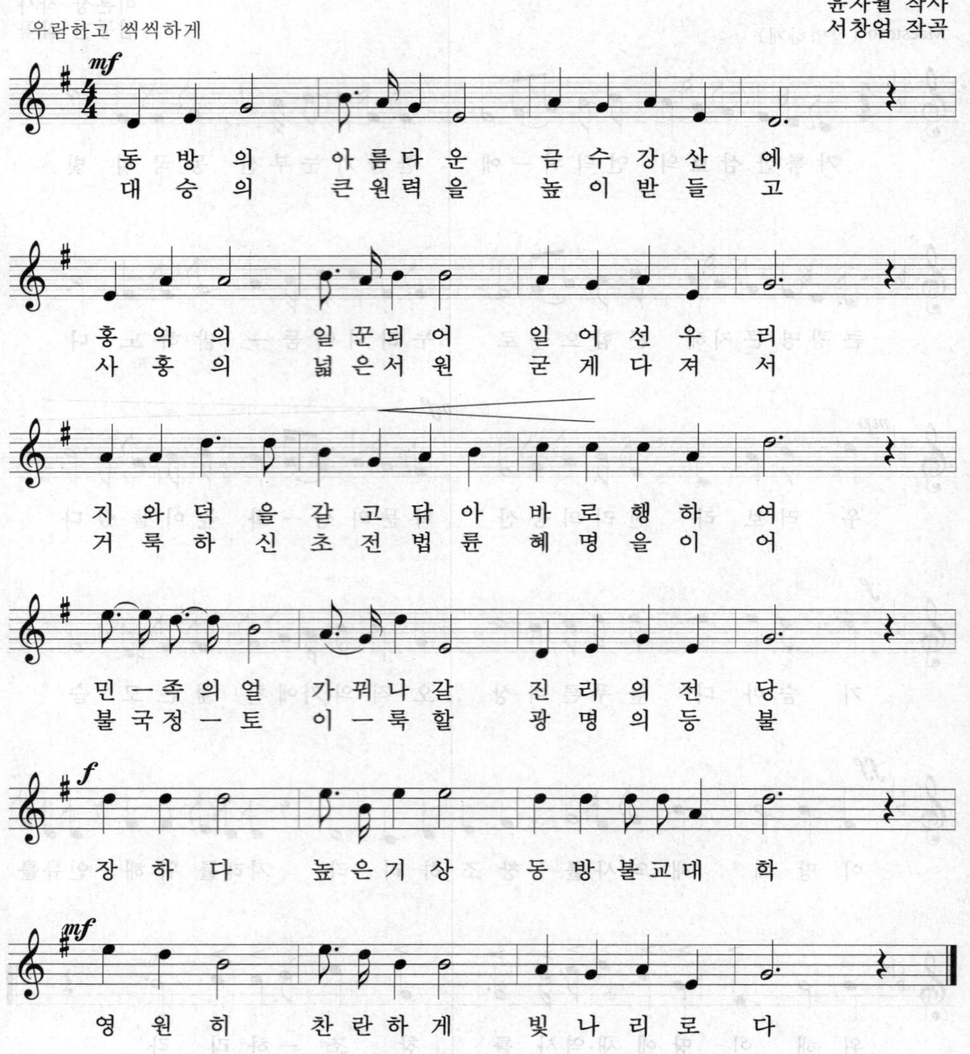
mf
동 방 의 아 름 다 운 금 수 강 산 에
대 승 의 큰 원 력 을 높 이 받 들 고
홍 익 의 일 꾼 되 어 일 어 선 우 리
사 홍 의 넓 은 서 원 굳 게 다 져 서
지 와 덕 을 갈 고 닦 아 바 로 행 하 여
거 룩 하 신 초 전 법 륜 혜 명 을 이 어
민 ― 족 의 얼 가 꿔 나 갈 진 리 의 전 당
불 국 정 ― 토 이 ― 룩 할 광 명 의 등 불
f
장 하 다 높 은 기 상 동 방 불 교 대 학
mf
영 원 히 찬 란 하 게 빛 나 리 로 다

1-044

위덕대학교 교가

손재석 작사
박범훈 작곡

진 리 탐 구 인 격 도 야 이 타자리ㅡ 를
삼 대건 학 이 념으로 높 이 내 걸 고
신 라 천 년 옛 터전에 자 리를 잡ㅡ 고
그 정 기를 이 어받은 우 리의 위ㅡ 덕
내 일의선진통일조 국을이 끌 지와덕을겸비한 인 제양 성과
문 화 과 학 발 전이 룰 학 문 연 구 로
세 계에 우 뚝선 대 학 이 되 어
겨 레와 인 류에 이 바 지 하ㅡ 리

1-045

한국불교대학 교가

우 학 작사
이달철 작곡

Moderato ♩= 90
3
우 ㅡ리 는 수 많 은 세 월 기 다 려
세 ㅡ상 은 본 래 로 한 몸 한 세 월
여 기 서 정 법 을 만 났 습 니 다
간 절 한 신 심 으 로 합 장 합 니 다
참 ㅡ으ㅡ로 좋 ㅡ은 인 연 입 니 다
너 무 나ㅡ도 거 룩 한 만 남 입 니 다
3
부 처 님 연 화 세 계 보 살 도 서 원 아 ㅡ
희 망 찬 정 토 세 계 영 원 한 도 반 아 ㅡ
아 ㅡ 아 ㅡ 아 한 국 불 교 대 학
아 ㅡ 아 ㅡ 아 한 국 불 교 대 학
3
마 음 의 고 향 이 여 함 께 사 랑 하 리 라
진 리 의 터 전 이 여 함 께 정 진 하 리 라

1-046

불교도의 노래

정중하게

서정주 작사
김동진 작곡

삼 계 의 고 해 에 길 을 밝 히 고
인 연 의 쓰 고 도 아 리 는 사 슬
연 꽃 이 피 어 서 부 처 님 아 래

사 생 의 세 계 에 새 빛 을 더 할
윤 회 의 고 달 픈 머 나 먼 길 을
사 자 야 모 여 서 불 법 지 켜 라

용 맹 이 여 오 라 ㅡ 뜨 는 해 처 럼
풀 ㅡ 려 서 진 여 의 꽃 동 산 이 라
무 ㅡ 량 한 우 리 들 힘 을 합 하 여

겨 레 와 중 생 을 두 루 비 치 라
향 기 여 천 지 에 넘 쳐 나 거 라
영 겁 을 빛 내 고 또 빛 내 리 라

(후렴) 우 리 는 감 로 를 공 양 하 나 니

우 리 에 게 죽 음 도 이 미 없 도 다

1-047

불교 보육교사의노래

여영희 작사
이태현 작곡

Moderato ♩= 108
f
mf
사랑으로— 가르쳐요 — 믿음으로보살펴요 —
대자비로— 가르쳐요 — 사랑으로보살펴요 —
자비도량— 층층마다 — 가피은혜넘쳐나요 —
부처계신— 자비동산 — 자성동이자라나요 —
천 진 불을— 가르치는 — 관음손길닮—아서 —
미 래 세상— 정토세상 — 연꽃향기넘쳐나는 —
튼 튼 하고— 지혜로운 — 아기부처키워가요 —
자 비 도량— 사랑동산 — 웃음꽃을피워가요 —
f
자 비 로 가르치고 — 사랑으로보살피는 —
f
우 리 들은 — 사랑나무 — 불교의사랑나무 —

불교여성의 노래

김어수 작사
전석환 작곡

햇 살 처 럼 쏟 아 지 는 부 처 님 — 자 비
올 — 바 른 슬 기 뭉 쳐 기 쁜 맘 — 으 로
한 — 가 슴 활 짝 열 고 마 음 껏 — 받 아
깃 — 발 을 휘 두 르 며 우 렁 찬 — 전 진
온 — 누 리 구 석 구 석 그 늘 — 진 언 덕
밝 은 나 라 새 불 교 로 복 지 — 사 회 를
골 — 고 루 새 빛 — 을 비 추 어 — 보 세
기 — 어 이 이 루 고 자 나 서 는 — 아 침
(후렴) 아 —일어나라 우리여성들 다 같이한데뭉쳐 힘찬전진을
아 —부—처님 내앞에설때 시 방이두루밝아 어둠없어라
우 리불 교— 여 성 회 불 교여 성 회

1-049

영산 회상 봄 소식이

(圓佛敎 敎歌)

김기천 작사
김세형 작곡

1. 영 산 회 상 봄 소 식 이 다 시 와
2. 어 둠 에 서 방 황 하 던 우 리 는
3. 제 생 의 세 목 적 하 는 형 제 들
만 생 령 의 자 부 이 신 대 종 사
온 세 상 의 광 명 이 신 정 법 에
고 해 중 생 반 야 선 에 건 져 서
제 도 문 을 널 리 열 어 주 시 니
무 시 선 과 무 처 선 의 공 부 로
일 원 의 꽃 피 어 있 는 극 락 에
우 리 들 의 행 복 됨 이 크 도 다
한 량 없 는 삼 대 력 을 갖 추 세
영 겁 에 서 영 겁 으 로 즐 기 세

1-050

전법사의 노래

곽근성 작사
김영애 작곡
사명을 느끼며 ♩= 94
이 세상빛 이— 되—라— 종— 자 가 되 라 험 난
어 둠깃든 광야 에—서— 빛— 이 되 어 라 쉴곳
한 땅황 무지 에 거— 름 이되 — 라
없 는산 야에 서 목— 자 가되 — 라
포 교 사 가 걷는그길은 미지의땅 — 에 불—
전 법 사 가 걷는그길은 가시밭행 — 진 물을
연 의싹 종자 심 —어 개척하 여 라 (후렴) 정—
길 어씨 뿌— 리 —며 가꾸어 가 라
법 전진 전 하는길 고행이 어 라
부 처따라 걷는 길 그— 길 행복 하여 라

1-051

포교사의 노래

곽영석 작사
김정란 작곡

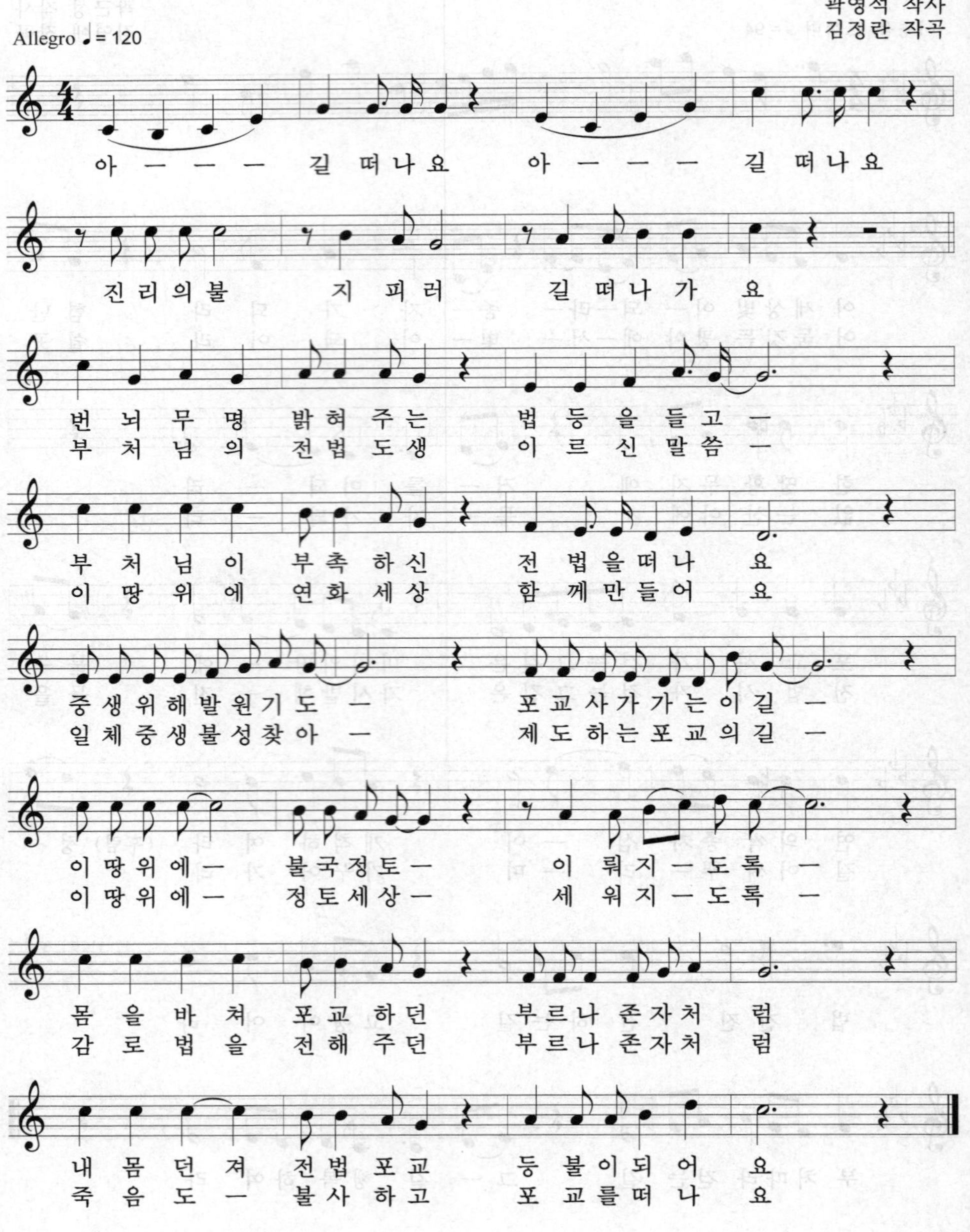
Allegro ♩= 120
아 ㅡ ㅡ ㅡ 길 떠나요 아 ㅡ ㅡ ㅡ 길 떠나요
진리의불 지피러 길떠나가 요
번 뇌 무 명 밝혀주는 법 등 을 들고 ㅡ
부 처 님 의 전법도생 이 르 신 말씀 ㅡ
부 처 님 이 부촉하신 전 법을떠나 요
이 땅 위 에 연화세상 함 께만들어 요
중생위해발원기도 ㅡ 포교사가가는이길 ㅡ
일체중생불성찾아 ㅡ 제도하는포교의길 ㅡ
이땅위에ㅡ 불국정토ㅡ 이 뤄지ㅡ도록 ㅡ
이땅위에ㅡ 정토세상ㅡ 세 워지ㅡ도록 ㅡ
몸 을 바 쳐 포교하던 부르나 존자처 럼
감 로 법 을 전해주던 부르나 존자처 럼
내 몸 던 져 전법포교 등 불이되어 요
죽 음 도 ㅡ 불사하고 포 교를떠나 요

1-052

사홍서원

정중하게

경 전 작시
최영철 작곡

중 생 을 다 건 지오 리 다
번 뇌 를 다 끊 으오 리 다
법 문 을 다 배 우오 리 다
불 도 를 다 이 루오 리 다

1-053

산회가

운 문 작사
정민섭 작곡

몸 은비—록 이 자리에서 헤어—지지 만
마 음—은 언 제라도 떠나—지마 세
거 룩 하 신 부 처 님 을항상모시— 고
오 늘배—운 높 은법문 깊 이—새겨 서
다 음 날 반 갑 게 — 한 맘 한 뜻으 로
부 처 님 의 성 전—에 다 시 만 나— 세

1-054

삼귀의

경 전 작사
최영철 작곡

거 룩 한 부 — 처 님 께 귀 의 합 니 다

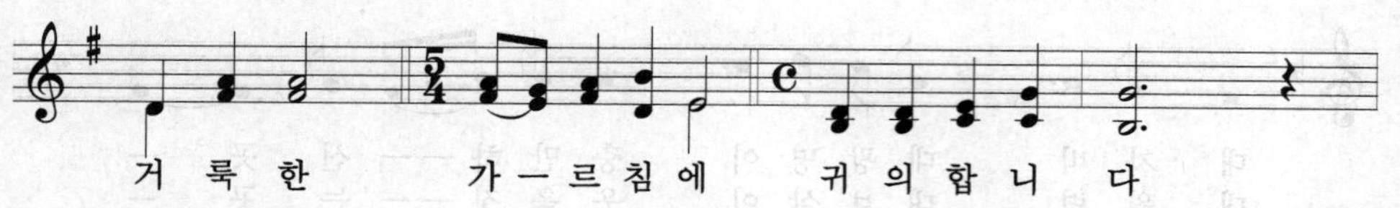
거 룩 한 가 — 르 침 에 귀 의 합 니 다

거 룩 한 스 — 님 들 께 귀 의 합 니 다

1-055

집회가

운 문 작사
정민섭 작곡

우 리는 성 — 전에 모 — 두 모 — 였 네 —
우 리는 불 — 전에 모 — 두 모 — 였 네 —
대 자 비 대 광 명 이 충 만 하 — — 신 곳 —
대 원 력 대 보 살 이 웃 음 짓 — — 는 곳 —
거 룩 하 신 부 처 님 의 진 — 리 를 배 워 —
장 하 옵 신 보 살 님 의 원 — 력 을 따 라 —
무 상 보 리 이 루 어 서 생 사 면 — 하 고 —
무 상 불 도 이 루 어 서 고 해 면 — 하 고 —
가 엾 은 중 — 생 을 제 — 도 하 — 고 져 —
수 많 은 중 — 생 을 인 — 도 하 — 고 져 —
성 스 러 운 불 회 상 에 같 이 모 — — 였 네 —
존 엄 하 신 불 도 량 에 같 이 모 — — 였 네 —

1-056

청법가

이광수 작사
이찬우 작곡

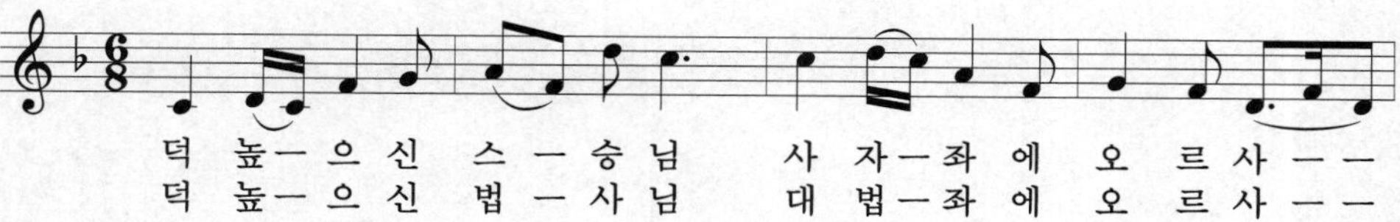
덕 높ㅡ으 신 스 ㅡ 승 님 사 자ㅡ좌 에 오 르 사 ㅡ ㅡ
덕 높ㅡ으 신 법 ㅡ 사 님 대 법ㅡ좌 에 오 르 사 ㅡ ㅡ

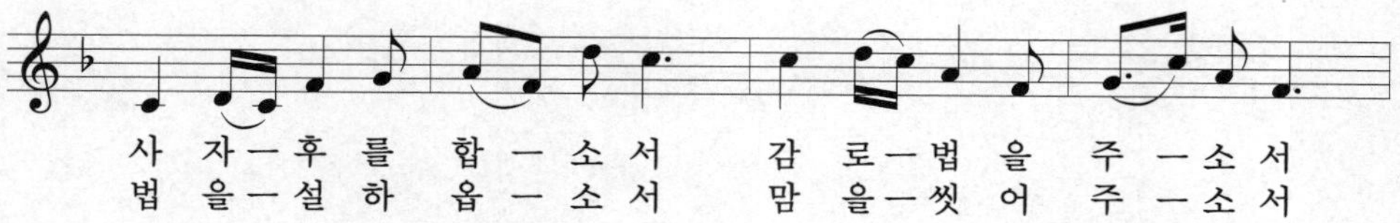
사 자ㅡ후 를 합 ㅡ 소 서 감 로ㅡ법 을 주 ㅡ 소 서
법 을ㅡ설 하 옵 ㅡ 소 서 맘 을ㅡ씻 어 주 ㅡ 소 서

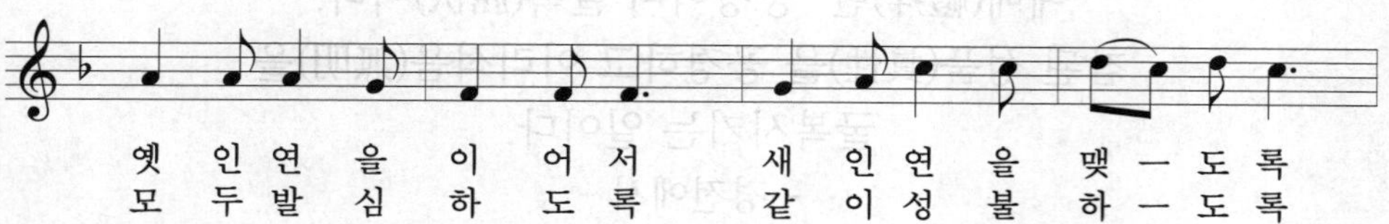
옛 인 연 을 이 어 서 새 인 연 을 맺 ㅡ 도 록
모 두 발 심 하 도 록 같 이 성 불 하 ㅡ 도 록

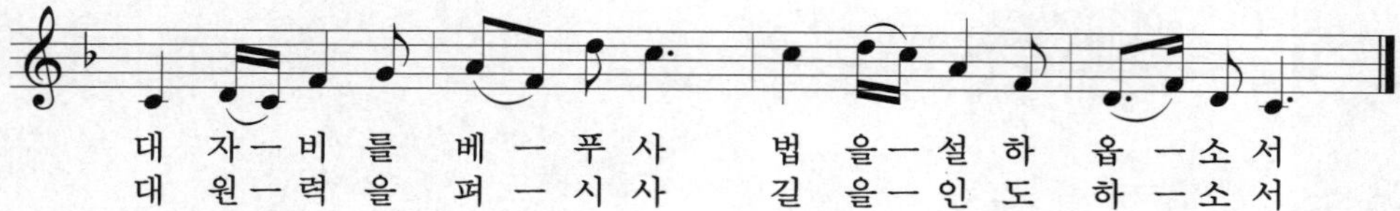
대 자ㅡ비 를 베 ㅡ 푸 사 법 을ㅡ설 하 옵 ㅡ 소 서
대 원ㅡ력 을 펴 ㅡ 시 사 길 을ㅡ인 도 하 ㅡ 소 서

예배(禮拜)란 공경이며 굴복(屈伏)이다.

참된 성품(眞性)을 공경하고 어리석음(無明)을

굴복시키는 일이다.

- 경전에서 -

2

예배, 찬송, 귀의

2-001

감로의 푸른 법문

곽영석 작사
백승태 작곡

Andante
mf
mp
눈 이 푸—른— 청 년—불자 눈 을—들어— 라 —
성 불 서—원— 정 진—하는 청 년—불자— 야 —
mf
우 리 모—두— 전 법—도생 서 원—세우— 니 —
부 처 님—의— 법 장—유훈 새 겨—보아— 라 —
f
바 른 법 을 믿 고 새 겨 바 르 게———살— 며 —
일 체 중 생 전 법 도 생 부 촉 하———옵— 고 —
mp
무 명 밝—혀— 감 로—법을 전 하—며살— 자 —
대 장 경—의— 감 로—법을 일 러—주셨— 다 —
Allegr
f
함 께—사 는 우 리—세 상 청—년 불—자 야 —
rit
부 처—님 의 정 법—배 워 전 하 러 가 자 —

2-002

같이 가세 건너 보세

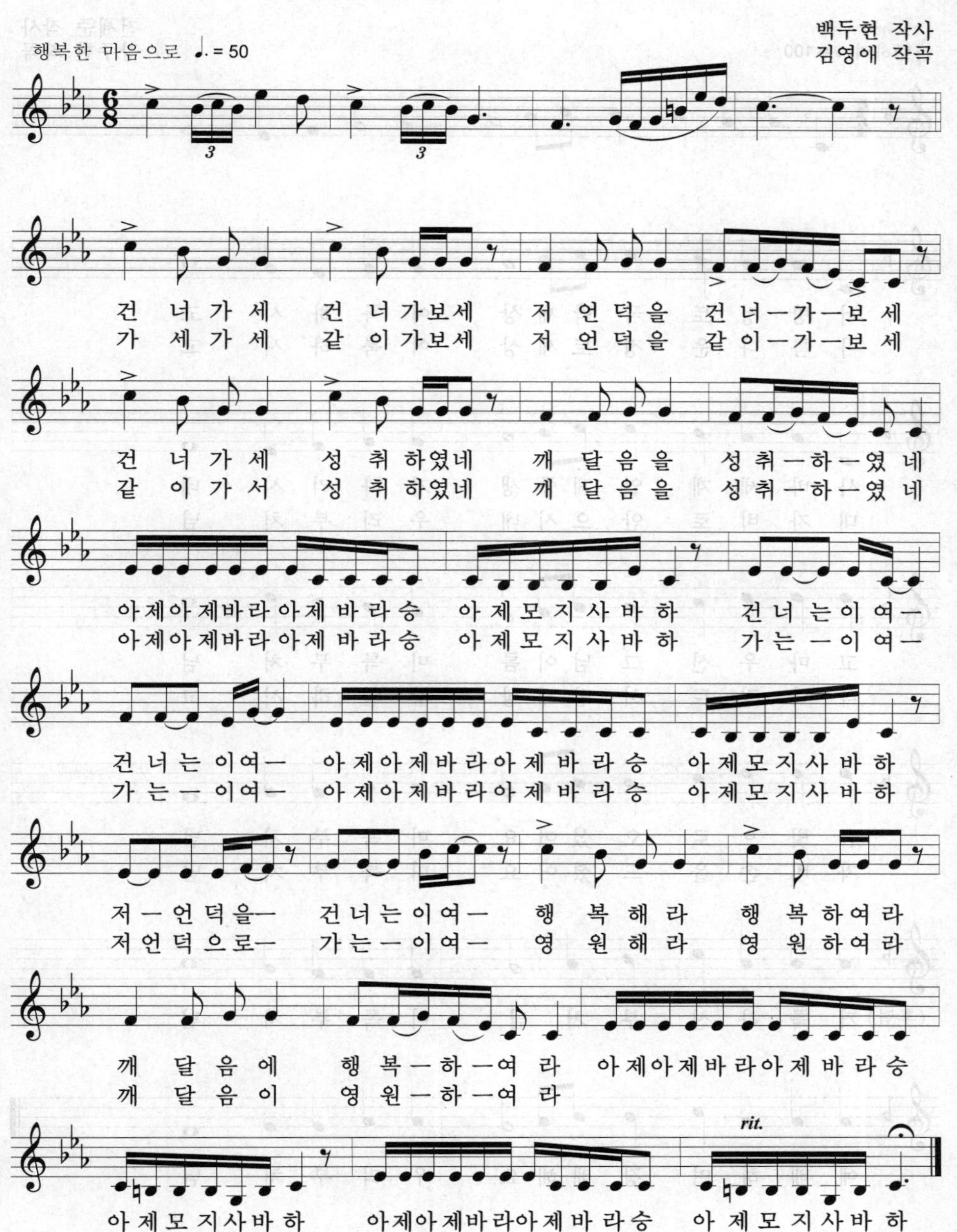
백두현 작사
김영애 작곡
행복한 마음으로 ♩. = 50
건 너 가 세 건 너 가 보 세 저 언 덕 을 건 너 — 가 — 보 세
가 세 가 세 같 이 가 보 세 저 언 덕 을 같 이 — 가 — 보 세
건 너 가 세 성 취 하 였 네 깨 달 음 을 성 취 — 하 — 였 네
같 이 가 서 성 취 하 였 네 깨 달 음 을 성 취 — 하 — 였 네
아 제 아 제 바 라 아 제 바 라 승 아 제 모 지 사 바 하 건 너 는 이 여 —
아 제 아 제 바 라 아 제 바 라 승 아 제 모 지 사 바 하 가 는 — 이 여 —
건 너 는 이 여 — 아 제 아 제 바 라 아 제 바 라 승 아 제 모 지 사 바 하
가 는 — 이 여 — 아 제 아 제 바 라 아 제 바 라 승 아 제 모 지 사 바 하
저 — 언 덕 을 — 건 너 는 이 여 — 행 복 해 라 행 복 하 여 라
저 언 덕 으 로 — 가 는 — 이 여 — 영 원 해 라 영 원 하 여 라
깨 달 음 에 행 복 — 하 — 여 라 아 제 아 제 바 라 아 제 바 라 승
깨 달 음 이 영 원 — 하 — 여 라
rit.
아 제 모 지 사 바 하 아 제 아 제 바 라 아 제 바 라 승 아 제 모 지 사 바 하

2-003

거룩하신 미륵불

전세준 작사
강주현 작곡

찬탄하며 ♩= 100

서 방 정 토 극 락 세 상 이 룩 하 시 고
아 름 다 운 정 토 세 상 이 룩 하 시 고
사 바 세 계 일 체 중 생 기 다 리 시 네
대 자 비 로 안 으 시 네 우 리 부 처 님
고 마 우 신 그 님 이 름 미 륵 부 처 님
극 락 정 토 서 방 세 상 장 엄 하 시 고
금 빛 으 로 오 셨 어 요 미 륵 부 처 님
자 비 손 을 드 셨 어 요 미 륵 부 처 님
(후렴) 거 룩 하 신 부 처 님 미 륵 부 처 님
예 배 하 며 경 배 해 요 우 리 부 처 님

2-004

거룩한 임의 말씀

(가사공모작)

여영희 작사
강주현 작곡

고마운 마음으로 ♩= 82
부 처 님 의 법 문 말 씀 팔 만 ─ 대 장 경
역 대 조 사 배 워 익 힌 팔 만 ─ 대 장 경
중 생 구 제 전 법 도 생 거 룩 한 자 취
일 체 중 생 구 제 서 원 진 여 의 말 씀
바 른 지 혜 바 른 행 동 더 불 어 사 는
사 람 답 게 사 는 모 습 행 복 한 세 상
거 룩 하 신 임 의 말 씀 팔 만 대 장 경
삶 의 지 혜 말 씀 하 신 팔 만 대 장 경
(후렴) 거 룩 해 라 고 마 워 ─ 라 부 처 님 말 씀
인 연 지 어 만 났 으 니 감 사 합 니 다

2-005

관세음보살찬가

(수상곡)

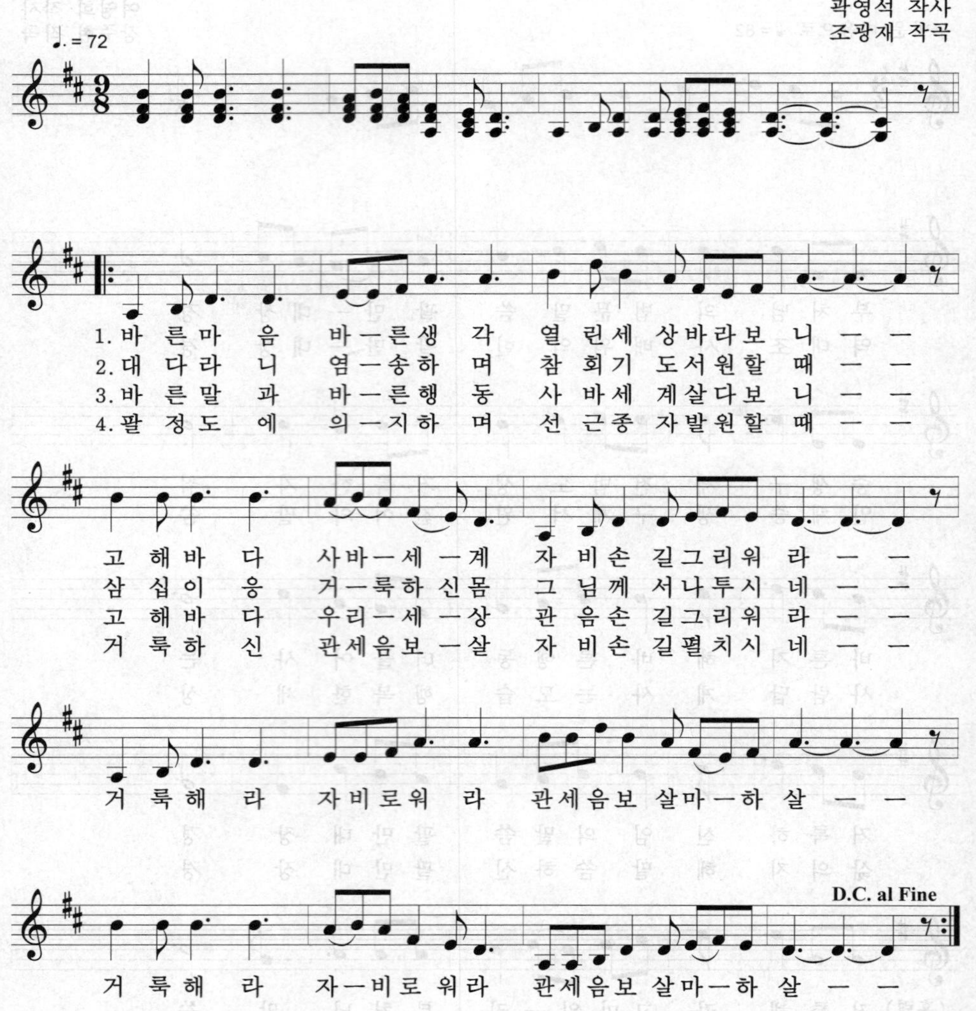

곽영석 작사
조광재 작곡
♩. = 72
1. 바 른마 음 바ㅡ른생 각 열 린세 상바라보 니 ㅡ ㅡ
2. 대 다라 니 염ㅡ송하 며 참 회기 도서원할 때 ㅡ ㅡ
3. 바 른말 과 바ㅡ른행 동 사 바세 계살다보 니 ㅡ ㅡ
4. 팔 정도 에 의ㅡ지하 며 선 근종 자발원할 때 ㅡ ㅡ
고 해바 다 사바ㅡ세ㅡ계 자 비손 길그리워 라 ㅡ ㅡ
삼 십이 응 거ㅡ룩하신몸 그 님께 서나투시 네 ㅡ ㅡ
고 해바 다 우리ㅡ세ㅡ상 관 음손 길그리워 라 ㅡ ㅡ
거 룩하 신 관세음보ㅡ살 자 비손 길펼치시 네 ㅡ ㅡ
거 룩해 라 자비로워 라 관세음보 살마ㅡ하 살 ㅡ ㅡ
D.C. al Fine
거 룩해 라 자ㅡ비로 워라 관세음보 살마ㅡ하 살 ㅡ ㅡ

2-006

관세음보살 십대 서원

곽영석 작사
이종록 작곡

♪ = 80-84
mf
mp
그 대 위 해 살 겠 노 라 함 께 가 리 라 ―
그 대 위 해 윤 회 겁 을 찾 아 왔 노 라 ―
mf
관 음 보 살 십 대 서 원 간 절 한 다 ― 짐 ―
그 의 이 름 관 음 보 살 자 비 의 화 ― 신 ―
mp
그 대 위 해 한 세 상 을 함 께 살 리 라 ―
인 연 지 은 불 제 자 들 서 원 살 피 사 ―
f
거 룩 하 신 그 서 원 이 이 뤄 지 셨 네 ―
한 량 없 는 가 피 은 혜 베 푸 시 었 네 ―
mp
(후렴) 나 무 대 비 관 ― 세 음 관 세 음 보 살 ―
mf
거 룩 하 신 그 서 원 을 축 복 합 니 다 ―

2-007

관세음의 노래

법 정 작사
김동진 작곡

mp
삼 계의 중－생－을 천 안으로 살－피시고
임 이여 나－투소서 그 모습－ 보－이소서
고 해의 중－생－을 천수로써건지시 는
어 두운 이－세상에 그－모습보이소 서
mf
자 비하신 관 세음－ 보 살님 께 귀의하오니－
목 마른－ 중 생에 게 감 로수 를 내리시－고－
mp
저 희들의 어린마－음 거－두어주옵소 서
길 잃은－ 중생에－게 바른길을열으소 서
p
나무구고구난 관세－음－보살 나무대자대비 관세－음－보살

2-008

관음보살이시여

보통빠르기로
김정자 작사
강영화 작곡
언제나 차지않는 마— 음 으 로 어두
탐진치 삼—독에 빠— 진 중 생 어디
운 사바고해 헤매 이 다 가 먼길
로 갈줄몰라 헤매 이 다 가 이제
을 돌 아 이제 야 당신 께 귀의합니 다 자비
야 지 친 몸으 로 당신 께 귀의합니 다 중생
로 중생을 이— 끄 시 는 거룩
의 음성을 들어 주 시 는 거룩
하 신 관세음 보— 살 님 이시 여 정성
하 신 관세음 보— 살 님 이시 여 진—
들 여 무릎 꿇 고 참회 기 도 올리 오 니 천수
실 한 참회 기 도 당— 신 께 올리 오 니 삼십
천 안 몸을 나 퉈 저희 를 보살 피 사 팔만 사 천 모든
이 응 몸을 나 퉈 저희 를 구원 하 사 고— 요 한 감로
번 뇌 끊어버리 고 어— 둔 세— 상 밝— 히 —
법 문 노래부르 며 사— 바 세— 계 밝— 히 —
는 등— 불 되— 게 하— 소 — 서
는 연— 꽃 되— 게 하— 소 — 서

2-009

관음회송

(수상곡)

혜 봉 작사
조경제 작곡

Slow GoGo

중생의고통을 살 피 시 고 자비의손길로 안아 주 시 고
온갖지혜 방편 으 一로 중생 구 제하 옵시 고
자 비 하 신 관 세 음보살님께 귀 의하 오 니
대 자 대 비 관 세 음 을 따르고배 우 고 자
우 리 여 一 기 모였사오니 거두어주옵소서 대一자대비
관세음보살一 관 세음 보살 나 무관세음보 살

2-010

게송 공부

곽영석 작사
정홍근 작곡

♩= 90
부처님이— 강설하신— 팔 만 대 장 경
여래말씀— 향기로운— 팔 만 대 장 경
읽고쓰고— 외고전해— 성 불 합 시 다
일심으로— 정진하여— 진 리 배 워 요
경전마—다 일러주—신 오 묘 한 주 문
팔만사—천 진리법—문 오 묘 한 게 송
우리모두— 독송하며— 공 부 합 시 다
우리모두— 공부하여— 견 성 합 시 다

2-011

견고당보살의 찬송

곽영석 작사
정영화 작곡

거룩한 마음으로 ♩= 83
여 래경 계 깊고높ㅡ아 말할 수ㅡ없ㅡ 고
시 방세 계 상주하ㅡ신 우리부ㅡ처ㅡ 님
다 함없ㅡ는 지혜공 덕 끝이 없ㅡ어ㅡ 라
가 르치ㅡ신 진여법 문 향기 로ㅡ와ㅡ 라
청 정한 맘 지성 으로 공 양을올ㅡ리ㅡ 고
임 의법 문 대승 경계 충 만ㅡ하ㅡ시ㅡ 어
서 원세 워 정 진할때 대 도ㅡ이 루리
허 공계 와 중 생계를 구 원ㅡ하 시 네
인천의 스승님 지극한 마음으로 예 배하 오 니
끝 이없 는 무 량공덕 중생구원하 소 서

견고한 나의 다짐

(공모작)

곽영석 작사
정영화 작곡
Moderato
끊임없 이 부는 바람 — 나의가 슴 흔들 어도 —
구름피 는 회색 하늘 — 마음밭 엔 잡초 가득 —
임을향 한 나의 다짐 — 한결같 이 굳건 하네 —
예배하 며 다가 서서 — 삶의지 혜 찾아 가네 —
부질없 는 번뇌 욕심 — 구름처 럼 피고 져도 —
오랜세 월 무명 속에 — 방황하 던 그진 실을 —
마음밭 을 채워 가는 — 부처님 의 지혜 법문 —
이 — 제 야 돌아 와서 — 방편찾 아 엎드 리네 —
(후렴) 거룩하 신 부 처님 — 자비하 신 부 처님 —
나의다 짐 견고 하니 — 구원하 여 주옵 소서 —

2-013

구원의 등불

곽영석 작사
김정란 작곡
♩= 92
거룩하신임 이시 여 자비하신임 이시 여
자비하신임 이시 여 거룩하신임 이시 여
어리석은이 중생 을 무지에서깨 우 시 고
지 혜롭지못 하여 서 탐진치에빠 졌을 때
갈 길몰 라 헤—매 는 육도중생구원하셨 죠
자 비손 을 모아들 고 수렁에서구원하셨 죠
부 처만나 인연가 피 감사하고은 혜로 워
내 일생에 축복이 란 부처만난인 연이 요
경배하며따 릅니 다 거룩하신임 이시 여
예배하며따 릅니 다 자비하신임 이시 여
경배하며따 릅니 다 거룩하신임—이시 여
예배하며따 릅니 다 자비하신임—이시 여
구 원의등 불 들 — 고 생사바다건너시 는
rit.
자비하신임 이시 여 구원하여주 옵소 서

2-014

구원의 손길

(공모작)

강병건 작사
정영화 작곡
조금느리게 ♩= 90
내 믿음이 진 실하면 가 피은혜 충 만하고
내 사랑이 갸 륵하면 제 석천도 도 우시고
온 법계의 보 살님들 외 호하여 도 우시네
내 믿음이 진 실하면 제 불보살 살 피시네
내 의지가 굳 건하여 예 배하고 찬 송하면
이 타행의 자 비실천 공 덕향기 넘 쳐나면
대 환란의 위 험에서 보 살가피 받 는다네
혜 원향의 서 원탑이 찬 란하게 빛 이나네
대 자대비 관 음보살 거룩하신임 이시 여
방 황하는 이 중생을 굽어살펴주 옵소 서

구파보살 찬가

곽영석 작사
이종록 작곡

♩. = 52-52
구 파 보 살 석 씨 보 살 보 리 의 씨 ㅡ 앗 연 꽃 속
깨 끗 한 몸 귀 한 자 세 구 ㅡ 파 보 살 님 보 살 행
에 태 어 나 사 청 정 하 여 라 ㅡ 오 랜 세
과 해 탈 경 문 들 려 주 시 네 ㅡ 보 살 들
월 불 도 위 해 공 덕 을 쌓 ㅡ 아
의 삼 매 바 다 함 ㅡ 께 닦 ㅡ 아
중 생 들 의 스 승 되 니 감 사 하 여 라 ㅡ
대 자 대 비 방 편 바 다 이 루 시 었 네 ㅡ
(후렴) 화 엄 경 의 진 여 말 씀 구 파 보 살 님ㅡ
시 방 법 계 허 공 계 에 자 제 하 셔 라 ㅡ

2-016

귀 있는 자 들어라

곽영석 작사
이종록 작곡
♩= 80-84
mf
범천 천 인찾아 와 여래 설 법청할 때 감 로ㅡ의
산 의천인 들 여래 설 법원할 재 귀 있는자
f
문 열렸 다 귀 있는자 들 어 라
들 어ㅡ 라 감 로의문 열 렸 다
mf
ㅡ 낡은 믿 음버리 고 환희 심 을가져 라
ㅡ 경청 하 고들을 때 마음 부 터열어 라
삼천대 천 왕 들 이 예배하 고 들 을 때
범천선 인 모 두 가 예경하 고 들 을 때
여래말씀 신 묘 해 모두듣고 울 었 네
여래법문 오 묘 해 환희하여 울 었 네
mf
(후렴) 여래법문 만 나 는 그 인연 이 소중 해
f
예경하며 찬 불 가 소 리높여 불 렀ㅡ
1.
2.
네 ㅡ 수미 네 ㅡ

2-017

금강당보살의 노래

보통빠르게
♩= 80
곽영석 작사
강주현 작곡
신 통 하 신 마 음 경 ㅡ 계 두 루 하 옵 고
깨 달 음 의 대 지 혜 ㅡ 를 성 취 하 시 고
대 자 재 의 진 여 법 ㅡ 문 한 량 없 어 라
옛 날 옛 적 세 운 서 ㅡ 원 이 룩 하 셨 네
청 정 하 신 임 의 법 ㅡ 신 장 애 가 없 어
우 주 법 계 모 든 세 ㅡ 계 화 현 하 시 어
온 법 계 에 임 하 시 어 가 르 치 시 네
견 성 하 여 성 불 하 라 가 르 치 셨 네
시 방 법 계 고 마 우 신 우 리 부 처 님
일 심 으 로 정 진 하 여 깨 치 렵 니 다

2-018

극락정토 예찬가

(가사공모작)

곽영석 작사
김영애 작곡

간절한 마음으로 ♩= 90

법 장 비 구 서원하 신 서방 정토 는
밤 과 낮 이 멀고길 어 행복 한그 땅
팔 공 덕 수 충만한 땅 미타 불세 상
아 픔 없 고 건강하 게 사는 그나 라
십 선 계 를 갈고닦아ㅡ 나 는 그 세 상
한 량 없 는 수명갖춘ㅡ 아 름 다 운 곳
아 미 타 불 관음세지ㅡ 계 신그 나 라
아 미 타 불 계신나라ㅡ 자 비의 나 라
사시사철 꽃향기 가 향 기로ㅡ운ㅡ 곳
서방정토 극락세 계 아 미타 세ㅡ 상

2-019

나는 부처님을 알아요

여영희 작사
송 결 작곡

보통빠르게

부처님을알 아— 요 거룩하신부 처— 님
부처님을알 아— 요 사생자부부 처— 님

왕 자로태어났— 죠 카필라궁왕—자 님
성 넘어출가했— 죠 카필라궁왕—자 님

출 가 하 여— 깨 치 시 어 부처님이되시 니
가 야 산 에— 육 년 고 행 부처님이되시 니

경 배 하 여— 찬송해요— 자비하신부 처 님
찬 양 하 여— 예배해요— 우리들의부 처 님

(후렴) 팔 만 사 천 진리말씀 거 룩—한 법 문

법 장 유 훈 새겨보며 정 진—합 니 다

2-020

나를 사랑하시니

곽영석 작사
이태현 작곡

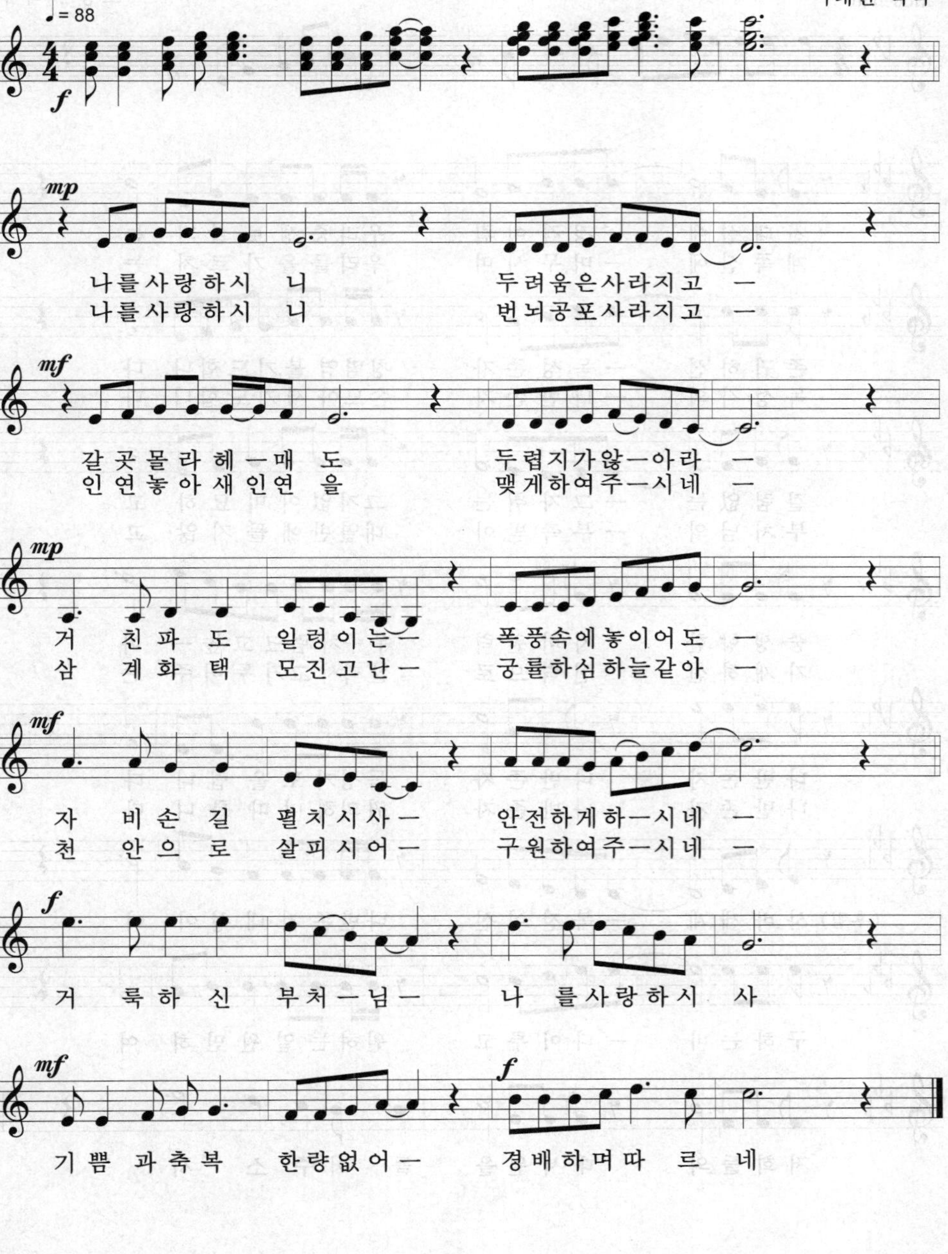

♩= 88
f
mp
나를사랑하시 니 두려움은사라지고 ㅡ
나를사랑하시 니 번뇌공포사라지고 ㅡ
mf
갈곳몰라헤ㅡ매 도 두렵지가않ㅡ아라 ㅡ
인연놓아새인연 을 맺게하여주ㅡ시네 ㅡ
mp
거 친파 도 일렁이는ㅡ 폭풍속에놓이어도 ㅡ
삼 계화 택 모진고난ㅡ 궁륭하심하늘같아 ㅡ
mf
자 비손 길 펼치시사ㅡ 안전하게하ㅡ시네 ㅡ
천 안으 로 살피시어ㅡ 구원하여주ㅡ시네 ㅡ
f
거 룩하 신 부처ㅡ님ㅡ 나 를사랑하시 사
mf
f
기쁨 과축복 한량없어ㅡ 경배하며따 르 네

2-021

나반존자 찬가

곽영석 작사
조영근 작곡

Moderato
천태산에 ㅡ정각이뤄 우리중생보살피 는
계족산에 ㅡ머무시며 우리들을가르치 는
존귀하신 ㅡ독성존자 칭명염불기도합니 다
독성각의 ㅡ나반존자 손모아서기도합니 다
걸림없는 ㅡ그자취는 그지없이미묘하 고
부처님의 ㅡ부촉받아 대열반에들지않 고
중생향한 자비원력 우주처럼크고높ㅡ 아
자재하신 신력으로 살피시고거두어주 는
나반존자 나반존자 독성기도올립니 다
나반존자 나반존자 귀의하며따릅니 다
(후렴) 사바세계 ㅡ복전이신 나반존자대성이 여
구하는바 ㅡ다이루고 원하는일원만하 여
저희들의 대서원을 들 어주 소 서

나의 부처님

전병호 작사
최선기 작곡

가 난 한 이 마 음 에 빛 ㅡ 을 주 시 고
고 통 스 런 마 음 에 안 식 을 주 시 고
아 ㅡ 픈 ㅡ 마 음 에 위 로 를 ㅡ 주 셔 요
고 뇌 하 는 마 음 에 평 화 를 ㅡ 주 세 요
사 랑 하 는 부 처 님 나 ㅡ 의 ㅡ 부 처 님
사 랑 하 는 부 처 님 나 ㅡ 의 ㅡ 부 처 님
두 손 모 아 기 원 합 니 다 나 의 부 처 님
두 손 모 아 기 원 합 니 다 나 의 부 처 님
언 제 나 나 의 부 처 님 을 바 라 봅 니 ㅡ 다
부 처 님 부 처 님 ㅡ ㅡ 나 ㅡ 의 부 처 님

2-023

내 마음의 부처님

송 운 작사
조광재 작곡
♩= 100
마 음 속 에 큰 부 처 님 항 상 계 셔 도
마 음 속 에 온 갖 번 뇌 흙 근 심 걱 정 도
어 리 석 고 약 한 마 음 들 때 있 어 요
목 탁 소 리 듣 다 보 면 사 라 져 가 요
은 혜 로 운 찬 불 소 리 높 이 부 르 면
약 한 마 음 슬 픈 마 음 어 리 석 음 도
마 음 안 개 눈 녹 듯 이 사 라 져 가 요
염 불 소 리 듣 다 보 면 잊 혀 만 가 요
♩. = 58
(후렴) 거 룩 하 신 부 처 님 내 마 음 의 부 처 님
언 제 나 내 마 음 에 계 신 나 의 부 ㅡ 처 님

2-024

노사나불 찬양

곽영석 작사
오영민 작곡
장엄하고 경건하게 ♩= 72
1.무량겁의 세월동안 수 행 하시 어 서
연화장의 장엄세상 머 무 시ㅡ 면 서
2.삼천대천 대우주를 관 장 하ㅡ 시 는
연화대의 천의꽃잎 열 어 놓ㅡ 고 서
1.
법계실상 깨치셨네 노사나부처 님
화신불로 나투시어
설법인을 드시었네 노사나부처 님
삼계도사 삼신불의
2.
교 화하신 다 네
교 주되ㅡ 다 네
(후렴) 거 룩하 신 님의 가피
대 천세 상 에
두 루하 여 미친 다 네
D.C.
rit
우 리부 처 님
우 리부 처 님
Fine

2-025

다함께 두손 모아

경 암 작사
오해균 작곡
경건한 마음으로 ♩= 84
나 무 석가모니 불 나 무 석가모니 불
두 손 모 아 합장기도합 니 다 ㅡ
다 함께 예배합시다 거 룩하 신 부 처님께
다 함께 절을합시다 자 비하 신 부 처님께
전 법 도 생 사 십 오 년 지 혜로등불을 밝 히 시 고
일 체 중 생 구 제서원 방 편을세워서 가 르 치 고
중 생 들 의 번 뇌 욕 망 을 깨쳐 알게하 셨 으 니
인 연 지 어 자 기 업 장 을 벗어 나게하 셨 으 니
두 손모 아 절을합시다 거룩하신부 처님 께
지 극정 성 예배합니다 자비로운부 처님 께
나 무 석가모니 불 ㅡ ㅡ 나무석가모 니 불

2-026

다함없는 삼보님

(수상곡)

이은희 작사
김영애 작곡

다 함 없 는 보 살 님 저 희 마 음 받 으 시 고
보 배 로 운 부 처 님 상 서 로 운 반 야 지 혜

삼 보 님 의 지 ㅡ 혜 ㅡ 로 번 뇌 망 상 소 멸 하 사 ㅡ
진 리 의 눈 밝 히 시 ㅡ 어 탐 ㅡ 진 치 소 멸 하 사 ㅡ

저 ㅡ 이 ㅡ 제 신 심 으 로 붓 다 를 예 경 하 옵 니 다
저 ㅡ 이 ㅡ 제 신 심 으 로 붓 다 를 존 경 하 옵 니 다

불 법 승 빛 과 같 으 니 수 행 과 정 진 으 로
불 법 승 빛 과 같 으 니 수 행 과 정 진 으 로

본 래 마 음 깨 달 아 예 경 합 니 다

삼 보 님 께 손 모 아 서 서 원 합 ㅡ 니 ㅡ 다

2-027

달마대사와 혜가스님

정민시 작사
조영근 작곡

Andante
관음보살 후 신으로 오 신큰 스ㅡ 님
혜가스님 법 제자에 말 씀전 하ㅡ 고
소 림굴 에 아 흡해를 면 벽수 행 해
갈 대타 고 오 신그길 다 시가 시 니
이심전심ㅡ 참소식을ㅡ 보 이 시 오 니
자비해라ㅡ 달마스님ㅡ 거 룩 한 자 취
거 룩해 라 그 이름은 달 마 대 사 님
심 즉시 불 태 평가를 부 르 시 네 요

2-028

당간에 괘불 걸고

여영희 작사
이창규 작곡
♩= 110
절 마당의 당간세워 괘불을걸ㅡ고
당 간위에 괘불걸고 예배하면ㅡ서
선 지식과 법사님을 모셨습니다
선 지식과 법 사님을 모 셨습니 다
백 고좌에 법회열어 여실한법ㅡ문
하 루한분 법회열어 법 문들으ㅡ며
다 시새겨 깨쳐듣고 가 피얻어 요
삼 세인연 나의모습 찾 아봅니 다
(후렴) 부 처님의 법 계진리 함 께들어 요
백 고좌의 법문말씀 함 께들어 요

2-029

당신의 미소

손정윤 작사
최영철 작곡

보통빠르게

당신의따스한눈길 을 우러르고 있 노라 면
포근한당ㅡ신가슴 에 이몸안겨 들 어가 면
천만가지근 심 걱 ㅡ 정 모ㅡ두사 라ㅡ집 니 다
극락정토연 화 세 ㅡ 계 여긴듯싶ㅡㅡ습 니 다
당 신 의 맑은눈길을 우러르고있 노라 면
거 친 몸 아픈영혼도 당ㅡ신의품 안 에 서
우주의삼라만ㅡㅡ 상 ㅡㅡ 도 구슬로빛ㅡㅡ납 니 다
법열의넘쳐흐르는 눈 물ㅡ이 방울방울ㅡㅡ집 니 다
당 신 의 따 스 한 눈 길 을 ㅡ 우 러 르 고 있 노 라 면 ㅡ
포 근 한 당 ㅡ 신 가 슴 에 ㅡ 이 몸 안 겨 들 어 가 면 ㅡ
천만가지근 심 걱 ㅡ 정 모ㅡ두사 라ㅡ집 니 다 당 신
극락정토연 화 세 ㅡ 계 여긴듯싶ㅡㅡ습 니 다
의 ㅡ신비론 미소의 내ㅡ 인 생을맡깁니ㅡ 다 당ㅡ
신 의 거룩한 이 름ㅡ에 내ㅡ 영 생을 맡 깁 ㅡ니ㅡ 다

2-030

도량을 여는 노래

곽영석 작사
정홍근 작곡

♩. = 44

저 깊은하 늘 은 ─ 자 시에문이열리고 ─
밤 과낮경 계 는 ─ 자 시에문이열리고 ─

이 넓은대 지 는 ─ 축 시에풀어진─다 ─
이 검은대 지 는 ─ 축 시에문이열린다 ─

대우주의중─생 은 ─ 인 시에깨어나─니 ─
우주법계만생령이 ─ 인 시에깨어나─니 ─

어둠헤쳐고해바─ 다 ─ 건너가게할─지어 다 ─
사바연의고해바─ 다 ─ 손─잡아건너게하 라 ─

(후렴) 나무관음석가모니불 ─ 지장보살마하 살 ─

나무관음석가모니불 ─ 지장보살 마 하 살 ─

2-031

독성각의 나반존자

곽영석 작사
김남삼 작곡

불심가득 한마음으로
하 늘 계 단 독 성 각 에 홀 로 계 시 는
계 족 산 에 나 의 기 도 듣 고 계 시 는
십 육 나 한 나 반 존 자 반 겨 주 셔 요
자 성 부 처 나 반 존 자 안 녕 하 셔 요
천 태 산 에 성 불 하 여 다 짐 했 지 요
성 불 하 여 부 처 님 께 약 속 했 지 요
미 륵 부 처 올 때 까 지 세 상 에 남 아
미 륵 불 이 올 때 까 지 열 반 미 루 고
어 리 석 은 세 상 사 람 보 살 핀 다 고
사 바 세 계 중 생 들 을 가 르 친 다 고
나 반 존 자 나 반 존 ㅡ 자 거 룩 한 맹 세
참 된 믿 음 자 비 은 ㅡ 혜 알 려 주 셔 요

2-032

마애부처님

전병호 작사
박문희 작곡

Bosa nova ♩ = 120
부 — 처 님 나 오 시 네 —
부 처 님 을 맞 이 하 세 —
바 위 속 에 서 — 나 오 — 시 네 —
두 — 손 모 아 — 맞 이 — 하 세 —
햇 살 밝 게 빛 — 날 때 —
햇 살 밝 게 빛 — 날 때 —
부 — 처 님 — — 환 희 — 웃 으 시 네
바 위 속 에 서 — 나 — — 오 시 — 네
중 생 을 — 구 원 하 라 —
중 생 을 — 구 원 하 라 —
그 말 씀 — 지 키 기 위 해 —
현 세 로 — 오 시 는 부 처 님
부 — 처 님 나 오 시 네 —
부 — 처 님 맞 이 하 세 —
바 위 속 에 서 — 나 오 — 시 네 —
합 — 장 하 며 — 맞 이 — 하 세 —

2-033

마하반야의 노래

광 덕 작사
서창업 작곡

장엄.웅대하게

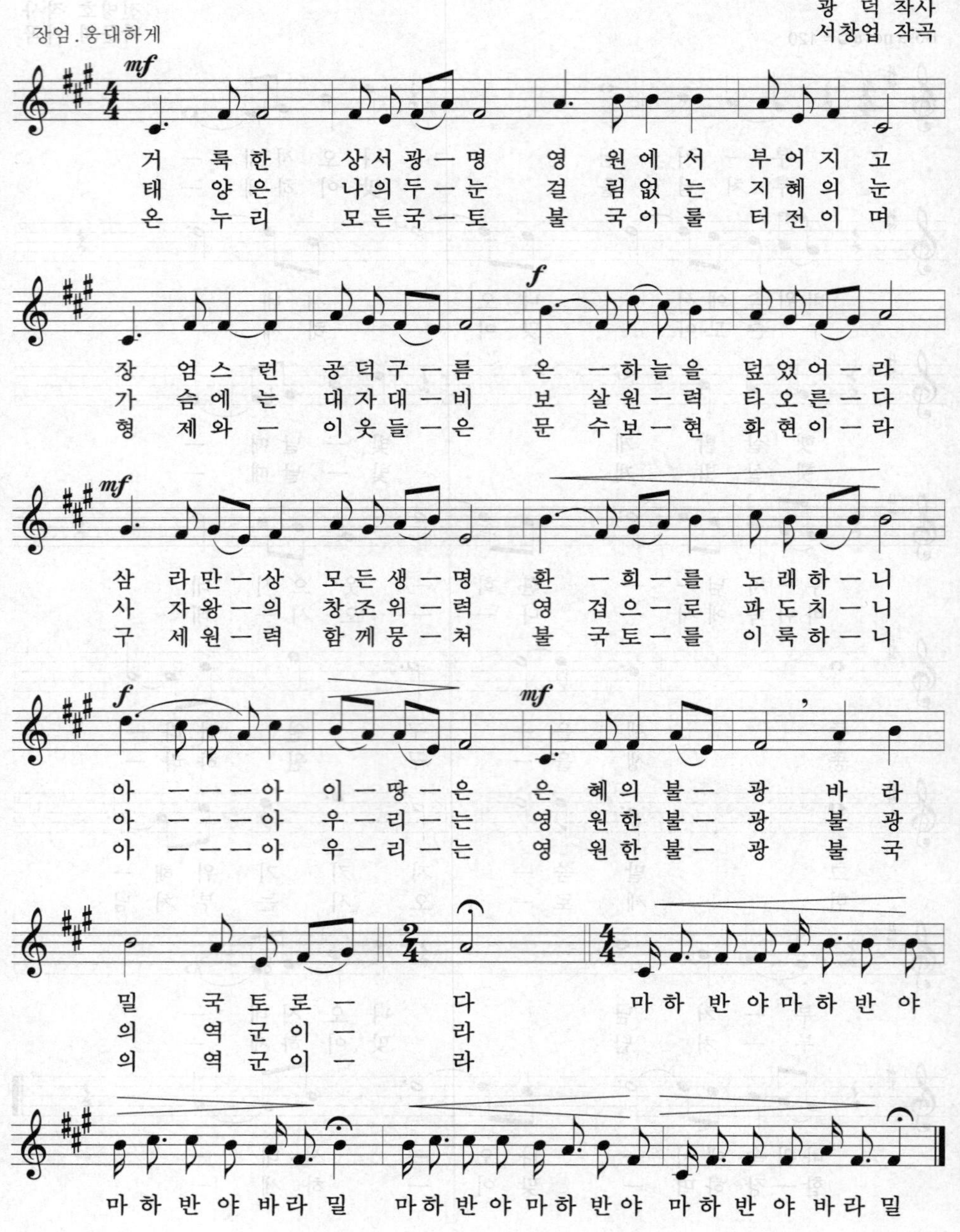
mf
거 룩 한 상서광ㅡ명 영 원에 서 부어지 고
태 양 은 나의두ㅡ눈 걸 림없 는 지혜의 눈
온 누 리 모든국ㅡ토 불 국이 룰 터전이 며
f
장 엄스런 공덕구ㅡ름 온 ㅡ하늘을 덮었어ㅡ라
가 슴에 는 대자대ㅡ비 보 살원ㅡ력 타오른ㅡ다
형 제와 ㅡ 이웃들ㅡ은 문 수보ㅡ현 화현이ㅡ라
mf
삼 라만ㅡ상 모든생ㅡ명 환 ㅡ희ㅡ를 노래하ㅡ니
사 자왕ㅡ의 창조위ㅡ력 영 겁으ㅡ로 파도치ㅡ니
구 세원ㅡ력 함께뭉ㅡ쳐 불 국토ㅡ를 이룩하ㅡ니
f
mf
아 ㅡㅡㅡ아 이ㅡ땅ㅡ은 은 혜의 불ㅡ 광 바 라
아 ㅡㅡㅡ아 우ㅡ리ㅡ는 영 원한 불ㅡ 광 불 광
아 ㅡㅡㅡ아 우ㅡ리ㅡ는 영 원한 불ㅡ 광 불 국
밀 국토로ㅡ 다 마하 반 야마하 반 야
의 역군이ㅡ 라
의 역군이ㅡ 라
마 하 반 야 바라 밀 마하반 야 마하 반야 마하 반 야 바라 밀

2-034

무상의 그림자

곽영석 작사
강주현 작곡
고요하게 ♩= 76
법 열
댓 돌
일 어 가득한 방 방 문 밖 엔 풍 경 소 리 천 지
위 에 고인햇 빛 무 문 관 엔 죽 비 소 리 대 승
간 —에일렁이 는 바 람 결 —의인연—이 여 지
의 —길찾 아 가 는 그 림 자 —의인연—이 여 법
혜 —바다 온법계 가 거 울 —처럼 밝아오 고 법 을
의 —향기 줄을놓 아 사 대 —오 상 밝히려 니 범 부
묻 는 길손에 게 그 림 자 —는반 가—워 라 (후렴) 삼 라
성 현 경계에 서 잠 깬 노 —루울 고—있 네
만 상 뿌리끝 에 온 우 주 가 하 나 인 데 요 동
치 —던 구 법 여 행 깨 고 나 —니 허 상—일 세

2-035

문수보살 10대 서원

곽영석 작사
이순희 작곡

Maestoso 장중하게 ♪ = 96
mf
일 체 중 생 방 편지어 부 처 님 께 귀 의하고
윤 회 겹 의 중 생들과 태 어 나 고 어 울리며
모 든 이 가 발 심하여 보 리 심 ─ 을 가 질지 라
교 화 방 편 인 연지어 중 생 제 ─ 도 서 원이 라
mf
욕 ─ 심 많 ─ 은 사 람들도 어 ─ 리 석 ─ 은 이 웃들 도
사 ─ 랑 하 ─ 다 미 워하고 악 ─ 행 으 ─ 로 무 너 져도
f
허 공 같 은 넓 은마 음 중 단 없 는 전 법 도 생
보 리 심 을 발 현하 여 대 정 각 을 이 루 시 라
(후렴) 삼 보 비 방 불 손한 자 산 ─ 목 숨 을 앗 는자 도
f
ff
보 리 심 을 발 하 여 서 불 도 배 워 구 제하 리

2-036

미륵부처님

이극래 작사
오세희 작곡

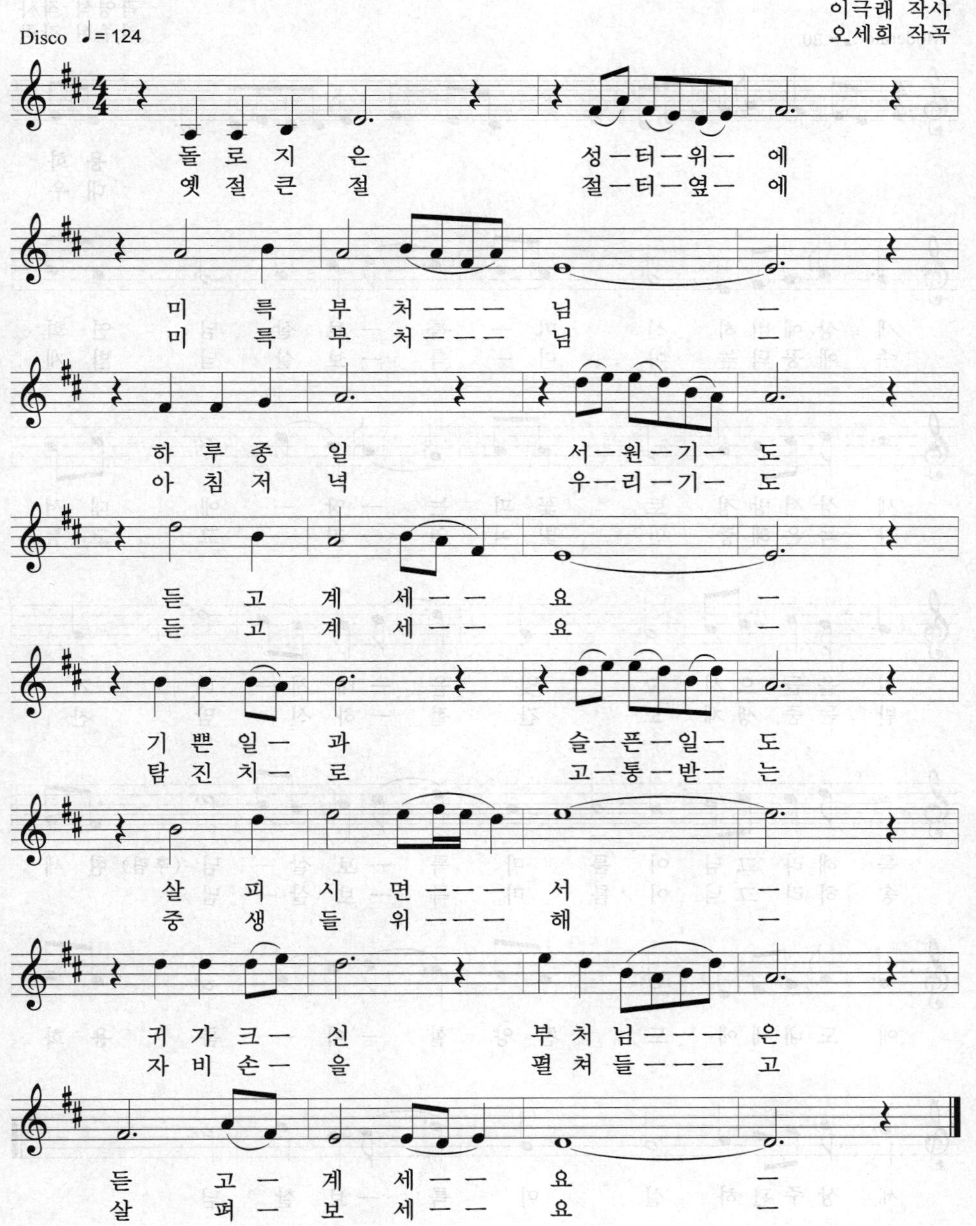
Disco ♩= 124
돌 로 지 은 성—터—위— 에
옛 절 큰 절 절—터—옆— 에
미 륵 부 처——— 님 —
미 륵 부 처——— 님 —
하 루 종 일 서—원—기— 도
아 침 저 녁 우—리—기— 도
듣 고 계 세—— 요 —
듣 고 계 세—— 요 —
기 쁜 일— 과 슬—픈—일— 도
탐 진 치— 로 고—통—받— 는
살 피 시 면——— 서 —
중 생 들 위——— 해 —
귀 가 크— 신 부 처 님——— 은
자 비 손— 을 펼 쳐 들——— 고
듣 고— 계 세—— 요 —
살 펴— 보 세—— 요 —

2-037

미륵보살 찬가

곽영석 작사
강주현 작곡

Moderato ♩= 80
용 화
대 우
세 상예비하 신 미 ㅡ 륵 ㅡ보 살 님 연 화
주 에공덕높 아 미 ㅡ 륵 ㅡ보 살 님 법 계
세 상서방정 토 꽃 피 는 ㅡ땅 ㅡ 에 대 서
가 득은혜충 만 빛 이 열 ㅡ리 ㅡ 고 고 통
원 을들으시 고 빛 을 ㅡ내 시ㅡ 니 거
받 는중 생제 도 간 절 ㅡ하 신ㅡ 맘 찬
룩 해라 그님 이 름 미 륵 ㅡ보 살ㅡ 님 (후렴) 현 세
송 하라 그님 이 름 미 륵 ㅡ보 살ㅡ 님
에 도내세에 도 찬 양 할 ㅡ이 ㅡ 름 용 화
세 상주관하 실 미 륵 ㅡ보 살 님

2-038

미타재일의 노래

(공모작)

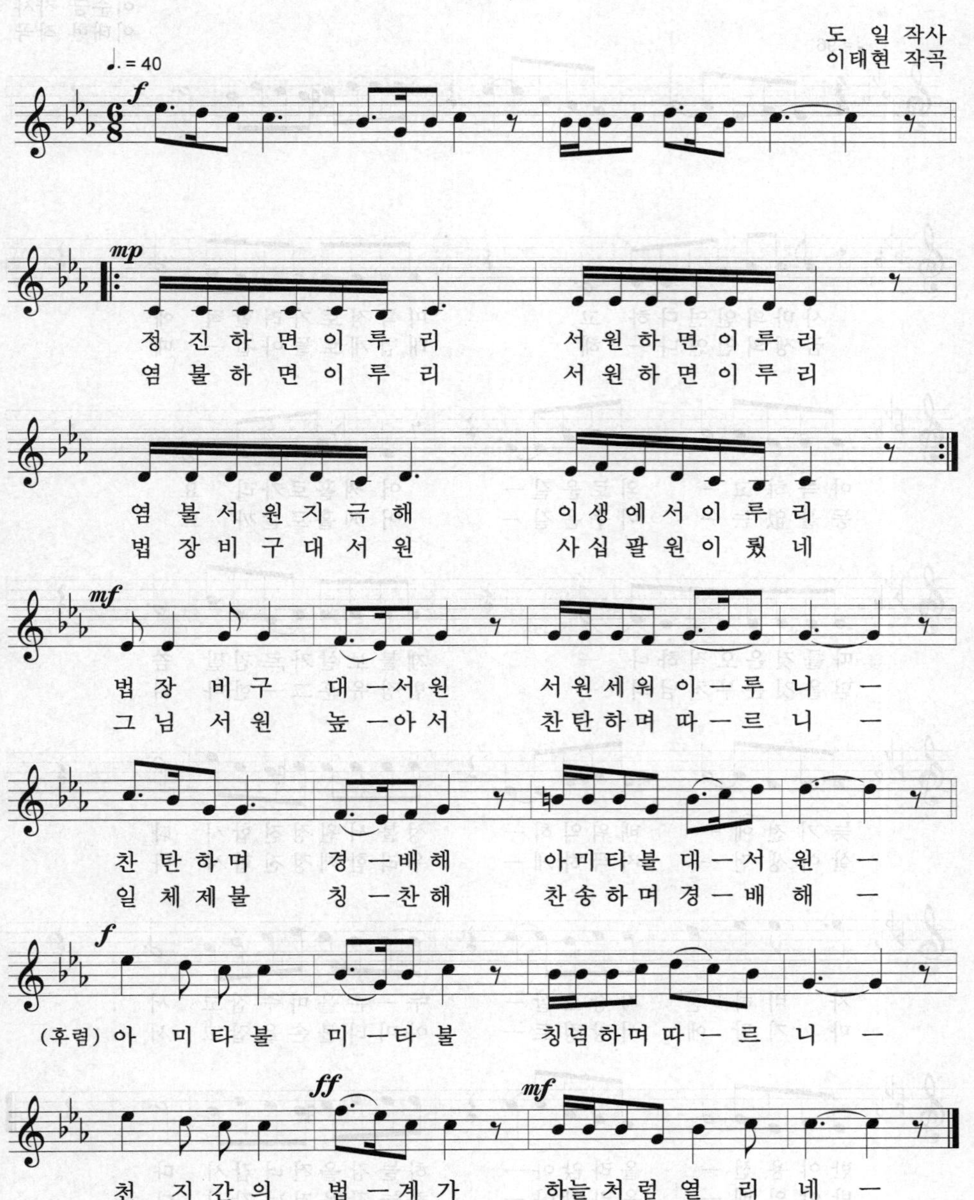
도 일 작사
이태현 작곡
♩. = 40
정 진 하 면 이 루 리 서 원 하 면 이 루 리
염 불 하 면 이 루 리 서 원 하 면 이 루 리
염 불 서 원 지 극 해 이 생 에 서 이 루 리
법 장 비 구 대 서 원 사 십 팔 원 이 뤘 네
법 장 비 구 대 ㅡ 서 원 서 원 세 워 이 ㅡ 루 니 ㅡ
그 님 서 원 높 ㅡ 아 서 찬 탄 하 며 따 ㅡ 르 니 ㅡ
찬 탄 하 며 경 ㅡ 배 해 아 미 타 불 대 ㅡ 서 원 ㅡ
일 체 제 불 칭 ㅡ 찬 해 찬 송 하 며 경 ㅡ 배 해 ㅡ
(후렴) 아 미 타 불 미 ㅡ 타 불 칭 념 하 며 따 ㅡ 르 니 ㅡ
천 지 간 의 법 ㅡ 계 가 하 늘 처 럼 열 리 네 ㅡ

2-039

반야의 배에 올라

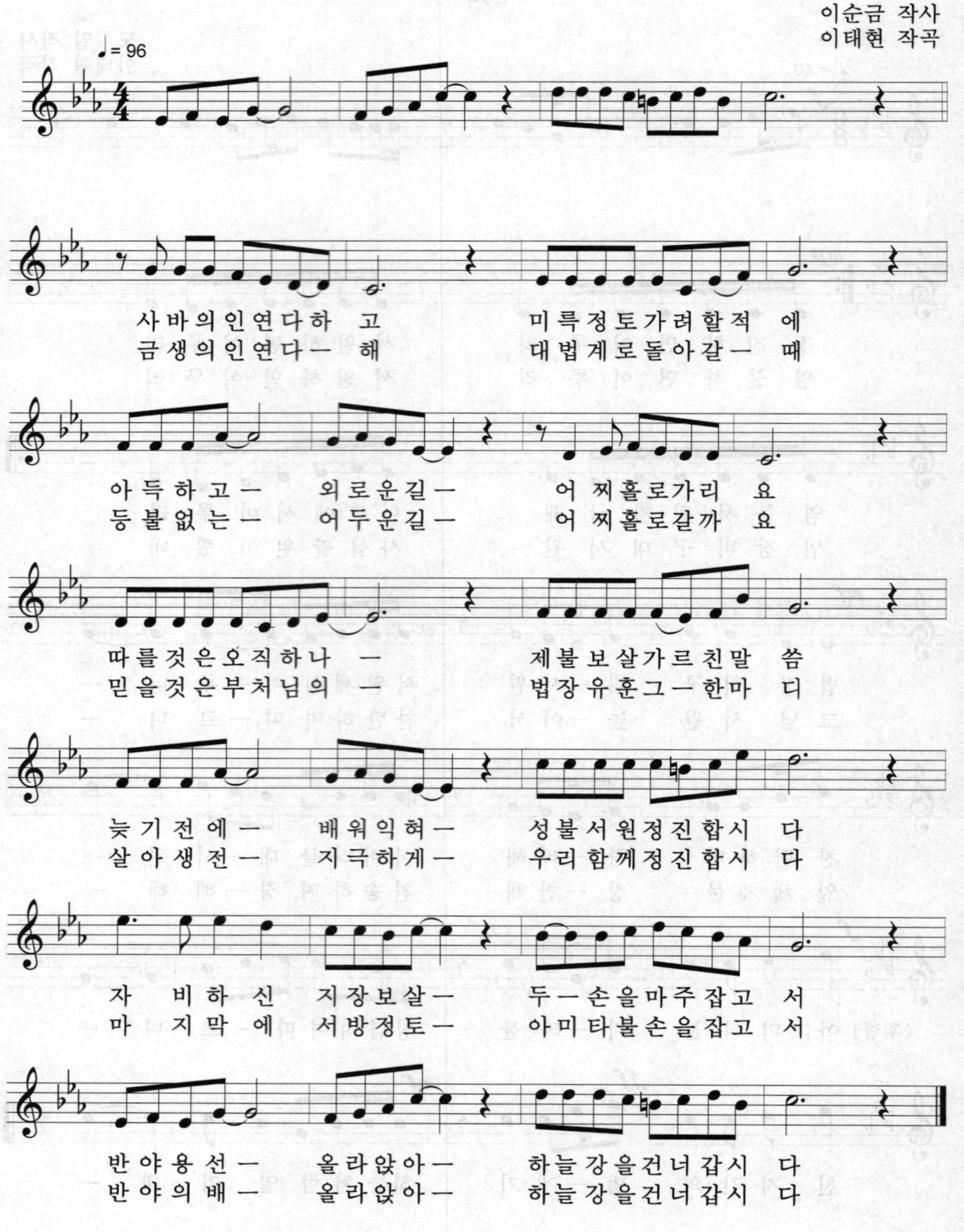
이순금 작사
이태현 작곡
♩= 96
사바의인연다하 고 미륵정토가려할적 에
금생의인연다ㅡ 해 대법계로돌아갈ㅡ 때
아득하고ㅡ 외로운길ㅡ 어 찌홀로가리 요
등불없는ㅡ 어두운길ㅡ 어 찌홀로갈까 요
따를것은오직하나 ㅡ 제불보살가르친말 씀
믿을것은부처님의 ㅡ 법장유훈그ㅡ한마 디
늦기전에ㅡ 배워익혀ㅡ 성불서원정진합시 다
살아생전ㅡ 지극하게ㅡ 우리함께정진합시 다
자 비하 신 지장보살ㅡ 두ㅡ손을마주잡고 서
마 지 막 에 서방정토ㅡ 아미타불손을잡고 서
반야용선ㅡ 올라앉아ㅡ 하늘강을건너갑시 다
반야의배ㅡ 올라앉아ㅡ 하늘강을건너갑시 다

2-040

백팔배 드립니다

배정순 작사
이재성 작곡

경건하게 ♪= 120
지 ㅡ 혜 의 눈 ㅡ 을 뜨 고 세 ㅡ 상 을 밝 히 겠 나 이 다
마 ㅡ 음 의 눈 ㅡ 을 뜨 고 세 ㅡ 상 을 바 라 보 나 이 다
오 ㅡ 로 지 일 ㅡ 심 으 로 부 처 님 께 절 올 리 나 이 다
여 ㅡ 여 한 마 ㅡ 음 으 로 부 처 님 께 예 배 하 나 이 다
인 내 하 는 마 음 ㅡ 으 로 절 을 합 ㅡ ㅡ 니 다
온 유 하 는 가 슴 ㅡ 으 로 절 을 합 ㅡ ㅡ 니 다
감 사 하 는 마 음 ㅡ 으 로 절 을 합 니 다 ㅡ
은 혜 하 는 마 음 ㅡ 으 로 절 을 합 니 다 ㅡ
내 ㅡ 게 온 모 든 인 연 에 감 사 하 며 절 합 니 다
내 ㅡ 게 온 모 든 인 연 에 감 사 하 며 절 합 니 다

2-041

백팔배가 좋아요

(공모작)

김진광 작사
안경수 작곡

♩= 108
부처님을뵐ㅡ때마 다 절 을 하 는 이
부처님을만날때마 다 절 하 는 친 구
온몸이 다 젖도 록 무엇을 기도하ㅡ 나
속옷이 다 젖도 록 무엇을 참회하ㅡ 나
삼배만 하자하ㅡ 니 말없이 웃ㅡ는ㅡ 데
삼배만 하자하ㅡ 니 말없이 웃ㅡ는ㅡ 데
부처님도ㅡ 우릴보고ㅡ 빙그레ㅡ웃ㅡ습니 다
부처님도ㅡ 우릴보고ㅡ 빙그레ㅡ웃ㅡ습니 다
(후렴) 몸 과마ㅡ음 건강해진다ㅡ는 스 님 말ㅡ 씀
불두화도ㅡ 바ㅡ람에ㅡ 고개를ㅡ끄덕입니 다

2-042

법신 부처님

곽영석 작사
정홍근 작곡

♩= 100
진—리로 오셨어 요 자비하신 부—처 님
법신으로 오셨어 요 거룩하신 부—처 님
여러가지 삶의방 편 지 혜 주—시 고
사바연에 인연지 어 역 사 하—시 고
일 체 중 생— 제도하시는 우 리 부 처 님
육 도 중 생— 있는대—로 연 화 장 세 계
대 자 비 를— 베푸소—서 은 혜 하 소 서
대 자 비 를— 베푸소—서 은 혜 하 소 서
법신불의 지혜광 명 일 러 주—소 서
법신불의 지혜광 명 일 러 주—소 서
(후렴) 비로자나 부 처 님 자 비 의 부 처 님
육자진언 염송하 며 따 르 렵 니 다
옴 마 니 반 메 훔 옴 마 니 반 메 훔
옴 마 니 반 메 훔 옴 마 니 반 메— 훔

2-043

법신공덕 예찬가

곽영석 작사
강주현 작곡

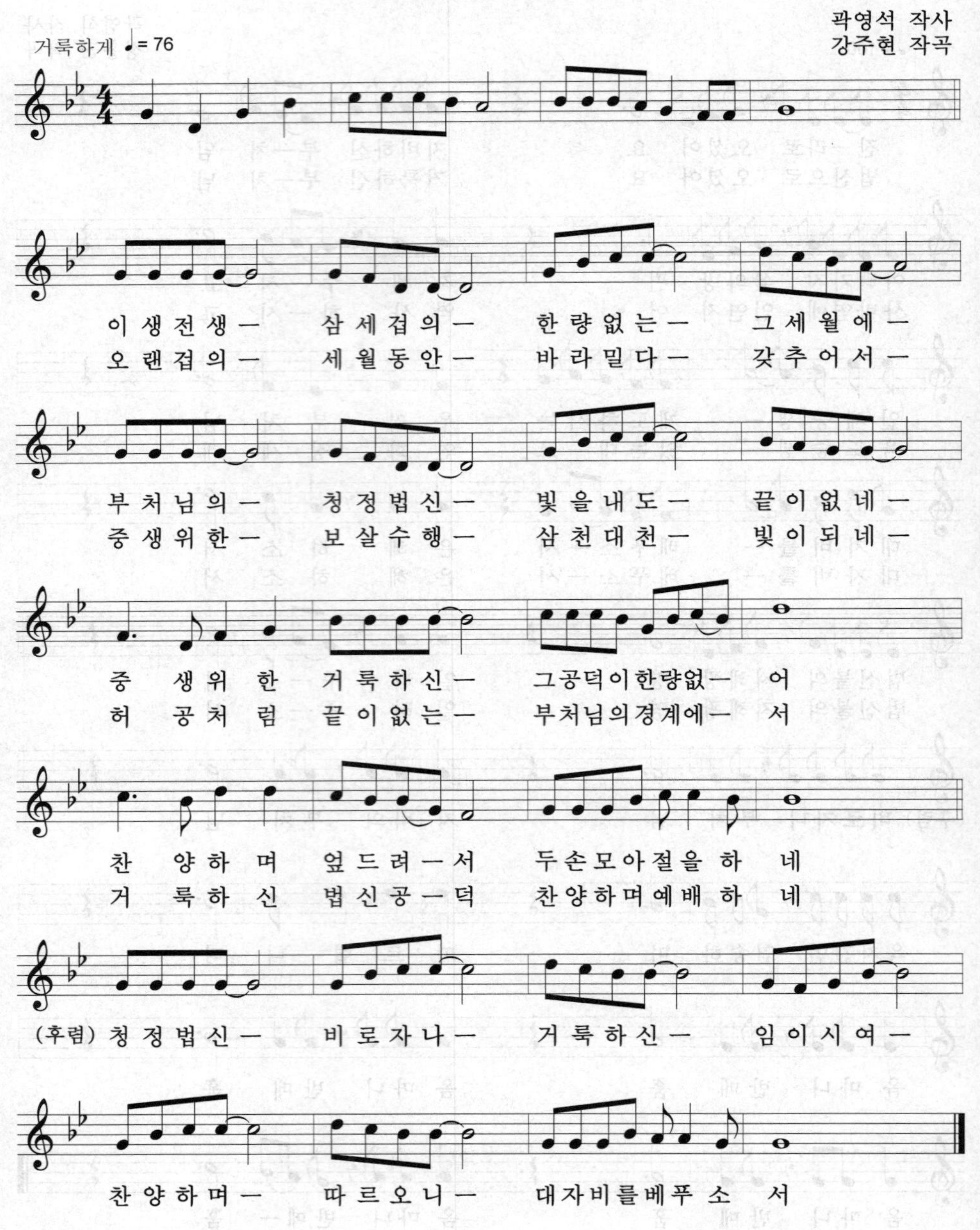
거룩하게 ♩= 76
이 생 전 생 — 삼 세 겁 의 — 한 량 없 는 — 그 세 월 에 —
오 랜 겁 의 — 세 월 동 안 — 바 라 밀 다 — 갖 추 어 서 —
부 처 님 의 — 청 정 법 신 — 빛 을 내 도 — 끝 이 없 네 —
중 생 위 한 — 보 살 수 행 — 삼 천 대 천 — 빛 이 되 네 —
중 생 위 한 거 룩 하 신 — 그 공 덕 이 한 량 없 — 어
허 공 처 럼 끝 이 없 는 — 부 처 님 의 경 계 에 — 서
찬 양 하 며 엎 드 려 — 서 두 손 모 아 절 을 하 네
거 룩 하 신 법 신 공 — 덕 찬 양 하 며 예 배 하 네
(후렴) 청 정 법 신 — 비 로 자 나 — 거 룩 하 신 — 임 이 시 여 —
찬 양 하 며 — 따 르 오 니 — 대 자 비 를 베 푸 소 서

2-044

법신부처 계신 나라

곽영석 작사
이태현 작곡

♩= 96

우 주법 계두루하신 비 로 자 나부 처님
법 신부 처비로자나 자 제 하 신세 상은

광 명 의 온 천 지 를 밤 낮으 로비춰주 고
해 와 달이 빛 을내 어 온 천 지 를밝혀주 고

만 생 의 중 생 들 이 평 안하 게 지 내 도 록
보 배 로운 금 빛 세 상 빛 을따 라 영 려있 고

대 자비 로 살 피 시 고 천 안 으 로 보 신 다 네
뭇 생명 들 부 처 품 에 안 락 하 게 살 아 가 네

연화향기ㅡ 향기로운ㅡ 정토향의금빛세상ㅡ

금비단비ㅡ 꽃바람에ㅡ 가릉빈가노래하네 ㅡ

2-045

법신불 찬탄가

(작곡공모작)

송 운 작사
원상연 작곡
경건한 마음으로 ♩= 96
온 우주 를 주 관하— 는 법 —신—
시 방세 계 두 루하— 신 법 —신—
부 —처— 님 — 삼 천대— 천
부 —처— 님 — 천 이백— 억
대 우주— 에 고 —루— 머 —무— 사 —
법 장세— 계 빛 —을— 놓 —아— 서 —
중생계 와 천상계 를 살 피신다 네 거룩해라고마
삼계인 연 구원의빛 밝 히신다 네 자비로운부—
워라법신부처 님 — 중생들의 삶 의고통
처님법신부처 님 — 사바세계 생 사윤회
굽 어살피 사 대자비로이끄 시네법신부처 님 —
굽 어살피 사 금빛놓아이끄 시네법신부처 님 —

2-046

법신으로 오신 부처님

곽영석 작사
조광재 작곡

♩= 100
진 — 리 로 오 셨 어 요 자 비 하 신 부 처 님
법 신 으 로 오 셨 어 요 거 룩 하 신 부 처 님
여 러 가 지 삶 의 방 — 편 지 혜 주 — 시 고
사 바 연 에 인 연 지 — 어 역 사 하 — 시 고
일 체 중 생 제 도 하 시 는 우 리 부 처 — — 님
육 도 중 생 있 는 대 — 로 연 화 장 세 — — 계
대 자 비 를 베 푸 소 — 서 은 혜 하 — 소 서
법 신 불 의 지 혜 광 — 명 일 러 주 — 소 서
(후렴) 비 로 자 나 부 처 님 자 비 의 부 처 님
옴 — 마 니 반 메 훔 옴 마 니 반 메 훔
육 자 진 언 염 송 하 — 며 따 르 렵 니 — — 다
옴 — 마 니 옴 — 마 — 니 옴 마 니 반 — 메 훔

2-047

변치 않는 임의 진리

(수상곡)

허말임 작사
정홍근 작곡
♩= 80
절 마당을 내려보ㅡ는 단청바랜대웅전ㅡ 은
절 마당을 굽어보ㅡ는 벽오동의큰나무ㅡ 는
세 월ㅡ이 더할수ㅡ록 아름답게변해가ㅡ 고
세 월ㅡ이 더할수ㅡ록 몸을키워그늘만들 고
부처닮은스님모ㅡ 습 법향기가풍겨납니 다
부처닮은큰스님ㅡ 도 큰나무가되셨습니 다
세월가도변치않ㅡ 는 법장진리생사법ㅡ 문
세월가도변치않ㅡ 는 금강같은생사법ㅡ 문
간 절한맘 엎드려ㅡ서 참회기도정진할ㅡ 때
이 생ㅡ에 서원세ㅡ워 번뇌무명깨우쳐ㅡ 서
미 혹하여 깨우칠ㅡ까 인등불이밝게탑니 다
성 근공덕 견성이ㅡ뤄 마음등불밝혀봅시 다
(후렴) 세 월 가 도 변치않ㅡ는 금강같은가르침 에
ritard.
무 명 깨ㅡ쳐 정진하ㅡ는 우리중생인도하소 서

2-048

보당보살의 찬송

곽영석 작사
오세균 작곡

♩= 96
부 처 님 의 마 음 경 ㅡ 계 분 별 이 없 고
고 난 속 의 중 생 들 ㅡ 을 제 도 하 려 고
경 계 분 별 없 으 시 ㅡ 니 생 멸 이 없 네
사 방 세 계 오 신 부 ㅡ 처 법 신 이 어 라
한 량 없 는 시 방 세 계 충 만 하 여 서
생 명 없 는 진 여 세 계 크 신 경 계 가
어 ㅡ 떻 게 헤 아 릴 ㅡ 까 법 신 그 모 습
삼 세 인 연 법 장 세 ㅡ 계 끝 이 없 어 라

2-049

보리수 아래에서

이순금 작사
조영근 작곡

Andante
보리수아 래— 서 선정을닦 으실 재
금강좌앉 으시 어 선정을닦 으실 재
마왕파순두려움 에 성—도—를방해하 네
번—뇌의마왕— 을 두려움 없이조복받 고
미인으로— 천군으로— 공격을다 하여 도
생로병사— 윤회에서— 영원히해 탈하 사
그 마음 — 고요하여 흔들리지않았다 네
태 양보 다 밝은 지혜 시—방에가득하 네
(후렴) 아——— 걸림없는 무상정각등 이루시 어
3
rit
샛 별이뜨 는 새 —벽 부처님이되시었 네

2-050

보리의 씨앗 되어

(작곡공모작)

여영희 작사
황옥경 작곡
♩= 108
부 처 님 — 이 깨 우 치 — 신 자 비 의 — 씨 앗
부 처 님 — 이 성 불 하 — 신 법 장 진 — 리 를
일 러 주 — 고 가 르 치 — 고 배 워 익 — 혀 서
일 러 주 — 고 가 르 치 — 고 배 워 익 — 혀 서
모 든 사 — 람 마 음 속 — 에 자 비 사 — 랑 이
불 자 들 — 도 자 연 인 — 도 불 성 깨 — 우 쳐
싹 이 트 — 고 움 이 트 — 게 도 와 주 — 소 서
마 음 마 — 다 불 연 종 — 자 심 게 하 — 소 서
(후렴) 거 룩 하 — 신 부 처 님 — — 감 로 비 — 내 려
불 연 종 — 자 싹 이 돋 — 게 도 와 주 — 소 서

2-051

보현보살 찬가

곽영석 작사
정동수 작곡

지 혜 복 덕 구 비 하 — 신 보 현 보 살 님
시 방 세 계 머 무 시 — 는 보 현 보 살 님
중 생 계 와 허 공 계 — 를 두 루 살 피 사
일 체 중 생 모 든 고 — 행 두 루 살 피 사
사 바 연 의 서 원 발 — 원 찾 아 오 시 어
대 자 대 비 크 신 마 — 음 법 마 다 열 어
대 광 명 의 빛 을 여 — 신 보 현 보 살 님
지 혜 로 서 길 을 여 — 신 보 현 보 살 님
천 안으로 살피시 고 지 혜 를 열 어
행 복의 문 열어주 신 보 현 보 살 님

2-052

보현행원

(찬불가 대상 수상곡)

운 문 작사
정민섭 작곡

장엄하고 간절하게

내 습 이 제 두 손ㅡ모 아 청 하 옵 나ㅡ 니
내 이 제 엎 드ㅡ려 서 원 하 옵 나ㅡ 니

시 방 세 계 부 처ㅡ님 우 주 대ㅡ광ㅡ 명
영 겁 토 록 열 반ㅡ에 들 지 맙ㅡ시ㅡ 고

두 눈어 둔 이 내 몸 굽 어 살 피ㅡ 사
이 세 상 의 중 생 을 굽 어 살 피ㅡ 사

위 ㅡ 없 는 대 법ㅡ문 을 널 리 여ㅡ소ㅡ 서
삼 계 화 택 심 한ㅡ고 난 구 원 하ㅡ소ㅡ 서

허 공계 와 중 생ㅡ계 가 다 할 때 까ㅡ 지

오 늘ㅡ세 운 이 서ㅡ원 은 끝 없 사ㅡ오ㅡ 리

2-053

부도탑에 앉은 잠자리

오인자 작사
정홍근 작곡

♩= 90
아 아 그리워ㅡ라 자비로운 모ㅡ 습
아 아 그리워ㅡ라 자애로운 모ㅡ 습
큰ㅡ스님들 유골모ㅡ신 부도탑위 ㅡ 에
우ㅡ리스님 사리모ㅡ신 부도탑위 ㅡ 에
밀 잠자리 맴을 돌다 앉아ㅡ있 구 나
왕 잠자리 찾아 와서 기도ㅡ하 는 가
아 ㅡ아 이승 인연 만남의큰 인ㅡ 연
아 ㅡ아 이승 인연 만남의큰 인ㅡ 연
절마당의 연못가ㅡ에 저ㅡ잠 자 리
염불소리 듣고자ㅡ란 왕ㅡ잠 자 리
부ㅡ도탑에 손ㅡ모으고 앉아ㅡ있 구 나
부ㅡ도탑을 끌ㅡ어안고 앉아ㅡ있 어 요
(후렴)그 리운 맘 한결같ㅡ아 다시찾은부도탑 에
갸웃 갸웃 날개접ㅡ고 하늘향해기도하느 나

2-054

부도탑에 예배하며

김미지 작사
최선기 작곡

♩= 68
엎 드려서 절합니다 두 손모아 예배합니다
손 모아서 절합니다 탑 을돌며 회상합니다
한 시절ㅡ 우리에게 복 을전해 주시던임
삶 의여정 그길가에 손 을잡아 주시던임
차ㅡ한 잔 을 우ㅡ려 놓 고 시절인연ㅡ돌이켜 서 ㅡ
향ㅡ기 로 운 법ㅡ향 기 와 임이남긴ㅡ사자후 가 ㅡ
정ㅡ다 웠 던 임ㅡ의 모 습 그리워서추모합니 다
그ㅡ리 워 서 눈ㅡ물 지 며 부도탑에예배합니 다

2-055

부처님 같은 사람

(공모작)

전병호 작사
조영근 작곡

Moderato
화 낼줄몰라 요 싫은소리도 못해 요
거 짓말못해 요 속일줄은더 모르 죠
욕 하고흉 보는 일 은 생 각도못 해 요
따 지고다 투는 일 은 손 해만보 지 요
마 음 이 비 ― 단같아 법없이도살 사 람
천 성 이 너 무 착해서 법없이도살 사 람
함 께 있 으 면 마 음 ― 이 절 로
함 께 걸 으 면 걸 음 ― 이 절 로
따 뜻해 지 는사 ― 람 만나서언 제나 ―
맞 ―춰 지 는사 ― 람 만나서언 제나 ―
마 음터놓 고 말하고싶 ― 은 사 ― 람
이 야기 ― 를 나누고싶 ― 은 사 ― 람
(후렴) 당신이그런 사람이지요 그런 사람이지 요
부처님같은 사 람 부처님같은 사 람

2-056

부처님 오신 날

곽영석 작사
김남삼 작곡
보통빠르게
꽃 바 람 이 부 는 날 에 향 기 로 ― 운 날 ―
산 새 들 새 노 래 하 는 꽃 그 늘 ― 에 서 ―
구 름 위 에 천 사 들 이 찬 송 하 였 네 ―
도 리 천 궁 천 사 들 이 찬 송 하 였 네 ―
일 체 중 생 구 원 하 실 존 귀 하 신 분 ―
일 체 중 생 구 원 하 실 사 생 의 스 승 ―
왕 ― 중 에 왕 나 셨 으 니 경 배 하 ― 여 라 ―
존 귀 한 분 나 ― 셨 으 니 예 배 하 ― 여 라 ―
(후렴) 하 늘 위 와 땅 위 에 서 홀 로 높 은 분 ―
왕 중 에 왕 부 처 님 이 탄 생 하 ― 셨 네 ―

2-057

부처님 오신 날

송 운 작사
조영근 작곡

Andante
무
새
우 수꽃 향 기 그 윽 한어 느봄 날 노루
들 의노 래 가 가 득 한룸 비— 니 삼라
사 슴뛰 노 는 평 화 로 운동 산 에 대자
만 상움 트 는 화— 창 한동 산 에 진—
연 의합 창— 이 울— 려 퍼 지 고 상서
리 의합 창— 이 들— 리 어 오 고 대자
러 운대 광 명 온 누 리 를감 쌀 때 만중
비 의사 랑 이 온 누 리 를감 쌀 때 삼—
생 의어 버 이 부 처 님 이오 셨 네 성중
계 의대 도 사 부 처 님 이오 셨 네 인류
성 왕중 왕 부 처 님 이오 셨 네
의 큰등 불 부 처 님 이오 셨 네

2-058

부처님을 경배하며

김창현 작사
강주현 작곡

Moderato ♩ = 82
시 방
불 국
세 상고민안— 고 부 처 님 을찾 아가 니 첩 첩
정 토어디인— 가 부 처 님 께여 쭤보 니 수 고 요
산 중일주문— 에 사 천 왕 이반겨맞— 네 소 슬
하 신염화미— 소 중 생 들 을살피시— 네 향 냄
바 람도반인— 가 염 불 소 리그윽하— 고 모 란
새 가한가롭— 게 법 당 에 서피어나— 고 풍 경
지 는섬돌아— 래 인 연 향 기향기롭— 네 (후렴) 이 생
소 리바람소— 리 극 락 정 토여기라— 네
전 생삼세겁— 에 인 연 지 어태 어나 서 부 처
님 의법장지— 혜 거 룩 하 여찬송하— 네

2-059

부처님을 찬양하며

인 각 작사
이창규 작곡
♩= 110
어 머님의 몸을빌려 이 ㅡ세 상 태어날때
수 억겁을 돌고돌아 내 가원해 받은몸을
거 울같이 깨ㅡ끗 한 몸 과마ㅡ음 받아ㅡ서
바 른눈 을 얻기위 해 바 른지ㅡ식 받아들여
바 른지 식 익혀배 워 바 른행ㅡ동 실천하여
거 짓없 는 바른말 과 바 른행ㅡ동 실천하여
부 처 님뒤를따라 찬 양하ㅡ며 따르리ㅡ라
부 처 님뒤를따라 찬 양하ㅡ며 따르리ㅡ라

2-060

부처님을 찬양합시다

송 운 작사
강주현 작곡
환희심으로 ♩= 78
우리모
불자들
두 성전 에—— 함— 께 모 여 서 거룩하
아 대성 전에— 함— 께 모 여 서 자비하
신 부 처 님 찬 송 합 시 다 중 생
신 부 처 님 찬 양 합 시 다 어 리
들 의 스승으 로 지 — 리 베—푸 사 무 명
석 은 일체중 생 구 — 원 하—시 사 정 토
깨 —쳐 나게하 니 경 — 배 ——합시— 다 (후렴) 인 연지
세 —계 나게하 니 찬 — 양 ——합시— 다
어 —만난 인— 연 축 복 하 는 — 삶 부 처
님 ——의 인연가 피 경 — 배 합 시 다

2-061

부처님 말씀 듣고 나니

(공모작)

서정우 작사
오세희 작곡

Waltz ♩. = 40
이 런 고 민 저 런 고 민 쏟 ㅡ 아 내 면 옛 날 옛 적 부 처 님 말 ㅡ
씀 전 해 주 시 네 ㅡ 왜 이 럴 까 또 이 럴 까
후 회 하 고 고 민 하 던 나 ㅡ 의 모 습 부 처 님 말 씀
듣 ㅡ 고 나 ㅡ 니 마 음 이 시 원 해 져 ㅡ 요 ㅡ
꼭 꼭 집 ㅡ 어 부 처 님 말 ㅡ 씀 전 해 주 시 면
뺑 뚤 리 는 나 의 마 음 시 원 해 져 ㅡ 요 ㅡ

2-062

부처님 부처님

권영주 작사
조영근 작곡
Moderato
부 처님부 처 님 자비로운부 처 님
부 처님부 처 님 거룩하신부 처 님
나 이제 간 절히 소 망합니 다
나 지금 간 곡히 발 원합니 다
나 이제 간 절히 소 망합니 다
나 지금 간 곡히 발 원합니 다
즐 거 운 삶 누 리기 ㅡ 를
자 유 자 재 얻 ㅡ기 ㅡ 를
이 간 절 한 소 망들어주소 서
이 간 절 한 소 망들어주소 서
(후렴) 나 무관 세음 보 ㅡ 살 나 무관 세음 보 ㅡ 살
나 무 석가모니 불 나 무석가모니 불
나 무 시 아 본 사 석 가 모 니 불

2-063

부처님께 가는길

(작곡공모작)

이종완 작사
정동수 작곡
밝은 앞날을 바라보며 ♩= 112
자 비하 신 부 처 님 께 기 도합 니 다
광 명진 언 기 도 하 며 나 아갑 니 다
법 장진 언 가 슴 속 에 새 겨갑 니 다
여 실한 법 가 슴 속 에 새 겨갑 니 다
자 성찾 아 염 불 하 며 나 아갑 니 다
미 혹속 에 나 를 찾 아 참 회합 니 다
자 성성 불 서 원 하 며 나 아갑 니 다
임 을향 해 경 배 하 며 나 아갑 니 다
지 혜 광 명 길 을 따 라 서 원합 니 다
자 비 하 신 부 처 님 께 나 아갑 니 다

2-064

부처님 몸 세 가지

(삼신불)

곽영석 작사
조광재 작곡

1.이 세상에 태어나서 부처님—만나 면
2.사 바세계 인연지어 불 법을—배우 니
3.이 세상에 화신불로 오 신부—처— 님

얼 마나 — 좋을까—요 모—두가행복할까 요
얼 마나 — 행복해—요 세—상이은혜로워 요
석 가모니 부—처—님 우리들의부—처— 님

그 모양도 소리도없는 법 신부 처—— 님
지 혜구족 원만하—사 지 혜로 오셨지 요
중 생구제 전법도—행 서 원을 세—우 사

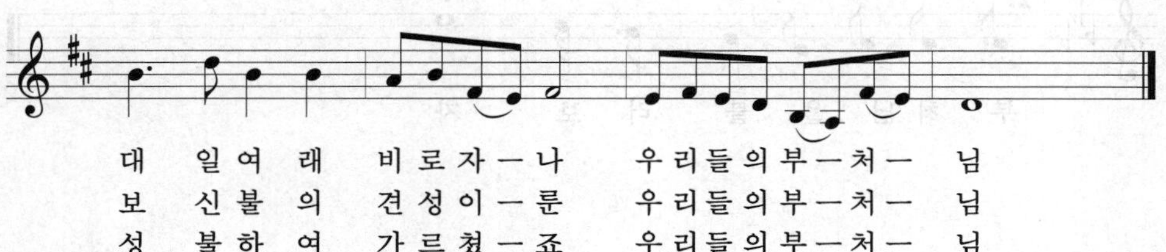

대 일여래 비로자—나 우리들의부—처— 님
보 신불의 견성이—룬 우리들의부—처— 님
성 불하여 가르쳤—죠 우리들의부—처— 님

2-065

부처님을 불러보자

김 화 작사
한광희 작곡

Andante Mod ♩= 74
mf
mf
dim
부 처 님 ─ 을 불 러 보 ─ 자 큰 소 리 로 불 러 보 자
석 가 모 ─ 니 부 처 님 ─ 을 부 처 님 을 불 러 보 자
cresc
f
길 을 갈 때 도 집 에 와 서 도 우 리 부 ─ 처 ─ 님
간 절 한 ─ 맘 고 마 운 ─ 맘 내 가 아 ─ 플 때 도
mf
1.
dim.
자 나 깨 ─ 나 부 처 님 ─ 을 부 처 님 을 불 러 보 자
자 비 하 ─ 신 부 처 님 ─ 을
2.
cresc
부 처 님 을 불 러 보 자

2-066

부처님을 뵈러갑시다

이은자 작사
오세희 작곡

♩= 118
부 처ㅡ 님 을 뵈러갑시ㅡ 다 절 에ㅡ
법 사ㅡ 님 을 뵈러갑시ㅡ 다 절 에ㅡ
갑 시ㅡㅡ 다 ㅡ 우 리ㅡ 함 께
갑 시ㅡㅡ 다 ㅡ 우 리ㅡ 함 께
찾아갑시ㅡ 다 절 에ㅡ 갑 시ㅡㅡㅡ 다 ㅡ
함께합시ㅡ 다 절 에ㅡ 갑 시ㅡㅡㅡ 다 ㅡ
거 룩 하 신ㅡㅡㅡ 부 처 님 계ㅡ 신 절 에
덕 높 으 신ㅡㅡㅡ 스 승 님 계ㅡ 신 절 에
갑 시ㅡㅡ 다 ㅡ 삶 의 지 혜
갑 시ㅡㅡ 다 ㅡ 여 실 한 법
들려ㅡ주 시 는 절 에 갑 시 다 ㅡ
들려ㅡ주 시 는 절 에 갑 시 다 ㅡ
(후렴) 무명깨쳐즐거웁게 ㅡ 모든사람지혜롭게 ㅡ
함께사는용화세상 ㅡ 행복하게살아갑시 다

2-067

부처님의 귀

(공모작)

강태혁 작사
노순덕 작곡

mf
귀 가 크 신 우 리 절 의 금 — 빛 부 처 님 —
꿈 이 많 은 우 리 들 의 멋 — 진 소 망 도 —
자 나 깨 나 우 리 소 원 듣 고 계 세 요 —
귀 귀 울 여 듣 고 계 신 우 리 부 처 님 —
ff
사 랑 해 요 고 마 워 요 우 리 부 처 님 —
예 쁜 미 소 아 름 다 운 우 리 부 처 님 —
dolc
자 랑 스 런 제 자 로 서 공 부 할 래 요 —
우 리 소 원 우 리 바 램 듣 고 계 세 요 —
mf
보 시 행 과 나 눔 사 랑 지 켜 보 시 고 —
대 자 비 로 도 와 주 는 우 리 부 처 님 —

부처님의 길을 따라

허말임 작사
오세균 작곡

♩= 92
꽃 향 기 가 가ㅡ 득한 큰 법당 에 불 밝히고
이 세 상 에 오신 인연 거 룩하 신 임 이시여
사 바 세 계 오신 스승 우 리함 께 찬양해ㅡ요
임 의 발 길 따르 면서 일 심으 로 정진합니다
임이오ㅡ신 그 길따라 한ㅡ걸 음 또ㅡ한걸음
임이주ㅡ신 귀 한말씀 자비마 음 나누면ㅡ서
서 원 하 며 그길 따라 쉼 ㅡ없 이 걸어갑니다
진 리 속 에 길을 찾아 그 침없 이 달려갑니다
쉬지않고 정진하면 어느 새깨달 음 길
쉬지않고 정진하면 어느 새깨달 음 길
구 름 처 럼 흘러 가는 지혜의 길 입니 다
구 름 처 럼 흘러 가는 지혜의 길 입니 다

2-069

부처님의 사리

곽근성 작사
강주현 작곡

장엄하게 ♩= 92
열 반 하 신 부 처 님 이 남 긴 성 체 는
부 처 님 의 성 골 사 리 거 룩 한 유 산
쿠 시 나 라 다 비 장 의 거 룩 한 보 배
친 견 하 는 인 연 으 로 과 보 얻 으 리
이 생 전 생 수 행 하 신 과 보 의 비 밀
여 실 한 법 인 연 지 어 알 게 하 시 고
사 리 공 양 예 배 하 며 참 배 합 니 다
법 장 지 혜 나 눠 주 어 길 찾 게 했 네
(후렴) 거 룩 하 신 부 — 처 — 님 사 생 의 자 부
이 중 생 의 어 리 석 음 구 원 하 소 서

2-070

부처님의 일생

(가사공모작)

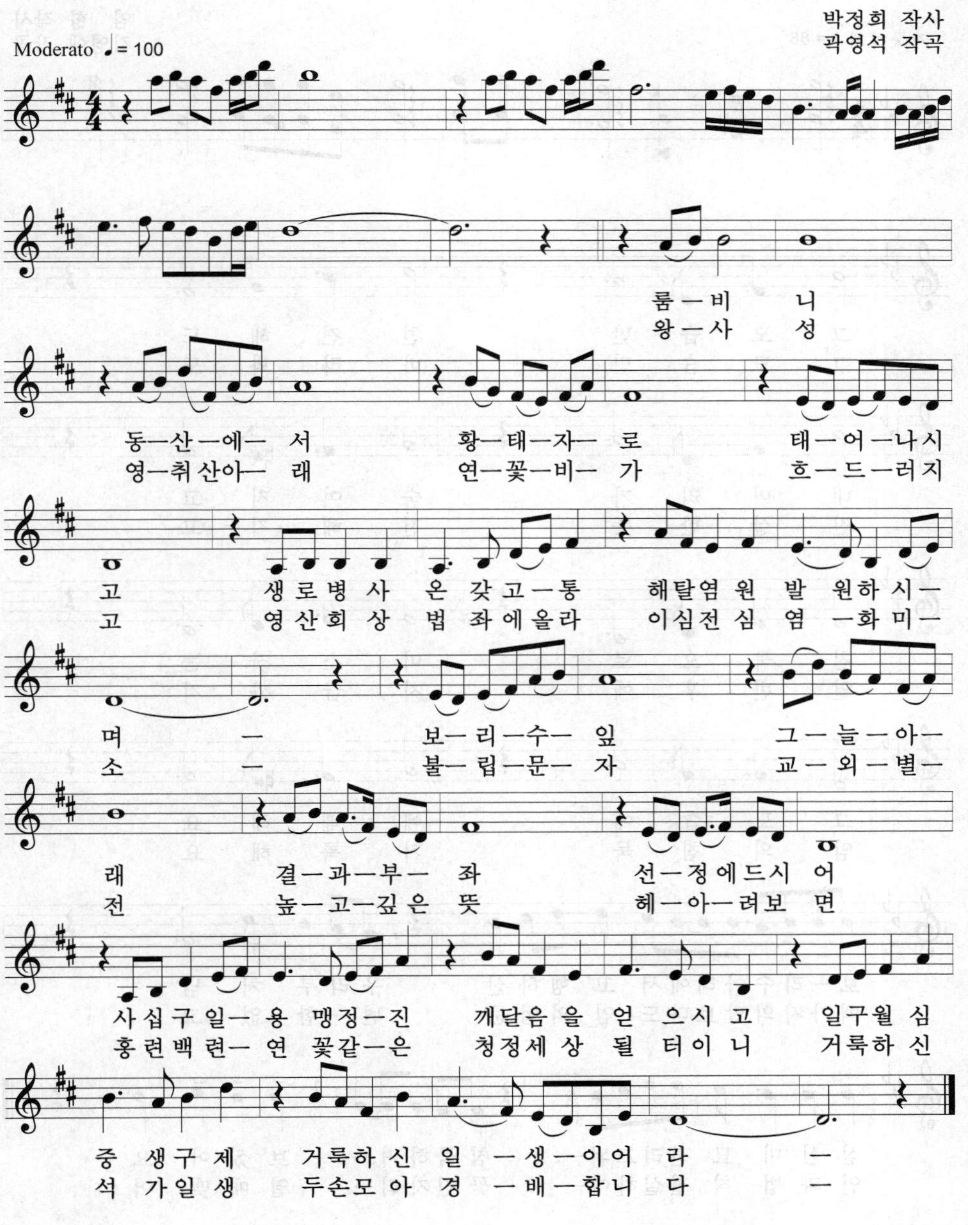
박정희 작사
곽영석 작곡
Moderato ♩= 100
룸 — 비 니
왕 — 사 성
동—산—에— 서 황—태—자— 로 태—어—나시
영—취산아— 래 연—꽃—비— 가 흐—드—러지
고 생로병사 온 갖고—통 해탈염원 발 원하시—
고 영산회상 법 좌에올라 이심전심 염 —화미—
며 — 보—리—수— 잎 그—늘—아—
소 — 불—립—문— 자 교—외—별—
래 결—과—부— 좌 선—정에드시 어
전 높—고—깊은 뜻 헤—아—려보 면
사십구일— 용 맹정—진 깨달음을 얻 으시 고 일구월 심
홍련백련— 연 꽃같—은 청정세상 될 터이 니 거룩하 신
중 생구 제 거룩하 신 일—생—이어 라 —
석 가일생 두손모아 경 —배—합니 다 —

2-071

부처님의 침묵

(가사공모작)

임 향 작사
김영애 작곡
거룩하게 ♩= 88
그 모 습 만 친 견 해 도
그 모 습 만 바 라 봐 도
내 머 리 가 숙 여 지 고
진 실 한 뜻 전 해 지 고
침 묵 으 로 미 소 짓 는
열 반 후 에 지 금 까 지
그 모 습 에 예 배 해 요
임 의 침 묵 거 룩 해 요
보ㅡ리수아래에서 고 행하신 우리부 처 님
백가지의말보다도 임 의법문 변ㅡ함 없 고
심 심 미 묘 진리고뇌ㅡ 침 묵하며ㅡ 보 셨 어 요
인 과 법 칙 절실하여ㅡ 꽃 진자리ㅡ 열 매 맺 어

부처님의 향기

이종완 작사
조광재 작곡

♩. = 42
우 연 히 산 길 걷 다 만 난 나 무 에 서 ㅡ
우 연 히 길 을 걷 다 만 난 연 꽃 에 서 ㅡ
부 처 님 의 향 기 를 맡 게 되 었 네 ㅡ
부 처 님 의 향 기 를 맡 게 되 었 네 ㅡ
적 멸 보 궁 오 르 는 길 에 서 올 리 는 저 기 도 ㅡ
대 웅 전 에 오 르 는 길 에 서 올 리 는 저 기 도 ㅡ
나 도 기 도 드 ㅡ 리 며 그 향 기 를 배 ㅡ 우 네 ㅡ
나 도 기 도 드 ㅡ 리 며 그 향 기 를 배 ㅡ 우 네 ㅡ
(후렴) 법 의 향 기 로 피 어 나 는 꽃 잎 에 ㅡ 노 래 ㅡ
정 진 하 는 예 불 소 리 부 처 님 의 숨 결 ㅡ

2-073

부처님의 향기동산

허말임 작사
정동수 작곡

♩= 120
선 운 사 동백숲—이 큰 법당을 감싸안고
선 운 사 동백꽃—이 마음 속—을 장엄하고
염 불 소 리 들으면—서 꽃 망울을 키웠어요
풍 경 소 리 들으면—서 꽃 망울을 열었어요
사 계절 의 푸른기—상 구 도 자로 살아와서
사 계절 을 반짝이—며 인 연 발 길 맞이하고
향 기 로 운 꽃 공 양 에 미 소 가 득 피어나요
동 박 새 도 분 주 하 니 부 처 님 의 동산이요
미 련없 이 떨어져 도 아 름 다 운 그 모 습 은
법 향 가 득 안 겨 주 신 부 처 님 향 기 입 니 다

부처님께 경배하세

전세준 작사
이태현 작곡

♩= 112
랄 랄라 라— 랄 랄라라— 흥 에겨 워덩 실덩 실 —
랄 랄라 라— 랄 랄라라— 천 상천 하유 아독 존 —
광 명으 로— 오 셨다 네— 축 제등 불불 밝히 세 —
대 자비 로— 오 셨다 네— 축 제등 불불 밝히 세 —
모 두모 두— 연 등들 고— 덩 실덩 실어 깨춤 을 —
남 쪽사 람— 북 쪽사 람— 연 등들 고덩 실덩 실 —
우 리모 두— 축 하하 세— 부 처님 이오 신이 날 —
칠 천만 의— 한 겨레 가— 성 탄절 을축 하하 세 —
부 처님 께경 배하 세 — 두 손모 아예 배하 세 —
성 탄절 을축 하하 세 — 우 리모 두기 쁜이 날 —

2-075

빛으로 오신 님

곽영석 작사
김정란 작곡

♩= 100
불 영산산마루 에 달 님 이 뜨 면
불 영산골짜기 에 푸 른 달 뜨 면
빛 ー 으로오신그 임 사자후가시작되 네
인연으로오신그 임 대법문을시작하 네
이 생전생 삼 세겁에 인 연 을 놓 아
시 절인연 지 은공덕 인 연 따 라 서
부 처님을 만났었 네 법열피는그 자리 에
제 불보살 오셨다 네 영상회상그 자리 에
(후렴) 빛 으로오셨어요 우리부처님 중생구제오랜서원 보 살행으로
사 바 중 생 구 원하신 우 리 부 처 님

2-076

사바 교주찬

운 문 작사
김화림 작곡

삼 계장아 어둠속에 큰광명되시 사 —
생 사바다 깊은곳에 큰도사되시 사 —
험 한곳에 길을잃고 헤매는중생 에 —
심 한파도 죽음속에 허덕이는생 령 —
새 로 이 삶의길을 밝 혀주시오 니 —
시 급 히 쫓으시사 건 져주시오 니 —
높으셔라 사바교주 석 가모 니 불 —
거룩해라
거룩하신 부처님의 그 —은혜 는 —
태산보다 허공보다 더 크시어 라 —

2-077

삼보에 귀의합니다

곽영석 작사
한광희 작곡

Andante Mod
mf
다 생 다 — 겁 무 명 속 — 에 헤 매 이 던 몸
생 사 고 — 해 거 친 파 — 도 험 란 하 여 도
mp
부 처 만 — 나 무 명 깨 — 쳐 찾 았 습 니 다
제 법 실 — 상 배 워 익 — 혀 찾 았 습 니 다
cresc.
영 원 토 록 변 치 않 — 는 진 리 의 묘 법
영 겁 토 록 변 치 않 — 는 대 장 경 말 씀
mf
나 의 성 — 품 다 시 찾 — 아 귀 의 합 니 다
승 보 님 — 께 의 지 하 — 여 회 향 합 니 다
(후렴) 거 룩 하 신 삼 보 님 께 귀 의 합 니 다
mf
cresc.
f
부 처 님 과 경 문 말 씀 모 든 스 님 께 예 배 하 며 —
1.
받 들 어 서 — 귀 의 합 — 니 — 다
2.mf
cresc
rit
귀 의 합 — 니 — 다 —

2-078

삼보에 귀의하오니

곽영석 작사
지 범 작곡
♩= 110
생사고해 사 ㅡ바 연이 힘 난ㅡ하 여 ㅡ도 ㅡ
다생다겁 무 ㅡ명 속 에 헤 매ㅡ이 다 ㅡ가 ㅡ
무명깨쳐 여ㅡ ㅡ 실 한법 알 았ㅡ습 니 ㅡ다 ㅡ
제법실상 배 ㅡ 워 익혀 찾 았ㅡ습 니ㅡ다 ㅡ
영겁토록변 치않 는 대 장 경 말 씀
영원토록변 치않 는 신 묘 한 말 씀
삼보전에귀 의하 여 회 향 합 니 다 ㅡ
나의성품다 시찾 아 귀 의 합 니 다 ㅡ
거 룩 하 신 ㅡ삼 보 님 께 귀 의 하 오 ㅡ 니 ㅡ
어 리 석 은 ㅡ이 중 생 을 받 아 주 소 ㅡ서 ㅡ

2-079

삼보의 노래

이순금 작사
노영준 작곡

Moderato
시 방 세 계 항 상 계 신 붓 ― 다 여 붓 다 ― 여
사 ― 바 에 몸 나 투 신 석 가 모 니 부 처 ― 님
단 비 같 은 말 씀 으 로 일 ― 러 주 ― 시 네
중 ― 생 을 건 지 시 려 쉼 없 이 걸 으 셨 네
시 ― 방 에 가 득 하 신 붓 다 의 가 ― 르 침
다 섯 비 구 초 전 법 륜 법 보 의 시 작 이 라
배 우 고 깨 우 쳐 서 그 ― 뒤 를 따 ― 르 리
온 세 상 비 춰 주 는 밝 고 높 은 불 법 이 여
시 방 에 항 상 계 신 승 ― 가 여 승 ― 가 여
법 등 명 자 등 명 을 실 천 하 는 스 님 네 들
청 정 하 신 마 음 ― 에 합 장 하 옵 니 다
심 신 바 쳐 청 정 ― 행 따 라 배 웁 니 다

2-080

삼보일배

여영희 작사
조광재 작곡
♩. = 52
지 — 극 한 마 음으로 한걸음또한걸 음 —
간 — 절 한 마 음으로 한걸음또한걸 음 —
내 생각이 옳——은가 내마음이바—른 가 —
내 마음이 바——른가 내생각이옳—은 가 —
한 걸 음 또 한걸음 절을하며걸—어 요 —
한 걸 음 또 한걸음 절을하며걸—어 요 —
어리석은 이중—생의 삶의인연야—속 해 —
부질없는 이승—의삶 다투면서사—는 죄 —
부 처 님 께 회개하며 한걸음또한걸 음 —
부 처 님 께 용서빌며 한걸음또한걸 음 —
간 — 절 한 마음—으로 자성하며걸—어 요 —
지 — 극 한 마음—으로 참회하며걸—어 요 —

2-081

삼보 일 배로

곽영석 작사
최선기 작곡

나ㅡ 이 제야 엎드 려 서 참회 합 니 다 삼보
나ㅡ 이 제야 자성 찾 아 참회 합 니 다 한ㅡ
일 ㅡ배 한걸 음 씩 절을 하 면 서 거 룩
걸 음씩 또한 걸 음 절을 하 면 서 출 세
하 ㅡ신 부처 님 께 참회 합 니 다 한ㅡ
간 ㅡ에 시비 다 툼 후회 합 니 다 한ㅡ
걸 음씩 또한 걸 음 걸어 가 면 서 나로
걸 음씩 또한 걸 음 걸어 가 면 서 사바
하 여금 성긴 업 ㅡ을 참회 합 니 다
연 ㅡ의 성긴 업 ㅡ을 참회 합 니 다
(후렴) 자 비하신임이 시 여 인 도하소 서
엎 드려서참회 하 니 구 원하소 서

2-082

삼천대천 부처님 땅

신현득 작사
김병학 작곡

하 늘 나 ㅡ 는　중 생 들 ㅡ 도　물 속 세 상 중 생 들 ㅡ
중 생 계 ㅡ 와　허 공 계 ㅡ 에　윤 회 하 며 태 어 나 ㅡ

도　ㅡ　부 처 님 ㅡ 의　경 계 에 ㅡ 선
서　ㅡ　과 거 현 ㅡ 제　제 불 보 ㅡ 살

티 끌 ㅡ 같 은　존 재 라 ㅡ 네　ㅡ　넓 고 넓 ㅡ 은
여 실 ㅡ 한 법　배 워 가 ㅡ 네　ㅡ　인 연 지 ㅡ 어

법 장 세 ㅡ ㅡ 계　삼 천 ㅡ 대 천　부 처 마 을 ㅡ
태 어 나 ㅡ ㅡ 서　인 연 ㅡ 따 라　다 시 나 니 ㅡ

선 업 지 어 태 어 나 서　부 처 님 ㅡ 을　찬 송 ㅡ 하 ㅡㅡ
사 대 오 상 여 실 한 법　배 워 익 ㅡ 혀　견 성 ㅡ 찾 ㅡㅡ

세　ㅡ　(후렴) 부 처 님 ㅡ 이　가 르 치 ㅡ 신
네　ㅡ

법 장 지 혜 신　묘 하 여　ㅡ　자 성 찾 아 깨 우 쳐 서

해 탈 지 ㅡ 혜　찾 아 ㅡ 가　ㅡㅡ 네　ㅡ

2-083

상주 설법

곽영석 작사
백승태 작곡
Andante
mp
p
법의실
우주법
상 변치않 아 본래 그 대ㅡ 로 미래세
계 법장세 계 변치 않 아ㅡ 서 깨친자
mf
상 정토세 계 변함 없 나 니 ㅡ 일체ㅡ
는 깨친대 로 볼수 있 나 니 ㅡ 바른ㅡ
f
mp
중생 ㅡ 끝이ㅡ 없는 ㅡ 악 업 인 연ㅡ 이 ㅡ 지옥ㅡ
계행 ㅡ 공덕ㅡ 쌓아 ㅡ 예 배 하 는ㅡ 자 ㅡ 부처ㅡ
f
세상 ㅡ 참혹ㅡ 한꿈 ㅡ 만 들 지 니 라
님의 ㅡ 상주ㅡ 설법 ㅡ 듣 게 되 리 라
p
근심하여ㅡ 번민하고ㅡ 고 통 받 는 자
rit
참회서원ㅡ 정진하여ㅡ 길 을 찾 아 라

2-084

석가모니 부처님

곽영석 작사
백승태 작곡
♩= 52
찬양 하라 경배── 하라 우리
찬양 하라 경배── 하라 우리
♩= 72
부 처 ─ 님 풍요로 운 이들녘 과 저 ─
부 처 ─ 님 전생에 도 이생에 도 미 래
하늘까지 ─하늘까 지 사바연 의 푸른인 연
세─상도 ─세─상 도 인연지 어 선업쌓 아
은혜로──운 ─ 땅 과거칠 불 석가여 래 미륵세
태어날──그 ─ 땅 중생계 의 윤회업 장 벗어나
상도 불국토 를 불 국 토 를 예 비
도록 가르치 고 가 르 치 고 예 비
하 신 우리스승 님 찬양하라 경배하 라 우 리 부 처
하 신 우리부처 님
rit
님 ─ 과거칠불 석가모 니 우 리 부 처 님

2-085

성도가

(찬불가 대상 수상곡)

권상노 작사
량승일 작곡

온 세 계 무 량 한 우 리 형 제 야
정 반 왕 태 자 로 탄 생 하 시 사

세 존 의 역 사 를 들 어 보 시 요
만 승 의 영 화 를 버 리 시 옵 고

광 겁 에 덕 ㅡ 행 을
설 산 에 육 ㅡ 년 을

많 이 닦 으 사 금 생 에 정 법 신
고 행 하 시 사 명 성 을 보 시 고

받 아 나 셨 네 (후렴) 한 마 음 모 ㅡ
성 불 하 셨 네

아 ㅡ 만 세 부 르 세

만 ㅡ 세 만 ㅡ 세 불 교 만 세

2-086

손 모아 절합니다

굿거리장단 ♩. = 54

대 우 작사
정홍근 작곡

천 지의 은 혜 와 은 덕 에 부모님 의 은 혜 와 사 랑 에
인 류의 행 복 을 위 하 여 세ㅡ상 의 평 화 를 위 하 여

국ㅡ가 와 동 포 며 인 류 사 회 사 농 공 상 의 노 고 에
한 방 울 물 한 톨 의 곡 ㅡ ㅡ 식 스 쳐 가 ㅡ 는 바 람 에

손 모 아 절 합 니 다 ㅡ 감 사 의 절 합 니 다 ㅡ
손 모 아 절 합 니 다 ㅡ 감 사 의 절 합 니 다 ㅡ

(후렴) 고 맙 고 감 사 한 인 연 들 이 여 세 상 은 모 두 가 은 혜 요

감 사 이 며 그 리 움 입 니 다 ㅡ ㅡ ㅡ

2-087

아도화상 오신 뜻은

곽영석 작사
송 결 작곡
보통빠르게
자비등불켜서들 고 중생구원서원하 네
아도화상불경들 고 이땅위에포교하 사
아도화상오셨어 요 태백산정산허리 에
인연꽃이피었어 요 신라하늘꽃무지 개
푸른달빛일렁이 는 신라하늘소슬바 람
마음공부보시행 과 팔정도의바른생 각
이심전심귀의하 여 불국정토만들었 네
삶의지혜깨쳐나 니 온누리가불국정 토
(후렴) 거 룩 하 신— 님의자취— 그림자는사라져 도
이 생 전 생— 출세간에— 인연가피그리워— 라

2-088

아미타불 찬가

이순금 작사
조광재 작곡

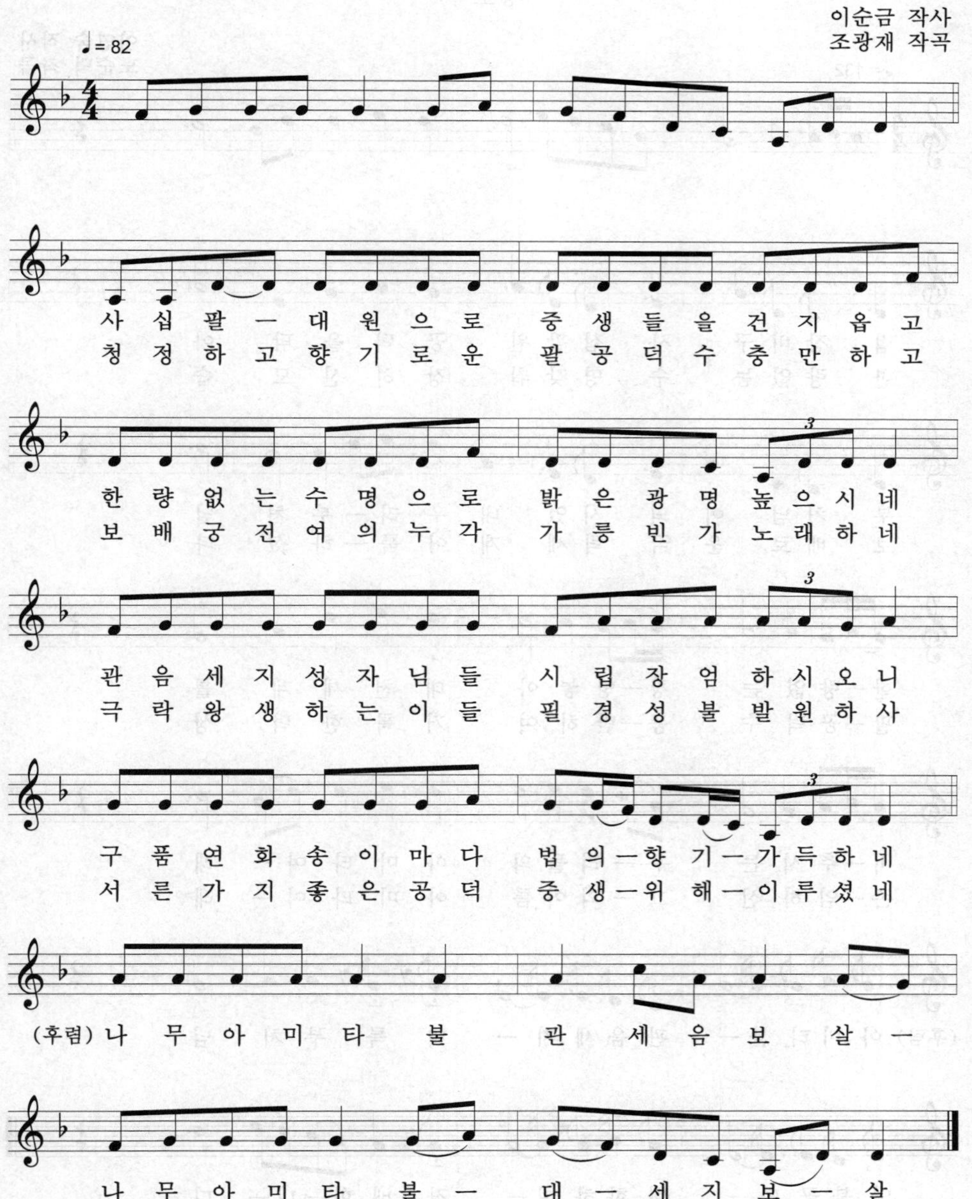
♩= 82
사 십 팔 ㅡ 대 원 으 로 중 생 들 을 건 지 옵 고
청 정 하 고 향 기 로 운 팔 공 덕 수 충 만 하 고
한 량 없 는 수 명 으 로 밝 은 광 명 높 으 시 네
보 배 궁 전 여 의 누 각 가 릉 빈 가 노 래 하 네
관 음 세 지 성 자 님 들 시 립 장 엄 하 시 오 니
극 락 왕 생 하 는 이 들 필 경 성 불 발 원 하 사
구 품 연 화 송 이 마 다 법 의 ㅡ 향 기 ㅡ 가 득 하 네
서 른 가 지 좋 은 공 덕 중 생 ㅡ 위 해 ㅡ 이 루 셨 네
(후렴) 나 무 아 미 타 불 ㅡ 관 세 음 ㅡ 보 살 ㅡ
나 무 아 미 타 불 ㅡ ㅡ 대 ㅡ 세 지 보 ㅡ 살

2-089

아미타불 찬송

(공모작)

이연숙 작사
노순덕 작곡
♩= 132
법 장비구 사 십팔원 공덕을닦 아
한 량없는 수 명갖춰 장하신모 습
부 처님 이 되 시었 네 우리—부처 님
보 배로 운 극 락세 계 이룩—하셨 다
한—량없 는 광—명 놓 아 대 천 세 계 를
팔—공덕 수 충—만하여 거 룩 한 덕 상
비—추시는 우—리들의 아 미 타 여— 래
존—엄하신 그—의이름 아 미 타 여— 래
(후렴) 아 미 타 불— 관 음 세 지 — 미 륵 부 처 님
염 불 공 덕 — 회 향 하 며 — 경 배 합—니— 다

2-090

아시타선인의 찬송

곽영석 작사
이순희 작곡

감동적으로 ♪= 92
카 필 라 의 사 월 의 봄 샛 별 돋 던 그 날 밤 에
친 정 행 차 가 는 길 에 사 슴 동 산 꽃 그 늘 에
선 정 에 든 아 시 타 는 도 리 천 궁 하 늘 보 네
천 사 찬 미 축 성 찬 가 아 기 왕 자 태 어 났 네
전 륜 성 왕 태 어 나 실 카 필 라 의 대 초 원 에
일 곱 걸 음 옮 기 시 며 일 성 하 여 이 르 시 되
상 서 로 운 푸 른 달 빛 룸 비 니 를 장 엄 하 네
천 상 천 하 유 아 독 존 하 늘 아 래 홀 로 높 다
(후렴) 꽃 바 람 이 불 던 그 날 무 우 수 에 꽃 그 늘 에
아 기 왕 자 탄 생 하 니 부 처 되 실 씨 앗 이 라

2-091

약사여래 찬송

(공모작)

전세준 작사
강주현 작곡

힘차게 ♩. = 52
약 사 여 ㅡ 래 십 이 대 원 중 생 위 한 빛 이 었 고
법 장 서 ㅡ 원 중 생 구 제 거 룩 하 신 님 ㅡ 의 뜻
병 고 없 ㅡ 는 사 바 세 계 서 원 세 워 고 치 시 니
약 사 여 ㅡ 래 대 원 이 신 병 고 없 는 사 ㅡ 바 연
거 룩 해 라 고 마 워 라 약 사 여 래 귀 ㅡ 의 불
그 이 름 도 거 룩 해 라 약 사 여 래 귀 ㅡ 의 불
거 룩 해 라 고 마 워 라 약 사 여 래 귀 ㅡ 의 불
그 이 름 도 고 마 워 라 약 사 여 래 귀 ㅡ 의 불

2-092

연비의 노래

곽영석 작사
최 성 작곡
Waltz ♩= 84
이 — 작 은 — 인연으 — 로 부 처 님 께 귀 의 하
이 — 작 은 — 인연으 — 로 부 처 님 께 귀 의 하
고 — 참 된 진 리 — 배 워 익 — 혀
고 — 부 처 님 을 — 바 로 알 — 고
성 불 하 는 그 날 까 — — 지 —
삼 보 님 께 귀 의 하 — — 고 —
금 강 같 은 굳 은 맹 세 삼 귀 오 계 지 켜 가 — —
사 대 평 등 성 품 익 혀 자 성 성 불 그 날 까 — —
고 — 부 처 님 의 금 계 지 — 켜
지 — 삼 세 부 처 감 로 법 — 문
삼 보 님 의 계 율 지 — — 켜 — 신 명 다 해 —
마 음 등 불 밝 혀 두 — — 고 — 일 심 으 로 —
D.C.
정 진 하 — 여 부 처 님 께 나 아 가 — 세 —
부 처 님 께 나 아 가 세 —

2-093

영취산 독수리 봉

윤동기 작사
최선기 작곡
♩. = 36
영 취
서 기
산 ㅡ ㅡ 독 수 리 봉 ㅡ 거 룩 한 ㅡ 성 ㅡ 지 ㅡ 부 처
어 린 ㅡ 독 수 리 봉 ㅡ 영 취 산 ㅡ 성 ㅡ 지 ㅡ 부 처
님 은 ㅡ 법 석 열 어 ㅡ 법 문 펼 치 셨 었 죠 ㅡ
님 이 ㅡ 법 화 경 을 ㅡ 설 하 신 ㅡ 그 ㅡ 곳 ㅡ
영 산 회 상 법 열 일 던 ㅡ 성 스 러 운 자 리 ㅡ
영 산 회 상 법 열 일 던 ㅡ 거 룩 한 ㅡ 자 리 ㅡ
부 처 님 은 법 화 경 을 ㅡ 설 하 시 었 죠 ㅡ
불 교 진 수 법 화 경 이 ㅡ 탄 생 하 였 죠 ㅡ

2-094

예불가

(가사공모작)

원창연 작사
지 범 작곡
♩= 68
맑 고 고 운 마 음으 로 향 을 사 루 어
정 갈 하 신 마 음으 로 촛 불 밝 히 고
덕 높 으 신 삼 보 님 께 예 배 합 ㅡ 니 다
더 함 없 는 삼 보 님 께 예 배 합 ㅡ 니 다
불 타 야 중 조 사 님 과 선 지 식 님 께
온 법 계 에 한 량 없 는 가 없 는 중 생
일 심 으 로 귀 의 하 고 절 을 합 니 다
성 불 하 여 해 탈 하 길 서 원 합 니 다
거룩하신 부 처 님ㅡ 예ㅡ경하ㅡ 오 니ㅡ
이중생의 서 원 기 도 들ㅡ어주ㅡ소ㅡ 서

2-095

옴마니반메훔

곽영석 작사
송인세 작곡

굿거리장단 ♩. = 55
법 신 으로 오 셨어 요 비 로 자 ―나 불 ―
비 로 자나 부 처 님은 법 신 부 ―처 님 ―
금 강 같 은 진 리 법 문 가 르 치 ―셔 요 ―
비 밀 스 런 그 가 르 침 대 명 왕 ―진 언 ―
어 디 서 나 어 느 때 나 염 송 할 ―진 언 ―
당 체 법 문 깨 우 쳐 서 성 불 하 ―여 라 ―
여 섯 자 의 그 ―진 언 옴 마 니 반 ―메 훔 ―
일 러 주 신 그 ―진 언 옴 마 니 반 ―메 훔 ―
(후렴) 비 밀 주 문 외 워 봐 요 함 께 불 ―러 요 ―
3
옴 마 니 반 ―메 훔 육 자 대 명 왕 ―진 언 ―

2-096

우리의 등불

전세준 작사
이종록 작곡
♩= 66-72
mf
mf
一고해의풍一파가 나를덮쳐올一때一 에
암흑속에먹구름이 밀一려一올一때一 에
mp
자비손 을들어 서 一 감싸一안 으 시 一 는 거 룩
헤一매 는우리 중 생 등불로 밝 혀 주 시 는 자 비
하 신 부처님一께 一예배합 니 다
하 신 부처님一께 一귀의합 니 다
f
부 처님의 그 은혜를 찬송합 니 다
부 처님의 대 자비를 찬탄합 니 다
mp
(후렴) 진 리로오신 그 님 우 리부처 님
f
mf
예 배하고 따릅니다 우 리부처 님

2-097

원불(願佛)을 모시고

(공모작)

곽영석 작사
김정란 작곡

♩= 76
1.부 처 님 을 내 집 안 에 모 시 고 나 서
2.부 처 님 을 모 시 고 서 예 배 할 때 에
3.임 의 가 피 그 언 제 나 은 혜 로 워 서
우 리 가 족 가 피 속 에 행 복 합 니 다
우 리 가 족 은 혜 받 아 행 복 합 니 다
가 족 곁 에 호 신 불 로 계 시 옵 니 다
자 비 하 신 임 의 은 덕 시 방 에 — 미 쳐
천 안 으 로 살 피 시 고 은 혜 하 — 시 니
부 처 님 과 함 께 하 는 하 루 일 — 과 는
함 께 하 신 그 시 간 이 행 복 합 — 니 다
우 리 가 족 매 일 같 이 행 복 합 — 니 다
가 피 속 에 충 만 하 니 행 복 합 — 니 다
임 의 가 피 임 의 은 덕 감 사 하 옵 고
찬 송 하 며 따 르 오 니 행 복 합 — 니 다

2-098

일광천자의 찬송

곽영석 작사
오재찬 작곡

Allegro ♩= 124
부 처 님 은 중 생 위 — 해 이
부 처 님 의 고 운 음 — 성 걸
땅 — 에 와 — 서 — 시 방 세 계 살 피 시
림 — 이 없 — 어 — 온 갖 법 을 분 별 하
어 — 가 르 — 치 셨— — 네 — 우 주
여 — 가 르 — 치 셨— — 네 — 원 만
광 명 법 장 — 세 계 — 삼 — 신 — 부 처— —
보 신 영 원 — 불 변 — 노 — 사 — 나 부— —
님 — 청 — 정 법 신 비로자 나 — — 법
처 — 천 — 백 억 의 화신이 신 — — 석
신 — 부 처 — 님 — (후렴) 임 의 법 문 미묘하 —
가 — 모 니 — 불 —
고 — 등 불 — 과 같 — 아 — 무명세 계
밝 혀 가 는 — 빛 이 — 옵 니— — 다 —

2-099

일곱 걸음 걸으시고

곽영석 작사
윤해중 작곡
빠르지않게
mf
룸 비 니 꽃동산 에 태 어 나 시— 어
보 리 수 나무그 늘 룸 비 니 동— 산
p
일 곱 걸 음 걸으시 며 하 시 던 말 씀
싯 달 태 자 일곱걸 음 옮 기 시 면 서
mp
mf
하 늘 위 와 하늘아—래 내 가 최 고 야
이 세 상 의 괴로움—을 편 안 케 하 리
p
육 년 고 행 공 부 하 여 부 처 되 셨 지
궁 궐 떠 나 부 처 되 어 실 천 하 셨 지
f
mf
f
(후렴) 거 룩하 신 부 처 님 우 리 부 처— 님
mf
mp
pp
그 은혜 감 사하—며 예 경 합 니— 다

2-100

자랑스러운 대장경

자 용 작사
조영근 작곡
Moderato
읽 고쓰 고 배 우ㅡ고 가르쳐주ㅡ 고
들 려주 고 배 우ㅡ고 가르쳐주ㅡ 고
서 로익 혀 배 워ㅡ서 지혜얻어ㅡ 요
인 연지 어 이 끌ㅡ어 함께익혀ㅡ 요
거 룩하신 부 처 님 법문을엮ㅡ 은
자 비하신 부 처 님 법문을모ㅡ 은
팔 만사천 대 장경 불교의보ㅡ 배
진 여법문 대 장경 팔만ㅡ대장 경

2-101

자장율사 큰스님

곽영석 작사
김정란 작곡

♩= 100
부 처 님 의 팔 만계행 닦 으 시 고 서
부 처 님 의 가 르침을 실 천 하 시 며
모 든 스 님 육 도계행 가 르 치 셨 ㅡ 네
정 진 하 는 스 님들을 가 르 치 셨 ㅡ 네
청정하고ㅡ 바른계행ㅡ 모 범 이 되 ㅡ 사
거룩하신ㅡ 임의계행ㅡ 모 범 이 되 ㅡ 어
우리들의ㅡ 마음속에ㅡ 계 시 옵 니 다
자비하신ㅡ 법사로서ㅡ 계 시 옵 니 다

자재왕보살의 찬송

곽영석 작사
강주현 작곡

찬탄하며 ♩= 100
부처님의 법장 지혜 진실—하여 서
깨달은법 평등 하여 진실—하여 서
온천지의 중생 들이 찬송—하 였 네
대자재의 크신 원력 한량—없 어 라
청 정 하 신— 임 의 법 신— 한 량 이 없 어
한 량 없 는— 겁 바 다 에— 수 행 하 시 어
온 법 계 에 대 자 비 가— 충 만 —하 여— 라
우 리 곁 에 임 해 계 신— 거 룩 —한 가— 피
아 —고 마 워 라 거 룩 하 셔— 라
자 비 하 신 부 처 님 께 경 배 —합—니 다

2-103

절에 가면 부처님께

권대자 작사
조영근 작곡

Moderato
mp
mf
절 에 가 면 부 처 님 께 예 배 드 — 려 요 —
절 에 가 면 스 님 들 께 인 사 드 — 리 고 —
삼 보 님 의 은 혜 가 피 감 사 드 — 려 요 —
대 웅 전 에 엎 드 려 서 서 원 해 — 봐 요 —
f
이 생 전 생 내 가 온 길 인 연 의 가 — — 피 —
옛 날 부 터 오 늘 까 지 인 — 연 지 — 어 서 —
이 승 에 서 견 성 하 기 서 원 합 — 니 다 —
나 의 자 취 한 량 없 어 기 도 합 — 니 다 —
(후렴) 서 원 하 며 이 룬 기 도 — 가 피 의 은 — 혜 —
rit
부 처 님 이 들 으 시 고 — 감 응 하 — 시 네 —

2-104

절에 갑시다

(수상곡)

곽영석 작사
백승태 작곡

Andante
mf
p
f
3
부 처 님 만 — 나 러 절 에 갑 — 시 다
법 사 님 만 — 나 러 절 에 갑 — 시 다
심 오 한 말 씀 을 들 — 어 봅 시 다
진 리 의 경 문 을 들 — 어 봅 시 다
진 실 한 법 — 문 을 읽 고 배 — 워 서
부 처 님 말 — 씀 을 새 겨 읽 — 고 서
바 른 길 내 삶 을 찾 — 아 봅 시 다—
참 다 운 내 길 을 찾 — 아 봅 시 다—

2-105

제자들을 보시며

곽영석 작사
곽민석 작곡
♩= 126
부 처 열 반 하 실 때 제 자 들 이
부 처 열 반 하 실 때 제 자 들 이
모 여 서 스 승 떠 ─ 난 빈 자 리
모 여 서 열 반 송 ─ 을 부 르 며
슬퍼하 며 울 ─ 었 네 ─ 비구들 아 들 어
해탈법 문 원 ─ 했 네 ─ 비구들 아 들 어
라 ─ 여 래 법 문 진 실 해
라 ─ 일 체 법 은 덧 없 어
인연지 어 났 으 니 ─ 근 기 따 라
해탈서 원 정 진 행 ─ 나 의 유 훈
배 우 라 생사바 다 건 너 도 ─
이 니 라
여래법 신 여 여 ─ 해 ─ 법장말 씀 깨 우
쳐 ─ 성불서 원 하 여 ─ 라 ─

2-106

지장보살님

대 우 작사
정영화 작곡
느리게
나 ― 참회 의 눈물로 향 ―불 사르 며
나 ― 자비 의 눈물이 마 ―를 때까 지
목 놓아서 당 신을 불 러봅 니 다
지 옥문이 열 리길 소 리칩 니 다
지옥문가에 울 고 있는 당 신 모 습
일체중생들 부 처 되는 그 날 까 지
그 립 자로 환 영 으로 지 장 보 살 님
울 고 있는 당 신 모 습 지 장 보 살 님
중 생업보 중 생소원 다 할―때 까 지
울 고있는 당 신모습 지 장 보 살 님

2-107

지장보살의 비원

(공모작)

이성자 작사
노영준 작곡
Trot (in 4) ♩= 62
지 장 보 살 서 원 하 신 위 대 ㅡ 한 비 ㅡ 원
사 바 세 상 모 든 중 생 구 원 ㅡ 의 서 ㅡ 원
성 불 서 원 늦 추 고 서 중 생 ㅡ 들 위 해
마 지 막 에 지 옥 중 생 구 원 ㅡ 하 시 고
지 옥 성 중 구 ㅡ 원 하 고 성 불 하 리 라
성 불 서 원 발 ㅡ 원 하 신 지 장 보 살 님
임 의 서 원 거 룩 하 여 경 배 합 니 ㅡ 다
자 비 하 신 임 의 서 원 찬 탄 합 니 ㅡ 다

2-108

지장보살 찬탄가

(수상곡)

인 각 작사
이순희 작곡

mf

mp
석 가부처 관 음에게 지 장보살 첨 례공덕
석 가부처 수 기받아 미 륵부처 출 현까지

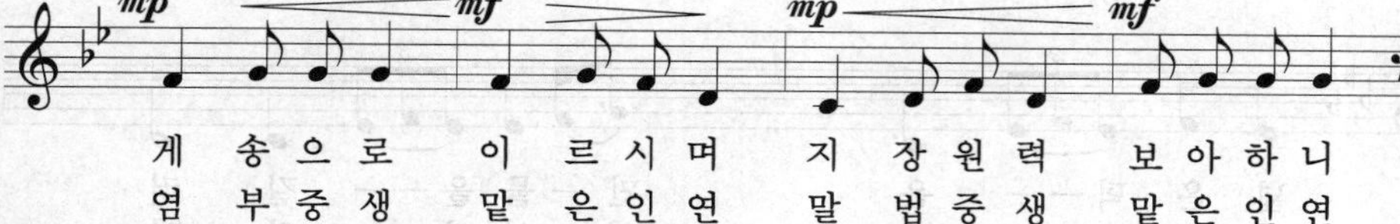
mp
mf
mp
mf
게 송으로 이 르시며 지 장원력 보아하니
염 부중생 말 은인연 말 법중생 말은인연

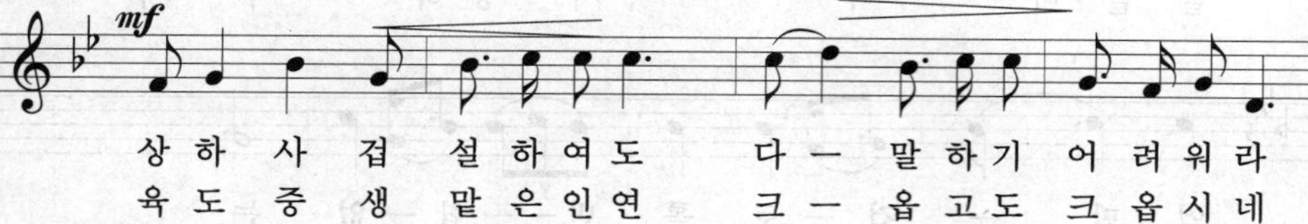
mf
상하 사 겁 설하여도 다 ― 말하기 어려워라
육도 중 생 말은인연 크 ― 옵고도 크옵시네

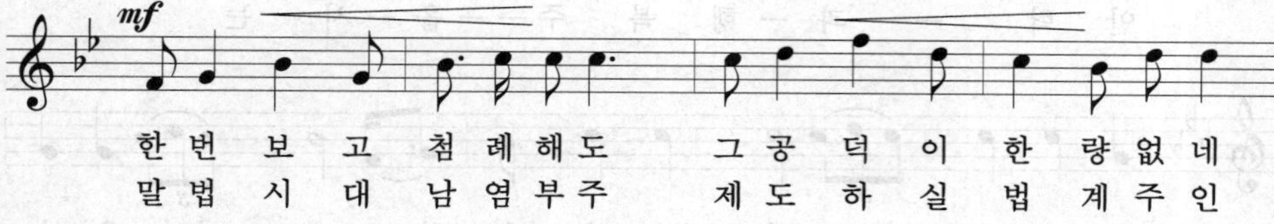
mf
한번 보 고 첨례해도 그공 덕 이 한 량없네
말법 시 대 남염부주 제도 하 실 법 계주인

f
대 비대 원 대 성대자 무 ―변신 지 장보살
대 비대 원 대 성대자 유 명교주 지 장보살

2-109

찬불가

(찬불가 대상 수상곡)

조학유 작사
김희조 작곡

보통빠르게
둥 글 고 또 ㅡ 한 밝 은 빛ㅡㅡ 은
저 모 든 하 ㅡ 늘 가 운 데ㅡㅡ 에
자 비 와 큰 ㅡ 힘 향 하 는ㅡㅡ 곳
우ㅡㅡ주 를 싸 고 고 르 고 다 ㅡ 시
가ㅡㅡ장 ㅡ 높 고 이 넓 은 세 ㅡ 상
가ㅡㅡ림 없 도 다 우 리 의 원 ㅡ 함
넓 은 덕ㅡㅡ 은 만 ㅡ 물 을ㅡㅡ 길 러
만 유 중ㅡㅡ 에 제 ㅡ 일 귀ㅡㅡ 하 사
낱 낱 마ㅡㅡ 다 사 ㅡ 랑 하ㅡㅡ 시 사
억 만 ㅡ 겁 ㅡ 토 록 변ㅡㅡ함 ㅡ 없 는
지 혜 ㅡ 와 ㅡ 복 덕 구ㅡㅡ족 ㅡ 하 신
안 락 ㅡ 과 ㅡ 행 복 주ㅡㅡ옵 ㅡ 시 는
부 처 님 전ㅡㅡ에 한 마 음 함 ㅡ 께 기ㅡㅡ울 여
서 찬 불 합 시ㅡㅡ 다 ㅡ

2-110

찬양하리라

곽영석 작사
김정란 작곡

♩= 112
mf
mp
우리
찬 양 하 리 라 거 룩 하 신 부 처 님 우 리
찬 양 하 리 라 자 비 하 신 부 처 님 우 리
찬 양 하 리 라 법 장 세 계 보 살 님 우 리
찬 양 하 리 라 은 혜 로 운 부 처 님 우 —
리 찬 양 하 리 라 — 임 의 가 피 큰 서 원 — 우 —
리 찬 양 하 리 라 — 대 자 비 의 그 — 은 혜 — 우 리
찬 양 하 리 라 영 광 스 런 그 이 름 우 리
찬 양 하 리 라 법 장 진 리 그 묘 법

2-111

찬양하세 예배하세

곽영석 작사
최선기 작곡
Waltz
찬 양하세 예배하 세 우리부 처ㅡ 님
찬 양하세 예배하 세 우리부 처ㅡ 님
우 리위해 오랜세 월 수ㅡ행 하시 고
지 혜복덕 구족하 여 성ㅡ불 하시 고
견 성하ㅡ 여 성 불하ㅡ 니
일 체중ㅡ 생 구 원하ㅡ 사
성 자되셨 네 성 자되셨 네
오 시었다 네 오 시었다 네
임 의서원 임의가 피 한량없 어ㅡ 서
대 자대비 가피은 혜 무량하 여ㅡ 서
예 배하고 찬양하 며 따ㅡ라 간다 네
우 리모두 찬양하 며 예ㅡ배 한다 네

2-112

찬양하세 우리 부처님

곽영석 작사
이태현 작곡
Moderato ♩= 108
f
mf
찬 양하 세찬 송하 세 우 리부 처 님
찬 송하 세경 배하 세 우 리부 처 님
인 연겁 을따 라와 서 진 리를 배 워
인 연지 어오 시어 서 불 도펴 시 니
번 뇌망 상깨 쳤으 니 삶 이즐 거 워
모 든사 람진 리깨 쳐 자 성찾 으 니
사 생자 부우 리스 승 찬 양합 시 다
거 룩해 라우 리스 승 경 배합 시 다
f
아 아ㅡㅡ 아 아 아ㅡㅡ 아
아 아ㅡㅡ 아 아 아ㅡㅡ 아
사 생자 부우 리스승 찬 양합 시 다
거 룩해 라우 리스승 경 배합 시 다

2-113

찬양합니다 우리 부처님

곽영석 작사
황옥경 작곡

♩= 110
찬 양 합 니 다 예 배 합 니 다 자 비 하 신 부 처 님
찬 양 합 니 다 경 배 합 니 다 거 룩 하 신 부 처 님
오 랜 세 월 수 행 하 사 부 처 님 이 되 셨 어 요
인 과 열 매 가 르 치 사 부 처 님 이 되 셨 어 요
인 연 지 어 사 는 세 상 보 시 공 덕 가 르 치 신 —
사 바 중 생 생 사 윤 회 진 리 밝 혀 구 원 하 신 —
거 룩 하 신 부 처 님 께 찬 양 하 며 따 릅 니 다
자 비 하 신 부 처 님 께 예 배 하 며 따 릅 니 다
(후렴) 찬 양 합 니 다 예 배 합 니 다 사 생 자 부 부 처 님
일 체 중 생 구 원 하 신 자 비 하 신 우 리 부 처 님

2-114

찬탄합니다

김정자 작사
오헌수 작곡

Andante
삼 라 만 상 중 생 들 ㅡ 아
광 명의 부처님이 오 셨으니
모 두들 엎 드 려 부처 님을찬탄하 라
rit.
a tempo
부 처님의영 원ㅡ 한 자 비를찬 탄합니 다
부 처님의영 원ㅡ 한 자 비를찬 탄합니 다
부 처님의영 원ㅡ 한 진 리를찬 탄합니 다
부 처님의거 룩ㅡ 한 성 도를찬 탄합니 다
사 랑과자 비 로 중 생을구 원하ㅡ 신 아 ㅡ
사 랑과자 비 로 중 생을구 원하ㅡ 신 아 ㅡ
거 룩하신부 처ㅡ 님 당신 을찬 탄합 니 다
자 비하신부 처ㅡ 님 당신 을찬 탄합 니 다

2-115

천수관세음보살의 노래

(가사 공모작)

김진식 작사
이문주 작곡
♩= 100
천 개 의 손 으 로 천 송 이 연 꽃 을 피 ─ 우 시 며
천 개 의 손 으 로 부 러 운 마 음 을 씻 어 주 시 며
천 개 의 손 으 로 불 붙 는 마 음 을 재 ─ 우 시 며
천 개 의 눈 으 로 천 가 지 어 둠 을 밝 ─ 히 시 ─ 고
천 개 의 눈 으 로 세 상 의 어 려 움 살 ─ 피 시 ─ 고
천 개 의 눈 으 로 길 마 다 등 불 을 달 ─ 으 시 ─ 네
괴 로 움 을 함 께 하 시 는 관 세 음 보 살
즐 거 움 을 함 께 하 시 는 관 세 음 보 살
어 두 운 길 함 께 하 시 는 관 세 음 보 살
노 래 하 ─ 자 그 ─ 자 비 의 밝 은 햇 살 ─ 을
노 래 하 ─ 자 그 ─ 자 비 로 나 타 나 심 ─ 을
노 래 하 ─ 자 그 ─ 자 비 로 피 어 나 심 ─ 을

2-116

천수천안관세음보살이여

전병호 작사
강주현 작곡

보통빠르기로 ♩= 82
언 제
언 제
나 어느 곳에 서나ㅡ 나를 지켜보는님 이시 여 내ㅡ
나 어느 곳에 서나ㅡ 나를 보살피는님 이시 여 내ㅡ
가 부르 면 언 제든지 다ㅡ가 와 아 픈
가 부르 면 언 제든지 다ㅡ가 와 두 려
마 음 지ㅡ친 몸 안 아 주는ㅡㅡ님 이 시 여 천 개의
움 을 없애주 고 맞 서 게하는ㅡ님 이 시 여 천 개의
손 천 개의눈으 로 나 ㅡ 를 지 켜 주 는 님 은
손 천 개의눈으 로 나 ㅡ 를 지 켜 주 는 님 은
자 비의 화ㅡ 신 시 ㅡ 무 외자 이어 라 당 신
자 비의 화ㅡ 신 시 ㅡ 무 외자 이어 라 당 신
께 합 장 하고ㅡ 경 배 합 니 다
께 합 장 하고ㅡ 경 배 합 니 다

2-117

천의 손 천의 눈

고규태 작사
범 능 작곡

내가 두 손 을 따 스 히 내 밀 면
내가 두 손 을 다 정 히 내 밀 면
나의 두 손 — 은 천 개 의 손 이 되 리 — 라
나의 두 손 — 은 천 개 의 손 이 되 리 — 라
내가 두 눈 을 크 게 멀 리 뜨 면 은
내가 두 눈 을 밝 게 활 짝 뜨 면 은
나의 두 눈 — 은 천 개 의 눈 이 되 리 라
나의 두 눈 — 은 천 개 의 눈 이 되 리 라
천 수 천 안 내 — 가 천의 손 천 의 눈 으 로
님 처 럼 관 세 음 온 누 리 보 살 펴 주 고
님 처 럼 관 자 재 온 세 상 껴 안 아 주 — 고
한 몸 — 한 마 음 이 루 어 지 이 다

철 당간에 괘불 걸고

박정숙 작사
조영근 작곡

Moderato
철 당 간 에 괘불걸-고 법 석을 열 어
당 간 위 에 괘불걸-고 예 배를 하 고
이 시대 에- 선 지식 과- 법 사 님모 - 셔
선 지식 과- 법 사님 을- 높 이-모 시 고
백 고좌 에 법 회열어 법 문들 어 요
하 루한 분 법 회열어 법 설들 어 요
옛 날부 터- 현 대까 지- 이 어온 전 - 통
옛 날부 터- 오 늘까 지- 전 해온 전 - 통
부 처님 의 법 계진-리 함 께들 어- 요
백 고좌 의 부 처말-씀 함 께들 어- 요

2-119

출가의 노래

(가사공모작)

이순금 작사
조영근 작곡

Moderato
세상이잠 든 밤 ㅡ에 성을넘는싯 달태 자
별만이반 짝 이 는밤 성을넘는태 자ㅡ 여
고통의생 로병 사 ㅡ 벗어나 는길 이어 라
오로지생 로병 사 ㅡ 벗어나 는길 을찾 아
세상의부 귀 영 ㅡ화 뜬구름 과같은ㅡ 것
세상의부 귀 영 ㅡ화 모ㅡ두 다버리 고 서
변 치않 는 진 리찾아 이밤을달 려가 네
변 치않 는 진 리찾아 이밤을달 려가 네
어서가자 설산으로 달 려라 칸타카 여
내가할일 은 오 직 깨달음 을얻는ㅡ 길

2-120

출가의길

곽영석 작사
강주현 작곡
Andantino ♩= 76
제 불 보 살 ― 천 하 종 사 ― 선 지 식 의 배 움 따 라
역 대 조 사 ― 선 지 식 이 ― 깨 친 법 문 수 승 하 여
구 도 의 길 ― 푸 른 눈 빛 머 문 자 리 불 꽃 되 네
자 성 불 의 ― 법 등 들 고 서 원 하 며 나 아 가 네
인 연 지 은 ― 그 림 자 는 ― 눈 꽃 처 럼 사 라 지 고
지 심 으 로 ― 염 불 하 면 ― 제 불 보 살 친 견 할 까
나 를 찾 는 ― 용 맹 정 진 ― 빛 이 되 어 열 려 오 네
영 산 회 상 ― 연 화 대 에 ― 법 장 고 가 울 고 있 네
(후렴) 나 의 서 원 나 의 기 도 이 생 에 서 성 만 할 ― 때
불 국 정 토 용 화 세 상 연 꽃 향 기 가 득 하 네

2-121

칭명염불 간절하여

곽영석 작사
노영준 작곡

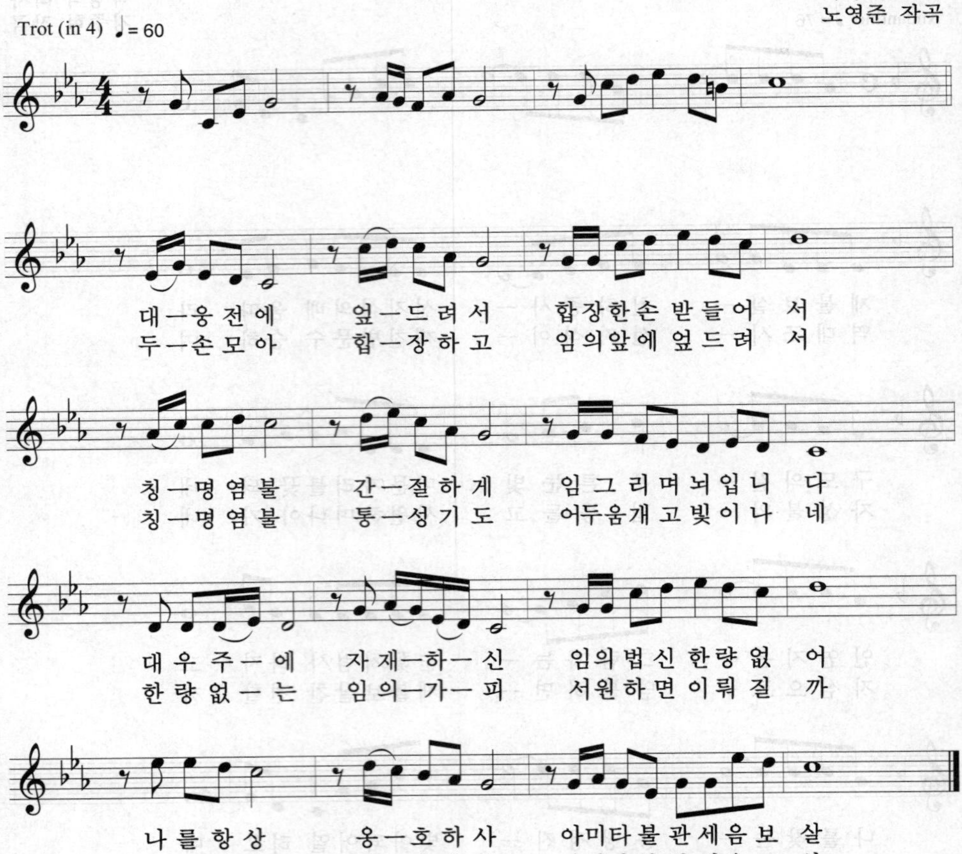

Trot (in 4) ♩= 60

대—웅전에 엎—드려서 합장한손 받들어 서
두—손모아 합—장하고 임의앞에 엎드려 서

칭—명염불 간—절하게 임그리며뇌입니 다
칭—명염불 통—성기도 어두움개고빛이나 네

대우주—에 자재—하—신 임의법신한량없 어
한량없—는 임의—가—피 서원하면이뤄질 까

나를항상 옹—호하사 아미타불관세음보 살
모든인연 감—사하며 아미타불관세음보 살

2-122

카필라성의 성문을 나서니

이순금 작사
조영근 작곡

Moderato
동 문을 나서신 날 늙 은사람을만—났 네
서 문을 나서신 날 죽 은자—를보—셨 네
남문을 나서신날— 은 병 든자를보—셨 네
북문을 나서신날— 은 수 행자를만나셨 네
늙는것도— 서러운—데 병고까지 따라오 니
병—들면— 죽어야하는 정—해진 고통앞 에
사 람살이즐거운 일 어 디에서찾—을 까
몸 과마음단—정 한 수 행자께길을묻 네
아 —— 생로병사 어이해야벗어날 까
나 갈길은오직하 나 출가수행뿐 이 네

2-123

팔상도

(찬불가요 대상수상곡)

굿거리 장단
오해균 작사
오해균 작곡
1.도 솔천보살님 오시었네 호 명보ㅡ살 님ㅡ ㅡ
마야부인태중에 드시었네 싯 달태ㅡ자 님ㅡ ㅡ
2.기 나긴고행길 마치시고 명 상에ㅡ드 니ㅡ ㅡ
천 지가열리네 이세상에 부처님나ㅡ셨 네ㅡ ㅡ
1.
사바에중생을 제도코져 이땅에오시었 네 ㅡ
장엄ㅡ불국토 이루시려
온갖ㅡ마군중 방해하나 그들을물리치 네 ㅡ
위없는정ㅡ각 이루셨네
2.
이땅에나투셨 네 ㅡ 천상천하유아독존 힘찬걸음
오호라경사로 다 ㅡ 삼계도사사생자부 시아본사
내 디실적 에 가릉빈가춤추고 하늘에선
석 가모니 불 하늘사람땅사람 모두모두
꽃 비내리 네 ㅡ 생 노병사 근심걱정 인간사해결하
설 법을듣 네 ㅡ 너 자신을 등불삼고 깨달음이루거
D.C. al Fine
려 ㅡ 태자님출가를 하 시네 모두가절을하 네 ㅡ
라 ㅡ 진리의유훈을 남 기고 열반에드시었 네 ㅡ

해수관음 찬가

이순금 작사
이태현 작곡

♩= 88
mp
바닷가언덕위ㅡ 에
바람세찬언덕에 서
푸른바다지키시는 ㅡ
사해바다지키시는 ㅡ
mf
자비로운분이시여 ㅡ
거ㅡ룩한분이시여 ㅡ
관음보살님ㅡ이여 ㅡ
관음보살이ㅡ시여 ㅡ
mp
눈 이오 나 비가오나ㅡ
더 운여 름 추운겨울ㅡ
한결같은서원으로 ㅡ
변함없는서원으로 ㅡ
mf
바 ㅡ 닷 길 오고가는ㅡ
험 한 물 결 오고가는ㅡ
중생들을살피시네 ㅡ
모든중생보호하네 ㅡ
f
엎 드 려 경 배하며 찬 양ㅡ합 니 다
ff
나무대자대비 구 고구난 관 세 음 보 살

2-125

향화 단에 촛불 켜고

(작곡공모작)

곽영석 작사
김상민 작곡

♩= 120
향 ㅡ화 단 에 촛 ㅡ불 켜 고 ㅡㅡㅡ 합 ㅡ 장 을
베 ㅡ롱 나 무 뜰 ㅡ아 ㅡ 래 ㅡㅡㅡ 향 ㅡ 화 단
하ㅡㅡㅡ ㅡ 고 손 ㅡ모 ㅡ 아 ㅡㅡㅡ 예 ㅡ배 해 요
안ㅡㅡㅡ ㅡ 에 촛 ㅡ불 켜 고 ㅡㅡㅡ 예 ㅡ배 하 며
대 ㅡ 웅 전 향ㅡㅡㅡ 해 ㅡ 자 ㅡ 비 하
손ㅡ ㅡ 을 모 ㅡ아ㅡ 요 ㅡ 거 ㅡ 룩 하
신 부 ㅡ처 ㅡ님ㅡ 의 진 ㅡ 리 의 말ㅡㅡㅡ
신 부 ㅡ처 ㅡ님ㅡ 의 진 ㅡ 리 의 등ㅡㅡㅡ
씀 ㅡ 영 ㅡ원 토 록 밝 ㅡ혀 ㅡ주ㅡ
불 ㅡ 영 ㅡ원 토 록 밝 ㅡ히 ㅡ라ㅡ
길 기ㅡㅡ 도ㅡ 해 ㅡ봐ㅡㅡㅡ 요 ㅡ
고 합 ㅡ장 을ㅡ 해 ㅡㅡㅡㅡㅡ 요 ㅡ

2-126

화목관찰보살의 노래

곽영석 작사
이종록 작곡
♩= 80-84
mp
mp
과거현 재 인연지어 공양하여 이룬공 덕
다시없 는 다라니와 끊임없는 생각속 에
mf
이제와서 부처님을 다시만나 설법듣 네
시방세계 부처님을 모두뵙고 공양하 네
하 늘세상 월면황후 나 를위한 귀ㅡ한설 법
크 고넓은 행원으로 방 편바다 들ㅡ어가 서
mp
대 서원의 장엄경문 내 가받아 지녔다 네
십 법계의 많은법문 받 아지녀 대통하 리
(후렴)보현보 살 서원으로 지혜법문 증득하ㅡ 여
f
부 처님의 화장세계 대서원의 가피이 라

2-127

화장세계왕생가

곽영석 작사
노영준 작곡

나 아가네 나 아가네 윤 회겹너 머
하 늘세계 가 시는길 부 처님세 상
정 든님이 가 시는길 영 화로운 땅
자 비공덕 선 업쌓아 은 혜의그 땅
화 장세계 동 서남북 어 디나시 나
동 서남북 화 장세계 어 디나시 나
아 미타불— 서 쪽나라 극 락세계 도
보 승여래— 남 쪽나라 환 희의세 상
약 사여래 동 쪽나라 만 월세계— 도
부 동존불 북 쪽나라 평 안의땅— 에
우 리그님— 천 사들과 반 야용선 에
정 다운님— 행 복의땅 골 라나아 서
손 흔들며 용 화세상 너 머가시 네
무 —진의 법 장세계 문 을여소 서
청 정법신 비 로자나 우 리부처 님
화 장세계— 성 불도량 인 도하소 서

2-128

화장세계 찬탄 가

곽영석 작사
오재찬 작곡
굿거리풍으로 ♩. = 46
약 사ㅡ여 래 동 쪽나ㅡ라 먼동ㅡ트ㅡ는 곳 ㅡ
남 쪽ㅡ나 라 환 희세ㅡ상 보승ㅡ여ㅡ래 불 ㅡ
빛 을놓아 찬 란한곳 만월ㅡ의ㅡ세ㅡ 계 ㅡ
고 해중생 구 원하여 함께ㅡ사ㅡ는ㅡ 곳 ㅡ
서 쪽에는극 락정 토 ㅡ 아미ㅡ타ㅡ나 라 ㅡ
북 쪽나라무 우세 상 ㅡ 부동ㅡ존ㅡ여 래 ㅡ
일 체중생 다시나는 아미ㅡ타ㅡ나ㅡ 라 ㅡ
왕 생하여 다시사는 부동ㅡ존ㅡ나ㅡ 라 ㅡ
(후렴) 동 서ㅡ남 북 그 가운ㅡ 데 화장ㅡ세ㅡ계 에 ㅡ
청 정법신 비로자나 성불ㅡ 의ㅡ나ㅡ 라 ㅡ
함 께ㅡ나 서 왕 생하ㅡ는 성불ㅡ의ㅡ나ㅡ 라 ㅡ

욕망보다 더한 불꽃은 없고 증오(憎惡)보다 더한
악행이 없다. 집착(執着) 때문에 슬픔이 일어나고,
집착 때문에 두려움이 일어난다.
- 보살원행경 -

신도용 불교성가

3

교리, 정진

3-001

가야산의 육년 고행

곽영석 작사
금 강 작곡

Andante Mod ♩= 72
1.가 야
2.설 산
3.부 귀
산 의 육 년 고 — 행 중 생 — 을 위 — 해 대 우
수 행 육 년 세 — 월 오 직 — 한 마 — 음 사 바
영 화 다 버 리 — 고 출 가 — 하 시 — 어 설 산
주 의 제 법 실 상 밝 — 혀 — 내 시 어 진 리
세 계 고 통 받 는 일 — 체 — 중 생 을 고 해
수 행 육 년 만 에 진 — 리 — 깨 우 쳐 삼 계
등 불 켜 시 었 — 네 우 — 리 — 부 처 님
에 서 건 지 셨 — 네 우 — 리 — 부 처 님
도 사 되 시 었 — 네 우 — 리 — 부 처 님
(후렴) 찬 송 하 — 며 경 배 하 세 우 리 부 처 — 님
거 룩 하 신 그 — 은 혜 에 찬 송 합 니 다

3-002

가지 기도

곽영석 작사
서근영 작곡

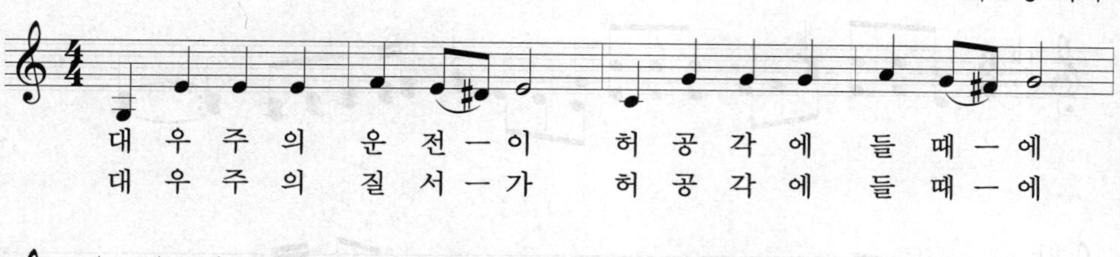

대 우 주 의 운 전 — 이 허 공 각 에 들 때 — 에
대 우 주 의 질 서 — 가 허 공 각 에 들 때 — 에

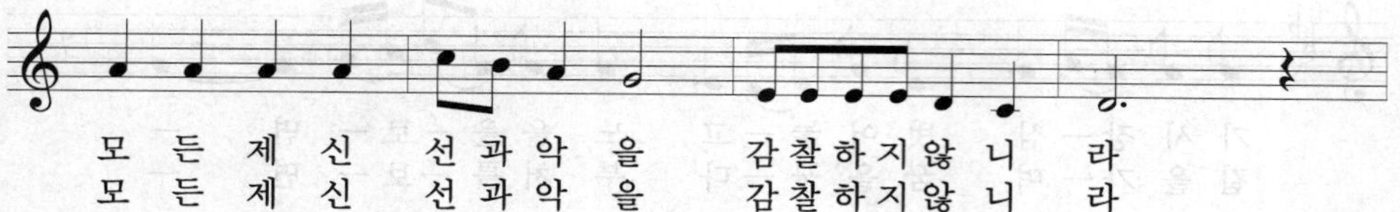

모 든 제 신 선 과 악 을 감찰하지않 니 라
모 든 제 신 선 과 악 을 감찰하지않 니 라

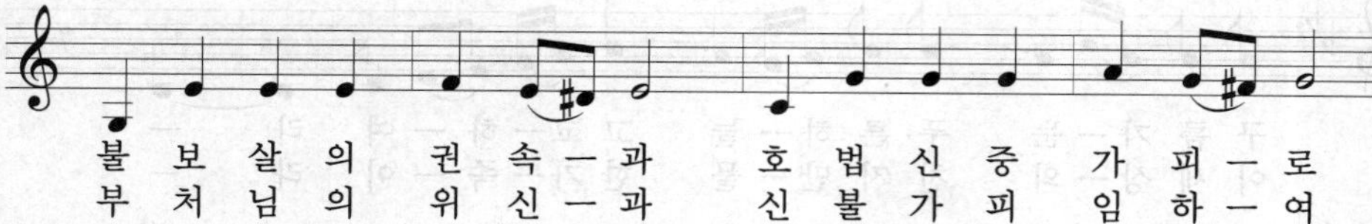

불 보 살 의 권 속 — 과 호 법 신 중 가 피 — 로
부 처 님 의 위 신 — 과 신 불 가 피 임 하 — 여

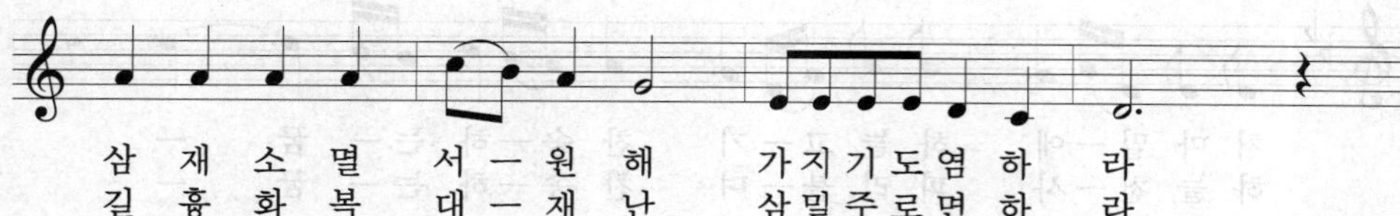

삼 재 소 멸 서 — 원 해 가지기도염 하 라
길 흉 화 복 대 — 재 난 삼밀주로면 하 라

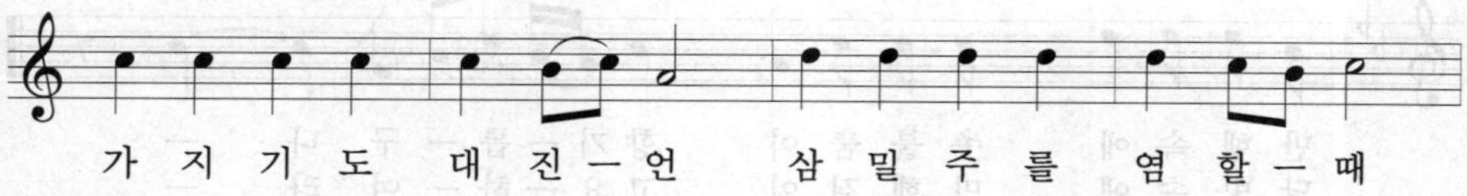

가 지 기 도 대 진 — 언 삼 밀 주 를 염 할 — 때

제 불 보 살 가 피 가 온누리를비 추 네

3-003

견성의 하늘 빛

여영희 작사
정동수 작곡

깨달은 마음으로 ♩. = 48
가 사 장—삼 벗 어 놓—고 노 을을—보— 면 —
길 을 가—며 꿈 을 꾸—다 부 처를—보— 면 —
구 름 가—는 푸 른 하—늘 고 고—하—여 라 —
이 세 상—의 천 지 만—물 한 가—족—이 라 —
처 마 밑—에 하 늘 고—기 찬 송—하 는— 꿈 —
하 늘 천—사 피 리 불—며 찬 송—하 는— 꿈 —
만 행 속 에 촛 불 춤 이 향 기—롭—구 나 —
달 빛 속 에 만 행 길 이 고 요—하—여 라 —

3-004

견성하게 도우소서

전세준 작사
정동수 작곡

사랑하는 마음으로 ♩= 92

찾 아와서 배웠어요 부 처님의 자비로움
합 장하고 예배해요 부 처님의 크신은덕
지 나온길 돌아보며 참 회길을 찾았어요
살 아온날 돌아보며 내 가갈길 다시봐요
엎 드려서 경배하며 대 자비를 구하오니
두 손모아 찬송하며 여 실한법 구하오니
거 룩하신 임이시여 굽 어살펴 도우소서
자 비하신 임이시여 견 성하게 도우소서

3-005

견성하는 그날까지

곽영석 작사
송 결 작곡

보통빠르게

화두들고참구하 라 견성하는그날까 지
두드리면열리리 라 성불하는그날까 지

역대조사선지식 도 물러섬이없었나 니
불지견의제불보 살 참구하여이뤘나 니

생 사 윤 회 윤회실 상 사 바 연 의— 고된삶 을
대 우 주 에 성긴업 보 용 화 세 상— 근본이 라

무 명 밝 혀 바라밀 행 보살도를얻으리 라
불 퇴 전 의 화두들 고 정진하면이루리 라

(후렴) 삼 세 간 의— 인연가 피 부 처 만 난— 축복이 라

내 일생정 진 하 —여 성불서원이루리— 라

경전의 바다에는

곽영석 작사
김남삼 작곡

희망찬 느낌의 보통빠르기로

찾 아가 자 헤쳐가 자 진리의바 다
배 워가 자 진리법문 부처님말 씀
부 처님이 이룩하신 진리의바 다
성 불하신 부처님이 이룩한진 리
아 상 깨 쳐 성불하는 지혜의등 불
인 연 지 어 찾았으니 등불켜놓 고
우 리 모 두 함께배워 견 성 이 루ㅡ 자
법 우 들 과 함께익혀 성 불 해 보ㅡ 자
(후렴) 보 배 로운 부처말씀 팔 만ㅡ대 장 경
읽 고쓰고배 워익혀견 성 ㅡ해보 자

3-007

관세음보살님

곽영석 작사
박수남 작곡

거 룩 하 신 부 처 님 의 명 호 부 르 며 ㅡ
우 리 들 을 사 랑 하 는 관 음 보 살 님 ㅡ
반 성 할 일 용 서 할 일 기 도 를 해 요 ㅡ
칭 명 염 불 기 도 하 면 찾 아 오 세 요 ㅡ
기 도 속 에 나 도 몰 래 찾 아 오 시 는 ㅡ
참 회 기 도 백 팔 배 에 몰 래 오 시 어 ㅡ
부 처 님 ㅡ 의 여 러 모 습 서 른 두 가 지 ㅡ
자 랑 스 러 운 내 모 습 을 지 켜 보 세 요 ㅡ
괴 로 울 때 슬 플 때 나 명 호 부 르 면 ㅡ
내 가 어 디 가 더 라 도 명 호 부 르 면 ㅡ
다 정 해 요 우 리 곁 엔 관 음 보 살 님 ㅡ
든 든 해 요 우 리 곁 엔 관 음 보 살 님 ㅡ

3-008

구도정진의 노래

(가사공모작)

임채진 작사
김병학 작곡

손 잡 고 가 는 이 길 밤 은 멀 어 도
비 바 람 몰 아 치 는 날 저 문 황 야
먼 동 트 는 그 새 벽 은 멀 지 않 — 으 리
잃 어 버 린 소 를 찾 아 길 을 떠 — 나 네
팔 부 신 중 외 호 하 여 몸 은 가 볍 고
여 실 한 법 가 르 치 고 방 편 을 일 러
무 량 가 피 한 량 없 어 가 슴 이 뛰 네
무 명 깨 워 성 불 서 원 발 원 하 였 네
일 념 으 — 로 정 진 하 — 니
꽃 진 — 자 리 에 —
선 지 식 에 천 둥 소 — 리
날 은 — 밝 아 라 —

3-009

구하라 얻으리라

곽영석 작사
강주현 작곡

힘차게 ♩=110
구 ㅡ하 라ㅡ 얻 으리 라ㅡ 간 절하 면이 뤄지 니
들 ㅡ어 라ㅡ 들 을지 라ㅡ 지 혜법 문간 절하 면
일 심으로정 진하 면 견 성하 여깨 치 리 라
화 두들고정 진하 면 해 탈법 문들 을 지 니
칭 명염 불 서 원기 도ㅡ 간 절하 면들 으리 라
나 를찾 는 통 성기 도ㅡ 서 원하 면얻 을지 니
부 처님 의 지 혜말 씀ㅡ 기 도속 에들 으 리 라
반 야지 혜 법 바다 에ㅡ 사 공되 어배 저 어 라
(후렴) 일 체제 불 선 지식 이 정 진하 여이 룬법 문
반 야지 혜 중 득 하여 견 성하 여해 탈하 라

3-010

깨끗한 마음

Moderato
전세준 작사
조영근 작곡
부 처님ㅡ 말씀대로 사랑해봐 요
부 처님ㅡ 말씀대로 베 풀어봐 요
나 누며 사랑하는 베 푸는마 ㅡ 음
언 제나 즐거웁 게 사 이도좋 ㅡ 게
아 픔도 함 께하면 반 이되 듯 이
부 처님 그 가르침 상 생의 법 문
다 같이 나 누ㅡ며 함 께살 아 요
이 웃과 함 께하는 보 시의 하 루
(후렴) 보 시는 즐거워 요 마 음이즐 거 워
부 처님 이 가 르치신 복 을짓 는 일

3-011

깨달음의 네가지 소리

원 성 작사
이진구 작곡

산 사의새 날을 고하는 우렁 찬 울림소리 법 고
영혼을 맑게하는 법 종 은 거 룩한부처님의 음 성
산 새들과 물고 기에게 들려 주 는울림소리 목 어 운 판
이 른새벽 세 상의모 든 생명에게—들려주 는
깨달음의울림소 리 그 대는 아 시 나 요 사물의 의미
를 사물의 의 미 를 —
2x time only Rept

3-012

깨친 자리 마음자리

곽영석 작사
강주현 작곡

힘차게 ♩= 100
깨친자리 공근자리 부처님자 — 리
자성찾아 익힌자리 보살의자 — 리
방편세워 길을찾다 꿈을—보 았 네
불퇴전의 인욕정진 빛을—보 았 네
가슴안에 요동 치는 존자의허 — 상
시방세계 비추 는빛 자비대광 — 명
그림자만 쫓아 가다 나를—보았 네
깨친자리 공근 자리 비춰—줍니 다
고 요하 면 볼 수있나 제 법의 실 상
두 드리 면 문 열릴까 부처 님세 — 상

3-013

그 결심 거룩하시니

(가사공모작)

눌 주 작사
최선기 작곡
♩= 87
싯타르타왕자 님 출가결심할적 에
왕위이을태자 님 출가결심할적 에
이땅위에무지 한 ㅡ 중생구제원했 네 ㅡ
고통받는중생 들 ㅡ 구제서원하셨 네 ㅡ
부귀영 화 꿈 이ㅡ라 영생하 는 대 자ㅡ비
윤회하 는 중 생ㅡ들 해탈하 여 구 하ㅡ자
출가하 여 구 하ㅡ리 성도하 여 구 하리
출가하 여 이 루ㅡ리 진리깨 친 그 날에
거룩하신그결 심 ㅡ 찬양하며이루 리 ㅡ
사생자부부처 님 ㅡ 부처님이되셨 네

3-014

길상초 깔고

곽영석 작사
오헌수 작곡
Moderato ♩= 108
mf
mp
길 상초깔 고 선 정에들 어 거룩하신부처님을 그려봅니다
길 상초깔고 수 행하시 다 성도하신부처님을 생각합니다
인류위해오신—그님 우리부처님 진리찾아출가하여 성불하시니
궁궐나와출가—하신 우리부처님 부처님은대원세워 성불하시니
(코러스)
우주만유스승이신 우리부처님 우주만유스승이신 우리부처님
온인류의스승되신 우리부처님 온인류의스승되신 우리부처님
찬 송하 며 따라가— 요 우 리부 처 님
찬 송하 며 다라가— 요 우 리부 처 님
온 우주 의 아버지— 인 우 리부 처— 님
온 우주 의 아버지— 인 우 리부 처— 님

3-015

길을 잃고 헤매는 자

반인자 작사
정동수 작곡

♩. = 48
길 을 잃 은 양 을 찾 아 헤 매 — 는 자 — 여 —
길 을 잃 고 헤 — 매 는 양 찾 — 는 목 동 아 —
부 처 님 의 자 비 손 이 함 께 — 하 리 — 라 —
어 둠 속 에 두 손 잡 아 끌 어 — 주 노 — 라 —
무 명 깨 쳐 여 실 한 법 이 끄 는 자 여 —
도 반 으 로 함 께 하 는 부 처 의 종 자 —
그 원 력 이 크 고 높 아 성 취 하 리 라 —
그 원 력 이 장 대 하 여 왕 생 하 리 라 —
♩= 115
포 교 사 가 — 가 는 길 — 힘 이 들 고 — 험 해 도 —
부 처 님 의 — 자 비 손 — 함 께 하 니 — 즐 거 워 —

3-016

길을 찾는 바람

오인자 작사
조영근 작곡
Andante
구름으로피었다ㅡ 가 이슬로도내 려오 고
바람으로다가왔ㅡ 다 속삭이듯사 라지 고
바람따라흘러가 는 저구름도인연이ㅡ 라
성긴인연윤회하 여 한줌흙도내몸이ㅡ 라
천둥소리 비바람ㅡ도 벱고되어울 고있 는
범종우는 하늘가ㅡ에 내서원은끝 이없 어
저하늘이 연화세상 서원하여가 려하 네
대우주가 불국토라 인연찾아가 려하 네
우리 모두 간절하면 그님한번친 견할 까
칭명 염불 간절하면 내서원이이 뤄질 까
고드름이빛에녹 듯 연화장이열 려오 네
서쪽하늘노을빛 이 염화미소닮 았어 라

3-017

금강 송처럼

이순금 작사
최선기 작곡

♩= 96
절 마당에 뿌 리내린 금 강 소 나 무
절 마당에 살 고있는 붉 은 소 나 무
조 석 예불 사 시 예불 거 르 지 않 네
아 침 저녁 사 시 불공 거 르 지 않 네
몇백년을한 결같 이 수 행 하 시어 —
긴세월을하 루같 이 정 진 하 시어 —
부처님법깨 달았 나 늘—푸 른 기 상
부처님법깨 달았 나 푸—른 저 모 습
가 지 마 다 서 린 향기 그 윽 하 여 서
두 팔 벌 려 안 아 보고 의 지 합 니 다

3-018

금강경 사구게

경 전
오해균 작곡
장엄하게 ♩= 72
범 소 유 ㅡ 상 개 시 허 ㅡ 망 약견제상ㅡ비 상ㅡ 즉견여래ㅡ니 라
ㅡ 무 릇상이 있ㅡ 는바 모 두허망한것이
니 만약 상이아님을바 ㅡ로보면 부처님을친견하리
ㅡ 라 ㅡ 불응주색ㅡ생심 불응주 성향 미촉법생심
응무소주이생기심 이라ㅡ 응 당물질에 머ㅡ 물러
마음내지말며 응당 성향미촉법에머 ㅡㅡ물러 마음을내지말것이
니 응당머무는바없이 마 ㅡㅡ음을내거 라

3-019

나를 찾는 칭명염불

김선화 작사
강주현 작곡

간절한 마음으로 ♩= 82

두 —
대 —
손 모아합 장 하고 삼보님향 — 해 사람
웅 전에호 계 합장 부처님전 — 에 지심
으 로오신인 연 감 사 — 드려 요 거룩
으 로절을하 며 예 경 — 합니 다 불법
하 신진리말 씀 가 — 슴 에새 — 겨 사바
배 워자비보 시 실 — 천 하면 — 서 부처
인 연소중한 삶 빛 나 게살 — 자 제불
만 남인연으 로 빛 나 게살 — 자 큰스
보 살가르침 을 배 — 워 — 익혀 요 (후렴) 나를
님 들가르침 을 배 — 워 — 익혀 요
찾 는칭명염 불 거 — 룩 한성 — 전 자성
찾 아바른길 을 찾 — 아 — 갑니 다

3-020

나의 염주는

(가사공모작)

허말임 작사
오재찬 작곡

고요한 마음으로 ♩=60
부처님께— 엎드려서— 간절하게 절을하 면
삼보전에— 엎드려서— 일심으로 절을하 면
이마에는 땀방울이 송글송글—맺혀 가요— —
마음속에 모든근심 얼음처럼—녹아 나요— —
백팔염주— 손에걸고 염불하는 내염주 는
법사님의— 감로법문 나를찾는 지혜법 문
어느사이 지혜구슬 손때묻어— 빛이 나요——
온갖망상 떨쳐내고 평정심을— 찾게 해요——
(후렴) 언제라도— 생각구슬 보배같은내염주 는
부 처님을 찾아가는 상 서 로운지혜—구 슬

3-021

나 하기 나름

Medium sing
반영규 작사
이찬우 작곡
우 리 네ㅡ 인 생살 이ㅡ 괴 롭더 냐즐 겹더 냐 ㅡ
다 ㅡ 들ㅡ 행 복하 고ㅡ 잘 사는 것같 ㅡ지 만 ㅡ
괴 로 움 도ㅡ 즐 거 움 도ㅡ 다 ㅡ 살 ㅡ기 ㅡ 나 름 ㅡ
행 ㅡ 복 도ㅡ 불 ㅡ 행 도ㅡ 다 ㅡ 생 각 하 기 나 름 ㅡ
내 가 ㅡ 덜 쓰 고 그 만 큼 베 풀 며 살 ㅡ 고 법 대 로 살 ㅡ ㅡ 면
애 뜻 한 사 람 을 잃 ㅡ 고 바 라 본 달 ㅡ 은 외 롭 고 슬 프 지 만
두 려 울 게 없 으 며 ㅡㅡ 화 날 때 잠 깐 참 으 면 다 른 일 다 른 일 없 고ㅡ
애 뜻 한 사 ㅡ 람 과 ㅡㅡ 정 답 게 바 라 보 면ㅡ 더 없 이 아 름 ㅡ 다 워ㅡ
부 지 런 히 일 하 면 궁 색 하 지 않 ㅡ 으 리 마 음 을 가 다 듬 고
부 러 워 하 지 말 고 있 는 대 로 만 족 하 자 나 보 다 못 한 이 도
이웃을배려하 면 미 혹 에 서 벗 어 난 지 혜 로 운 삶 ㅡ 이 라
흔하지않ㅡ은 가 행 복 ㅡ 도 불 행 도 마 음 먹 기 나 름 이 라
D.C.

3-022

나 항상 정진하리라

(가사공모작)

전병호 작사
능 인 작곡

Slow GoGo
절마 당 을ㅡ걷다 가 합 장 한 채 바라보 면 하 늘
탑돌 이 를ㅡ하다 가 합 장 한 채 바라보 면 풍 경
을 닦 으 며 솜 구 름 이ㅡ 흘러간 다 내 전
을 깨 우 며 실 바 람 이ㅡ 지나간 다 내 전
생 에 쌓은업 보 다 보 일 듯 맑ㅡ아 도 구 름
생 에 쌓은업 보 자 세 히 ㅡ 들려주 듯 바 람
은 ㅡ ㅡ하늘 을 닦 ㅡ 고 또 닦ㅡ는 다 업 장
은 ㅡ풍경소 리 울 리 고 또 울ㅡ리 나 업 장
소 멸 소원이 요 부 처 님 께 비옵니 다 나 항
소 멸 소원이 요 부 처 님 께 비옵니 다 나 항
D.C.
상 정진하 리 백 팔 배 를 올립니 다
상 정진하 리 백 팔 배 를 올립니 다
다 나항 상 정진하 리 백 팔 배 를 올립니 다

3-023

낙숫물이 바위를 뚫듯

여영희 작사
강주현 작곡
힘차게
부 처
제 불
님 의 법 장 지 혜 깨 쳐 알 면 득 도 할 까 선 지
보 살 께 친 법 문 정 진 하 면 알 수 있 나 역 대
식 의 삶 의 방 편 익 혀 알 면 성 불 할 까 부 처
조 사 선 지 식 께 서 원 하 며 잊 혀 질 까 부 처
님 께 귀 의 하 여 대 장 법 문 배 워 가 고 무 명
님 의 오 묘 한 법 배 울 수 록 신 비 롭 고 우 주
깨 쳐 나 아 가 도 윤 회 업 장 끝 이 없 네 거 룩
법 계 한 량 없 어 중 단 없 이 정 진 하 네
하 신 부 처 시 여 자 비 하 신 임 이 시 여 이 중
생 의 성 불 서 원 천 안 으 로 살 피 소 서

3-024

눈빛만 보아도

곽영석 작사
김정란 작곡

♩= 80
1.눈빛만보 아도 알 아ㅡ요 다 정한미 소만 보 고 도
2.미소만보 아도 알 아ㅡ요 나 위한그 마음 느 껴 요
3.말하지않 아도 알 아ㅡ요 그 느낌그 대로 사 랑 을
사랑이무 언지 알 아 요 사 랑이무 언ㅡ 지
자비가무 언지 알 아 요 자 비가무 언ㅡ 지
서로가자 비로 말 해 요 자 비로말 해ㅡ 요
(후렴) 사 랑과자 비 는 마 음 부터 따 르ㅡ고
나눔과보 시 는 ㅡㅡ 행 동 으로 보 여요

3-025

내 마음의 불성

김정자 작사
조영근 작곡
Moderato
mf mp mf
우리 깨끗한 마 음 에 부처님을모 시 고
우리 고요한 마 음 에 부처님을모 시 고
mp mf
일체중생이 부 처 님 품 에있 으 니
일체중생이 부 처 님 품 에있 으 니
mp
생로병사ㅡ 모 두 가 부 처님 의ㅡ 뜻
세상만사ㅡ 모 두 가 부 처님 의ㅡ 뜻
mf mp f
꽃속에봄 이 있 다 면 꽃지면봄은없지 만
태산은눈 비 속 에 도 언제나거기서있 고
mf
봄 속에 꽃 ㅡ이 있 ㅡ다 ㅡ 면
거 ㅡ울 같 ㅡ이 맑 은마 음 엔
mp mf mp
피고지는 세 상 이 모 두꿈 이 라
팔만사천 번 뇌 도 한 낮꿈 이 라
mf mp mf
부 처님 속 ㅡ에 내 가있 으 니
부 처님 속 ㅡ에 내 가있 으 니
f rit mf
늙음과죽 음 도 내겐 행복이지 요
무량광무 량 수 바로 내것이지 요

3-026

내 마음의 주인

대 행 작사
변규백 작곡
조금느리게
마 냥끝없이 흐 ─ 르 는 참마음이 ─ 시 ─ 여 ─
시 ─ 작 ─ 도 끝 도 없 이 흐르는참마음이 여 ─
삼 ─ 라만상 ─ 허 ─ 공 중 에 아 ─ 니계신곳 없 ─ 는 데
빛깔도냄새도 형체도없 는 공허한당 ─ 신 이 ─ 지 만
dolc
cresc.
참 마 음 당 ─ 신 만 이 전 ─ 능한부 처이시 고 ─
우 주 를 운행하 시 며 모든생명어 버이시 네 ─
모 ─ 든것당신에게 맡 ─ 기 니 만 ─ 사 가 형통자재하 네
태어나고없어지는 육 ─ 신 과 삼계 는 당신 의 화 현 이 니
con moto
오 참마음 당 ─ 신은 내 마음의 주 인 주인이 시 네
rit
오 참마음 당 신은 내 마음의주 인 주인이 시 네

3-027

내 생애 최고의 선물

곽영석 작사
김정란 작곡

♩= 90
내 ㅡ생애최고의선ㅡ 물 부 처 님 을ㅡ 만ㅡ난 것
내 ㅡ생애최고의선ㅡ 물 부 처 님 을ㅡ 아ㅡ는 것
내 ㅡ생애최고의선ㅡ 물 수 행 도 반ㅡ 만ㅡ난 것
바 른진 리 바ㅡ른ㅡ법 내가받아지녔으 니
자 비하 신 법장진ㅡ리 내가알아익혔으 니
인 연지 어 만ㅡ나ㅡ고 새인연을맺게되 니
내 ㅡ생 애에 최고의선물 행 복 하ㅡ여 라
내 ㅡ생 애에 최고의선물 행 복 하ㅡ여 라
내 ㅡ생 애에 최고의선물 행 복 하ㅡ여 라

3-028

내 인생의 주인공

(가사공모작)

김수인 작사
노영준 작곡

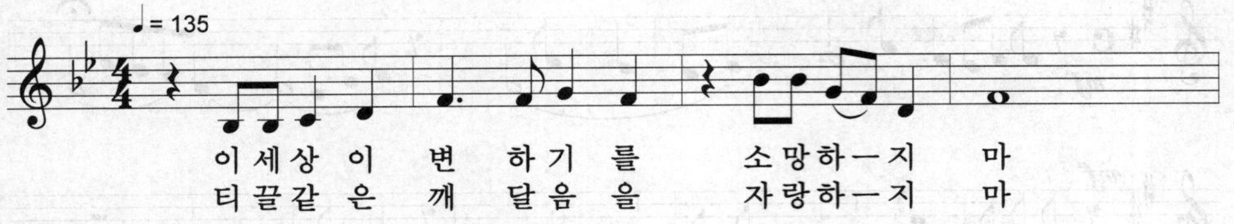
♩= 135
이세상 이 변 하기 를 소망하ㅡ지 마
티끌같 은 깨 달음 을 자랑하ㅡ지 마

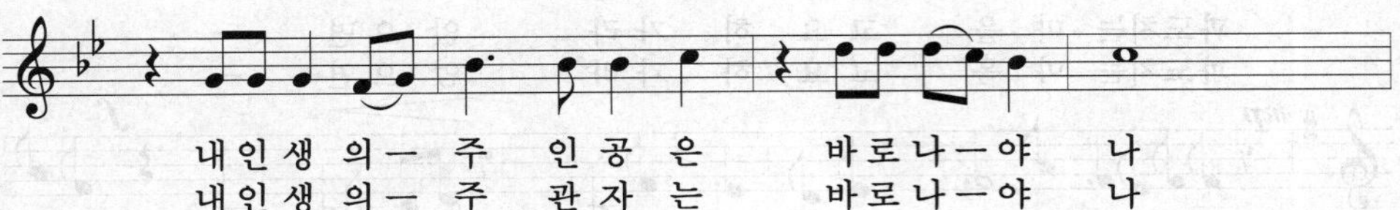
내인생 의ㅡ 주 인공 은 바로나ㅡ야 나
내인생 의ㅡ 주 관자 는 바로나ㅡ야 나

불 만 과ㅡ 실 패 도 포기도내가정하 는
인 생 길ㅡ 탄 탄 한 대로가아니더래 도

마음속 의ㅡ 그 갈 등 주인공의책임이 야
장애물 은ㅡ 많 아 서 내스스로헤쳐가야 지

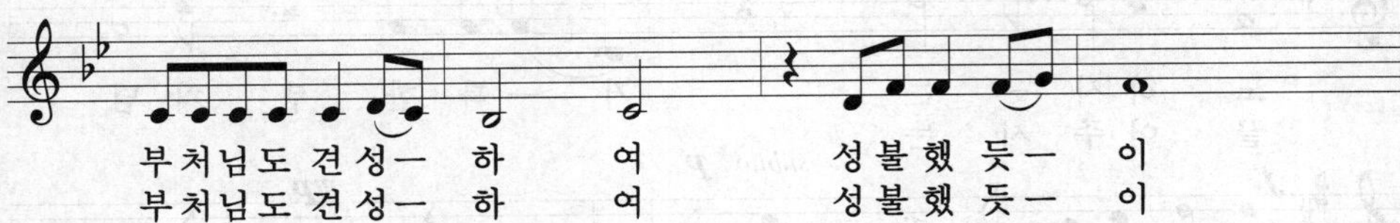
부처님도 견성ㅡ 하 여 성불했 듯ㅡ 이
부처님도 견성ㅡ 하 여 성불했 듯ㅡ 이

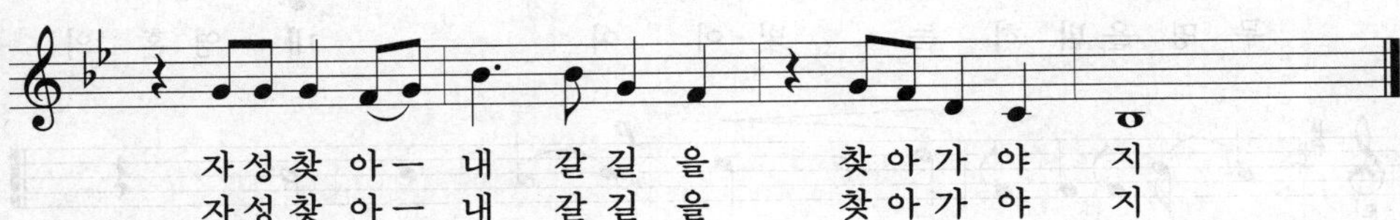
자성찾 아ㅡ 내 갈길 을 찾아가 야 지
자성찾 아ㅡ 내 갈길 을 찾아가 야 지

3-029

내 영혼의 등불

전병호 작사
백승태 작곡

Andante
mf
mf
파도치는 마 음 고 요 히 가 라 앉 으 면 ㅡ
파도치는 마 음 고 요 히 가 라 앉 으 면 ㅡ
mp
f
내마음기 쁨 에 넘 쳐 두 손 을 모 ㅡ 은다 ㅡ 어 둠
내마음기 쁨 에 넘 쳐 두 손 을 모 ㅡ 은다 ㅡ 절 망
에 서 나 를 ㅡ 꺼 내 구 원 하 시
에 서 나 를 ㅡ 구 해 희 망 주 시
고 ㅡ 광 ㅡ 명 세 상 으 로 나 를 인
고 ㅡ 바 다 같 은 품 으 로 나 를 이
mp
도 하 시 ㅡ 는 거 ㅡ 룩 한 부 처 님
끌 어 주 시 는
f
subito p
mp
무 명 을 밝 히 는 빛 이 여 내 영 혼 의
p
등 ㅡ 불 되 어 영 겁 을 빛 ㅡ 나 네

3-030

내 한 생각에 일체 움직이리라

대 행 작사
서윤재 작곡

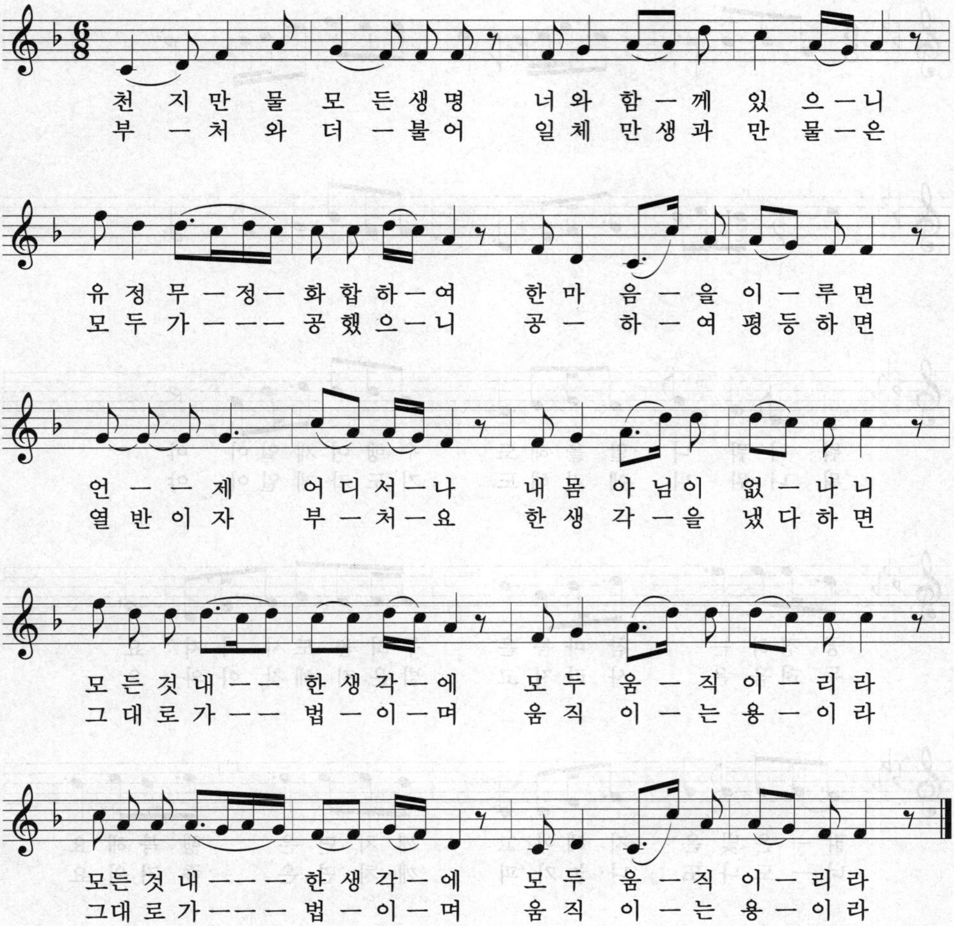

천 지 만 물 모 든 생 명 너 와 함 ― 께 있 으 ― 니
부 ― 처 와 더 ― 불 어 일 체 만 생 과 만 물 ― 은

유 정 무 ― 정 ― 화 합 하 ― 여 한 마 음 ― 을 이 ― 루 면
모 두 가 ― ― ― 공 했 으 ― 니 공 ― 하 ― 여 평 등 하 면

언 ― ― 제 어 디 서 ― 나 내 몸 아 님 이 없 ― 나 니
열 반 이 자 부 ― 처 ― 요 한 생 각 ― 을 냈 다 하 면

모 든 것 내 ― ― 한 생 각 ― 에 모 두 움 ― 직 이 ― 리 라
그 대 로 가 ― ― 법 ― 이 ― 며 움 직 이 ― 는 용 ― 이 라

모든 것 내 ― ― ― 한 생 각 ― 에 모 두 움 ― 직 이 ― 리 라
그대 로 가 ― ― ― 법 ― 이 ― 며 움 직 이 ― 는 용 ― 이 라

3-031

너도나도 수행기도

권대자 작사
강민영 작곡
굿거리장단 ♩. = 67
뭐 니 뭐 니 말 을 해 도 수 행 이 제 일 이 야
뭐 니 뭐 니 얘 기 해 도 기 도 가 제 일 이 야
공 경 하 는 참 마 음 은 두 려 움 도 사 라 져 요
두 려 움 은 사 라 지 고 밝 은 지 혜 찾 아 와 요
밝 ㅡ 은 빛 은 지 혜 이 고 깨 치 면 은 행 복 해 요
너 ㅡ 도 나 도 나 눔 가 피 깨 치 면 은 즐 거 워 요
너 도 나 도 수 행 기 도 정 진 하 여 성 불 해 요
수 행 기 도 함 께 하 는 우 리 도 반 성 불 해 요

3-032

님 오시는 길

손민희 작사
강주현 작곡

기쁜 마음으로 ♩= 80

임
이 ―오시는 길 그 길 은 꽃길이― 죠 사랑 가득품고오시 는
이 ―오시는 길 햇 살 이 가득한― 길 곱고 예쁜내님오시 는
1. 2.
길 기 쁨 이 ―넘치는 길 임 이 ―넘치는 길 별빛
길 희 망
도 잠이든 ― 밤 달빛 도 ―잠이든 밤 자 비
품은고귀한 사랑 이 살 포시 살포시나에게 오신다 네 어―
서 오 시 어 요 어― 서 오 시 어 요 그 리
워 사랑하는 내님― 어서 오 시 어― 요 사랑
향 기 가 득 한 꽃― 한 아 름 안 고 오―
시 어요 어― 서 오― 시 ―― 어 요

3-033

대자대비 관세음보살

지혜림 작사
조영근 작곡

Andante
삼 — 계 — 의 중 — 생 — 을 구 제 — 하 시 — 려
저 희 들 — 의 어 린 마 — 음 구 제 — 하 시 — 려
천 수 천 — 안 관 세 음 보 살 나 투 시 었 네
천 수 천 — 안 관 세 음 보 살 나 투 시 었 네
하 — 늘 — 과 땅 — — — 도 입 을 — 맞 추 — 고
오 — 욕 — 과 삼 — 독 — 도 내 려 — 놓 — — 고
축 — 복 — 의 노 래 소 리 도 들 리 — 어 오 네
사 — 랑 — 도 이 마 음 — 도 벗 어 — 놓 았 네
살 포 — 시 내 려 — 뜬 님 의 — 미 — — 소
오 색 — 빛 찬 란 — 한 님 의 — 미 — — 소
충 만 — 한 이 환 — 희 다 함 께 맞 이 하 세
영 — 원 — 히 빛 — 나 — 리 온 누 리 에 나 투 — 신
대 자 대 — 비 관 세 음 보 살 나 무 — 관 세 음 보 살

3-034

도솔천의 호명보살

이순금 작사
조영근 작곡

Andante
아 름다운 도 ㅡ솔 천 청 정한내 원궁 에 ㅡ
아 름다운 도 ㅡ솔 천 정 갈한내 원궁 에 ㅡ
모 든공덕 충 만하신 호 명보ㅡ살 님 ㅡ
일 생보처 공 덕이룬 호 명보ㅡ살 님 ㅡ
사바인연 때 가됨에 흰코끼 리타ㅡ시 고 ㅡ
무명속의 사 바중생 제ㅡㅡ 도하ㅡ시 러 ㅡ
카필라국 마 야왕비 품 에내 려오시 네 ㅡ
정반왕의 마 야부인 품 에내 려오시 네 ㅡ
(후렴) 삼계의도사이 신 ㅡ 시아본 사석 가모니 불 ㅡ
사생의자부이 신 ㅡ 시아본 사석 가모니 불 ㅡ

3-035

돌 탑

김종상 작사
이종만 작곡

돌한덩이갖다놓고 두 손 두손모아절을하 고

또한덩이얹어놓고 합 장 합장하며소원빌― 고

한 개 한 개 쌓 일 수 록 맑아오는마음둘 레

한 층 한 층 오 를 수 록 높 아 가 는 우 리 믿 음

그래서탑이됩니 다 그래서탑이됩니 다

원과한이쌓―인자 리 그래서탑이됩니 다

3-036

뚜벅이처럼

김수인 작사
정동수 작곡
꾸준한 마음으로 ♩= 120
뚜 벅 — 뚜벅 걸 어 — 가는 뚜 벅 이 처 럼
고 집 — 쟁이 뚜 벅 — 이가 길 을 가 듯 이
지 침 — 없이 걸 어 — 가는 우 리 도 반 들
뚜 벅 — 뚜벅 배 움 — 위해 정 진 합 니 다
배 움 — 깊 이 모 두 — 달 라 길 은멀 어 — 도
마 음 — 가 짐 대 단 — 해 서 중 단함 없 — 이
뚜 벅 — 뚜벅 한 길 — 가서 뜻 을 이 뤄 요
뚜 벅 — 뚜벅 길 을 — 찾아 걸 어 갑 니 다
앞 만보고 달 려가 는 코 뿔소 처 — 럼
목 표세워 성 불서원 이 루어 봐 — 요

3-037

마음으로 가는 길

김정자 작사
조영근 작곡

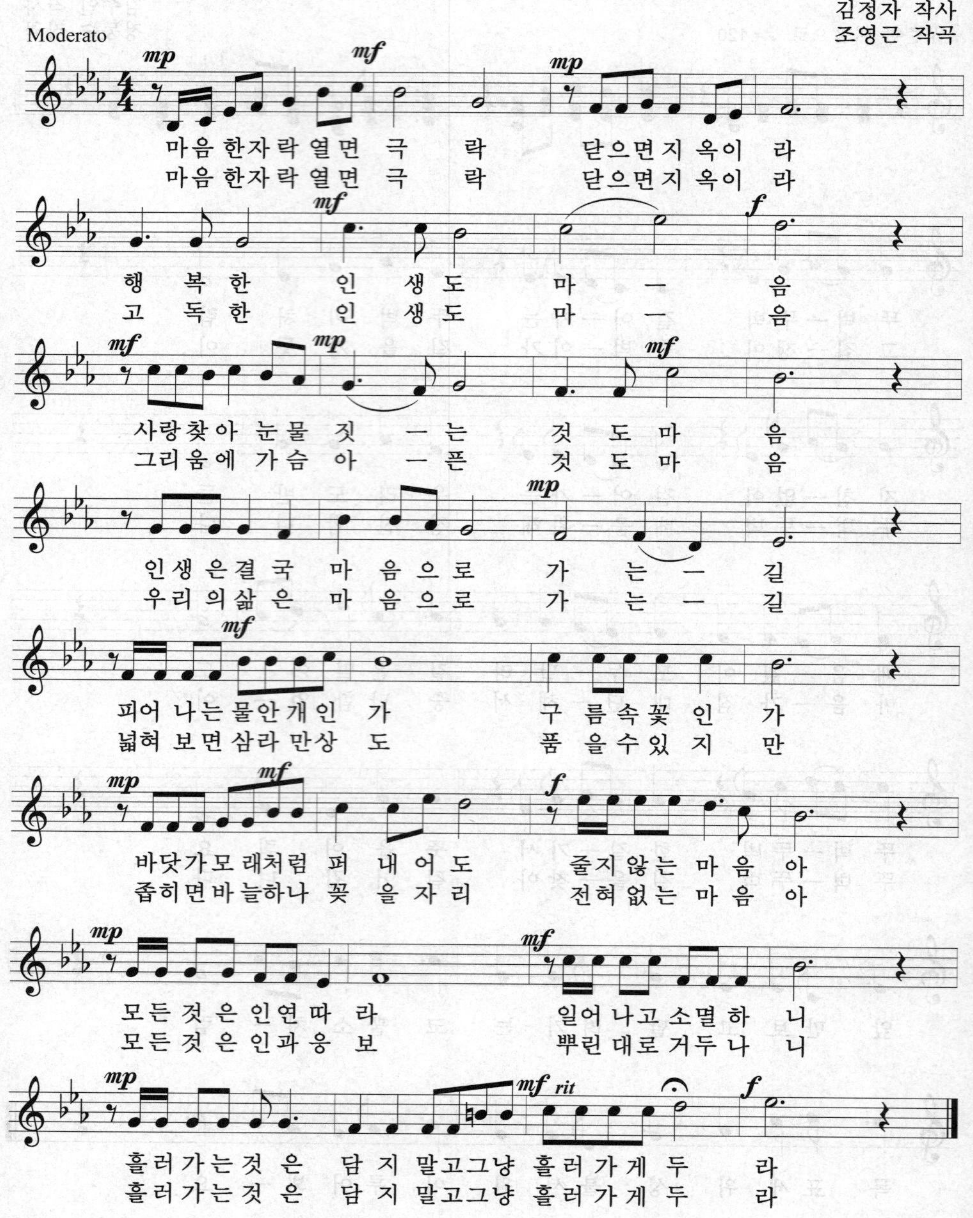
Moderato
마음 한자락 열면 극 락 닫으면 지옥이 라
마음 한자락 열면 극 락 닫으면 지옥이 라
행 복 한 인 생 도 마 ㅡ 음
고 독 한 인 생 도 마 ㅡ 음
사랑찾아 눈물 짓 ㅡ 는 것 도 마 음
그리움에 가슴 아 ㅡ 픈 것 도 마 음
인생은결국 마 음으로 가 는 ㅡ 길
우리의삶은 마 음으로 가 는 ㅡ 길
피어 나는물안개인 가 구 름속꽃 인 가
넓혀 보면삼라 만상 도 품 을수있 지 만
바닷가모 래처럼 퍼 내어도 줄지않는 마 음 아
좁히면바 늘하나 꽂 을자리 전혀없는 마 음 아
모든것은 인연따 라 일어 나고소멸하 니
모든것은 인과응 보 뿌린 대로 거두나 니
흘러가는것 은 담 지 말고그냥 흘러가게 두 라
흘러가는것 은 담 지 말고그냥 흘러가게 두 라

마음으로 만난 부처님

박성희 작사
백인보 작곡

우 리 는마 음 으 로 만 났 답 니 ㅡ 다 마 음 에 사 랑 을 담
우 리 는마 음 으 로 만 났 답 니 ㅡ 다 마 음 에 자 비 를 담

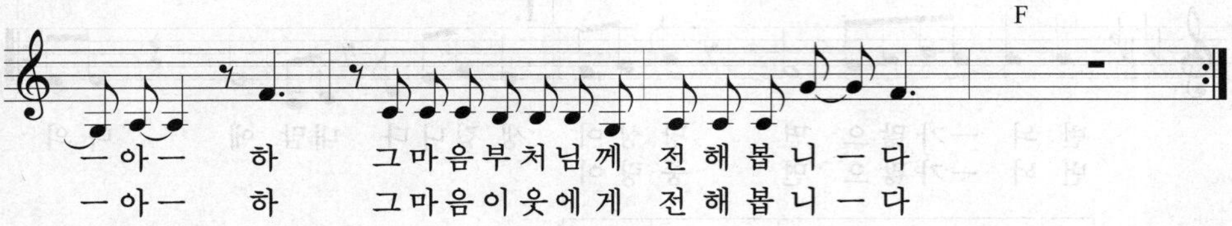
F
ㅡ아ㅡ 하 그마음부처님께 전해봅니ㅡ다
ㅡ아ㅡ 하 그마음이웃에게 전해봅니ㅡ다

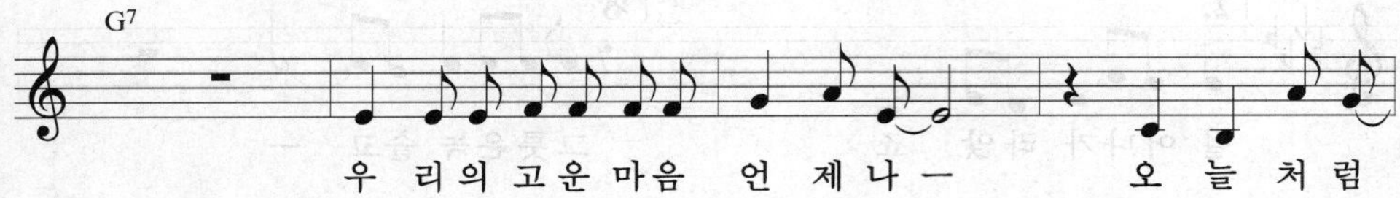
G7
우 리의고운마음 언 제나ㅡ 오 늘 처 럼

ㅡ (같은마 음 으 로) 변 치 않 기 를 ㅡ우 리 모 ㅡ두 의바 램

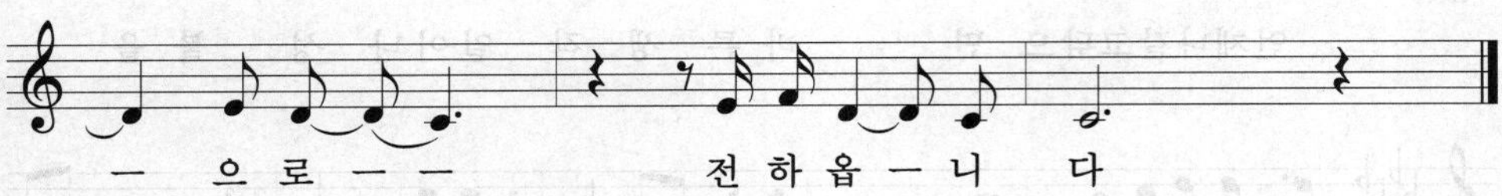
ㅡ 으 로 ㅡ ㅡ 전 하 옵 ㅡ 니 다

3-039

마음을 담는 그릇

강민영 작사
오해균 작곡

간절한 마음으로 ♩= 82

나의 몸 은내마음을 ㅡ담아주 는 그 릇입니 다
몸 은내마음을 ㅡ피안으로 인 도합니 다
1.
번 뇌 ㅡ가많으 면 망상이 생깁니다 내맘에 나의
번 뇌 ㅡ가많으 면 풍랑이
2.
일 어나가 라앉 죠
그릇은녹 슬고 ㅡ
생각은흐 려지 고
내몸이내마음이 하 나 이듯
언제나갈고닦으 면
바 른 생 각 일어나 성 불을
이 룰수가있지 요
참 선하고 기도하 는 내 마 음 에ㅡ
D.S. al Fine
는 언 제 나 긍 정 적 인 생 각뿐입니 다

3-040

마음에 꽃밭을 만들 듯

(공모작)

원창연 작사
오헌수 작곡
Moderato ♩= 108
우리들의마음속 에 예쁜꽃밭만든다 면
우리들의가슴속 에 꽃동산을만든다 면
아름다운꽃씨모 아 꽃밭마을만들어 요
빛깔고운꽃씨심 어 나비들을초대해 요
바윗돌도굴려와 서 바위동산세워놓 고
해바라기등대꽃 도 꽃잔디에이슬꽃 도
개울물도흐르도 록 물도랑도 만들어 요
총총심고가꾸어 서 마음꽃밭 지어봐 요
(후렴) 내 마 음 의 꽃 동 산 에 — 꽃 나 비 가 찾 아 오 면 —
찬 불 가 를 부 르 면 서 — 부 처 님 께 예 배 하 네

3-041

마음의 문을 열고

이종완 작사
지 범 작곡

흐르 는 ㅡ바람처 럼 마음 이 ㅡ문을열 고 늘ㅡ
는 ㅡ향기처 럼 마음 의 ㅡ문을열 고 늘ㅡ

깨어ㅡ 있 으 라 ㅡ 살아가 는 일이 그렇 다 희로
내려ㅡ 놓 으 라 ㅡ 살아가 는 일이 그렇 다 사랑

애 락의모든일 들 마음 에 ㅡ서일어 나 스스
과 고통의모든일 들 마음 에 ㅡ서일어 나 스스

로를ㅡ 얽 매고 짓 ㅡ누르며 다 ㅡ니 나 니
로를ㅡ 부 정하 고 외면하며 다 ㅡ니 나 니

막 ㅡ힘없이 강물은 아래ㅡ로 흘러가듯 이 있는
막 ㅡ힘없이 종소리 삼계ㅡ로 흘러가듯 이 있는

그 대로지금의 **1.** 네 마음흘러ㅡ보 내 ㅡ 라 흐르
그 대로지금의

2. 네 화두 흘러ㅡ 보 내 ㅡ 라

3-042

마음의 밭

(공모작)

이순금 작사
백승태 작곡

Andante
mf
p
누 구나마음속 엔 넓 은밭이 있어 요
너 와나마음속 엔 좋 은밭이 있어 요
mf
고 운마음의꽃 도 미운 마음ㅡ의꽃 도
어 여쁜열ㅡ매 도 찡그 린미운열매 도
f
씨앗은 심는 대 로 모두싹을틔 우 죠
씨앗은 뿌린 대 로 점점점자라 나 죠
p
마 음밭고운흙 엔 착한 씨앗만뿌려 요
마 음밭이랑에 는 좋은 씨앗만뿌려 요
f
p
착 한 씨 앗 만 뿌 ㅡ 려 요
좋 은 씨 앗 만 뿌 ㅡ 려 요

3-043

마음의 짐

허말임 작사
강주현 작곡

고요한 마음으로 ♩. = 42
지 고
몸 으
온 배 낭 보 다 — 무 거 운 마 음 의 짐 — 내 려
로 받 아 주 신 — 가 벼 운 마 음 의 짐 — 포 행
놓 고 보 아 라 — 큰 스 님 의 말 — 씀 이 — 고 요
하 며 버 려 라 — 그 말 씀 에 합 장 하 니 — 뜨 —
속 에 햇 살 처 럼 — 마 음 에 스 며 옵 니 다 — 실
락 에 옥 잠 화 도 — 꽃 망 울 활 짝 엽 니 다 — 뿌
체 없 는 번 뇌 망 상 — 마 음 으 로 보 아 라 (후렴) 무 언
리 없 는 번 뇌 망 상 — 기 도 하 며 버 려 라 —
으 로 답 하 시 던 — 부 처 님 의 자 비 미 소 — 산
문 까 지 배 웅 하 신 — 큰 스 님 의 자 비 마 음 —

3-044

마음이 바 르면

초 연 작사
이창규 작곡

♩= 110
가 는말 이 고 우 면 오는말이곱—고 요
마 —음 이 바 르 면 내행동도바르고 요
내 행 동 이 바 르 면 친구역시바 르지 요
내 행 동 이 그 르 면 친구역시나 쁘지 요
내 가먼 저 베 푸 는 자 비 의 마 음
사 랑으 로 베 푸 는 은 혜 의 마 음
이 게바 로 나눔사 랑 부 처님 사 랑
서 로돕 는 이웃사—랑 부 처 님 사 랑

3-045

만(卍)자기를 보면

(가사공모작)

한승욱 작사
최선기 작곡

바 람결에날 ー 리 는 ー 만자 기 를보 면 은 ー
우 리절의상 징 깃 발 ー 만자 기 를보 ー 면 ー

부 처님이계 신 절 이 ー 생ー 각 ー납 니 다 ー
거 룩하신부 처 님 이 ー 생ー 각 ー납 니 다 ー

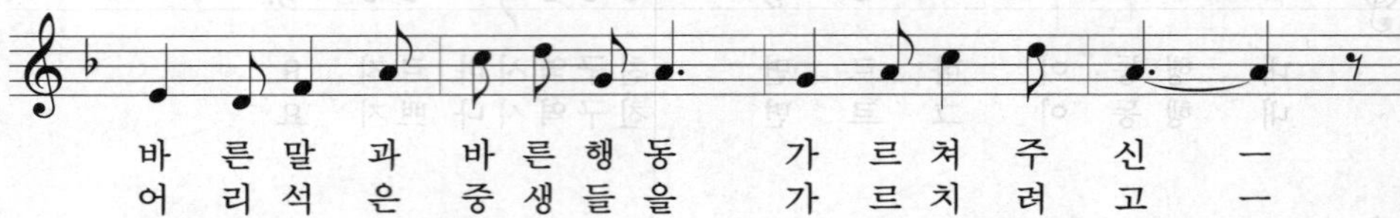
바 른 말 과 바 른 행 동 가 르 쳐 주 신 ー
어 리 석 은 중 생 들 을 가 르 치 려 고 ー

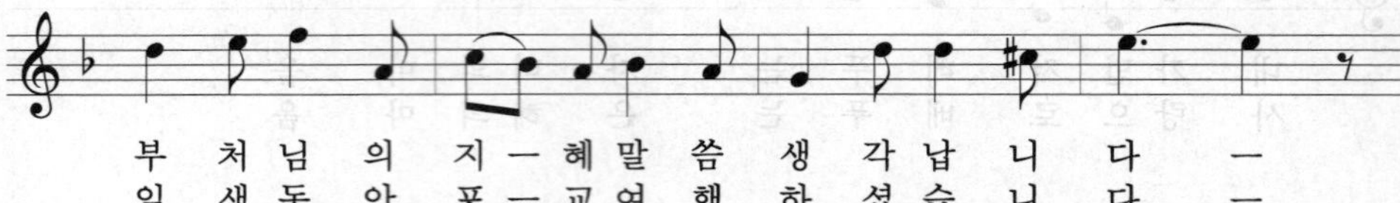
부 처 님 의 지 ー 혜 말 씀 생 각 납 니 다 ー
일 생 동 안 포 ー 교 여 행 하 셨 습 니 다 ー

거 룩해라고 마 워 라 ー 우 ー 리 ー부 처 님 ー

자 비로운법문말 씀 ー 배 ー 우 ー렵 니 다 ー

3-046

모감주 백팔염주

(공모작)

곽근성 작사
김병학 작곡
Waltz
모감주ㅡ 목 염주나ㅡ 무 까만ㅡ 열ㅡ매ㅡ
모감주ㅡ 목 까만열ㅡ 매 염주ㅡ 나ㅡ무ㅡ
를 ㅡ 동글동 ㅡ 글 백여덟ㅡ 개
는 ㅡ 부지런ㅡ 히 열매맺ㅡ 어
실 에ㅡ 꿰 어 요 ㅡ 부처님 ㅡ 께
염 주ㅡ 만 들 어 ㅡ 백팔염 ㅡ 주
예배하 ㅡ 며 기도ㅡ 드 릴ㅡ 때 ㅡ
사팔염 ㅡ 주 천팔ㅡ 십 염ㅡ 주 ㅡ
하ㅡ나 ㅡ 둘 헤아리 ㅡ 며 서 원ㅡ
동글동 ㅡ 글 까만열 ㅡ 매 익 혀ㅡ
올 려ㅡ 요 ㅡ 팔천송의 반야경 도
놓 아ㅡ 요 ㅡ
3
염주돌리 며 염불을외어 요 두손모 으
고 나무붓다 나무달마 나무승 ㅡ 가

3-047

목탁소리 풍경소리

곽영석 작사
윤해중 작곡

리듬을 살리며

mf
똑 딱 똑 딱 들 리 오 는— 목 탁소리 는
딸 랑 딸 랑 바 람 결 에— 풍 경소리 가
p
우 리 스 님 법 당 에 서— 예 불올리 는
잠 자 는 이 잠 을 깨 서— 성 불하라 고
mp
mf
염 불 소— 리 지 혜 법 문— 마 음설레 요
대 웅 전— 의 처 마 끝 에— 울 고있어 요
f
p
f
p
법 우들— 과 손 모으고 합 장하고 서
부 처님— 께 백 팔배로 예 불올리 고
mf
mf
f
mf
삼 보 님— 께 절 하면서 의 미새겨 요
바 른 자— 세 정 근하며 마 음닦아 요

3-048

무자(無字)화두를 들고

(가사공모작)

도 일 작사
노영준 작곡

♩. = 50
청 산 에 바람이일어 하늘가에만다라 내 리고
이 승 에 인 과를좇아 나 역 시 여기와있 네 ㅡ
오 가 는ㅡ풍경을따 라 ㅡ 무 자 화 두 들 고서있 는 ㅡ
운 수납 자 찾 아갈곳은 풍 경 소 ㅡ리 한 가롭구나
이는삭풍 모아들고 만 월 따 라 ㅡ가려고하니 구 름 소
우 는하늘ㅡ에 피 어 나 는 하 얀 연 꽃 이 ㅡ 여
청 산 에 바 람이일어 하늘가엔만다라 내 리 고
구 름소 우 는하늘에 피어나는ㅡ하 얀 연 꽃이ㅡ여

3-049

무문관의 기적

곽영석 작사
이태현 작곡

♩= 84
f
mp
생 각 을 깨 우 면 마 음 이 일 어 나 고
번 뇌 의 그 림 자 꼬 리 가 일 어 서 면
두 눈 을 감 으 ㅡ 면 고 ㅡ 요 가 열 려 오 네
통 방 울 낮 도 깨 비 돌 우 물 에 서 있 ㅡ 네
mf
무 문 관 뜰 ㅡ 앞 에 흰 소 가 찾 아 와 서
염 불 선 사 자 방 에 천 사 가 찾 아 와 서
젖 동 냥 은 누 가 줄 까 ㅡ 북 을 치 며 소 ㅡ 리 치 네
내 아 기 를 내 놓 으 라 ㅡ 소 리 치 며 옷 ㅡ 을 벗 네
f
있 음 이 없 음 이 ㅡ 요 없 는 것 이 있 음 이 ㅡ 라
ff
무 문 관 툇 마 루 에 초 승 달 이 떨 어 졌 다

3-050

물과 바람과 불과 흙

(가사공모작)

유한준 작사
정동수 작곡

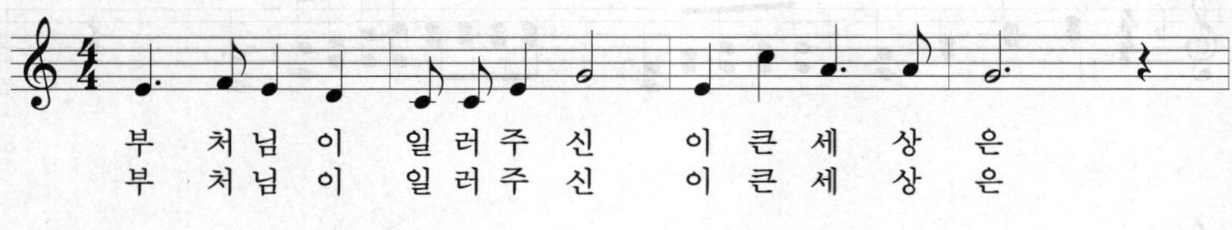

부 처님 이 일러주 신 이 큰 세 상 은
부 처님 이 일러주 신 이 큰 세 상 은

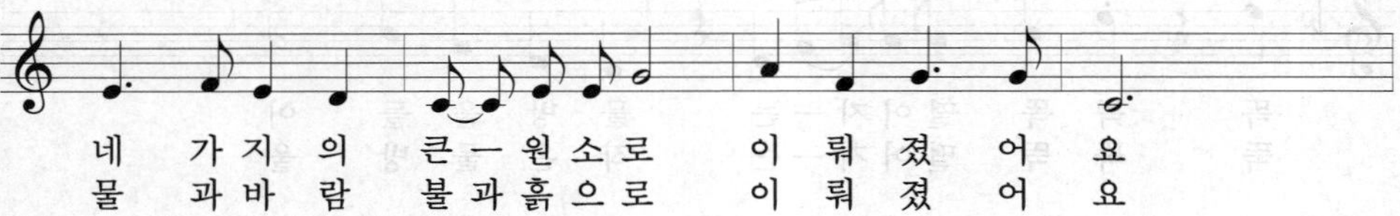

네 가 지 의 큰 ㅡ 원 소 로 이 뤄 졌 어 요
물 과 바 람 불 과 흙 으 로 이 뤄 졌 어 요

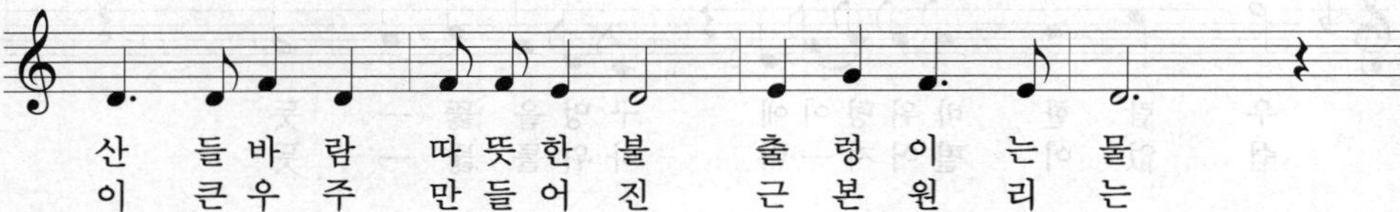

산 들 바 람 따 뜻 한 불 출 렁 이 는 물
이 큰 우 주 만 들 어 진 근 본 원 리 는

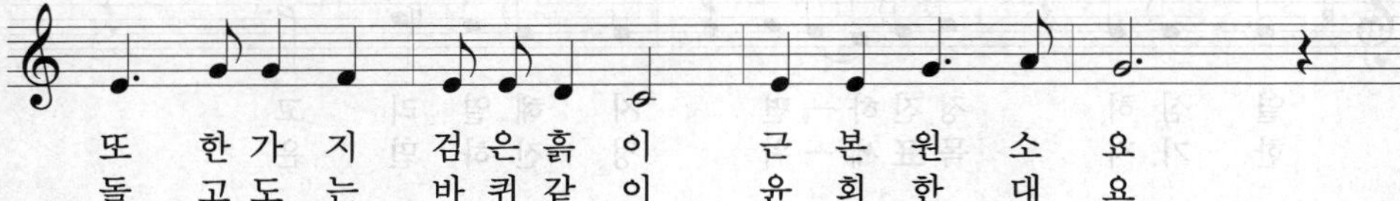

또 한 가 지 검 은 흙 이 근 본 원 소 요
돌 고 도 는 바 퀴 같 이 윤 회 한 대 요

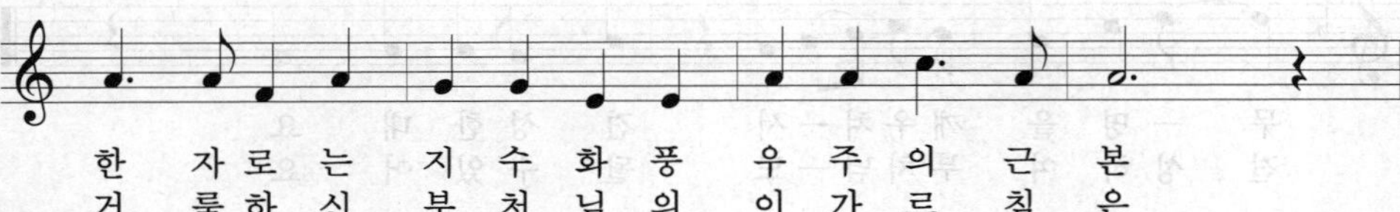

한 자 로 는 지 수 화 풍 우 주 의 근 본
거 룩 하 신 부 처 님 의 이 가 르 침 은

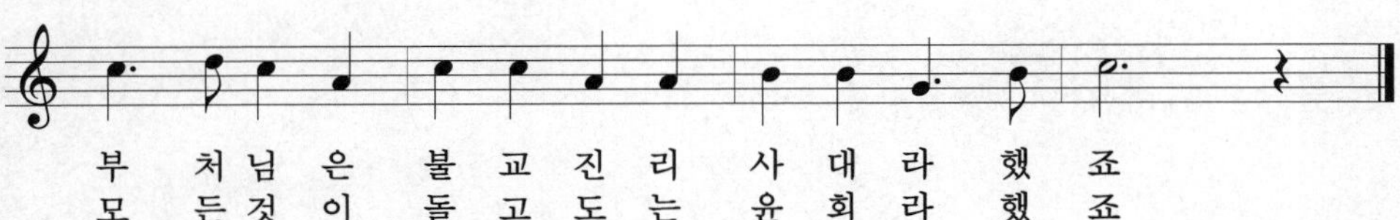

부 처 님 은 불 교 진 리 사 대 라 했 죠
모 든 것 이 돌 고 도 는 윤 회 라 했 죠

3-051

물방울이 바위를 뚫듯

곽영석 작사
오세균 작곡

♩= 102
똑 똑 똑 떨어지ㅡ는 물 방 울 들 이
뚝 뚝 뚝 떨어지ㅡ는 작 은 물 방 울
우 람 한 바위덩이에 구멍을 뚫 ㅡ 듯
쉼 없 이 떨어지ㅡ며 바 위 를 뚫 ㅡ 듯
열 심 히 정진하ㅡ면 지 혜 열 리 고
한 가 지 목표세ㅡ워 정 진 하 면 은
무 ㅡ 명 을 깨우쳐ㅡ서 견 성 한 대 요
견 성 하 여 부처님ㅡ도 될 수 있 어 요

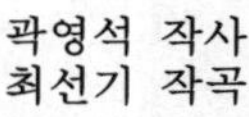
3-052

믿음갖고 정진하면

곽영석 작사
최선기 작곡

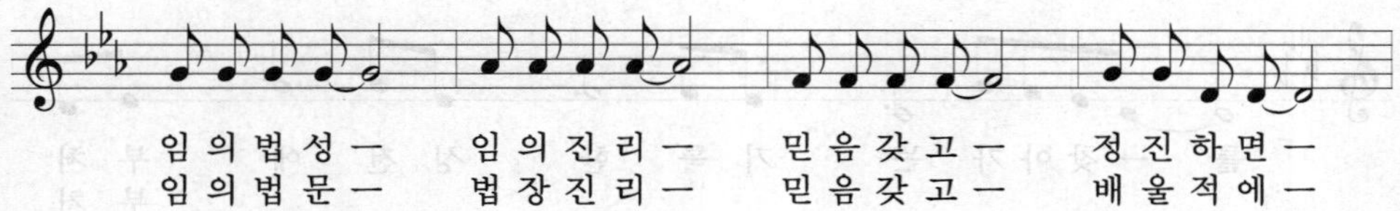
임 의 법 성 ㅡ 임 의 진 리 ㅡ 믿 음 갖 고 ㅡ 정 진 하 면 ㅡ
임 의 법 문 ㅡ 법 장 진 리 ㅡ 믿 음 갖 고 ㅡ 배 울 적 에 ㅡ

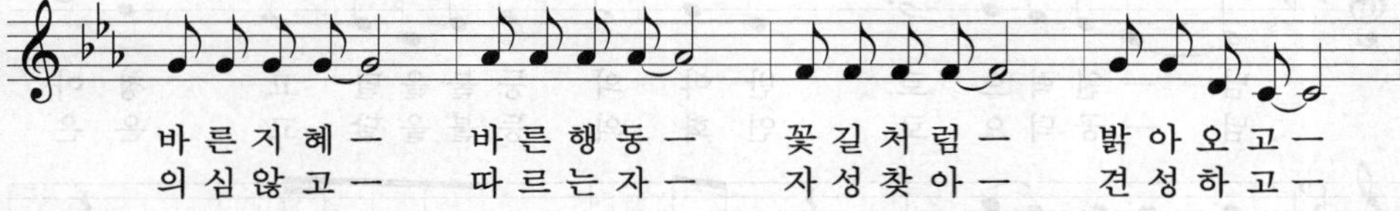
바 른 지 혜 ㅡ 바 른 행 동 ㅡ 꽃 길 처 럼 ㅡ 밝 아 오 고 ㅡ
의 심 않 고 ㅡ 따 르 는 자 ㅡ 자 성 찾 아 ㅡ 견 성 하 고 ㅡ

믿 음 으 로 ㅡ 실 천 하 고 ㅡ 부 지 런 히 정 진 하 ㅡ 면
배 운 대 로 ㅡ 익 힌 대 로 ㅡ 실 천 하 고 행 동 하 ㅡ 면

임 의 법 성 ㅡ 앉 은 자 리 ㅡ 연 꽃 향 기 ㅡ 가 득 하 리
제 불 보 살 ㅡ 옹 호 하 여 ㅡ 가 피 은 혜 ㅡ 베 푸 리 라

3-053

반야의 등불

(수상곡)

최동호 작사
최백건 작곡

Andante ♩= 72
참 나
를 ― 찾 아 가 는 거 룩 한 성 전 에 부 처
부 처
님 ― 원 력 으 로 반 야 의 등 불 을 달 고 청 아
님 ― 공 덕 으 로 연 화 의 등 불 을 달 고 은 은
한 목 탁 소 ― 리 온 누 리 ― 에 울 리 ― 면
한 풍 경 소 ― 리 온 누 리 ― 에 울 리 ― 면
자 비 로 운 이 땅 에 넘 치 는 사 랑 으 로 번 뇌
자 비 로 운 이 땅 에 넘 치 는 기 쁨 으 로 미 움
는 강 물 처 럼 흘 러 가 리 ― 라 아 ―
은 바 람 처 럼 사 라 지 리 ― 라
아 향 심 으 로 가 득 한 부 처 님 전 에
우 리 도 정 진 하 ― ― 세 부 처 님 처 ― 럼

3-054

반야의 배

(수상곡)

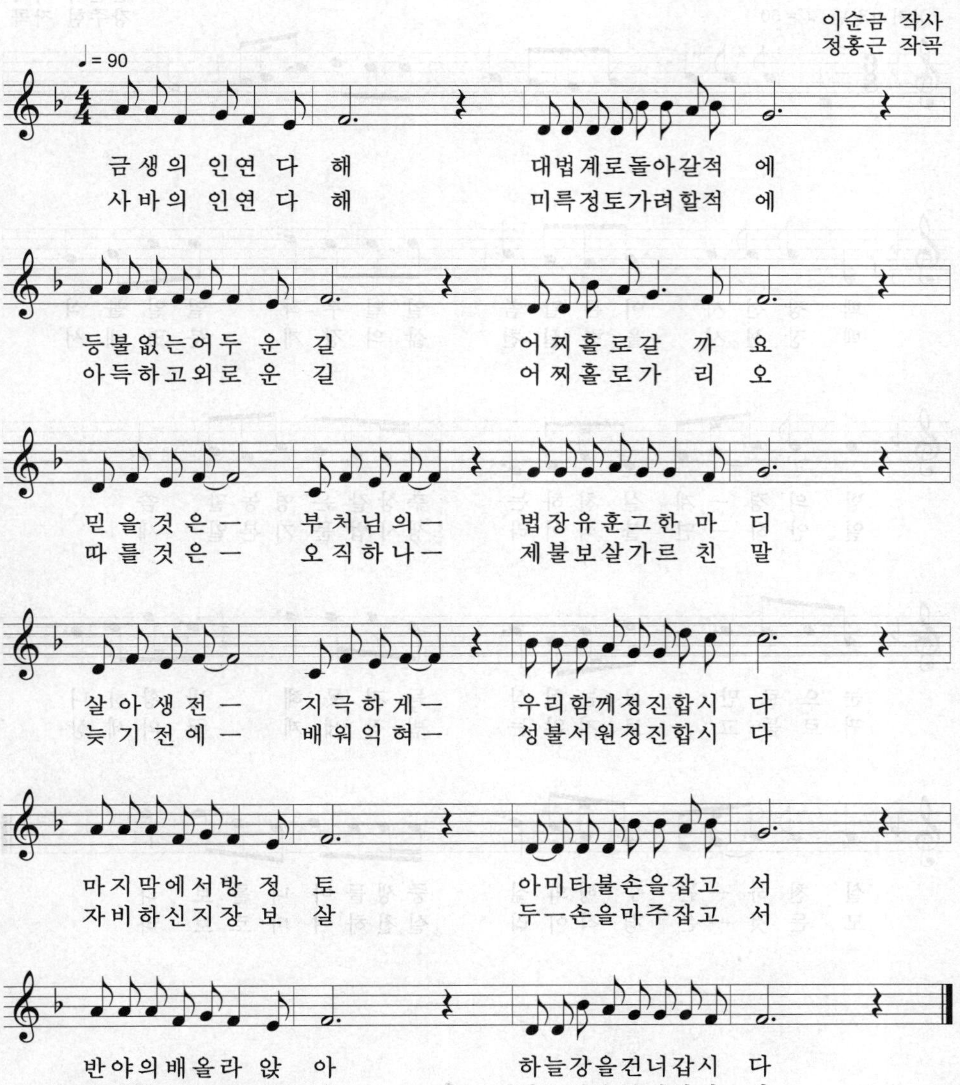
이순금 작사
정홍근 작곡
♩= 90
금생의 인연 다 해 대법계로돌아갈적 에
사바의 인연 다 해 미륵정토가려할적 에
등불없는어두 운 길 어찌홀로갈 까 요
아득하고외로 운 길 어찌홀로가 리 오
믿을것은ㅡ 부처님의ㅡ 법장유훈그한마 디
따를것은ㅡ 오직하나ㅡ 제불보살가르친 말
살아생전ㅡ 지극하게ㅡ 우리함께정진합시 다
늦기전에ㅡ 배워익혀ㅡ 성불서원정진합시 다
마지막에서방 정 토 아미타불손을잡고 서
자비하신지장 보 살 두ㅡ손을마주잡고 서
반야의배올라 앉 아 하늘강을건너갑시 다
반야용선올라 앉 아 하늘강을건너갑시 다

3-055

백장선사 이른 말씀

반인자 작사
강주현 작곡

굿거리장단 ♩. = 50

백 장 선 사 이 른 말 씀 일 일 부 작 일 일 불 식
백 장 선 사 울 력 실 천 삶 의 경 계 분 명 해 서
법 의 경 ― 계 실 천 하 는 추 상 같 은 영 농 말 씀
일 안 하 ― 면 불 식 이 라 생 사 법 문 기 본 일 세
눈 으 로 만 보 는 실 상 듣 지 못 해 방 황 하 니
귀 로 듣 고 보 지 않 는 법 장 세 계 꿈 의 세 상
실 천 하 ― 는 수 행 의 삶 중 생 들 아 나 를 보 라
모 든 것 ― 은 경 작 이 라 실 천 하 여 바 로 보 라

3-056

법당에 촛불 켜고

전병호 작사
한광희 작곡

Andantino ♩= 65-68
나—는당신 이 지켜주—는 법 당의 작 은촛불입니 다
나—는당신 이 켜—놓—은 법 당의 작 은촛불입니 다
바람불면 꺼—질 듯 외 롭게흔들리지 만 밤— 이 깊을수
모—두가 잠든이 밤 홀 로—켜져있지 만 온몸 을 태 —워
록 더—밝게빛납니 다 무릎꿇고합장 하 며
서 어—둠을밝힙니 다 기쁠때나슬플 때 나
당 — 신 을바 라 보 며 내 — 눈 에 가 득 고 인
당 — 신 을바 라 보 는 내 — 눈 에 가 득 고 인
감 동의눈물을보 시 나 요 밤 이 깊을수 록
감 동의눈물을보 시 나 요 밤 이 깊을수 록
바람은거세게불 어 오 지 만 당 신의품 안 에 서
어둠이어둠이몰려 들 지 만 당 신의품 안 에 서
나 를태 우며타오르 는 나 —는 당 신 이
더 욱 밝 —게타오르 는 나 —는 당 신 이
켜 놓 — 은 법 당 의 작 은촛 불 입 니 다
켜 놓 — 은 법 당 의 작 을촛 불 입 니 다

3-057

법문을 배웁시다

곽영석 작사
황옥경 작곡

♩= 120
법 문 을배 웁 시 다 부 처 님 말 ㅡ 씀
부 처 를배 웁 시 다 생 사 의 스 ㅡ 승
진 리 를깨 칩 시 다 지 혜 의 말 ㅡ 씀
대 장 경 읽 읍 시 다 부 처 님 말 ㅡ 씀
부 처 님 가 르 치 신 여 법 한 말 ㅡ 씀
자 성 을 깨 칩 시 다 정 진 하 여 ㅡ 서
불 퇴 전 의 각 오 로 ㅡ 깨 우 칩 시 다
불 교 의 미 묘 법 문 ㅡ 깨 우 칩 시 다
(후렴) 부 처 님 의 진 리 유 훈 바 로 ㅡ 받 들 어
자 비 세 상 용 화 세 상 이 룩 합 시 다

3-058

법문을 열어주소서

곽영석 작사
강주현 작곡

장엄하게 ♩= 80
1.거 룩 하 — 신 스 승 이 — 여 법 단 에 올 라
2.자 비 하 — 신 법 — 사 — 님 법 단 에 올 라
3.장 하 오 — 신 장 로 시 — 어 법 상 에 올 라
다 함 없 — 는 여 래 법 — 문 들 려 주 소 서
여 래 께 — 서 오 랜 겁 — 에 보 살 도 이 룬
부 처 님 — 의 생 사 법 — 문 들 려 주 소 서
여 래 께 서 이 루 옵 신 해 탈 의 법 — 문
장 하 옵 신 그 법 문 을 들 려 주 시 — 어
모 든 사 람 배 워 익 혀 성 불 하 도 — 록
이 중 생 이 깨 쳐 알 게 들 려 — 주 소 서
일 체 중 생 해 탈 하 게 도 와 — 주 소 서
임 의 법 문 활 짝 열 어 주 시 — 옵 소 서

3-059

법 사리 화엄석경

곽영석 작사
이순희 작곡
감동적으로 ♩= 92
mp
화 엄
화 엄
mf
석 경보셨나요 거룩하신임의법신 돌을
경 을옮겼어요 석경위에법문말씀 자손
f
갈 고닦아만든 석경위에새긴말씀
만 대전할경문 돌을깍아새겼어요
f
천 년 세 월 변ㅡ치않는 임 의 말 씀 법장진리
임 의 서 원 한ㅡ결같고 중 생 구 제 한량없어
mp
불 성 가 진 모ㅡ든이가 깨 쳐 익 힐 임의서원 법모
화 엄 경 의 법ㅡ사리를 우 리 에 게 남겼어요
mf
르 고헤매는자 석경위에마음비춰 수
f
poco a poco rit.
ff
미 산언덕에서 찬불가를부를지라

3-060

법성게 찬가

(공모작)

곽영석 작사
강주현 작곡
기도하듯이 ♩= 78
원 융 무 애 저 법 성 엔 모 든 법 이 ㅡ 사 라 지 고
하 나 속 에 모 든 법 이 모 두 갖 춰 ㅡ 원 만 하 고
한 량 없 는 시 방 세 계 한생각이 만겁이 라
본 래 성 품 자 량 없 어 그모양이 한결같 아
이 마 음 과 두 두 물 물 그 모 양 이 ㅡ 분 별 없 어
구 세 십 세 언 제 라 도 섞 임 없 이 ㅡ 따 로 하 고
생 사 윤 회 저 열 반 이 본래부터적멸하 ㅡ 네
중 도 상 에 앉 아 보 니 첫마음이정각이 ㅡ 라
열 린 법 성 묘 한 방 ㅡ 편 인 연 따 라 여 법 하 게
발 심 수 행 근 기 따 ㅡ 라 정 진 하 여 자 성 찾 고
대 우 주 의 만 허 공 ㅡ 에 둘 도 없 는 법 성 이 여
만 허 공 에 부 동 하 ㅡ 는 법 성 찾 아 성 불 하 세

3-061

법식으로 불린 배는

권영주 작사
이종록 작곡

♩= 80-84
mf
아 침
공 양드셨나 요 절을 찾 아오신손 님 예불
공 양드셨나 요 절을 찾 아오신손 님 부처
f
하 고돌아서 서 절ㅡ 마 당을 서성이 네 허ㅡ기
님 께예배하 고 어둠 내 ㅡ린 하늘보 네 육ㅡ신
cresc
지 면 육신의 배 음식 찾 아배불리 듯 허ㅡ기
의 배 채우는 일 음식 으 로가능해 도 빈ㅡㅡ
진 ㅡㅡ 마음에 는 법 식 으 로공양하 라
가 슴을 채우는 일 법 식 으 로충만하 리
mf
mp
(후렴) 마 음으 로 먹는음식 삼 라만 상 열려있고 ㅡ부처만 나
깨우치ㅡ니 마음의문 ㅡ열려오 네 저녁 네
1.
mf
2.

3-062

보리달마 달마스님

곽영석 작사
박이제 작곡
Moderato ♩= 70 -74
mf
mf
왕 방울 눈 달 마스 님 어 디가 세 요
왕 방울 눈 우 리스 님 어 디가 세 요
f
dim.
동 쪽나 라 부 처말 씀 전 하러 가 지
부 처말 씀 전 하고 서 돌 아간 단 다
mp
cresc
비 틀—비 틀 달 마—스 님 쉬 어가 세 요
짚 신—한 짝 어 데—두 고 맨 발이 세 요
mf
dim.
그 런—말 을 하 지—마 라 쉬 어 선 안 돼
무 덤—안 에 넣 어—두 고 그 냥왔나 보 다
mf
cresc
산 을너 머 강 을건 너 가 시는 스 님
강 을건 너 산 을넘 는 보 리달 마 님
f
dim.
rit
나 는나 는 보 리달 마 부 처님 제 자

3-063

부루나 존자처럼

김선화 작사
이창규 작곡

♩= 110
길 을가 요 당 당하게 법 을전 하 려
전 법의 지 눈 푸르게 다 짐을 하 고
부 루 나 존자처럼 길 을 떠 나 요
부 루 나 존 자 처 럼 길 을 떠 나 요
중 생들 의 행복위해 깨 침을 위 해
모 든중 생 무명깨쳐 성 불하 도 록
팔 관지 계 수계법회 함 께수 하 고
원 력세 워 전도성 언 부 처님 길 을
부 처님 법 전ㅡ하 러 길 을떠 나 요
부 ㅡ루 나 존자처 럼 길 을떠 나 요

3-064

부처님 마음

(수상곡)

서순옥 작사
한회은 작곡

굿거리장단 ♩. = 56

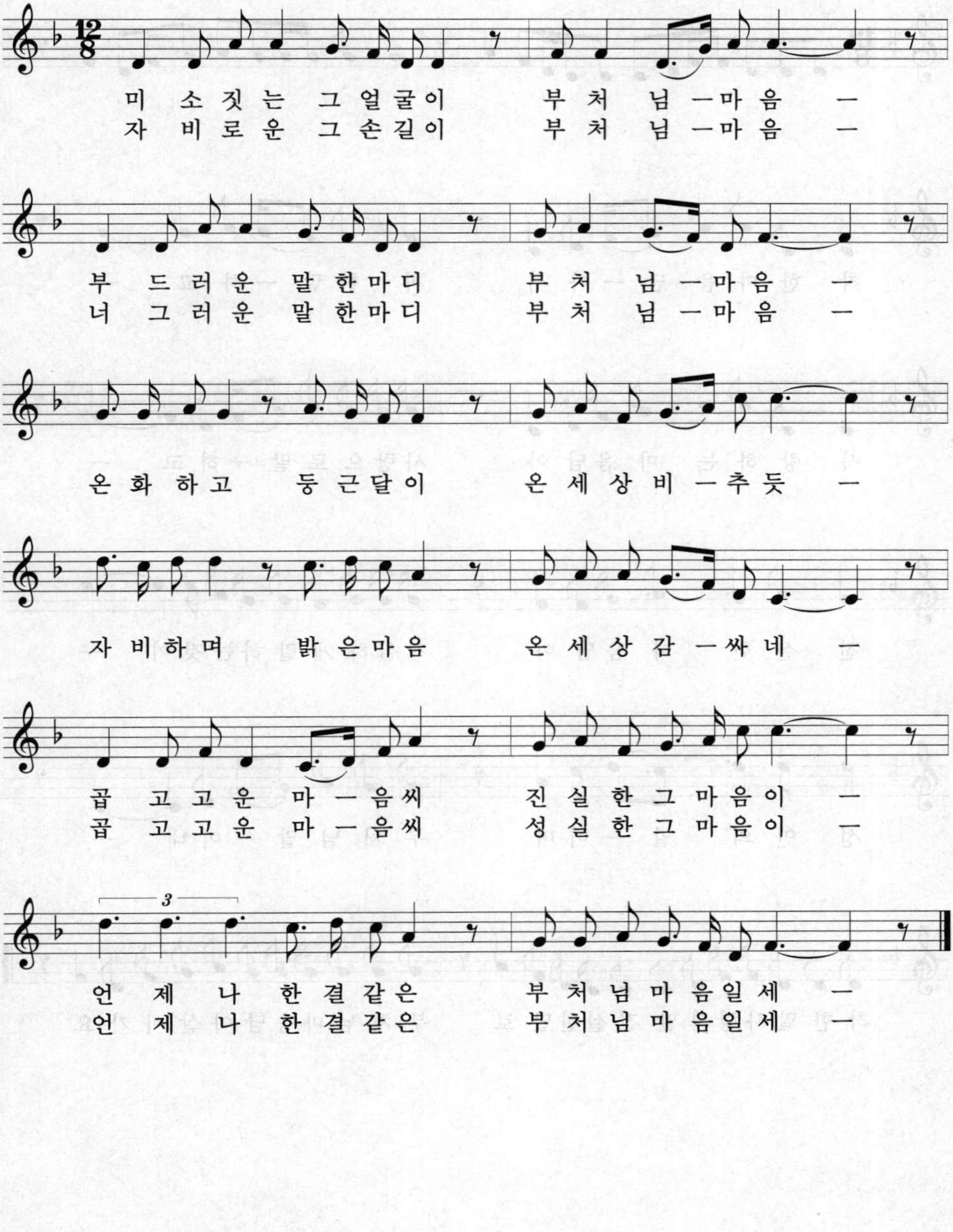

미 소짓는 그 얼굴이 부처 님 ―마음 ―
자 비로운 그 손길이 부처 님 ―마음 ―

부 드러운 말 한마디 부처 님 ―마음 ―
너 그러운 말 한마디 부처 님 ―마음 ―

온화하고 둥근달이 온세상비 ―추듯 ―

자비하며 밝은마음 온세상감 ―싸네 ―

곱 고고운 마 ―음씨 진실한그 마음이 ―
곱 고고운 마 ―음씨 성실한그 마음이 ―

언 제 나 한결같은 부처님마음일세 ―
언 제 나 한결같은 부처님마음일세 ―

3-065

부처님 말

(수상곡)

성환희 작사
신영수 작곡

굿거리장단 ♩. = 50

착 한 마 음 담 ㅡ 아 서 착 한 말 ㅡ 하 고 ㅡ
사 랑 하 는 마 음 담 아 사 랑 으 로 말 ㅡ 하 고 ㅡ
진 실 한 마 음 담 아 진 실 하 게 말 하 는 것 이 ㅡ
성 인 의 말 ㅡ 이 며 부 처 님 말 ㅡ 이 네 ㅡ
착 한 말 사 랑 의 말 진 실 한 말 로 부 처 님 마 음 담 아 살 아 가 요

부처님 말씀

(수상곡)

김영학 작사
김현정 작곡

굿거리장단 ♩. = 50
악 한 일 은 하 지 말 고 착 한 일 만 하 ㅡ 면 서
순 수 한 마 음 으 로 살 아 ㅡ 가 라 는 부 처 님 의 깨 달 음 말 씀 ㅡ
분 노 에 굴 하 지 말 고 진 실 ㅡ 을 말 ㅡ 하 며
달 라 면 모 두 주 는 부 처 님 의 말 ㅡ 씀 실 천 ㅡ 하 면
마 음 의 평 화 얻 고 행 복 을 누 ㅡ 려 요 ㅡ
집 착 만 버 ㅡ 리 면 극 락 에 들 어 가 요 ㅡ

3-067

부처님 미묘 법문

김진미 작사
조광재 작곡

[자진모리 ♩. = 112
mf
푸 른하 늘ㅡ 흰 구ㅡ름은ㅡ 부 ㅡㅡ처 님ㅡ 미 묘법 문ㅡ
산 ㅡ은 산ㅡ 물 은ㅡ물ㅡㅡ 부 ㅡㅡ처 님ㅡ 미 묘법 문ㅡ
허 ㅡㅡ공 을ㅡ 떠 다ㅡ니 며ㅡ 생 야 일 ㅡ편 부 ㅡ운 기ㅡ
부 ㅡ처님 법ㅡ 전 하ㅡ고 자ㅡ 땅 ㅡ 위 ㅡ에 우 뚝섰 네ㅡ
p
허 공 에 흩 어 지 며 사 야일 편 부 ㅡ 운 멸
타 르 쵸 날 리 는 산 반 야심 경 훨 훨 날 려
mp
자 비 희 사 육 바 라 밀 부 처 님 설 법 하 시 니
고 통 받 는 중 생 들 이 모 두 성 불 하 사 이 다
f
세 ㅡ ㅡ 간 의ㅡ 모 든ㅡ것 이ㅡ 부 ㅡ처 님 말 씀 이 라 ㅡ
깊 ㅡ 고 깊 은ㅡ 저 강ㅡ물 은ㅡ 모 든 것 을 품 었 으 며 ㅡ
mp
삼 라 만 상 모 든ㅡ중 생 합 장 으 로 경 배ㅡ하 라
시 나 브 로 부 는ㅡ바 람 님 의 진 리 들 려ㅡ주 네
mf
여 여ㅡ ㅡ하 게ㅡ 타 ㅡ타 타ㅡ 여 여하 게 타 ㅡ타 ㅡ 타
여 여ㅡ ㅡ하 게ㅡ 타 ㅡ타 타ㅡ 여 여하 게 타 ㅡ트 ㅡ 타

3-068

부처님 법장 열고

(가사공모작)

류복희 작사
오영민 작곡
Allegro ♩= 124
천 상 천하 ㅡ 발 길 따라 ㅡ
유 아 독존 ㅡ 길 을 따라 ㅡ
부 처 님 법 장 열 고 바 람 같 은 인 연
부 처 님 법 장 열 고 갈 대 같 은 인 연
(인 연) 외 롭 다 고 울 지 말 자 ㅡ
(인 연) 괴 롭 다 고 하 지 말 자 ㅡ
한 세 상 허 무 하 여 ㅡ 가 슴 답 답 하 거 들 랑 ㅡ
한 세 상 허 망 하 여 ㅡ 후 회 밖 에 없 거 들 랑 ㅡ
나 는 너 를 기 다 리 며 ㅡ
나 는 너 를 기 가 리 다 ㅡ
발 원 하 고 있 ㅡ 으 니 ㅡ
편 안 하 게 하 ㅡ 리 니 ㅡ
날 찾 아 오 라 하 신 그 ㅡ 길 따 라 ㅡ
날 찾 아 오 라 하 신 그 ㅡ 뜻 따 라 ㅡ
ㅡ 가 렵 니 다
ㅡ 가 렵 니 다

3-069

부처님 역사하신 그대로

곽영석 작사
백승태 작곡

Andantino
mf
rit.
a tempo
mp
부 처 님 이 역 사 하 신 사 명 그 대 로 ㅡ
부 처 님 의 법 장 유 훈 가 르 침 대 로 ㅡ
mf
나 는 나 는 밑 돌 되 어 탑 이 되 리 라 ㅡ
나 는 나 는 밭 을 갈 듯 포 교 하 리 라 ㅡ
mp
부 처 님 이 오 신 인 연 거 룩 하 시 어 ㅡ
부 처 님 이 사 바 연 에 심 고 가 꾸 신 ㅡ
f
나 는 이 제 가 르 침 에 순 종 하 리 라 ㅡ
불 연 종 자 큰 나 무 를 가 꾸 어 가 리 ㅡ
rit.
나 는 이 제 가 르 침 에 순 종 하 리 라 ㅡ

3-070

부처님 우리 부처님

대 우 작사
이창규 작곡

♩= 110
인 과 법 칙 알 고 계 신 우 리 부 처 님
중 생 아 픔 이 해 하 고 지 혜 가 르 친
인 연 법 을 설 하 시 어 구 원 하 셨 네
거 룩 하 신 임 의 은 혜 찬 양 합 니 다
이 생 전 생 미 래 세 상 삼 세 업 비 춰
무 명 깨 워 탐 진 치 를 알 게 하 시 니
육 도 윤 회 하 지 말 라 가 르 치 셨 네
자 비 하 신 임 의 손 길 고 맙 습 니 다
눈 물 나 게 고 마 우 신 감 사 한 이 연
mf
사 생 자 부 부 처 님 을 찬 송 합 니 다

3-071

부처님을 배웁시다

이창규 작사
최선기 작곡

부 처 를 배 ㅡ 웁 시 다 대 장 경 을 ㅡ 배 ㅡ 웁 시 다
불 교 를 배 ㅡ 웁 시 다 진 리 를 ㅡ ㅡ 깨 ㅡ 칩 시 다
보 살 과 역 ㅡ 대 조 사 깨 치 신 생 ㅡ 사 법 문
선 지 식 존 ㅡ 자 님 들 익 히 고 깨 ㅡ 친 법 문
법 문 을 배 ㅡ 웁 시 다 진 리 를 깨 ㅡ 칩 시 다
부 처 를 배 ㅡ 웁 시 다 대 장 경 읽 ㅡ 읍 시 다
진 리 는 영 ㅡ 원 하 고 생 명 은 유 한 하 ㅡ 니
영 원 한 진 ㅡ 리 말 씀 대 장 경 깨 ㅡ 치 어 서
이 ㅡ 생 에 인 연 지 ㅡ 어 견 성 을 이 룹 시 다
이 ㅡ 생 에 견 성 하 ㅡ 여 성 불 을 해 봅 시 다
이 ㅡ 생 에 인 연 지 ㅡ 어 견 성 을 이 룹 시 다
이 ㅡ 생 에 견 성 하 ㅡ 여 성 불 을 해 봅 시 다

3-072

부처님의 십선계율

정민시 작사
김남삼 작곡
보통빠르기로 명상하듯이
부 처 님 이 가 르 치 신 십 선 계 율 은 —
부 처 님 이 우 리 에 게 일 러 주 신 말 —
우 리 모 두 함 께 사 는 복 음 일 지 라 —
십 선 계 율 바 로 지 켜 행 복 하 여 라 —
배 워 읽 고 실 천 하 며 나 눔 사 랑 은 —
모 든 사 람 행 복 하 게 자 비 로 웁 게 —
내 가 사 는 복 된 세 상 지 름 길 — 이 라 —
함 께 사 는 용 화 세 상 부 처 님 — 세 상 —

3-073

부처님의 이름으로

(수상작)

곽영석 작사
김정란 작곡
♩= 120
부 처 님의 발우들고— 부 처 님의 가사입고—
부 처 님의 가사입고— 발 우 받아 지니고서—
지 옥 문에 이르러서— 부 처 명호 불렀다네—
지 옥 문에 이르러서— 부 처 님을 불러보라—
목 련존자외침소 리 — 칠대지옥문열리 고 —
거 —꾸로매달려 서 — 고통받던지 옥중 생 —
고 통받던지 옥중 생 — 시름덜고쉬 는구 나 —
그 소리에일 체고 통 — 시름덜고놓 여난 다 —
(후렴)부 처 님의 이름으로— 지 옥 중생 구 원하 던—
우 란분재참 된의 미 — 조 상 천도 재올리 세—

3-074

부처님이 말씀하시니

(수상곡)

곽영석 작사
김정란 작곡

♩= 100
mf
mp
부 처 님 이 이 르 시 니 성 난 독 룡 잠 잠 하 고
부 처 님 이 이 르 시 니 마 왕 무 리 용 서 빌 고
부 처 님 이 말 씀 하 니 코 끼 리 도 무 릎 꿇 네
부 처 님 이 말 씀 하 니 지 옥 문 도 열 렸 다 네
mf
자 비 하 신 부 처 님 이 용 서 하 며 이 르 시 니
거 룩 하 신 부 처 님 이 지 혜 방 편 법 문 여 니
mp
살 인 마 도 칼 던 지 고 무 릎 꿇 고 울 었 다 네
무 명 깨 친 불 제 자 들 찬 송 하 며 따 랐 다 네
무 릎 꿇 고 울 었 다 네
찬 송 하 며 따 랐 다 네

3-075

부처님처럼

(수상곡)

곽영석 작사
김법동 작곡

Waltz
부처님처럼 눈을감고 기도해봐요
부처님처럼 사랑하며 생활해봐요
부처님처럼 눈을감고 기도해봐요
부처님처럼 사랑하며 생활해봐요
내가한일 네가한일 잘못은없나
내가먼저 해야할일 무엇이있나
용서하고 참회할일 혹시없을까
마음속에 미안한일 혹시없을까
함께하면 즐거운일 잊지않았나
육바라밀 지키는일 잊지않았나
바른자세로 눈을감고 반성해봐요
바른자세로 눈을감고 반성해봐요

3-076

불교의 경전 세 가지

(삼장)

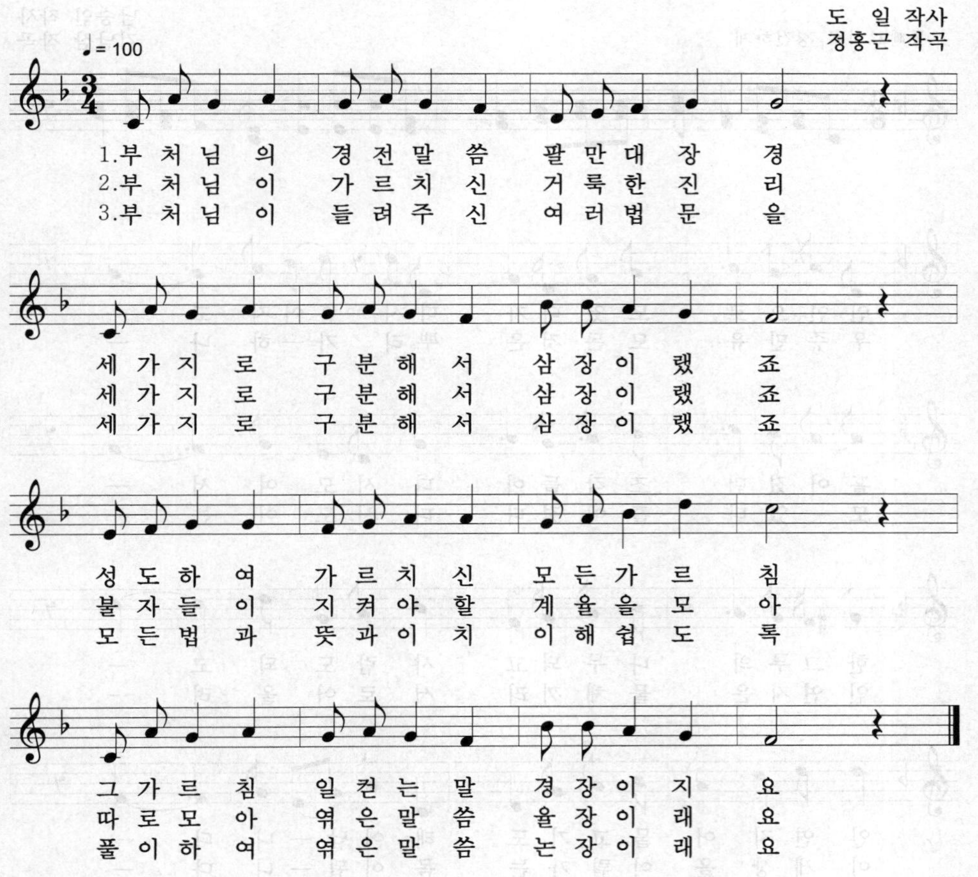

도 일 작사
정홍근 작곡
♩= 100
1.부 처 님 의 경 전 말 씀 팔 만 대 장 경
2.부 처 님 이 가 르 치 신 거 룩 한 진 리
3.부 처 님 이 들 려 주 신 여 러 법 문 을
세 가 지 로 구 분 해 서 삼 장 이 랬 죠
세 가 지 로 구 분 해 서 삼 장 이 랬 죠
세 가 지 로 구 분 해 서 삼 장 이 랬 죠
성 도 하 여 가 르 치 신 모 든 가 르 침
불 자 들 이 지 켜 야 할 계 율 을 모 아
모 든 법 과 뜻 과 이 치 이 해 쉽 도 록
그 가 르 침 일 컫 는 말 경 장 이 지 요
따 로 모 아 엮 은 말 씀 율 장 이 래 요
풀 이 하 여 엮 은 말 씀 논 장 이 래 요

3-077

불교의 사대

(가사공모작)

남승인 작사
김남삼 작곡

보통빠르기로 경건하게
인 연 으 로 모 였 다 가 다 시 흩 어 지 고 ―
우 주 만 유 모 든 것 은 뿌 리 가 ― 하 나 ―
흩 어 졌 던 조 각 들 이 다 시 모 여 서 ―
모 ― 였 다 흩 어 졌 다 다 시 모 이 는 ―
한 그 루 의 나 무 되 고 사 람 도 되 고 ―
인 연 지 은 물 체 끼 리 서 로 어 울 려 ―
인 연 지 어 물 고 기 도 태 어 납 ― 니 다 ―
이 세 상 을 이 뤄 가 는 몸 이 됩 ― 니 다 ―
(후렴) 지 수 화 풍 불 교 사 대 거 룩 한 ― 법 성 ―
우 리 모 두 깨 쳐 알 아 성 불 합 ― 시 다 ―

3-078

불교의 성전 법화경

곽영석 작사
오영민 작곡
Slowly ♩= 62
여래법문 오묘하고 교화방편뛰어나 서
여래께서 인연지어 사바세계오신뜻 은
삼보귀의 일체중생 가르치신부처님말 씀
중생구제 전법도생 대자비의실천으ㅡ 로
구원실성 평등세상 법화경에설하시었 네
법화경을 깨쳐알고 정진하여배우라했 네
(후렴) 법화경은 부처님의 법장세계를 제법실상갖추어 일러주시니
읽고쓰고 외ㅡ우고 전해주ㅡ아ㅡ 서
아녹다라삼먁삼보 리 이루라ㅡ했ㅡ 네

3-079

불이문 연못가에

(공모당선작)

곽영석 작사
김현지 작곡
Adagio(서정적으로)
mp
불 이 문 옆
일 주 문 옆
연 못 가 에 갓 피 어 난 연 꽃 하 나 스 님 염 불
연 못 가 에 갓 피 어 난 연 꽃 하 나 풍 경 소 리
목 탁 소 리 꽃 불 켜 고 듣 고 있 네
범 종 소 리 혼 자 서 서 듣 고 있 네
풀 벌 레 가 밤 새 도 록 울 고 있 는 연 못 가 에
달 빛 어 린 연 못 가 에 발 이 젖 어 울 면 서 도
f
mf
두 손 모 아 바 로 서 서 기 도 하 는
꽃 불 켜 고 밤 을 새 며 기 도 하 는
f
하 얀 연 꽃
붉 은 연 꽃

3-080

사경하세

(공모당선작)

이길수 작사
오해균 작곡

굿거리 ♪= 165

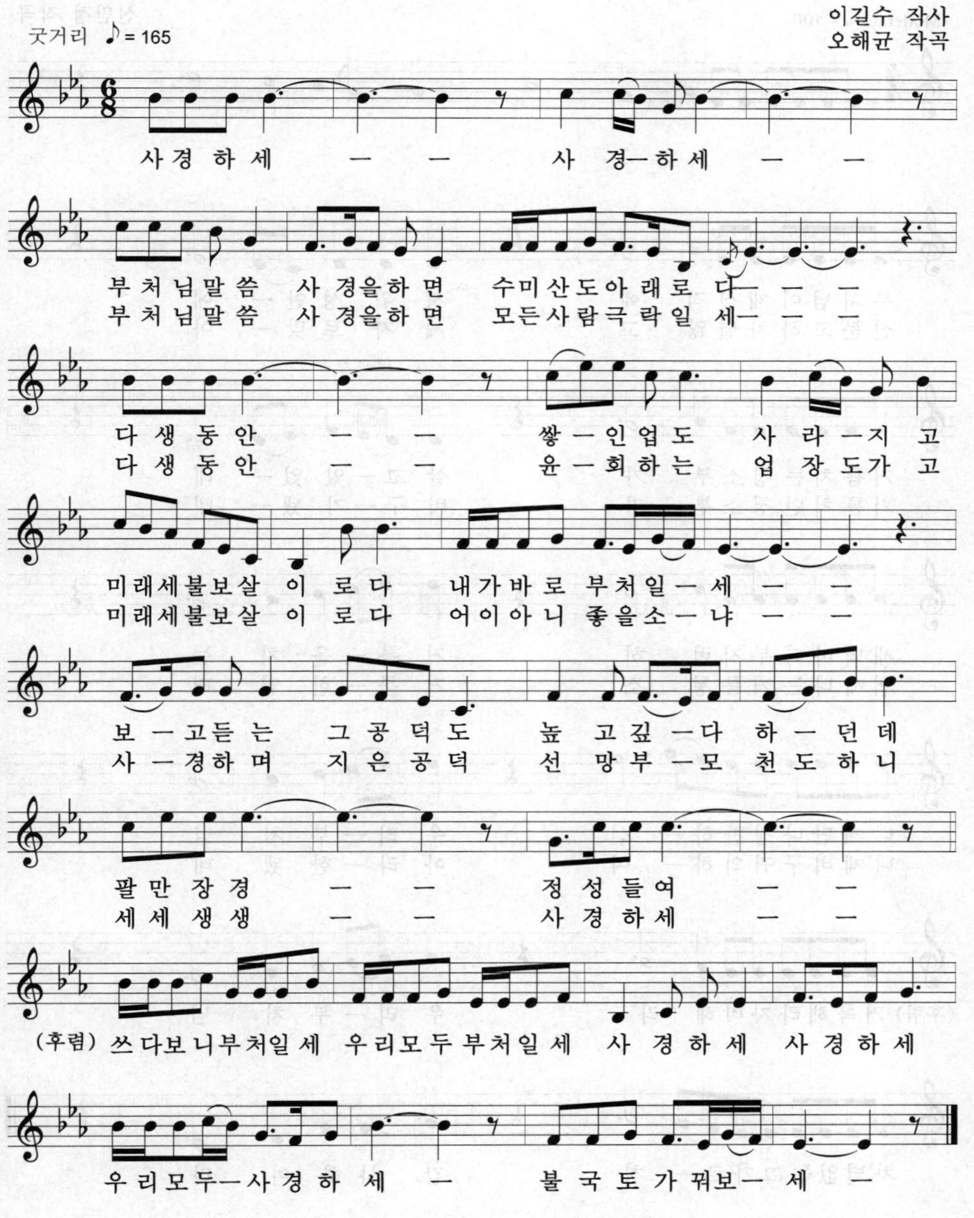
사경 하 세 — — 사 경—하 세 — —
부 처 님 말 씀 사 경을하 면 수미산도아 래 로 다— — —
부 처 님 말 씀 사 경을하 면 모든사람극 락 일 세— — —
다 생 동 안 — — 쌓 — 인 업 도 사 라 — 지 고
다 생 동 안 — — 윤 — 회 하 는 업 장 도 가 고
미 래 세 불 보 살 이 로 다 내 가 바 로 부 처 일 — 세 — —
미 래 세 불 보 살 이 로 다 어 이 아 니 좋 을 소 — 냐 — —
보 — 고 듣 는 그 공 덕 도 높 고 깊 — 다 하 — 던 데
사 — 경 하 며 지 은 공 덕 선 망 부 — 모 천 도 하 니
팔 만 장 경 — — 정 성 들 여 — —
세 세 생 생 — — 사 경 하 세 — —
(후렴) 쓰 다 보 니 부 처 일 세 우 리 모 두 부 처 일 세 사 경 하 세 사 경 하 세
우 리 모 두—사 경 하 세 — 불 국 토 가 꿔 보— 세 —

3-081

사위성의 청소부 니제

이연숙 작사
신민정 작곡
Moderato ♩= 108
부처님이계실적 에 사 위 성안ㅡ 에
신분고하차별않 고 제 자 로맞ㅡ 아
거름치는청소부 가 살 고ㅡ있 었ㅡ 네
거름치던청소부 가 비 구ㅡ가 됐ㅡ 네
새벽마다부지런 히 거 름ㅡ을 치 는
냄새나는거름청 소 거 룩ㅡ한 일 터
니제만나칭찬하ㅡ 신 우 리ㅡ부 처 님
니제비구귀의하ㅡ 여 아 라ㅡ한 됐 네
(후렴) 거룩해라자비해 라 우 리ㅡ부 처 님
차별없는그가르ㅡ 침 감 사하 여 라

3-082

산골 여승

혜 봉 작사
조경제 작곡
Trot ♩= 54
고요한산 깊은—골—에 염불법당세—워— 서
높은저산 낮은—바—위 토굴법당지—어— 서
석 가—의 지혜—로—운가르 침 에—도를—닦—고— 서
법 당 에 불 밝—히고 염불하는 산골여— 승
석 가—모니불 석가모니불 석—가— 모니불 석가모니 불
일심으—로 부르—오—니 고 해중 생 구하소— 서

3-083

생명의 무게는 같으니

곽근성 작사
박문희 작곡

Swing ♩= 120
보 시 의 — 공 덕 이 — 산 높 은
인 자 한 — 은 덕 이 — 시 방 에
이 살 바 달 왕 께 서 — 참 매 에 게 —
덮 힌 자 제 석 천 이 — 두 려 워 서 —
쫓 기 —는 — 비 둘 기 를 — 구 하 려 했 네 —
그 선 자 를 — 시 험 하 려 — 땅 위 에 왔 네 —
살이찌고뚱 뚱— 한 비 둘기를어찌 할 꺼나— 왕 의 품 에 찾아와서—
제석천은 매 가되 고 변 방의왕비둘 기 되어— 보 시 공 덕 높은왕을—
자비구원청할때에 — 왕께서는— 참매에게— 비둘기 의
시험하러찾아갔다 네 참—매가— 소리칠때— 어진왕 은
몸 무게만큼 다리살 을 잘 라내 어 네먹이로주겠노라 —
이 르—시되 비둘기 의 무 게만 큼 나의골수달아주라 —
거 룩 하 신 — 왕 이 시 여 — 부 처 되 실 왕 이 시 여 —
그 보 시 가 거 룩 하 사 제석천도감동하였 네

3-084

성도 정진가

곽영석 작사
허철영 작곡
번 뇌를끊어보 세 마 음을비워보 세
불 도를이뤄보 세 성 불을하여보 세
한 세상살다보 면 사 바는고해바 다
사 바에인연따 라 걸 어온고해바 다
보 리는영 원하 고 욕 심은태산이 라
성 불은영 원하 고 번 뇌는바람처 럼
집 착을떨쳐보 세 자 성을깨우치 세
삼 보에귀의하 세 지 혜를얻어보 세
탐 진치벗어나 서 정 견을찾아보 세
청 정한반야지 혜 우 리도깨우치 세
(후렴) 번 뇌 를 끊어보세一 불 도 를 이뤄보 세
삼 보 에 귀의하여一 반 야 지 혜 얻어보 세
3

3-085

성도하시던 날

곽영석 작사
오재찬 작곡
Moderato ♩= 108
삼 계 도 사 스 승 이 신 우 리 부 처 ― 님
사 생 자 부 스 승 이 신 우 리 부 처 ― 님
오 랜 세 월 인 연 쌓 아 성 도 하 셨 네
옛 날 부 터 중 생 구 원 서 원 하 셨 네
무 명 속 에 번 민 하 는 중 생 들 깨 워
동 쪽 하 늘 새 벽 별 을 바 라 보 시 다
삶 의 방 편 일 러 주 니 감 사 하 여 라
성 도 하 여 깨 치 시 니 거 룩 하 여 라
(후렴) 십 이 월 초 파 일 동 트 는 새 벽
왕 중 에 왕 부 처 님 이 되 시 었 어 요

3-086

성불의 그날까지

(수상곡)

최동호 작사
박이제 작곡

Andantino ♩= 72

이넓은세 상 밝 히 는ㅡ 부 처님 등ㅡ 불 아 래
어두운세 상 밝 히 는ㅡ 부 처님 등ㅡ 불 아 래

낮ㅡㅡ설 은ㅡ 중 생 ㅡ 을 살 ㅡ펴 주소 서 전 ㅡ생
낮ㅡㅡ설 은ㅡ 중 생 ㅡ 을 안 ㅡ아 주소 서 이 ㅡ승

에 지 은업 장 다 받 ㅡ아 주소 서 거 ㅡ 룩
의 온 갖번 뇌 다 받 ㅡ아 주소 서 거 ㅡ 룩

한 부 처ㅡ 님 성 불 로 가ㅡ는길 이 험 ㅡ 하
한 부 처ㅡ 님 해 탈 로 가ㅡ는길 이 험 ㅡ 하

고 멀 다해 도 나 ㅡ ㅡ ㅡ가 리ㅡ 라 성 ㅡ 불
고 고 달파 도 나 ㅡ ㅡ ㅡ가 리ㅡ 라 해 ㅡ 탈

의 그 날까 지 성 불 의 ㅡ그 날까 지
의 그 날까 지 해 탈 의 ㅡ그 날까 지

3-087

성불하는 그날까지

곽영석 작사
강주현 작곡

마음을 모아서 ♩= 82
이 땅 위 에 태 어 나 서 진 리 배 우 고
사 바 세 계 오 신 인 연 소 중 하 여 서
번 개 같 은 무 상 세 월 덧 없 음 알 고
진 리 배 워 윤 회 업 장 끊 고 자 하 니
마 음 닦 아 성 불 서 원 기 원 합 니 다
제 불 보 살 대 자 비 로 도 와 주 소 서
대 자 대 비 참 된 진 리 깨 우 쳐 알 고
이 땅 에 서 주 어 진 삶 찰 라 같 아 서
무 상 도 를 이 루 어 서 성 불 하 기 를
허 튼 생 각 소 일 하 다 허 물 어 지 니
마 음 닦 아 해 탈 하 기 서 원 합 니 다
성 불 하 는 그 날 까 지 도 와 주 소 서
(후렴) 천 지 간 에 믿 을 것 ― 은 오 직 부 처 님 ― 뿐
마 음 닦 아 성 불 서 원 이 루 렵 니 다

승만경의 실천계율

곽영석 작사
노영준 작곡

♩. = 65
아 유 타 국 왕비이신 승 만 부 인 이 —
부 처 님 이 인가하신 승 만 부 인 의 —
부 처 님 께 인 가 받 은 보 리 법 문 읽 어 보 자 —
둘 도 없 는 불 이 법 문 읽 어 보 고 수 지 하 자 —
이 경 에 — 는 재 가 불 자 모 든 이 들 이 —
이 경 에 — 는 마 음 닦 아 성 불 하 려 는 —
공 부 하 여 득 도 하 는 참 길 을 밝 혔 으 니 —
재 가 불 자 실 천 계 율 바 르 게 열 었 으 니 —
읽 어 보 고 외 워 보 고 정 진 하 여 깨 쳐 보 자 —
수 지 하 여 읽 어 보 고 이 웃 에 게 권 불 하 자 —
승 만 경 — 의 실 천 계 율 부 처 님 이 인 가 하 신 —
일 체 중 생 재 가 득 도 모 든 이 가 성 취 해 보 자 —

3-089

심안으로 나를 보면

곽영석 작사
백승태 작곡

Andante
mp
mf
눈을감 고 나 를 (봅니다) 심 안 으 로 나 를 (봅니다) 꽃
한송이 피 어 난 인 연 가 슴 으 로 느 껴 봅 니 다 — 바람처
f
럼 다 가 온 인 연 — 구름처 럼 흘 러 온 인 연 — 인연겁
의 문턱에 — 서 서 나 의 면 목 지 켜 봅 니 다 —
♩. = 60 mp
mf
일 월 광 천 — 우 주 법 계(에) 티 끌 같 은 — 우 리 의 삶 을
mp
바 라 봅 니 다 생 각 합 니 다 자 비 하 신 — 나 의 임 을 —
subit p
mp
화 두 들 고 — 살 펴 봅 니 다 가 슴 으 로 나 를 봅 니 다 —
mp
f
작 은 열 매 — 씨 앗 하 나 로 멈 추 어 선 인 연 봅 니 다 — —
Tempo
f
빗물처럼 다가온 인 연 — 싹을틔 워 피 어 난 인 연 —
인연겁의 경계에 서 서 — 윤회법 칙 바 라 봅 니 다 —

3-090

십선도의 가르침

(가사공모작)

임채진 작사
최 성 작곡
Slow Rock ♩= 76
부 처 님 이 제 자 들 에 가 르 치
석 가 족 의 여 러 왕 자 부 처 님
신 십 선 도 는 남 을 돕 고 바 른 말 과 자 비 나
께 귀 의 하 여 처 음 으 로 배 운 말 씀 대 법 문
눔 공 덕 지 ― 어 라 화 합 하 는 말 을 하 고 슬 기 로
의 십 ― 선 ― 도 라 남 을 위 한 공 덕 지 며 마 음 닦
운 생 활 하 며 즐 건 마 음 베 푸 는 맘 깨 ― 끗
아 성 불 하 는 마 음 공 부 자 비 선 행 복 된 세
한 생 활 할 지 어 다 나 무 귀 의 석 가 모 니 불
상 나 는 길 ― 이 라
나 무 귀 의 석 가 모 니 불 나 무 귀 의 석 가 모 니 불

3-091

아침서곡

곽영석 작사
서근영 작곡

♩= 80
mp
새 벽 별 이 스 러 지 ㅡ 는 계 곡 깊 은 산 ㅡ 사 ㅡ 에
달 그 림 자 스 러 지 ㅡ 는 마 당 넓 은 산 ㅡ 사 ㅡ 에
p
mf
mp
깨 침 이 해 탈 이 라 정 진 하 는 푸 른 ㅡ 저 눈 ㅡ 빛
공 안 이 무 었 일 까 무 문 관 에 열 린 ㅡ 저 대 ㅡ 문
p
mp
가 부 좌 에 화 두 하 나 구 름 뒤 에 푸 른 하 늘
일 심 으 로 염 불 하 면 화 장 세 계 문 열 릴 까
mf
cresc.
범 종 소 리 대 북 소 리 하 늘 빗 장 풀 어 지 ㅡ 고
운 판 소 리 풍 경 소 리 대 우 주 가 깨 어 나 ㅡ 네
f
또 하 나 의 시 절 인 ㅡ 연 밤 과 낮 의 시 작 이 라
사 바 세 계 오 신 인 ㅡ 연 수 백 생 의 인 연 이 라
mp
mf
mp
대 우 주 의 성 긴 인 ㅡ 연 염 불 하 며 회 향 하 네
하 늘 이 고 땅 을 베 ㅡ 고 성 불 하 기 서 원 이 라
ff
mp
바 람 아 저 구 름 아 인 연 따 라 ㅡ 가 는 길 에
f
mp
mf
수 미 산 에 ㅡ 이 르 거 든 나 의 서 원 읽 어 주 렴

아함경의 말씀

김 화 작사
강주현 작곡

밝은 표정으로 ♩= 50

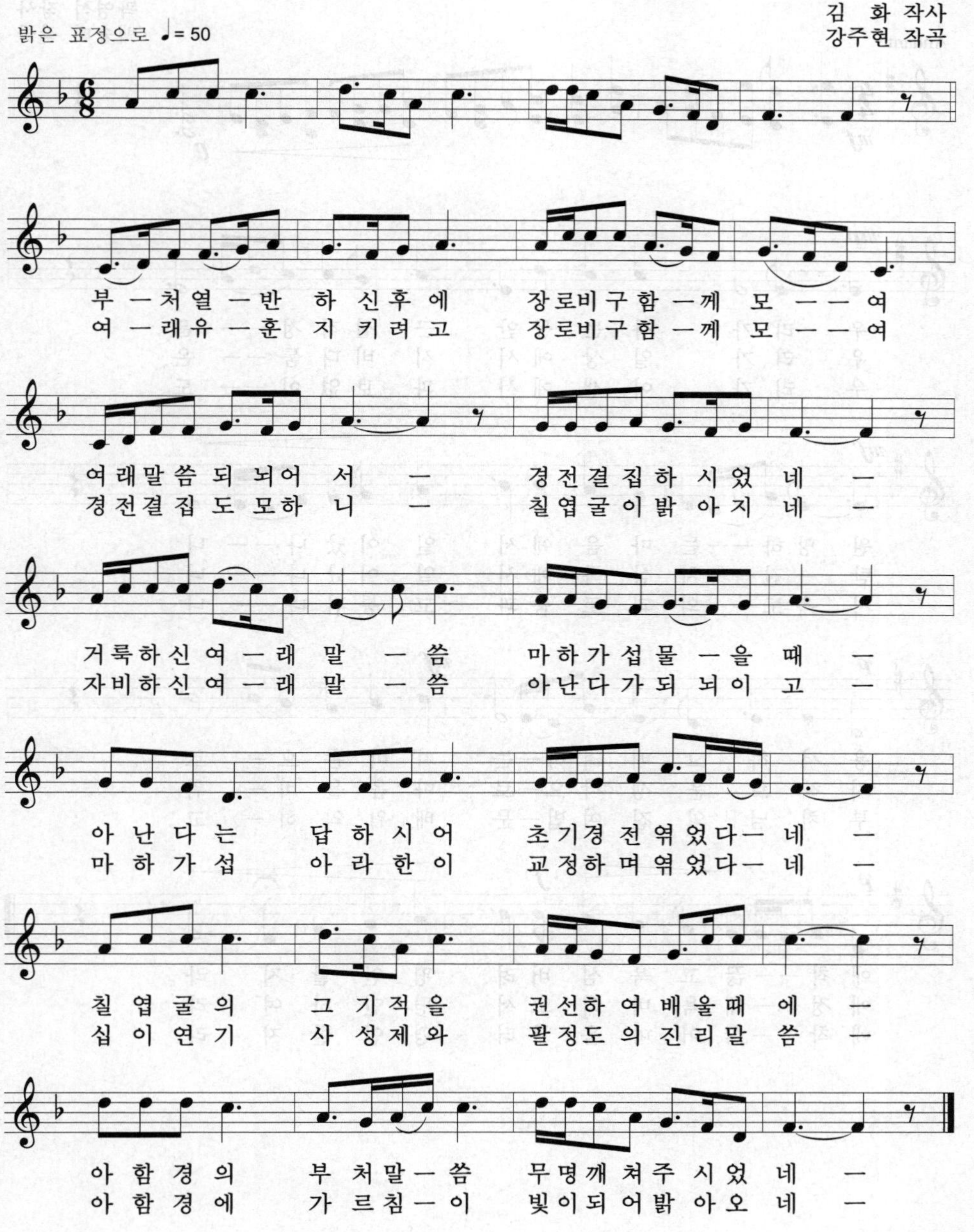
부 ㅡ처열ㅡ반 하 신후 에 장로비구함ㅡ께 모 ㅡㅡ여
여 ㅡ래유 ㅡ훈 지 키려 고 장로비구함ㅡ께 모ㅡㅡ여
여래말씀 되 뇌어 서 ㅡ 경전결집하 시었 네 ㅡ
경전결집 도 모하 니 ㅡ 칠엽굴이밝 아지 네 ㅡ
거룩하신여ㅡ래 말 ㅡ씀 마하가섭물 ㅡ을 때 ㅡ
자비하신여ㅡ래 말 ㅡ씀 아난다가되 뇌이 고 ㅡ
아 난 다 는 답 하 시 어 초기경 전엮었다ㅡ 네 ㅡ
마 하 가 섭 아 라 한 이 교정하 며 엮었다ㅡ 네 ㅡ
칠 엽 굴 의 그 기 적 을 권선하 여 배울때 에 ㅡ
십 이 연 기 사 성 제 와 팔정도 의 진리말 씀 ㅡ
아 함 경 의 부 처 말 ㅡ 씀 무명깨쳐주 시 었 네 ㅡ
아 함 경 에 가 르 침 ㅡ 이 빛이되어밝 아 오 네 ㅡ

3-093

애착을 끊어 평안하리라

곽영석 작사
백승태 작곡
Andante
mf
p
mp
우 리가 사는동안 근심걱정――은
우 리가 일상에서 시비다툼―― 은
우 리가 이생에서 과 보없이―― 도
mf
원 망하――는마 음 에서 일 어났나―― 니
탐 ―진――치 삼 독 에서 일 어났나―― 니
지 옥도――의괴 로 움과 고 통겪나―― 니
p
mf
용 서 하 고 배 려하―는 자 비 손 으― 로
지 혜 로 운 생 각으―로 마 음 을 비― 워
부 처 님 의 진 여법―문 배 워 익 히― 고
p
f
애 착――끊 고 욕 심 버려 평 안 할 지 라
애 정――애 욕 버 리 고서 평 안 하 여 라
애 착――끊 어 마 음 부 터 평 안 할 지 라

3-094

얼마나 닦아야 거울마음 닮을까

(찬불가요 대상 수상곡)

대 우 작사
조영근 작곡

조금 느리게
얼 마 나울—어— 야 마— 음 이희어지 고 얼
마 나사무쳐— 야 하— 늘 이열리— 고 얼
1.
2.
마 나울—어— 야 가슴이 열 릴 까 얼 야 사—
마 나미워해—
랑 이싹이트 나 얼 마 나속아— 야 행복
하 다하 — 고 얼마 나 버—려 야 자 유
3
스 러 울 까 얼 마 나태—워— 야 오 — 만 이없어지
To Coda
D.S. al Coda
고 얼 마 나썩—어— 야 종 — 자 로열릴— 까 얼
Coda
까 얼 마 나닦—아— 야 거 울 마 음닮—을 까 얼
마 나닦 아 야 거 울 마 음닮 을 까

3-095

여명의 목탁소리

최동호 작사
조광재 작곡

♩= 108
어 두 움 을 깨 우 는 여 명 의 목 탁 소 리 한 생 각 응 어 리 를
어 두 움 을 깨 우 는 여 명 의 바 람 소 리 한 생 각 응 어 리 를
달 고 사 는 우 리 는 이 승 을 기 웃 거 리 는 어 리 석 은 나 그 네 여
달 고 사 는 우 리 는 이 승 을 머 물 다 가 는 어 리 석 은 나 그 네 여
한 세 상 세 상 살—이 부 질 없 는 꿈 인 가 요 —
한 세 상 세 상 살—이 허 수 아 비 꿈 인 가 요 —
바 람 앞 에 촛 불—같—은 우 리—네—인 생
바 람 앞 에 등 불—같—은 우 리—네—인 생

3-096

연꽃을 바라보면

이애리 작사
노순덕 작곡
Moderato ♩= 108
진 흙 속 — 에 피어나는연—꽃 바 라 보 면
모 든 것 — 을 주고가는연—꽃 바 라 보 면
스 — 치 — 는 그 — 향 기 참으로 그 윽 하 — 여 라
피 — 어 — 난 그 — 모 습 참으로 고 귀 하 — 여 라
2
연 분 홍 — 꽃 — 잎 위 — 에
둥 근 잎 에 내 — 려 앉 — 은
님모습 비 치오— 니 내 — 마 — 음 기 쁨 으 로
영롱한 이슬같— 이 내 — 마 — 음 환 희 로 워
가 슴 벅 차 오 누 나 —
절 로 두 손 모 으 네 —

3-097

연기의 가르침

곽영석 작사
황옥경 작곡

♩= 108
이 것 이 있으므로 저 것이 있 고
저 것 이 있으므로 이 것이 있 고
무 명 을 인연하여 행 이 있 나 니
여 여 한 제법실상 진 실 하 나 니
무 명 을 ㅡ 인연하여 행 이 있 나 니
법 의 자 연 바로살펴 법 계 의 법 칙
인 연 법 의 연기법문 바 로 알 지 라
연 생 법 의 지혜법문 바 로 알 지 라
(후렴) 연 기 법 문 바른관찰 지 혜 의 법 계
무 진 법 문 법열찾아 해 탈 하 여 라

3-098

연화대 위에

곽영석 작사
오세균 작곡

♩= 96
아 름 다 운 연화대ㅡ에 우 리 부 처 님
금 빛 환 한 연화대ㅡ에 우 리 부 처 님
불 자 들 의 서원기ㅡ도 듣 고 계 시 네
중 생 들 이 사는모ㅡ습 보 고 계 시 네
거 룩 하 신 노사나ㅡ불 우 리 부 처 님
존 엄 하 신 비로자ㅡ나 법 신 부 처 님
하 늘 연 꽃 연화대ㅡ에 앉 아 계 시 네
연 화 대 에 높이앉ㅡ아 절 받 으 시 네

3-099

열반의 빛

(공모작)

곽영석 작사
김영애 작곡
뜻을 새기며 ♩= 100
부 처 열반하신 후 에ㅡ 장 로 비구모여 앉 아ㅡ
길 가 에서태어 나 서ㅡ 숲 속 에서버리 시 니ㅡ
여 래 행장추모 하여ㅡ 찬송하 며 경배했 네
유 정 무정삶의 흔적ㅡ 금강처 럼 강하셔 라
석 가 족의왕자 로 서ㅡ 부 귀 영화다버 리 고ㅡ
무 명 속에일체 중 생ㅡ 구 원 하고떠나 신 임ㅡ
중 생 교화서원 하니ㅡ 거룩하 신 부ㅡ처시 여
그 인 연이위대 하여ㅡ 찬송하 며 기ㅡ립니 다
(후렴) 거 룩하신세존 이 여ㅡ 자 비하신임이 시 여ㅡ 대
열 반언ㅡ덕에 서 등불되 어 지 켜주소 서

3-100

열반의 아침

곽영석 작사
한광희 작곡
Andantino ♩= 65-70
mf
dim.
셋 별따라 오 셨다가 꽃잎처럼 스러지 신
대 중인연 펼 친법문 팔만사천 광명지 혜
mf
cresc
dim.
금 강같은 여 래의몸 열반적정 고요해 라
여 래위신 크 고높아 영원불멸 빛이어 라
mf
cresc
f
사바연ㅡ 에 최후법ㅡ 문 자등명에 법등명ㅡ
농ㅡ부ㅡ 가 밭을갈ㅡ 아 씨를뿌려 수확얻ㅡ
mf
은 ㅡ 스스로ㅡ 를 경책하ㅡ 여
듯 ㅡ 여래깨ㅡ 선 법장열ㅡ 어
cresc
mf
dim.
자성찾아 정진하ㅡ 라 ㅡ 일 심으로 정 진하여
일체중생 구제했ㅡ 지 ㅡ 이 생에서지 은업장
mf
cresc
님의자취 따르거 나 여 래법문 등 불삼아
선업지어 소멸하 고 전 법도행 자 비보시
dim.
rit
Allegr ♩. = 85-90
mf
성불하라 이르셨 네 대열반의합창소리 ㅡ 천사들의나 비춤
화장세계나라하셨 네
f
dim.
에 ㅡ 제불보살염 불소리 ㅡ 하늘세상열려오 네 ㅡ

3-101

염불을 하다보면

(수상곡)

김 화 작사
노순덕 작곡

♩= 96
염 ㅡ불 을 하 다 보 면 혜 안 이 열 ㅡ 리 고
경 ㅡ전 을 읽 다 보 면 법 열 이 일 어 나 고
다 라 니 를 외 다 보 면 지 혜 가 열 려 요
손 ㅡ 모 아 기 도 하 면 혜 안 이 열 려 요
대 웅 전 에 정 좌 하 ㅡ 고 명 상 에 들 ㅡ 면
간 ㅡ 절 한 마 음 으 ㅡ 로 예 ㅡ 배 드 리 면
가 ㅡ 슴 으 로 다 가 오 ㅡ 는 부 처 님 음 ㅡ 성
나 ㅡ 도 몰 래 찾 아 오 ㅡ 는 부 처 님 향 ㅡ 기
우 리 함 께 염 불 해 요 간 절 한 마 음 으 로
우 리 함 께 염 불 해 요 간 절 한 마 음 으 로
우 리 함 께 염 불 해 요 행 복 한 맘 으 로
우 리 함 께 염 불 해 요 행 복 한 맘 으 로

오계의 노래

일 타 작사
최진희 작곡

모 든 생 명 앗 지 않 고 훔 치 지 도 아 니 하 며
모 든 생 명 앗 지 않 고 훔 치 지 도 아 니 하 며

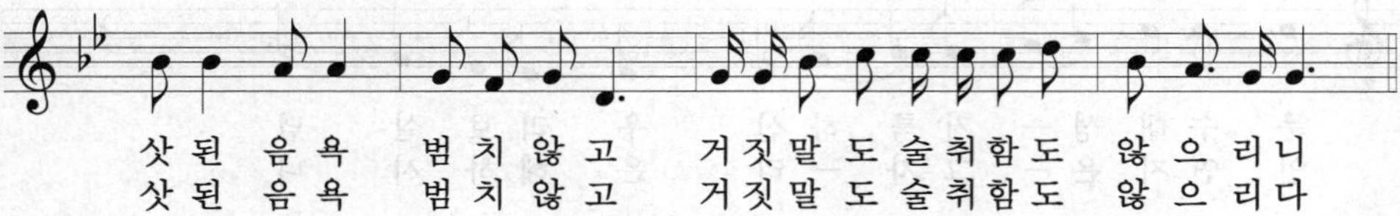
삿 된 음 욕 범 치 않 고 거 짓 말 도 술 취 함 도 않 으 리 니
삿 된 음 욕 범 치 않 고 거 짓 말 도 술 취 함 도 않 으 리 다

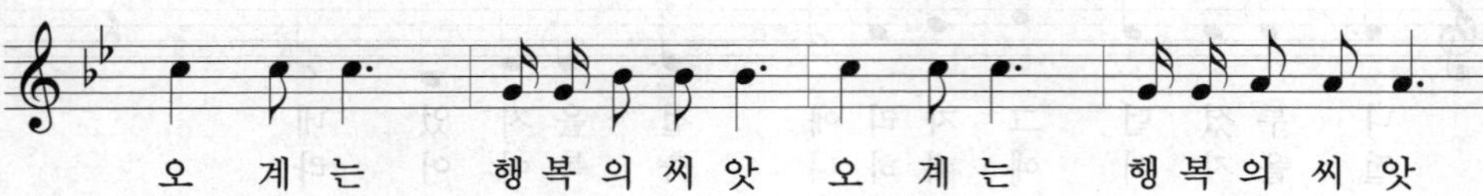
오 계 는 행 복 의 씨 앗 오 계 는 행 복 의 씨 앗

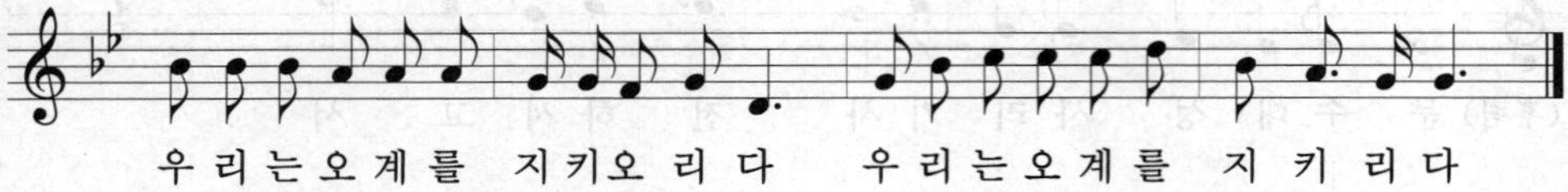
우 리 는 오 계 를 지 키 오 리 다 우 리 는 오 계 를 지 키 리 다

3-103

오대산 갈반지에

이근숙 작사
조영근 작곡

Andante
오 대 산 갈 반 지 에 오 신 보 살 — 님
태 산 준 령 칡 넝 쿨숲 깊 은 산 기 — 슭
인 연 지 어 오 셨 다 가 가 시 — 었 다 — 네
문 수 대 성 오 셨 다 가 가 시 — 었 다 — 네
문 수 대 성 — 거 룩 하 신 우 리 보 살 님
인 연 지 은 — 그 자 — 리 은 혜 하 시 니
나 투 셨 던 그 자 리 에 절 을 지 었 네
절 을 지 어 예 배 하 니 축 복 이 어 라
(후렴) 문 수 대 성 사 리 가 사 전 하 시 고 서
자 장 율 사 탑 지 으 니 팔 각 구 층 탑

우리도 부처님같이

(찬불가 대상 수상곡)

맹석분 작사
이달철 작곡

조금느리게

mp
어 둠은 한—순 간 그 대로가빛이라 네
원 망은 한—순 간 모 든것이은혜라 네
바 른생각바른 말 바 — 른 —행 동 이
지 족하는마— 음 감 사 하 는마 음 이
무 명을거—두 고 우 주를 밝—히 는
나 누는 기—쁨 을 맛 볼수 있—— 는
이 제는 가—슴 깊 이 깨 달을수있—다 네 정 진
이 제는 여—— 실 히 깨 달을수있—다 네 정 진
f
p
(후렴) 하 세 정 진 하 — 세 물러남이없는정— 진 우 리
f
mp
p
도 부 — 처— 님 같 이 우 리도부처님같 이

3-105

우상을 섬기지 말라

곽영석 작사
백승태 작곡

Andantino
mf
rit
a
mp
부 처님── 이 하 늘세── 상 나─신 부─모 님
부 처님── 이 어 머니── 를 뵈─러 가─신 뒤
제 도하── 러 백 일동── 안 출─타하─실 때
우 전왕── 이 금 붙이── 로 부─처만─들 어
f
mf
우 전왕── 이 부 처 님── 상 만─들 었─다
아 침저── 녁 예배하── 며 공─경 하─였
네
네
Moderato
부처님이 돌아와서 말─씀하─시 되 ─
그리워도 새우상을 섬 기지말 라 ─ 제자들이 포교방편
p
간─청할─적 에 ─ 부처님은 불상조성 허─락하─셨 네 ─

3-106

울력의 땀방울

정영화 작사
강민영 작곡
밝고 활기차게 ♩= 124
스 님들 이 비 탈ㅡ밭에ㅡ 심 고가ㅡ꾸 던
수 행하 며 비 탈ㅡ밭에ㅡ 심 고가ㅡ꾸 던
동 글동 글 메 주ㅡ콩이ㅡ 알 맞게여 물었 네
동 글동 글 알 감ㅡ자가ㅡ 맛 있게여 물었 네
풋서리가내리던 날 거 둬 들ㅡ여 요
하짓날에해가긴 날 감 자 를ㅡ캐 요
여름한철김을매 고 ㅡㅡㅡ 순 을ㅡ자ㅡ르 고
이른봄에조각내 어 ㅡㅡㅡ 심 고ㅡ거름을 준
큰 스 님 도 사 미 승 도 땀흘리며일 을 한
하 지 감 자 통 통 하 고 많이많이달렸 네
콩 밭에 서 큰 울ㅡ력의 열 매를거 둬 요
울 력하 신 스 님ㅡ얼굴 웃 음꽃피 었 네

3-107

유마경의 가르침

곽영석 작사
이창규 작곡

♩= 110
재 가 보 살 유 마 거 사 지 혜 로 운 그 의 이 름
부 처 님 의 부 탁 받 고 유 마 거 사 문 병 가 신
부 처 님 의 제 자 들 과 문 답 으 로 가 르 치 신
문 수 보 살 겨 루 시 던 법 거 량 의 상 생 법 은
유 마 경 의 불 이 법 문 다 시 보 아 익 힐 지 라
모 든 사 물 존 재 현 상 나 고 지 는 모 습 이 라
이 경 에 는 나 고 지 는 상 대 되 는 법 의 실 상
이 경 속 에 무 생 법 리 진 여 모 습 깨 달 아 서
문 자 로 도 언 어 로 도 여 실 하 게 알 게 되 면
자 성 성 불 그 날 까 지 삿 된 생 각 버 려 두 고
법 장 세 계 열 려 있 는 무 생 법 인 얻 을 지 니 라
불 이 법 문 법 의 실 상 바 라 보 고 실 천 하 여 라

3-108

유마경의 보시법문

송 운 작사
이재석 작곡

♪ = 110
유 마 경 의 보 시 말 씀 거 룩 한 지 혜 ㅡ
유 마 거 사 들 려 주 신 보 시 의 공 덕 ㅡ
이 익 없 고 복 도 없 는 보 시 의 공 ㅡ ㅡ 덕 ㅡ
내 마 음 을 드 러 내 는 공 덕 의 가 ㅡ ㅡ 치 ㅡ
많 음 적 음 크 고 작 음 가 릴 수 없 는 ㅡ
부 처 님 의 세 상 에 선 덕 이 없 으 니 ㅡ
한 량 없 는 그 마 음 이 불 도 의 참 길 ㅡ
나 도 몰 래 손 도 몰 래 베 플 지 어 라 ㅡ

3-109

육바라밀

(가사공모작)

곽영석 작사
노영준 작곡

Moderato
부 처님 이— 일러 주신 여섯가지바라밀 은
부 처님 이— 일러 주신 여섯가지바라밀 은
이 웃돕 는— 착한 마음 바램없는보시 고 요
나 눠주 는— 착한 마음 큰마음이첫번 째 요
원망 하는 마음 없이 참고견뎌인욕 이 요
바른 도리 굳게 지켜 지계로서밝은 세 상
부 지런 히 노력 하여 마음닦아정진이 라
천 번만 번 참고 견뎌 원망없는마음찾 아
근심 걱정 하지 말고 선정들어바른지— 혜
만고 진리 육바라밀 부처님의큰가르— 침
우 리함 께 마음닦—아 부처님을만나봐— 요
우 리함 께 갈고닦—아 반야세상만들어— 요

3-110

육조대사 혜능스님

곽영석 작사
백승태 작곡
Adante
mf
mp
육 조 대 사 — — 혜 능 스 — 님 — 우 — 리 큰 — 스 님 — —
동 선 사 의 — — 칠 백 여 — — 명 — 스 님 들 위 — — 해 — —
mf
동 선 사 에 오 셨 으 나 — — 아 — — 무 도 몰 라 — —
늙 은 스 님 혜 능 스 님 — — 돌 — — 을 등 지 고 — —
mp
소 임 말 아 — — 일 한 것 — — 이 — 방 아 찧 — 는 일 — —
좁 쌀 맵 쌀 — — 보 리 쌀 — — 을 — 찧 으 셨 — 어 요 — —
mf
f
쿵 덕 쿵 덕 디 딜 방 아 — — 여 덟 달 — 동 안 — —
쿵 덕 쿵 덕 디 딜 방 아 — — 정 말 힘 — 들 어 — —
mf
등 에 다 가 돌 을 지 고 — — 방 아 찧 — 었 죠 — —
등 에 다 가 돌 을 지 고 — — 방 아 찧 — 었 죠 — —
(후렴) 수 행 하 는 스 님 들 께 알 리 지 않 고 서 — 육 조 대 사 혜 능 스
f rit
님 — — 방 아 찧 — 었 죠 — —

3-111

이내몸을 세울 때

곽영석 작사
이태현 작곡

♩= 88
f
mp
이 내몸을세 울때 본 래성 품청 정해 천 진불 의법 성이
이 내몸을세 울때 법 의성 품청 정해 천 진불 의진 면목
원 융하 여빛 나네 삶 의모습달 라 도 인 연겁 을따 라서
원 융하 여빛 나네 윤 회겁을따 라 서 삶 의모 습바 껴도
mf
윤 회하 는법 식이 대 우주의빛ㅡ이라 흙 을모 아빛 은몸
본 래법 성청 정해 빛 이되어 타오르네
f
몸빌려입은옷이니 연 기하 는우 리삶 해탈문 이열 렸네

3-112

일곱 가지 아내 모습

이근숙 작사
최선기 작곡

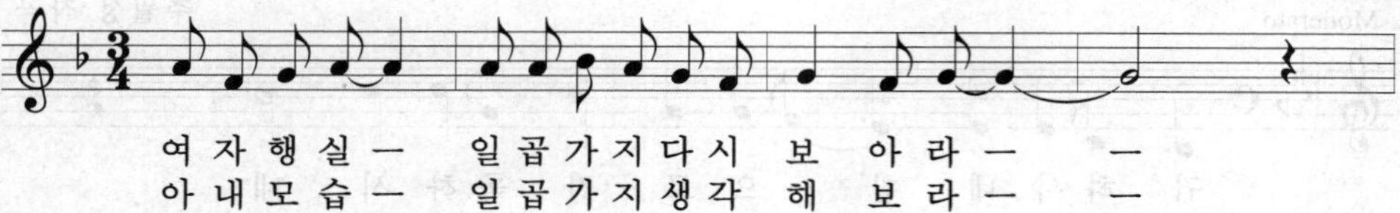
여자행실— 일곱가지다시 보 아라— —
아내모습— 일곱가지생각 해 보라— —

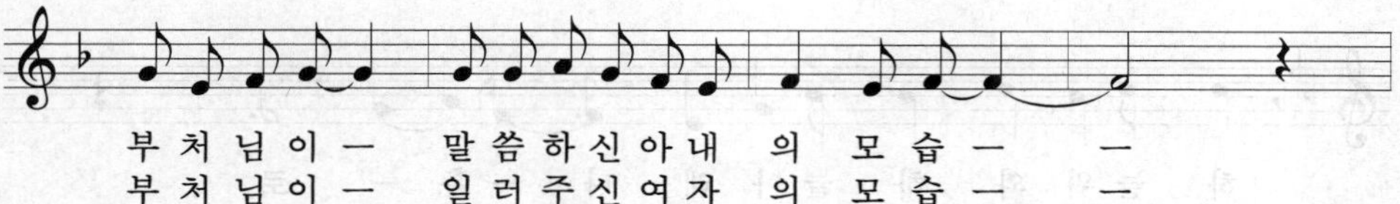
부처님이— 말씀하신아내 의 모습— —
부처님이— 일러주신여자 의 모습— —

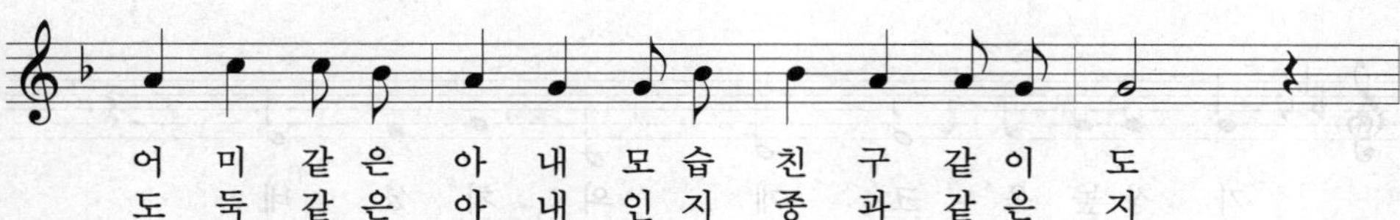
어 미 같은 아 내 모습 친 구 같이 도
도 둑 같은 아 내 인지 종 과 같은 지

누 이 동생 같은 아내 누 구 같은 가
원 수 같은 아 내 인지 살 인 마인 지

부처님이— 옥 야 경 에 이 르 신 말 씀

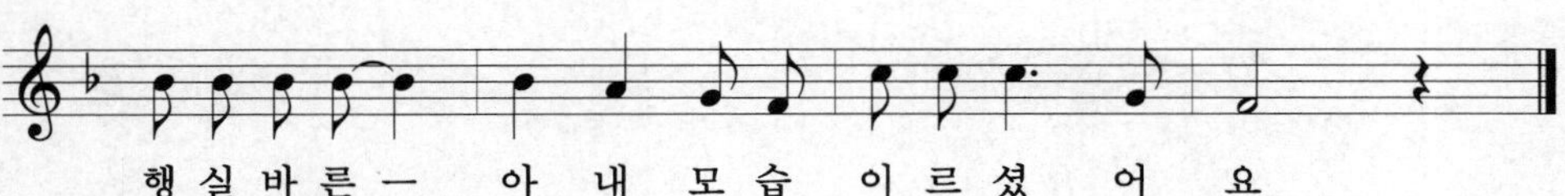
행실바른— 아 내 모 습 이 르 셨 어 요

3-113

일곱 걸음 걸으시고

(찬불가 대상 수상곡)

운 문 작사
추월성 작곡

Moderato
귀 하시네 참 ㅡ으로 거 룩하 시 네
장 하시네 참 ㅡ으로 거 룩하 시 네
하 늘위와 하 늘아래 나 ㅡ홀 ㅡ 로
일 만복이 구 족하신 발 ㅡ아 ㅡ 래
가 장높음 크 게 외 치 셨 네
홍 련화가 절 로 솟 아 났 네
(후렴) 일 곱 걸 음 걸 으 시 고 하 늘과 땅 을
가 리키시고 사 방을 돌 아 보 셨 네

3-114

자성 부처님

(가사공모작)

남미숙 작사
정미령 작곡
뜻을 생각하며
스 스 로 가 정 진 하 여 깨 우 쳐 알 면
이 세 상 의 모 든 사 람 깨 우 쳐 알 면
걸 림 없 는 부 처 마 음 될 수 있 어 — 요
향 기 로 운 맑 은 세 상 될 수 있 어 — 요
부 처 님 도 우 리 처 럼 어 릴 때 에 는
부 처 님 도 우 리 처 럼 어 릴 때 에 는
끊 임 없 이 노 력 하 고 공 부 열 심 히
목 표 세 워 공 부 하 여 성 자 되 셨 죠
성 불 하 여 자 성 부 처 되 시 었 어 요
우 리 들 도 부 처 님 이 될 수 있 어 요

3-115

장군죽비 어깨 메고

박정희 작사
강주현 작곡

Moderato ♩= 92
장군죽비 어깨메고 선 방에 계 신
화두들고 참구하라 잡 념떨 치 고
우리스님 법사스님 호 랑이 스 님
정진하는 무문관에 호 랑이 스 님
정 진할 땐 바 르ㅡ게 자 세바 르 게
장 군죽 비 한 대맞고 정 신차 려 서
온 갖잡 념 물 리쳐라 이 르는 스 님
견 성하 여 부 처되라 경 책하 시 네
장군죽 비 대왕죽 비 선 방ㅡ마 루 에
서리발 이 돋아나 고 연꽃이피ㅡㅡ 네

3-116

장좌 불와 앉은 자리

곽영석 작사
강주현 작곡

빠르지 않게 ♩= 86

장좌 불 와—앉은자 리 연꽃 피 어향 기롭 고 무 문
결가 부 좌—무상세 월 법바 다 엔푸 른물 결 무 문
관 의죽비소 리 삼 계 하 늘일깨우— 네 눈 이
관 의수행처 엔 낮 도 깨 비한숨소— 리 붓 다
푸 른 —운수납 자 공 안 들 고 —꿈을꾸 고 방 문
음 성 —진여의 빛 감 로 법 이 —따로있 나 유 정
앞 에 —물까치 는 결 재 하 자 —소리치 네 미 륵
무 정 —시방인 연 운 판 소 리 —다정하 네 새 벽
불 에—피워올 린 이 끼 장 삼 애 처로 워 파 랑
별 이—명멸하 는 풍 경 우 는 절마당 에 그 무
새 가 우 는 법 당 제 불 보 살 합장하— 네 (후렴) 안 거
엇 이 적 멸 인 가 하 늘 소 가 울고있— 네
에 서 깨어나— 면 도 리 천 을 다 시 볼 까 일 월
광 천 경 계 에 서 아 미 타 불 관세음보 살

3-117

정근하는 자세

곽근성 작사
박이제 작곡
조금 느리게(가사를 잘 새기면서)
mp
mf
두 눈을살 짝 감 고 허리는곱 게 펴 고
두 손을모 아 쥐 고 허리는 곱 게 펴 고
바르게 가부좌를 틀 고 앉—아 정—근— 해 — 요
다리는곱—게— 모 아 가부좌 틀고앉— 아 — 요
부 처 님 지—심으로 마 음 속 에 부 르면서
거 룩 한 부 처 님—을 마 음 속 에 부 르면서
부 끄 러 운 내—잘못을 용 — 서 빌 어 요
날 마 다 — 잘 못 한—일 용 — 서 빌 어 요
둥 둥 둥 대 북 소 리 밤 하 늘 을 밝 히 듯 이
챙 챙 챙 운 판 소 리 하 늘 세 계 깨 우 듯 이
염 불 외 며 어 리 석 은 내 마 음 을 깨 우 쳐 요
진 리 말 씀 배 워 익 혀 내 마 음 을 깨 우 쳐 요

3-118

정토염불 아미타불

곽영석 작사
백승태 작곡
Andante
mp
여 래께서 말씀하신— 나를위한—정토염 불
부 처께서 법장여신— 말법시대—정토염 불
mf
나 고죽는 윤회실상— 벗어나서—살라셨 네
윤 회업장 벗어나서— 정토에서—살라셨 네
f
부 처님의 신묘법문— 말법 시대등불 이라 —
거 룩하 신 여래말씀— 진실 하여간직 하고 —
mf
진 심으로 염불하며— 극락정토—예비하 세
일 심으로 정진하여— 정토세상—예비하 세
mp
아미—타불관 세 음 아미—타불관 세 음
f
아 미 타불 관 세음 아미타불마 하 살
f
rit
아 미 타불 관 세음 아미타불마 하 살

3-119

중도(中道)의 지혜

(가사공모작)

곽영석 작사
강주현 작곡
차분하게
여 래 께 서 법 제 자 를 처음으로가 르 치 신
법 의 경 계 이 르 러 서 지혜의길구 할 적 에
초 전 법 륜 첫 말 씀 은 중도지혜구 하 는 것
일 체 제 불 옹 호 하 사 지혜방편이 르 시 네
치 우 침 도 다 시 없 고 옳고그름분 별 말 고
양 극 단 에 서 지 않 는 중도지혜으 뜸 이 니
중 도 지 혜 지 키 는 일 수행자의길 이 니 라
모 든 중 생 상 기 하 여 중도의길나 아 가 라
여 래 말 씀 님 의 교 칙 받들어 서수 지 하 니
온 누 리 가 화 평 하 고 용화세상열 려 오 네

지혜의 노래

이은희 작사
최영철 작곡

♩. = 46
mp
mf
이 세ㅡ상 모든것은 영 원한것 없ㅡ으니
우 주ㅡ의 만물들은 영 원한것 없ㅡ으니
f
mp
이것ㅡ이생겨나 고 ㅡ 저것이없어지ㅡ 네 ㅡ
더러움도깨끗함 도 ㅡ 지혜도없느니ㅡ 라 ㅡ
p
mp
mf
허공중에 크신 진ㅡ리 한량없는무한법 문 ㅡ
참된생각 두려 움ㅡ도 한량없는무한법 문 ㅡ
f
rit
mp
배우고배 워ㅡ 삶과죽음 두려움도없나 니 ㅡ
익히고익 혀ㅡ 신비하고 맑은마음얻나 니 ㅡ
mp
a
mf
이 세ㅡ상 모든것은 영 원한것 없ㅡ으니
우 주ㅡ의 만물들은 영 원한것 없ㅡ으니
f
mp
D.C.
이것ㅡ이생겨나 고 ㅡ 저것이없어지ㅡ 네 ㅡ
더러움도깨끗함 도 ㅡ 지혜도없느니ㅡ 라 ㅡ
p
mf
마하반야ㅡ 바라밀다ㅡ 영원의ㅡ 진ㅡ리 얻으리 라 ㅡ
f
mf
아 제아제바라아제ㅡ 바라승아제ㅡ 모지 사바하 ㅡ ㅡ

3-121

지혜의부자

곽영석 작사
김정란 작곡

Allegro ♩= 120
부 처 님 이 숲 속 에 서 진 리 펴 실 때
부 처 님 이 왕 사 성 에 진 리 펴 실 때
패 물 훔 쳐 달 아 나 는 여 인 보 았 네
도 둑 맞 은 재 물 찾 는 청 년 보 았 네
이 른 새 벽 도 적 찾 아 찾 아 온 대 중
그 들 에 게 지 혜 법 문 설 파 하 시 니
그 들 에게ㅡ 비 유경을 말 씀 하 셨 네 ㅡ
무 명 깨쳐ㅡ 귀 의하여 제 자 가 됐 네 ㅡ
(후렴) 보 배 구 슬ㅡ 그보다도ㅡ 지 혜 찾 아라 ㅡ
진 실 하 게ㅡ 구하는자ㅡ 얻 게 되 리 라 ㅡ

3-122

지혜의 화엄변상도

곽영석 작사
이재석 작곡

♩= 82
금 강장의 십 지법문 화 엄변상ㅡ 도
대 광광불 화 엄경의 부 처님세ㅡ 상
현 천지와 원 행지를 읽 어보아 라
현 천지와 원 행지의 화 엄변상 도
일체사물 꿈과같고 물 속달같ㅡ 아
모양없는 해탈문이 어 디있을ㅡ 까
지 혜방편 구ㅡ족하여 광 명얻으 라
진 여성품 한ㅡ량하여 해 탈하여 라

3-123

진리의 행진곡

운 문 작사
김주영 작곡

보 아 라 이 우 주 는 크 게 밝 았 다
인 류 여 바 른 정 신 새 로 차 려 라

만 생 명 의 어 버 이 가 되 ㅡ 옵 시 는
생 사 괴 롬 널 리 구 원 하 ㅡ 옵 시 는

부 처 님 진 리 ㅡ 의 대 ㅡ 광 명 이
부 처 님 자 비 ㅡ 의 대 ㅡ 광 명 이

저 동 녘 하 늘 에 서 밝 았 ㅡ 다
온 우 주 곳 곳 마 다 새 롭 ㅡ 다

나 가 자 나 가 자 진 리 의 고 장 진 리 의 고 장

님 의 거 룩 한 성 전 으 로 성 전 으 로

3-124

진리의 빛

정헌성 작사
최영철 작곡

자 비 로 움 한 량 없 ㅡ 는 부 처 ㅡ 님 ㅡ 전 ㅡ 에
지 혜 로 움 가 득 하 ㅡ 신 부 처 ㅡ 님 ㅡ 전 ㅡ 에
일 심 으 로 향 ㅡ 올 리 고 원 하 ㅡ 옵 나 ㅡ 니
마 음 모 아 합 장 하 ㅡ 고 바 라 ㅡ 옵 나 ㅡ 니
팔 만 사 천 모 든 법 을 고 루 나 투 ㅡ 사
백 팔 번 뇌 모 든 고 통 물 리 치 시 ㅡ 어
중 생 계 를 해 탈 하 ㅡ 게 해 탈 하 게 하 소 서
연 꽃 처 럼 청 정 하 ㅡ 게 청 정 하 게 하 소 서
진 리 의 빛 부 처 ㅡ 님 중 생 의 빛 부 처 ㅡ 님
온 누 리 에 연 등 을 밝 혀 불 국 토 를 이 루 오 리 다
생 명 의 빛 부 ㅡ 처 ㅡ 님 삼 세 의 빛 부 ㅡ 처 ㅡ 님
다 함 없 는 법 문 을 따 라 깨 달 음 에 이 르 오 리 다

3-125

참나를 찾아

(공모작)

백두현 작사
오재찬 작곡
Adagio ♩= 68
눈감으 면—어디선 가 들려 오 는—물—소 리 가 부
귀를 열 면—어디선 가 들려 오 는—바람소 리 가 부
좌 —합장한 채 그 소 리 를 듣 는— 다 어 디
좌 —합장한 채 그 소 리 를 듣 는— 다 내 찾
에 서—나는와 서 어디 로 —가고있 나 버려
는 곳—어디인 가 어딜 가야 —찾는걸 까 버려
야 찾는거 다 비워 야 보는거 다 참 나
야 찾는거 다 비워 야 보는거 다 불 국
를 찾는거 다 비로 소 보는거 다 버리
을 찾는거 다 비로 소 보는거 다 버리
면 서—넘어가 고 비우면서 또 넘으 면 —참나를
면 서—건 —너 고 비우면서 또 건너 면 —불국을
반 드시 그곳에 서 만나리 라 아제아제바라아제
반 드시 그곳에 서 찾으리 라
바라승아제모지사바하 아제아제바라아제 바라승아제 모지 사 바 하

초록향기 목탁소리

전세준 작사
강민영 작곡

신나게 ♩= 124
햇 살이살금살금 잠ㅡ깨우는 숲 속의 아 침
바 람에하늘하늘 나ㅡ뭇잎이 잠 에서 깨 면
이 슬 방울 또 르르르 미 끄 럼을타 요
고 요 하던 숲 속에선 모 두다잠깬 다
산 새 들ㅡ 잠 이 깨 어 살 며시눈ㅡ뜨ㅡ 면
다 람 쥐 는 두 손 싹 싹 몸 단장세수하ㅡ 면
대 웅 전 에 목ㅡ탁소리 우리들의아 침기 도
법 당 에 선 염ㅡ불소리 스님들의맑 은소 리
초 록향 기 넘ㅡ쳐 나는ㅡ 절마당의풍경 소 리
부 처님 과 함 께 하 는 우리들의기 도소 리

3-127

천강이 바다가 되듯

(공모작)

전세준 작사
정홍근 작곡

♩= 90
백천강이흘러흘ㅡ 러
바다에서한몸되ㅡ 듯
모든강이흘러흘ㅡ 러
바다에서한몸되ㅡ 듯
불법으로무장한ㅡ 몸
모든성품하ㅡ나이 라
수행자의진면목ㅡ 은
자성성불방ㅡ책이 라
속 세 인 연 다 버 리 고
나를찾아정진하ㅡ 는
화 두 하 나 참 구 하 며
나를찾아정진할ㅡ 때
수행자의앉은자ㅡ 리
꽃진자리향기롭ㅡ 네
역대조사선지식ㅡ 의
활구법문향기롭ㅡ 네
부처계신옛날부ㅡ 터
큰깨달음변함없ㅡ 고
제불보살일러주ㅡ 신
법계실상바로보ㅡ 고
견성이룰마음공ㅡ 부
성품따라다를지ㅡ 니
무명밝혀나를찾ㅡ 는
연화대의푸른연ㅡ 꽃

3-128

천수 대비주

이순금 작사
우한솔 작곡

신명나게 ♩. = 120

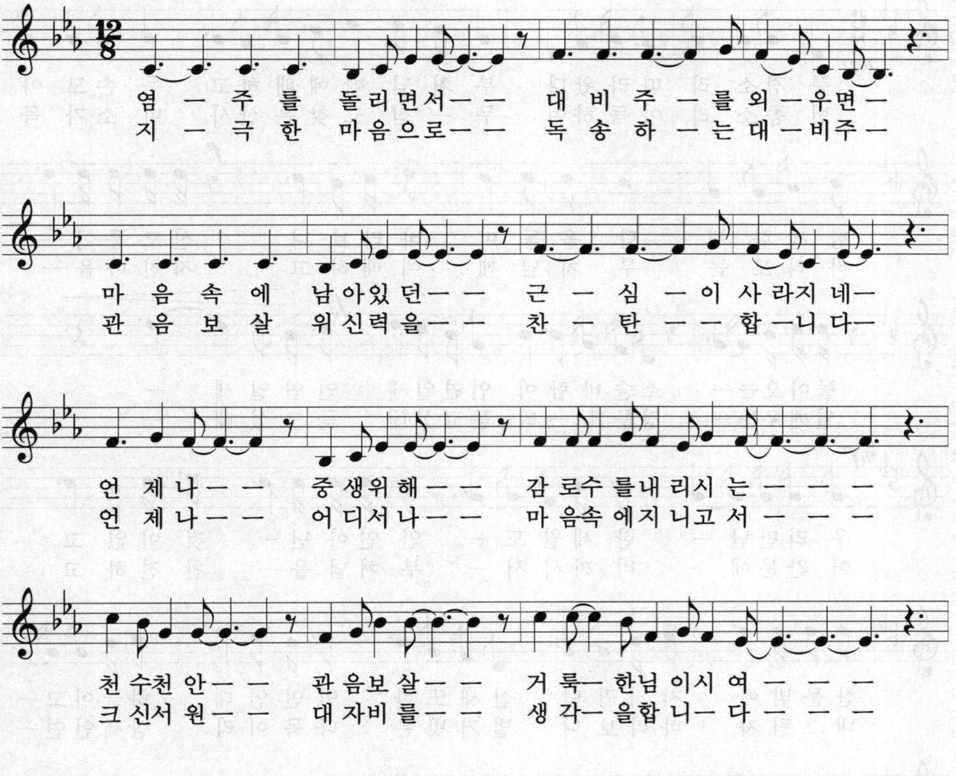

염 — 주 를 돌리면서— — 대 비 주 — 를 외 — 우면 —
지 — 극 한 마음으로— — 독 송 하 — 는 대 — 비주 —

마 음 속 에 남아있던— — 근 — 심 — 이 사 라지 네—
관 음 보 살 위신력을— — 찬 — 탄 — — 합 —니 다—

언 제 나— — 중 생위 해— — 감 로수 를내 리시 는 — — —
언 제 나— — 어 디서 나— — 마 음속 에지 니고 서 — — —

천 수천 안— — 관 음보 살— — 거 룩— 한님 이시 여 — — —
크 신서 원— — 대 자비 를— — 생 각— 을합 니— 다 — — —

나 모 라— — 다 냐다 라— — 야 야 나 막알 야 — — —

바 로기 제— — 새 바라 야— 사 — 바 — 하 — —

3-129

초발심의 노래

곽영석 작사
권상회 작곡
경쾌하게 ♩= 76
mp
풍 경소 리 따라왔다 부 처 님 께예배하고 두 손모 아
범 종소 리 아득하여 무 ― 심 코찾은산사 미 소가 득
f
합 장한 체 탑 을돌 며 바라보니 산모 퉁이―
바 라보 는 부 처 님 께 예배하고 지친마음―
ff
돌아오는― 소슬바람이 인연일세 인 연 일 세 ―
일깨우는― 경문소―리 듣고섰네 듣 고 섰 네 ―
mf
우 리만난 ― 한 세월도― 인 연아닌― 것 이 없 고
어 간문에 ― 비 껴서 서― 부 처님을― 친 견 하 고
산문밖에 지저귀던 산새또한 인연인데 하늘이고―
내그림자 바라보니 벌거벗은 나목이라 삼세인연―
서성이는― 빈 석등 의 마 음 하 나 마 음 하 나
돌이켜서― 내 발자 국 다 시 찾 네 다 시 찾 네
mp
(후렴) 솔 바 람 이 향 기 로 운 하 늘높 은 절 마 당 에
인 연안 고 돌아서는 한줄기바 ― 람 이 여 ―

3-130

출가

서경자 작사
한정일 작곡

♩= 76
mp
나는나는카필라—국 왕자라네 금은보 화 넘쳐나 —는 왕궁에 서
나는나는싯다르—타 태자라네 금은보 화 넘쳐나 —는 왕궁에 서
mf
부 귀영 화누—리—며 지내다가 어느날 문 득성문밖—을나 갔네 —
부 귀영 화누—리—며 지내다가 어느날 문 득성문밖—을나 갔네 —
mp
꽃들은— 어딜 가고— 새들은—어딜—갔나— 출 렁이는고통바다
꽃들은— 어딜 가고— 새들은—어딜—갔나— 사 바 세계어 디 에 나
f
탐 욕의사바세계 온 천지에—가득하 구 나 — 긴긴밤
고 통의생로병사 온 천지에—가득하 구 나 — 어둠속
잠 못— 이 뤄 생 과 사 넘 나 들며 헤 매 이 다
잠 못— 이 뤄 생 과 사 넘 나 들며 헤 매 이 다
어둠—속—밝— 은 진리 를— 찾 기 위 해
한 밤 중 성 문 넘 어— 길 을 떠 나 네—
참 진 리 찾—으러— 출 가 를 하 네— —

3-131

출가의 결심

(가사공모작)

김 화 작사
이윤정 작곡
Moderato ♩= 108
카 필
라 국왕자로 서 전 륜 성 왕되시려 고 왕 궁
중 생큰고통 이 무 엇 일 까살피다 가 생 노
1.
떠 나 동 서남 북 문을나 서 살 피 셨 ― 네 ― 일 체
병 사 번 뇌 망
2.
상 출 가 결 심 하 시 었 ― 네
부 귀 영 화 모 ― 든 것이 한순간의기 쁨이 라
일 체중 생 ― 구 하는길 전륜성왕못지않 ― 다 궁 성
떠 나견 성하 여 중 생 구 제 서 원하 고 푸 른
달 이 높 이 뜬 날 궁 성떠나 나 오 셨 ― 네

3-132

출가의 자리에서

여영희 작사
정동수 작곡

♩= 116
사 바 세 계 오 신 인 연 찰 나 인 연 한 량 이 없 고
잠 못 이 룬 소 쩍 새 가 늙 은 어 미 그 려 울 ㅡ 고

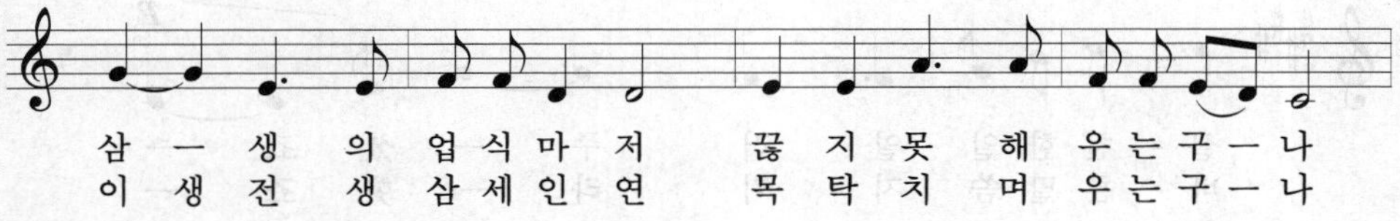
삼 ㅡ 생 의 업 식 마 저 끊 지 못 해 우 는 구 ㅡ 나
이 생 전 생 삼 세 인 연 목 탁 치 며 우 는 구 ㅡ 나

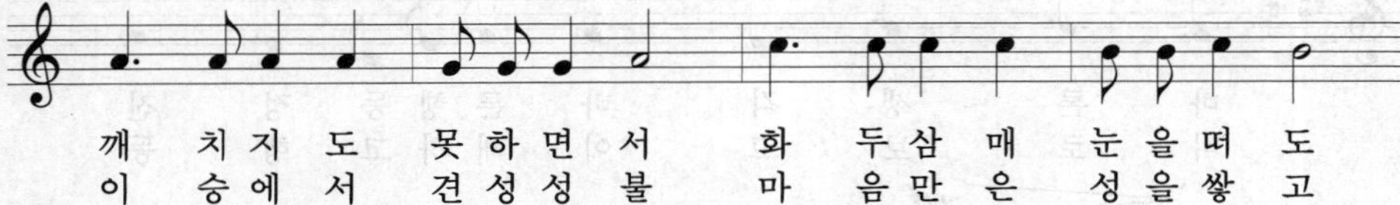
깨 치 지 도 못 하 면 서 화 두 삼 매 눈 을 떠 도
이 승 에 서 견 성 성 불 마 음 만 은 성 을 쌓 고

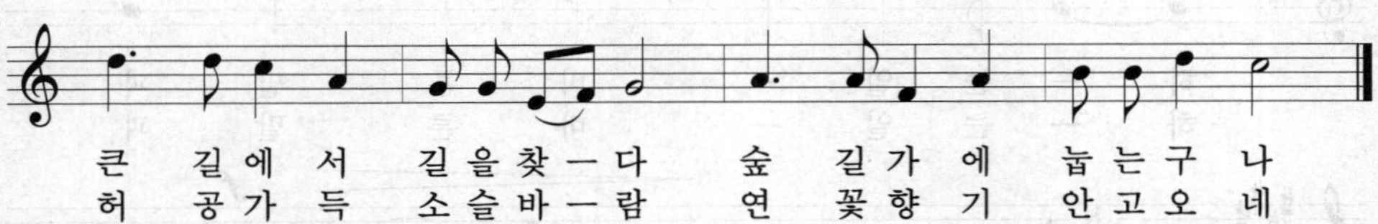
큰 길 에 서 길 을 찾 ㅡ 다 숲 길 가 에 눕 는 구 나
허 공 가 득 소 슬 바 ㅡ 람 연 꽃 향 기 안 고 오 네

3-133

팔정도의 노래

(수상곡)

곽영석 작사
윤해중 작곡

느리지 않게

mp
부 처 님 의 큰 가르침 팔 정
석 가 모 니 부 처님이 가 르
mf mf
도 ㅡ 말 씀 ㅡ 여 덟 가 지
쳐 ㅡ 주 신 ㅡ 팔 정 도 의
p
실 천 한일 일 러 주 ㅡ 셨 죠 ㅡ
바 른 말씀 지 키 라 ㅡ 했 죠 ㅡ
mp
바 른 생 각 바 른행동 정 진
바 로 보 고 이 해하고 행 동
mf
하 ㅡ 는 일 ㅡ 바 른 말 과
하 ㅡ 는 일 ㅡ 바 른 말 과
f
바 른생활 노 력 하 ㅡ 는 일 ㅡ 성 불
생 각으로 정 진 하 ㅡ 는 일 ㅡ 실 천
mf f rit mf
위 해 우 리모두 실 천 하 ㅡ 래 요 ㅡ
하 는 생 활속에 부 처 된 ㅡ 대 요 ㅡ

3-134

팔천송 반야경

곽영석 작사
박이제 작곡
Andantino espressivo ♩= 70
mf
mp
구름
부처
이 ―일 고―지 듯 일 체 중 생나 고―지는 대우
님 말씀 신묘하 고 여 래 세 상광 대―하 여 일월
주 의 인―과 진 리 윤 회 법 장시 작이 라 반야
광 천 온―누 리 가 생사 윤 회시 간이 라 나를
지 혜팔 천―송 의 대다 라 니염 송―할 때 무상
찾 는마 음―공 부 성불 서 원간 절―할 때 색즉
법 문 오―온 계 공 허공 계 의빛 을―본 다 관음
시 공 공―즉 시 색 반야 지 혜열 려―오 네 여래
mf
보 살 대―자 비 로 왕생의 길 지 혜―여 는 팔천
말 씀 진―실 하 여 왕생의 길 따 르―올 재 팔천
송 의 반―야 경 문 등불 처 ―럼 다가오 네
송 의 대―다 라 니 여래 장 ―의 반야경 문

3-135

풀잎에 구르는 이슬처럼

(공모작)

곽영석 작사
이찬우 작곡

Moderato
구름산에 —북을걸고 두손들어 —북을치면
화엄성중 —은혜로운 영상회상 —큰자리에
화장세계 —솟을대문 빗장풀려 열려질까
법륜굴려 —임을찾아 꿈결처럼 찾아갈까
mp
cresc.
내님앞에 엎드려서 성긴인연돌아— 보 니
나를찾는 참회정진 인연지어돌아— 보 니
f
dim.
풀잎—위—에— —이슬방울 내가—또—한— —이슬이라
연잎—위—에— —모인이슬 내가—또—한— —이슬이라
p espressivo
cresc
rit
대반야의 지혜모아 화엄성중 은혜입어 내
역대조사 선지식이 가르치신 활구법문 이
f a tempo
mp
dim.
ff
D.C. al Fine
가 갈길 아득해도 연화향기 가득해라
타 행을 실천하여 나의실상 보라하네
f
풀잎위헤 —맺혀있는 이슬방울 —스러지듯
이한몸이 —인연다해 바람—에 흩어져도
mp
mo11endo
ff
부처님의 —감로법문 바람되어 읽고싶 네

3-136

하늘과 땅위에 홀로 존귀 하시네

김재영 작사
김명표 작곡

보통빠르기로
하늘과 땅 위 에 홀ㅡ 로 존 ㅡ 귀 ㅡ 하 시 네 온ㅡ누
찬란한 자 비 의 큰 등 불 어 ㅡ 두 움 밝 히 네 지ㅡ옥
하늘과 땅 위 에 나 홀 로 존 ㅡ 귀 ㅡ 하 니 라 온ㅡ세
리 ㅡ 의 광ㅡ 명 진 리 의 광 ㅡ 명 이ㅡ시 여
문 ㅡ 열 리ㅡ 고 생 사 의 밤 사 라 졌ㅡ어 라
상 ㅡ 중 생ㅡ 들 고 통 속 에 ㅡ 서 헤ㅡ매 며
만 생 명 행 복 위 하 여 평 화 위 하 여
하 늘 엔 꽃 비 땅 에 는 감 로 의 샘 물
나 이 제 너 희 편 안 케 인 도 하 리 라
이 세 상 에ㅡ 강 ㅡ 생 하 시 네 강 생 하 시 네 여 ㅡ 기
마 른 나 무 에 꽃 ㅡ 이 피 ㅡ 고 새 들 노 래 해 오 늘 은
부 ㅡ 처 님ㅡ 사 자 후 한 소 리 외 ㅡ 치 시 니 새 생 명
룸 비 니 꽃 동 산 연 ㅡ 꽃 ㅡ 마 을 에 여 ㅡ 기
초 파 일 부 처 님 오 ㅡ 신 ㅡ 날 일 세 오 늘 은
열 렸 네 이 땅 이 불 ㅡ 국 ㅡ 토 일 세 새 생 명
룸 비 니 꽃ㅡㅡ 동 ㅡ 산 연 ㅡ 꽃 ㅡ 마ㅡ을 에
초 파 일 부ㅡㅡ 처 ㅡ 님 오 ㅡ 신 ㅡ 날ㅡ일 세
열 렸 네 이ㅡㅡ 땅 ㅡ 이 불 ㅡ 국 ㅡ 토ㅡ일 세

3-137

항마가

곽영석 작사
이순희 작곡

경건하게 ♪ = 96
나 의 심 지 나 의 각 오 시 험 — 에 들 면 —
수 행 자 의 마 음 가 짐 얼 마 나 굳 셀 까 —
마 — 귀 의 화 신 으 로 — 유 — 혹 이 찾 아 온 다 —
마 — 귀 는 심 지 깊 은 자 범 — 접 을 못 — 한 다 —
사 랑 스 런 가 족 으 로 선 망 부 모 로 도 —
아 름 다 운 여 인 으 로 멋 진 왕 자 로 도 —
환 희 세 상 함 께 놀 자 유 혹 하 며 달 려 온 다 —
환 희 세 상 즐 기 자 며 달 콤 하 게 속 삭 인 다 —
도 를 닦 는 수 행 자 가 심 — 지 가 약 — 하 면
수 행 자 의 용 맹 정 진 느 슨 하 고 게 으 르 면
마 귀 들 의 화 신 들 이 춤 을 추 며 찾 아 온 다
마 귀 들 의 장 난 으 로 득 도 하 기 어 — 렵 다
(후렴) 부 처 님 도 마 왕 들 의 항 복 을 받 고 —
성 불 하 여 중 생 들 의 사 — 부 가 되 셨 다 —

3-138

허공에 피는 연꽃

곽영석 작사
이태현 작곡
♩= 88
f
mp
마 삼근의 화두들고— 서리꽃—리피던선방—
걸 어잠근 무문관에— 황소한마리가둬놓고—
mf
홍 련백련— 피어나서— 연꽃향기장 엄하 네
능 엄경을— 강설하니— 가죽옷을훌 훌벗 네
mp
한 시절을 짊고다닌— 주장자엔갈 꽃피 고
장 군죽비 어깨메고— 허장공을둘 러치 니
mf
댓 돌위에 고무신엔— 물고기가놀—고있 네
먹 장구름 소리치며— 불을켜고돌—아눕 네
f
뜰 —앞에 잣나무는— 그늘지어보 시하 고
하 늘닦은 맑은구름— 수미산을짓 다말 고
소 슬바람 달려와서— 화두문법속 삭이 네
무 량한빛 하늘가에— 푸른물빛그 려놨 네

3-139

현우경의 비유말씀

곽영석 작사
오재찬 작곡

♩= 112
현 각 대 사 결집하신— 경 전 속 의 현 우 경 은—
부 처 님 의 윤회법문— 골 라 모 은 현 우 경 은—
부 처 님 의 전생담과— 제자들의옛—이야 기
지 혜 로 운 선지자와— 어리석은주변사— 람
동 화 같 고 재미있—는 전생우화읽어보세 요
오 랜 세 상 함께살—던 전생담이담겨있어 요
이 경 에 는 부처님이— 짐승으로태어나— 고
이 경 에 는 부처님이— 비유로서들려주— 신
제 자 들 이 윤회하며— 어리석게행동한— 일
착 한 이 와 악한사람— 올바르게살아가—는
읽 다 보 면 나모르게— 참 교 훈 을 알수있죠—
지 혜 로 운 아름다운— 이 야 기 가 담겨있죠—

4

기원, 발원, 서원

4-001

가슴에 뜨는 달

곽영석 작사
이종록 작곡
♩= 80 -84
mp
mp
꿈을꾸면다시볼— 까 기다림은별빛되— 어
눈감으면떠오를— 까 그리움의얼굴들— 은
mf
rubato
가—슴에타고지— 다 풀잎위에이슬맺— 네
가슴안에그리다— 가 스러지는눈물방— 울
a tempo
f
기다리면다시올— 까 혹시라도그자리— 에 빈—
간—절한마음이— 면 마른자리싹이돋— 고 바위
포 구에 등대 불 빛 그림자는서—있을 까
틈 —새 벼랑 에 도 뿌리내려꽃이피— 네
(후렴) 범 종소리바람 타 고 꽃잎처럼흩어져— 도
mp
mf
그리움이가득한— 절 가슴위에달이뜨— 네

4-002

거룩하신 서원

여영희 작사
오해균 작곡
Slow ♩= 72
사 — 바 세 — 상 일 — 체 중 생 구 원 — 하 시 — 사
고 — 통 받 — 는 사 바 중 — 생 구 원 — 하 시 — 려
도 리 천 — 궁 인 — 연 따 라 태 어 — 나 — 셨 — 네
진 묵 겁 — 의 세 — 상 에 서 찾 아 — 오 — 셨 — 네
모 든 인 연 구 원 하 실 거 룩 한 서 원 용 화 세 상 등 대 됐 네 부 처 님 법 문
거 룩 하 신 님 의 서 원 원 력 이 커 서 대 우 주 의 스 승 되 신 우 리 부 처 님
나 무 석 — 가 석 가 모 니 불 나 무 무 — 량 — 불
나 무 석 가 석 가 모 니 불 나 무 무 — 량 불

4-003

경배하고 찬송하라

곽영석 작사
이재석 작곡
힘차고 씩씩하게 ♩= 98
찬 송 하 고 경 배 하 라 거 룩 하 신 그 모 습
경 배 하 라 찬 송 하 라 자 비 하 신 그 덕 상
사 바 세 계 오 신 인 연 부 처 만 난 그 인 연
삼 계 도 사 사 생 자 부 우 리 들 의 부 처 님
진 리 깨 쳐 육 도 윤 회 벗 어 나 는 큰 서 원
이 생 에 서 부 처 만 나 영 생 의 길 얻 으 니
우 리 모 두 정 진 하 여 대 원 세 워 성 불 합 시 다
햇 살 같 은 가 피 은 혜 예 배 하 며 찬 송 합 시 다
(후렴) 성 불 합 시 다 찬 송 합 시 다 일 심 으 로
정 진 하 여 성 불 합 시 다 일 심 으 로

4-004

기도 서원의 노래

허말임 작사
김상민 작곡
Moderato ♩= 102
발 — 구 르 며 살 — 아 — 온 — 날
가 — 슴 치 며 살 — 아 — 온 — 날
모 난 일 이 많 — 고 — 많 — 아 —
사 는 것 이 지 — 옥 같 — 아
구 업 으 로 지 은 죄 — 와 마 음 으 로 — 지 — 은 죄 — 가
온 갖 잡 설 지 은 죄 — 가 이 내 몸 을 — 덮 — 고 남 — 아
3
돌 아 보 니 산 만 같 아 부 처 님 께 — 서 원 했 — 네 —
후 회 하 며 엎 드 려 서 부 처 님 께 — 탄 원 하 — 네 —
말 과 행 동 모 든 것 — 이 욕 심 따 라 일 어 나 — 고
몸 과 마 음 모 든 것 — 이 분 별 심 을 갖 지 못 — 해
분 별 없 는 어 리 석 — 음 자 성 찾 아 — 나 려 하 — 니
나 도 몰 래 지 은 업 — 장 이 제 모 두 — 소 멸 위 — 해
거 — 룩 하 — 신 부 — 처 — 시 — 여
자 — 비 하 — 신 부 — 처 — 시 — 여
이 — 내 — 몸 을 구 원 하 — 소 — 서 —
이 — 내 — 몸 을 구 원 하 — 소 — 서 —

4-005

기도하는 마음

(가사공모작)

강민영 작사
오해균 작곡

Slow GoGo ♩= 80
대 웅 전뜨 락 에 향나무 한 그 루 — 부처님
주 련 속법 구 는 천년을 지 켜 와 — 그모습
그 리워 꺼지지 않는 향내로 자 라나고 — 흐르는 물소리 새소리
그 대로 지울수 없는 부처님 말 씀이고 — 내마음 깊은곳 선한업
도 향기로 피 어 나 — 땀흘리 며 기도하 는 사람들
을 쌓아서 키 우 니 — 외로운 길 가는길 에 한줄기
신 심을 키 워주 네 옥 등잔 에 파 르르— 흔들리는— 촛불
빛 이요 생 명이 네 생 각따 라 인 연이— 맺어지는— 이세
이 부끄러 움 가리고 픈 내 마 음을아는지 —
상 한시바 삐 좋은인 연 만 들 어가야하네 —
(후렴) 목 탁소 리 염 불소 리 맞 추 어 가 — 며
속 죄의마음으 로 기 도합 니— 다 나무아미 타—불
— 나무아미 타 —불 나 무아 미타 불 —

4-006

기원의 촛불 켜고

곽영석 작사
강주현 작곡
마음을 모아서 ♩= 68
고 요
청 정
하 고더 맑으 면 볼 수 가 있 ㅡ 나 돌 담
하 면해 탈경 지 볼 수 가 있 ㅡ 나 무 문
위 에참 새들 이 지 ㅡ 저 귀 는 데 적 막
관 의툇 마루 에 지 ㅡ 는 노 을 에 임 의
강 산경 계에 서 보 려 고 하 ㅡ 니 참 매
가 피찬 송해 도 까 마 귀 소 ㅡ 리 가 부
미 가날 아와 서 울 고 있 구 나 (후렴) 무 문
좌 에일 원상 에 빛 이 나 네 요
관에ㅡ 햇살 피 면 밤 을 여는ㅡ염불 소 리 인 등
불이 ㅡ켜져 있 는 명 부 전에ㅡ 기도 소 리

4-007

깨침의 노래

곽영석 작사
곽민석 작곡

중 생들의 고통번ㅡ뇌 벗 어났으 니
세 상에서 모든탐ㅡ심 내 어버리 니

생 사윤회 걸 림없이 자 유롭도ㅡ 다
원 융무애 진 여의빛 내 가보았ㅡ 다

깊 고깊ㅡ은 애ㅡ욕에서 건 너왔으 니 ㅡ
사 바연ㅡ의 모든고ㅡ통 떼 어버리 니 ㅡ

삼 계화택 마음불도 꺼 져버렸 다
대 우주가 한몸으로 이 루어졌 다

(후렴) 견성하 여 즐 겁구 나ㅡ 자 유 롭 구ㅡ 나

가릉빈 가 우 는소 리 오도의 노ㅡ 래

4-008

끝없는 서원

이순금 작사
이창규 작곡
♩= 110
대 원본 존 지장보살 끝 이없 는 서원이 여
대 원본 존 지장보살 끝 이없 는 중생사 랑
그 간 절한 마음으로 임 의서 원 의지하ㅡ네
두 손 모아 절을하며 우 ㅡ러 러 생각하ㅡ네
오 랜겁 에 쌓은업ㅡ연 벗 어나 는 길을찾ㅡ자
이 번생 에 뵈은인ㅡ연 미 래세 에 기쁨이ㅡ요
다 함없 는 임의원ㅡ력 찬 송하 며 따릅니 다
크 나크 신 임의원ㅡ력 깊 이믿 고 따릅니 다
중 생들 을 살 피시어 가 피은 혜 베푸시 는
거 룩하 신 서원앞 에 그 명 호 를 부릅니 다

4-009

기원

(가사공모작)

지 일 작사
오해균 작곡

Slow ♩= 70
님 께서가신그 길 따 르 오 리 라 사바세계 모든인 연 떨 쳐버ㅡ리고
님 께서가신그 길 따 르 오 리 라 중생계에 얽힌인 연 떨 쳐버ㅡ리고
고 고 히 걸어가신ㅡ 그 길 을 내 이 제 따 르 오 리 라
만 생 명 어버이의ㅡ 그 길 을 내 이 제 따 르 오 리 라
세 상 사 ㅡㅡㅡ 그 무 엇 이 영 원 할 수 있 나ㅡㅡ 요
무 심 한 듯ㅡㅡ 그 세 월 을 잡 을 수 가 있 나ㅡㅡ 요
인 생 사 그무엇 이 행 복 할 수 있 나 요
번 뇌 의 사슬들 을 끊 을 수 가 있 나 요
따 르 오 리 라 따 르 오 리 라 님 께 서 가 신 길
따 르 오 리 라 따 르 오 리 라 님 께 서 가 신 길
천 년 근 심 즐 거 움 도 떨 쳐 버 ㅡ 리 고 따 르 오 리 라 따 르 오 리 라
천 년 근 심 즐 거 움 도 떨 쳐 버 ㅡ 리 고 따 르 오 리 라 따 르 오 리 라
님 께 서 이 루 신 그 길 을 따 르 오 리 라
님 께 서 이 루 신 내 서 원 부 처 님 의 길

4-010

기원 관세음 찬송

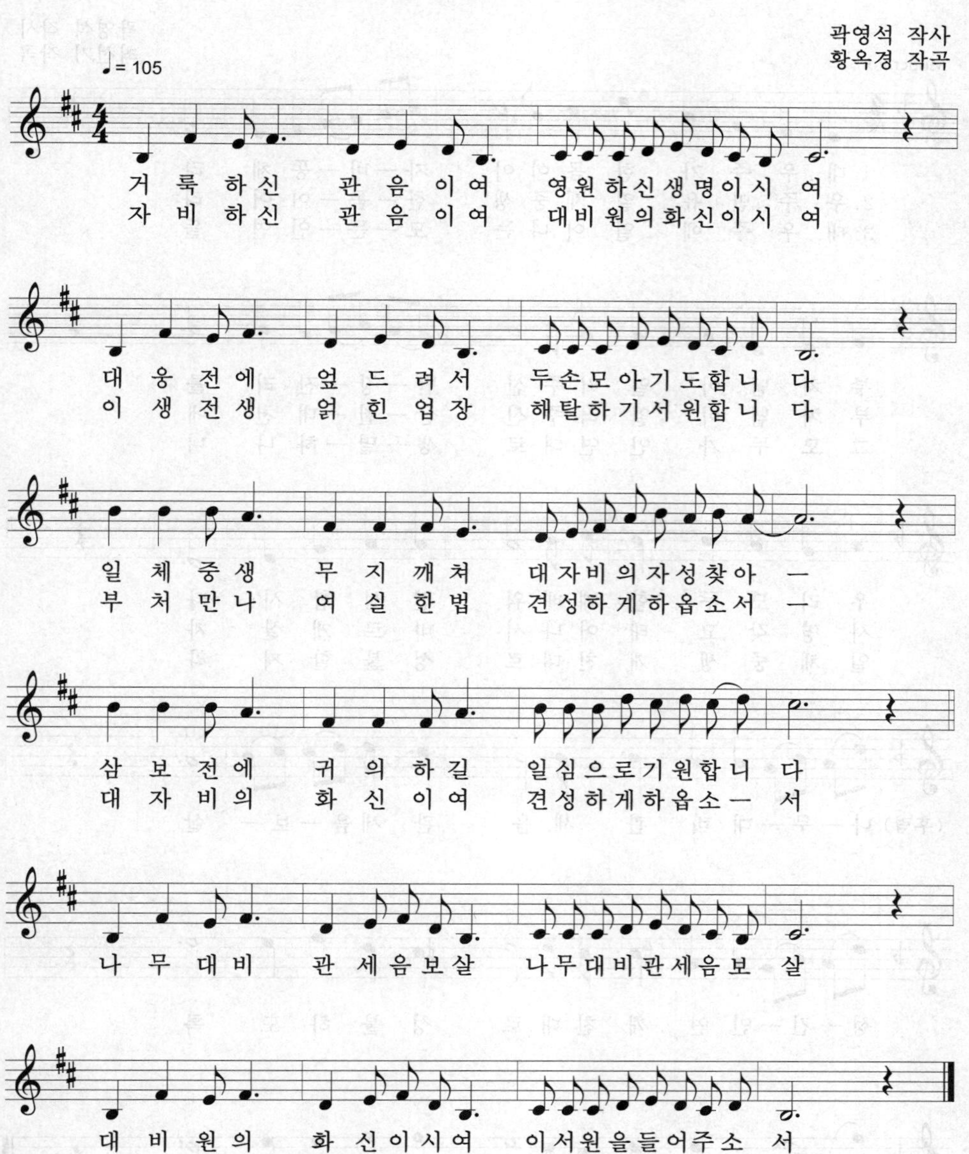

곽영석 작사
황옥경 작곡
♩= 105
거 룩 하 신 관 음 이 여 영원하신생명이시 여
자 비 하 신 관 음 이 여 대비원의화신이시 여
대 웅 전 에 엎 드 려 서 두손모아기도합니 다
이 생 전 생 얽 힌 업 장 해탈하기서원합니 다
일 체 중 생 무 지 깨 쳐 대자비의자성찾아 —
부 처 만 나 여 실 한 법 견성하게하옵소서 —
삼 보 전 에 귀 의 하 길 일심으로기원합니 다
대 자 비 의 화 신 이 여 견성하게하옵소— 서
나 무 대 비 관 세 음 보 살 나무대비관세음보 살
대 비 원 의 화 신 이 시 여 이서원을들어주소 서

4-011

나무대비 관세음 발원하오니

곽영석 작사
최선기 작곡
Moderato
1. 대 우 주 가 한 몸 이 어 자 — 비 — 동 체 라
2. 우 주 만 유 일 체 중 생 한 — 몸 — 이 어 라
3. 대 우 주 에 일 어 나 는 모 — 든 — 인 연 들
부 처 님 이 일 러 주 신 법 — 장 — 진 리 를
부 처 님 이 일 러 주 신 삼 — 천 — 대 천 에
그 모 두 가 인 연 대 로 생 — 멸 — 하 나 니
우 리 모 두 함 께 배 워 견 성 합 시 다
사 명 갖 고 태 어 나 서 바 르 게 살 자
일 체 중 생 깨 친 대 로 성 불 할 지 라
(후렴) 나 — 무 — 대 비 관 세 음 관 세 음 — 보 — 살
성 — 긴 — 인 연 깨 친 대 로 성 불 하 도 록
대 — 자 — 비 로 살 피 시 어 구 원 하 소 서

4-012

나를 사랑합시다

여영희 작사
신민정 작곡

♩= 110
mf
mp
나 를 사랑합시다 나 를 존경합시다
나 를 사랑합시다 나 를 은혜합시다
사 랑으로 태어난 나 를 사랑합시다
인 연으로 태어난 나 를 사랑합시다
지 극한 마음으로 나 를 사랑합시다
자 비의 마음으로 나 를 사랑합시다
mf
mp
고 마운 마음 그 맘으로 나 를 사랑합시다
축 복하는ㅡ 마음으로 나 를 사랑합시다
mf
(후렴) 이 생전생 삼 세겁에 사랑으로 태어나
f
rit
ff
mp
a
f
ff
대 자비로 이 세 상 사랑하며삽시 다

4-013

나를 찾아서

곽영석 작사
오해균 작곡

국악풍으로 ♩= 85
산 도 길 도ㅡ 아ㅡ득해 라 나를찾 아
가 ㅡ는ㅡ 길ㅡㅡ ㅡ ㅡ 산 새소리 ㅡ
정ㅡ겨ㅡㅡ워ㅡ 라 자비향ㅡ기ㅡ 가 득 한ㅡㅡ
곳 ㅡ 내ㅡ님이ㅡ 엎드ㅡ려서ㅡ 기 도ㅡ하는
곳 불보살님ㅡ 자비ㅡ향이ㅡ 넘 쳐나 는ㅡ 곳
산 벚 ㅡ 꽃 ㅡ 홍 매 화ㅡ 가
방긋웃 고 인 사를하 네ㅡㅡ ㅡ ㅡ
나 ㅡ를 찾 아 가 ㅡ는 ㅡ 길ㅡ 에
행 복ㅡ이ㅡ 넘 쳐 나 네 ㅡ

4-014

나의 눈과 귀가 어두워서

곽영석 작사
조영근 작곡

Andante
나 의눈이어두워 서 길을보지못 했어 요
나 의귀가어두워 서 법을듣지못 했어 요
나 의눈이어두워 서 길을찾지못 했어 요 간절
나 의귀가어두워 서 사리분별못 했어 요 여ㅡ
해 도님 의ㅡ곁 에 ㅡ 달려가지 못 했ㅡ어 요 삶의
실 한법 진여법 문 ㅡ 듣지못해 슬 펐ㅡ어 요 살며
무 게고 달ㅡ파 서 서원 하 며찾 았ㅡ어 요
지 은죄 의ㅡ무 게 덜어 보 려찾 았ㅡ어 요
기 대어서안기고 픈 이 마 음ㅡ을달랬어 요
나 의성품진실하 여 서 원 하ㅡ면찾을까 요
나 의눈이어두워 서 서 러워서울었어 요
나 의귀가어두워 서 큰 길따라길을가 요

4-015

나의 서원

백두현 작사
정홍근 작곡

♩= 72
시 작 도 ㅡ 끝 도 없 는 그 런 사 랑 있 습 니 다 가 이 없 는 사 ㅡ 랑 이
자 로 잴 수 절 대 없 는 그 런 사 랑 있 습 니 다 수 ㅡ 로 도 셀 수 없 는
정 말 로 있 습 니 다 부 처 님 의 사 랑 이 그 런 사 랑 입 니 다
사 랑 이 있 습 니 다 부 처 님 의 가 피 가 그 런 사 랑 입 니 다
그 사 랑 얻 는 사 람 제 일 부 자 앉 아 계 신 부 처 님
그 사 랑 모 른 다 면 궁 한 사 람 서 ㅡ 계 신 부 처 님
이 일 어 나 실 때 까 지
이 걸 어 다 닐 때 까 지
합 장 하 고 원 합 니 다 부 디 기 도 합 니 다
간 ㅡ 절 히 원 합 니 다 부 디 서 원 합 니 다
(후렴) 나 무 석 가 모 니 불 나 무 석 가 모 니 불
ritard.
나 무 석 가 모 니 불 나 무 석 가 모 니 불

4-016

나의 연꽃

(공모당선작)

지 성 작사
김용호 작곡
보통빠르게
영 광 — 스 런 이 날 — 을 갖 기 위 하 — 여
흘 연 — 히 — 일 어 서 라 이 날 이 왔 — 네
수 많 — 은 꽃 — 잎 — 이 피 고 — 또 지 고
이 땅 — 에 밝 은 태 — 양 비 쳐 — 오 도 다
그 렇 게 도 험 할 길 을 부 처 님 찾 아
삼 천 년 — 역 사 위 에 부 처 님 나 라
아 름 답 — 게 피 어 나 는 나 의 연 — 꽃
아 름 답 — 게 피 어 나 는 나 의 연 — 꽃

4-017

나의 작은 서원이

곽영석 작사
송 결 작곡

천천히

나의작은서 원 이 어둠밝힐빛이라 면
나의작은서 원 이 생명구할빛이라 면

나는나는저광야 에 등불들고나서겠 네
나는나는꺼져가 는 그생명을지키겠 네

나 의 작 은ㅡ 이 서 원이 단 비 되 어 땅 적 시 ㅡ 면
나 의 작 은ㅡ 이 서 원이 하 늘 받 칠 나 무 라 ㅡ 면

나 는 나 는 꽃 씨 되 어 온세상을장엄하ㅡ 리
나 는 나 는 나 무 되 어 그늘넓은나무되ㅡ 리

(후렴) 나 의 작 은 서 원ㅡ 이 태 양 처 럼 영 원 하 면

나는나는대 자 비 로 온우주를밝히겠ㅡ 네

4-018

나의 큰 소원

황학현 작사
유익상 작곡

3/4
서 쪽 나 라 저 ― 멀 리
십 만 억 국 저 ― 멀 리
아 미 타 불 계 신 곳 ―
아 미 타 불 계 신 곳 ―
내 큰 소 원 꽃 ― 피 운
내 큰 꿈 을 이 ― 루 신
극 락 세 계 부 처 님 ―
극 락 세 계 부 처 님 ―
아 기 불 과 오 손 도 손
아 기 불 과 소 근 소 근
착 한 마 음 엮 어 서 ―
나 의 꿈 을 엮 어 서 ―
온 세 상 을 고 루 고 루
온 세 상 을 고 루 고 루
뿌 려 주 고 싶 ― 어 요 ―
들 려 주 고 싶 ― 어 요 ―

4-019

내가 올리는 기도

권대자 작사
김남삼 작곡

조금느리게 분위기 살려서
부 처 님 전 향 사 르 고 다 소 곳 이 합 장 하 니 —
매 일 매 일 염 불 공 덕 우 리 가 족 염 불 공 덕 —
욕 심 탐 심 사 라 지 고 번 뇌 망 상 사 라 지 네 —
욕 심 탐 심 사 라 지 고 번 뇌 망 상 사 라 지 네 —
우 리 가 족 평 화 롭 고 행 복 하 여 미 소 짓 네 —
우 리 가 족 평 화 롭 고 행 복 하 여 미 소 짓 네 —
염 불 기 도 정 진 하 면 마 음 마 음 편 안 하 네 —
염 불 기 도 정 진 하 면 마 음 마 음 편 안 하 네 —
(후렴) 오 늘 기 도 염 불 공 덕 내 가 하 는 염 불 공 덕 —
참 선 기 도 정 진 하 니 마 음 마 음 밝 아 져 요 —

4-020

내가 지금 이 시간에

곽영석 작사
김정란 작곡

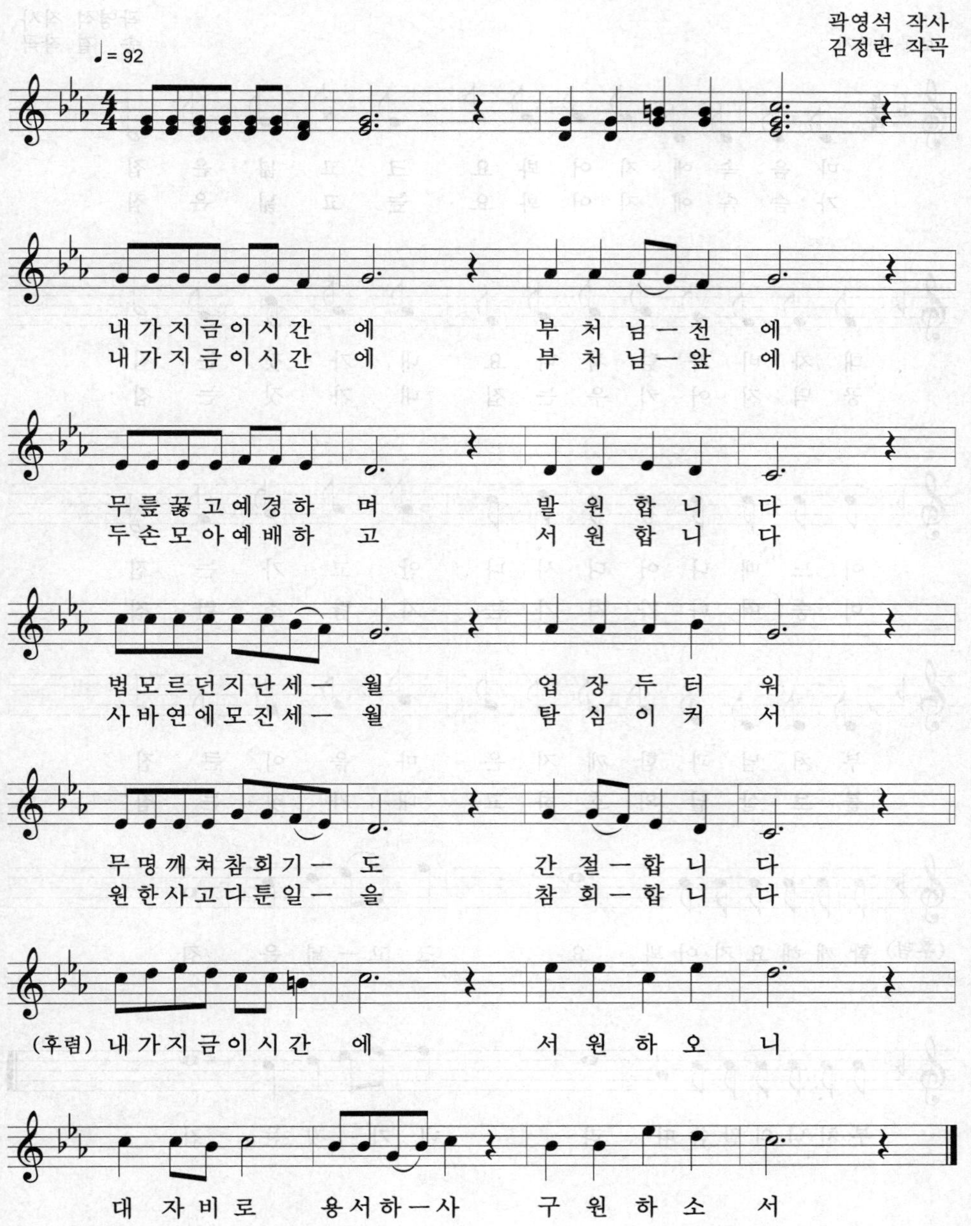
♩= 92
내가지금이시간 에 부처님—전 에
내가지금이시간 에 부처님—앞 에
무릎꿇고예경하 며 발원합니 다
두손모아예배하 고 서원합니 다
법모르던지난세— 월 업장두터 워
사바연에모진세— 월 탐심이커 서
무명깨쳐참회기— 도 간절—합니 다
원한사고다툰일— 을 참회—합니 다
(후렴) 내가지금이시간 에 서원하오 니
대 자비로 용서하—사 구원하소 서

4-021

내가 짓는 집

곽영석 작사
송 결 작곡

보통빠르게

마 음 속 에 지 어 봐 요 크 고 넓 은 집
가 슴 속 에 지 어 봐 요 높 고 넓 은 집

대 자 비 가 넘 쳐 나 요 내 가 짓 는 집
공 덕 지 어 키 우 는 집 내 가 짓 는 집

어 느 때 나 어 디 서 나 안 고 가 는 집
이 승 떠 나 가 져 가 는 자 랑 스 런 집

부 처 님 과 함 께 지 은 마 음 이 큰 집
불 보 살 님 외 호 하 고 내 가 짓 는 집

(후렴) 함 께 해 요 지 어 봐 요 크 고 ㅡ 넓 은 집

부 처 님 의 말 씀 따 라 내 가 ㅡ 짓 는 집

4-022

내 마음의 연화도량

보 광 작사
최영철 작곡

♩= 63
mf
소 백 산 연 화 광 ー 명 내 ー 마 음 법 성 처 에
참 성 품 깨 침 소 ー 리 도 ー 솔 천 내 원 궁 에
p
mf
그 뜻 ー 이 었 네 삼 계 중 생 마 음 마 ー 다
그 뜻 ー 알 렸 네 업 보 중 생 마 음 마 ー 다
p
대 자 대 비 수 ー 놓 아 인 연 불 자 연 꽃 피 우 네
대 자 대 비 수 ー 놓 아 인 연 불 자 연 꽃 피 우 네
mf
3
끝 없 는 번 뇌 망 ー ー 상 끊 고 끊 ー ー ー 어
끝 없 는 삼 독 심 ー ー 에 끊 고 끊 ー ー ー 어
f
ff
무 명 업 장 무 명 업 장 벗 어 ー 나 ー ー 서
지 혜 광 명 지 혜 광 명 밝 혀 ー 나 ー ー 서
mf
위 없 는 보 살 의 길 로 닦 ー 아 ー 나 ー ー 가
위 없 는 관 세 음 보 살 용 ー 맹 ー 정 ー ー 진
mp
p
거 룩 한 빛 밝 혀 가 세 아 아 연 화 도 량
구 경 성 불 이 룩 하 세
mf
3
1.p D.C. al Fine
2.
내 마 음 에 영 원 하 ー 리 ー 라 라 ー

4-023

노래하는 파랑새 처럼

곽영석 작사
심순보 작곡

♩= 118 -122
오 색 단 풍 숲 속 길 을 꽃 길 따 라 걷 다 보 면
갈 대 꽃 이 손 짓 하 는 강 변 길 을 걷 다 보 면
속 삭 이 는 바 람 소 리 파 랑 새 의 노 래 소 리
반 짝 이 는 강 물 위 에 물 새 들 의 노 래 소 리
나 무 들 은 꽃 잎 같 은 마 음 들 을 버 리 면 서
갈 꽃 불 며 달 려 가 는 강 변 길 에 소 슬 바 람
구 름 지 운 푸 른 하 늘 눈 이 시 려 바 라 보 네
빈 들 판 에 허 수 아 비 함 께 놀 자 손 을 젓 네
혼 자 걷 는 이 숲 길 을 나 를 찾 아 가 는 길 을
혼 자 걷 는 강 변 길 을 나 를 찾 아 가 는 길 을
개 울 물 도 소 리 치 — 며 시 절 인 연 묻 고 있 네
산 들 바 람 어 깨 걸 — 며 인 연 지 어 살 자 하 네
(후렴) 아 아 — 아 이 계 절 에 노 래 하 는 파 랑 새 처 럼
자 유 로 운 영 혼 으 로 바 람 처 럼 살 고 싶 어

4-024

노추산 모정탑 삼천불심

김진광 작사
이태현 작곡

♩= 104
가 녀 린 여 인 의 손 ㅡ 으 로 삼 천 돌 탑 어 떻 게 쌓 았 을 까 ㅡ
연 약 한 여 인 의 마 음 으 로 삼 천 돌 탑 어 떻 게 쌓 았 을 까 ㅡ
남 편 과 자 식 ㅡ 들 우 환 을 막 고 ㅡ 가 족 안 녕 기 원 하 는 마 음 을 담 아
정 성 을 쌓 으 면 서 고 행 을 배 워 ㅡ 부 처 님 께 합 장 하 여 기 도 했 으 리
한 평 생 움 막 짓 고 ㅡ 정 성 을 ㅡ 다 ㅡ 해
한 평 생 움 막 짓 고 ㅡ 불 공 을 ㅡ 드 리 며
부 처 님 께 공 덕 탑 을 ㅡ 쌓 았 다 네
지 극 정 성 공 든 탑 을 ㅡ 쌓 았 다 네
노 추 산 송 천 은 ㅡ 어 디 로 흘 러 가 나 ㅡ
작 은 돌 하 나 주 워 ㅡ 마 음 을 놓 고 간 다 ㅡ

4-025

눈물로 그리는 서원

대 우 작사
백승태 작곡

Andante
mf
p
빈 가 슴 파고드는 ㅡ끝없는ㅡ외 로 움
타 다 가 ㅡ남은가슴 ㅡ못다한ㅡ이 눈 물
내 마음에 ㅡ젖어드는 ㅡ간절한ㅡ그 리 움
내 눈물로 ㅡ그리려던 ㅡ간절한ㅡ그 꿈 을
mf
부처님은ㅡ 아 실까요 간절한ㅡ 서원 을
부처님은ㅡ 서 원탑에 내눈물ㅡ 적을 까
부처님은ㅡ 들 으실까 내기도ㅡ 바람 을
대웅전의ㅡ 마 루위에 엎드린ㅡ 중생 들
p
누 ㅡ 구 ㅡ에ㅡ게도 ㅡ보일수없는이눈 물
우 리 가 ㅡ못다그린 ㅡ작은꿈ㅡ있ㅡ다 면
이 ㅡ 제 ㅡ누구하고 ㅡ마음달랠건 가 요
이 ㅡ 제 ㅡ누구하고 ㅡ그꿈을말할 건 가요
mf
숨어서ㅡ익어가 는 그리움ㅡ이있다 면
그 것은 우리들ㅡ의사랑 입 니 다

4-026

당신은 나의 부처님

곽영석 작사
이재석 작곡

고마움을 담아서 ♩= 116

감 사합니 다 고 맙습니 다
사 랑합니 다 감 사합니 다
당 신 은 사 랑하는 나 의부처 님
당 신 은 우 리들의 스 승입니 다
언 제 나 우 리들을 격려하 시 고
외 로 워 방 황할때 친구해 주 고
어 려우나 슬플때 나 친 구해주 는
힘 들때나 슬플때 도 친 구해주 는
(후렴) 당 신 은 부 처님 나의부 처 님
회 향하는 마음으 로 감 사합니 다

4-027

당신은 나의 세존

김정자 작사
오현수 작곡
Andante Mod ♩= 72
무 거
드 넓
운 ㅡ 삶 에 짐 을 이 고 지고ㅡㅡ 헤 매 노 라 면 ㅡ 나 도 몰
은 ㅡ 생 의 바 다 가 운 데서ㅡㅡ 헤 매 노 라 면 ㅡ 어 디 서
래 ㅡ 떠 오 르 는 거 룩 한 ㅡ 당 신 의 모 습ㅡㅡ 우 러
나 ㅡ 밝 은 등 불 비 추 는 ㅡ 당 신 의 진 리ㅡㅡ 우 러
러 ㅡ 볼 ㅡ 수 록 선 자 리 ㅡ 고 쳐 서 고 내 영
러 ㅡ 볼 ㅡ 수 록 마 음 을 ㅡ 비 우 면 서 내 영
혼 ㅡㅡ 아 낌 없 이 맡 길 수 있는 세존이시 여 (후렴) 어 둡
혼 ㅡㅡ 아 낌 없 이 바 칠 수 있는 세존이시 여
고 ㅡ 괴 ㅡ 로 운 오 탁 의 ㅡ 사 바 에 서 나 오
직 ㅡ 당 신 만 을 믿 고 따 르 렵 니 다

4-028

두 눈을 감고

(가사 공모 당선작)

이정순 작사
노순덕 작곡
서정적으로 ♩= 100
법 당 에 바 로 앉 아 조 용 히 눈 — 을 감 — 아 요
법 당 에 바 로 앉 아 조 용 히 눈 — 을 감 — 아 요
나 는 — 누 — 굴 까 내 — 몸 어 디 서 왔 — 을 까
나 는 — 무 었 일 까 내 — 가 이 세 상 주 — 인 공
나 는 누 굴 까 내 몸 어 디 서 왔 — 을 까
나 는 무 얼 까 내 가 세 상 의 주 — 인 공
두 손 — 모 으 고 가 만 히 생 각 해 봐 요
가 슴 에 손 얹 고 가 만 히 생 각 해 봐 요
나 의 마 — 음 키 워 주 는 고 마 우 신 스 님 들
나 의 생 — 각 키 워 주 는 고 마 우 신 법 사 님
언 제 나 믿 음 으 로 이 세 상 을 살 겠 습 — 니 다
언 제 나 깨 우 쳐 서 향 기 롭 게 살 겠 습 — 니 다
rit
언 제 나 믿 음 으 로 이 세 상 을 살 — 겠 습 — 니 다
언 제 나 깨 우 쳐 서 향 기 롭 게 살 — 겠 습 — 니 다

4-029

등불을 켜자

곽영석 작사
백승태 작곡

Moderato
사 월 팔 일 성 ㅡ 탄 절 모 두 모 여 라 ㅡ
석 가 모 니 부 ㅡ 처 님 태 어 나 신 날 ㅡ
석 가 모 니 부 ㅡ 처 님 태 어 나 신 날 ㅡ
우 리 가 족 다 ㅡ 함 께 등 불 을 켜 요 ㅡ
연 꽃 등 에 수 박 등 도 팔 모 연 등 도 ㅡ
청 련 홍 련 범 종 등 도 정 성 을 다 해 ㅡ
정 성 스 런 마 음 으 로 등 불 올 리 자 ㅡ
성 탄 절 을 축 하 하 며 등 불 올 려 요 ㅡ
거 룩 하 신 부 ㅡ 처 님 탄 생 하 신 날 ㅡ
밝 은 등 불 올 ㅡ 리 며 축 하 합 니 다 ㅡ

4-030

마 음

(수상곡)

황학현 작사
강주현 작곡
Andantino ♩= 68
mf
mp
마 음
마 음
은 마음 은 모든 것 을 만든 다 나 ㅡ
은 마음 은 모든 것 을 만든 다 맑 ㅡ
mf
쁜 마 음ㅡ으 로 말ㅡ하 고 행동 하ㅡㅡ 면 수 ㅡ
은 마 음ㅡ으 로 말ㅡ하 고 행동 하ㅡㅡ 면 그 림
p
mf
레 바 퀴ㅡ 가 ㅡㅡ 소발자욱 따르듯이 괴로
자 가 ㅡㅡ 그 ㅡ의 생김새를 따르듯이 즐거
mp
움 이 괴로 움 ㅡ이 그를따르 리ㅡ 라 마 음
움 이 즐거 움 ㅡ이 그를따르 리ㅡ 라
은 마음 은 모든 것 을 만든 다 마 ㅡ
음 은 마ㅡ음 은 모ㅡ든 것 ㅡ을 만ㅡ든 다

4-031

마음앓이

지 안 작사
원종인 작곡

Trot (in4) ♩= 56
고 — 통 번 — 뇌 모 — 두 — 싸 서 마 음 에 — 품 —— 고
좋 — 은 기 — 쁨 고 — 이 — 싸 서 마 음 에 — 품 —— 고
삼 보 전 에 찾 아 들 어 합 장 —— 삼 — 배 — 에
불 보 살 께 기 쁜 마 음 회 향 —— 드 — 리 — 니
마 음 속 의 고 통 번 뇌 간 곳 이 없 ——— 네
마 음 속 의 고 통 번 뇌 간 곳 이 없 ——— 네
옴 — 아 라 남 아 라 다 옴 아 라 남 — 아 라 다
옴 — 아 라 남 아 라 다 옴 아 라 남 — 아 라 다
옴 아 라 남 아 라 — 다 이 — 마 음 에
옴 아 라 남 아 라 — 다 온 — 누 리 에
여 래 — 말 — 씀 채 워 — 가 야 —— 지
불 은 — 광 — 명 충 만 — 하 누 —— 나

4-032

마음의 문

곽영석 작사
박이제 작곡

Allegrotto 시를 음미하며 생기있게 ♩= 96

p *mp*

바람이불어옵니 다 소리가들려옵니 다
소리가들려옵니 다 가슴에여울집니 다

mf

내 ㅡ맘 에 여울져오는 부처님의참된목소 리
우 ㅡ리 가 이룰수있는 부처님의자ㅡ비세 상

mp

종소리들려옵니 다 가슴이아려옵니 다
마음을두드립니 다 종소리들려옵니 다

mf

거 ㅡ룩 한 진리의말씀 마음을두드립니 다
부 처님 의 크신그말씀 가슴에여울집니 다

염 불 로 시작합니다 마 음 의 창을엽니다
기 도 로 시작합니다 용 서 로 마음엽니다

광 명 의 푸른아침을 다ㅡ함께문을엽니 다
사 바 의 풍진세상을 사랑으로문을엽니 다

자 비 의 세 상을ㅡ 우 리함 께 만들어가요

mp

목탁을두드립니 다 세상을일깨웁니 다

mf

사 ㅡ랑 의 마 음으로 자비의큰 손길 로

4-033

마음이 바다라면

(수상곡)

곽영석 작사
김경옥 작곡
굿거리장단 ♩. = 55
마 ㅡ음 이 바 다 라 면 성 내 지 않 고 ㅡ
마 ㅡ음 이 산 이 라 면 나 무 를 가 꿔 ㅡ
흰 ㅡ구 름 곱 게 피 워 그 늘 만 ㅡ들 고 ㅡ
언 ㅡ제 나 새 소 리 가 넘 치 게 ㅡ하 고 ㅡ
통 통 배 뱃 고 동 에 장 단 맞 추 어 ㅡ
메 아 리 소 리 불 러 숨 바 꼭 질 도 ㅡ
갈 ㅡ매 기 파 도 소 리 노 래 하 ㅡ겠 네 ㅡ
산 ㅡ에 서 노 랫 소 리 살 게 하 ㅡ겠 네 ㅡ

4-034

먹감나무 숲길가에

곽근성 작사
강주현 작곡
다정하게 ♩= 72
계 곡
먹 감
깊 은산 골짜 기 인 적 없 는숲길가— 에 혼 자
나 무언 덕아 래 부 도 탑 은잠이들— 고 구 름
서 서탑 지키 는 미 륵 불 의언 손가 락 산 당
물 든산 등성 이 흰 구 름 만달 려가 네 산 벚
나 무 —꽃이지 고 물 봉 선 화피 어나 도 간 절
나 무 —꽃이지 고 산 당 화 가피 어나 도 범 종
한 맘 —서원기 도 베 롱 나 무우 는소 리 소 리
소 리 —잦아들 던 청 정 도 량이 골짜 기 북 을
치 면달 려올 까 염 불 하 면돌아볼— 까 인 적
치 면돌 아볼 까 운 판 치 면달려올— 까 산 새
없 는빈 절터 에 소 슬 바 람울 고있 네
들 만석 탑위 에 공 양 탑 을쌓 고있 네

4-035

목어소리

(수상곡)

백두현 작사
최영철 작곡
♩= 76
한 번을침묵하 면 가 슴은편안해지 고
한 번을참—으 면 마 음이차분해지 고
지 그시눈 감으 면 목어소리 울리 네
지 그시눈 감으 면 풍경소리 들리 네
또한번을침묵하— 면 끝없 이고요해지 고
또한번을참—으— 면 더없 이고요해지 고
가 슴을활 짝 열 으 면 편안히울 리 네
마 음을활 짝 열 으 면 차분히들 리 네
똑—똑 편안하게— 또 그르르 고요하게—
뎅그렁 차분하게— 또 뎅그렁 고요하게—
증오해서 아니야— 부 족 해 서 아니야— 똑—똑 침묵하고
두려워서 아니야— 부 족 해 서 아니야— 뎅그 렁 한번참고
— 또 그르르— — 또 침묵하고 그르르—
— 또 뎅그렁— — 또 한번참고 뎅그렁
옴 마니반메훔 옴—마니반메훔 옴 마니반메훔 옴—마니반메훔
내 마 음 속 목어 소 리 여
풍경 소 리 여

4-036

목탁소리

한영재 작사
최선기 작곡

새벽녘에 ㅡ들려오는 큰ㅡ스님의 목탁소리 마ㅡ음
달빛속에 ㅡ울려오는 법ㅡ사님의 목탁소리 내ㅡ마

속에 울려오는 마ㅡ음속의 목탁소리
음의 저편에서 여ㅡ실한 법찾는소리

고달픈삶 인생살이 덧이없고한량 없ㅡ어
오고가다 만난인연 법의실상나모 르ㅡ고

내가온길 돌아보며 회한으로눈물 짓ㅡ네
지금에야 부처님께 엎드려서절을 하ㅡ네

있는것ㅡ은ㅡ 없음이요 있음또한없ㅡ는거라

보시행ㅡ의ㅡ 나눔생활 이생에서축ㅡ복이라

4-037

무명 깨워 지혜주소서

곽영석 작사
노영준 작곡
경쾌하게 ♩. = 55
하 루살 이 날벌레도 아침저녁삶이있 고 ㅡ
연 못속 에 물고기도 밤과낮의삶이있 고 ㅡ
꿈 과 사 랑 번 뇌 갈 등 공유하며살아 간다 네 ㅡ
꿈 과 사 랑 미 움 고 통 함께하며살아 간다 네 ㅡ
사 바 세 계 나 신 인 연 자랑할게뭐 가 있 나 ㅡ
우 주 만 유 만 물 영 장 자랑할게뭐 가 있 나 ㅡ
부 처 님 의 연 기 법 문 윤회실상아득하여 라 ㅡ
무 명 밝 혀 업 그 림 자 바라보니아득하여 라 ㅡ
시 작 없 는 끝 이 없 고 원인없는결 과 없 듯 ㅡ
천 하 종 사 선 지 식 의 지혜빌려성 불 할 까 ㅡ
내 발 자 국 돌 아 보 니 지은업장태산이어 라 ㅡ
이 생 전 생 인 연겹의빛 그ㅡ림자일렁이네 요 ㅡ
(후렴) 범 종 깨 워 소 리 치 며 대북메워장 단 치 면 ㅡ
임 이 시 여 보 살 이 여 무명깨워지혜주소 서 ㅡ

4-038

무명의 종지

곽영석 작사
이창규 작곡
♪. = 120
백 의———관 음 남순동자 말—이없 는 데 —
임 맞———이 한 무진세월 몇—해이던 가 —
지 혜———의끈 언제놓나 범 종 이 우 네 —
상 고———의법 선객찾아 빛 을놓 는 데 —
무 명 으 로 태 어 나—서 부 처 님 만 — 나 —
제 불 보 살 산 문 에—다 인 연 을 묻 — 고 —
가 지 선 법 지 혜 배 워 눈 을 떴 다 네 —
해 탈 법 문 설 하 시 며 법 고 를 치 네 —
코 구 —멍 이 없 는 —소 를 끌 고 나 가 서
배 부 르 길 기 다 리 니 천 둥 이—우 네

4-039

믿음 잃고 방황할 때

곽영석 작사
지 범 작곡

자비하신임이시 여 거룩하신임이시 여
거룩하신임이시 여 자비하신임이시 여

내가어제환란속 에 길을잃고헤맬때 에
이세상에많은친 구 방황하고헤맬때 에

자비하신임이시 여 거룩하신임이시 여
거룩하신임이시 여 자비하신임이시 여

자비손을드시어 서 나를구휼하시었 네
빛이되어기다리 며 대자비로보살폈 네

나의지혜모―자라 서 믿음잃고방―황할 때
자기본성깨―치어 서 믿음찾아걸―어오 게

기 다리며 보호하사 가피은혜―주시었 네
기 다리며 보호하사 자비손을―펼치셨 네

4-040

믿음의 부처님

조운두 작사
백승태 작곡
Andante
부 처 — 님을 — 믿고살면 행복의주인이되 고
경 전 — 으로 — 살아가는 우리는행복의주 인
부 처 — 님을 — 멀리하면 행복도멀어지는 길
경 전 — 들을 — 멀리하면 눈을떠도감고있 는것
인생이란무엇인 가 삶이란무엇이든 가
인생이란무엇인 가 사는것이무엇이 드냐
인생이란무엇인 가 삶이란무엇이든 가
인생이란무엇인 가 사는것이무엇이 드냐
이 타 — 행의 — 실천속에 부처의길이있단 다
이 타 — 행을 — 실천하면 모든복을불러오 고요
rit.
믿 음 — 으로 — 살아가는 우리는행복의주 인
믿 음 — 으로 — 살아가는 우리는행복의주 인

4-041

바람 부는 산사

(수상곡)

정 목 작사
정경천 작곡

조금느리게
아무 것 도없—는 종이 위에 산 을그—려— 도
해저 물 고달이뜬 산— 사에 가 냘픈—촛불 이
바 람은 바 람은 그——릴수— 없 어 벽을
바 람에 바 람에 꺼질듯이흔들 리 고 달—
향 —하—여 참 선 하 는 님 의모습그려 도
빛 이창문에 배— 이니 소 나무—그림 자
마— 음은 마— 음은 그 릴수 없 네 솔바
파도 처럼 파도 처럼 출 —렁 이 네 솔바
람 이우우우 잠을깨우는 산사의바람소리가 들 릴뿐 마
람 이우우우 잠을깨우는 산사의바람소리가 들 릴뿐 마
음 은그어디에도 없 어 라 내영혼깊은곳을 적 시— 는
음 은그어디에도 없 어 라 내영혼깊은곳을 적 시— 는
산 사 의 바 람 소 리 산 사의바람소 리
산 사 의 바 람 소 리 산 사의바람소 리

4-042

바람의 향기

곽영석 작사
조영근 작곡
Moderato
구름 발 ㅡ갈고가 는 초 승 달 이ㅡ내님인 가 수행
새별 별 ㅡ찾아오 는 암 자 위 에ㅡ산고양 이 수행
관 ㅡ토굴속 에 귀 뚜 라 미ㅡ우는소 리 무엇
관 ㅡ묵언수 행 흰 구 름 이ㅡ앉는소 리 큰길
에 ㅡ공안인 가 구 름 가 고ㅡ푸른하 늘 바람
에 ㅡ문이없 다 역 대 조 사ㅡ활구법 문 허공
의 ㅡ인연이 면 수 미 산 도쌓고말ㅡ 지 새벽
에 ㅡ북을걸 면 화 장 세 계열수있ㅡ 나 바람
별 ㅡ스러지 고 어 둠 지 운ㅡ햇살같 이 일심
이 ㅡ도반이 라 하 늘 가 득ㅡ염불소 리 지성
으 로ㅡ정진하 는 연 화 장 의푸 른바 람 하늘
으 로ㅡ정진하 며 나 를 찾 는성 도의 길 바위
에 ㅡ법고걸 고 두 손 들 어ㅡ북을치 며 길을
가 ㅡ갈라지 고 수 미 산 이ㅡ무너져 도 길을
찾 아ㅡ진리찾 아 수 행 자 가ㅡ가는그 길
찾 아ㅡ참선하 며 수 행 자 가ㅡ가는그 길

4-043

발원

송 운 작사
오인혁 작곡
저
저
희 들이 항 상 발 원 하 오 니 중
희 들이 항 상 발 원 하 오 니 중
생 들로 하여 금 구 원 받 게하 소 서 민
생 들로 하여 금 지 혜 있 게하 소 서 찬
음 과원 력ㅡ 이 우 주 법 계충 만하 고 혼ㅡ
양 과노 래함 이 영 원 토 록가 득하 여 삼계
탁 한사 바세ㅡ 계 물 ㅡ 들 지아 니하ㅡ 여 대자
고 해벗 어나ㅡ 서 청 정 국 토원 하오ㅡ 니 부처
대 비님 의 사 랑 이어 받 게하 소 서
님 의뜻 을 받 들 법신 되 게하 소 서

4-044

발 원

(찬불가요 대상 수상곡)

함 현 작곡
김동환 작곡
♩= 82
(3번 반복)
나 모 땃 사 바가와또 아라하또 삼 마 — 삼부땃 사
(나레이션)
존귀하신 분 공양받아 마땅한 분
♩= 76
바른 깨달음을
성취하신 분께귀의합니다
오
1.늘 은좋—은 날 오 — 늘 은 참좋은 날 복 되 고 안—락
2.로 운자비의 빛 따 사 로 운 자 비 의 빛 모든 이 웃 향——
3.처 럼오—신 님 그림자 처 럼 오—신 님 포 근 히 감—싸
한 정 — 토 —에— 서 소 리 없 는소—리 로 오
이 되— 어 —주— 고 부 드 러 운미—소 로 환
준 따 — 뜻 한햇— 살 가족 과 — 이웃들 이 행
신 님 — 이 소 리 없 는소—리 로 오 신 님—
한 얼 굴 로 부 드 러 운 미—소 로 환 한 얼 굴
복 하 — 고 가 족 과 — 이웃들 이 행 복 하—
D.S. al Fine
이 고 단 한 삶깨우 는 보살 되 게하소 서 따 사
로 서 로 를치유하 는 불자 되 게하소 서 그림자
고 세 상 을장엄하 는 등불 되 게하소 서

(바와뚜 삽바 망갈람)3번 모든 존재들이여 다 행복하길.

나무 석가모니불 나무 석가모니불 나무 시아본사석가모니
불

4-045

밤과 낮을 열어두시고

곽영석 작사
김정란 작곡
♩= 120
내 영 혼 의 푸 른 싹 을 가 꿔 주 시 고
몸 과 마 음 고 달 파 서 지 쳐 있 을 때
빛 을 놓 아 자 랑 의 — 힘 키 워 주 셨 네
자 비 손 길 펼 치 어 — 서 은 혜 하 시 네
믿 음 갖 고 따 르 는 자 가 피 주 시 고
삼 계 환 란 고 통 속 에 헤 매 일 때 에
예 배 하 며 엎 드 린 자 구 원 하 시 네
천 안 으 로 살 피 시 사 구 원 하 시 네
밤 과 낮 을 열 어 두 고 인 연 놓 을 때 찬 송 하 며 따 르 는 자
구 휼 하 시 네 밤 과 낮 을 열 어 두 고 인 연 놓 을 때
찬 송 하 며 따 르 는 자 구 휼 하 시 네

4-046

백일홍 피는 절 마당에

곽영석 작사
최선기 작곡

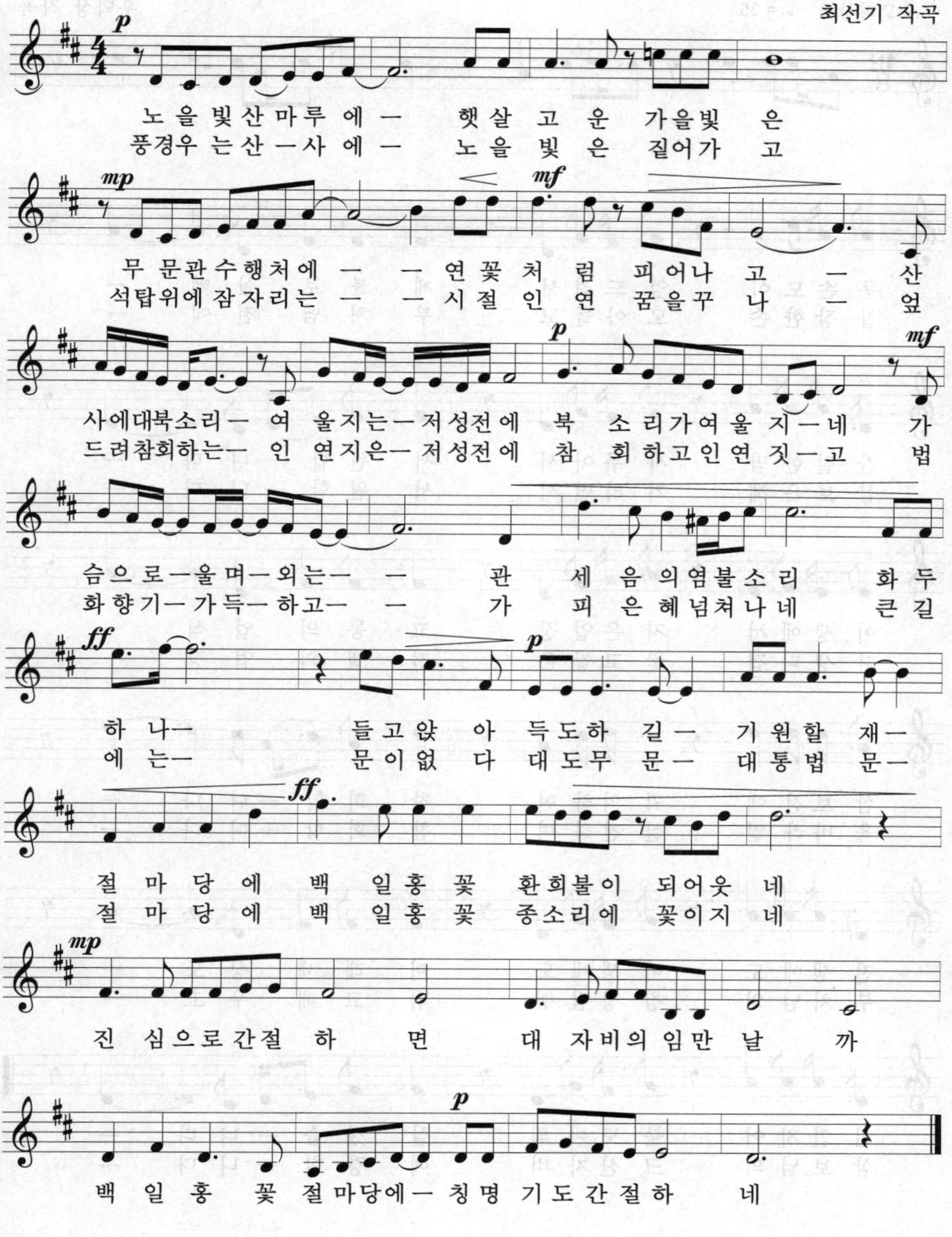
p
노을빛산마루에ㅡ 햇살고운 가을빛 은
풍경우는산ㅡ사에ㅡ 노을빛은 짙어가 고
mp
mf
무 문관수행처에ㅡ ㅡ연꽃처 럼 피어나 고 ㅡ 산
석탑위에잠자리는 ㅡ ㅡ시절인 연 꿈을꾸 나 ㅡ 엎
p
mf
사에대북소리ㅡ 여 울지는ㅡ저성전에 북 소리가여울 지ㅡ네 가
드려참회하는ㅡ 인 연지은ㅡ저성전에 참 회하고인연 짓ㅡ고 법
슴으로ㅡ울며ㅡ외는ㅡ ㅡ 관 세 음 의염불소리 화두
화향기ㅡ가득ㅡ하고ㅡ ㅡ 가 피 은 혜넘쳐나네 큰길
ff
p
하 나ㅡ 들고앉 아 득도하 길ㅡ 기원할 재ㅡ
에 는ㅡ 문이없 다 대도무 문ㅡ 대통법 문ㅡ
ff
절 마 당 에 백 일홍 꽃 환희불이 되어웃 네
절 마 당 에 백 일홍 꽃 종소리에 꽃이지 네
mp
진 심으로간절 하 면 대 자비의임만 날 까
p
백 일 홍 꽃 절마당에ㅡ 칭명 기도간절하 네

4-047

백팔배의 기도서원

곽영석 작사
우덕상 작곡
중모리장단 ♩. = 35
12/8
두 손 모 아 엎 드 려 서 제 불 보 살 께 ㅡ
합 장 한 손 모 아 들 고 부 처 님 전 에 ㅡ
간 절 한 맘 사 루 어 서 서 원 합 ㅡ 니 다 ㅡ
삼 보 은 혜 기 리 면 서 서 원 합 ㅡ 니 다 ㅡ
이 생 에 서 지 은 업 장 고 통 의 업 식 ㅡ
다 생 다 겁 쌓 고 쌓 은 전 생 의 업 장 ㅡ
삼 보 전 에 귀 의 하 여 참 회 합 ㅡ 니 다 ㅡ
육 바 라 밀 실 천 하 며 참 회 합 ㅡ 니 다 ㅡ
전 생 에 도 이 생 에 도 미 래 세 상 도 ㅡ
부 처 님 의 청 정 범 행 닦 고 배 우 고 ㅡ
인 연 지 어 불 도 이 뤄 살 겠 습 ㅡ 니 다 ㅡ
삼 보 님 의 크 신 자 비 예 경 합 ㅡ 니 다 ㅡ

4-048

범종소리 울다지면

곽영석 작사
강주현 작곡

Allegretto ♩= 100

범종소리 울다지면 시름이사 라지 고
대지혜의 범종소리 선정을깨 워주 면
번뇌구름 스러진곳 고요가찾 아드 네
무명천리 사바세계 오욕이보 인다 네
예 불소리 목 탁소리 지혜의법 문소 리
법 고소리 운 판소리 세상이깨 어나 면
법 성향의 찬 불소리 가슴에여 울지 네
부 처님의 진 여세상 우리가볼 수있 나
범 종소리 들 어보세 진여를찾 아가 세
진 리는 영 원하고 삶의영화 유한하 네

4-049

법당에 불 밝히고

류복희 작사
능 인 작곡

느리게
내가 온 곳 가려 고 걸 망 하 나 등에질 때 초 승
내갈 곳 을 찾아 서 하 루 강 물 건너갈 때 다 리
달 은 실눈뜨 고 무 정 설 법 죽비되 어 눈 길
놓 아 밀려오 는 새 살 돋 는 고행의 빛 발 길
닿 는 인연마 다 침 묵 으 로 묻어가 네 법 당
닿 는 사연마 다 무 언 으 로 잠재우 네 법 당
에 불밝히 고 보 살 행 을 발원하 면 허 물
에 불밝히 고 보 리 심 을 원한다 면 번 뇌
하 나 벗어나 서 한 몸 가 득 밝은미 소 다 홍
씻 는 푸른바 람 살 아 있 는 기쁨되 어 먹 물
색 가사자 락 속 박 떠 나 펄럭이 네
빛 장삼자 락 그 세 월 이 봄날이 네

4-050

법장 서원가

(수상곡)

곽영석 작사
정동수 작곡
부 처님의 중 생교화 방편으로문을여시 고
시 방삼세 한량없는 제불보살깨치신법 은
근 기따라 보시계행 보리도에들게하셨 다
모 든중생 근기따라 정진하여알게하셨 다
모 든중생 발심수ㅡ행 대 원세워 정진하ㅡ니
내 가세운 이서원ㅡ이 보 살도를 못이뤄ㅡ도
팔 만사천 법장갖ㅡ춰 참 구하여 알게하셨다
연 화장의 법장세ㅡ계 원 력세워 들게하셨다
시 방법계 부처님ㅡ께 염 불하여 원하옵나니
불 이법문 대장경ㅡ의 팔 만사천 법륜굴ㅡ러
유 정무정 법장깨ㅡ쳐 보 살행을 서원합니다
자 성찾아 해인삼ㅡ매 깨 쳐알기 서원합니다

4-051

보덕낭자의 노래

이순금 작사
박지애 작곡
신명나게 ♩. = 120
신 ㅡ붓감ㅡ ㅡ 한사람에ㅡ ㅡ 신랑감은수 백이라 ㅡ ㅡㅡ
보 ㅡ덕과ㅡ ㅡ 마ㅡ랑 이ㅡ ㅡ 초례청을꾸 몄어라 ㅡ ㅡㅡ
보 ㅡ문품ㅡ ㅡ 한 권으로ㅡ ㅡ 남 은사 람 오ㅡ십 명 ㅡ ㅡㅡ
곱 디 고운ㅡ ㅡ 신ㅡ부 가ㅡ ㅡ 죽 음앞 에 거품일 세 ㅡ ㅡ ㅡ
금 ㅡ강 경ㅡ ㅡ 암 송으로ㅡ ㅡ 열 ㅡ명 이 남았어 라 ㅡ ㅡㅡ
경 ㅡ외 운ㅡ ㅡ 공 덕으로ㅡ ㅡ 업 장 녹 여 성불토 록 ㅡ ㅡ ㅡ
마 ㅡ지 막ㅡ ㅡ 열 반경은ㅡ ㅡ 마 랑만 이 통과했 네 ㅡ ㅡ ㅡ
무 ㅡ덤 속ㅡ ㅡ 황 금불상ㅡ ㅡ 중 생향 한 자비시 네 ㅡ ㅡ ㅡ
(후렴) 젊 은이 들ㅡ ㅡ 제 ㅡ도 한ㅡ ㅡ 보 덕 낭 자 누구신 가 ㅡ ㅡㅡ
보 타 낙가 산 ㅡ 관 음보살 ㅡ 관 음 보 살 이있어 라 ㅡ ㅡ ㅡ

보신불 찬송

곽영석 작사
황옥경 작곡

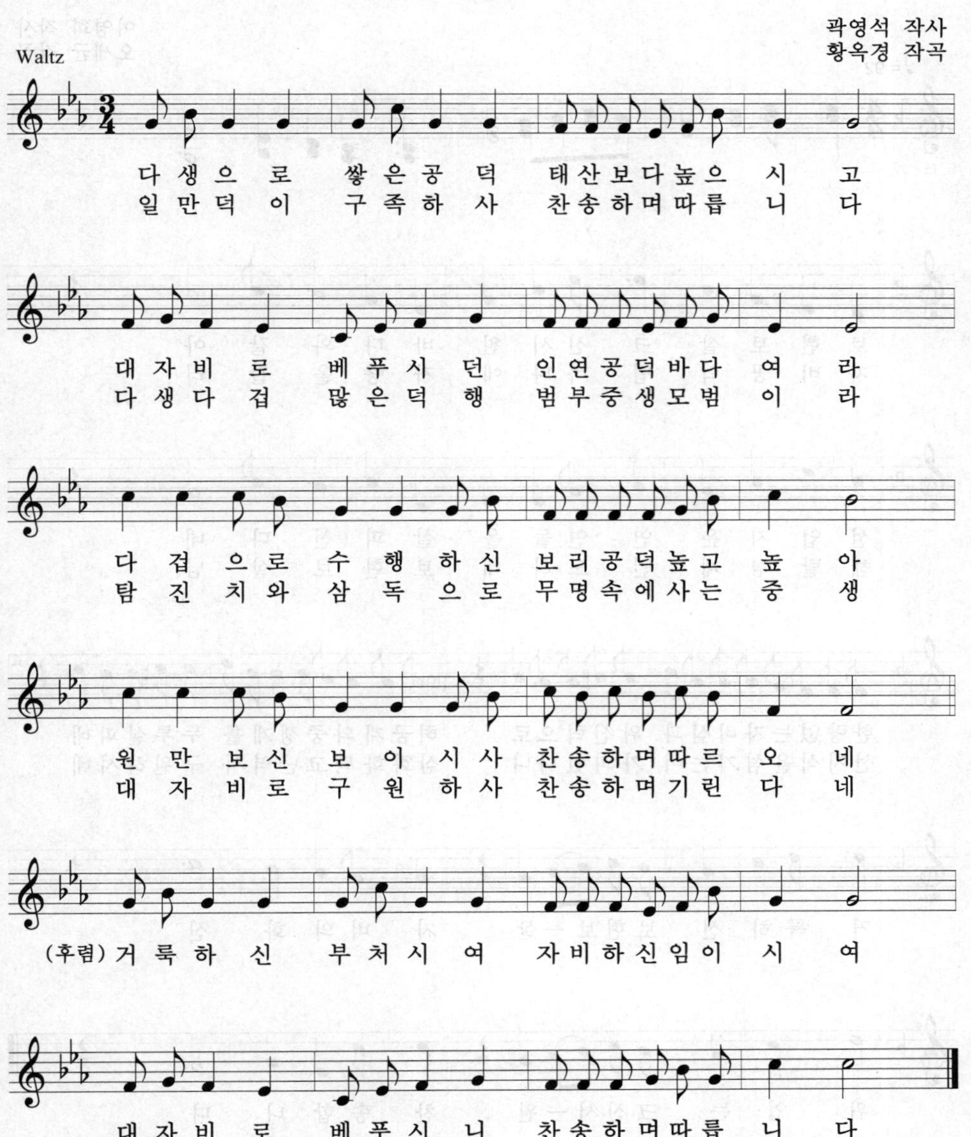
Waltz
다 생 으 로 쌓 은 공 덕 태 산 보 다 높 으 시 고
일 만 덕 이 구 족 하 사 찬 송 하 며 따 릅 니 다
대 자 비 로 베 푸 시 던 인 연 공 덕 바 다 여 라
다 생 다 겁 많 은 덕 행 범 부 중 생 모 범 이 라
다 겁 으 로 수 행 하 신 보 리 공 덕 높 고 높 아
탐 진 치 와 삼 독 으 로 무 명 속 에 사 는 중 생
원 만 보 신 보 이 시 사 찬 송 하 며 따 르 오 네
대 자 비 로 구 원 하 사 찬 송 하 며 기 린 다 네
(후렴) 거 룩 하 신 부 처 시 여 자 비 하 신 임 이 시 여
대 자 비 로 베 푸 시 니 찬 송 하 며 따 릅 니 다

4-053

보현보살 크신 서원

여영희 작사
오세균 작곡

♩= 92
보 현 보 살 크 신 서 원 바 다 와 같 아
자 비 공 덕 법 바 다 에 자 량 을 길 러
선 업 지 은 인 연 들 을 살 피 신 다 네
해 탈 경 계 인 도 하 네 보 현 보 살 님
한량없는자비심과 위신력으로 허공계와중생계를 두루살피네
선지식을섬기는이 가피있나니 삼화화택고난역사 구원하시네
거 룩 하 신 보현보ㅡ살 자 비 의 화 신
위 업 는 크신서ㅡ원 찬 송 합 니 다

4-054

보현보살 서원 찬송

곽영석 작사
이종록 작곡

♩= 80 -84
시 방 법 계 한 ― 량 없 는 부 처 님 전 에
시 방 세 계 다 ― 함 없 는 부 처 님 전 에
청 정 한 맘 지 성 으 로 예 배 합 니 다
공 양 하 고 예 배 하 며 찬 송 합 니 다
보 현 행 원 크 신 서 원 대 원 력 으 로
시 방 법 계 모 든 여 래 깊 이 믿 사 와
미 래 겁 이 다 하 도 록 예 배 합 니 다
보 현 보 살 서 원 하 며 공 양 합 니 다
(후렴) 거 룩 하 신 부 처 님 께 서 원 하 오 니
고 통 받 는 일 체 중 생 구 원 하 소 서

4-055

부처가 되었네

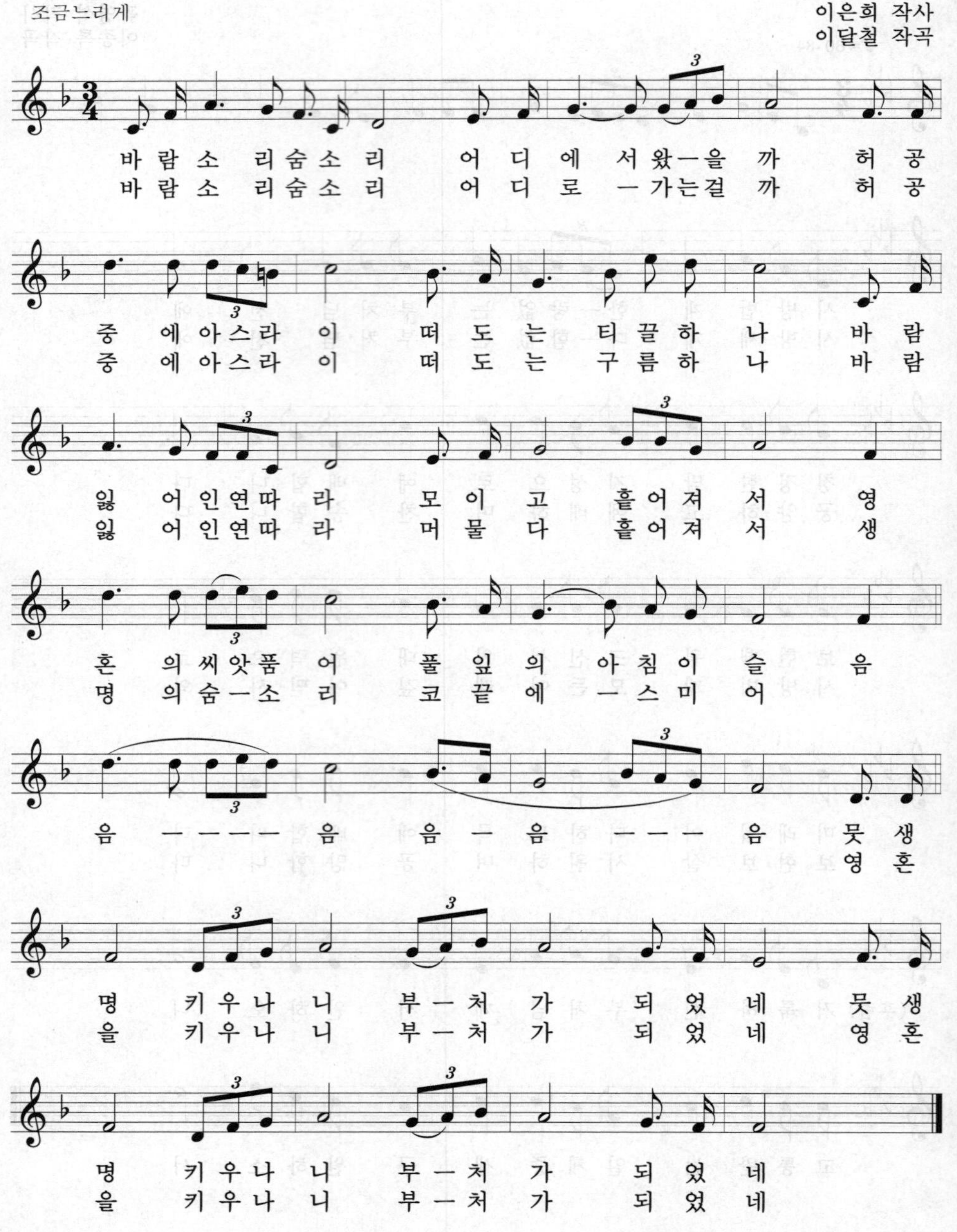

조금느리게
이은희 작사
이달철 작곡
바 람 소 리 숨 소 리 어 디 에 서 왔 — 을 까 허 공
바 람 소 리 숨 소 리 어 디 로 — 가 는 걸 까 허 공
중 에 아 스 라 이 떠 도 는 티 끌 하 나 바 람
중 에 아 스 라 이 떠 도 는 구 름 하 나 바 람
잃 어 인 연 따 라 모 이 고 흩 어 져 서 영
잃 어 인 연 따 라 머 물 다 흩 어 져 서 생
혼 의 씨 앗 품 어 풀 잎 의 아 침 이 슬 음
명 의 숨 — 소 리 코 끝 에 — 스 미 어
음 — — — — 음 음 — 음 — — — 음 뭇 생
영 혼
명 키 우 나 니 부 — 처 가 되 었 네 뭇 생
을 키 우 나 니 부 — 처 가 되 었 네 영 혼
명 키 우 나 니 부 — 처 가 되 었 네
을 키 우 나 니 부 — 처 가 되 었 네

4-056

부처님 찾아가는 길

김원희 작사
노영준 작곡

Trot in 4 ♩= 65

부 처 ㅡ 님 찾 ㅡ 는 길 은 그 리 도 멀 ㅡ ㅡ 어
말 많 ㅡ 은 세 ㅡ 상 이 라 탈 도 많 아 ㅡ ㅡ 서

마 음 ㅡ 은 달 려 가 도 나 여 ㅡ 기 있 ㅡ 나
인 간 ㅡ 의 한 세 상 을 속 세 ㅡ 라 하 ㅡ 나

중 생 의 지 은 죄 가 하 도 무 거 워 내 딛 는 발 ㅡ 걸 음
물 욕 과 탐 욕 속 에 얼 룩 진 세 월 내 몸 에 묻 은 때 는

이 리 더 딘 가 언 제 나 부 ㅡ 처 님 말 씀 을 듣 고
그 몇 섬 일 까 바 람 에 풍 경 소 리 듣 기 만 해 도

참 나 ㅡ 의 내 모 ㅡ 습 찾 아 ㅡ 볼 꺼 ㅡ 나
불 가 ㅡ 에 몸 담 ㅡ 듯 자 비 ㅡ 로 워 ㅡ 라

4-057

부처님의 이름으로

곽영석 작사
강주현 작곡
장엄하게 ♩= 78
부 처
부 처
님 ㅡ의 발 우 들 고 부 처 님 ㅡ의 가 사 입 고 지 옥
님 ㅡ의 가 사 입 고 발 우 받 ㅡ아 지 니 고 서 지 옥
문 ㅡ에 이 르ㅡ러 서 부 처 명 ㅡ호 불 렀ㅡ다 네 목 련
문 ㅡ에 이 르ㅡ러 서 부 처 님 ㅡ을 불 러ㅡ보 라 거 꾸
존 ㅡㅡ 자 외 침 소 리 칠 대 지 ㅡ옥 문 열ㅡ려 고 고 통
로 ㅡㅡ 매 달ㅡ려 서 고 통 받 ㅡ던 지 옥ㅡ중 생 그 소
받 ㅡㅡ 던 지 옥 중 생 시 름 덜 ㅡ고 쉬 는ㅡ구 나 부 처
리 ㅡㅡ 에 일 체 고 통 시 름 덜 ㅡ고 놓 여ㅡ난 다 부 처
님 ㅡㅡ의 이 름 으 로 지 옥 중 ㅡㅡ 생 구 원 하 던 우 란
분 재 참 된 의 미 조 상 천 도 재 올ㅡ리 세

4-058

불자의 길

(가사공모작)

이문자 작사
최선기 작곡

오ㅡ르지못 할 나무 ㅡ 쳐다보지말 라 해도 ㅡ
부질없는번 뇌 망상 ㅡ 깨ㅡ끗히비 워 내ㅡ ㅡ
누 구나오 를수있는 ㅡ 피ㅡ안의경 지 있고 ㅡ
부 처님의 가ㅡ르침 ㅡ 다함없이따 라 가면 ㅡ
닿 지못할 별 나라 ㅡ 꿈도꾸지말 라 해도 ㅡ
불 자가가 는 길ㅡ ㅡ 환희기쁨넘 치 리니 ㅡ
누 구나닿 을수있는 ㅡ 화 엄ㅡ정 토있다네 ㅡ
불 자가가 는길환희 ㅡ 기 쁨ㅡ넘 치ㅡ리니 ㅡ
제 아무리높아 도 음ㅡ 첫 오름이시작이 고
제 아 무리멀어 도 음 첫 걸 음이시작이 네
1.
2.
첫 걸 음이시 작 이 네

4-059

부처님은 아시리라

류복희 작사
이순희 작곡
씩씩하게 ♪ = 100
무 슨 말 로 다 하 리 까 진 실 하 고 바 른 뜻 을
무 엇 으 로 이 루 리 까 높 고 크 신 바 른 뜻 을
무 명 으 로 생 겨 나 서 사 라 지 는 무 아 의 길
슬 픔 묻 은 인 욕 의 길 욕 망 버 린 열 반 의 길
mp
poco a poco cresc.
부 처 님 은 고 해 바 다 팔 만 사 천 법 배 띄 어
길 을 찾 는 보 살 이 여 법 배 용 선 노 저 어 라
poco a poco cresc.
업 보 중 생 제 도 하 마 열 반 언 덕 일 렀 으 니
보 살 마 음 그 자 취 는 백 천 만 겁 난 조 우 길
mf
cresc.
반 야 용 선 내 가 타 고 말 을 잃 은 이 기 쁨
내 기 어 이 이 루 리 라 굳 게 맺 은 이 맹 세
cresc.
부 처 님 은 아 시 리 라 부 처 님 은 아 시 리 — 라 —
부 처 님 은 아 시 리 라 부 처 님 은 아 시 리 — 라 —

4-060

불자서원의 노래

(작곡공모작)

곽영석 작사
황옥경 작곡

♩= 110
거 룩 ㅡ 하 신 ㅡ 부 처 시 여 자 비 ㅡ 하 신 ㅡ 임 이 시 여
존 엄 ㅡ 하 신 ㅡ 임 이 시 여 자 비 ㅡ 하 신 ㅡ 세 존 이 여
이 세 ㅡ 상 에 ㅡ 범 부 중 생 지 은 ㅡ 죄 가 ㅡ 태 산 같 아
임 을 ㅡ 향 한 ㅡ 간 절 한 맘 하 늘 ㅡ 까 지 ㅡ 사 무 쳐 서
엎 드 ㅡ 려 서 ㅡ 발 원 하 니 굽 어 살 펴 주 옵 소 ㅡ 서
손 을 ㅡ 모 아 ㅡ 서 원 하 니 대 자 비 로 살 피 소 ㅡ 서
사 랑 으 ㅡ 로 안 아 주 ㅡ 고 대 자 비 ㅡ 로 살 피 시 고
온 유 하 ㅡ 신 마 음 으 ㅡ 로 가 피 은 혜 주 옵 소 서

4-061

붓다여 인도 하소서

곽영석 작사
지 범 작곡

붓 다 여 붓 다 여 인 도 하 소 서 — —
붓 다 여 붓 다 여 인 도 하 소 서 — —
맑 은 눈 도 — 닫 혀 있 어 — 보 지 못 하 고 —
지 혜 가 — — 부 족 하 여 — 깨 침 이 늦 고 —
예 쁜 귀 도 — 닫 혀 있 어 — 듣 지 못 해 — 요
탐 진 치 — — 삼 독 으 로 — 어 리 석 은 — 자
붓 다 여 이 중 생 을 — 어 여 삐 — 여 겨
붓 다 여 이 중 생 을 — 귀 히 여 — 기 어
총 명 한 눈 — 두 귀 로 써 — 지 혜 배 우 게
자 성 찾 아 — 바 른 법 을 — 배 울 수 있 게
밝 은 빛 과 — 소 리 를 — 열 — 어 주 소 서
모 든 유 혹 — 물 리 치 게 도 — 와 주 소 서

4-062

사랑의 항해

황학현 작사
박수진 작곡
Allegetto ♩. = 104
어기여차 — — 어기여차
여 래 께다가가는 사 랑 의 돛 단배 를만 들 자 —
여 래 와함께걷는 새 하 얀 백 사장 을만 들 자 —
생기 — 넘치 — 는 돛 을달 고— 바 람처 럼달 려가 자 — —
나의 — 사랑 — 에 싹 을틔 워— 푸 른숲 을가 꾸리 라 — —
힘 겹 고지 친— 일 상 을깨 워— 푸 른물 결— 위 에 띄 워보 내고
서 럽 고힘 든— 일 상 을깨 워— 달 빛향 기— 속 에 날 려보 내고
깊 고 도풍 요로 운 삶 을— 위해 나 붓끼 는꽃잎처럼 항 해를떠 나 자
티 없 고— 순결 한 삶 을— 위해 꿈 결같 은이야기를 나——누 리 라
D.C.
경쾌하게 ♩ = 104
즐 거 운마음으로 사랑의항해를떠 나 자
행 복 한마음으로 사랑의항해를떠 나 자
여 래 께다가가는 사 랑 의 돛 단배 를만 들 자
여 래 와함께걷는 새 하 얀 백 사장 을만 들 자
항 해 를 떠 나 자 어 기 여 차

4-063

산사의 밤

이극래 작사
곽영석 작곡
♩= 108
속 ㅡ 세 떠 난 산 ㅡ 사 의 ㅡ 밤
산 ㅡ 새 들 도 잠 ㅡ 이 들 ㅡ 고
풍 경 소 리 그 윽 한 ㅡ ㅡ 데 ㅡ
밤 은 깊 어 삼 경 인 ㅡ ㅡ 데 ㅡ
촛 ㅡ 불 밝 힌 법 ㅡ 당 에 ㅡ 서
대 ㅡ 자 대 비 부 ㅡ 처 님 ㅡ 전
두 손 합 장 ㅡ 향 ㅡ 피 ㅡ 우 ㅡ 고 ㅡ
두 손 합 장 ㅡ 무 ㅡ 릎 ㅡ 꿇 ㅡ 고 ㅡ
삼 세 인 ㅡ ㅡ 연 ㅡ 중 ㅡ 한 업 ㅡ 보
백 팔 번 ㅡ ㅡ 뇌 ㅡ 무 ㅡ 념 무 ㅡ 상
삼 보 귀 의 ㅡ 발 원 ㅡ 하 ㅡ 며 ㅡ
해 탈 공 덕 ㅡ 발 원 ㅡ 하 ㅡ 며 ㅡ
아 ㅡ ㅡ ㅡ ㅡ ㅡ ㅡ ㅡ ㅡ ㅡ ㅡ 무 지 몽 매 가 ㅡ 눌 길 ㅡ 없 ㅡ 어
아 ㅡ ㅡ ㅡ ㅡ ㅡ ㅡ ㅡ ㅡ ㅡ ㅡ 새 벽 예 불 범 ㅡ 종 소 ㅡ 리 ㅡ 에
관 세 ㅡ ㅡ ㅡ 음 보 ㅡ ㅡ ㅡ ㅡ ㅡ 살 ㅡ
나 무 아 ㅡ ㅡ 미 타 ㅡ ㅡ ㅡ ㅡ ㅡ 불 ㅡ

4-064

삼천 배 발원기도

곽영석 작사
이태현 작곡

f
mp
밤 새
대 숲
mf
우는 ㅡ깊은밤 에 대 웅 전에 ㅡ목탁소 리 무 슨
바 람 ㅡ일렁이 는 산 골 짜 기 ㅡ깊은절 에 무 슨
mp
사연 ㅡ저리많 아 발 원 기 도 ㅡ간절할 까 나 한
사연 ㅡ저리많 아 통 성 기 도 ㅡ하고있 나 제 불
mf
님도 ㅡ돌아앉 은 칭 관 염 불 ㅡ아득해 서 바 라
보살 ㅡ잠을깨 워 법 계 실 상 ㅡ살피셔 도 지 은
f
보고 ㅡ들어보 고 눈 물 어 린ㅡ보살이 여 삼 천
업장 ㅡ어쩔거 나 기 도 하 는ㅡ보살이 여
배 ㅡ성만하 고 옷 깃 여 미고ㅡ일어나 니 보 살
rit.
이여 ㅡ보살이 여 사 물 소 리ㅡ정겹구 나

4-065

서원이 간절하면

곽영석 작사
최선기 작곡

Andante
서원이간 절하 면 저 하 늘도바 뀌ㅡ 고
기도가진 실하 면 부 처 님도돌 아보 고
마음이간 절하 면 부 처 님도돌 아봐 요
생각이올 바르 면 신 장 님도다 시봐 요
부처님법 계실 상 올 바 르게배 우ㅡ 고
대우주법 장세 계 나 의 기도간 절하 면
자비로실 천하 면 부 처 님도다 시봐 요
찬탄의대 합창 이 온 누 리에펴 져가 요
(후렴) 마음이간ㅡ절하 면 하늘 이 바꿔 고
사랑이간ㅡ절하 면 세상 도 바꿔 요

4-066

서원의공덕

곽영석 작사
김남삼 작곡
차분한 마음으로 조금 느리게
제불보살 역대조사 서원의—공 덕 —
역대조사 선지식의 원력크—시 어 —
제 법실 상 깨치시어 성불하—셨 네 —
이 땅위 에 연꽃향기 넘쳐흐—르 네 —
일체중생 구제서원 자비의—비 원 —
견성성불 미루면서 중생구—제 에 —
그 원력 이 불국토를 장엄하—셨 네 —
이 타행 을 실천하신 우리큰—스 님 —
(후렴) 청정하신 원력바다 크고넓 으 니 —
삼천대천 법장세계 장엄하—겠 네 —

4-067

서원의 등불

(공모작)

Waltz
♩= 78
윤동기 작사
최성덕 작곡
절 마 당 에 올 라 서 서 산 마 루 를 바 라 보 ㅡ
두 손 모 아 합 장 하 고 나 의 발 원 여 쭈 울 ㅡ
니 ㅡ 소 원 실 은 흰 구 름 은
때 ㅡ 바 람 끄 는 풍 경 소 리
하 염 없 이 흘 러 가 ㅡ 네 ㅡ
내 발 자 국 지 워 주 ㅡ 네 ㅡ
나 의 생 각 굽 어 보 는 미 륵 불 은 다 정 하 ㅡ
나 의 근 기 살 펴 보 는 나 의 서 원 짚 어 보 ㅡ
고 ㅡ 대 웅 전 의 목 탁 소 리
고 ㅡ 관 음 가 피 한 량 없 어
서 원 등 을 밝 혀 주 ㅡ 네 ㅡ
통 성 기 도 간 절 하 ㅡ 네 ㅡ

서방정토극락하늘

곽영석 작사
백승태 작곡

Andante
mf
mf
우 ―리들이 미래세상― 예 비한하 늘
우 ―리들이 인연지어― 태 어날세 상
서 ―방정토 극락하늘― 아 미―타세 상
아 ―미타불 극락세상― 부 처―님세 상
mp
선 근 공 덕 쌓고 쌓은 불 연―종 자 들
자 비 공 덕 나눔 사랑 행 한―그 대 로
mf
금 ―빛하늘 정토세상― 열 려―있어 요
환 ―희세상 서방정토― 열 려―있어 요
rit
열 려―있 어 요
열 려―있 어 요

4-069

서원으로 피는 연꽃

김정자 작사
조영근 작곡

거룩하신부 처 님 자비하신부 처 님
자비하신부 처 님 거룩하신부 처 님

갈곳없는무명중ㅡ 생 엎드려절 하오 니
탐진치에빠진중ㅡ 생 당신께가 오ㅡ 니

갸륵한저의기 도 들 어 주 소 서
어여삐여기시 어 받 아 주 소 서

지 극 한 참 회 기 도 연꽃이피어나 고
지 극 한 참 회 기 도 향기가피어나 고

갸륵한눈물기 도 하늘문을열어주소 서
갸륵한눈물기 도 삼세업장끊어주소 서

중 생 의 아 름 다 ㅡ 운 찬 불 소 리 로
당 신 의 거 룩 하 ㅡ 신 자 비 미 소 로

모 든 업 장 일 시 ㅡ 에 사 라 지 ㅡ 고
곳 곳 마 다 향 기 ㅡ 가 피 어 나 ㅡ 는

향 기 로 운 연 화 세 ㅡ 계 이 루 게 하 소 서
아 름 다 운 연 화 세 ㅡ 계 이 루 게 하 소 서

4-070

서원의 꽃등

곽영석 작사
조영근 작곡

Moderato
연 등꽃등 띄 워 요 서원을빌—— 며 —
촛 불밝힌 꽃 등에 소원을실—— 어 —
강물위에 띄—워요 마 음실—어 서 —
강물위에 띄—워요 사 랑을—담 아 —
이웃사랑 큰 마음 사 랑담—아 서 —
대자비의 간 절한 염 원실—어 서 —
흔 들흔들 강 —물에 유 등띄—워 요 —
흘 러가는 강 —물에 유 등띄—워 요 —
서원으로빛이나 는 — 예 쁜연꽃— 들 —
강 물따라 흘러가요 서 원의꽃 — 등 —

4-071

성불

(가사공모작)

차경섭 작사
능 인 작곡

Waltz
시 — 작 — 도 끝 — 도 없 는
청 — 산 — 의 품 — 에 안 긴
짜 고 매 운 세 상 살 — 이 — 를 —
청 정 도 량 가 람 인 — — — 데 —
흐 — 르 — 는 강 — 물 처 럼
한 — 세 — 상 다 — 살 아 도
순 리 대 로 행 — 하 여 라 — 성 — 불
깨 달 음 을 못 — 이 룬 자 — 중 — 생
을 기 — 원 하 — 는 목 — 탁 소 리
길 유 — 한 한 — 데 아 — 귀 다 툼
독 — 경 — 소 — — 리 상 — 천 에 울 — 고 — 가 —
하 — 지 — 말 — — 고 공 — 덕 도 쌓 — 으 — 면 —
는 기 러 기 야 — 서 러 — 마 라 —
서 자 비 공 양 — 베 푸 — 리 라 —

4-072

성불을 위하여

천양희 작사
이달철 작곡
Moderato
mf
mp
향 불을 피워놓 고 엎 드려ㅡ비옵니 다
촛 불을 밝혀놓 고 합 장하며비옵니 다
무 명을 벗지못 한 중 생이 오 나
교 만을 못ㅡ버 린 중 생이 오 나
f
오 늘도 보리심 을 잃 지 않 게하 소 서
오 늘도 보살업 을 닦 아 가 게하 소 서
저 같은 죄ㅡ인 도 살 ㅡ 게 ㅡ하 소 서 삼 독
죄 인의 공덕으 로 살 ㅡ 게 ㅡ하 소 서 삼악 도
에 물 들 은 저 희 들 에 게 불 자
를 헤 매 는 저 희 들 에 게 불 자
의 길 ㅡ 을 알 게하 시 고
의 길 ㅡ 을 가 게하 시 고
구 업을 짓지말 게 짓 지 말 게하 소 서
악 연을 맺지않 게 맺 지 않 게하 소 서
부 처님의 가 르 침 명 심 하 여
부 처님의 말 ㅡ 씀 잊 지 않 고
삼 ㅡ세의 즐 거 움 얻 게하 소 서
삼 ㅡ세의 깨 달 음 얻 게하 소 서

4-073

성불 이루리

법 운 작사
강영화 작곡

Andantino Mod espressivo
살ㅡ며ㅡ시 눈을감ㅡ고 참나를ㅡ보ㅡ 세
무ㅡ명ㅡ을 씻ㅡㅡㅡ고 마음밝히어보 세
과ㅡ거ㅡ사 모든도ㅡ움 가피이 었ㅡ 네
세ㅡ상ㅡ사 모든은ㅡ혜 행복이 었ㅡ 네
관음보살ㅡ 천손으로ㅡ 감 싸ㅡ주시 니
보현보살ㅡ 길ㅡ밝혀ㅡ 인 도ㅡ하시 니
아미타불ㅡ 무량수전ㅡ 극 락의정ㅡ 토
비로자나ㅡ 미소에는ㅡ 수 인의진ㅡ 리
과거현재ㅡ 미래세ㅡ에 성 불ㅡ이루 리
과거현재ㅡ 미래세ㅡ에 성 불ㅡ이루 리
과거현재ㅡ 미래세ㅡ에 성 불ㅡ이루 리
과거현재ㅡ 미래세ㅡ에 성 불ㅡ이루 리
성불이ㅡ루ㅡ 리 성불이ㅡ루ㅡ 리
성불이ㅡ루ㅡ 리 성 불ㅡ이루 리

4-074

성불합시다

김미형 작사
김회경 작곡
느리게
보 현 보 살ㅡ 행 원 으 ㅡ 로 많 은 중 생 건 지 시 며
관 음 보 살ㅡ 대 ㅡ 자 비 로 많 은 중 생 살 피 시 며
지 장 보 살ㅡ 원 ㅡ 력 으 로 지 옥 문 을 열 으 시 고
나 의 부 처 찾 아 성 불 합 시 ㅡ 다
나 의 자 성 닦 아 성 불 합 시 ㅡ 다
나 의 죄 를 씻 어 성 불 합 시 ㅡ 다
성 불 합 시 다 성 불 합 시 ㅡ 다
성 불 성 불 성 ㅡ 불 ㅡ ㅡ 성 불 합 시 ㅡ 다

4-075

성불 향하여

황영선 작사
황영선 작곡

Andantino
우 리 먼 곳 보 내 요 참 나 바 로 여 기 에
우 리 먼 곳 보 내 요 피 안 바 로 여 기 에
1.
고 요 히 조 금 만 마 음 놓 으 면 볼 수 있 ― 는 데 ―
2.
한 생 각 돌 ― 려 빈 마 음 지 혜 로 성 불 향 ― 하 여 ―
삼 독 에 물 든 자 리 버 리 고 다 비 워 서 ―
무 명 에 헤 맨 자 리 버 리 고 다 비 워 서 ―
님 ― 모 습 부 처 마 음 닮 으 렵 ― 니 다 ―
님 ― 모 습 부 처 마 음 닮 으 렵 ― 니 다 ―
지 금 바 로 이 자 리 부 처 여 기 있 네 요 버 리 고 다 비 워
서 ― 성 ― 불 향 ― 하 여 ― 성 ― 불 향 ― 하 여 ―

4-076

세상의 빛

유한준 작사
오영민 작곡

♩. = 46
석 양 에 그 ㅡ 늘 ㅡ 진 사 바 세 계 오 ㅡ 신 ㅡ 님 ㅡ
진 여 의 연 꽃 향 ㅡ 기 아 름 답 게 피 워 내 ㅡ 고 ㅡ
윤 회 연 기 풀 어 주 시 는 거 룩 하 신 님 이 시 ㅡ 여 ㅡ
고 ㅡ 행 의 먼 ㅡ 길 ㅡ 을 즈 려 밟 고 가 신 님 이 여 ㅡ
삼 계 고 해 험 ㅡ 한 ㅡ 길 등 불 밝 혀 여 ㅡ 시 ㅡ 니
고 ㅡ 달 픈 인 연 고 ㅡ 리 시 원 하 게 푸 ㅡ 시 ㅡ 니
가 ㅡ 없 는 가 르 침 ㅡ 에 우 주 법 계 밝 ㅡ 히 ㅡ 네 ㅡ
너 른 품 에 안 ㅡ 겨 ㅡ 서 진 여 법 문 배 ㅡ 우 ㅡ 네 ㅡ
(후렴) 부 ㅡ 처 님 가 ㅡ 르 ㅡ 침 큰 ㅡ 진 리 받 들 어 서
세 상 의 빛 이 되 고 소 금 이 되 어 보 ㅡ 세 ㅡ

4-077

수덕사의 여승

김문응 작사
한동훈 작곡

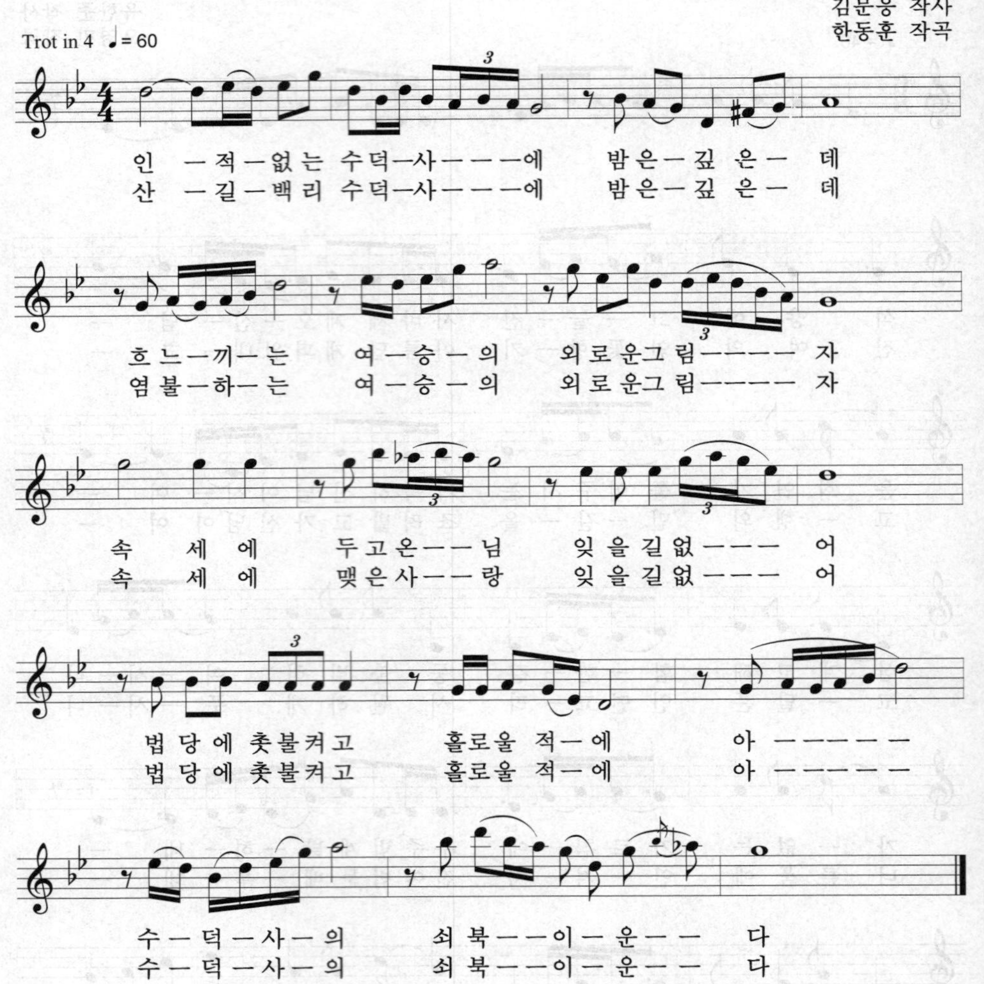
Trot in 4 ♩= 60
인 ㅡ적ㅡ없는 수덕ㅡ사ㅡㅡㅡ에 밤은ㅡ깊 은ㅡ 데
산 ㅡ길ㅡ백리 수덕ㅡ사ㅡㅡㅡ에 밤은ㅡ깊 은ㅡ 데
흐느ㅡ끼ㅡ는 여ㅡ승ㅡ의 외로운그림ㅡㅡㅡㅡ 자
염불ㅡ하ㅡ는 여ㅡ승ㅡ의 외로운그 림ㅡㅡㅡㅡ 자
속 세 에 두고온ㅡㅡ님 잊을길없ㅡㅡㅡ 어
속 세 에 맺은사ㅡㅡ랑 잊을길없ㅡㅡㅡ 어
법당에 촛불켜고 홀로울 적ㅡ에 아 ㅡㅡㅡㅡㅡ
법당에 촛불켜고 홀로울 적ㅡ에 아 ㅡㅡㅡㅡㅡ
수ㅡ덕ㅡ사ㅡ의 쇠북ㅡㅡ이ㅡ운ㅡㅡ 다
수ㅡ덕ㅡ사ㅡ의 쇠북ㅡㅡ이ㅡ운ㅡㅡ 다

4-078

수행자의 기도

홍춘표 작사
우덕상 작곡
중모리장단 ♩. = 35
부 처 님 전 무 릎 꿇 고 예 배 합 니 다 ―
부 처 님 께 예 경 하 며 염 불 합 니 다 ―
두 손 모 아 엎 드 려 서 절 을 합 니 다 ―
부 처 님 의 크 신 은 혜 경 배 합 니 다 ―
지 난 세 월 지 은 죄 업 뉘 우 치 면 서 ―
다 생 다 겁 지 은 업 장 소 멸 하 도 록 ―
계 율 지 켜 자 비 선 행 약 속 합 니 다 ―
자 비 공 덕 선 행 실 천 약 속 합 니 다 ―
거 룩 하 신 부 처 님 의 신 묘 한 진 리 ―
읽 고 배 워 보 리 도 를 이 루 겠 습 니 다 ―

4-079

아도화상과 모레

곽영석 작사
조광재 작곡

서 라벌에 부처님—을 모시고와— 서
천 육백년 삼국시—대 우 리나라— 에

진 리법문 널리전—한 아 도큰스— 님
부 처님의 대장경—문 전 한큰스— 님

모 레장자 도움받아 불 교를전 한
묵 호자란 모레장자 스 님을도 와

우 리나라 최초—스—님 아 도큰스— 님
부 처님법 온세—상—에 전 하게했— 지

♩. = 52

—도리사 뜰 석탑안에 부처님—사리 —

예경하며 불—교전한 우리큰—스 님 —

4-080

어느 봄날의 서원

김정자 작사
황옥진 작곡

♩. = 47
소 리없는 보 슬비 밤새워내리더 니 ㅡ
따 사로운 햇 살이 뜨락에내리더 니 ㅡ
먼 산의 봄 소식 산문으로들어온 다 ㅡ
그 윽한 봄 향기 법당으로들어온 다 ㅡ
법 당문 활짝열고 봄아씨맞으려 니 ㅡ
마 음을 활짝열고 봄아씨반기려 니 ㅡ
그 아씨 어ㅡ느새 석등아래꽃불켰 네 ㅡ
그 아씨 어ㅡ느새 나비되어날고있 네 ㅡ
내 작은 가 슴에 서원의꽃을피 워 ㅡ
임 오시는 길 위에 곱 게뿌려드ㅡ리 리 ㅡ

4-081

연꽃으로 피어오르리

덕 신 작사
김희경 작곡

조금 느리게

청 아 한 한줄기 의 연꽃송이피어오르 니 만 다
의 무명번 뇌 무 — 시 겁내려오 — 며 한 없
라화 — 향내음 이 시 방 — 세 계 두 루 — 하 네 —
이 — — 쌓이어 서 본 래 — 청 정 잊 었 — 다 네 —
그 향 기 맡 는 이는 마 음 마 다 연 꽃 피 어 사 바 의 속 진 — 번 뇌
연 꽃 에 피 어 남은 천 진 모 습 일 깨 워 서 깨 끗 도 더 러 — 움 도
모 두 다 사 라 지 고 이 르 신 곳 곳 마 다 —
가 까 이 아 니 하 고 자 신 의 본 래 마 음 —
연 화 장 세 — 계 로 — 세 아 — 연 꽃 이 여
그 대 로 지 — 켜 주 — 네
청 아 하 고 아 름 다 — 워 라 내 마 음 연 꽃 같 이
1. 2.
영 원 히 피 어 — 나 리 중 생 리 —

4-082

염주를 돌리며

강용숙 작사
김정란 작곡

온화하게 ♩. = 48
일 — 배 이 배 절 을 하 며 염 주 돌 — 리 며 —
일 — 배 이 배 절 을 하 며 염 주 돌 — 리 며 —
부 처 님 을 예 경 하 며 절 을 해 — 봐 요 —
거 룩 하 신 부 처 님 께 절 을 해 — 봐 요 —
옛 날 부 터 오 늘 까 지 바 른 가 르 침
욕 심 쟁 이 성 내 는 일 어 리 석 은 일
실 천 하 며 사 랑 으 로 살 아 보 라 는
부 처 님 이 제 일 처 음 가 르 쳐 주 신
거 룩 하 신 그 말 씀 을 따 — 르 렵 니 다 —
사 성 제 와 팔 정 도 를 지 — 키 렵 니 다 —
거 룩 하 신 그 말 씀 을 따 — 르 렵 니 다 —
사 성 제 와 팔 정 도 를 지 — 키 렵 니 다 —

4-083

오체투지

곽영석 작사
최선기 작곡

티 벳 언 덕 포 탈 라 궁 서 원 모 아 이 룬 사 원
히 말 라 야 산 기 슭 에 불 교 성 지 포 탈 라 궁
이 생 에 도 내 생 에 도 여 래 찾 아 가 는 그 곳
석 가 세 존 입 멸 후 에 불 자 들 의 마 음 고 향
부 처 — 만 난 — 사 바 인 연 감 사 — 하 며 — 예 배 하 는
지 난 — 세 월 — 지 은 업 장 참 회 — 하 며 — 걷 는 그 길
히 말 — 라 야 — 포 탈 라 궁 구 름 자 는 — 부 처 님 땅 아 —
오 체 — 투 지 — 예 배 공 양 이 생 에 서 — 축 복 이 야
아 — 감 사 하 며 — 걸 어 가 다 예 배 하 고 일 어 서 — 고 — 용 서
하 며 — 걸 어 가 다 — 절 을 하 고 일 어 서 — 고

4-084

옴마니 반메훔

(찬불가요 대상 수상곡)

지 안 작사
원종인 작곡

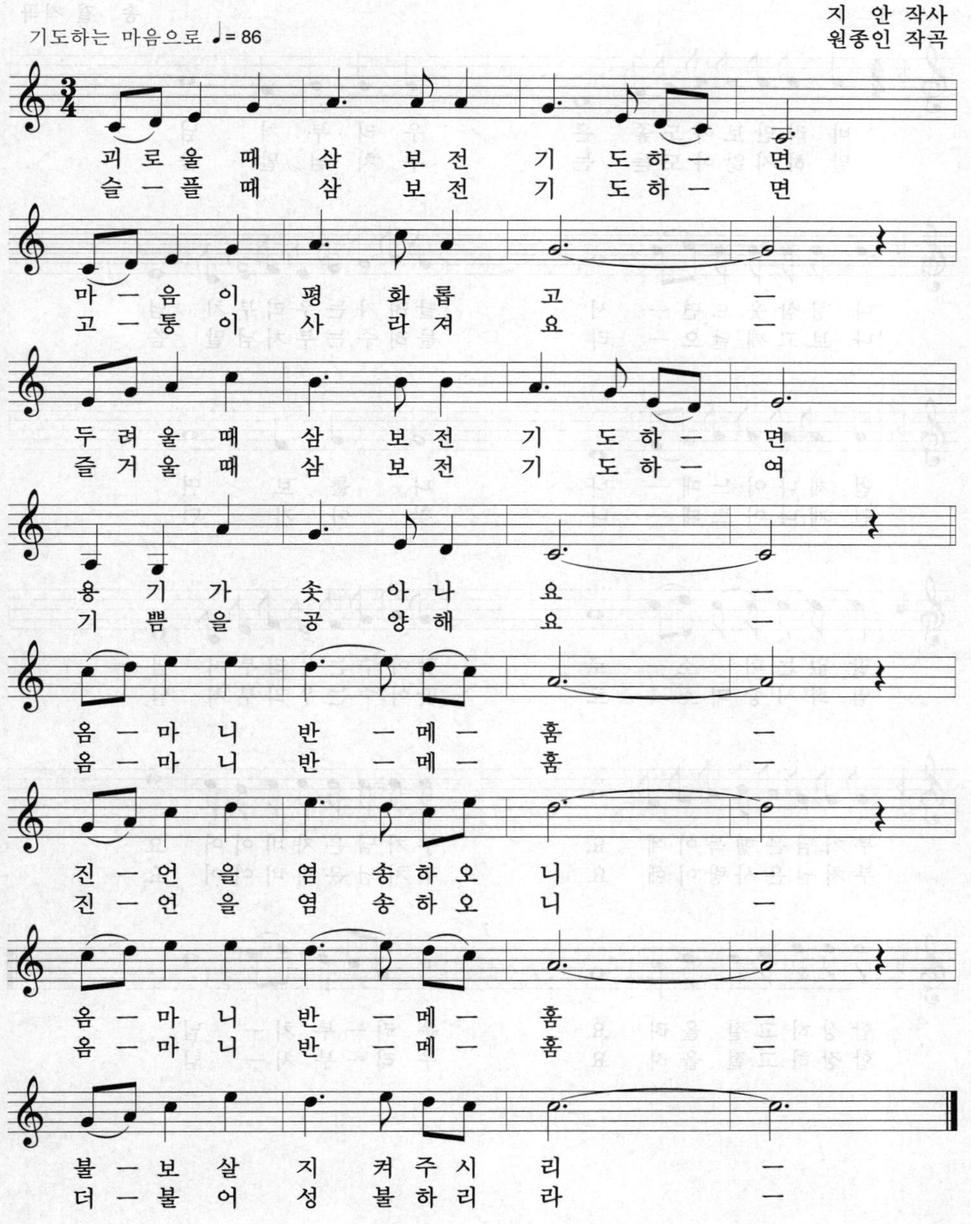
기도하는 마음으로 ♩= 86
괴로울 때 삼 보전 기 도하ㅡ 면
슬ㅡ플 때 삼 보전 기 도하ㅡ 면
마 ㅡ 음 이 평 화롭 고 ㅡ
고 ㅡ 통 이 사 라져 요 ㅡ
두려울 때 삼 보전 기 도하 ㅡ 면
즐거울 때 삼 보전 기 도하ㅡ 여
용 기 가 솟 아나 요 ㅡ
기 쁨 을 공 양해 요 ㅡ
옴 ㅡ 마 니 반 ㅡ 메 ㅡ 훔 ㅡ
옴 ㅡ 마 니 반 ㅡ 메 ㅡ 훔 ㅡ
진 ㅡ 언 을 염 송하오 니 ㅡ
진 ㅡ 언 을 염 송하오 니 ㅡ
옴 ㅡ 마 니 반 ㅡ 메 ㅡ 훔 ㅡ
옴 ㅡ 마 니 반 ㅡ 메 ㅡ 훔 ㅡ
불 ㅡ 보 살 지 켜주시 리 ㅡ
더 ㅡ 불 어 성 불하리 라 ㅡ

4-085

우리 부처님

전병호 작사
송 결 작곡
보통빠르게
바 라 만 보 아 도 좋 은 우 리 부 처 님
말 하 지 않 아 도 듣 는 부 처 님 말 씀
나 항 상 웃 으 면 ─ 서 달 려 가 는 우 리 부 처 님
나 보 고 깨 달 으 ─ 라 들 려 주 는 부 처 님 말 씀
언 제 나 어 느 때 ─ 나 나 를 보 면
언 제 나 어 느 때 ─ 나 찾 아 가 면
말 없 는 미 ─ 소 ─ 로 맞 아 주 는 우 리 부 처 님
염 화 시 중 미 소 ─ 로 맞 아 주 는 우 리 부 처 님
부 처 님 은 행 복 이 예 요 부 처 님 은 자 비 이 어 요
부 처 님 은 사 랑 이 예 요 부 처 님 은 자 비 이 어 요
합 장 하 고 절 올 려 요 우 리 ─ 부 처 ─ 님
합 장 하 고 절 올 려 요 우 리 ─ 부 처 ─ 님

4-086

우리 절 만(卍)자기

남승인 작사
강주현 작곡
마음을 모아 ♩= 100
우리절의 만자기는 불교의 상징
우리절의 만자기는 불교의 상징
자비보시 만유평등 상징의 깃발
자비보시 만유평등 가리킵니다
거룩하신 부처님을 함께모시고
부처님을 모신절을 알리는 깃발
부처님의 진리유훈 함께배워요
우리함께 모여앉아 진리배워요
배워알면 알수록 거룩한법문
우리들이 살아나갈 삶의지혜죠

4-087

우리 집에 기원불

곽영석 작사
최성덕 작곡

Waltz ♩= 82
우 리 집 의 불 단 위 에 기 원 부 처 님
우 리 회 사 사 기 밑 에 기 원 부 처 님
자 나 깨 나 손 모 으 고 예 배 합 니 다
회 사 갈 때 퇴 근 할 때 예 배 합 니 다
거 룩 하 신 임 의 가 피 두 루 하 시 어
자 비 하 신 임 의 지 혜 두 루 하 시 어
자 비 손 을 펼 쳐 들 고 살 피 십 니 다
지 혜 복 덕 삶 의 지 혜 알 려 줍 니 다
거 룩 하 신 지 혜 보 살 우 리 부 처 님
거 룩 하 신 지 혜 보 살 우 리 부 처 님
자 나 깨 나 임 의 가 피 감 사 합 니 다
자 나 깨 나 임 의 가 피 감 사 합 니 다

4-088

윤회의 끝에는 적멸

(작곡공모작)

곽영석 작사
신민정 작곡

Allegro Mod ♩= 118
mf
mp
나 무 될 까 ─ 구 름 될 까 ─ 강 물 이 ─ 될 까
사 람 될 까 ─ 짐 승 될 까 ─ 물 고 기 ─ 될 까
mf
삼 악 도 의 ─ 법 계 하 늘 ─ 한 량 이 없 어 ─
지 난 세 상 ─ 업 력 따 라 ─ 나 고 또 나 고 ─
mp
흙 이 될 까 ─ 바 람 될 까 ─ 불 씨 가 ─ 될 까
산 이 될 까 ─ 바 다 될 까 ─ 구 름 이 ─ 될 까
mf
mp
성 긴 업 장 ─ 업 력 따 라 ─ 다 시 난 다 네 ─
윤 회 없 는 ─ 적 멸 찾 아 ─ 길 을 떠 나 네 ─
f
(후렴) 윤 회 의 끝 적 멸 바 다 천 둥 북 소 리 ─
mf
f
삼 종 염 불 가 피 속 에 사 라 진 ─ 다 네 ─

4-089

이생이 아니면 언제 풀까

이은희 작사
오해균 작곡
Ballade ♩= 65
이생이 아니면 언—제풀까 백천만겁쌓은내업 을
해탈기—도 빛이되어서 화현하는날까—지 서원
세운나의—마음 을 맑은 샘 물솟아나듯 이 피고
지 는저들꽃처 럼 영원 으 로가 는생 명 내가
가야하는멀고먼길이 해탈길이—라 면은 마른풀태우듯업장사르
고 반야바라밀다미래를위하 여 영원 을 — 위하 여
이생이 아니면 언—제풀까 어둠으로가린내마 음
D.S. al Coda
파도를타고 설산을넘듯 가는길이험 해— 도 서원
가는길이험 해— 도 —

4-090

작은 암자 하늘높이

손민희 작사
오세균 작곡

♩= 96
작 은 암 자 하늘높ㅡ이 아기스님불경소ㅡ 리
작 은 암 자 하늘높ㅡ이 동자스님찬불소ㅡ 리
밤 하 늘 의 별님들ㅡ도 부처님의말씀을듣 네
저 하 늘 의 둥근달님도 귀기울여노래를듣 네
진 실 과 거 짓 을 깨 우 치 는 말 ㅡ 씀
진 실 과 거 짓 을 깨 우 치 는 말 ㅡ 씀
마 음 에 아로새 겨 부처님의제자가 됩 시 다
마 음 에 아로새 겨 부처님의제자가 됩 시 다

4-091

전법사를 위한 찬송

곽영석 작사
김남삼 작곡

울림이 있게 보통빠르기로

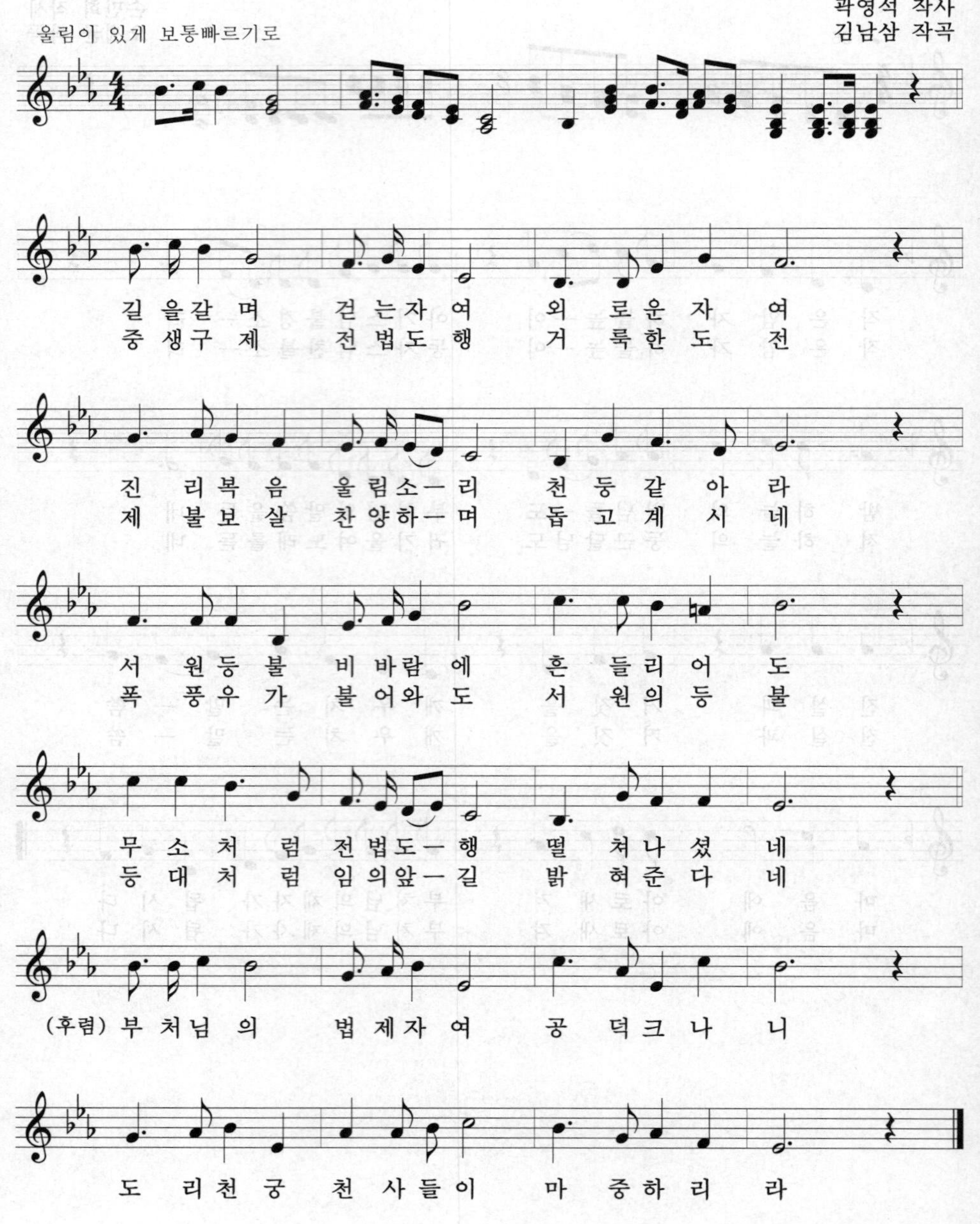

길을갈며 걷는자여 외로운자여
중생구제 전법도행 거룩한도전
진리복음 울림소—리 천둥같아라
제불보살 찬양하—며 돕고계시네
서원등불 비바람에 흔들리어도
폭풍우가 불어와도 서원의등불
무소처럼 전법도—행 떨쳐나셨네
등대처럼 임의앞—길 밝혀준다네
(후렴) 부처님의 법제자여 공덕크나니
도리천궁 천사들이 마중하리라

4-092

주인인가 머슴인가

곽영석 작사
조영근 작곡

Moderato
주 인 인 가ㅡ 머 슴 인 가ㅡ 나 의 진 실 참 모 습 은
주 인 인 가ㅡ 머 슴 인 가ㅡ 너 의 진 실 그 림 자 는
주 관 없 이ㅡ 맹 종 하 여ㅡ 이 끌 려 서 살 았 는 가
고 뇌 하 다ㅡ 이 끌 려 서ㅡ 후 회 하 며 걸 어 왔 나
앞 을ㅡ보 고 걸 어 가 며ㅡ 왜 가 는 지 몰 랐 는 가
사 랑ㅡ하 고 용 서 하 며ㅡ 빛 나 는 삶 살 았 는 가
삶 의ㅡ여 정 고 단 해 도ㅡ 꿈 을 꾸 며 가 고 있 나
인 과ㅡ열 매 뚜 렸 하 니ㅡ 선 업 지 어 행 복 한 가
(후렴) 이 생 전 생 삼 세 겁 의 모 든 인 연 수 승 하 니
사 바 연 의 주 인 되 어 여 여 하 게 살 아 가 ㅡ 세

4-093

준제보살 찬양

곽영석 작사
이종록 작곡

♪ = 84-90
rit
준 제 보 살 무 량 공 덕 찬 양 하 며 나 아 갈 때
준 제 보 살 공 덕 행 은 우 주 법 계 장 엄 하 여
삼 천 대 천 온 법 계 가 빛 을 놓 아 밝 아 지 네
시 방 삼 세 온 갖 액 난 붓 다 처 럼 외 호 하 리
준 제 진 언 가 피 은 혜 시 방 삼 세 두 루 비 쳐 ―
준 제 주 를 칭 념 하 며 정 과 지 혜 밝 혀 가 면 ―
한 량 없 는 일 체 서 원 대 서 원 을 이 루 리 라
중 생 들 이 모 두 함 께 대 불 도 를 이 루 리 라
(후렴) 공 과 덕 이 모 두 함 께 성 취 하 게 하 옵 시 고 ―
승 한 복 이 온 천 하 에 장 엄 하 게 하 옵 소 서 ―

4-094

중생의 발원

김정자 작사
정동수 작곡
♩= 115
부 처 님 두 손 모 아 발 원 하 오 니
부 처 님 머 리 숙 여 합 장 하 오 니
갸 륵 한 저 의 마 음 으 로
갸 륵 한 저 의 신 심 으 로
부 처 님 의 진 리 를 찬 탄 케 하 옵 소 서
내 이 웃 을 삼 보 로 이 끌 게 하 옵 소 서
욕 망 증 오 무 지 가 생 기 지 않 고
오 만 질 투 고 뇌 가 생 기 지 않 고
언 제 나 꽃 을 피 우 는 마 음 으 로
언 제 나 향 을 사 르 는 마 음 으 로
자 애 와 자 비 심 이 흐 르 게 하 시 옵 소 서
무 한 한 보 리 심 이 싹 트 게 하 시 옵 소 서

4-095

지혜를 주옵소서

김진광 작사
조영근 작곡

Andante
mp
두레박으로 퍼 내어도 다 시샘솟 는
조롱박으로 퍼 내어도 다 시샘솟 는
mp mf mp
욕 심의 우 물을 어찌해야하 나 요
번 뇌의 샘 물을 어찌해야하 나 요
mf mp
쉬지않고 잘라내어 도 다 시자 라 는
쉬지않고 잘라내어 도 다 시자 라 는
mf mp mf
미 움의 나 무를 어찌해야하 나 요
미 혹의 풀 들을 어찌해야하 나 요
f
(후렴) 은혜로운 부 처님께 무릎꿇고비옵니 다
mf mp mf rit
어리석은 중생에게 지혜를주 옵소 서

4-096

지혜를 열어주소서

곽영석 작사
김남삼 작곡

보통빠르기로 간절한 마음담아
덕 높으신 법 사님 대법좌에오르시 어
고 귀하신 스 승님 사자좌에오르시 어
팔 만경ㅡ문 여 소ㅡ서 법 문열어주 소 서
대 장경ㅡ문 여 소ㅡ서 법 을설하옵 소 서
이 생전ㅡ생 삼 세겁에 인 연지어왔으 니
팔 만계ㅡ행 지 키ㅡ며 성 불서원원하 니
법 장지 혜 깨친법ㅡ문 법문 들려주소 서
지 혜방 편 주ㅡ소ㅡ서 법을 설하옵소 서

4-097

지혜를 찾아서

손성일 작사
지 범 작곡

♩= 65
고 요 한 빛 을 내 는별들을 보 면
청 아 한 목 탁 소 리몰입하 면 은
본 래마 음 맑 다는 걸 알 수있 어 요
온 세상 이 하 나란 걸 알 수있 어 요
푸 르고 하 얀빛 을 품 는심 연의 구 슬
하 나 가 시 작이 라 가 르쳐 주ㅡ 신 ㅡ
잃 어버리지 않 도 록 기 도해 봐 요
여 래말 씀ㅡ 새 기 며 정 진해 봐 요
지 혜 찾 아 정 진 하 는 대 웅 전 에 서
삼 천 배 ㅡ 기 도 서 원 정 진 해 봐 요

4-098

지혜의 명종소리

곽영석 작사
김남삼 작곡
예경의 마음으로 조금느리게
예 배 하 며 따ㅡ릅 니 다 예경하며절합니 다 ㅡ
부 처 님 께 예배합 니 다 삼보님께절합니 다 ㅡ
거 룩 하 신 부 처 님 께 예배하며염불합니 다 ㅡ
부 처 님 을 만 난 인 연 감사하며예배합니 다 ㅡ
내 가온 길 내 가 갈 길 아득하고알수 없 어 ㅡ
살 며지 은 업 장 무 게 무거워서비틀대 며 ㅡ
지 혜 명 종 두 드 리 며 지혜찾아길떠납니 다 ㅡ
지 혜 명 종 두 드 리 며 꽃길찾아길떠납니 다 ㅡ
(후렴) 거 룩 하 신 부 처 님 자비하신 부 처 님 ㅡ
이 중 생 이 걸어갈 길 빛을 놓아 밝혀주소 서 ㅡ

4-099

청빈한 수행자

이순금 작사
오재찬 작곡
Slow ♩= 60
인 적 끊 긴 산 길 옆 에 오 두 막 하 나 있 어
길 도 없 는 깊 은 산 속 오 두 막 하 나 있 어
인 연 따 라 낙 엽 진 길 올 ― 라 갔 어 ― 요
바 람 따 라 가 을 산 을 올 ― 라 갔 지 ― 요
처 마 밑 엔 가 지 런 한 장 작 더 미 들
마 당 에 는 원 을 그 린 포 행 의 흔 적
쌀 항 아 린 텅 텅 비 어 바 람 일 어 ― 요
부 엌 에 는 텅 비 워 진 빈 장 독 이 하 나
(후렴) 누 더 기 옷 입 었 어 도 온 화 한 모 ― 습
작 은 공 양 받 으 시 ― 며 합 장 을 해 ― 요

청정한 그 마음이 부처

초 연 작사
정영화 작곡
Moderato
아기동 자 웃는 얼굴— — 부처님 닮 아 —
천진동 자 합장 한손— — 보기도 예 뻐 —
천진함 이 부처 이라— — 마음이 —부처 —
큰스님 은 그모 습이— — 부처같 —대요 —
어 렵고 도 쉬운얘기— — 법사스 님 도
바 른자 세 바른말과— — 바른행 동 이
물이들 지 않은 마음— — 바로부 —처래 —
수행자 를 가르 치는— — 큰스님 같대요 —
(후렴) 청 정 한 그마 음이 — 부처님 을 닮았 다면 —
우리함 께 노력 하면 — 불—국 토 만들 겠네 —

4-101

촛불이 질 때까지

곽영석 작사
이종만 작곡

이
이

촛 불질ㅡ때까 지 한 ㅡ 마 음ㅡ으 로 엎
촛 불질ㅡ때까 지 마 ㅡ 음 모두 모ㅡ 아 간

드 려기도하ㅡ 며 발 ㅡ 원 하오ㅡ 니 내
절 한마ㅡ음으 로 기 ㅡ 도 하오ㅡ 니 이

이 웃내ㅡ친구 들 굽 ㅡ 어 살 피 사 안ㅡ
땅 에가없은ㅡ 이 고 ㅡ 루 살 피 사 대 자

전 과지혜복ㅡ 덕 주 시 옵 소 서
비 의자비은ㅡ 혜 베 푸 옵 소 서

4-102

포교사의 노래

선진규 작사
김용호 작곡

중간속도로 당당하게

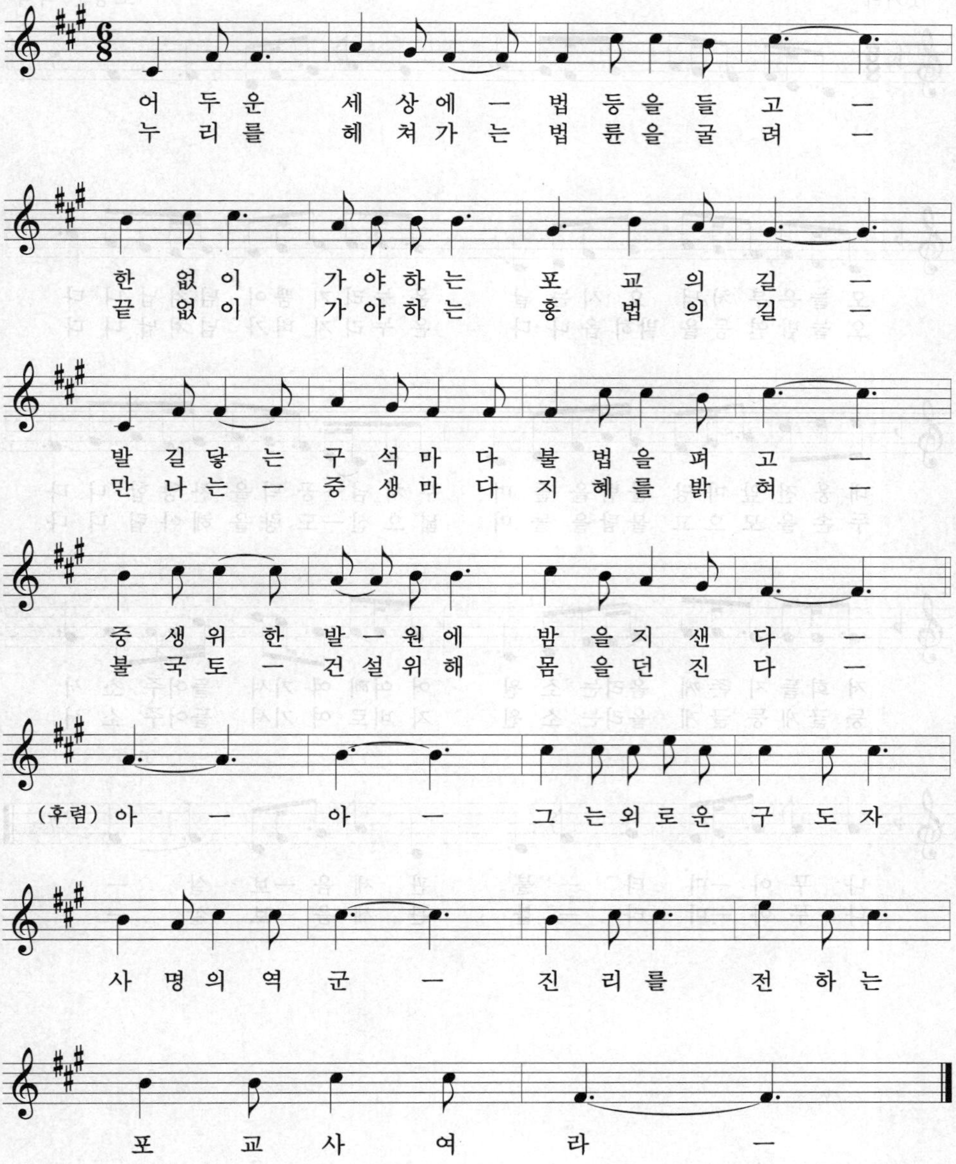

어 두 운 세 상 에 ─ 법 등 을 들 고 ─
누 리 를 헤 쳐 가 는 법 륜 을 굴 려 ─

한 없 이 가 야 하 는 포 교 의 길 ─
끝 없 이 가 야 하 는 홍 법 의 길 ─

발 길 닿 는 구 석 마 다 불 법 을 펴 고 ─
만 나 는 ─ 중 생 마 다 지 혜 를 밝 혀 ─

중 생 위 한 발 ─ 원 에 밤 을 지 샌 다 ─
불 국 토 ─ 건 설 위 해 몸 을 던 진 다 ─

(후렴) 아 ─ 아 ─ 그 는 외 로 운 구 도 자

사 명 의 역 군 ─ 진 리 를 전 하 는

포 교 사 여 라 ─

4-103

탑 돌이

(가사공모작)

김관식 작사
노영준 작곡

굿거리
오 늘은부 처님 오 시는날 온 누리기 뻠이 넘쳐납니 다
오 늘밤연 등을 밝히옵니 다 온 누리자 비가 넘쳐납니 다
대 웅 전 앞 마 당 불탑을 돌 며 부 처 님ㅡ공 덕을 찬 양 합 니 다
두 손 을 모 으 고 불탑을 돌 며 넓 으 신ㅡ도 량을 헤 아 립 니 다
저 희들 지 존 께 올리는 소 원 어 여삐 여 기셔 들어주 소 서
둥 글 게 둥 글 게 올리는 소 원 자 비로 여 기셔 들어주 소 서
나 무 아 ㅡ미 타 ㅡ 불 관 세 음 ㅡ보 살 ㅡ
나 무 아 ㅡ미 타 ㅡ 불 관 세 음 ㅡ보 살 ㅡ

4-104

탑돌이

곽영석 작사
한광회 작곡
Andantino ♩= 35-37
mf
mp
cresc
두 손모 아 합 장하 고 자 세 바 르 게 ㅡ
거 룩하 신 부 처님 을 예 경 하 면 서 ㅡ
mf
dim.
부 처ㅡ님 을 부 르ㅡ면 서 탑 돌 이ㅡ해 요 ㅡ
법 우ㅡ들 과 줄 을ㅡ지 어 탑 돌 이ㅡ해 요 ㅡ
mp
cresc
자 비 로ㅡ운 부 처 님ㅡ의 명 호 부 르 며 ㅡ
인 연 지ㅡ은 모 든 사ㅡ 람 행 복 하 라 고 ㅡ
mf
dim.
지 극ㅡ한 맘 서 원ㅡ하 며 탑 돌 이ㅡ해 요 ㅡ
간 절ㅡ한 맘 기 도ㅡ하 며 탑 돌 이ㅡ해 요 ㅡ
p
cresc
(후렴) 나 무불 아 미 타ㅡ불 관 세 음 보 살 ㅡ
mf
dim.
거 룩 하 신 부ㅡ처ㅡ님ㅡ 께 귀 의 합ㅡ니 다 ㅡ

4-105

한 마음 있음이여

윤후명 작사
김동환 작곡

mp
어 둠속 나ㅡ를 밝히려 밝히려
헤 맴속 나ㅡ를 세우려 세우려
mf
mf
p
기 도하ㅡ오ㅡ 니 크나큰열림 크나큰열ㅡ림 한마
기 도하ㅡ오ㅡ 니 드높은열림 드높은열ㅡ림
mp
cresc
음 있ㅡ음이 여 아 ㅡㅡㅡㅡㅡ 아 ㅡㅡㅡㅡ
f
님을우러러 님을우러러 밝아오는마음 깨달음이 ㅡ여
차오르는마음
p
f
깨 달음이ㅡ 여 님을우러러 님을우러러
1.p
밝아오는마음 깨달음이ㅡ여 깨 달음 이ㅡ 여
차오르는마음
2.p
깨 달 음 ㅡ 이 ㅡ 여

4-106

향 심

정 율 작사
조영근 작곡
Andante
p
mp
mp
마 음 에먹물들이 고 모든 것 다바치렵니 다 마 음
마 음 에먹물들이 고 모든 것 다바치렵니 다 마 음
mf
mp
p
에 먹물들이 고 모든 것 다드리렵니 다 금 빛
에 먹물들이 고 모든 것 다드리렵니 다 자 비
mp
mf
찬 란한——당— 신 말씀 말 씀에 두귀 기울이며 오로지
로 움가득한당— 신 모습 모 습에 두눈 감고서도 오로지
mp
mf
님 의진 리— 만 들을수 있 게하여주소 서 가 녀
님 의사 랑— 만 볼—수 있 게하여주소 서 가 녀
mp
린 마디마— 디손끝마다 흐— 르 는이 향 연 님을
린 마디마— 디손끝마다 흐— 르 는이 향 연
p
mp
향 하는 자세 로 님을 그 리는 마음으 로 언 제
mf
나 우 러 러 합 장 하 게하여주소 서 님이시
f
여 님이시 여 당 신 께 원하옵니 다

행복을 주시옵소서

운 문 작사
김기우 작곡

1.임 이시여 많 은행 복 주 시옵 소 서
2.하 루바 삐 좋 은행 복 내 리옵 소 서
3.부 처님과 같 은행 복 이 루옵 소 서
나 날이 불 —안 과 공 포속 에 서
언 제나 떨 —리 고 굶 주림 속 에
자 비와 광 —명 이 충 만함 속 에
몸 부림 을 하 고 있 는 저 희들 에 게
아 우성 을 치 고 있 는 우 리무 리 에
모 든중 생 제 도 하 는 부 —처 님 의
편 —안 과 행 — 복 을 주 시옵 소 서
따 —뜻 한 행 — 복 을 내 리옵 소 서
구 —족 한 행 — 복 을 이 루옵 소 서

4-108

행복한 동행길에

곽영석 작사
강주현 작곡

행복한 마음으로 ♩= 100
서원하며 함께 갑 니 다 길을찾아 함께 갑 니 다
길이있어 찾아 갑 니 다 인연만나 함께 갑 니 다
이생전생 인연 지 어 서 길을찾아 함께 갑 니 다
함께하는 도반 이 있 어 진리찾아 함께 갑 니 다
손을잡고 함께 갑 니 다 임을향해 함께 갑 니 다
선지식을 찾아 갑 니 다 여래법문 배워 갑 니 다
무진번뇌 떨쳐 버 리 고 진여의길 길을 갑 니 다
무명깨쳐 견성 의 길 을 찬송하며 함께 갑 니 다
행 복한동 행길 에 다시만나꽃을 피 워
꽃진자리열매 하 나 남겨놓고길을갑니 다

4-109

화신불로 오신 부처님

곽영석 작사
최선기 작곡
♩= 95
진 묵 겁의 그 이 전에 성 불 하 시 고 ㅡ
진 묵 겁의 그 이 전에 성 도 하 시 고 ㅡ
팔 십 종 호 삼 십 이 상 장 엄 하 셨 네 ㅡ
법 장 진 리 깨 치 시 니 사 생 의 스 승 ㅡ
♩= 72
일 체 만 물 충 만 한 곳 불 국 정 ㅡ 토 ㅡ 에
고 집 멸 도 생 사 윤 회 중 생 깨 ㅡ 치 ㅡ 려
중 생 들 의 구 제 서 원 거 ㅡ 룩 ㅡ 하 여 라 ㅡ
자 비 손 을 드 셨 나 니 자 ㅡ 비 ㅡ 로 워 라 ㅡ
♩= 95
사 바 연 의 인 연 지 어 오 신 ㅡ 부 처 님
우 리 중 생 근 기 따 라 은 혜 ㅡ 하 시 네

4-110

화신불찬

(작곡공모작)

곽영석 작사
이창규 작곡
♩= 110
오 랜세월 서 원세워 불 도이루 어
진 묵겹의 그 이전에 성 불하신 님
거 룩하신 부 처님이 되 시었다 네
자 비하신 부 처님이 되 시었다 네
삼 십이상 팔십종호 장 엄하시ㅡ 고
팔 상성도 수행모습 보 이시옵ㅡ 고
고 해중생 구제하ㅡ러 강 령하셨 네
일 체중생 구제서ㅡ원 나 누시었 네
고마워라 감사해라 화 신부처ㅡ 님
자 비하신 그은혜를 찬 탄합니 다

모든 일은 마음(心)이 근본이다.
수레바퀴가 소의 발자국을 따르듯이
마음에서 나와 마음으로 이루어진다
- 법구경 -

5

가피, 공양, 인연

5-001

가진 것이 없더라도

곽영석 작사
강주현 작곡
행복하고 다정하게 ♩= 76
가진것이없더라 도 나눌수가있 어 요
가진것이없더라 도 행복할수있 어 요
가진것이많지않아 도 행복할수있 어 요
가진것이많지않아 도 넉넉하게살 아 요
말한마디ㅡㅡㅡ 위로의말ㅡ 오 해를잠 재우 고
비우면비울수록 채워지는ㅡ 보 시ㅡ의창ㅡ 고
따ㅡ뜻한격려 의 말 큰ㅡ 용기로서게해 요
부처님의보시 말 씀 거 울 삼ㅡ아살아가 요
가진것이없 어 도 행복하고넉넉하 게
가진것이없더 라 도 나 누 면 서 살아 가 요

5-002

가피의 은혜

여영희 작사
이종록 작곡
♪= 84 -92
mp
mf
서 원 하 면 이 뤄 져 요 행 한 그 대 로 ㅡ
나 의 서 원 간 절 하 면 성 취 되 어 요 ㅡ
부 처 님 의 가 피 은 혜 이 루 어 져 ㅡ 요 ㅡ
부 처 님 의 가 피 은 혜 이 루 어 져 ㅡ 요 ㅡ
mp
바 른 말 씀 바 른 행 동 부 처 님 말 ㅡ 씀 ㅡ
부 처 님 이 말 씀 하 신 팔 ㅡ 만 대 장 경 ㅡ
mf
깨 쳐 알 고 실 천 하 면 이 루 어 져 ㅡ 요 ㅡ
깨 쳐 알 고 실 천 하 면 이 루 어 져 ㅡ 요 ㅡ
f
(후렴) 간 절 하 게 정 진 하 면 열 리 어 오 ㅡ 는 ㅡ
부 처 님 의 법 장 세 계 용 화 큰 세 상

5-003

감사하고 행복합니다

이은희 작사
오세균 작곡

♩= 102
생 각 하 는 양 심 이 있 어 행 복 합 니 다
친 구 있 고 도 반 이 있 어 감 사 합 니 다
글 을 읽 는 눈 이 있 ㅡ 어 고 맙 습 니 다
일 터 있 고 쉴 곳 이 있 어 행 복 합 니 다
글을쓰는마음있어 감 사 합 니 다 사랑하는가족있어 행 복 합 니 다
부처님이곁에있어 평 안 합 니 다 사랑하는이웃있어 행 복 합 니 다
부 처 님 을 만 났 으 니 감 사 합 니 다
도 반 들 과 함 께 하 니 행 복 합 니 다

5-004

갓바위부처님

곽영석 작사
강주현 작곡
기도하듯이 ♩= 82
임 —
구 름
앞 에엎 드려 서 서 원 한 세 월 합 장
소 를타 고가 다 만 난 부 처 님 그 긴
하 고예 배하 던 약 — 사 —여 래 님 돌 마
세 월성 긴인 연 살 — 펴 —보 시 네 시 방
루 — —계단위 에 흰 — 구 름피 — 워 인 연
세 계 —선업지 은 우 — 리 중생 — 들 무 량
지 어오 신인 연 살 — 펴 —보 시 네 (후렴) 한 량
공 덕깊 이보 고 살 — 피 —고 있 네
없 는 —법장세 계 신 — 묘 한가 — 피 서 원
따 라 —이뤄지 는 자 — 비 대 광 명

5-005

거룩한 가피

공현혜 작사
오세균 작곡

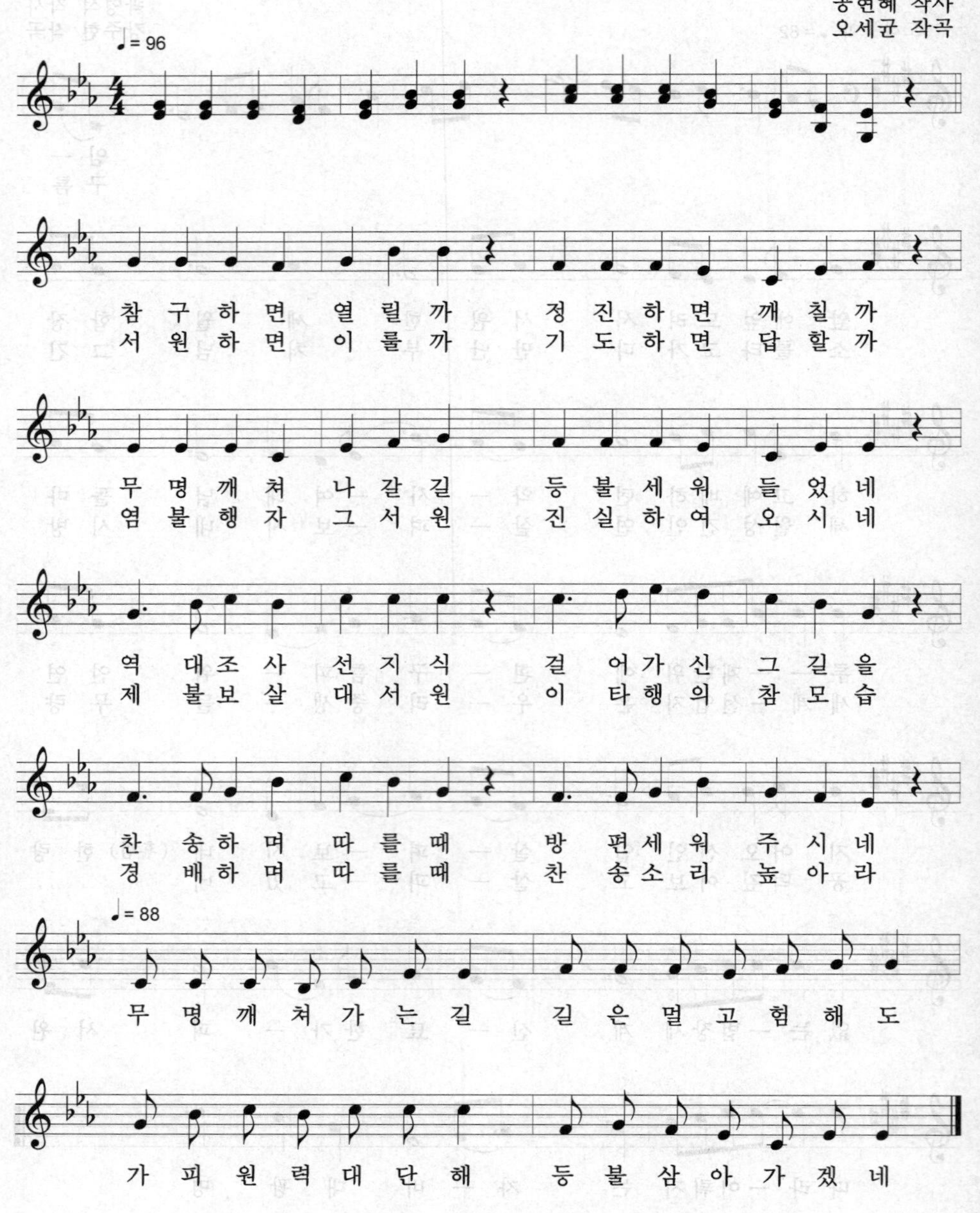
♩= 96
참 구 하 면 열 릴 까 정 진 하 면 깨 칠 까
서 원 하 면 이 룰 까 기 도 하 면 답 할 까
무 명 깨 쳐 나 갈 길 등 불 세 워 들 었 네
염 불 행 자 그 서 원 진 실 하 여 오 시 네
역 대 조 사 선 지 식 걸 어 가 신 그 길 을
제 불 보 살 대 서 원 이 타 행 의 참 모 습
찬 송 하 며 따 를 때 방 편 세 워 주 시 네
경 배 하 며 따 를 때 찬 송 소 리 높 아 라
♩= 88
무 명 깨 쳐 가 는 길 길 은 멀 고 험 해 도
가 피 원 력 대 단 해 등 불 삼 아 가 겠 네

5-006

곱게 합장합니다

심교신 작사
조영근 작곡

Moderaro
1.오 늘도만나보 는 자비하신부 처ー 님
2.아 무런소리없 이 좋은말씀주 시ー 는
3.이 시간헤어지 면 다ー음에또 만나 요
반 가운마음으 로 곱 게합장합니 다
즐 거운마음으 로 곱 게합장합니 다
행 복한마음으 로 곱 게합장합니 다
(후렴)누구라도만나 면 서 로합장 합니 다
부 처님 만난듯이 두손곱게모으 고
rit
존 경의 마 음으 로 곱 게합장합니 다

5-007

공양게송

곽영석 작사
이종록 작곡

♩= 82
mp
mp
거 룩 하 신 삼 보 전 에 공 양 합 니 다
자 비 하 신 삼 보 전 에 공 양 합 니 다
mf
정 성 다 해 만 든 음 식 두 손 을 모 ㅡ 아
삼 보 은 혜 감 사 하 며 두 손 ㅡ 받 들 어
mp
상 구 보 리 하 화 중 생 자 비 의 서 원
일 체 중 생 고 해 바 다 다 건 너 도 록
mf
삼 보 전 에 감 사 하 며 공 양 합 니 다
간 절 하 게 발 원 하 며 공 양 합 니 다
mp
mf
(후렴) 임 의 서 원 임 의 가 피 본 래 그 대 로
f
mf
mp
모 든 중 생 용 화 세 상 나 게 하 소 서

5-008

공양 기도문

곽영석 작사
심순보 작곡
Moderato
고 맙습니 다 감 사합니 다
감 사합니 다 고 맙습니 다
맛 있―는 이 음―식 고 맙습 니― 다
깨 끗―한 이 음―식 감 사합 니― 다
농 사―짓고 밥 을지어 내 가 먹 도 록
모 든―사 람 인 연지어 함 께 먹 도 록
수 고―하 신 그 은―혜 감 사합 니― 다
따 뜻―하 신 이 은―혜 고 맙습 니― 다
건 강하 게 튼 튼하 게 바 르 게 자 라
건 강하 게 튼 튼하 게 바 르 게 자 라
부 처님 의 새 싹으로 자 랄― 거 예 요
부 처님 의 새 싹으로 자 랄― 거 예 요

5-009

공양의 노래

(수상곡)

곽영석 작사
이문주 작곡
♩= 112
쌀 한 톨 콩ㅡ하 나 인 연으로열매맺 어
고 사 리 나ㅡ물 들 인 연지어반찬되 면
생 명 의 약 이 된 다 반 야 의 지 혜 연 다
생 명 의 약 이 된 다 반 야 의 지 혜 연 다
논 밭 에 씨 를 뿌ㅡ 려 김 을매 고거 두어ㅡ 서 ㅡ
산 언 덕 들 판 멀ㅡ 리 여 기저 기자 라나ㅡ 서 ㅡ
깨 끗 한 알 곡 으ㅡ 로 부 처님 께공 양하ㅡ 자
정 갈 한 음 식 으ㅡ 로 삼 보님 께공 양하ㅡ 자
크 나 큰 공 덕 이 야 우 리모 두복 ㅡ짓는 일
크 나 큰 인 연 이 야 너 와내 가복 ㅡ짓는 일
시 절인 연 인 연따 라 자 비은 혜 넘 쳐난 다
감 사하 며 은 혜하 는 연 꽃나 라 우 리세 상

5-010

공양미 한자루

주순희 작사
조영근 작곡
Moderato
공 양미 한 자ㅡ루 공 양하 고 서
공 양미 한 자ㅡ루 부 처님 전 에
부 처님 께 서원해ㅡ요 두 손모 으 고
공 양하 고 기도해ㅡ요 두 손모 으 고
초ㅡ하 루ㅡ 보름으ㅡ로 뵙 는부 처ㅡ 님
우 리가 족ㅡ 건강하ㅡ게 지 켜주 십ㅡ 사
반 가워 서ㅡ 미ㅡ소 로ㅡ 축 복해 줘 요
예 배하 며ㅡ 서 원해 요ㅡ 기 도드 려 요

5-011

공양을 올리오니

곽근성 작사
오재찬 작곡
Moderato
내 ㅡ작 은 정 성 모 아 공 양올 리 니
이 ㅡ작 은 마 음 모 아 공 양하 시 고
시 방법 계 부 ㅡ 처 님 거 룩하 신 님
우 주법 계 부 ㅡ 처 님 사 생의 자 부
모 든중 생 원 력 대 로 살 게하 시 고
생 사윤 회 벗 어 나 서 살 게하 시 고
불 도이 뤄 성 불 하 기 원 하옵 니 다
법 문깨 쳐 성 불 하 기 원 하옵 니 다
이 승에 서 서 원 한 맘 고 루살ㅡ피ㅡ 사
과 거에 서 오 늘 까 지 인 연살ㅡ피ㅡ 사
Fine
보 리법 문 깨 우 쳐 서 살 게하 소 서
법 장진 리 깨 우 쳐 서 알 게하 소 서

5-012

공양을 탐하지 말라

정송전 작사
이종록 작곡
♩= 80-84
mf
mf
범 천식구 찾ㅡ아와 공 양법회 열 때에
용 궁에서 조사님께 공 양법회 열 때에
학 률라나 제자들 묘공함 께 들었ㅡ네
하 늘묘공 탐한자 학이되 어 왔다ㅡ네
mp
덕 없는자 그 묘ㅡ공 탐 해서는안되니
무 상과보 인 연ㅡ법 조 사스님설하 니
mf
하 늘묘공 그ㅡ과ㅡ보 학 의과보받으 리
학 의과보 벗ㅡ어ㅡ나 사 람으로낳았 네
(후렴) 수 행자여 그공양 탐 하지 를 말 아라
f
덕 있는자 그공양 반 들려서 오나니

5-013

공양하는 날

곽영석 작사
오세균 작곡

♩=102
부처님께 공양하ㅡ고 나한전에도
대웅전에 공양하ㅡ고 산신각에도
정성다한 마음공ㅡ양 향기로워라
지성으로 차린공ㅡ양 보기좋아라
두손모아 예배하고 은덕기리며
찬송하며 경배하고 감사하면서
이생전생 삼세인연 감사합니다
법장지혜 삶의방편 은혜로워라
거룩하신 부처시여 스승이시여
거룩하신 부처시여 스승이시여
이공양이 화자재천 근기되소서
이공양이 화자재천 근기되소서

5-014

꽃과 향을 올리며

곽영석 작사
박이제 작곡
경건하고 표정있게 ♩= 70
거ㅡ
부ㅡ
룩 한성 전ㅡ 에 고운 꽃 을올 립니 다 향ㅡ
처 님법 단ㅡ 에 맑은 향 을피 웁니 다 내ㅡ
기 로운 향ㅡ을 피 워 법ㅡ 상 에 올립니 다 부처님
마 음에 곱ㅡ게 핀 꽃 법상 위 에 올립니 다 이ㅡ세
계 신이ㅡ성ㅡ전 에 꽃ㅡ 을 올 립니 다 청ㅡ
상 구하신부처님 께 향ㅡ 을 올 립니 다 고ㅡ
정 한마 음으 로 지ㅡ 극 한마 음으 로 꽃ㅡ
요 한마 음으 로 정ㅡ 갈 한마 음으 로 향ㅡ
과 향을 올립니 다 ㅡ 꽃ㅡ 과 향을 올립니 다
과 꽃을 올립니 다 ㅡ 향ㅡ 과 꽃을 올립니 다

5-015

꽃 그림자가 꽃을 따르듯이

(가사 공모 당선작)

고미숙 작사
이순희 작곡

생기있게 ♪ = 100
mp
오 늘 은 어 제 의 생 각 이 빚 — 어 놓 은 것
오 늘 의 생 각 은 내 일 의 삶 을 만 들 어 간 다
mf
삶 은 마 음 이 — 만 들 어 내 는 것 이 니
삶 은 마 음 이 — 만 들 어 내 는 것 이 니
f
순 수 하 지 못 한 마 음 으 로 움 직 이 — 면 —
순 — 수 한 마 음 마 음 으 로 움 직 이 — 면 —
고 통 이 바 로 뒤 따 라 붙 — 는 다 —
기 쁨 이 바 로 뒤 따 라 붙 — 는 다 —
수 레 바 퀴 가 소 — 를 따 — 르 듯 이 —
수 레 바 퀴 가 소 — 를 따 — 르 듯 이 —

5-016

꽃이 피면

이종완 작사
김병학 작곡

꽃 이 붉 게 피 어 나 면 인 연 문 이 열 려 요
연 꽃 맑 게 피 어 나 면 정 진 의 문 열 려 요

바 람 불 고 종 소 리 가 흐 ㅡ 르 ㅡ 는
바 람 불 고 염 불 소 리 흐 ㅡ 르 ㅡ 는

깊 은 산 문 천 ㅡ 년 을 지 켜 온 터 에
깊 은 산 문 천 ㅡ 년 을 이 어 온 터 에

웃 고 계 신 부 처 ㅡ 님 ㅡ
웃 고 계 신 부 처 ㅡ 님 ㅡ

자 비 의 손 길 꽃 을 피 우 며
절 제 의 손 길 꽃 을 피 우 며

이 루 는 화 엄 선 ㅡ 사 ㅡ
이 루 는 화 엄 세 ㅡ 상 ㅡ

옴 마 니 반 메 훔 법 의 바 다 를

건 너 가 면 옴 마 니 반 메 훔 ㅡ

침 묵 속 에 서 꽃 이 피 ㅡ 네

5-017

구름에 물든 절

(수상곡)

전병호 작사
이종만 작곡
Andante
mf
mp
불두화지는봄날 이 서 러워 떨 어진꽃잎모아 곱 게 쌨 구 나
구름에물든산속 작 은 절 이 라 고 비 그친절마당에 꽃 잎 또 지 네
mf
누 구 일 까 누 — 구 일 까 그 사 람 만 나 고 싶 어
누 구 일 까 누 — 구 일 까 대 웅 전 앞 마 당 을 홀 로 거 닐 면
f
흰 구 름 이 산 길 감 —— 춰 찾 는 — 이 없 — 고
mf
스 — — 님 방 댓 돌 위 에 고 무 신 한 컬 레
p
mp
아 쉬 움 괴 로 움 도 잊 은 지 오 래 속 세 의 일 들 일 랑 아 득 하 구 나
mf
D.S. al Fine
부 처 님 우 러 른 맘 불 심 이 깊 어 이 제 는 꽃 잎 으 로 절 을 짓 누 나

5-018

길을 찾는 바람

오인자 작사
조영근 작곡

Andante
구름으로피었다— 가 이슬로도내려오 고
바람으로다가왔— 다 속삭이듯사라지 고
바람따라흘러 가 는 저구름도인연이— 라
성긴인연윤회하 여 한줌흙도내몸이— 라
천둥소리 비바람—도 법고되어울고있 는
범종우는 하늘가—에 내서원은끝이없 어
저하늘이 연화세상 서원하여가려하 네
대우주가 불국토라 인연찾아가려하 네
우리 모두 간절하면 그님한번친견할 까
칭명 염불 간절하면 대서원이이뤄질 까
고드 름이빛에녹 듯 연화장이열려오 네
서쪽 하늘노을빛 이 염화미소닮았어 라

5-019

나는 가진 것이 없어도

곽영석 작사
최선기 작곡

가진것이ㅡ없어ㅡ 도 행복하게ㅡ살아ㅡ 요
가진것이ㅡ없어ㅡ 도 지혜롭게ㅡ살아ㅡ 요
가진것이ㅡ없어ㅡ 도 넉넉하게ㅡ살아ㅡ 요
가진것이ㅡ없어ㅡ 도 풍족하게ㅡ살아ㅡ 요
가진것이ㅡ없어ㅡ 도 화목하게ㅡ살아ㅡ 요
가진것이ㅡ없어ㅡ 도 나누면서ㅡ살아ㅡ 요
가진것이ㅡ없어ㅡ 도 여유롭게ㅡ살아ㅡ 요
가진것이ㅡ없어ㅡ 도 은혜하며ㅡ살아ㅡ 요
(후렴) 비 우면채워지ㅡ 고 채 우면비ㅡ우ㅡ 는
공 수래공수ㅡ 거 부처님의ㅡ법성이 라

5-020

나를 시험에 들게 하시니

곽영석 작사
이태현 작곡
♩. = 44
거 ㅡ 룩하 신 부 ㅡ 처님 나를귀 히쓰 ㅡ 시 려 ㅡ
나 ㅡ 의능 력 자 ㅡ 성을 높이쓰 려하 ㅡ 실 때 ㅡ
몸 과마 음 던 ㅡ 지 사 시험들 게하 ㅡ 시 네 ㅡ
삼 재고 통 대 ㅡ 환 란 시험들 게하 ㅡ 시 네 ㅡ
온 갖 고 통 시 ㅡ 련을 극복하 여나 ㅡ 설 때 ㅡ
죽 음 문 턱 넘 ㅡ 어 서 임의자 비구 ㅡ 할 때 ㅡ
대 자 비 의 큰 손 길 로 나를안 아주 ㅡ 시 네 ㅡ
내 진 면 목 살 ㅡ 피 사 은혜하 여주 ㅡ 시 네 ㅡ
삼 천 세 계 부 ㅡ 처 님 거룩하 신 부 ㅡ 처 님 ㅡ
나 를 귀 히 쓰 시 사 시험들게하 ㅡ 시 네 ㅡ

5-021

나의 발원 불사공양

여영희 작사
이재성 작곡
♩= 87
주 는 것 도 받 는 것 도 아 름 답 지 만
아 름 다 운 불 사 공 양 참 여 할 때 에
불 도 향 한 나 의 발 원 한 결 같 아 라
나 의 발 원 근 기 따 라 이 루 어 져 요
승 방 불 사 가 사 불 사 기 와 불 사 도
지 진 불 사 정 대 불 사 법 보 사 경 도
자 비 도 량 지 켜 가 는 참 마 음 공 양
방 생 도 량 지 켜 가 는 보 시 의 자 랑
대 가 람 을 지 켜 가 는 호 법 신 장 은
불 사 공 양 원 력 으 로 세 워 진 — 다 — 네

5-022

나유타

최백건 작사
최백건 작곡

가 시밭길 인 생길에 지 쳐서쓰ㅡ러지 면
인 간으로 태 어나길 어 렵고힘들다는 데

그 무엇을 찾 으려고 험 한세상따라왔건 만
이 세상에 지 은죄가 헤ㅡ아ㅡ릴수없건 만

무명흐름에 한 이었소 내자신을보지못하 고
욕ㅡ심많은 몸 둥이와 어리석은이내마음 에

괴 로움과 번 민속에 육도윤회되풀이하 네 업보
소 ㅡ중한 붉 법인연 이죄인을일으켜주 네 불법

의 ㅡ굴레속 에 과 보는쌓여만가고 인 생
을 ㅡ만난것 은 크 나큰인연이오나 이 생

은 ㅡ저물어 가 서 인연따라흘러가지만 ㅡ인생의
에 ㅡ만난불 법 은 언제다시만나오리까 ㅡ옷깃만

많ㅡ고ㅡ많 은 괴 ㅡ로움 씻지못할사바중생ㅡ 을 ㅡ무거운
스쳐가도그 인 연 ㅡㅡ을 오백생의인연이라는데 ㅡ오늘날

짐 을 지고 어 디 로 어디로또왔단말인 가
만 난 이불 법 ㅡ 은 그ㅡ어떤인연입니 까

5-023

내게 삼재칠난 다가와도

곽영석 작사
강주현 작곡

간절하게 ♩= 72
나― 힘 들고―외로울 때 내곁 으 로 오 시어 ― 번 뇌
여― 래 위신―높고높 아 가 피 은 혜 충 만하 니 슬 픔
와 고통―괴―로 움 잊 게 하 여 주 시고 ― 정 견
과 번뇌―외로움 을 잊 게 하 여 주 시고 ― 대 자
과 지혜 가피 로서― 나를 서 게하 셨― 네 여 ―
대 ―비 가피 로서― 나를 서 게하 셨― 네 제 ―
래 명호 염송 하며― 나의 다 짐 상 기할 때 부
불 보살 의지 하여― 나의 발 원 다 짐할 때 역
처 님은 내― 곁 에 서 나의용기 다독 이 고― 삼 재
대 조사 천― 하 종 사 신통으로 나투 시 어― 삼 재
와 칠난 거친 환 ―란 이겨내게 하시 었 네― 나 무
와 칠난 온갖 환 ―란 이겨내게 하시 었 네― 나 무
관 ―음 관세 음 관 세 ―음 보 살 나 무
관 ―음 관세 음 관 세 ―음 보 살 나 무
rit
관 ―음 관세 음 관― 세 ―음 보― 살

5-024

내마음에 눈 내리면

(가사공모작)

곽영석 작사
서근영 작곡

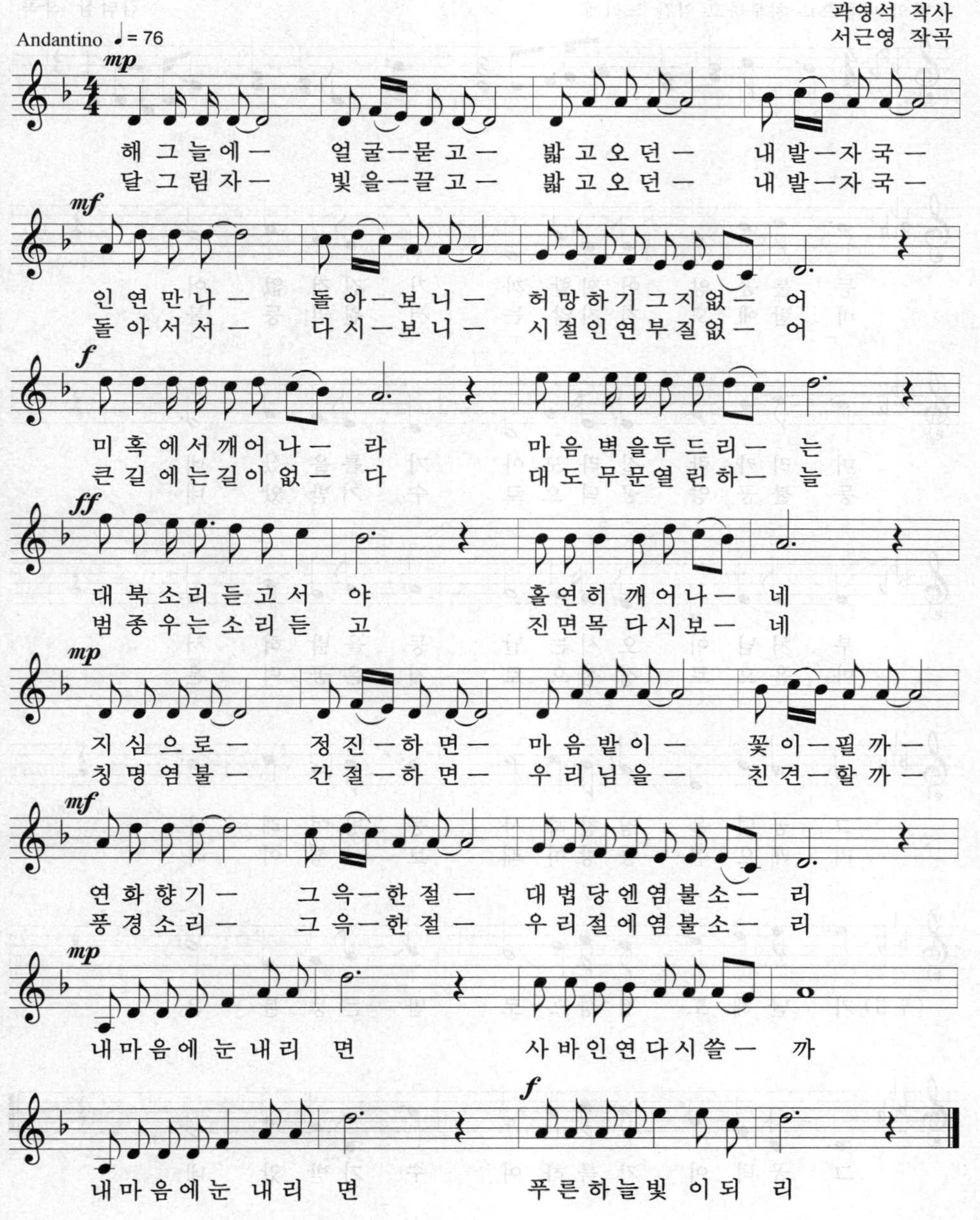

Andantino ♩= 76
mp
해 그 늘 에 ㅡ 얼 굴 ㅡ 묻 고 ㅡ 밟 고 오 던 ㅡ 내 발 ㅡ 자 국 ㅡ
달 그 림 자 ㅡ 빛 을 ㅡ 끌 고 ㅡ 밟 고 오 던 ㅡ 내 발 ㅡ 자 국 ㅡ
mf
인 연 만 나 ㅡ 돌 아 ㅡ 보 니 ㅡ 허 망 하 기 그 지 없 ㅡ 어
돌 아 서 서 ㅡ 다 시 ㅡ 보 니 ㅡ 시 절 인 연 부 질 없 ㅡ 어
f
미 혹 에 서 깨 어 나 ㅡ 라 마 음 벽 을 두 드 리 ㅡ 는
큰 길 에 는 길 이 없 ㅡ 다 대 도 무 문 열 린 하 ㅡ 늘
ff
대 북 소 리 듣 고 서 야 홀 연 히 깨 어 나 ㅡ 네
범 종 우 는 소 리 듣 고 진 면 목 다 시 보 ㅡ 네
mp
지 심 으 로 ㅡ 정 진 ㅡ 하 면 ㅡ 마 음 밭 이 ㅡ 꽃 이 ㅡ 필 까 ㅡ
칭 명 염 불 ㅡ 간 절 ㅡ 하 면 ㅡ 우 리 님 을 ㅡ 친 견 ㅡ 할 까 ㅡ
mf
연 화 향 기 ㅡ 그 윽 ㅡ 한 절 ㅡ 대 법 당 엔 염 불 소 ㅡ 리
풍 경 소 리 ㅡ 그 윽 ㅡ 한 절 ㅡ 우 리 절 에 염 불 소 ㅡ 리
mp
내 마 음 에 눈 내 리 면 사 바 인 연 다 시 쓸 ㅡ 까
f
내 마 음 에 눈 내 리 면 푸 른 하 늘 빛 이 되 리

5-025

동방여래의 등불 공양

전세준 작사
김남삼 작곡

공양의 마음으로 차분하고 약간 느리게

등 불공 양 어찌할 까 가 진것 없 어
바 람에 도 지 지않 는 서 원의 등 불
머 리카 락 잘라모 아 기 름을 샀 네
등 불공 양 공덕으 로 수 기받 았 네
부 처님 이 오 시는 날 등 을밝 혀 서
마 음으 로 정 성으 로 지 은공 덕 은
그 공덕 을 칭 찬하 사 동 방여 래 라
미 래오 실 동 방여 래 보 살행 이 라
(후렴) 가 난해 도 정 성으 로 만 든등 불 은
그 공덕 이 갸 륵하 여 수 기받 았 네

5-026

동지불공

유 정 작사
송 결 작곡

보통빠르게

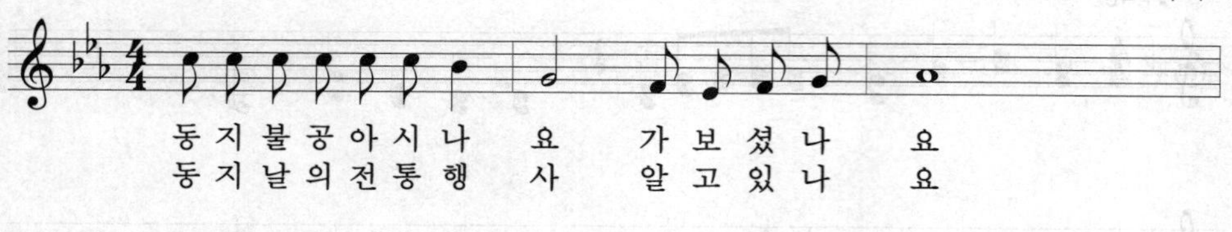
동지불공아시나 요 가보셨나 요
동지날의전통행 사 알고있나 요

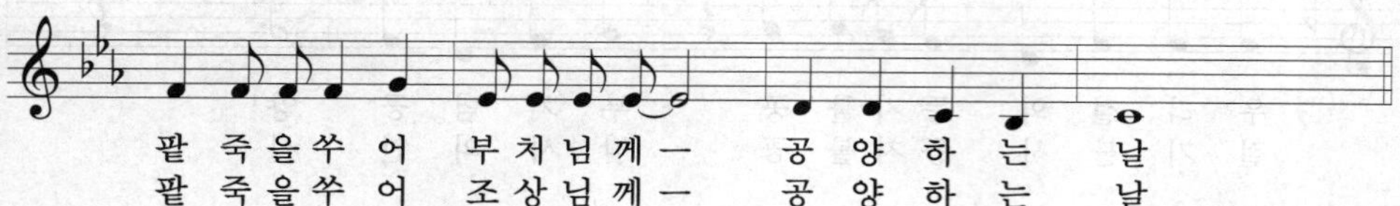
팔 죽을쑤어 부처님께— 공 양 하 는 날
팔 죽을쑤어 조상님께— 공 양 하 는 날

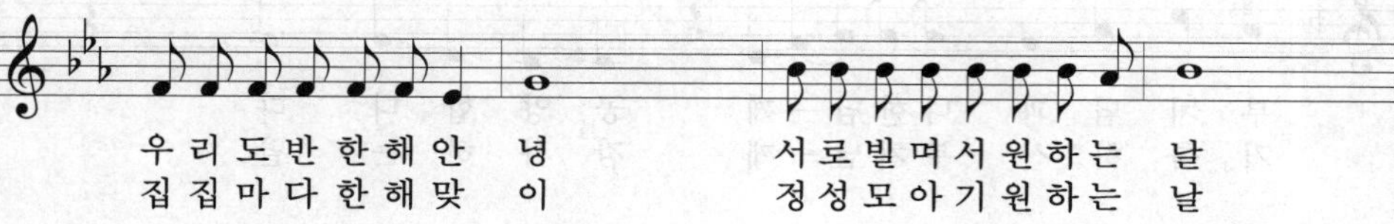
우리도반한해안 녕 서로빌며서원하는 날
집집마다한해맞 이 정성모아기원하는 날

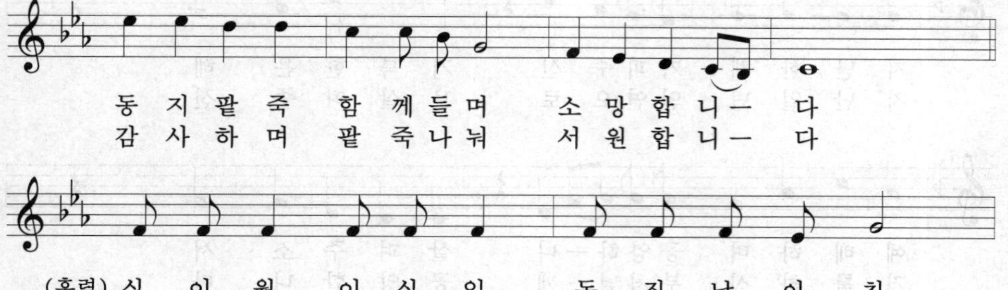
동 지 팥 죽 함 께들며 소 망합니— 다
감 사 하 며 팥 죽나눠 서 원 합 니— 다
(후렴) 십 이 월 이 십 일 동 짓 날 아 침

새옷 입고부처님께 불 공 드 려 요 —

5-027

동지불공 팥죽공양

강용숙 작사
오세균 작곡
♩= 102
우 리 절 의 동 지 불 공 부 처 님 공 양
절 기 불 사 동 지 불 공 감 사 의 인 사
부 처 님 과 나 한 님 ㅡ 께 공 양 합 니 다
거 룩 하 신 부 처 님 ㅡ 께 감 사 하 는 날
지 난 한 해 가 피 주 신 거 룩 한 은 혜
지 난 일 년 인 연 으 로 보 살 펴 주 신
예 배 하 며 공 양 하 ㅡ 니 살 펴 주 소 서
거 룩 하 신 부 처 님 ㅡ 께 공 양 합 니 다
오 고 가 는 세 밑 에 서 인 연 찾 으 니
오 고 가 는 세 밑 에 서 인 연 찾 으 니
거 룩 하 신 부 처 님 ㅡ 께 예 배 합 니 다
거 룩 하 신 부 처 님 ㅡ 께 예 배 합 니 다

5-028

동짓날 팥죽공양

이순금 작사
김병학 작곡

오늘 은 노동짓 날 붉은팥 씻어—내어 가마 솥
오늘 은 중동짓 날 붉은팥 뉘를—골라 가마 솥
걸 어놓고 팥 죽을 끓입니— 다 —
열 어놓고 팥 죽을 끓입니— 다 —
악 한 것 물 리 치 고 착 한 것 맞 이—하 는
나 쁜 건 물 러 가 고 좋 은 것 맞 이—하 는
붉 은 죽 동 지—팥— 죽 —
붉 은 죽 동 지—팥— 죽 —
불 전 에 올 립 니 다 —
공 양 을 올 립 니 다 —
그 옛 날 불법찾 던 수 행— 중 문 희
선 — 사 — 동짓 날 팥죽쑤 며
문—수 보 살 뵈 — 였 지— 요 —

5-029

등불공양

대 우 작사
정홍근 작곡

♩= 110
어 둠 을 밝 혀 주 는 등 불 입 니 다
마 음 을 밝 혀 주 는 등 불 입 니 다
지 혜 를 밝 혀 주 는 빛 이 옵 니 다
부 처 님 미 소 찾 는 빛 이 옵 니 다
자 비 의 은 혜 로 움 따 뜻 합 니 다
무 명 을 찾 게 하 는 길 이 옵 니 다
사 랑 의 나 눔 으 로 행 복 합 니 다
우 주 의 큰 사 랑 을 찾 게 합 니 다
이 한 등 의 등 불 밝 혀 세 상 이 밝 게
이 한 등 의 등 불 밝 혀 세 상 이 밝 게
부 처 님 께 귀 의 하 니 안 아 주 소 서
부 처 님 께 귀 의 하 니 안 아 주 소 서

5-030

등불공양

배정순 작사
황옥경 작곡

♩. = 46
날 마 다 날 ㅡ 마 다 밝 은 날 이 길 소 망 합 니 다 ㅡ
내 일 도 오 늘 처 럼 밝 은 날 이 길 소 망 합 니 다 ㅡ
날 마 다 날 ㅡ 마 다 지 혜 로 운 날 이 길 소 망 합 니 다 ㅡ
오 늘 도 어 제 처 럼 지 혜 로 운 날 이 길 소 망 합 니 다 ㅡ
바 라 옵 ㅡ 니 다 부 처 님 전 에 꺼 지 지 않 ㅡ 는 ㅡ
등 불 이 옵 니 다 부 처 님 앞 을 환 하 게 밝 히 어 ㅡ
인 등 을 밝 ㅡ 혀 등 불 공 ㅡ 양 드 ㅡ 립 니 다 ㅡ
제 몸 을 비 추 는 등 불 공 ㅡ 양 드 ㅡ 립 니 다 ㅡ

5-031

라일락 꽃 향기에

Moderato
♩= 80
곽영석 작사
서근영 작곡
라 일 락 ㅡ꽃 향 기 가 피 어 나 는 절 마 당 에
연 등 불 은 어 둠 속 에 새 벽 별 과 ㅡ스 러 지 고 백 일
밤 을 세 워 탑 을 돌 며 서 원 기 도 ㅡ회 향 할 때 님 의
기 도 ㅡ성 만 하 는 대 웅 전 엔 목 탁 소 리
향 기 ㅡ꽃 향 기 가 걸 음 마 다 피 어 나 네
도 량 송 에 울 던 풍 경 안 개 바 다 ㅡ헤 엄 치 고 계 곡
인 연 따 라 찾 아 왔 다 인 연 지 어 ㅡ사 는 세 상 부 질
멀 리 달 려 갔 ㅡ 던 범 종 소 리 돌 아 와 서 나 비
없 는 삶 의 욕 ㅡ 망 눈 을 뜨 면 찰 나 이 고 부 처
춤 ㅡ춤 사 위 ㅡ 에 사 뿐 사 뿐 ㅡ내 려 앉 네
만 나 인 연 향 ㅡ 기 내 생 애 의 ㅡ축 복 이 라
꽃 향 기 로 장 엄 하 는 햇 빛 고 운 산 길 아 ㅡ 래
라 일 ㅡ락 꽃 ㅡ 향 기 가 법 화 도 량 장 엄 하 네

5-032

마애불의 미소

(가사공모 당선작)

최연주 작사
정동수 작곡
♩= 120
머 위 꽃 이 피 는ㅡ언 덕 인 적없 는 산 길 아 래
산 도 라 지 남 빛ㅡ꽃 이 피 어있 는 언 덕 아 래
천 년 하 늘 지 키ㅡ면 서 미 소 짓 는 마 애 불 님
일 원 상 의 고 운ㅡ미 소 자 애 로 운 마 애 불 님
멀 어 지 면 다 가 오 고 다 가 가 면 멀 리 가ㅡ는
암 벽 위 에 돋 아 나 서 사 바 세 계 살 피 시ㅡ는
꿈 과 같 은 임 의 미 소 영 원 하 신 보 살 이ㅡ여
임 의 가 피 임 의 원 력 찬 탄 하 며 경 배 하ㅡ세

5-033

만발공양 함께해요

곽영석 작사
김정란 작곡
Allegro ♩= 120
큰 스님 도 법 사님 도 즐 거 운 이 날 ㅡ
공 양간 에 큰 솥걸 고 국 을 끓 여 요 ㅡ
우 리 절 의 만 발 공 양 함 께 해 봐 요
삼 사 동 네 이 웃 사 촌 모 두 불 러 요
발 우 마 ㅡ 다 ㅡ 그 릇 마 ㅡ 다 ㅡ 공 양 할 ㅡ 음 식
발 우 마 ㅡ 다 ㅡ 넉 넉 하 ㅡ 게 ㅡ 소 복 히 ㅡ 담 아
마 음 담 ㅡ 아 ㅡ 정 을 나 눠 요 ㅡ 웃 음 꽃 피 워 요
우 리 절 ㅡ 의 ㅡ 만 발 공 ㅡ 양 ㅡ 정 ㅡ 이 넘 쳐 요
(후렴) 우 리 절 의 전 통 행 사 만 발 공 양 에
어 서 와 요 함 께 해 요 기 쁨 나 눠 요
어 서 와 요 함 께 해 요 기 쁨 나 눠 요

5-034

무심의 꽃

허말임 작사
이재성 작곡
가사의 의미를 생각하며 ♪= 120
인 연 겹 의 굴 레 에 — 서 나 고 지 는 풀 꽃 — 처 — — 럼
인 연 으 로 쌓 은 보 — 시 가 피 되 어 마 음 — 열 — — 고
한 시 절 의 불 연 지 — 어 이 땅 위 에 연 꽃 됐 — — 네
열 린 마 음 그 자 리 — 에 방 하 착 의 빈 자 리 — — 라
부 처 공 양 서 원 — 하 — — 고 법 당 안 을 장 엄 — 해 — — 도
역 대 조 사 선 지 — 식 — — 이 가 르 치 고 전 한 — 말 — — 씀
가 고 오 던 시 절 — 인 — — 연 부 처 앞 에 눈 물 짓 — — 네
이 생 전 생 자 취 — 찾 — — 아 방 랑 하 는 길 손 이 — — 여
(후렴) 꽃 핀 자 리 열 매 — 맺 어 또 한 세 월 예 비 해 — — 도
천 년 세 월 찰 나 의 — 연 무 심 의 꽃 다 시 피 — — 네 —
무 심 의 꽃 다 시 피 — — 네 —

5-035

바람의 인연

곽영석 작사
강주현 작곡
서정적으로 ♩=68
산 —
산 —
벚 꽃이 피어 있 는 숲속 길 을걷다보 니 구름
죽 나무 수런 대 는 숲속 길 을걷다보 니 범종
물 든산골짜 기 숨어 우 는풍경소 리 인연
소 리울며나 는 절마 당 을찾아갔 네 눈빛
따 라 찾아 갔 다 염불 소 리향기로— 워 나도
고 운 부처 님 과 홀로 우 는풍경소— 리 경건
몰 래 찾은 법 당 합장 하 고눈물짓 네 한—
한 밤 두손 모 아 합장 하 고경배했 네 살—
랑 없는 지난 세 월 업그 림 자안고와 서 대자
아 온날 아득 하 고 후회 스 런삶의업 장 나도
비 의가피은 혜 서원 기 도간절하 네 (후렴) 간절
몰 래엎드려 서 부처 님 께예배하 네
하 면이뤄질 까 소리 치 면친견할 까 날—
저 무는노을 길 에 홍련 백 련피어나— 네

5-036

복덕을 탐하지 말라

이종완 작사
이종록 작곡

♩= 80 -84

여래께서오고가ㅡ 는 모습에서뜻을찾 고
여래께서앉고가ㅡ 는 모습에서뜻을찾 고
네가지은복ㅡ덕ㅡ 을 탐내고집착하려 하지마ㅡ라
네가지은공ㅡ덕ㅡ 을 탐내고집착하려 하지마ㅡ라
ㅡ 법은법 이 라는생각이 아 닌 까닭에
ㅡ 법은법 이 라는생각이 일 어 난다면
법이라 일컫 는ㅡ다고 여래는말씀하시 었ㅡ 다
집착에 빠져 버린다고 여래는말씀하시 었ㅡ 다
ㅡ 법을취 해 서는안 되는 비밀스런 뜻을가 지 고
ㅡ 법이아 닌 것을끊 어 서 비밀스런 뜻을품 으 며
ㅡ 여래께서 는 오고가는 일이없으니 여래니ㅡ라
ㅡ 여래께서 는 앉고눕는 일이없으니 여래니ㅡ라
(후렴) 삼 천 대 천 세 계 를 칠보로가득채운 복 덕 을
여래께선복 덕이 아니라 복덕이라하십니 다

5-037

부모님의 품속으로

조운두 작사
노영준 작곡
Moderato ♩= 100
나무아 미 타 불 — 아미타 —불 나 무아 미 타 — 불
나무아 미 타 불 — 아미타 —불 나 무아 미 타 — 불
부귀영 화자 랑마 라 잘—낫 다고 뽐 내 지 —마 — 라
무병장 수자 랑마 라 못—낫 다고 기 죽 지 —마 — 라
구 름처 럼바 람처 럼 흔 적없 — 이 살 다 갈 인 생
바 람되 어구 름되 어 살 다보 — 면 그 만 인 것 을
무 슨욕 심그 리많 아 등 에지 —고 달 려 가—느— 냐
무 슨욕 심그 리많 아 가 슴앓 —고 달 려 가—느— 냐
(후렴) 너 와나 의업 보 인 걸 우 리삶 —의 고 뇌인 것 을
내 려놓 — 고 달 려오 — 라 부 처 님 품속으 — 로

5-038

부모은중경

김종상 작사
안병룡 작곡

느리게 또박또박
가 없 는 부 모 은 혜 생 각 해 볼 까 요
끝 없 는 부 모 은 덕 헤 아 려 볼 까 요
열 달 동 안 뱃 속 에 품 어 주 신 은 혜
품 에 안 아 젖 먹 여 키 워 주 신 은 혜
낳 으 실 때 큰 아 픔 참 아 주 신 은 혜
몸 의 때 를 깨 끗 이 씻 어 주 신 은 혜
낳 으 시 고 좋 아 서 기 뻐 하 신 은 혜
멀 리 가 면 주 야 로 걱 정 하 신 은 혜
좋 은 음 식 찾 아 서 먹 여 주 신 은 혜
온 갖 정 성 다 해 서 아 껴 주 신 은 혜
마 른 자 리 골 ㅡ 라 서 가 려 뉘 신 은 혜
우 리 고 통 대 ㅡ 신 해 앓 아 주 신 은 혜
무 엇 으 로 갚 을 까 요 바 다 보 다 깊 은 은 ㅡ 혜
어 찌 하 여 갚 을 까 요 하 늘 보 다 높 은 은 ㅡ 혜

5-039

부처님 같은 사람

(가사공모작)

전병호 작사
이태현 작곡

♩. = 44
부 처 님 은 우 리 에 게 무 엇 을 가 르 치 실 까 ―
부 처 님 은 우 리 에 게 무 엇 을 베 ― 푸 실 까 ―
사 람 들 이 배 우 는 공 부 가 쑥 쑥 자 라 도 록 ―
우 리 들 이 배 우 는 지 혜 가 쑥 쑥 생 기 도 록 ―
몸 과 마 음 단 정 하 게 바 른 마 음 일 ― 러 서
몸 과 마 음 올 바 르 게 어 진 마 음 일 ― 러 서
나 쁜 마 음 사 라 지 고 착 한 마 음 생 ― 겨 나 ―
악 한 마 음 없 어 지 고 선 한 마 음 생 ― 겨 나 ―
부 처 님 같 은 복 된 사 람 되 라 고 하 ― 셨 네 ―
부 처 님 같 은 어 진 사 람 베 풀 라 하 ― 셨 네 ―

5-040

부처님 사랑 안에

유 정 작사
조광재 작곡

Waltz ♩= 92
한 때 는 욕 망 에 눈 멀 었 죠 마 음 을 비 우 니
허 황 된 꿈 속 을 헤 메 었 죠 우 연 히 깨 닫 고
욕심을 버 리 니 검 은 구 름 걷 히 고 태 양 이 빛나듯
정신차 리 — 니 짙 은 안 개 걷 히 고 햇 살 이 눈부시
이 살 아 가 는 세 상 이 확 달 라 보입니 다
듯 희 망 에 찬 기 쁨 에 인 생 이 즐거워 라
(후렴) 아 세 월 은 저 세 월 이 또 —
가 지 — 만 — 난 두 렵 지
않 — — 아 무 섭 지 도 않 — 아
— 이 제 는 나 만 의 행 복 느끼 며
나 오 직 부 처 님 사 랑안에 있으니 까

5-041

부처님의 어머니

곽영석 작사
정동수 작곡

부 처님이 일려주ㅡ신 어 머니은ㅡ 혜
부 처님이 일려주ㅡ신 어 머니은ㅡ 혜

다 생다겁 인연지ㅡ어 잉 태하ㅡ시ㅡ 고
자 식사랑 한량없ㅡ어 미 워함ㅡ없ㅡ 고

몸 안에서 열달동ㅡ안 품 어길러 서
양 육책임 당연한ㅡ듯 늙 는줄몰 라

고 통참고 낳으시ㅡ니 뼈 가무너 져
집 떠나면 근심걱ㅡ정 자 식사랑 뿐

낳 은아기 보호하ㅡ매 보 살펴주ㅡ 니
목 숨다해 떠날때ㅡ도 오 직자식ㅡ 뿐

그 은혜가 태산이ㅡ라 한 량없어ㅡ 라
그 은혜가 바다이ㅡ라 어 찌갚을ㅡ 까

5-042

북소리

공현혜 작사
김병학 작곡

암소가웁 니 다 초원에서풀을 뜯 던
숫소가웁 니 다 황야에서풀을 뜯 던
만난—적도 없 는암소의 눈이보입니 다
만남—적도 없 는숫소의 눈이보입니 다
빈가슴을밟고 가 는 나이테로우는 소 리
아픈자락홍이되 는 이별춤의그 장 단 에
살을—푸는 북 —소 리 어미소의그목소— 리
회색—하늘 돌 —다 가 눈이깊은숫소목소 리
두두둥 두 둥 두두두두 두 둥
인연 을 깨 우 — 는 —
천상 의 법고소— — 리 —

5-043

불영사 탑 그림자

박윤덕 작사
조영근 작곡

Andante
불 영 사 탑 그림 자 연 못 에 지 면 홍 련
불 영 사 치 미위 에 노 을 이 지 면 화 분
백 련 연 꽃 하 ―― 나 손 에 들 고 ― 서 부 처
마 다 두 손 모 ―― 은 연 꽃 이 피 ― 어 부 처
님 을 기 다 리 는 제 자 스 님 들 일 주
님 이 오 시 는 길 나 란 히 서 서 거 룩
문 앞 에 서 ― 서 기 다 립 니 다 탑
하 신 ― 부 처 님 기 다 립 니 다
그 림 자 일 렁 이 는 불 영 사 연 못 자 비
하 신 부 처 ― 님 앉 아 계 세 요

5-044

붉은 산 부처바위

곽영석 작사
최선기 작곡

붉 은 산 에 부 처 바 위 영 험 하 여 서
붉 은 산 에 앉 아 계 신 부 처 바 위 는
기 도 서 원 모 든 사 람 이 뤄 진 대 요
오 고 가 는 인 연 들 을 살 피 신 대 요
착 한 사 람 바 른 사 람 살 펴 보 시 고
선 근 종 자 잘 키 워 서 기 둥 만 들 자
아 름 다 운 인 연 가 피 맺 게 한 대 요
꿈 이 크 신 사 람 부 터 살 펴 본 대 요
붉 은 산 에 부 처 바 위 소 원 — 의 바 위
모 든 인 연 살 피 셔 서 이 뤄 — 주 소 서

5-045

불이문 앞에서

정민시 작사
황옥경 작곡

♩= 68
산 문 앞 에 멈 춰 서 서 걸 어 온 길 바 라 보 니
불 이 문 에 기 대 서 서 시 절 인 연 바 라 보 니
인 연 지 어 모 든 일 이 ㅡ 한 량 없 고 죄 만 많 아 ㅡ
나 의 역 사 부 질 없 고 ㅡ 살 아 온 길 부 끄 러 워 ㅡ
가 슴 치 며 후 회 하 며 사 박 걸 음 걸 어 가 네
가 슴 치 며 손 짓 해 도 어 느 누 가 알 아 줄 까
멀 리 뵈 는 도 량 에 는 풍 경 소 리 한 가 롭 고
지 심 으 로 염 불 하 며 지 금 부 터 걸 어 가 면
손 을 들 어 반 겨 주 는 부 처 님 의 자 비 손 길 ㅡ
부 처 님 의 자 비 은 혜 한 줄 기 의 광 명 이 라 ㅡ
내 가 걷 는 걸 음 마 다 은 혜 되 어 넘 쳐 나 네 ㅡ
내 가 걷 는 걸 음 마 다 은 혜 되 어 넘 쳐 나 네 ㅡ

5-046

불이문을 바라보며

백두현 작사
강주현 작곡

행복한 마음으로 ♩= 100

행 복 과 불 행 은 둘 이 아 니 다
있 음 과 없 음 은 둘 이 아 니 다
마 음 의 차 이 로 둘 로 보 인 다
생 각 의 차 이 로 둘 로 보 인 다
삶 과 죽 ㅡ 음 도 둘 이 아 니 다
부 처 와 중 생 도 둘 이 아 니 다
죽 음 도 윤 회 하 면 다 시 태 어 나
중 생 도 깨 달 으 면 부 처 되 는 것
(후렴) 불 이 문 을 바 라 보 며 기 도 를 한 다
나 무 석 가 모 니 불 나 무 석 가 모 니 불

5-047

사랑해요 부처님

(찬불가요수상곡)

우 학 작사
이윤정 작곡
♩= 115
사 랑해요부처 님 걸을수 있 도록발을주시 고 ― ―
글쓰고 만질수 있 도 록 손 을 주 셨 네
들 을 수 있 도 록 귀 를 주 시 고 아 름
다 운 것 볼 수 있 게 눈 을 주 셨 네 부 처
님 이 언 제 나 아 껴 주 시 니 정 말 기 분 좋 아 ― 요

5-048

사랑해요 부처님

(가사 공모작)

한혜범 작사
장태민 작곡

Slow GoGo ♩= 72
모르고서살았을땐 힘들—었죠 한때는세상이싫었어
마음의등밝히려고 기도—하죠 한때는나마져미웠어
요 그러나부처님을 알고부터
요 그러나부처님을 알고부터
1.
세상이아름다워졌어 요
2.
모두를사랑하게됐어 요
1.내가— 어둠속을 —헤매일때 —빛이 되어주신부처 님 — —
2.나도— 고운우리 —님을따라 —꽃한 송이들고웃을 까 — —
거치른고해에서 방황할때 길을열어주신부—처 님
자비의바다에서 노저을까 나를깨워주신부—처 님
이세상다하는 그—날까지 당신을믿고따르겠어요
이목숨다하는 그—날까지 당신을믿고따르겠어요
큰사랑내게주신 부처님 부처님을사랑해 요
큰사랑내게주신 부처님 당신만을사랑해 요

5-049

산사

정다운 작사
안경수 작곡

굿거리 ♩. = 60
여 기 는 마 을어구 번져오는 향내음뿐
취 뿌 리 살찌는소리에 봄 모롱이 귀트이고
종 소 리 사루는별빛 산도물도 뜨는별빛
♩ = 56
이 따 금 소나무사일 빗질하는목쉰 바람— —
젖은장지— 문틈으로— 새어드는맑은바 람— —
바 람 도 풍경에 달 아 연문하여우는달 빛
(자진모리) ♩. = 120
달 빛들 도 솟 아놓면 — — 풀 잎 마 다
젖 는것을 — — 멍 든가슴 — —
풀내음——— 채 워놓고 — — 산 문 밖 열고 들 어
서는 향불같 은 — 달 그 림 자— —

5-050

산사를 찾아갑시다

(수상작)

여영희 작사
이순희 작곡

Leggiero(경쾌하게) ♩= 92
mp
rit.
mp a tempo
산 사를찾ㅡ아 갑ㅡ시다 님 찾아길ㅡ을 떠납시다
mf poco a poco cresc.
부 처님계ㅡ신 성ㅡ ㅡ전 산사를찾아갑시 다
큰 스님자ㅡ취 따ㅡ ㅡ라 산사를찾아갑시 다
mf
순 례의여ㅡ정 에 ㅡ 서 내진면목살펴봅시 다
대우주의풍ㅡ진 세 ㅡ 상 대자연을살펴봅시 다
mp mf
인 연ㅡ지ㅡ어 찾아 가는 자비하신부처님모 습
법 연ㅡ따ㅡ라 찾아 가는 거룩하신부처님모 습
f ff
진 리 의 법향따라ㅡ 큰스님들자ㅡ취 따 ㅡ라
이승 에 서 만난인연ㅡ 큰스님들찾ㅡ아 뵈 면 서
f ff
산 사를찾ㅡ아 갑ㅡ시다 님 찾아길떠납시 다

5-051

삼종염불의 가피

곽영석 작사
조영근 작곡

Moderato
1.내 마음에 부처님 거룩하신부처님
2.사랑하는 부처님 자비하신부처님
3.자비하신 부처님 거룩하신부처님
연호하며 따르네 거룩하신부처님
염불하며 그리네 자비하신부처님
다라니와 능엄주 주문외며따르네
부처님이ㅡ 깨ㅡ우친ㅡ 진리명상그리며
부처님의ㅡ 공ㅡ덕과ㅡ 그모습을그리며
부처님의ㅡ 명ㅡ호를ㅡ 부르면서기도해
법신염불ㅡ 간ㅡ절히ㅡ 연호하며따ㅡ르네
관음염불ㅡ 지ㅡ극히ㅡ 염송하며따ㅡ르네
칭명염불ㅡ 그ㅡ가피ㅡ 햇볕처럼따ㅡ뜻해
연호하며따릅니다 아미타불 관세음보ㅡ살
삼종염불ㅡ 간절하여ㅡ 부처님을뵈옵니다

5-052

새벽길 암자

안상민 작사
최선기 작곡
♩= 90
새 벽 푸 른 산 빛 헤 치 고 ㅡ 별 ㅡ 빛 이 스 치 고 간 길 을 따 라 ㅡ
새 벽 푸 른 하 늘 헤 치 고 ㅡ 달 ㅡ 빛 이 스 치 고 간 길 을 따 라 ㅡ
또르르 웃음짓는 맑은 이슬ㅡ 눈웃음나누며 가 는 길
맑ㅡ게 반겨주는 하얀 안개ㅡ 손인사나누며 가 는 길
솔 향 기 그 윽 한 소 나 무 숲 을 지 나 콧 노 래 흥 얼 거 리 며 가 다 보 면
꽃 향 기 그 윽 한 야 생 화 밭 을 지 나 휘 파 람 휘 리 리 불 며 가 다 보 면
문 득 나 타 나 는 조 그 만 암 자 조 그 만 암 자
문 득 나 타 나 는 조 그 만 암 자 조 그 만 암 자
노 스님 깨실까 봐 ㅡ 살금살금다가가도ㅡ 산새들이우는소리ㅡ ㅡ
노 스님 깨실까 봐 ㅡ 조심조심다가가도ㅡ 처마밑의풍경소리ㅡ ㅡ
숲 속 가득 ㅡ 울 려 오ㅡㅡ 니 아무런소용없네ㅡ ㅡ
온 산 가득 ㅡ 들 려 오ㅡㅡ 니 아무런소용없네ㅡ ㅡ
에헤 이 야 에헤이야 에 헤이야 에헤이야
얄리얄리얄리얄리얄리 얄라셩 얄 리 얄 리 얄라 셩ㅡ

5-053

생전예수재의 공덕

(방송공모작)

곽영석 작사
지 범 작곡
예 수 시 왕 생 칠 경 에 부 처 께 서 이 르 시 ─ 되
예 수 칠 재 지 낸 자 는 시 방 에 서 구 원 하 ─ 여
살 아 생 전 예 수 칠 재 지 내 는 자 공 덕 보 아라
중 음 신 이 되 지 않 고 공 덕 밭 에 태 어 나 니라
초 하 루 와 보 름 날 에 삼 보 공 양 올 ─ 리 고 서
아 미 타 불 옹 호 하 고 명 부 사 자 친 ─ 견 하 고
시 왕 기 도 행 하 는 ─ 자 그 공 덕 이 크 나 니 라
극 락 세 계 이 끄 나 ─ 니 원 왕 생 의 복 전 이 라
예 수 재 를 ─ 행 하 는 자 방 생 부 터 행 하 여 라
자 비 방 생 ─ 이 른 마 음 모 든 부 처 감 응 하 리

5-054

서원으로 짓는 공양탑

여영희 작사
이종록 작곡

♩= 80 -84
mp
푸 른
달 이흘—리고 간 달빛 모 아석등켜— 면 돌아
달 님흘—리고 간 눈물 방 울이슬모— 아 물레
앉 은임의가— 슴 팔을 벌 려안아줄— 까 소쩍
방 아밟고서— 면 임의 미 소다시볼— 까 임—
mf
새 의—홀짝이— 는 울음 소 리간절해— 서 긴—
부 르는소쩍새— 의 울음 소 리간절해— 서 자비
한 숨에밤을 새 는 자비하—신임 이 시 — 여
손 을들고— 앉 은 거룩하—신임 이 시 — 여
(후렴) 기 도하 면 이뤄질—까 사 랑하 면 이어질 까
대 자비 의 용 화 세 상 공 양 탑 을
1.
2.
쌓 아 가—네 — 조 각 쌓 아 가— 네 —

5-055

석등에 불 밝히고

(찬불가요 대상 수상곡)

곽영석 작사
조영근 작곡
Andante
mp
날 저 문산—사에 풍 경소리 밤 을지 키 고
바 람 도쉬어가는 산 골짜기 빈 암자 에 는
달 빛에 젖은 법 당엔 화엄법문즐—거워 라
구 름이 가만 내 려와 연화장의세상만들 지
mf
mp
절 마 당 석 등아래 불빛하나누구 일— 까
절 마 당 석 등아래 누가염불하고 있— 나
mp
mf
mp
반딧불 이 인 연모아 등불공양외로워 라
산새들 — 모 여앉아 칭명염불간절해 라
mp
mf
mp
(후렴) 석 등에 불 밝히 고 길을묻는저나그 네
mf
D.C.
한 맘으로 정 진하여 성불하는그 날까 지
mp
rit
mf
한 맘으로 정 진하여 성불하는그 날까 지

5-056

선방의오후

이순금 작사
정홍근 작곡

♩= 110
비가개인ㅡ 오 후 햇살은 쏟아지는 데
비가개인ㅡ 오 후 햇살은 눈부신ㅡ 데
청정한 도량 에 서 푸르른 대숲보 네
대웅전 부처 님 의 자비론 미소시 여
풍경소리ㅡ 바람타고ㅡ 골짜기에감ㅡ 돌 고
가던발길ㅡ 멈ㅡ추고ㅡ 엎드려서예배 할 때
침묵깨는ㅡ 죽비소리ㅡ 가까ㅡ이들 리 네
선ㅡ방의ㅡ 스님들은ㅡ 용맹정진하 시 네
산새가 스님 들 께 노래공양 올ㅡ릴 때
대숲도 환희 심 에 찬불가를 합창하 고
길손도 두손 모 아 예배하며 지나가 네
나그네 두손 모 아 염불하며 바라보 네

5-057

섶다리공양

이극래 작사
강주현 작곡
마음을 모아서 ♩= 72
마을앞 에 섶 다 리를 누가지 었 나
시방사 람 소 원들어 강위에 놓 은
큰물지 면 망 가지는 맘보섶 다 리
서원세 운 노 총각이 놓은섶 다 리
앞산뒷 산 나무베 어 강물에 세 운
연연세 세 새다리 를 지어놓 아 라
쿨렁쿨 렁 삐걱삐ㅡ걱 맘보섶 다 리
그공덕 이 무량하ㅡ여 복을받 았 네
소리없 이 지은공ㅡ덕 하늘에미 쳐
강원감사벼슬 받 아 태어났다 네

5-058

수미보탑 찬탄가

승 원 작사
지 범 작곡

♪ = 90

한 ― 덩 ― 이 하 늘 ― 돌 ― 로 수 미 보 탑 세 ― 우 ― 니
정 법 구 ― 주 호 지 ― 삼 ― 보 도 리 천 중 수 미 보 ― 탑

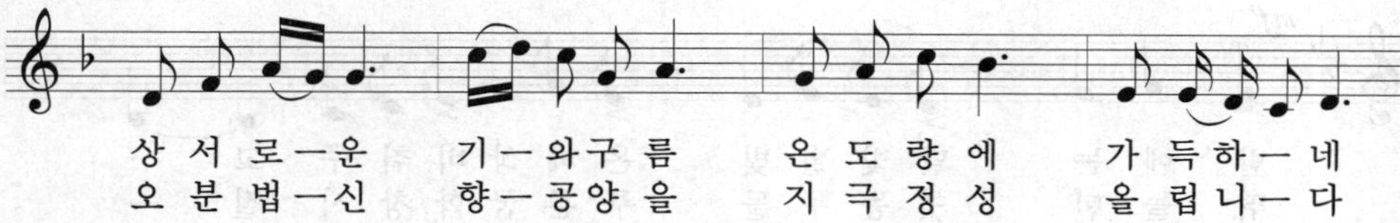
상 서 로 ― 운 기 ― 와 구 름 온 도 량 에 가 득 하 ― 네
오 분 법 ― 신 향 ― 공 양 을 지 극 정 성 올 립 니 ― 다

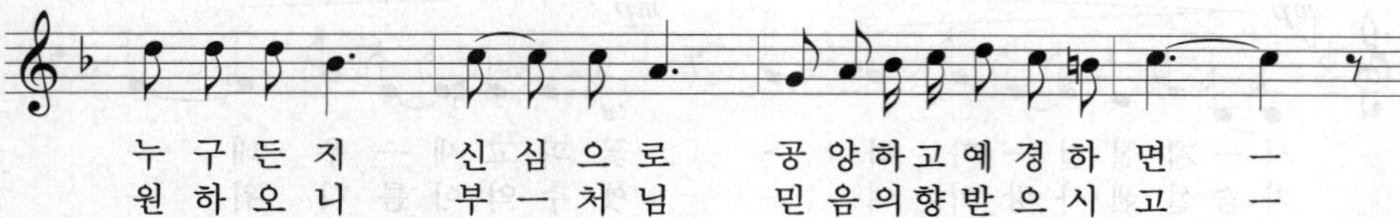
누 구 든 지 신 심 으 로 공 양 하 고 예 경 하 면 ―
원 하 오 니 부 ― 처 님 믿 음 의 향 받 으 시 고 ―

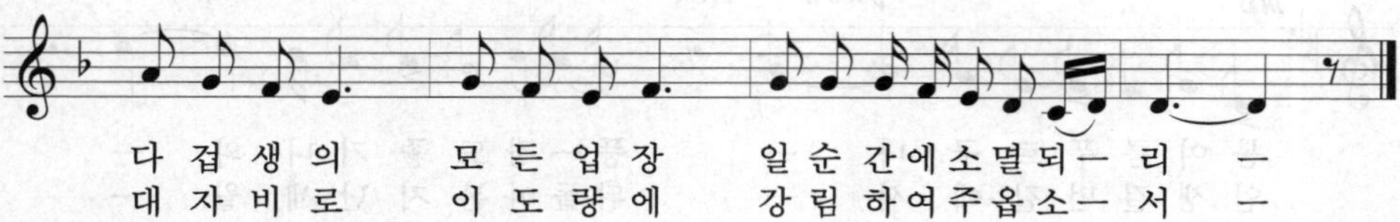
다 겁 생 의 모 든 업 장 일 순 간 에 소 멸 되 ― 리 ―
대 자 비 로 이 도 량 에 강 림 하 여 주 옵 소 ― 서 ―

5-059

아름다운 사바 세계

일 겸 작사
이순희 작곡
Moderato con anima
mf
mp
세 상 은 아 름 다 워 낮 ㅡ 에 는 황 금 햇 살
인 생 은 아 름 다 워 개 구 장 이 어 린 시 절
mf
밤 에 는 달 빛 별 빛 온 세 상 비 춰 주 고 ㅡ
뛰 놀 던 옛 동 무 들 푸 른 꿈 학 창 시 절 ㅡ
mp
mp
사 ㅡ 계 절 철 ㅡ 따 라 ㅡ 꽃 피 고 새 ㅡ 우 네 ㅡ
가 슴 설 렌 사 랑 이 여 ㅡ 옛 추 억 아 름 다 워 ㅡ
mp
poco a
cresc
봄 여 름 푸 르 구 나 ㅡ 풍 ㅡ 경 도 좋 거 니 와 ㅡ
인 생 길 먼 길 에 서 ㅡ 뒤 돌 아 본 지 난 세 월 ㅡ
f
f
물 색 이 더 욱 좋 아 ㅡ 쪽 빛 바 다 아 름 다 워 ㅡ
빈 손 으 로 왔 는 데 ㅡ 이 정 도 면 괜 찮 잖 아 ㅡ

5-060

아미타불의 가피

이순금 작사
최선기 작곡

영원한수 명 아미타ー불 금색여래 시ー 여ー
한량ー없 는 광명이ー여 끝없는수 명ー 이여
간절한마 음 으 로ー 두손ー모 아 부릅 니다
극락세계 아 미 타불 간ーー절 히 부릅 니다
육 도ー중 생 어두운맘에 빛ー을 주 시ー 는ー
모 든ー생 명 사ー랑하사 구품연 대 여ー 시니
거룩한공 덕 충만한세상 극ー락ー정토 여
찬란한세 상 거룩한장엄 서ー방ー정토 여
시방세계밝혀주ー 는 ー 광명으로충만한ー 곳 ー
오색연대기다리ー 는 ー 아미타불계ー시는 곳

5-061

안개비에 옷이 젖듯

윤동기 작사
정영화 작곡

Andante
큰스님의법문말ㅡ 씀 어렵고도광대 하 여
법사님의강론말ㅡ 씀 처음에는어려 워 서
엎드려서한시 절 을 정진하여깨칩 니 다
마음공부어찌 할 까 망설이며들었 어 요
듣다보면염불소ㅡ 리 가슴여는소리 되 고
부처님이말씀하ㅡ 신 팔만사천대법 문 을
지혜로운비유 말 씀 삶의방편알았 어 요
읽고듣고배우 면 서 여실한법깨칩 니 다
이생에서부처 만 나 삶의방편찾았 으 니
인연지어찾은 행 복 찬송하며따릅 니 다

5-062

어둠을 밝히는 달빛처럼

곽영석 작사
오세균 작곡

♩= 96
한 구절의 경전글—도 깨 우쳐 서 이 르 면
방 황하는 중생들—을 바 른길 로 이 끌 때
번 뇌무명 깨쳐주—는 대 —광 명 불빛되 고
바 른진리 교화방—편 모 든것 이 지—혜 라
비 바 람에 날려 가던 한 줌 흙 의 먼—지 도
풀 잎 위 에 아 침 이슬 빛 살 처 럼 스러져 도
인 연 겁의 종 자 되어 새 인 연 을 짓 듯 이
인 연 만 나 구 름 종 자 다 시 되 어 날 듯 이
내 가가 진 능 력 으 로 등 불 되 게 하 시 어
정 토향 의 불국정—토 이 뤄가 게 하 소 서

5-063

엄마

도 신 작사
강주현 작곡

♩= 82
mp
나 도 갈 래ㅡ 나ㅡ 도 갈 래
엄 마 따 라ㅡ 나ㅡ 도 갈 래
f
mf
엄마ㅡ 혼ㅡ 자 외로워서ㅡ 어떻ㅡ게ㅡ보내 요 ㅡ
f
mp
불쌍하 신 우리엄 마 어떻하면좋아 요 나도갈 래ㅡㅡ
mf
f
mf
나도갈 래 엄마ㅡ 따ㅡ 라 ㅡ 갈테 야 ㅡ
mf
f

엄마
2
땅 을 치 고 — 하 늘 을 보 며
피 눈 물 을 — 흘 — 려 — 도
한 번 — 가 — 신 우 리 엄 마 — 돌 아—올 줄 모 르
네 — 엄 마 엄 마 우 리 엄 마 어 떻— 하—
면 — 좋 아 요 — 보—고 싶— 어
보—고 싶— 어 우 리 엄 마— 보 고 싶— 어 —
떠 나 가— 신 우 리 엄— 마—— —
보 고 싶 어 — 어 ——— 어
어 ——— 어 어— —— 어 어 — —— 어
1.
2. rit
우 리 엄— 마 보 고 싶 어 보 고 싶— 어

5-064

연등 걸린 숲속 길을

오인자 작사
김정란 작곡
♩= 100
mp
연 등 걸 린 숲속길을ㅡ 꽃등따라걷다 보 면
풍 경 소 리 철렁이는ㅡ 소리따라올라 보 니
풍 경 소 리 아름다운ㅡ 숲속절이거기 있 네
아 름 다 운 숲속절이ㅡ 계곡아래앉아 있 네
mf
마 당 쓸던ㅡ 우리스님ㅡ 합 장 하며ㅡ 반겨맞고ㅡ
산 메 아리ㅡ 따라외는ㅡ 스 님 염불ㅡ 청량해서ㅡ
내 집 처럼ㅡ 아늑한절ㅡ 나 도 절로ㅡ 합장하네ㅡ
산 새 들도ㅡ 소리죽여ㅡ 법 문 염불ㅡ 듣고있네ㅡ
부처님이그리워서 ㅡ 나도몰래찾아온절 ㅡ
님을찾아산을찾아 ㅡ 정처없이찾아온길 ㅡ
염 불 소 리 듣다보니ㅡ 가슴가득법열이네 ㅡ
환 희 심 에 엎드려서ㅡ 칭명염불외고있네 ㅡ
f
아 아 ㅡ 고 마 워 라ㅡ 님 의 말 씀 님의향기ㅡ
인 연 만 나 법 배 우 니ㅡ 환희심에눈물짓네 ㅡ

5-065

연등을 달아요

허말임 작사
백승태 작곡
Andante
mf
f
부 처님이 오 신—날은 봉축하며기쁜 날—
부 처님이 오 신—날은 경배하며기쁜 날—
거 리마다 오 색—연등 구름처럼달았어 요
너 도나도 정 성—모아 연등공양올립니 다
mf
내가 올린 작은 서원 구름처럼피어 올 라—
어두 웠던 마음 하늘 연등처럼곱게 밝 혀—
f
인 연지 은 그 자—리 에 가피되어돌아 와 요
자 비마 음 피 어—나 서 이세상을밝힙 니 다
p
곱게피운연등 불 빛
f
자비손을펼쳐 들 어
사바중생길밝 히 는
rit.
촛불되기서원합니 다

5-066

연등을 따라서

(작곡공모작)

김현정 작사
한광희 작곡
Andante ♩= 81-85
mf
mf
불 을밝혀 요 등 을밝 혀 요 부 처 님 이 오 신 날 에
등 을밝혀 요 마 음밝 혀 요 부 처 님 이 계 신 절 에 서
절 ㅡ 마 당 에 연 등 을 달 고 나 의 소 원 빌 어 봐 요
오 색 연 ㅡ 등 불 빛 보 ㅡ 며 나 의 소 원 빌 어 봐 요
f
두 손 모 아 합 장 하 ㅡ 고 염 불 외 ㅡ 우 ㅡ 며
친 구 함 께 합 장 하 ㅡ 고 절 ㅡ 하 다 보 ㅡ 면
mf
연 ㅡ 등 을 따 ㅡ 라 탑 을 돌 ㅡ 아 ㅡ 요
연 화 대 의 부 처 님 웃 고 계 ㅡ 셔 ㅡ 요
cresc. rit.
소 원 ㅡ 빌 ㅡ 며 탑 을 돌 ㅡ 아 ㅡ 요
반 갑 게 부 처 님 웃 고 계 ㅡ 세 ㅡ 요

연등꽃등 만들자

(가사 공모작)

여영희 작사
황옥진 작곡

♩. = 105
연 등 ―꽃 등 접어보자― ― 예 쁜 ―연 꽃 등 ― ―
성 탄 ―절 에 함 께들고― ― 행 진 ―해 보 자 ― ―
수 박 ―등 ―에 팔모등 에― ― 둥 근 호 박 ― 등 ― ―
친 구 들 ―과 함 께모 여― ― 만 들 어 ―보 자― ― ― ―
만 들 어 ―보 자 ― ― ―

5-068

연꽃 같은 마음

허말임 작사
정홍근 작곡

♩= 110
꽃 바 람 이 ㅡ 향 기 로 운 ㅡ 사 월 초 파 일
녹 색 바 람 ㅡ 싱 그 러 운 ㅡ 사 월 초 파 일
꽃 등 연 등 ㅡ 불 밝 히 고 ㅡ 부 처 님 을 그 립 니 다
연 등 꽃 등 ㅡ 손 에 들 고 ㅡ 오 신 그 날 기 립 니 다
사 바 세 상 ㅡ 스 승 으 로 ㅡ 오 신 우 리 부 처 님
중 생 위 해 ㅡ 사 바 세 상 ㅡ 빛 이 되 신 부 처 님
등 불 켜 고 ㅡ 성 탄 절 을 ㅡ 우 리 함 께 축 하 합 니 다
그 ㅡ 은 혜 ㅡ 감 사 하 며 ㅡ 두 손 모 아 합 장 합 니 다
(후렴) 무 명 에 서 ㅡ 벗 ㅡ 어 나 ㅡ 마 음 에 불 을 켭 니 다
연 꽃 같 은 ㅡ 마 음 으 로 ㅡ 등 불 을 올 립 니 다

5-069

연꽃 한 송이

강용숙 작사
이태현 작곡

♩= 112
아름다운연꽃한송 이 마음안에피ㅡ워요 ㅡ
사랑하는연꽃한송 이 우리모두피ㅡ워요 ㅡ
우리기도마음안ㅡ 에 탐욕지우고 진리 찾아ㅡ
마하반야마ㅡ음ㅡ 길 물욕지우고 지혜찾아ㅡ
정 성모 은 기 도에ㅡ 합장한손오므리면 ㅡ
마 음모 은 수 행에ㅡ 합장한손펼ㅡ치면 ㅡ
무 향무 색 연꽃봉오리 가슴에피어나요 ㅡ
무 향무 색 연꽃한송이 가슴에피우지요 ㅡ
수 행으 로 피어나는꽃 내마음에피워봐요 ㅡ
우 리가 피울수있는 연꽃한송이 마음 길

5-070

연잎위에 이슬처럼

김원희 작사
곽영석 작곡
♪. = 120
연 잎 위 에 구 ㅡ 르 는 저 이 슬 처 럼 ㅡ
연 잎 위 에 반 짝 이 는 저 햇 살 처 럼 ㅡ
내 마 음 도 처 량 해 물 들 지 않 아 요 ㅡ
내 마 음 도 해 맑 게 반 ㅡ 짝 입 니 다 ㅡ
아 침 햇 살 찬 ㅡ 란 히 어 둠 을 밝 히 듯 ㅡ
어 둠 미 는 여 ㅡ 명 의 빛 ㅡ 줄 기 처 럼 ㅡ
내 자 성 은 청 ㅡ 정 해 불 도 를 익 혀 요 ㅡ
자 성 위 해 오 ㅡ 늘 은 정 ㅡ 진 합 니 다 ㅡ

5-071

오묘한 임의 가피

곽영석 작사
오해균 작곡
거룩한 마음으로 ♩= 69
귀 하고도ㅡ 오 묘ㅡ한 힘 한 량없어ㅡㅡ 서
허 공계에ㅡ 오 묘ㅡ한 힘 두 루미치ㅡㅡ 어
찬 송하 며 예 배하며 따 라간다ㅡㅡ 네
사 바연 에 중 생구원 서 원하신ㅡㅡ 님
거 룩할 손ㅡ 님 의가피 크 신그 은ㅡ 혜
자 비하 신ㅡ 님 의능력 무 량하 여ㅡ 서
임 의말 씀 염 송하며 정 진한ㅡ다ㅡ 네
찬 송하 며 따 르오니 구 원하ㅡ소ㅡ 서

5-072

우리 절의 만발공양

(가사공모작)

곽영석 작사
백승태 작곡
♩= 112
발 우 마 다 가 득 가 득 사 랑 을 담 아 요
발 우 마 다 가 득 가 득 사 랑 을 담 아 요
발 우 마 다 접 시 마 다 마 음 을 담 아 요
발 우 마 다 접 시 마 다 마 음 을 담 아 요
우 리 절 의 ― 나 눔 잔 치 ― 즐 거 운 ― 공 양 ―
우 리 절 의 ― 나 눔 사 랑 ― 자 비 의 ― 마 당 ―
마 음 가 득 ― 정 성 가 득 ― 사 랑 이 ― 가 득 ―
모 든 사 람 ― 넉 넉 하 게 ― 맛 있 는 ― 성 찬 ―
부 처 님 의 자 비 나 눔 함 께 즐 기 는
부 처 님 의 나 눔 보 시 함 께 나 누 는
우 리 절 의 ― 만 발 공 양 ― 함 께 하 ― 세 요 ―
우 리 절 의 ― 만 발 공 양 ― 함 께 해 ― 봐 요 ―

5-073

우전차 다려놓고

성 원 작사
김회경 작곡

Andantino ♩ = 64
우전차다려놓고 기다리는데 벗이여어이이리 더디오시ㅡ니
앞산 등성이 진달래붉은잎 홀로 ㅡ피었다 이산에서지고
비먹음은안개구름 골에가득해 뀐시리하 늘만 바라보는ㅡ데
오늘이라벌ㅡ써 곡우이고보면 오는비탓ㅡ함도 괜 한욕심
반복시[나레이션] 우전 차 맑은 향에 취하는 이 마음 고요히 멎어 있는
찻잔에 비치어 기다려 오지않는 벗 보다 더 속절없는 마음이 홀로 부끄러
이봄도이 렇게 지나가는ㅡ걸 벗이야무엇이 아쉬우리만
우전차맑은향에 취한이마음 고요히멎어있는 찻잔에비치어
기다려 오지않는 벗 보다도 속절없 는마음이 홀로부끄러ㅡ
rit.
창ㅡ을등지고앉아 차를마신다 창 을등지고앉아 차를마신다

5-074

은혜에 감사합니다

대 우 작사
김남삼 작곡

감사의 마음을 담아 서정적으로
천지의은혜와 은 — 덕 에 감 사 합 — 니 다 —
스승의바—른 가 르 침 에 감 사 합 — 니 다 —
부 모 님 은 혜 와 사 — 랑 에 감 사 합 — 니 — 다 —
정 의 를 위 — 한 법 — 률 에 감 사 합 — 니 — 다 —
국 가 의 은 혜 와 혜 택 에 감 — 사 합 니 다 —
사 농 공 상 — 의 노 고 에 감 — 사 합 니 다 —
가 족 사 랑 의 인 연 에 감 — 사 합 니 다 —
종 교 도 덕 의 믿 음 에 감 — 사 합 니 다 —
벗 들 의 우 정 과 신 의 에 감 사 합 — 니 다 —
자 연 의 은 혜 와 순 환 에 감 사 합 — 니 다 —
스 쳐 가 는 바 람 숨 한 번 에 도 감 — 사 합 니 — 다 —
소 리 없 는 소 리 미 물 에 게 도 감 — 사 합 니 — 다 —

5-075

은혜하며 사는 생활

강병건 작사
오헌수 작곡
♩= 116
다 투지말 아 요 성 내지말 아 요
탐 내지말 아 요 화 내지말 아 요
잠 간만참 아 요 참 으며웃 어 요
잠 시만참 아 요 참 으면복 돼 요
사 바의이 세 상 힘 들게살 면 서
애 욕의이 세 상 열 심히살 아 도
우 리가다 투 면 그 누가좋 을 까
후 회와번 민 의 괴 로운이 세 상
(후렴) 은혜하며살 아 요 도 우며살 아 요
우리행복거 기 에 나 누며찾 아 요

5-076

이 공양 받으소서

변재근 작사
마상원 작곡

보통빠르게
부 처 님 의 법 크 고 넓 어 듣고 얻기 어 려— 워
그 법 얻을 때 까— 지 지혜공양 올리오리 다
부 처 님 의 가르침 한 없고 깨우침이 멀 다해 도
그 가르침 배울 때까 지 정진공양 올리오리 다
부처님의 제자되기 합—장하는 중 —생 마— 다
진정한 보리심 내기를 서원공양 올 리 오 리 다
부 처 님 의 대 자 대 비 중생계에 드 높이 사
발원 내는 마 음 마 다 성불공양 올리오리 다
나 무 석 가 모 니 불 나 무 석 가 모—니—불 —

5-077

인생별곡

김무한 작사
박 철 작곡
♩= 90
오 ㅡ호라 사 람 들 아 이 내 말 들 어 보 오 ㅡ
꽃 이 라 도 늙 어 지 면 벌 나 비 도 아 니 오 고 ㅡ
꽃 피 고 푸 른 날 에 ㅡㅡㅡ 내 이 럴 줄 몰 랐ㅡ 네 ㅡ
나 무 라 도 병 이 들 면 ㅡㅡㅡ 눈 먼 새 도 멀 리 하ㅡ 네 ㅡ
인 간 백 세ㅡ 산 다ㅡ해ㅡ도 잠 든 날 과 병 ㅡ든 날 ㅡ
좋 은 음 식ㅡ 길 러ㅡ봐ㅡ도 몸 은 끝 내 무 너 지 고 ㅡ
근 ㅡ심 걱 정 다 제 하 면 단 사 십 도 못 살 인 생 ㅡ
비 ㅡ단 으 로 얼 싸 줘 도 이 내 목 숨 마 치 나 니 ㅡ
어 제 오 늘 성 하 던 몸 예 고 없 이 병 이 들 어 부 르 나 니 어 머 니 요
배 고 프 면 먹 을 줄 을 사 람 들 은 알 면 서 도 어 리 석 고 어 두 운 맘
찾 는 것 이 냉 수 로ㅡ다 어 허 야 어 리 얼 싸 허 망 할 사 꿈 이 로ㅡ 다 ㅡ
버 릴 생 각 아 니 하ㅡ네 인ㅡ간 사 무 정 구ㅡ 나 ㅡ
이 내 세 월 견 고 할ㅡ줄 태 산 같 이 믿 었 더ㅡ 니 ㅡ
옛 ㅡ 어 른 말 들 으ㅡ니 저 승 길 이 멀 다 던ㅡ 데 ㅡ
인 간 백 세 다 못 살 아 백 발 이 되 었 구 나 ㅡ
오 늘 내 게 찾 아 오 니 대 문 앞 이 저 승 이 라 ㅡ

5-078

인연

이극래 작사
조영근 작곡

Moderato
mf
mp
겨 우내헤실짓 던
매 운고추바ㅡ람ㅡ 에
언 제쯤날아왔 나
털ㅡ고운텃새한마 리
mf
마 실나 온 봄 햇살 이
꽃망울 을틔 우고 있 네
나 뭇가 지 앉 아ㅡ 서
옛인연 을그 리고 있 네
mp
부 처 님 침묵 속ㅡ에
새 하얀미소처 럼
살 포 시 눈ㅡ뜨는새
인 연을찾ㅡ아 와
mf
rit
천 년세 월 불던바 람
그 얼굴 이벗겨지 네
하 늬바 람 불어오 는
동 쪽하 늘바라보 네

5-079

인연

(수상곡)

인 각 작사
강주현 작곡
Moderato ♩= 76
누 가 나 — 를 인연 — 지 — 어 태 어
말 에 속 — 고 글에 — 속 — 아 감 정
나 게 만 들 었 나 내 가 지 은 무 명 — 업 식
속 에 희 노 애 락 탐 욕 심 이 업 이 — 되 고
연 을 따 라 찾 아 — 와 서 꿈 을 좇 아 — 집 착 따 —
분 노 심 이 연 이 — 되 어 수 천 생 을 — 돌 고 돌 —
라 내 가 원 해 받 은 몸 — 을 — 그 어
아 헤 매 이 고 다 녔 는 — 가 — 보 고
디 에 회 향 하 고 — 누 구 에 게 돌 려 주 나 — — 나 를
듣 고 세 운 감 정 — 기 준 틀 에 없 어 지 면 — — 오 가
위 해 수 행 — 하 — 고 자 신 위 해 회 향 한 — 다 —
는 데 걸 림 — 없 — 고 모 든 장 해 사 라 진 — 다 —

5-080

인연 따라 왔다가

곽영석 작사
오현수 작곡
Andante Mod ♩= 68
빛이있어보아 요 꿈을꾸며 자 라 요
뜻이있어걸어 요 너른세상 평 원 을
인연따라왔다ㅡ 가 인연지어만 났ㅡ 죠
한그루의나무ㅡ 도 인연지어자 라ㅡ 니
이세상에모 든ㅡ 것 인연따라태어ㅡ 나
이세상에유 한ㅡ 한 그무엇도없는ㅡ 데
스러지다날려ㅡ 서 다른인연 만 들ㅡ 어
아등바등살다ㅡ 가 티끌처럼 지 느ㅡ 니
(후렴) 석가세존 오신 길 그 길쫓아 걸어 도
진여의숲 언덕 에 ㅡ무지개만쫓 아 라

5-081

인연 따라온 길

허말임 작사
조영근 작곡

Moderato
물봉선화 피어있는 산길따라—걸어가 면 —
솔—향기 피어나는 산길따라—걸어가 면 —
부처님이 계신곳에 향내음이마중해 요 —
부처님이 반기시며 촛불밝혀기다려 요 —
내 몸태 워 향기내는 거 룩한성전이여 —
내 몸태 워 불을밝힌 거 룩한성전이여 —
인연따라 오고가는 어간문만 열려있네 —
바람따라 오고가도 부처님은 말씀없네 —
전 생에도 현생에도 인연공덕있었든 가 —
부처님전 인연으로 희로애락풀어가 네 —

5-082

인연으로 나셨으니

곽영석 작사
강주현 작곡

감사한 마음으로 ♩= 76
내 가
네 가
온길— —나모르 고 내 가 갈길— —아득하 여 길 을
온길— —너모르 고 네 가 갈길— —너도몰 라 성 긴
찾 아—헤매다 가 무 상 법 문—들었다 네 이 생
인 연—찾아가 다 부 처 말 씀—들었다 네 사 바
전 생오랜인 연 인 연 지 어태어나— 서 부 모
세 계오신인 연 윤 회 의 길따라나— 서 부 처
은 혜—알고나 니 대 우 주 가—한몸이 네 사 바
님 을—알고나 니 인 연 가 피—감사해 라 사 바
(후렴) 연 에태어 나 서 부 처 만 난인연으 로 나 의
본 성알았 으 니 공 덕 지 어회향하— 리

5-083

인연으로 왔다가

박 민 작사
오세균 작곡

♩= 76
인 연 으 로 왔 다 가 인 연 따 라 가 는 길
인 연 따 라 왔 다 가 인 연 지 어 가 는 길
인 생 이 란 이 런 것 고 집 해 도 같 은 길
인 간 의 삶 이 란 것 번 개 같 은 우 리 삶
부 귀 영 화 시 절 도 꽃 길 같 은 내 꿈 도
출 세 간 의 영 광 도 진 흙 밭 의 번 뇌 도
인 연 으 로 왔 다 가 인 연 따 라 가 는 데
언 젠 가 는 다 시 와 인 연 지 어 살 것 을
♩= 98
부 처 님 의 연 기 도 서 원 지 어 오 듯 이
나 의 삶 도 유 한 해 보 시 하 며 살 겠 네

5-084

인연으로 짓는 세상

(가사공모작)

곽영석 작사
김정란 작곡

♩= 100
mp
인연지어왔던 그 길 연등길을걷다 보 면
소슬바람속삭 이 는 솔밭길을걷다 보 면
절마당에일렁 이 는 풍경소리ㅡ 염불소리
휘파람새독경 소 리 인연으로ㅡ 다시나네
mf
지나보면무 진 세 ㅡ월 허망하기한량없고 ㅡ
다시보면알 아 볼 ㅡ까 구름끄는저바람을 ㅡ
이생전생삼 세 겁 이 인연지어다시나네 ㅡ
인연겁을따 라 와 서 업그림자밟고섰네 ㅡ
mp
mf
지 혜 방편 깨쳐알면 나 의 업장 알수있나
무 명 깨쳐 하늘보면 이 생 전생 볼수있나
석 등 앞에 내그림자 흔들리는촛불하나 ㅡ
윤 장 대를 돌리고선 내모습이업경대라 ㅡ
f
사바연에인연지어 ㅡ 인연지어사는세상 ㅡ
내가짓는서원탑에 ㅡ 연꽃향기ㅡ 가득하네

5-085

인연으로 짓는 세상

곽영석 작사
최선기 작곡

인연지어 왔던그길 연등길을 걷다보면
소슬바람 고속삭이는 솔밭길을 걷다보면
절마당에 일렁이는 풍경소리 염불소리
휘파람새 독경소리 인연으로 다시보네
지나보ㅡ면 무진세월 허망하ㅡ기 한량없고
다시보ㅡ면 알아볼까 구름끄ㅡ는 저바람을
이생전생 삼세겁이 인연지어다시나네 ㅡ
인연겁을 따라와서 업그림자밟고섰네 ㅡ
지혜방편 깨쳐알면 나의업장 알수있나
무명깨쳐 하늘보면 이생전생 볼수있나
석등앞에 내그림자 흔들리는촛불하나 ㅡ
윤장대를 돌리고선 내모습이업경대라 ㅡ
(후렴)사바의연 인연지어 인연으로 사는세상
내가짓는 서원탑에 연꽃향기가득하네 ㅡ

5-086

인연의 꽃

이종완 작사
조영근 작곡
Moderato
mf
자 비 로 운 부 처 님 께 작 은 연 등 밝 히 면 서 ㅡ
자 비 로 운 부 처 님 께 발 원 기 도 드 리 면 서 ㅡ
mp
mf
가 만 히 눈 을 감 고 있 으 면 피 어 나 는 꽃 ㅡ
가 만 히 합 장 하 고 있 으 면 피 어 나 는 꽃 ㅡ
조 용 히 내 려 놓 은 마 음 자 리 다 가 서 는 인 ㅡ 연 ㅡ
조 용 히 들 려 오 는 독 경 소 리 맑 아 지 는 인 ㅡ 연 ㅡ
스 치 는 사 연 들 이 하 나 둘 피 워 내 ㅡ 는 꽃 ㅡ
만 나 는 소 망 들 이 하 나 둘 피 워 내 ㅡ 는 꽃 ㅡ
(후렴) 나 무 석 가 모 ㅡ 니 ㅡ ㅡ 불 ㅡ
촛 불 하 나 ㅡ ㅡ 태 우 면 서 뜨 ㅡ 는 눈 ㅡ
rit
생 명 으 로 이 어 지 는 인 연 의 꽃 이 피 어 납 니 다 ㅡ

5-087

인연의 등불

곽영석 작사
한광희 작곡
Andantino
mf
mf
바 람 결 에 흔 들 리 는 절 마 당 에 연 등 하 ─ 나
흰 구 름 이 일 고 지 는 산 골 짜 기 법 당 위 ─ 에
인 연 지 어 찾 아 왔 ─ 다 나 의 서 원 밝 혀 놓 고
인 연 지 어 찾 아 왔 ─ 다 등 불 하 나 밝 혀 놓 고
돌 아 서 는 발 자 욱 에 풍 경 소 리 떨 어 지 ─ 네
두 손 모 아 합 장 하 고 시 절 인 연 돌 아 보 ─ 네
만 행 길 을 나 선 스 ─ 님 구 름 풍 경 세 다 오 ─ 고
법 장 진 언 따 라 읽 ─ 고 대 장 경 문 외 고 쓰 ─ 고
무 문 관 의 뜰 앞 에 ─ 는 눈 빛 시 린 저 잣 나 무
선 행 닦 아 업 장 지 ─ 워 님 앞 으 로 나 아 가 니
잎 을 내 고 손 을 들 ─ 어 시 절 인 연 세 고 있 ─ 네
하 늘 문 이 열 려 오 ─ 고 제 불 보 살 영 접 하 ─ 네

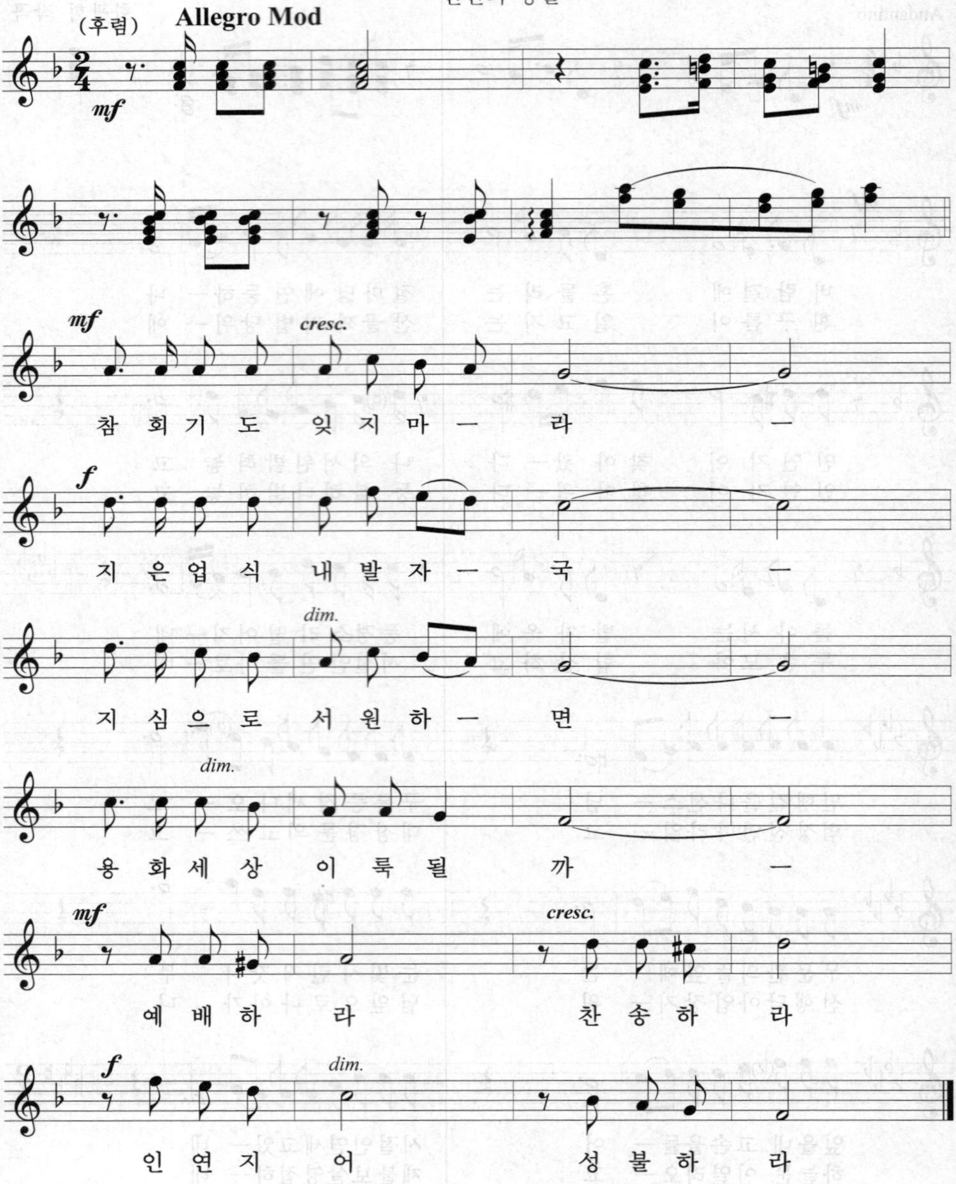

(후렴) Allegro Mod

mf

mf *cresc.*

참 회 기 도 잊 지 마 ㅡ 라 ㅡ

f

지 은 업 식 내 발 자 ㅡ 국 ㅡ

dim.

지 심 으 로 서 원 하 ㅡ 면 ㅡ

dim.

용 화 세 상 이 룩 될 까 ㅡ

mf *cresc.*

예 배 하 라 찬 송 하 라

f *dim.*

인 연 지 어 성 불 하 라

5-088

인연의 수레바퀴

곽영석 작사
곽민석 작곡
♩= 96
흐 ㅡ르는ㅡ 게 어디 세월뿐이더 냐
잃 ㅡ은것ㅡ 이 어디 시간뿐이더 냐
돌 ㅡ아보면 모든것ㅡ이 인연으로온 것인 데
돌 ㅡ아보면 모든것ㅡ이 업그림자그 것인 데
부 질없는 이 해다툼 큰욕망을등 에지 고
속 절없이 살 다그만 열린세상다 시보 고
불 이문 에 다가서ㅡ서 참회눈물흘 리누 나 (후렴) 빈 몸
삼 보전 에 엎드려ㅡ서 통성기도애 절해 라
으 로태어나 서 인연끌고가는길 에 내 발
자 국자국마 다 범 종 소리내려앉 네

5-089

인연의 수레바퀴

(가사공모작)

허말임 작사
최선기 작곡

유 월 숲 속 절 마 당 에 강 주 스 님 독 경 소 리
산 문 옆 에 작 은 언 덕 풀 꽃 들 이 손 짓 하 고
발 길 머 ─ 문 ─ 법 당 안 ─ 에 부 처 님 ─ 도 ─ 반 ─ 기 시 네
내 눈 길 ─ 을 ─ 주 지 않 아 도 무 ─ 심 ─ 히 ─ 피 고 지 ─ 네
뻐 꾸 기 울 음 소 ─ 리 한 소 절 씩 지 나 가 면
그 들 만 의 낮 은 세 상 행 복 이 ─ 무 엇 일 까
지 나 가 던 ─ 바 람 도 풍 경 앞 에 쉬 어 가 네
이 ─ 작 은 인 연 들 을 내 려 놓 고 보 라 하 네
인 연 지 어 머 물 러 도 다 시 나 는 인 연 으 로
바 람 따 ─ 라 ─ 흘 러 흘 ─ 러 새 인 연 ─ 을 ─ 만 ─ 납 니 다

5-090

인연의 수레바퀴

권대자 작사
신민정 작곡
Andante Mod ♩= 74
내 가
인 연
온길— —내가갈 길 알 수 가 없 — 어 인 연
지어— —살아오 며 소 망 할 때 — 에 지 은
으로— —왔던그 길 바 라 봅 니 다 —꽃 길 같
업장— —끝이없 어 눈 물 집 니 다 —내 가 갈
은 —미 래 꿈 도 서 로 달 라 서 —굽 은 길
길 —아 득 해 도 길 은 아 득 해 —인 연 지
도 —골 목 길 도 쉬 며 —갑 —니 다 (후렴) 인 연
은 —등 불 찾 아 길 을 —갑 —니 다
의 —수 레 바 퀴 찾 아 —가 —는 길 오 늘
도 —염 불 하 며 길 을 —갑 니 다

5-091

인연의 수레 끌며

김 화 작사
이재석 작곡

♩= 78
내 가
인 연
온 길 한량없 고 내 가 갈 길 알수없 어 인 연
지 어 살아오 며 인 연 가 피 소망할 때 지 은
으 로 걸어왔 던 내 발 자 국 돌아보 네
업 장 끝이없 어 수 미 산 만 높아보 여
꽃 길같 은 미 래꿈도 가 는길 이 서로달라
내 가갈 길 아득해도 안 개길 은 깜깜하고
굽 은길 도 골 목길도 오 솔길 도 쉬며갔지
인 연지 은 등불찾아 이 리저 리 헤매이네
인 연 의 수 레끌며ㅡ 나를찾아가 는 길
오 늘 도 염 불하며ㅡ 부처님을찾아 가 네

5-092

잃어버린 나

인 각 작사
이달철 작곡
조금느리게
mp
1.부 처 님 의 가 르 침 에 사 람 으 로 태 어 날 땐 하 나
2.눈 만 뜨 면 생 각 속 에 빠 져 버 린 나 의 행 동 외 부
3.보 고 듣 고 말 하 면 서 감 정 들 을 익 혀 배 워 생 각
같 이 부 처 들 로 태 어 난 다 하 였 는 데 어 디
에 서 받 아 들 인 그 도 적 을 나 로 알 고 한 평
따 라 한 평 생 을 노 예 처 럼 지 난 일 생 그 무
에 서 잘 못 되 고 어 디 에 서 바 뀌 었 나 인 간
생 — 그 도 적 을 받 아 들 어 섬 기 면 서 많 고
엇 이 죄 업 이 고 죄 아 닌 줄 모 르 면 서 희 노
들 은 누 구 나 다 백 지 로 — 태 어 나 서 자 라
많 은 삼 재 팔 난 내 가 불 러 들 여 놓 고 웃 고
애 락 즐 기 면 서 내 가 지 은 숙 업 들 을 누 구
rit.
면 서 하 — 나 둘 보 고 듣 고 받 아 들 여 생 존
울 며 너 탓 이 라 원 망 만 을 널 어 놓 고 잃 어
보 고 변 상 하 라 소 리 치 며 원 망 하 나 내 자
속 에 습 성 배 워 생 각 따 라 다 니 면 서 그 것
버 린 자 기 모 습 찾 으 려 고 하 지 않 고 나 그
성 의 근 본 조 차 잃 어 버 린 내 한 평 생 이 제
들 을 주 인 인 양 마 음 이 라 이 름 하 네
네 를 섬 기 면 서 주 인 이 라 이 름 하 네
라 도 마 음 바 꿔 그 생 각 을 지 우 리 라

5-093

임의 가피 간절해서

곽영석 작사
강주현 작곡
간절하게 ♩= 76
외로
눈이
워 서슬 픕니 다 서러 워 서아 픕니 다 이땅
시 려아 픕니 다 사랑 넘 쳐슬 픕니 다 당신
위 에홀 로남 아 외로 워 서아— 픕니 다 지난
없 는이 세상 이 아름 다 워외롭습니 다 삶에
세 월은혜롭— 게 감사 하 며살 았어 도 응답
지 쳐힘들어— 도 침묵 하 는당 신미 소 외로
없 는임의미— 소 원망 하 며살았습니 다 내가
워 도힘이되— 어 감사 하 며살았습니 다 부질
지 은삶의업— 장 속죄 하 며살았어— 도 임의
없 는삶의욕— 망 모래 탑 을쌓으면— 서 임의
가 피간절해— 서 참회 하 며살았습니 다
지 혜임의방— 편 간절 해 서울었습니 다

5-094

임의 가피 자비손

(가사공모작)

윤동기 작사
정영화 작곡

거룩하신부처님을 항상모시고 내가가진능력으로 이웃도와요
자비하신부처님을 항상모시고 자비손을펼쳐들고 길을나서요
헐 벗은이 배 고픈이 자 비 손 들 어
나 보다도 없 는이들 고 통 받 는 이
내 가족과 식 구처럼 사 랑 나 눠 요
자 비손길 나 눠가면 기 쁨 이 두 배
임의 가 피 임 의은혜 한 결 같 아 서
D.C.
자비손을펼쳐든ㅡ 자 축 복 합 니 다
자비손을펼쳐든ㅡ 자 축 복 합 니 다

5-095

임의 가피 한량없어

곽영석 작사
김정란 작곡

♩= 110
원 만 하 신 임 의 진 리 대 우 주 에 빛 나 시 고
자 비 하 신 임 의 덕 은 온 누 리 에 가 득 하 고
거 룩 하 신 임 의 덕 은 천 지 간 에 가 득 차 네
고 해 중 생 사 랑 하 사 대 자 비 로 구 원 했 네
영 원 불 멸 변 치 않 는 임 의 진 리 금 강 같 아
법 신 으 로 오 시 어 서 중 생 따 라 화 현 하 니
찬 양 하 며 따 르 오 니 가 피 은 혜 주 옵 소 서
지 혜 광 명 영 겁 토 록 우 리 곁 에 머 무 소 서
(후렴) 임 의 가 피 한 량 없 어 찬 양 하 며 따 르 오 니
사 바 연 에 인 연 맺 은 중 생 들 을 살 피 소 서

5-096

임의 가피 햇살같이

곽영석 작사
김회영 작곡

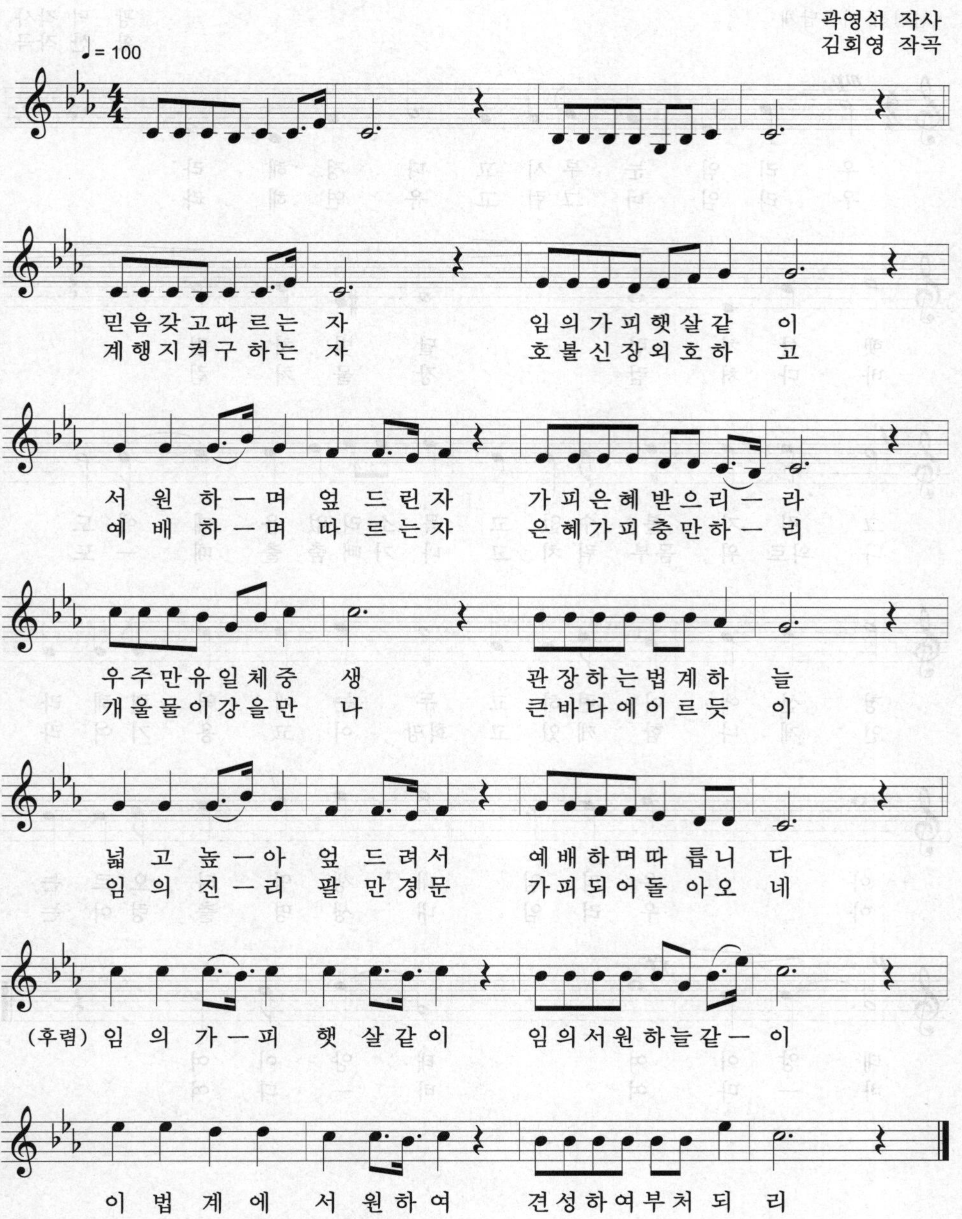
♩= 100
믿음갖고따르는 자 임의가피햇살같 이
계행지켜구하는 자 호불신장외호하 고
서 원 하 ― 며 엎 드 린자 가피은혜받으리 ― 라
예 배 하 ― 며 따 르는자 은혜가피충만하 ― 리
우주만유일체중 생 관장하는법계하 늘
개울물이강을만 나 큰바다에이르듯 이
넓 고 높 ― 아 엎 드 려서 예배하며따 릅니 다
임 의 진 ― 리 팔 만경문 가피되어돌 아오 네
(후렴) 임 의 가 ― 피 햇 살같이 임의서원하늘같 ― 이
이 법 계 에 서 원하여 견성하여부처 되 리

5-097

임의 숨결

천천히 아름답게

광 덕 작사
황 산 작곡

mp
우 리 임 눈 부시 고 다 정 해 라
우 리 임 너 그럽 고 유 연 해 라
햇 살 처 럼 달 빛 처 럼
바 다 처 럼 강 물 처 럼
f
그 림 자 볼 수없 고 목 소리없 을 때 에 도
나 외로 워 몸부 림치 고 나 기뻐춤 출 때 ㅡ 도
청 산 에 아 련하 고 두 눈 에 역 력해 라
언 제 나 함 께있 고 희망 이 고 용 기여 라
아 우 리 임 내 생 명 타 오르 는
아 우 리 임 내 생 명 출 렁이 는
p
ff
태 양 이 여 태 양 이 여
바 ㅡ 다 여 바 ㅡ 다 여

5-098

임의 원력 크시오니

이창규 작사
김남삼 작곡

간절한 마음으로 조금느리게

원 하 오 니 이 서 원 을 들 어 주 ㅡ 소 서 ㅡ
서 원 하 며 청 하 오 니 들 어 주 ㅡ 소 서 ㅡ
임 의 원 력 크 시 오 니 구 휼 하 ㅡ 소 서 ㅡ
임 의 원 력 크 시 오 니 가 피 주 ㅡ 소 서 ㅡ
온 갖 번 뇌 정 진 하 여 떨 치 게 ㅡ 하 고 ㅡ
신 구 삼 업 지 은 죄 를 참 회 하 ㅡ 오 니 ㅡ
병 든 몸 을 보 살 피 사 가 피 주 ㅡ 소 서 ㅡ
대 자 비 로 구 하 소 서 용 서 하 ㅡ 소 서 ㅡ
(후렴) 인 연 따 라 태 어 나 ㅡ 서 무 명 깨 ㅡ 치 고 ㅡ
새 몸 받 아 태 어 나 ㅡ 길 원 하 옵 ㅡ 니 다 ㅡ

5-099

자랑스러운 불교문화재

여영희 작사
심순보 작곡
♩= 120-124
우 리 — 나 라 자 랑 스 러 운 불 교 문 화 재
우 리 — 나 라 나 라 보 — 배 불 교 문 화 재
옛 날 — 부 터 오 늘 까 — 지 지 켜 온 보 배
옛 날 — 부 터 성 스 럽 — 게 지 켜 온 보 물
부 처 — 님 과 제 자 스 님 예 배 의 상 징
경 배 — 하 고 예 경 하 며 잘 가 꾸 어 서
우 리 — 모 두 보 전 하 여 지 켜 갑 시 다
자 손 — 만 대 보 전 하 여 길 이 전 하 세
(후렴) 사 리 탑 과 멋 진 범 종 우 리 옛 절 도
우 리 — 자 랑 불 교 보 배 지 켜 갑 시 다

5-100

저 풀잎 위에 이슬처럼

곽영석 작사
최선기 작곡

밤과낮의경계에서 — 걸어온길—다시보 니
어제오늘경계에서 — 어제하늘—다시보 니
인연으로맺고지은 — 인연가피—아름다 워
누워있는업그림자 — 바람으로—우는구 나
이—생에오신인연 — 더함없는—축복인 데
인연지어태어나서 — 속절없이—살다보 니
풀잎위에이슬처럼 — 다시보면—찰라의 연
무명세월한량없어 — 길을찾아—헤매이 네
새 벽하 늘 밝 아 오 는 햇 살처럼영롱 한 빛
서 원하 여 찾 은 인 연 온 누리가화평 하 고
내 영혼 의 날 개 위 에 가 피등불반짝 이 네
대 반야 의 법 바 다 에 홍 련백련피어 있 네
풀잎위에곱게내린 — 반짝이는—이슬처 럼
무명깨쳐자성성불 — 내생애에—대원이 라

5-101

적멸보궁 건너면

공현혜 작사
강주현 작곡

Adagio ♩= 68
보 이
들 리
지 않게되는 것 들 리 지 않게되는 것 그 리
지 않게되는 것 보 이 지 않게되는 것 그 리
고 잃지는않았 지만— 내안 에 기다리는 건 툭
고 잊지는않았 지만— 가슴 에 남아있는 것 쿵
어 깨를 치거 나 꾹 — 옆구 리를 찌르 는 틈을
가 슴을 치거 나 툭 — 귓가 를울 리— 는 틈을
찾 아서나오려하 는 내 안 의 잠든불성이— 여
찾 아서용트림하 는 적 멸 의 하얀티끌이— 여

5-102

좋은 인연

덕 신 작사
이종만 작곡
Andante ♩= 76
mp
지 나 가 다 옷 깃 ㅡ을 스치기만 하여 도 운
우 리 ㅡ가 원 하 는건 좋은인연 이지 요 처
mf
명 보다 더깊 은 인 연 이라 하는 데 이
음 에는 누구 나 남 남 인줄 알지 만 많
렇 게 안ㅡ 연되 어 얼ㅡ마 나 고마운 지 얼
은 ㅡ 사람가운 데 이ㅡ렇 게 만난것 은 알
굴 한번 더보 고 손 한 번더잡아봐 요 아
고 보면 우리 는 남 이 ㅡ아닌것이 야 함
mp
낌 없이 후회 없 이 서 로ㅡㅡ사랑하면 서 함
께 살아 가면서 ㅡ 맺 어ㅡㅡ지는인연 들 고
mf
f
mp
께 사는 동안 에 느 ㅡ껴ㅡ보는ㅡ행복 이 아ㅡ
운 것도 정이 요 미 운 ㅡㅡ것도ㅡ정이 니 바늘
무 리 생ㅡ각하 고 생ㅡ각 해 ㅡ보아 도 고
가 면 실ㅡ가듯 이 모ㅡ른 척 하지말 고 서
mf
mp
이 간직하고 픈 좋 은 인연 이지 요
로 마음 쓴다 면 좋 은 인연 이지 요

5-103

중생의 인연으로

류복희 작사
능 인 작곡

Slow GoGo

중 생의인연으 로 선 근 공 덕은일어나 고
중 생의인연으 로 자 비 종 자를일으키 고

삼 보님뜻을담 은 법 과 성 은 하나되 어 숨
이 생명다바치 며 법 과 성 은 하나되 어 영

쉬 는 하늘아 래 소 중 한 인연으 로 영 원
원 히 피어나 는 무 궁 한 인연으 로 진 실

을 약속하 며 가 지 마 다 꽃피우 네 날 마
한 열매되 어 청 정 범 행 이루려 네 언 제

다 일체속 에 무 연 으 로 펼친법 성 무 량
나 세상속 에 뿌 리 깊 은 어진법 성 고 요

한 씨앗으 로 악 도 없 고고통없어 라
히 앉은자 리 길 이

D.C.

길 이말이없어 라 길 이 길 이말이없어 라

5-104

참 마음

(가사공모작)

이희옥 작사
서근영 작곡

mf
고요한법당— 에 향을 피워 절을할 재 풍겨
한적한산사— 에 꽃을 피워 공양할 재 번져
mp
오는 님의향 기 한가 슴에 안아본다 놓아
오는 님의미 소 눈빛 으로 젖어드네 내려
f
보라— 버려 보라— 이르 시는 님의지 혜 세월
보라— 던져 보라— 쓰다 듬는 님의자 비 백천
속 에흘러흘 러 인연 있 어만—나는 법
만 겁스쳐가 도 인연 따 라만—나는 법
mf
받아지닌 이한 몸—— 기쁘 라— 고—마워 라 내안 의 내 님이
느껴보는 나의 마음— 즐거 워라 행복하여 라 내안 의 내 님이
1.
2.
여 내안 의 참빛이 여 의 —참빛이 여
여 내안

5-105

천년 향

(가사공모작)

곽영석 작사
이달철 작곡
조금느리게
마음 닦아 맺은인 연 태산위에 싹틔워서 산길
따라 오른산 길 나무되어 산만들고 흘러
언덕 고갯마루 길잡이 가 되었다네 길잃
가는 구름들은 모내그림자 지워놓네 천년
은 바람들 은 달려와서 울다가 고 해저
향 뿌리위에 산새눈물 적시어도 흙먼
문 산길에는 내그림자 혼자있어
지 이산길에 인연다 해흩어지네
2
Coda
D.S.
인연 백년
을 기다려도 천년을 산다해도 청정
한 내마음은 본래그 一자리에

5-106

천년 송

Moderato
곽영석 작사
조영근 작곡
mf mp mf
하늘 에 ㅡ달을걸 고 마음 거 울비 춰볼 까 바 위
마음 에 ㅡ대북걸 고 북 을 치 며불 러볼 까 바 위
산 ㅡ언덕에 서 구름 바 다누 워보 니 어느
산 ㅡ부는바 람 누 가 읽 던염 불인 가 스 러
mp mf
새 ㅡ해는지 고 어 제 불 던ㅡ그바람 이 목ㅡ
진 ㅡ빛을따 라 성 긴 인 연ㅡ다시봐 도 내 가
mp mf mp Andante
놓 아ㅡ울고가 며 인 연 지 어오 라하 네 천 년
온 길ㅡ알길없 고 내 가 갈 길묘 연하 네 천 년
mf
을 하루같 이 발구르 며 지켜온 날 산 사
의 법문인 가 산사에 는 대북소 리 참 회
1. mp
에 대북소 리 나를찾 아 오라하 네 무 상
의 묵언수 행 바위산
2. Moderato mf
엔 달그림 자 산마 루 ㅡ바위산 에 홀 로 자 란 천년송
f mp Fine
아 수미 산 ㅡ언덕에 서 인 연 지 어만 날거 나

5-107

천상의 꽃

천진화 작사
강주현 작곡

Andantino dolendo ♩= 70
인
연 따라 왔ㅡ 다 인 연 따 라 가 는 인 생 나ㅡ
손 으 로 왔ㅡ 다 빈 손 으 로 가 는 인 생 나ㅡ
무 아 미 타ㅡ 불 나 무 아 미 타ㅡ 불 목 탁
무 아 미 타ㅡ 불 나 무 아 미 타ㅡ 불 고 요
소리도량을ㅡ휘ㅡ 돌아나갈재 보고 파라ㅡ 보고 파라ㅡ 그림
한ㅡ풍경소리휘ㅡ 돌아나갈재 그리 워라ㅡ 그리 워라ㅡ 은은
자 처럼머물다가 신 님ㅡ 이 ㅡㅡ 시 여 빈
히 피ㅡ어ㅡ나ㅡ 는 천ㅡ 상 ㅡ의 바 람

5-108

최후의 공양

(작곡공모작)

강용숙 작사
이순희 작곡
생기있게 ♪ = 100
춘 다 공 양 받 으 시 고 축 복 하 여 이 르 시 되
전 단 향 의 향 기 로 운 버 섯 죽 을 공 양 하 니
부 처 위 한 최 상 공 양 공 양 중 에 으 뜸 이 라
대 장 장 이 춘 다 공 양 부 처 위 한 보 시 니 라
나 눠 주 고 베 푸 는 삶 보 시 중 에 최 고 이 니
기 름 지 고 향 기 로 워 건 강 해 칠 이 음 식 도
보 시 공 덕 얻 으 리 라 부 처 위 한 공 덕 이 니
부 처 위 한 공 덕 행 의 자 비 로 운 음 식 이 라
(후렴) 너 의 공 양 너 의 보 시 부 처 위 한 공 양 이 니
영 원 하 게 기 억 되 리 춘 다 공 양 자 비 행 이

5-109

탑

(가사공모작)

도리천 작사
박동원 작곡

높 은산 고개 넘 어 고 개를 넘 어
깊 은산 숲을 지 나 바 위를 지 나
작 은절마 당 위 에 삼 충탑하 ㅡ 나
조 그만법 당 위 에 삼 충탑하 ㅡ 나
탑 과같 이 꿋 꿋한 누 구의소 원 이
비 바람 ㅡ 불어 와 도 꺼 지지않 ㅡ 는
산 ㅡ고 개 넘어와ㅡ서 이 뤄갔 을 까
내 가밝 힌 한ㅡ자ㅡ루 촛 불한 자 루

5-110

탑돌이

두손모아 합장하며 ♩. = 60
탁계석 작사
안경수 작곡
mf
mf
한 걸음 — 한 걸음 — 한 걸음 — 한 걸음
한 걸음 — 한 걸음 — 한 걸음 — 한 걸음
1. 마음모아 뜻을모아 탑을돌아 탑을돌아
돌으리다 돌으리다 밤을새워 돌으리다
천년으탑 돌고돌면 무상번뇌 씻으리까
천년으탑 돌고돌면 억겁업장 태우리까
2. 두손모아 합장하니 꽃등불이 극락일세
돌으리다 돌으리다 바람세월 돌으리다
바람도 — 고요하니 풍경도 — 잠이드네
달그림자 꼭붙들고 밤새밤새 돌으리라
4x 반복
마음모아 뜻을모아 탑을돌아 탑을돌아
돌으리다 돌으리다 밤을새워 돌으리다
천년으탑 돌고돌면 무상번뇌 씻으리까
천년으탑 돌고돌면 억겁업장 태우리까
두손모아 합장하니 꽃등불이 극락일세
돌으리다 돌으리다 바람세월 돌으리다
바람도 — 고요하니 풍경도 — 잠이드네
달그림자 꼭붙들고 밤새밤새 돌으리라
D.C. al Fine
한 걸음 — 한 걸음 — 한 걸음 — 한 걸음

5-111

피안의 강

조운두 작사
정영화 작곡

내 인생의 선지 ―식― 어 데서 찾 나
청 정한맘 갖고 살면― 불 국토 갈 까
따 뜻하 신 선 지 식에 진 여 의 말 씀
청 정 계 율 지 키 면서 살 아 온 세 월
불 퇴전의 굳 센 각 오 정 진 하 면 서
피 안 의 강 언 제 가 나 날 은 저 물 고
마 음 으 로 가 꾼 연 꽃 열 매 를 맺 네
큰 길 에 서 길 을 묻 다 달 을 만 나 네
부 처 님 을 찾 아 가 는 견 성 의 길 을
삼 세 업 을 참 회 하 며 걸 어 갑 니 다

5-112

하늘에 쌓는 복전

곽영석 작사
강주현 작곡

마음을 모아서 ♩= 100
사 람 으 로 태 어 나 서 바 른 법 을 깨 치 고 서
윤 회 겁 을 거 듭 나 서 사 바 세 계 다 시 나 도
눈 을 들 어 돌 아 보 니 삼 계 화 택 대 환 란 에
내 가 온 곳 알 수 없 고 내 가 갈 길 아 득 해 서
일 체 중 생 삶 의 모 ― 습 허 무 하 기 그 지 없 네
큰 길 에 서 길 을 묻 ― 다 길 을 찾 아 떠 나 가 네
사 바 인 연 찰 나 의 ― 연 부 질 없 는 삶 의 욕 ― 망
인 연 으 로 태 어 나 ― 서 인 연 지 어 다 시 나 ― 도
생 사 윤 회 경 계 에 서 지 은 업 장 돌 아 보 니
육 도 윤 회 벗 어 나 는 지 혜 법 문 보 시 공 덕
저 세 상 에 쌓 은 복 전 구 름 산 만 쌓 았 구 나
이 생 전 생 삼 세 겁 의 업 장 푸 는 열 쇠 이 라
(후렴) 역 대 조 사 선 지 식 이 가 르 치 고 전 한 법 문
자 비 보 시 베 푸 는 삶 용 화 세 상 복 전 이 ― 라

자비(慈悲)는 인연을 가리지 않으며
방생(放生)은 모든 선(善) 으뜸이다.
- 지장십륜경(地藏十輪經) -

6

자비, 보시, 방생

6-001

가야의 노래

박윤덕 작사
백승태 작곡

Andante
mp
mf
가 야ㅡ의 혼 이 가 야ㅡ의 꿈 이
가 야ㅡ의 문 이 가 야ㅡ의 땅 이
mf
가 ㅡ야 국 창 건설화 수 로 왕의 나 라 사 랑
수 로왕 의 일 곱왕자 성 불하 여 부 처 가 되신
아 유ㅡ타 국 황옥공 주 왕 ㅡ비 로 맞 이하 고
성 서ㅡ러 운 정토의 땅 자 비 로 운 부 처의땅
자비로운 부처나 라 자비로서 다 스렸 어 요 ㅡ
김ㅡ해의 옛땅에 서 북소리가 울 려퍼 져 요 ㅡ

6-002

거울을 닦아내듯

정완영 작사
이무영 작곡

너무 빠르지 않게
거 — 울을 닦아내듯 마 — 음을 — 닦 아 —
삼 — 계를 눌러앉아 웃 — 으시 — 는 님 —
지 — 혜의 씨를뿌려 복전을갈 — 고 —
우 — 리도 뜻을모아 그 — 길따르 면 —
땀 — 흘려 얻은불과 서 — 로나 — 누 며 —
한 — 줄기 향연속에 열 — 리는 — 세 상 —
공 — 덕을 부처님께 돌 — 려드 — 리 리 —
순 — 풍에 돛단듯이 건 — 넜아 — 오 리 —
내 — 일을 예비하신 아 미타 — 시 여 —
내 — 생을 두루밝힌 아 미타 — 시 여 —
서방정토 연화세계 열 — 어주 — 소 서 —
극락세계 연꽃하늘 인 — 도하 — 소 서 —

6-003

공덕행의 자비향기

(가사공모작)

곽근성 작사
강주현 작곡

향기롭게 ♩= 92
부 처
거 룩
님 의 대 장경 문 함 — 께 배 워 서 이 웃
하 신 부 처말 씀 팔 — 만 대 장 경 함께
사 랑 공 덕행 을 실 — 천 합 시 다 일 체
배 워 무 명세 상 밝 — 혀 갑 시 다 내 스
중 생 사 랑하 는 자 — 비 의 마 — 음 부 처
스 로 짓 는공 덕 천 — 상 의 행 — 복 제 불
세 상 다 — 시 나 는 복 덕 입 니 다 과 거
보 살 축 — 복 하 며 찬 양 합 니 다 모 든
세 상 지 은업 장 숙 — 원 의 업 적 이 승
이 가 함 께하 여 성 — 불 이 루 는 공 덕
에 서 해 탈하 여 성 — 불 합 시 다
행 의 자 비실 천 함 — 께 합 시 다

6-004

꽃씨 한 줌 나무 한 그루

권영주 작사
최선기 작곡
♪ = 100
꽃 씨한 줌 심어주면 벌 나비 가 살아나고
꽃 씨하 나 꽃피우면 벌 나비 가 꿀을따고
푸 른나무 가꿔주면 산 새들 이 살아나요
푸 른숲 을 가꿔주면 새 와짐 승 살아나요
방생이란 삶 의터 전 가 꿔주 고 살피는것
생명가진 풀 벌레 와 짐 승들 도 함께사는
알면서도 모 르는 체 이 제우 리 고쳐가요
대자연은 우 리의 땅 방 생이 란 이런ㅡ것
풀 씨하나 꽃 씨하 나 나 무한 그 루ㅡ
푸 른지 구 가 꿔주 는 지 구의 주 인ㅡ

6-005

길을 밝혀주소서

전세준 작사
조영근 작곡
Moderaro
힘든인생 험한 ―길 지나온이 중생 이
고된인생 어둠 속을 지나온이중생 이
사바세계 모든 번뇌 등짐속에묶어메― 고
사바세계 질긴 인연 훨훨털어버리―― 고
법당―문 앞으―로 빛을찾아왔습니 다
부처―님 계신―곳 빛을찾아왔습니 다
부처님의 자비로움 가슴으로일깨우 고
자비로운 그모―습 가슴속에그리면 서
무거운짐벗으려 고 찾―아온이중― 생
참회하며엎드― 려 기원하는중생에 게
자비―를 베푸시어 길을밝혀주소 서
밝은등불 주소―서 길을밝혀주소 서

6-006

나눌수록 넉넉한

곽영석 작사
이재석 작곡

넉넉한 마음으로 ♩. = 38

나 누면 은 나눌수록 넉 넉해 지 는 ㅡ
나 눠주 고 함께하면 따 뜻해 지 는 ㅡ
보 ㅡ시 의 공ㅡ덕을 함 께가 져 요 ㅡ
부 처님 의 보시가피 함 께나 눠 요 ㅡ
탐진치의 삼독에서 헤 매는 우 리 ㅡ
사랑으로 함께하고 행 복해 지 는 ㅡ
나눔사랑 실천해서 행 복찾 아 요 ㅡ
이웃사랑 나눔사랑 함 께해 봐 요 ㅡ
재 보시 도 법보시도 복 을짓는 일 ㅡ
부 처님 도 손을들어 가 피주 셔 요 ㅡ

6-007

나눔과 기쁨

김현성 작사
김현성 작곡

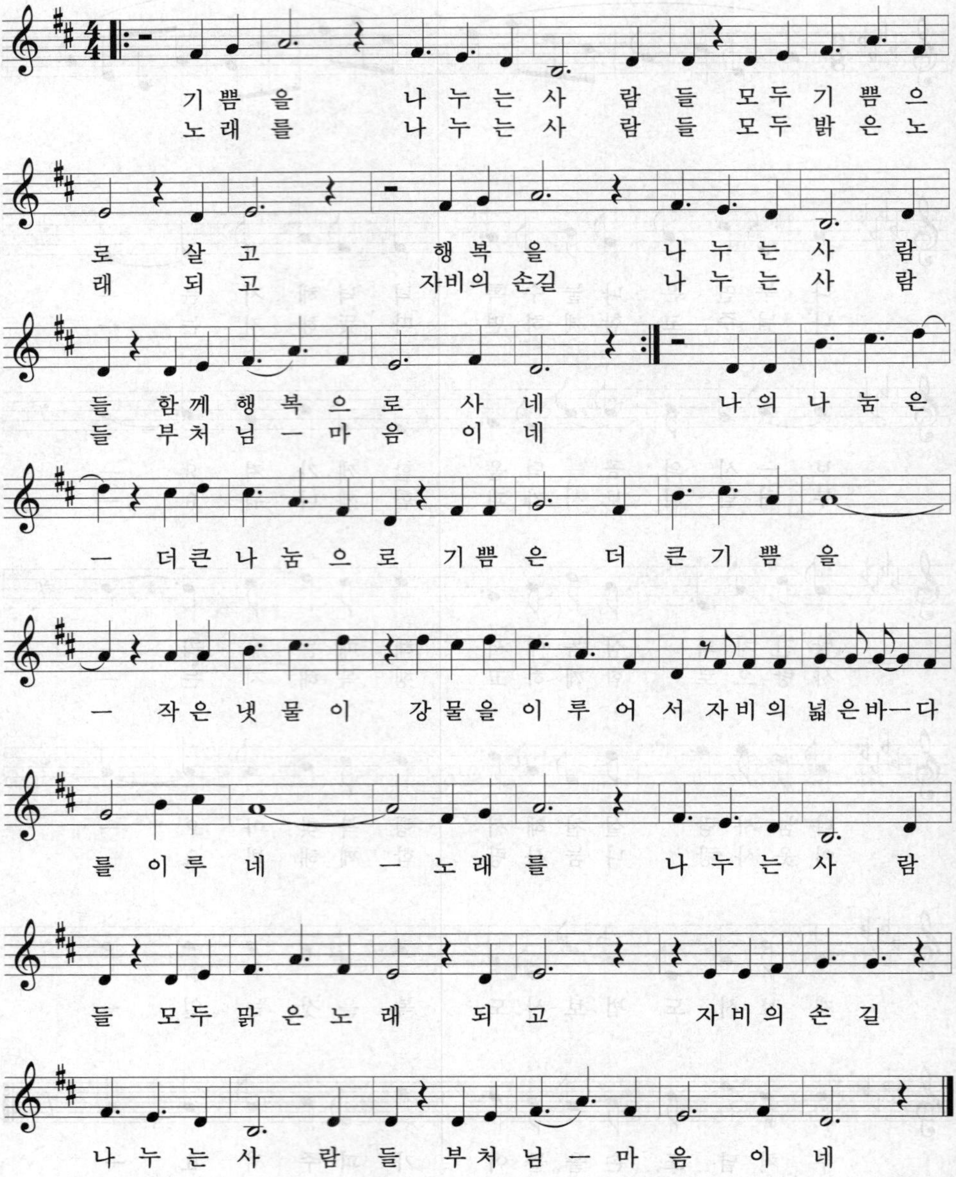

기 쁨 을 나 누 는 사 람 들 모두 기 쁨 으
노 래 를 나 누 는 사 람 들 모두 밝 은 노

로 살 고 행 복 을 나 누 는 사 람
래 되 고 자비의 손길 나 누 는 사 람

들 함 께 행 복 으 로 사 네 나 의 나 눔 은
들 부 처 님 — 마 음 이 네

— 더 큰 나 눔 으 로 기 쁨 은 더 큰 기 쁨 을

— 작 은 냇 물 이 강 물 을 이 루 어 서 자 비 의 넓 은 바 — 다

를 이 루 네 — 노 래 를 나 누 는 사 람

들 모 두 맑 은 노 래 되 고 자 비 의 손 길

나 누 는 사 람 들 부 처 님 — 마 음 이 네

6-008

나눔의 공덕

곽영석 작사
신민정 작곡

행복한 마음으로 흥겹게 ♩= 68

나눔
나눔
은 나눔 은 대자비의 — 실천이요 — 나눔
은 나눔 은 일체중생 — 되살리고 — 나눔
은 나눔 은 번뇌업장 — 소멸한 다 나눔
은 나눔 은 보시중에 — 으뜸이 라 나눔
은 나눔 은 사망에서 — 구원받고 — 나눔
은 나눔 은 은혜되어 — 돌아오고 — 나눔
은 나눔 은 사랑으로 — 꽃피운 다
은 나눔 은 미래세상 — 복전이 라
(후렴) 나 눔은 나—눔 ——은 부 처유훈실천—이 —— 요
나 눔은 나—눔 ——은 함 께사는방편이 라

6-009

나눔의 손길

지 광 작사
정영화 작곡

내 손이 ── 작 아서 부끄러워하지 ─ 마
내 품이 ── 작 다고 부끄러워하지 ─ 마

사 랑은 아 끼고 내가먼저 주 는 것
자 비는 한 없이 사랑으로살피는 것

인 간방 생 나 눔손 길 내──가솔 선 해
자 랑보 다 숨 ─기 는 손음덕이커 ─ 서

지 비꽃 을 사 랑꽃 을 함 께피 워 요
자 손대 대 가 피은 혜 나 눠받 아 요

부 처님 의 가 피은 혜 한 량하 여 서

인 과없 이 다 음생 에 태 ─ 어나 리 다

6-010

나눔이 기쁨이니

이종례 작사
한광희 작곡
Andante ♩= 63
mf
mp
암 소
금 강
가 가죽내어 대북을 짓게하고 언덕
송 한그루가 대웅전 들보되고 울타
위 박달—나무 목탁을 만들게하니 나눔
리 닥나—무가 탱화로 몸바—꾸고 윤회
이 기쁨이라 보시가 행복이라네 삼라만
가 기쁨이라 인연의 축복이네 삼라만
cresc
(후렴) 상 대우주가 끊임없이 변하여
f
dim.
도 내가지은 선행공덕 산—처
1.
2. cresc rit
럼 커져가네 럼 커져가네

6-011

나눔의 손 보시의 향기

곽영석 작사
김정란 작곡
♩= 100
나 누 는 손 곱 고 커서 산허리도감 아 쥐 고
나 누 는 손 크 고 고와 자비성중함 께 하 고
마 음 으 로 베 푼 공 덕 수미산도산 아 래 라
진 심 으 로 베 푼 공 덕 제불보살칭 찬 하 네
이 ㅡ 생 전 생 삼 세 겁의 지은업장소멸 하 고
이 ㅡ 세 상 에 태 어 나서 부처만나길을 묻 고
미 래 세 상 정 토 세상 다시나는복덕 얻 네
극 락 정 토 다 시 나는 보시공덕탑을 쌓 네
(후렴) 나 누 면 나 눌 수 록 ㅡ 다 시 얻 는 인 연 공 덕
이 생 에 서 내 가 할 일 ㅡ 대 자 비 의 나 눔 이 라 ㅡ

6-012

나를 사랑하고 베풀면

곽영석 작사
강주현 작곡
사랑스럽게 ♩= 80
나 의 존 재 나 의 이 름 사 랑 하 고 은 혜 하 ─ 면
내 가 먼 저 마 음 내 어 헐 벗 은 이 구 휼 하 ─ 면
어 디 서 나 어 느 때 나 바 른 길 을 가 게 된 다
자 비 사 랑 은 혜 되 어 용 화 세 상 이 뤄 진 다
나 를 믿 고 따 르 는 자 외 로 움 에 굳 건 하 고
나 눌 수 록 넉 넉 하 고 베 풀 수 록 행 복 한 맘
대 자 비 로 베 푼 사 랑 은 혜 되 어 돌 아 온 다
부 처 님 이 가 르 치 신 공 덕 행 의 자 비 향 기
내 사 랑 의 징 검 다 리 우 리 함 께 밟 다 보 면
불 국 정 토 용 화 세 ─ 상 꽃 길 처 럼 열 려 오 네

6-013

내가 가진 모든 것

곽근성 작사
지 범 작곡

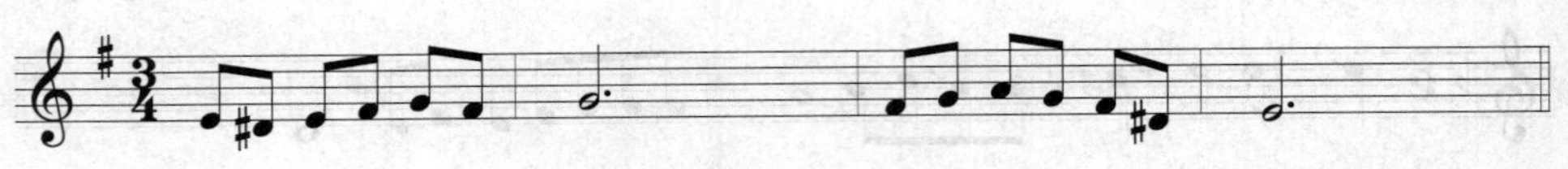

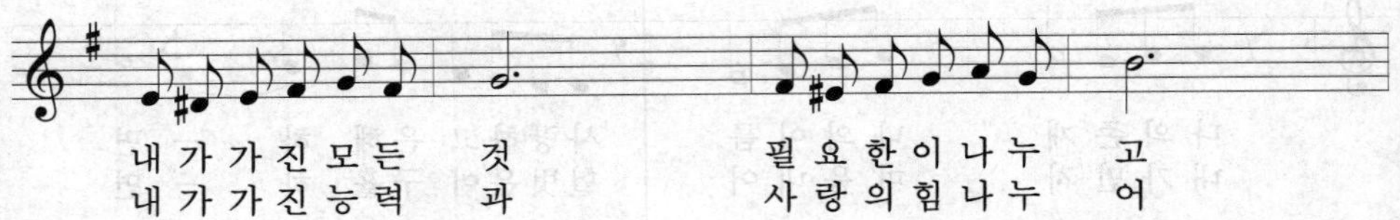
내 가 가 진 모 든 것 필 요 한 이 나 누 고
내 가 가 진 능 력 과 사 랑 의 힘 나 누 어

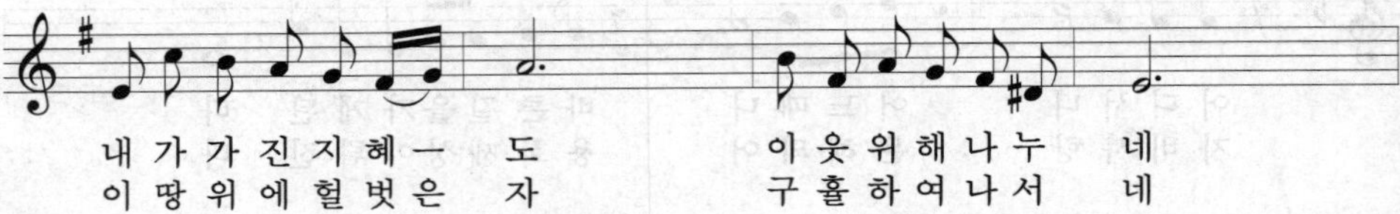
내 가 가 진 지 혜 ― 도 이 웃 위 해 나 누 네
이 땅 위 에 헐 벗 은 자 구 휼 하 여 나 서 네

사 랑 으 로 살 피 고 마 음 내 어 도 울 때
상 을 내 지 않 고 도 자 비 손 을 드 는 자

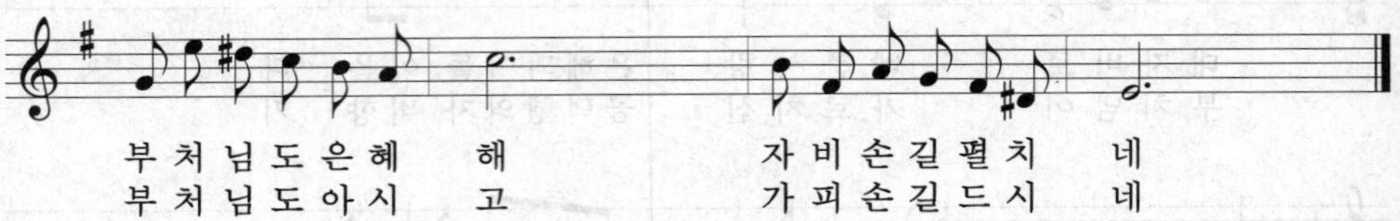
부 처 님 도 은 혜 해 자 비 손 길 펼 치 네
부 처 님 도 아 시 고 가 피 손 길 드 시 네

6-014

내가 먼저 만들어가요

권대자 작사
오세균 작곡

♩= 102
일 배 일 배 백 팔 배 로 부 처 님 전 참 배 기 ー 도
일 배 일 배 백 팔 배 로 부 처 님 전 참 배 기 ー 도
오 늘 내 일 보 시 공 ー 덕 내 가 바 로 실 천 하 ー 여
오 늘 내 일 보 시 공 ー 덕 내 가 바 로 실 천 보 ー 살
지 혜 롭 게 살 아 가 ー 는 나 의 행 동 보 살 정 ー 신
지 혜 롭 게 살 수 있 ー 는 향 기 로 운 행 복 생 ー 활
하 심 하 는 자 비 로 서 기 도 하 여 행 복 평 ー 화
하 심 하 는 자 비 로 서 기 도 하 여 행 복 평 ー 화
내가먼저만들면서 살 아 가 ー 요 나 무 아 미 타 ー 불
나 무 아 미 타 불 나 무 아 미 타 불

6-015

눈이 부신 백의관음

이근숙 작사
우덕상 작곡

굿거리장단 ♩. = 50
하 얀보관 모 자쓰신 백 ―의관 ―음 님 ―
봄 바람이 살 랑살랑 불 ―어 오 ―면 은 ―
사 과꽃 핀 절 마당을 바 ―라 보 ―셔 요 ―
사 과꽃이 나 비처럼 날 ―아 올 ―라 요 ―
꿀 을따는 꿀 벌들을 지 켜 보 ―면 서 ―
백 의관음 관 음보살 우 리 부 ―처 님 ―
나 눔보시 이 른법문 생 ―각하 ―셔 요 ―
보 관위에 사 과꽃을 얹 ―었 나 ―봐 요 ―
(후렴) 눈 이부신 백 의관음 관 세 ―음 ―보 살 ―
사 과 꽃 핀 절 마 당 에 나 오 셨 ―어 요 ―

6-016

달빛 걷기

곽영석 작사
강주현 작곡
마음을 모아서 ♩= 82
달빛따라 걷다보니 느티나 무 가 지 위 에
달빛끌고 걷다보니 잠못이 룬 산 새 들 은
잠깨우는 산새소리 발자국 에 고 여 드 네
바람소리 길손일까 궁금해 서 바 라 보 네
어디에 서 찾 아 와 서 그어디 로 가 는 걸 까
구름바 다 헤 쳐 가 는 등대없 는 하 늘 길 에
산등성 이 졸 던 바 람 소리치 며 달 아 나 네
만행길 을 따 라 나 선 동자승 의 꽃 그 림 자
푸른달 이 저 어 가 는 구름바 다 소 리 없 고
임이시 여 꿈 바 다 를 어디만 큼 건 너 셨 나
내영혼 의 법 바 다 에 달빛흘 로 찬 란 해 라
내그림 자 끌 고 가 는 푸른달 이 서 러 워 라
마음찾아 달빛걷기 그림자 는 키 를 재 고
풍경소리 외로워서 바람함 께 울 고 있 네

6-017

당신은 바람

여영희 작사
정동수 작곡

♩= 120
하늘이둘이 아 니라 당신이내게오셨 죠
안개꽃숲 길 가 ㅡ 에 씨앗하나뿌렸다 가
함께거둬따뜻 한 방 만들려고하였 는 데
바람처럼가신당신 하 늘 엔 바람 만스산해 요
세 월 가 도 아련 해 서 부처님께다가가 도
달님 같은 당 신 얼 굴 그리다가 다시와 요
아 아 아 아 바람인가 꿈이련 가
당 신없 는 빈 하 늘 에 소슬바람높이 부 네

6-018

대자비의 인연

(가사공모작)

연규석 작사
김남삼 작곡

보통빠르기로 힘있게
유 정무정 우주법계 부처님세상
언 제부터 시작됐나 부처님세상
풀 한포기 나무하나 모래한알도
한 방울의 물방울도 구름조각도
부처님의 세상에선 모두하나—야
부처님의 세상에선 모두하나—야
거룩하신 부처님의 인연으로온
자비하신 부처님의 법장세계에
우주만유 동체대비 인연의가피
나도하나 티끌같은 존제이라네

6-019

대장경을 사경하면

효 종 작사
지 범 작곡

♩= 65
부 처 님 의 법장지 혜 엮은 대 장 경 그 경
대 장 경 문 사경하 면 공덕 이 커 서 불 보
전 을 사경하 면 공덕 크 리 ㅡ 라
살 님 외호하 고 찬탄 하 리 ㅡ 라
사 경 한 경 나눠주 고 서로 익 히 면
삼 세 인 연 윤회하 는 업 장 지 우 고
그 공 덕 이 무량하 여 천 계 에 나 리
화 장 세 계 태어나 는 복 을 받 으 리
오묘하고 여실 한 법ㅡ 팔만 대 장 경
읽고쓰고 나눠 주 어ㅡ 공덕 을 짓 ㅡ 네

6-020

마음내기 사랑내기

곽영석 작사
최선기 작곡

비 울수록 넉 넉해요 사 랑—내 기 는 ——
나 눠주면 나 눌수록 많 아—지 고 요 ——

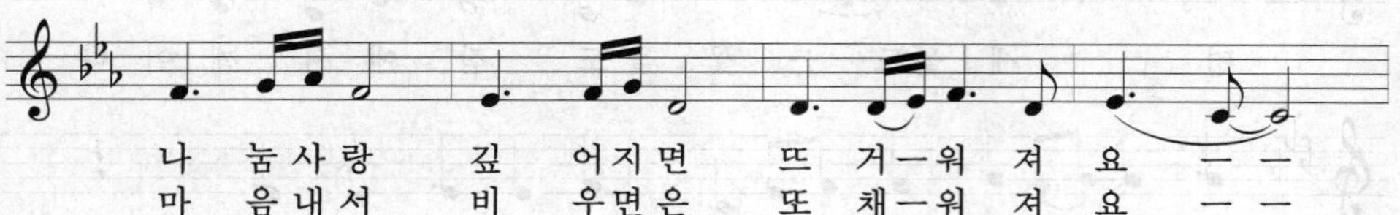

나 눔사랑 깊 어지면 뜨 거—워 져 요 ——
마 음내서 비 우면은 또 채—워 져 요 ——

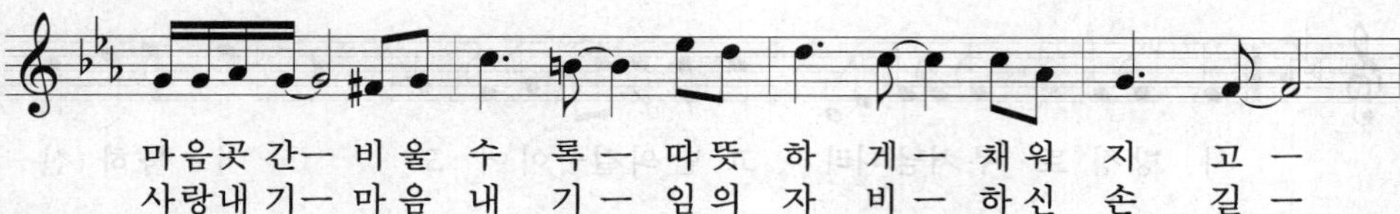

마음곳간—비울 수 록—따뜻 하 게—채워 지 고—
사랑내기—마음 내 기—임의 자 비—하신 손 길—

사랑곳간—비울 수 록— 깊고넉 넉해 — 져 요—
마음곳간—비울 수 록— 임의사 랑넘 쳐 나 요—

부 처님이 일 러주신 자 비—의 손 길

사 랑싹튼 그 자리에 새 싹—돋—아나 요

6-021

마음의 부처 꽃 피워

박순조 작사
안경수 작곡

우리함께 마음을 열어 ♩= 72

솔 내음 산을적시고 풍 경소 리 은은히 울 려퍼ㅡ지ㅡ

면 새 들도ㅡㅡ 꽃 들도 잠 에서 깨어나

성 스러ㅡ운 불 도량에 불 음의 소 리

서 방정 토 부처님나라 고 난의길ㅡ이어 도 거 룩하 신

님 의진리 우리함께받ㅡ들ㅡ어 마음의부처꽃피 워

마음의부처꽃피 워 자비의열매 알 알이영 글ㅡ 때

온 누리 에ㅡ 끝없는서원 이 루게하옵소 서

나무석 가 모니 나무석 가 모니 나무석 가 모니 불

나무석 가 모니 불 나무석가모ㅡ니 ㅡ 불

6-022

마음의 평화

서순옥 작사
오해균 작곡
간절한 마음으로 ♩= 85
저 —
저 —
푸 른소 나무 는 내 마 음알 까— 요
깊 은바 다— 는 내 마 음알 까— 요
저 별님—과 달님— 은내마 음 을알 까— 요
저 높고푸른 산들— 은내마 음 을알 까— 요
힘이들고나 혼자 외 로울때 이 끌어—주— 는
좌절하여희 망을 잃 어버려 주 저앉고싶을 때
다 정한손길 이 필 요하다는것 을
위 로와응원 이 필 요하다는것 을
부처님은—항상 내 마음속에 계 시 — 니
나 보다더내마 음 —을 알 고계 십니 다

6-023

만행결사 자비순례

곽영석 작사
신민정 작곡
경쾌하게 ♩= 90
마
길
음 에 켠 화 두 등 불 들 고 걸 어 요
을 따 라 걸 어 가 며 명 상 해 봐 요
부 처 님 도 ― 경 행 통 ― 해 선 정 얻 ― 으 사
부 처 님 도 ― 경 행 통 ― 해 공 덕 얻 ― 으 사
팔 만 사 천 법 문 열 어 가 르 치 셨 네
전 도 여 행 사 십 오 년 성 만 하 셨 네
마 음 챙 김 염 불 행 선 배 운 그 ― 대 로
화 두 행 선 걷 기 명 상 배 운 그 ― 대 로
만 행 결 사 자 비 순 례 함 께 걸 ― 어 요
자 비 순 례 만 행 결 사 함 께 걸 ― 어 요

6-024

말 한마디의 공덕

남승인 작사
심순보 작곡

♩= 94 -98

감 사 하 단 ㅡ 말 한 마 디 은 혜 로 알 게 하 고
칭 찬 하 는 ㅡ 말 한 마 디 세 상 을 갖 게 하 고

고 맙 다 는 ㅡ 말 한 마 디 가 슴 을 열 게 해 요
격 려 하 는 ㅡ 말 한 마 디 가 슴 을 열 게 해 요

진 실 한 말 ㅡ 그 한 마 디 세 상 을 갖 게 하 ㅡ 고
위 로 하 는 ㅡ 말 한 마 디 믿 음 의 등 대 가 되 고

용 서 하 는 ㅡ 말 한 마 디 분 노 를 녹 게 해 요 말 한
사 랑 한 단 ㅡ 말 한 마 디 미 소 가 피 어 나 요

마 디 수 행 공 덕 이 세 상 에 빛 이 되 고 사 랑

1.
으 로 함 께 사 는 자 비 세 상 만 들 어 요

2.
으 로 함 께 사 는 자 비 세 상 만 들 어 요

6-025

밝은 햇살처럼

대 석 작사
서근영 작곡
밝고 생기있게 ♩= 110
우리함께사는세상 사람 들아 이한말을들어 보 소
욕심내고헐ㅡ뜯어 싸우 면은 어떤일이생겨 날 까
베풀어서복ㅡ됨이 쌓이 면은 어떤일이생겨 날 까
자신의모습을 거울에비출때 그모 양나타나듯 이
사는곳어디든 넘치는즐거움 웃음 꽃피어나리 니
스 스로 지ㅡ은일 되 돌려받 는다 네
너 와나 손ㅡ 잡고 참 된길찾 아보 자
착한일바른행동 실천 하면 기쁨으로행복하 고
악한일그릇된일 범하 면은 슬픔으로고통 받 네
꿈속에서깨어나 듯 1. 밝은햇살처 럼
2. 밝은햇살처 럼 건전하고밝은사회 좋은 세상
이 루 어 보 세

6-026

방생의공덕 크나니

곽영석 작사
이재성 작곡

방생하는 마음으로 ♩= 65

헐벗은 자 옷을주 고 목마른 자 물나누 고 속박받
죽음앞 둔 물고기 도 내가구 해 방생하 면 천의공
는 이웃에 게 재물나 눠 공양하 라 무량수
덕 그가피 가 내생에 서 구현되 리 고통받
경 이른말 씀 선업지 어 영생하 는 미래생
는 사람들 을 내가알 고 구원하 면 인간방
의 풍진삶 은 방생공 덕 최선이 라 (후렴) 무량한
생 그가치 가 미륵정 토 나게하 리
빛 정토—세 상 염불하 며 나아—갈 때 방생공
덕 덕쌓—은 자 아미타 불 영접하 네

6-027

방생의 자비행

정송전 작사
황옥경 작곡

♩. = 45
거 미 줄에 걸 린 참 새 하 늘 다 시 날 게 하 고 —
덫 에 걸 린 짐 승 풀 어 숲 에 가 서 살 게 하 고 —
팔 려 나 온 물 고 기 를 강 가 에 서 풀 어 주 는 —
숲 길 가 에 뱀 한 마 리 멀 리 쫓 아 놓 아 주 는 —
대 자 비 의 방 생 보 시 내 가 짓 는 미 래 공 덕 —
대 자 비 의 나 눔 사 랑 법 장 세 계 꽃 되 리 라 —
허 기 진 자 밥 을 주 고 목 마 른 자 물 을 주 고 —
속 임 수 에 깊 이 빠 져 울 고 있 는 중 생 들 을 —
헐 벗 은 자 옷 을 주 어 자 비 마 음 베 푸 는 자 —
지 혜 나 눠 헤 쳐 나 게 돕 고 돕 는 구 제 방 편 —
보 살 님 과 호 법 신 장 외 호 하 고 도 우 리 라 —
미 래 세 상 복 전 되 어 서 원 대 로 받 으 리 라 —

6-028

방생하는 날

(가사공모작)

신호균 작사
묘 공 작곡
Adagio ♩= 72
1.구속받는중생들ㅡ 을
부처님의방생말ㅡ 씀
2.일체중생속박에ㅡ 서
천하종사선ㅡ지식 도
풀어주고놓아주ㅡ 고
방생공덕미래자ㅡ 산
풀어주고놓아주ㅡ 고
방생공덕설ㅡ했으 니
1.
귀한생명귀한목ㅡ 숨
풀어주고놓아주ㅡ 고
그목숨을귀히여ㅡ 거
놓아주고풀어주ㅡ 고
빼앗지를말ㅡ지어 다
빼앗지를말ㅡ지어 다
2.
방생기쁨누릴지ㅡ 라
선행업장쌓아가ㅡ 라
(후렴) 방 생은 방 생은
나의수명연장하ㅡ 고
방 생은 방ㅡ생ㅡ은
1.
나의복을쌓느니ㅡ 라
2.
Fine
나의복을쌓느니ㅡ 라

6-029

방생 하세요

곽영석 작사
이문주 작곡

♩= 112

부 처님 의 큰 ㅡ가 르 침 방 생하 세 요
부 처님 의 진 리 말 ㅡ 씀 방 생하 세 요

죽 어 가 는 육 도중 ㅡ 생 살 려보 세 요
생 명 있 는 육 도중 ㅡ 생 살 려보 세 요

살 아 있 는 귀 한 목 숨 구 할수 있 어
목 마 르 고 배 고 픈 이 돕 는그 일 도

물 고 기 도 나 는새 ㅡ 도 생 명도 하 나
부 처 님 이 일 러주 ㅡ 신 방 생하 는 일

우 리모 두 행 동으 ㅡ 로 살 려보 세 요
복 을짓 는 큰 ㅡ 가 르 침 방 생하 세 요

착 한일 복된 ㅡ 일 방 생하 는 일

부 처님 진리 말씀 실 천하 는 길

6-030

버드나무 방생

혜 총 작사
김병학 작곡

버드나무늪지나무 왕 버 들 가 지 냇가에도강가에도 심 고 가 꾸 던
버드나무방생하는 스 님 의 손 길 이른봄에시냇가에 강 가 에 다 가
수 질 정 화 환 경 운 동 왕 버 들 가 지
가 지 잘 라 심 어 가 던 왕 버 들 나 무
환 경 운 동 방 생 운 동 새 산 ㅡ 림 운 동
수 질 정 화 방 생 운 동 새 산 ㅡ 림 운 동
옛 날 부 터 오 늘 까 지 전 해 진 방 ㅡ 생
옛 날 부 터 오 늘 까 지 전 해 진 방 ㅡ 생
푸 른 강 물 지 켜 주 고 강 둑 도 튼 ㅡ 튼
버 드 나 무 방 생 법 회 함 께 ㅡ 해 봐 요

법보시의 가피

곽영석 작사
최선기 작곡

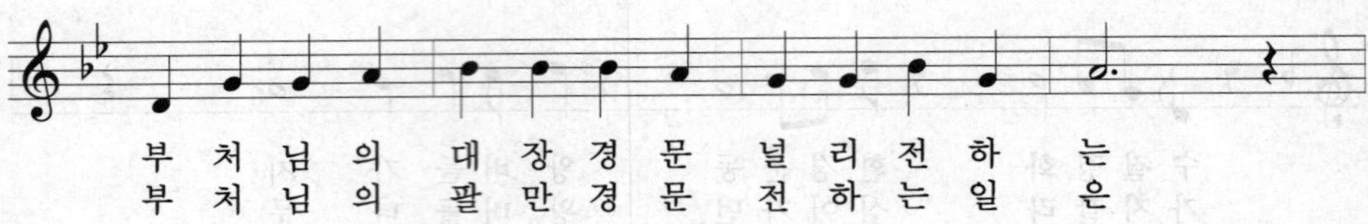
부 처 님 의 대 장 경 문 널 리 전 하 는
부 처 님 의 팔 만 경 문 전 하 는 일 은

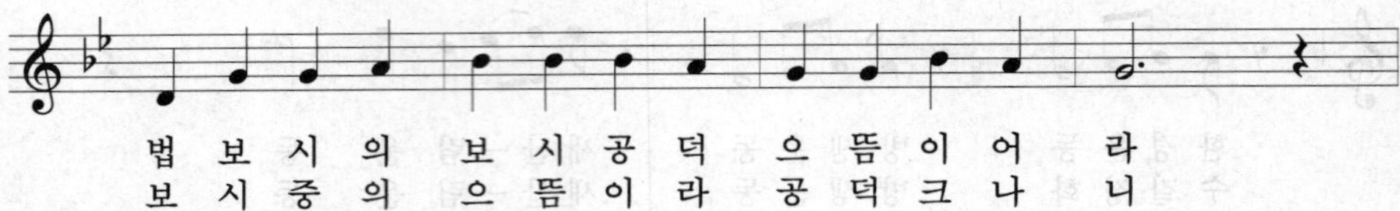
법 보 시 의 보 시 공 덕 으 뜸 이 어 라
보 시 중 의 으 뜸 이 라 공 덕 크 나 니

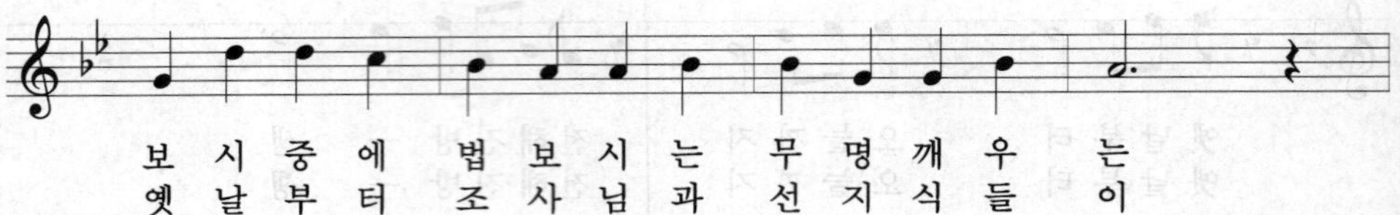
보 시 중 에 법 보 시 는 무 명 깨 우 는
옛 날 부 터 조 사 님 과 선 지 식 들 이

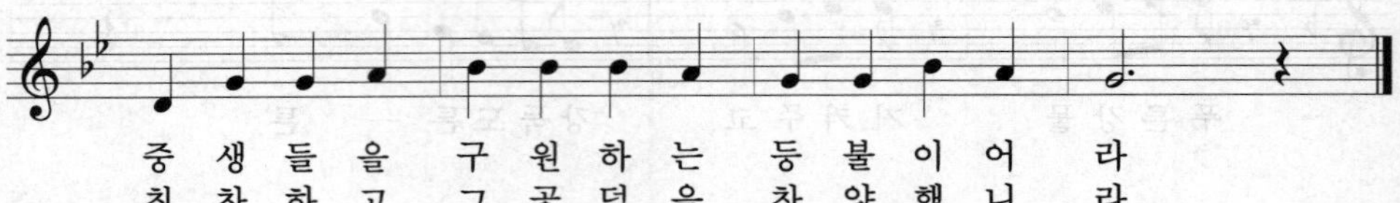
중 생 들 을 구 원 하 는 등 불 이 어 라
칭 찬 하 고 그 공 덕 을 찬 양 했 니 라

6-032

법보시의 공덕

곽영석 작사
이태현 작곡
♩= 96
f
mf
부 처말씀진 리말 씀 익히고배 우면 내 마음에부 처님이
부 처님이가 르치 신 보시의큰 공덕 방 황하는이 웃에게
살ㅡ펴주 시고 법 보시의크 신공 덕 알ㅡ려주 세요
불법을전 하고 자 성찾게인 도하 면 공덕이크 지요
부 처말씀전 하는일 경ㅡ전한 권도 찬 불가 집ㅡ
포 교사로나 의선행 나누는즐 거움 경 전한 권ㅡ
f
탱 화한 장ㅡ 음 반 한 장 도 ㅡ
염 주한 개ㅡ 찬 불 가 집 도 ㅡ
ff
f
나 ㅡ누 면 ㅡ 기 쁨두 배ㅡ 업 장 을녹 여줘 요 ㅡ
나 ㅡ누 면 ㅡ 행 복해 요ㅡ 공 덕 을쌓 ㅡ아 요 ㅡ

6-033

법보시의 노래

(수상곡)

곽영석 작사
강주현 작곡
즐거운 마음으로 ♩. = 46
한 량 없 는 보 배 로 서 중 생 구 제 다 하 여 도
보 시 중 에 법 보 시 는 무 명 깨 쳐 함 께 사 는
게 송 하 나 외 우 는 데 비 길 수 가 없 나 니 라 ㅡ
불 보 살 이 기 뻐 하 는 보 시 중 에 으 뜸 이 라 ㅡ
여 래 말 씀 진 실 하 여 쓰 고 읽 고 전 하 여 서 ㅡ
지 혜 로 운 마 음 으 로 부 처 님 법 전 하 올 때 ㅡ
그 공 덕 을 찬 탄 하 사 법 보 시 가 으 뜸 이 라 ㅡ
그 공 덕 과 지 혜 로 서 외 호 하 여 돕 느 니 라 ㅡ
(후렴) 부 처 님 의 진 여 법 문 읽 고 쓰 고 전 하 여 서
무 명 깨 쳐 이 끄 는 일 보 시 중 에 최 고 라 네 ㅡ

6-034

법보시의 은혜

곽근성 작사
강주현 작곡
즐겁게 ♩. = 48
거 룩 하 신 삼 보 은 혜 높 이 받 들 고
고 마 워 라 보 시 은 혜 한 량 없 는 맘
보 시 공 덕 한 량 없 어 마 음 을 펴 니
역 대 조 사 천 하 종 사 가 르 치 신 말
정 토 향 의 ㅡ 합 창 소 리 울 려 퍼 지 네
보 시 중 에 ㅡ 법 보 시 는 최 상 의 공 덕
보 시 중 에 법 보 시 는 최 상 의 공 ㅡ 덕
불 법 홍 포 길 을 놓 는 불 제 자 의 ㅡ 길
호 법 신 중 보 호 하 사 제 불 보 살 도
박 수 치 며 돌 아 보 네 법 보 시 공 ㅡ 덕

6-035

법보시의 참된 기쁨

임채진 작사
강주현 작곡

행복한 마음으로 ♩= 78
부 처
부 처
님 의진여법ㅡ 문 법 ㅡ 보 ㅡ시 공 덕 하 늘
님 의지혜법ㅡ 문 나 ㅡ 누 ㅡ는 공 덕 사 바
문 을여는지ㅡ 혜 얻 ㅡ 을 ㅡ수 있 고 여 래
연 에얻는복ㅡ 덕 최 ㅡ 상 ㅡ이 라 네 보 시
장 의일체제ㅡ 불 찬 ㅡ 양 하 시 며 외 호
중 에법보시ㅡ 는 무 ㅡ 명 깨 치 는 공 덕
하 여보살핌ㅡ 은 받 ㅡ 을 ㅡ수 있 네 (후렴)고 마
중 에최상공ㅡ 덕 한 ㅡ 량 ㅡ없 다 네
워 라자비해ㅡ 라 보 ㅡ 시 ㅡ의 공 덕 법 보
시 의참된기ㅡ 쁨 최 ㅡ 상 ㅡ의 복 덕

6-036

보살의 마음은

(가사 공모 당선작)

이창규 작사
심순보 작곡
♩= 98 -102
보 살은보 살 은 세 상을아우 르 고
보 살은보 살 은 우 주를안아 보 고
보 살은보 살 은 그 모두를 안는 다
보 살은보 살 은 그 가슴이 뜨겁 다
보 살은보살은 마 음이 티 없이푸 르 고
보 살은보살은 마 음이 한 없이하 얗 고
보 살은보살은 하 늘 처럼 넓 은가 슴이 다
보 살은보살은 바 다 처럼 깊 은가 슴이 다
(후렴) 보 살 은 보 살 은 내마음의선 이 며
보 살은보 살ㅡ 은 내영혼의빛 이 다

6-037

보살의 정신

여영희 작사
정흥근 작곡

♩= 80

일 체 중 생 ㅡ 평 안 하 게 ㅡ 삼 라 만 상 ㅡ 자 유 롭 게 ㅡ
우 주 만 유 ㅡ 온 누 리 가 ㅡ 사 랑 스 런 ㅡ 자 비 세 상 ㅡ

더 불 어 서 ㅡ 함 께 사 는 ㅡ 보 살 님 의 평 등 세 상
더 불 어 서 ㅡ 함 께 사 는 ㅡ 사 바 연 의 복 된 인 연

만 생 명 의 생 사 고 락 두 려 움 은 없 어 지 고
일 체 중 생 나 고 죽 는 생 사 윤 회 극 복 하 고

지 혜 복 덕 구 비 하 여 행 복 의 문 찾 아 가 요
불 보 살 의 가 피 로 써 정 토 세 상 태 어 나 네

(후렴) 이 타 행 과 ㅡ 자 비 행 은 ㅡ 선 업 짓 는 ㅡ 내 생 의 길 ㅡ

보 살 정 신 ㅡ 상 기 하 여 ㅡ 부 처 의 길 따 라 가 세

6-038

보시

이민영 작사
이민영 작곡

부 처 님의자비 ㅡ를 ㅡ 받 은 모든불자 ㅡ모 여ㅡ
서 로 에게 베 풀어 요ㅡ 그 것 이 바 로보 시ㅡ
무 언 가를바라 ㅡ는 ㅡ 그 런 마음아니 ㅡ죠 ㅡ
조 건 없 이 나누는것ㅡ 기 쁨 이 있죠 ㅡ
힘 겨 울 때 누 군 가 옆 에
함 께 있 는 것으로도ㅡ 힘 이 되는거 죠
부 처 님의자비 ㅡ를 ㅡ 받 은 불자들모 ㅡ여 ㅡ
서 로 돕 고 아껴봐요ㅡ 행 복 해 져 요 ㅡ

6-039

보시와 가피

곽영석 작사
백승태 작곡

Andante
mf
mp
내가 가ㅡㅡ진 작은 것도 나누어ㅡ쓰ㅡ고
내가 가ㅡㅡ진 위신 능력 자비롭ㅡ다ㅡ면
나의 지ㅡㅡ혜 바른 방편 자비베ㅡ풀ㅡ면
함께 사ㅡㅡ는 공동 체가 모두즐ㅡ겁ㅡ고
mf
사ㅡ바 연의 새ㅡ인 연을 만 들 수 있 고
너ㅡ와 내가 따ㅡ로 없는 행 복 한 세 상
f
인ㅡ연 가피 수ㅡ승 하여 행 복하 다 네
부ㅡ처 님의 가ㅡ피 은혜 받 을수 있 네
인ㅡ연 가피 수ㅡ승 하여 행 복하 다 네
부ㅡ처 님의 가ㅡ피 은혜 받 을수 있 네

6-040

보시의 공양탑

곽영석 작사
심순보 작곡
♪ = 118-122
마음세워베푼일 도 — 돌아서서잊고마 는 —
마음따라몸따르 고 — 몸을세워짓는공 덕 —
마음세워베푼일 도 — 돌아서서잊고마 는 —
마음따라몸따르 고 — 몸을세워짓는공 덕 —
상을내지않는모 습 — 보시행의기쁨이 라 —
천사들이외호하 고 — 제불보살찬양하 네 —
세월가도푸른하 늘 — 변함없는대우주 에 —
부처님의법장세 상 — 오묘하고신통하 여 —
인연으로오시었 던 — 우리만남대가피 라 — 이생
공덕행의자비손 을 — 축복하며들어주 네 — 해와
전 생삼세겁 에 — 불연 지 어다시나 도 — 천상
달 이빛을놓 고 — 자비 광 명온누리 에 — 마음
위 에쌓은공 덕 — 변치않 는보석이 라 —
으 로짓는보 시 — 천상위 에탑을쌓 네 —

6-041

보시의 기쁨

송 운 작사
지 범 작곡
♩. = 45
욕 심 으 로 ― 세 운 탑 은 모 래 성 이 요 ―
거 짓 말 로 ― 세 운 탑 은 기 둥 이 없 고 ―
마 음 으 로 ― 세 운 탑 은 철 옹 성 이 라 ―
삿 된 말 로 ― 모 은 재 물 물 거 품 같 아 ―
에헤 사 랑 으 로 돕 고 ― 나 눈 헌 옷 한 ― 벌 은 ―
에헤 지 혜 방 편 진 리 ― 깨 쳐 불 법 을 ― 알 면 ―
에헤 자 비 갑 옷 화 로 ― 되 어 지 ― 켜 줍 니 다 ―
에헤 보 시 행 의 참 된 ― 기 쁨 알 ― 수 있 어 요 ―
남 도 좋 고 ― 나 도 좋 고 ― 모 두 ― 가 즐 거 운 ― ―
보 시 행 의 ― 참 된 기 쁨 ― 사 ― 랑 의 증 표 ―

6-042

보시의 노래

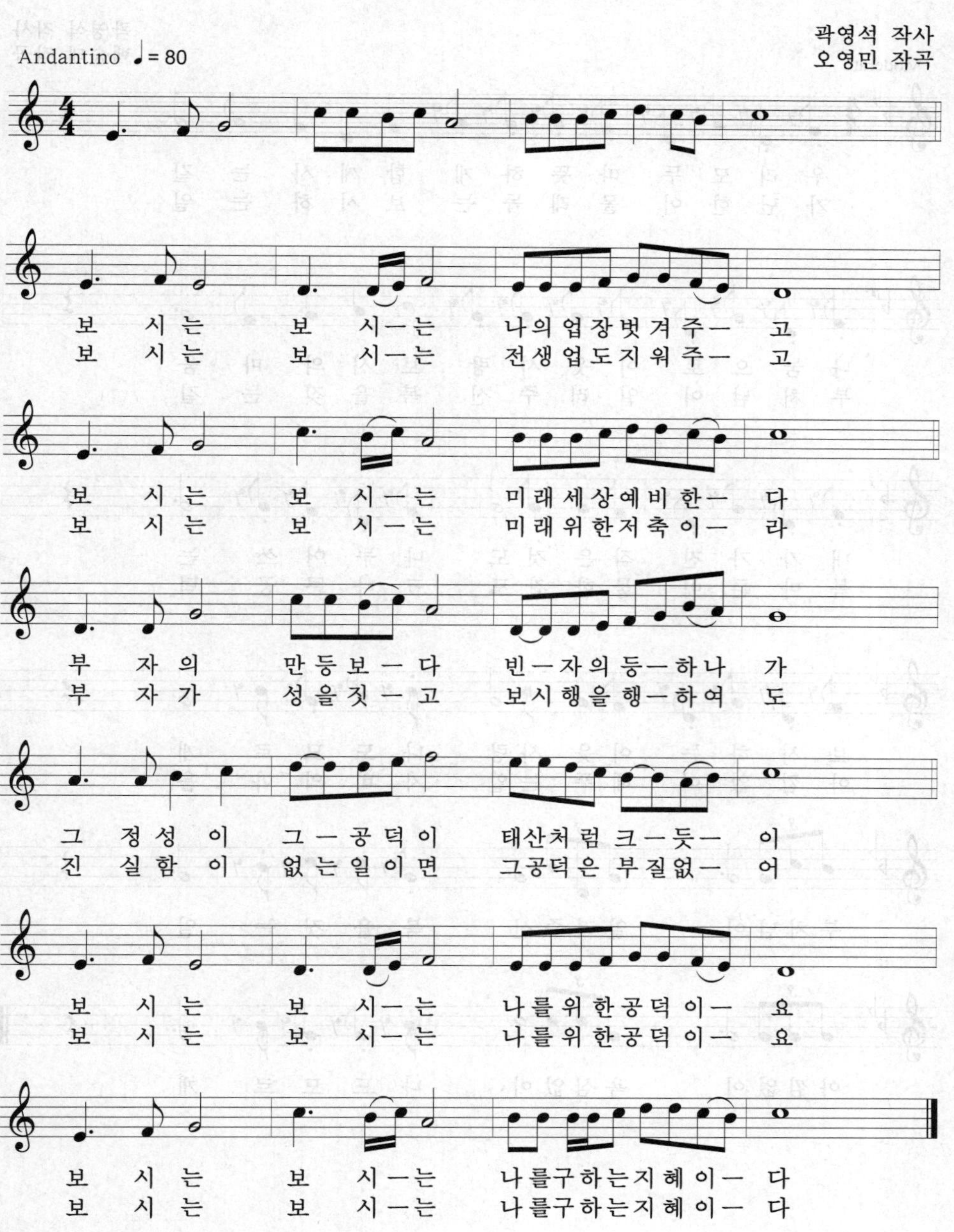

곽영석 작사
오영민 작곡
Andantino ♩= 80
보 시는 보 시ㅡ는 나의업장벗겨주ㅡ 고
보 시는 보 시ㅡ는 전생업도지워주ㅡ 고
보 시는 보 시ㅡ는 미래세상예비한ㅡ 다
보 시는 보 시ㅡ는 미래위한저축이ㅡ 라
부 자의 만등보ㅡ다 빈ㅡ자의등ㅡ하나 가
부 자가 성을짓ㅡ고 보시행을행ㅡ하여 도
그 정성 이 그ㅡ공덕이 태산처럼크ㅡ듯ㅡ 이
진 실함 이 없는일이면 그공덕은 부질없ㅡ 어
보 시는 보 시ㅡ는 나를위한공덕이ㅡ 요
보 시는 보 시ㅡ는 나를위한공덕이ㅡ 요
보 시는 보 시ㅡ는 나를구하는지혜이ㅡ 다
보 시는 보 시ㅡ는 나를구하는지혜이ㅡ 다

6-043

보시하는 마음

곽영석 작사
백승태 작곡

Moderato
우 리 모 두 따 뜻 하 게 함 께 사 는 길
가 난 한 이 몰 래 돕 는 보 시 하 는 일
나 눔 으 로 이 웃 사 랑 보 시 의 마 음
부 처 님 이 일 러 주 신 복 을 짓 는 길
내 가 가 진 작 은 것 도 나 누 어 쓰 는
목 마 른 이 물 한 잔 도 크 나 큰 공 덕
보 시 하 는 이 웃 사 랑 나 도 모 르 게
아 낌 없 이 베 푸 는 일 자 비 의 마 음
부 처 님 이 일 러 주 신 복 을 짓 는 일
아 낌 없 이 욕 심 없 이 나 도 모 르 게

6-044

부처님 당신 품에

환희심을 가지고 ♩= 82
이창규 작사
강주현 작곡
부 질
홀 로
없 이타는불ㅡ 꽃 적 막 강 산애 태우 며 운 명
피 는들꽃처ㅡ 럼 눈 물 돋 아내 릴ㅡ 때 숙 명
으 로길을열ㅡ 어 임 에 게 로가 옵니 다 한 생
으 로그리워ㅡ 진 임 에 게 로가 옵니 다 석 양
각 ㅡ무명초 로 홀 로 되 어가는길ㅡ 에 빛 고
의 ㅡ노을처 럼 혼 자 되 어가는길ㅡ 에 어 두
운 ㅡ해님이ㅡ 여 동 반 하 여주옵소ㅡ 서 법 명
운 밤달님이ㅡ 여 동 반 하 여주옵소ㅡ 서 법 명
석 자 주신인ㅡ 연 한 량 없 는은 혜 로 부 처
석 자 주신인ㅡ 연 소 망 하 는꿈 으 로 부 처
님 당신 품ㅡ 에 고 이 안 겨살ㅡ렵니 다
님 당신 품ㅡ 에 고 이 안 겨살ㅡ렵니 다

6-045

부처님 앞에서면

허말임 작사
오해균 작곡

Andante Mod ♩= 72
이 몸빌ㅡ려 만ㅡ난인연 수백생의업ㅡ이라 도
이 몸으ㅡ로 맺ㅡ은인연 현ㅡ세의업ㅡ이라 도
부 처님앞에서 면 가야할길알려줍니 다
부 처님앞에서 면 어두운길을밝혀줍니 다
내 가만든 인연 의ㅡ업 걷는길이힘들어 도
넘 어지지 말라 하시며 자비손길잡아주 며
이 생에서 갚고 가는 업 장기도합니 다
이 생에서 풀어 가라 참 회정진합니 다
길 을잃고 헤매일ㅡ때 빛이되어주신 님
그 빛따ㅡ라 한발두ㅡ발 다시걸어갑니ㅡ 다

6-046

부처님을 아는 자

곽영석 작사
김정란 작곡
♩= 110
부 처 님 을 아 는 사 람 — 두 렵 지 않 고
부 처 말 씀 배 우 는 자 — 사 납 지 않 고
진 리 법 문 들 은 자 는 — 지 혜 롭 다 네
여 실 한 법 익 히 는 자 — 자 비 롭 다 네
생 사 윤 회 고 통 속 에 헤 매 는 자 여
사 바 연 에 고 통 받 는 많 은 중 생 들
진 여 말 씀 배 워 익 혀 왕 생 해 보 세
바 른 지 혜 배 워 익 혀 참 되 게 사 세
(후렴) 거 룩 하 신 삼 보 님 께 귀 의 한 사 람 자 비 가 피 따 라 와 서
보 호 한 다 네 거 룩 하 신 삼 보 님 께 귀 의 한 사 람
자 비 가 피 따 라 와 서 보 호 한 다 네

6-047

사랑받고 싶어요

(가사 공모 당선작)

유은자 작사
정동수 작곡

빠르지않게 사랑스럽게

바 람 결 에 들 려 오 는 풍 경 소 — — 리
산 모 퉁 이 돌 고 도 는 염 불 소 — — 리
내 마 음 에 울 려 지 는 목 탁 소 — — 리
온 우 주 에 울 려 지 는 범 종 소 — — 리
길 을 찾 는 사 람 위 해 울 — 리 는 소 — — 리
무 명 중 생 일 깨 우 는 지 혜 로 운 소 — — 리
손 내 밀 면 행 복 주 — 는 보 배 로 운 님
손 내 밀 면 행 복 주 — 는 보 배 로 운 님
손 내 밀 면 잡 아 주 는 자 비 하 신 님
그 사 랑 받 고 싶 어 찾 아 왔 어 요

6-048

사랑의 눈

방자경 작사
오영민 작곡

밝고 상쾌하게 ♩. = 50

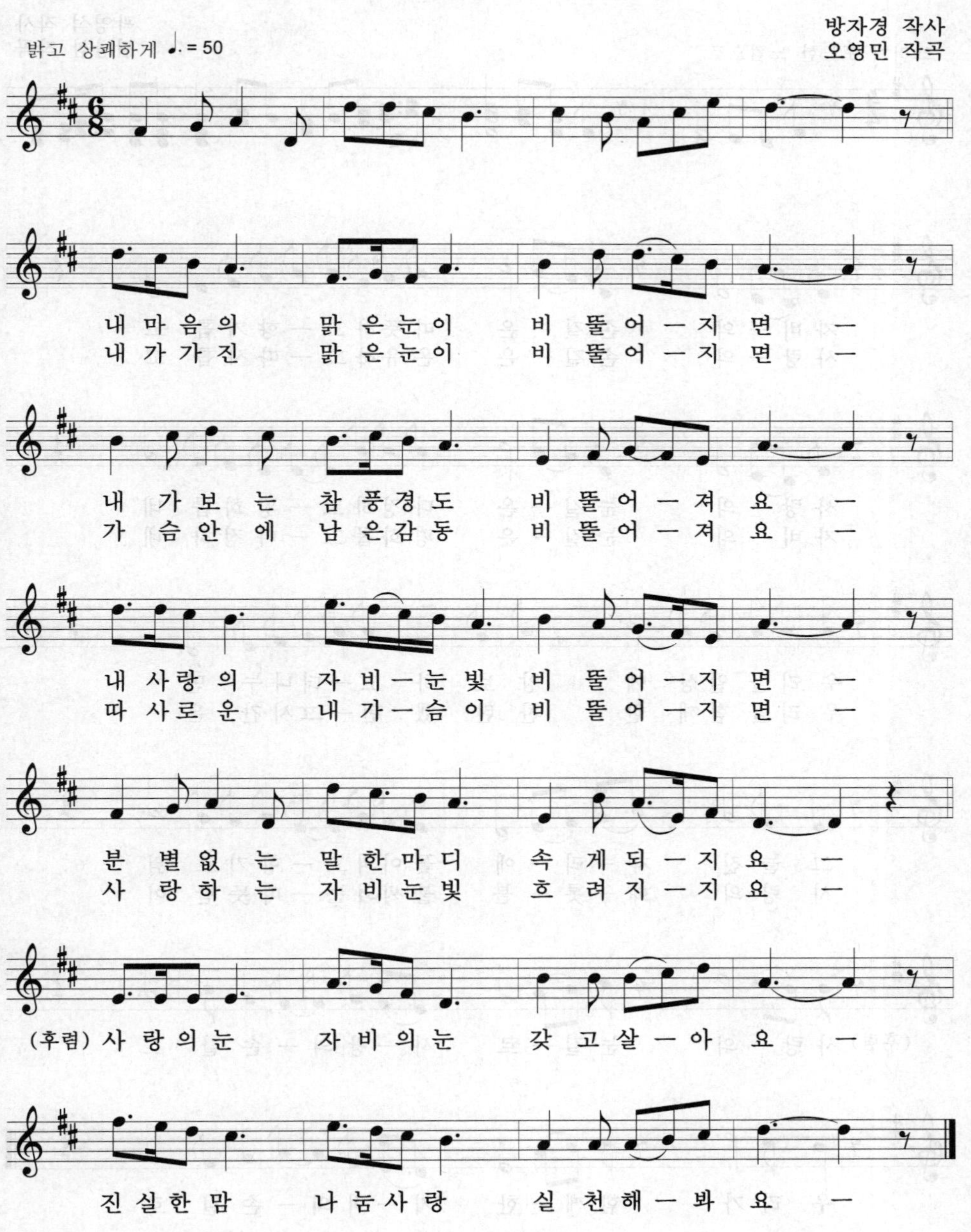

내 마 음 의 맑 은 눈 이 비 뚤 어 ㅡ 지 면 ㅡ
내 가 가 진 맑 은 눈 이 비 뚤 어 ㅡ 지 면 ㅡ
내 가 보 는 참 풍 경 도 비 뚤 어 ㅡ 져 요 ㅡ
가 슴 안 에 남 은 감 동 비 뚤 어 ㅡ 져 요 ㅡ
내 사 랑 의 자 비 ㅡ 눈 빛 비 뚤 어 ㅡ 지 면 ㅡ
따 사 로 운 내 가 ㅡ 슴 이 비 뚤 어 ㅡ 지 면 ㅡ
분 별 없 는 말 한 마 디 속 게 되 ㅡ 지 요 ㅡ
사 랑 하 는 자 비 눈 빛 흐 려 지 ㅡ 지 요 ㅡ
(후렴) 사 랑 의 눈 자 비 의 눈 갖 고 살 ㅡ 아 요 ㅡ
진 실 한 맘 나 눔 사 랑 실 천 해 ㅡ 봐 요 ㅡ

6-049

사랑의 눈길

곽영석 작사
김남삼 작곡

느리게 포근한 느낌으로
자 비 ㅡ 의 손 길 ㅡ 은 따 뜻 하 고 ㅡ 향 기 롭 고
사 랑 ㅡ 의 손 길 ㅡ 은 온 유 하 고 ㅡ 따 사 롭 고
사 랑 ㅡ 의 눈 길 ㅡ 은 다 정 하 고 ㅡ 평 화 롭 네
자 비 ㅡ 의 눈 길 ㅡ 은 평 화 롭 고 ㅡ 다 정 하 네
우 리 들 일 상 에 양 보 하 고 ㅡ 더 나 누 면
우 리 들 함 께 한 찬 란 했 던 ㅡ 그 시 간 은
그 늘 진 자 ㅡ 리 ㅡ 에 꽃 이 피 고 ㅡ 향 기 로 워
사 랑 의 화 ㅡ 롯 ㅡ 불 불 씨 되 는 ㅡ 따 뜻 함 이
(후렴) 사 랑 ㅡ 의 눈 길 ㅡ 로 사 ㅡ 랑 의 ㅡ 손 길 로
우 리 가 함 께 ㅡ 한 기 ㅡ 적 의 ㅡ 손 길 로

6-050

사랑의 눈빛 미소

대 우 작사
오헌수 작곡

Andante ♩= 76
부 처
부 처
님 의눈ㅡ빛미 소 고 운 사 랑꽃피게하 고 인 자
님 을뵐ㅡ때마 다 자 비 하 신눈ㅡ빛미 소 마 음
하 신미ㅡ소안 에 감 사 하 는ㅡ마음열어 요 내 가
여 린내ㅡ가슴 을 경 책 하 며ㅡ다독입니 다 용 서
먼 저마ㅡ음열 라 사 랑 에 는순서없으 니 대 자
하 고마ㅡ음열 라 큰 길 에 는문이없으 니 마 음
비 의눈ㅡ빛미 소 닫 힌 가 슴열고오리 니 (후렴) 대 자
열 고다ㅡ가서 면 사 랑 으 로다가오리 니
비 로ㅡ상생하 는 우 리 들 의ㅡ일상들 도 은 혜
알 고감ㅡ사하 는 대 사 랑 의 눈빛미 소

6-051

사랑의 장기 나눔

이종례 작사
노순덕 작곡

♩= 104
사 랑 으 로 나 눈 빛 은 우 리 가 슴 달 궈 주 ― 고
믿 음 으 로 키 운 사 랑 사 랑 으 로 싹 이 트 ― 고
가 슴 으 로 키 운 사 랑 따 뜻 함 이 넘 쳐 나 요
대 자 비 로 나 눈 사 랑 은 혜 가 득 넘 쳐 나 요
꺼 져 가 는 생 명 불 을 되 살 리 는 우 리 세 ― 상
생 명 불 이 꺼 져 가 는 우 리 이 웃 아 픔 보 ― 고
나 ― 눔 사 ― 랑 장 기 나 눔 함 께 하 는 우 리 세 상
장 ― 기 기 ― 증 나 눔 사 랑 내 가 슴 이 커 져 가 요

6-052

사랑의 징검다리

박윤덕 작사
오헌수 작곡
Moderato ♩= 110
징 검 다 리— 건 너 봐 요— 어 깨 를 걸 고 —
하 나 보 다— 둘 이 하 면— 마 음 가 볍 고 —
사 이 좋 게— 건 너 봐 요— 두 손 을 잡 고 —
모 든 사 람— 뜻 모 으 면— 사 랑 꽃 펴 요 —
큰 사 랑 의— 징 검 다 리— 함 께 건 —너 요 —
나 눔 공 덕— 자 비 사 랑— 내 몸 으 —로 도 —
내 몸 으 로— 할 수 있 는— 나 눔 의 사 — — 랑
나 누 면 서— 함 께 사 는— 부 처 님 사 — — 랑
(후렴) 장 기 나 눔— 자 비 사 랑— 징 검 다 리 를 —
우 리 함 께 — 놓 아 봐 요— 서 로 손 잡 고 —

6-053

사랑의 그 온도

신현득 작사
이재석 작곡

사랑.깊은 뜻을 명상하듯 ♩. = 42
사 랑 에 ㅡ 는 체 ㅡ 온 ㅡ 이 긴 요 한 건 아 니 네 ㅡ 요 ㅡ
사 랑 에 ㅡ 는 체 ㅡ 온 ㅡ 이 필 요 한 건 아 니 네 ㅡ 요 ㅡ
사 랑 의 그 온 도 ㅡ 빙 점 에 서 도 끓 ㅡ 는 것 ㅡ 을 ㅡ
사 랑 은 빙 점 에 서 끓 ㅡ 다 ㅡ 가 타 ㅡ 는 것 ㅡ 을 ㅡ
입 술 을 두 ㅡ 고 도 ㅡ ㅡ 가 슴 안 에 고 여 있 다 ㅡ ㅡ ㅡ 가
주 는 데 헤 ㅡ 프 고 ㅡ ㅡ 받 는 데 는 약 한 우 리 ㅡ ㅡ ㅡ ㅡ
칼 바 람 세 상 에 서 화 끈 하 ㅡ 게 타 올 라 요 ㅡ
타 면 서 꽃 이 되 고 타 ㅡ 면 ㅡ 서 악 기 되 네 ㅡ
(후렴) 다 할 수 ㅡ 없 는 추 위 에 ㅡ 서 끓 다 가 타 ㅡ 는 ㅡ
내 사 랑 은 여 기 에 네 사 랑 은 보 이 지 않 아 ㅡ

6-054

사랑의 온도

(가사공모작)

김명희 작사
이재석 작곡
♩= 78
사 ㅡ
사 ㅡ
랑 ㅡ의 온 도 는 몇 ㅡ 도 ㅡ가 좋 을 까 낮 아
랑 ㅡ의 온 도 는 몇 ㅡ 도 ㅡ가 좋 을 까 뜨 겁
도 ㅡ ㅡ 높 아 도 의 ㅡ 심 하 지 만
고 ㅡ 차 가 와 도 외 ㅡ 면 하 지 만
자 비 의 온 도 는 높 을 수 록 좋 아 요
사 랑 의 온 도 는 높 을 수 록 좋 아 요
사 랑 으 로 마 음 으 로 찾 아 온 당 신 대 자
대 자 비 의 은 혜 로 내 곁 에 오 ㅡ 신 임 의
비 ㅡ의 가 피 로 마 음 나 눠 요
사 ㅡ랑 가 피 로 사 랑 나 눠 요

6-055

사랑의허락

공현혜 작사
최선기 작곡

소 슬바람 나뭇가ㅡ지 깨 우는ㅡ새ㅡ 벽
지 난것은 돌아오ㅡ지 못 한다ㅡ해ㅡ 도
나 무들은 손ㅡ흔들며 이 별합ㅡ니ㅡ 다
바 람같은 당신모ㅡ습 그 립습ㅡ니ㅡ 다
함 께웃ㅡ고ㅡ울ㅡ던일도 기 억이ㅡ되ㅡ 고
먼 저와ㅡ서ㅡ기ㅡ다리던 당 신의ㅡ모ㅡ 습
철 이없ㅡ던ㅡ그ㅡ모습도 아 름답ㅡ네ㅡ 요
떠 날때ㅡ도ㅡ바람처ㅡ럼 가 셨습ㅡ니ㅡ 다
사 랑하는 어ㅡ머ㅡ니 고 마운ㅡ이ㅡ 름
다 음생엔 먼저알ㅡ고 찾 으렵ㅡ니ㅡ 다

6-056

사랑하는 마음

곽영석 작사
김정란 작곡

♩= 92
사랑하는마 음 은 아낌없이주 는 것
사랑하는마 음 은 자애롭고다 정 해
사랑하는마 음 은 자비손을펴 는 것
언제라도은 혜 의 감동으로가 득 해
사랑하는마 음― 은 다정하고진 실― 해
사랑하는마 음― 은 믿음으로반 가― 워
큰 상처도 다 스―려 미소짓게하 나― 니
얼 음같은 마 음―도 따뜻하게녹 이― 리
사랑하는마 음 은 아낌없이주 는 것
사랑하는마 음 은 자애롭고다 정 해
사랑하는마 음― 은 자비손을펴 는 것
언제라도은 혜― 의 감동으로가 득 해

6-057

사랑합니다 당신은 부처님

곽영석 작사
이태현 작곡

Moderato ♩= 108
f
mp
사 랑 합 니 다 존 경 합 니 다 당 신 은 부 ㅡ 처 님 ㅡ
사 랑 합 니 다 존 경 합 니 다 당 신 은 부 ㅡ 처 님 ㅡ
언 제 나 웃 는 얼 굴ㅡ 보 다 보 면 행 복 하 고 ㅡ
언 제 나 모 범 되 어ㅡ 실 천 하 는 참 ㅡ 모 습 ㅡ
mf
온 ㅡ 화 한 말 한 마 디ㅡ 사 ㅡ 랑 이 넘 칩 니 다 ㅡ
자 비 로 운 관 ㅡ 세 음ㅡ 관 세 음 을 닮 았 어 요 ㅡ
f
언 ㅡ 제 나 다 정 하 게ㅡ 격 려 하 는 모 습 보 면 ㅡ
나 눔 사 랑 보 시 하 는ㅡ 따 ㅡ 뜻 한 모 습 보 면 ㅡ
mf
자 비 하 신 부 ㅡ 처 님ㅡ 부 처 님 을 닮 았 어 요 ㅡ
중 생 사 랑 부 ㅡ 처 님ㅡ 부 처 님 을 닮 았 어 요 ㅡ

6-058

산 목숨을 앗은 자

곽영석 작사
김정란 작곡
♩= 112
산목숨을앗 은 자 여 방생하여구 하 여 — 라
생명있는뭍 생 명 들 죽임고통같 으 니 — 라
여래께서이 르 시 — 되 윤회업장받 으 리 라
여래께서이 르 시 — 되 방생하여구 하 여 라
짐승으로태어나서 죽임받는윤회과보 —
육도중생윤회하는 윤회업을못피하니 —
산목숨을앗은자여 방편세워면하리라 —
산목숨을앗은자여 방편세워면하리라 —
(후렴) 죽는고통 — 그원한은 — 하늘세상미 치 어
한량없는 — 고통속에 — 네가나고죽느리 라

6-059

산사에 올라

(수상곡)

진진욱 작사
강인구 작곡

산 사 에 바 람 부 니 심 신 도 청 결 쿠 나 —
산 사 에 안 개 드 니 속 세 는 멀 어 지 고 —
이 렇 게 좋 은 줄 진 작 에 알 았 다 면 —
지 난 밤 꿈 속 에 학 품 에 안 기 였 네 —
내 어 찌 — — 긴 — 긴 날 — — —
이 대 로 — — 날 — 으 면 — — —
번 뇌 와 싸 웠 으 리 — 청 산 아 풍 경 아
피 안 에 당 도 하 리 — 학 이 여 이 대 로
나 를 내 몰 지 마 라 나 를 —
날 아 고 해 를 넘 자 훨 훨 —
내 몰 지 마 — 라 청 산 아 풍 — 경 아 —
단 숨 에 날 — 아 피 안 에 가 — 닿 자 —

6-060

산사의 바람소리

곽영석 작사
조광재 작곡
♩= 92
불두화꽃 피는 마 ─ 당 풍경소리정다웁 고
아카시꽃 피는 계 ─ 곡 물소리도정겨운 숲
산새들은 잠이 깨 ─ 어 아침예불향기롭 ─ 네
골바람도 잠이 깨 ─ 어 새벽염불따라외 ─ 네
나를─찾 는─ 용 맹 정 진 기도─삼─매─ 회 향 해 ─ 도
빛을─내 어─ 어 둠 밝 힌 천년─하─늘─ 금 빛 태 ─ 양
법장─세 계─ 한 량 없 고 윤회실상알길없 ─ 네
무명─깨 워─ 법 장 여 는 문무관의명종소 ─ 리
이생에서 무명 깨 ─ 쳐 견성하면다시볼 까
처절하게 간절 하 ─ 면 나의그님친견할 까
제불보살 염불 소 ─ 리 하늘문이열려오 ─ 네
대장경의 법장 진 ─ 리 배워익혀다시나 ─ 네

6-061

산사의 풍경소리

(가사 공모 당선작)

유은자 작사
오해균 작곡
경건하게 ♩= 69
바 람결 에 들려 오는 산 사의풍경 소 리
산 모퉁 이 돌고 도는 청 아한염불 소 리
날 부르 는 부처 님의 고 운ㅡ목ㅡ 소 리
서 른길 을 인도 하는 고 마ㅡ운ㅡ 소 리
첫새벽을깨우는ㅡ 범 종 소 리는 밤길가는나그네의 등 불 입 니 다
온우주에울리는ㅡ 목 탁 소 리는 무명중생일깨우는 등 불 입 니 다
손내밀면행복주는 보 배 로 운 님 손내밀면잡아주는 자 비 하 신 님
부 처님 의ㅡ 은ㅡ 혜는 햇살보다따뜻하 고
부 처님 의 은 혜 는 바다보다깊ㅡ 어 요

6-062

산의 마음

성 각 작사
백승태 작곡
Andante ♩= 72
mf
mf
3
mp
3
흰 ㅡ 구 름 은 바 삐 흘 러 가 지 ㅡ
산 ㅡ 빛 ㅡ 의 눈 을 씻 습 니 ㅡ ㅡ
3
만 산 은 제 자 리 를 지 키 ㅡ 고
다 산 의 영 혼 이 밝 지 못 한 내 눈 ㅡ 을
mf
산 승 은 ㅡ ㅡ 아 직 ㅡ 흰 구 름 일 뿐
맑 지 못 한 ㅡ 내 마 음 을 헹 구 어 줍 니 다
pp
mf
이 슥 고 내 가 ㅡ ㅡ 하 ㅡ 나 가 ㅡ 됩 ㅡ 니 다
mp
f
산 의 마 음 을 ㅡ ㅡ ㅡ 표 현 할 수 없 어 마 음
mp
가 는 대 로 ㅡ 모 지 랑 붓 에 의 지 ㅡ 합 니 다

산의 마음
mf
산 은 내ㅡ마음이 되 고
mp
f
마 음이되ㅡ 고 내 마음 은 산 이 되 어
Adagio p (낭송하듯이)
산ㅡ은 산 이 고 ㅡ 물 ㅡ은 물 입 니 다 ㅡ
하 늘 은 하 늘 이 고 ㅡ 땅 ㅡ 은 땅 입 ㅡ 니 다 ㅡ
진리의 빛이 온 누리를 감싸고 있습니다 흰 구 름 은

생명 나눔의 노래

곽영석 작사
오인혁 작곡

청 정 계 율 바 로 지 켜 보시행을실천할 때 —
생 명 나 눔 자 비 사 랑 보시행을실천할 때 —
인 간 방 생 보 시 제 일 무량공덕으뜸이 라 —
인 간 방 생 생 명 나 눔 자비공덕제일이 라 —
사 바 세 계 윤 회 업 장 인 연 따 라 함 께 와 도
삼 계 업 장 태 산 같 고 이 승 죄 업 무 거 워 서
병 이 들 어 무 너 지 고 그 제 서 야 참 회 서 원
병 든 몸 은 무 너 지 고 갈 곳 몰 라 헤 매 이 네
내 몸 나 눠 기 쁨 함 께 자 비 보 시 일 으 키 니
내 몸 나 눠 기 쁨 함 께 자 비 보 시 일 으 키 니
연 화 장 의 미 래 세 상 — 샛 별 처 럼 — 밝 아 오 네
화 장 세 계 안 락 국 토 — 내 가 갈 길 — 열 려 있 네

6-064

순례자의 길

(가사 공모 당선작)

이종완 작사
최 성 작곡
Waltz ♩= 84
부처님께 경배하고 노래부르— 며 순례자의
부처님께 고개숙여 노래부르— 며 순례자의
길 을가— 자 — 가—만히 자—신의
길 을가— 자 — 추—위와 고—난속
길을돌아다보 며 걸어가는 생 명의— 길 —
길을대지의품 에 온몸으로 안 기는— 길 —
길 고 도 아득하며 다절실하— 게 온 몸 을
거 — 센 눈보라 가 몰—아쳐— 도 멈 추 지
비—추 는 거 울을 찾 아가— 자 —
않—— 는 성 스런 길 —위에 서 —
영 혼 의 성—지 를 향 하는— 길
멈 출 수 없—어 라 영—광의 길
간 절 한 기 원으로 몸과마 —— 음
야 생 이 지고나 는 길—가에— 서
부처님 께 바 치옵니 다 —
꽃한송 이 피 어납니 다 —

6-065

승방불사 지진불사

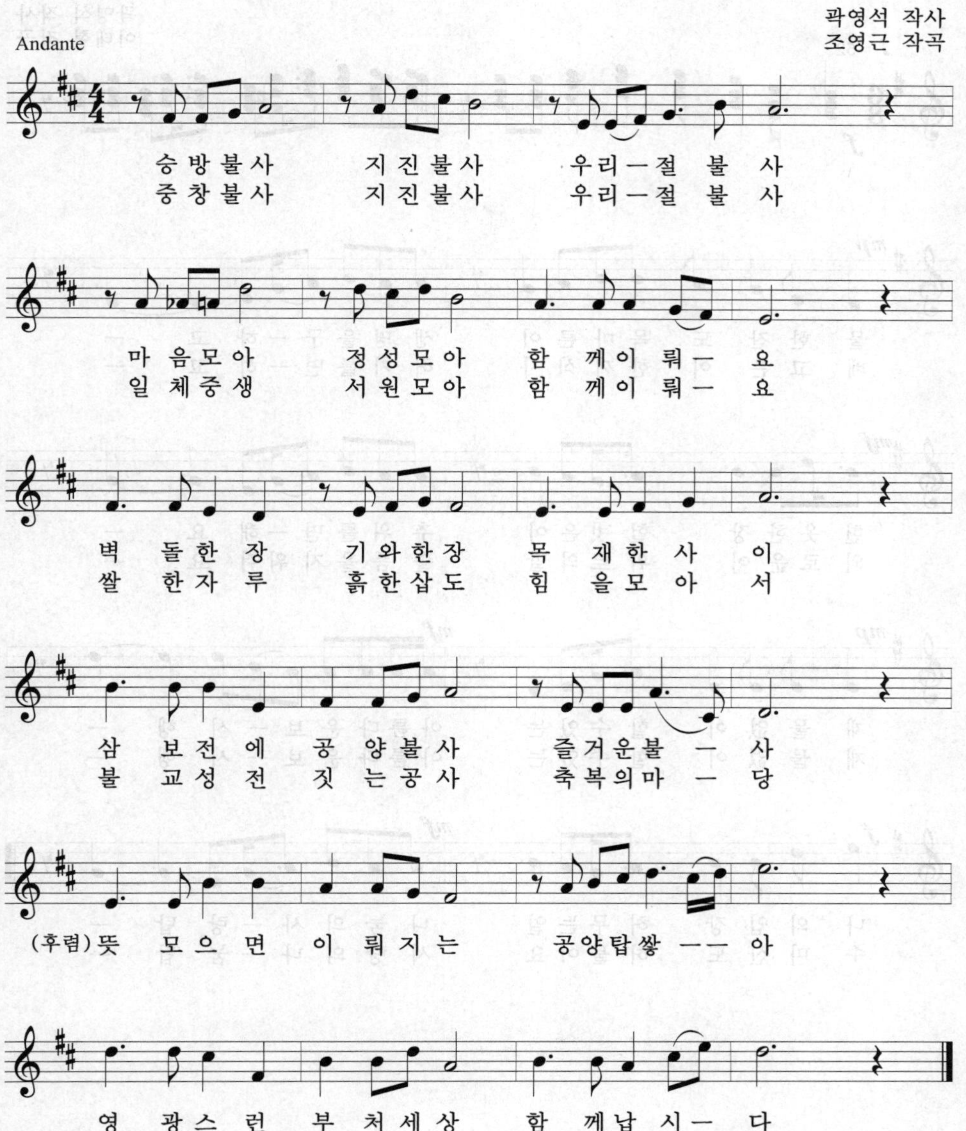
곽영석 작사
조영근 작곡
Andante
승방불사 지진불사 우리一절 불 사
중창불사 지진불사 우리一절 불 사
마 음모아 정성모아 함 께이 뤄一 요
일 체중생 서원모아 함 께이 뤄一 요
벽 돌한 장 기와한장 목 재한 사 이
쌀 한자 루 흙한삽도 힘 을모 아 서
삼 보전 에 공 양불사 즐거운불 一 사
불 교성 전 짓 는공사 축복의마 一 당
(후렴)뜻 모으 면 이 뤄지는 공양탑쌓 一一 아
영 광스 런 부 처세상 함 께납 시一 다

6-066

아름다운 보시행

곽영석 작사
이태현 작곡
♩. = 52
f
mp
물 한 잔 도 목마른이 생명을구ㅡ하 고 ㅡ
배 고 픈 이 한끼식사 허 기를면ㅡ하 고 ㅡ
mf
헌 옷한장 헐 벗은이 추 위를면ㅡ해 요 ㅡ
외 로운이 위 로의말 슬 픔을지 워줘 요 ㅡ
mp
mf
재 물없이 할 수있는 아름다운보ㅡ시 행 ㅡ
재 물없이 할 수있는 아름다운보ㅡ시 행 ㅡ
f
mf
나 의업장 허 무는일 나 눔의사ㅡ랑 탑 ㅡ
수 미산도 허물어요 사 랑의나ㅡ눔 탑 ㅡ

6-067

어간문 앞에 서서

권대자 작사
지 범 작곡

♩= 86
어간문앞에ㅡㅡ서 서 ㅡ 부처 님뵙ㅡㅡ 고
무심코들린ㅡㅡ절 에 ㅡ 어간 문에ㅡㅡ 서
두손을합 장ㅡㅡ 하 고 ㅡ 예배 합니ㅡㅡ 다
부처님을 바라ㅡ 보 고 ㅡ 두손 모아ㅡㅡ 요
다정한눈ㅡㅡ빛 미 소 ㅡ 평ㅡ안하여ㅡㅡ 서
평안한그ㅡㅡ얼 굴 이 ㅡ 다ㅡ정하여ㅡㅡ 서
마음ㅡ속에ㅡ숨긴 미 소 ㅡ 털ㅡ어놓 아ㅡㅡ 요
내마ㅡ음의ㅡ비밀 얘 기 ㅡ 털ㅡ어놓 아ㅡㅡ 요
들어갈까ㅡ 돌아갈까ㅡ 어 간 문 에 서
부처님을ㅡ 다시보는ㅡ 하 얀 고 양 이

6-068

언제나 자비로운 부처님

곽영석 작사
최선기 작곡
화롯불 에 감자굽 는 할머 니—처 럼 음—— — 그언제
아기손 을 잡고가 는 어머 니—처 럼 음—— — 그언제
나 자비로 운 우리 부—처 님 음 — — 내 가
나 위험에 서 지켜 주—는임 음— — — 내 가
깊 이잠 들어 도 은 혜 하 시 고 음 — — 내가
가 끔씩 유혹 에 빠 져 들 때에 음 — — 천안
홀 로방 황해 도 살 펴 주 시는 음 — 거 룩
으 로살 피시 고 구 원 하 시는 음 — 자 비
하신— 부처 님 께— 예배 합 니 다 거 룩
하신— 부처 님 을— 경배 합 니 다 자 비
하신— 부처 님 께— 예배 합 니 다
하신— 부처 님 을— 경배 합 니 다

6-069

연꽃향기 가득히

박범훈 작사
박범훈 작곡

아 스 라 이 멀 고 먼 나 라 —
가 만 가 만 손 으 로 빚 은 —
절 로 절 로 손 칼 로 깎 은 —

배 달 겨 레 숨 쉬 는 조 용 한 나 라
흙 — 보 살 금 부 처 생 명 을 넣 어
팔 만 장 경 뚜 렷 한 부 처 님 말 씀

부 처 님 금 빛 얼 굴 — 가 득 히 웃 음 지 어 —
석 굴 암 찬 란 하 게 — 우 람 히 빛 내 어 서 —
나 라 를 지 켜 오 는 — 굳 건 한 힘 살 되 어 —

중 생 의 괴 로 움 모 두 다 씻 어 주 는
나 라 의 평 안 을 다 함 께 염 원 하 는
목 탁 의 소 리 가 여 기 에 노 래 되 고

천 육 백 년 — 길 고 긴 — — —

연 꽃 향 기 누 리 가 득 히 오 늘 은 — 초 파 일

— 부 처 — 님 — — 오 신 날 —

6-070

용서하는 마음

곽근성 작사
조광재 작곡
♩. = 45
마 ― 음 도 생 ― 각 도 모든사람다르듯 이 ―
내 생 각 을 바 꿔 보 고 상―대를생각하 면 ―
세 ― 상 을 크 게 보 면 생 각 도 크 게 열 려 ―
작 은 세 상 시 비 라 도 다시보면부질없어 ―
다 ― 투 고 비 난 해 도 마음열면부끄러 워 ―
내 가 먼 저 용 서 하 고 화해하고용서빌 면 ―
용 서 하 고 감 싸 안 는 바 다 같 은 너 른 마 음 ―
마 음 안 에 연 꽃 향 기 부 처 같 은 자 비 마 음 ―
(후렴) 용 서 로 화 합 하 고 이해로함께하 며 ―
사 바 의 이 ― 세 상 어깨걸고함께가 요

6-071

용서하며 사랑하며

(가사공모작)

원상연 작사
오세희 작곡
Allegro
미 워 하지 말아— 요 —
성 을 내지 말아— 요 —
원 한 짓지 말아— 요 —
욕 심 내지 말아— 요 —
찰 나 같 은 — 우리의 삶
대 우 주 에 — 유 한 한 삶
즐 겁 게— 살아 요 —
행 복 하게 살아 요 —
사 랑 하며 살아— 요 —
은 혜 하며 살아— 요 —
용 서 하며 살아— 요 — 함—
도 우 면서 살아— 요 — 인—
께 사 — 는 부 처 세 — 상 행
연 으 — 로 이 생 에 — 서 더
복 하 — 게 살 아 — 요 —
불 어 — 서 살 아 — 요 —

6-072

우리들의 부처님

유 정 작사
조영근 작곡

♩= 102
부 처 님 의 마 음 은
부 처 님 의 큰 뜻 은
한 도 끝 도 없 ― ― 어 누
높 고 깊 고 넓 ― 지 만 언
구 라 도 듬 뿍 듬 뿍 사
제 든 지 문 을 열 고 자
랑 을 안 겨 주 ― 시 네
비 를 나 눠 주 ― 시 네
이 렇 게 좋 으 신
너 무 도 고 마 운
우 리 들 의 부 ― 처 님
우 리 들 의 부 ― 처 님
이 세 상 그 누 구 가
이 세 상 그 누 구 가
따 르 지 않 으 리
받 들 지 않 으 리

6-073

원 하옵나니

(작곡공모작)

여영희 작사
오재찬 작곡
Moderato
내 일 생 부 처 님 께 원 하 옵 나 니
이 한 몸 부 처 님 께 서 원 하 나 니
무 명 깨 쳐 바 른 법 을 알 게 하 — 시 — 고
지 난 세 월 악 행 업 력 그 림 자 — 커 — 서
지 혜 방 편 깨 우 쳐 서 알 게 하 소 서
대 자 비 를 원 하 오 니 살 펴 주 소 서
인 연 지 어 찾 아 와 서 부 처 님 만 나
이 생 에 서 지 은 업 장 산 과 같 아 서
행 복 의 문 열 었 으 니 축 복 하 — 시 — 고
법 장 진 언 외 우 면 서 나 아 가 — 오 — 니
인 연 가 피 베 푸 시 어 은 혜 하 소 서
거 룩 하 신 가 피 로 서 도 와 주 소 서

6-074

인간방생 그 공덕

임정진 작사
노영준 작곡

♩= 65

부 귀 영 화 신 분 고 하 정 함 없 어 ㅡ 도
잘 사 는 이 못 사 는 이 정 함 없 어 ㅡ 도

인 연 겁 의 업 장 으 로 태 어 납 니 ㅡ 다
이 생 전 생 업 장 으 로 태 어 납 니 ㅡ 다

비 천 하 고 헐 벗 은 이 서 로 도 와 서
이 생 에 서 공 덕 쌓 아 나 눔 베 풀 면

방 생 하 면 그 공 덕 이 하 늘 에 미 ㅡ 쳐
그 공 덕 이 미 래 세 상 복 전 입 니 ㅡ 다

인 간 방 생 ㅡ 선 근 공 덕 한 량 이 없 어

그 공 덕 이 미 래 세 상 복 전 입 니 ㅡ 다

인과에는 열매가 있어

곽종분 작사
정동수 작곡

♩= 120
꽃 진자리 열매맺듯 인과에는 원인있어
인 과원인 엄격하여 내 가지은 과보대로
모 든삶이 구분있고 평 등함이 차등있네
이 생내생 내가산길 부 처님이 가르쳤지
부 유하고 윤택한삶 처 음부터 그건아니야
행 복하고 즐거운삶 처 음부터 온건아니야
이 생전생 업장지어 내 가받은 과보이지
내 가지은 과보대로 이 생에서 받은거지
부 처님법 무량하여 내서원의 그릇대로
대 자비로 임하시네 가피은혜 하신다네

6-076

인과응보의 세상

(가사공모작)

홍춘표 작사
정홍근 작곡

♩= 90
우리가 사는세 상 환희불ㅡ세ㅡ 상
우리가 사는세 상 번뇌무명 세ㅡ 상
이승인연바로닦 아 눈부신ㅡ이 땅
사바연의큰업장 은 내가받을숙 제
내가지은업장세 계 내일받을인과응 보
마음바꿔돌려쓰 면 세상천지화택이 고
마음하나바로쓰 면 세상천지극락이라 네
보살심을내는중 생 사바연이극락이라 네

일곱 가지의 보시

곽영석 작사
강주현 작곡
자비로운 마음으로 ♩= 72
가 진
많 은
것 이 없 어 도 내 가 줄 수 있 는 것 모 든
재 물 없 이 도 내 가 줄 수 있 는 것 함 께
이 가 기 뻐 하 고 행 복 하 여 즐 거 우 니 이 런
해 서 기 뻐 하 고 곁 에 있 어 즐 거 우 니 이 런
기 쁨 아 느 — 냐 부 처 께 서 말 하 셨 네 부 드
행 복 아 느 — 냐 부 처 께 서 말 하 셨 네 마 음
러 운 말 한 마 디 칭 찬 하 는 말 한 마 디 남 을
열 고 다 가 가 서 위 안 의 말 한 마 디 가 사 랑
위 해 양 보 하 고 상 대 마 음 헤 아 리 는 그 런
스 런 눈 길 로 도 곁 에 있 어 기 뻐 하 는 그 런
마 음 갖 었 느 냐 무 재 칠 시 보 시 니 라
모 습 보 았 느 냐 무 재 칠 시 보 시 니 라

6-078

자비

전미숙 작사
오해균 작곡

Waltz ♩= 92
(남)슬 플 때 는 나의슬픔을 거 두어주시 고 사랑
사랑으 로 나의마음을 포 근히감싸 고 행복
으 로 채워주—시 는 —
으 로 채워주—시 는 —
거룩하 신 님 고 귀하신 님
거룩하 신 님 고 귀하신 님
대자대비로 번뇌무명태우 고 —
대자대비로 고해중생살피 네 —
(여)번 뇌떠난 그자리에는 감로수가샘솟 아
사 랑심은 그자리에는 육바라밀꽃피 어
목 마 른 중 생을적시 —고— —
길 잃 은 중 생을보듬 —고— —
무명떠난자리 엔 지 혜의등—불 이
푸른하늘새처 럼 천 강의달—처 럼
영 원 을 비 추는구 —나— —
영 원 을 비 추는구 —나— —

6-079

자비도랑 우리절

곽영석 작사
송 결 작곡

보통빠르게
언제라도찾아가— 면 내마음이평안하 고
마 —음이우울할— 때 부처님을찾아가 면
부처님께예배하 면 환희심이넘쳐나 요
인자하신미소로 서 반가웁게맞으셔 요
자비도량자비성— 중 나눔보시실천하 면
무심하여오랜만— 에 부처님을찾아가 도
가피은혜나도몰 래 내가슴에안겨줘— 요
변함없이은혜하 는 우리절의부—처— 님
(후렴)부질없는— 큰 —욕심과 알 량한자존심— 에
눈 을 감 고— 귀를막—고 살아온죄참회합니 다

6-080

자비등불 켜 놓고

이근숙 작사
김남삼 작곡
차분한 마음으로 조금느리게
인 연 지 어 오 신 땅 에 새 인 연 지 어
오 랜 세 월 보 살 행 에 서 원 세 우 고
일 체 중 생 구 원 하 실 진 리 의 등 불
중 생 구 원 해 탈 법 문 증 거 하 셨 네
팔 만 사 천 그 ― 가 르 침 여 법 하 여 서
사 십 팔 년 전 법 포 ― 교 거 룩 한 자 취
읽 고 쓰 고 무 명 깨 쳐 견 성 하 라 네
자 비 등 불 구 원 의 불 켜 놓 으 셨 네
(후렴) 길 위 에 서 태 어 나 사 길 에 서 가 신
거 룩 하 신 임 의 유 훈 등 불 이 어 라

6-081

자비 등을 함께들고

곽영석 작사
오해균 작곡
신나고 즐겁게 ♩= 120
부 처 님 과 춤을춰요ㅡ 빙글빙글춤을춰요 ㅡ
부 처 님 과 노래해요ㅡ 율동하며재미있게 ㅡ
힘 드 시 면 자리앉아ㅡ 우리춤을지켜봐요 ㅡ
모 두 함 께 어울려서ㅡ 즐ㅡ겁게춤을춰요 ㅡ
거 룩하신 부처 님 과 손을마주잡고 빙글빙글
자 비하신 부처 님 이 출 가 하신기쁜 날 이 예 요
사 랑 해 요 고마워요ㅡ 함께사는우리세 상
우 리 함 께 연등들고ㅡ 춤을추며걸어봐 요
은 혜로운 이ㅡ시간에 축복받은이 시간 에
우 리 모 두 자비등을ㅡ 함께들고걸어봐요 ㅡ

6-082

자비를 베푸소서

김귀자 작사
정홍근 작곡

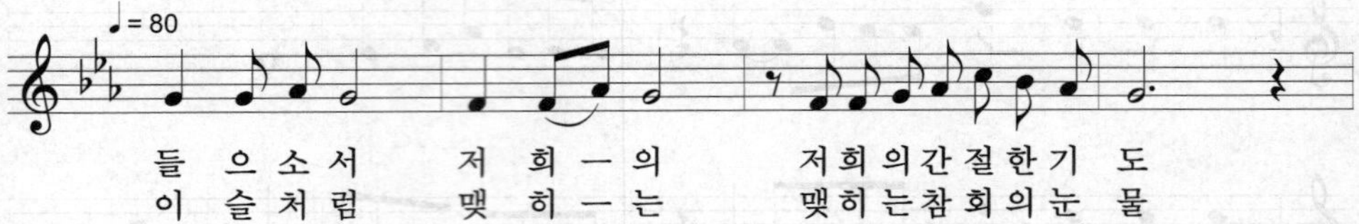
♩= 80
들 으소서 저 희—의 저희의간절한기 도
이 슬처럼 맺 히—는 맺히는참회의눈 물

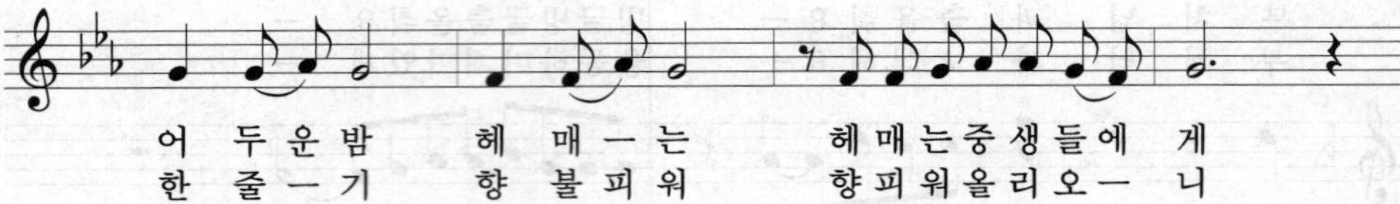
어 두운밤 헤 매—는 헤매는중생들에 게
한 줄—기 향 불피워 향피워올리오— 니

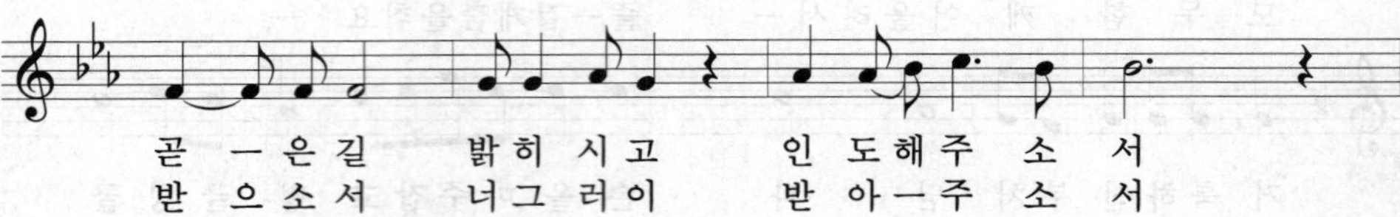
곧 —은길 밝히 시고 인 도해주 소 서
받 으소서 너그러이 받 아—주 소 서

나 약—한 영혼에—게 자비를베푸옵소 서
나 약—한 영혼에—게 자비를베푸옵소 서

6-083

자비방생의 노래

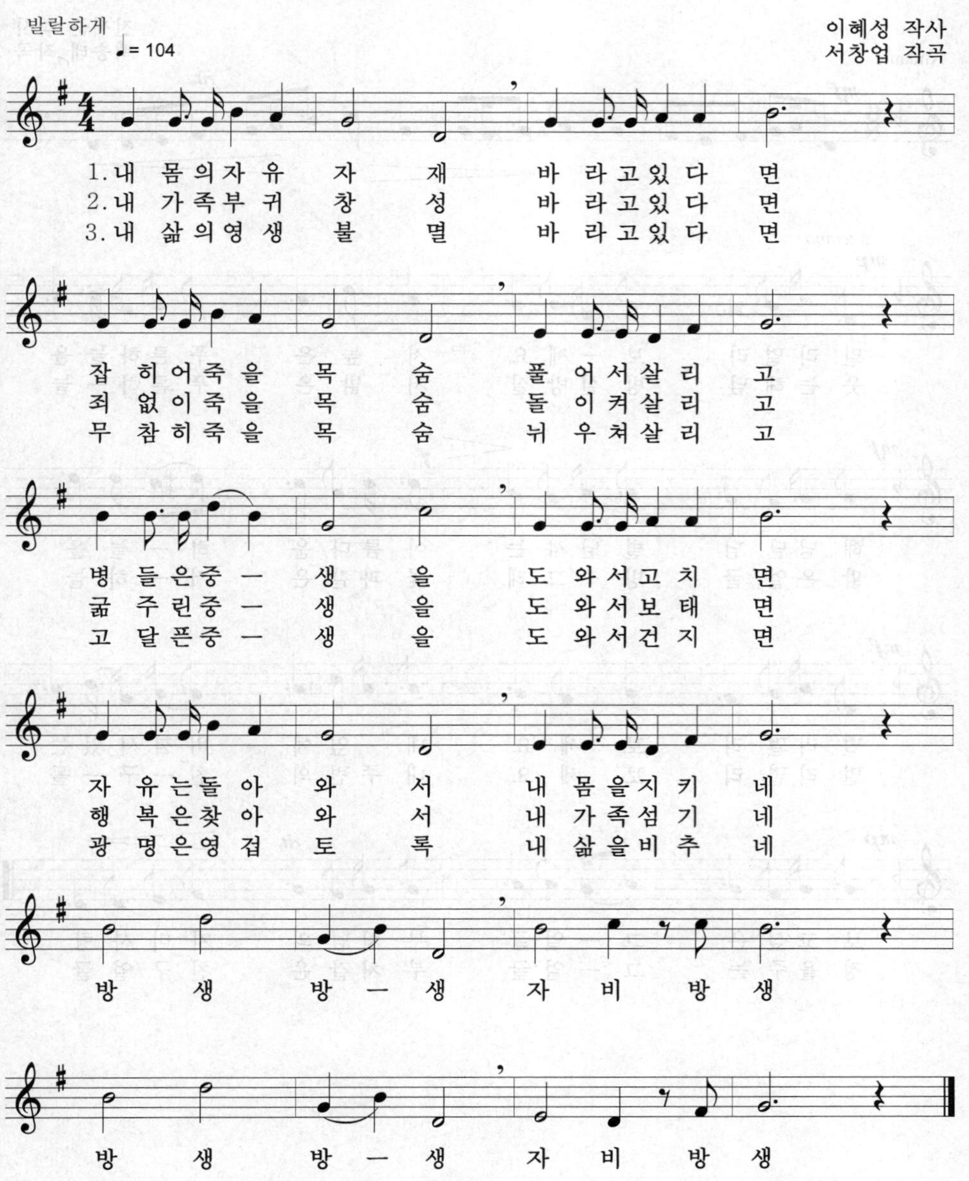

발랄하게
♩= 104
이혜성 작사
서창업 작곡
1.내 몸의자유 자 재 바 라고있다 면
2.내 가족부귀 창 성 바 라고있다 면
3.내 삶의영생 불 멸 바 라고있다 면
잡 히어죽을 목 숨 풀 어서살리 고
죄 없이죽을 목 숨 돌 이켜살리 고
무 참히죽을 목 숨 뉘 우쳐살리 고
병 들은중 ― 생 을 도 와서고치 면
굶 주린중 ― 생 을 도 와서보태 면
고 달픈중 ― 생 을 도 와서건지 면
자 유는돌아 와 서 내 몸을지키 네
행 복은찾아 와 서 내 가족섬기 네
광 명은영겁 토 록 내 삶을비추 네
방 생 방 ― 생 자 비 방 생
방 생 방 ― 생 자 비 방 생

6-084

자비사랑 은혜사랑

전세준 작사
백승태 작곡

Andante
mf
rit.
a tempo
mp
멀 리 멀 리 보 ㅡ 세 요 저 높 은 푸 른 하 늘 을
웃 는 해 님 방 실 방 실 저 밝 은 푸 른 하 ㅡ 늘
mf
f
해 님 달 님 별 님 사 는 아 름 다 운 하 ㅡ 늘 을
맑 은 얼 굴 빙 ㅡ 그 레 꽃 과 같 은 저 ㅡ 하 늘
mf
멀 리 멀 리 보 세 요 내 ㅡ 옆 에 비 껴 서 있 는
멀 리 멀 리 보 세 요 내 주 변 의 친 ㅡ 구 ㅡ 들
mp
rit.
보 고 싶 은 그 ㅡ 얼 굴 부 처 님 의 자 비 사 랑
정 을 주 는 그 ㅡ 얼 굴 부 처 같 은 친 구 얼 굴

6-085

자비 손을 들고

불심을 가득 담아 조금느리게
윤동기 작사
김남삼 작곡
관 음보살 자비손을 함 께들고 서
거 룩하신 관음보살 자 비손 들 고
어 둠으로 그늘진곳 찾 아나 서 서
고 통받는 사바중생 찾 아나 서 서
햇살고운 양지하늘 보 게합 시 다
나눔사랑 고귀한정 알 게합 시 다
탐진치로 무명세월 지 내온 중 생
불법몰라 삼보전에 귀 의못 하 고
대자비로 안아주어 인 연을 맺 어
길을몰라 헤매는자 구 원하 여 서
부처님의 대자비ㅡ를 알 게ㅡ합 시 다
여실한법 깨치어ㅡ서 함 께ㅡ삽 시 다

6-086

자비 손을 이어서

덕 문 작사
김남삼 작곡

진심을 담아 보통빠르기로

이 세 상 에 태 어 나 서 지 은 공 덕 하 나 없 이 —
사 바 연 에 고 통 받 는 중 생 들 이 가 엾 어 서 —
하 늘 세 계 나 려 해 도 부 끄 러 — 워 어 찌 하 나 —
나 혼 자 서 선 행 보 시 부 끄 러 — 워 하 지 마 라 —
삶 의 고 — 통 고 달 파 서 눈 물 짓 는 저 중 생 — 들 —
삶 의 윤 — 회 고 달 파 서 부 처 님 도 서 원 했 — 듯 —
자 비 의 손 띠 를 이 어 보 살 피 고 구 휼 하 — 세 —
무 명 깨 쳐 다 시 나 길 도 와 주 고 구 원 하 — 세 —
(후렴) 자 비 손 을 모 아 들 고 총 총 걸 — 음 달 려 갈 — 때
띠 를 이 은 자 비 — 손 — 에 홍 련 백 련 꽃 이 피 네 —

6-087

자비의 갑옷

곽영석 작사
강주현 작곡
조금느리게 ♩. = 42
대 자비의 갑 옷 입 고 삼 매 지 혜 활 을 들 고
자 비 정 원 간 절 한 맘 자 비 갑 옷 방 패 되 어
중 생 향 한 전 법 도 행 불 제 자 가 가 는 그 길
삼 악 도 에 고 통 받 는 일 체 중 생 구 원 하 네
삼 재 환 란 고 통 속 에 신 음 하 는 뭇 중 생 들
보 시 행 의 선 행 공 덕 나 도 몰 래 일 을 삼 고
자 비 손 을 펼 쳐 들 고 구 휼 하 여 함 께 사 네
선 업 지 어 업 그 림 자 발 자 국 을 지 운 다 네
(후렴) 이 생 전 생 삼 세 겁 에 인 연 지 어 태 어 나 서
자 비 보 시 선 업 지 어 정 토 세 상 다 시 나 네

6-088

자비의 길 걸으리

(가사공모작)

강용숙 작사
강주현 작곡
신나고 흥겹게 ♩. = 58
산 새ㅡ소ㅡ리는 부 처님께 올ㅡ 리는 찬불가요
소 나무 바람소리 부 처님께 올ㅡ 리는 불경이요
계 곡 물ㅡ 소 ㅡ리ㅡ는 부처님께드리는 진 언이ㅡ라
처 마 끝ㅡ 풍 경소ㅡ리 부처님께드리는 기 도이ㅡ니
번 뇌 의 마 음 안 ㅡㅡㅡ고 참 선 하 러 가 ㅡ 는 산 길
세 속 에 서 ㅡ 버 린 마 ㅡ 음 씻 고 자 ㅡ 가 ㅡ 는 산 길
미 움 일 랑 모 두 잊 ㅡ 고 사 랑 하 는 마 음 갖 네 ㅡ
일 심 으 로 정 진 해 ㅡ 서 마 음 맑 게 닦 ㅡ 으 리 ㅡ
부 처 님 전 합 장 한 ㅡ 손 참 회 의 눈 물 고 ㅡ 이 ㅡ 네
부 처 님 전 참 ㅡ 배 ㅡ 의 땀 방 울 이 ㅡ 흐 ㅡ 르 ㅡ 네
참 행 으 로 불 심 닦 ㅡ 아 자 비 의 길 걸 ㅡ 으 리 ㅡ
고 행 으 로 찾 은 불 ㅡ 심 자 비 의 길 걸 ㅡ 으 리 ㅡ

6-089

자비의 마음

밀 운 작사
김영애 작곡

부 처 님 은 밤 길걷는 우 릴 비 추 — 며
부 처 님 은 캄 캄한밤 우 릴 비 춰주 는
따 라 오 는 달 님처럼 길 — 을 — 비 춰 요
밤 하 늘 의 달 님같은 등 — 불 — 입 니 다
나 뭇 가 지 가 지위에 빌 딩 꼭 대기 에
높 고 높 은 산 꼭대기 산 봉 우 리에 도
보 름 달 은 부처님처럼 밤 — 을밝혀 줘 요
부 처 님 은 등 — 불처럼 밝 — 혀 — 줍니 다
사 랑 하 는 부처님 — 의 자 비 — 의 마 — 음
달 님 처 럼 등불처 — 럼 빛 이 납 니 — 다

6-090

자비의 빛을 놓으시어

곽영석 작사
곽민석 작곡

♪ = 86

임의가피 임의은혜 원만하시니 ―
거룩하신 임의가피 충만하시니 ―

이땅위에 헐벗은자 구원하―소서 ―
이세상에 굶주린자 구휼하―소서 ―

대자대비 오시어서 등불켜―시고 ―
인연겁의 악연으로 고통받―는자 ―

사바중생 구원하니 거룩하―셔라 ― 자비
자비방생 빛을놓아 구원하―소서 ―

하신임이시어 ― 원하옵나니 ―

자비의빛 놓으시어 구원하―소서 ―

6-091

자비의 불빛
(가사공모작)

김철민 작사
조영근 작곡
Moderato
시 공 을 넘 고 만 난 우 리 의 인 — — 연 —
대 웅 전 처 마 끝 에 풍 경 의 소 — — 리 —
더 러 운 진 흙 속 에 연 꽃 이 피 — — 듯 —
부 처 가 중 생 들 을 불 쌍 히 여 — — 겨 —
욕 심 도 없 는 세 — — 상 자 신 을 깨 — — 워 —
고 — 통 을 — 덜 어 주 고 진 리 를 통 — — 해 —
거 룩 하 신 부 처 님 께 절 을 — 합 — 니 다 —
존 경 하 는 부 처 님 께 절 을 — 합 — 니 다 —
저 리 도 절 묘 할 까 저 리 도 육 중 할 까 —
저 리 도 큼 직 할 까 — 우 뚝 선 석 탑 이 여 —

6-092

자비의 서원기도

곽영석 작사
김정란 작곡

♩= 100
대자비를구합니 다 자비하신임이시 여
기도가피구합니 다 거룩하신임이시 여
이내몸이삼재환 란 고통속에헤매일ㅡ 재
이내몸이어리석 어 시비속에휘말릴ㅡ 때
대자비로구원하 사 은혜하여주 옵소 서
지혜방편알려주 어 화평하게하 옵소 서
대자비로구원하 사 은혜하여주 옵소 서
지혜방편알려주 어 화평하게하 옵소 서
지난시절ㅡ 신구삼업ㅡ 지은죄가태산같 아
헐벗은자ㅡ 구휼하고ㅡ 복음찬송전하올 때
삼보전에귀의하 고 참회하며절ㅡ합니 다
이내몸이전사되 어 역사하게하ㅡ옵소 서
(후렴)자비하신임이시 여 이중생을귀히여 겨
자비성중종자되 어 역사하게하 옵소 서

6-093

자비의 연가

(가사공모작)

신순애 작사
조광재 작곡
♩= 82
선 —행 의 길이였—네 끝 —모—를— 아 득 한 —길
연 —꽃 의 길이였—네 청 —초—한— 아름다운길
희 —열 이 안 개 처 —럼 잔 —잔—히—
숭 —고 한 손 길 모 —아 서 —러—움—
피 어 오 르 는 운 명 의 약 속 이 었 네
건 어 주 — 는 절 대 의 불 변 이 었 네
1.
2.
가 슴깊—이— 간—직 한 가 슴깊—이— 간—직 한

6-094

자비스런 사람은 언제나

곽영석 작사
김정란 작곡

♩= 100
자 비 스 런도 반 님 들 어 디 서나남 달라 서
사 랑스 런법 우 님 들 어 느 때나자 비 롭 게
사 랑 으 로펼 친 손 은 누구라 도ㅡ감 동해 요
대 자비 로펼 친 손 은 사랑으 로ㅡ보 살펴 요
수 고하 고ㅡ 짐을진 자ㅡ 무 지 하 여 고 통받 는
탐 진치 로ㅡ 고통받 는ㅡ 인 연 으 로 사 는이 웃
시 방세 계우 리 이 웃 친 구되 어돕 습니 다
여 실한 법가 르쳐 서 함 께성 불한 답니 다
(후렴)부 처 님 이 부촉하 신 자 비행 의보 살 도는
일 체 중 생 함께깨 쳐 성 불하 는것 입니 다

자비하신 임이시여

야 산 작사
정영화 작곡

조금느리게

공 양미 한자 루 이 고지고오른 길
햇 과일 한상 자 이 고지고오른 길
부 처님께공양 하고 — 엎 드려서발원 하 네 —
나 한전에공양 하고 — 엎 드려서기도 하 네 —
배 고픈 이 헐 벗은 이 구제서원간 절 해
배 고픈 이 헐 벗은 이 구원가피간 절 해
부처님의자비손을 그리면서 — 절 하 였 네
나한님들위—신력 간절하게 — 원 하 였 네
거 룩하 신부 처시여 — 자 비하 신 임 이 시 여 —
D.C.
이 공양이 빛이되어 — 구 원하 게하 옵 소 서
이 공 양 이 빛 이되어 — 구 원하 게하 옵 소 서

6-096

장기 나눔 거룩한 보시

이극래 작사
조영근 작곡

Moderato
생 명 나 눔 장 기 나 눔ㅡ 거 룩 한ㅡ보 시
내 가 지 닌 몸 의 일 부ㅡ 나 누 는ㅡ보 시
부 처 님 이 일 러 주 신ㅡ 최 고 의 선 물
부 처 님 이 일 러 주 신ㅡ 최 고 의 선 물
앞 못 보 는 법 우 에 게ㅡ 빛 찾 아 주 ㅡ 고
수 술 대 기 환 자 위 해ㅡ 혈 액 한 봉 ㅡ 지
손 이 되 어ㅡ 발 이 되 어ㅡ 함 께 도 와ㅡ 요
거 룩 한 빛ㅡ 자 비 행 의ㅡ 실 천 입 니ㅡ 다

6-097

천수관음 대자비로

곽영석 작사
최선기 작곡

천 개 의 손　천 개 의 눈　관 세 음 보 살 —
천 수 천 안　관 음 보 살　거 룩 하 신 님 —

자 비 손 을　펼 치 시 어　구 — 원 하 — 시 네 —
삼 세 인 연　살 피 시 어　외 — 호 하 — 시 네 —

밤 과 낮 — 의　경 계 에 서　그 — 늘 살 피 사 —
일 체 중 — 생　무 명 깨 쳐　지 — 혜 주 시 고 —

대 자 비 — 로　구 하 시 네　우 — 리 부 처 님 —
지 혜 방 — 편　알 려 주 네　우 — 리 부 처 님 —

천 수 천 안　관 — 세 음　자 비 하 신 님 —

어 리 석 은　우 리 중 생　구 — 원 하 소 서 —

6-098

함께 사는 세상

곽영석 작사
이태현 작곡

♩= 88

f

mp

태 초 부 터 물 생명이 함께살아왔ㅡ던땅 ㅡ
대 우 주 의 시 작ㅡ도 지수화풍근ㅡ간에 ㅡ

mf

내 것 네 것 구 분ㅡ해 다투면서살았다네 ㅡ
영 역 정 해 거 친ㅡ삶 다투면서살았었네 ㅡ

mp

인 연겁 을 따ㅡ라서ㅡ 귀히나신이 내ㅡ 몸
사 바연 에 나신인연ㅡ 바꿀수도없 어ㅡ 서

mf

빌 려입 은 옷ㅡ처럼ㅡ 유한한삶알 아ㅡ 라
조 화롭 게 사ㅡ는삶ㅡ 모든것이한 몸이 라

f

우 주 만 유 모ㅡ든게ㅡ 자비동체한 몸인 데

ff f

다 투 면 서 사ㅡ는삶ㅡ 윤회겁의실 상이 라

6-099

함께하게 하소서

(수상곡)

대 우 작사
박수남 작곡

Moderato
사랑으—로 나눔으—로 함께 하소 서
시작하—는 마음으—로 함께 하소 서
믿음으—로 화합으—로 하 심 으 로
정성으—로 공경으—로 헌 신 으 로
정 직으로 겸—손으로 함 께하— 며
손 이되고 눈—이되어 함 께하— 며
칭 찬 으로 웃음 으로 함 께하 소 서
거 울 되고 등불 되어 함 께하 소 서
(후렴) 방 울 물모 여 들어 강물 을보태듯이 티 끌 이쌓이어 서
태 산 을이루듯이 어둠을비질하는 희 망의빛이되어
사 람 의 소 리 가 살아나게하소서

6-100

함께하는 만행 길

곽근성 작사
지 범 작곡

함께가는 동행 있 어 ㅡ 두려움은사라 지 고 ㅡ
도반함께 만행 하 는 ㅡ 산천경계언덕 에 도 ㅡ
가는길이 멀지 라 도 ㅡ 만행길은행복 해 라 ㅡ
이끼푸른 바윗 돌 과 ㅡ 마른풀이거기 있 네 ㅡ
아ㅡㅡ 해와달이 역 사 하 고 법계하늘변화 해 도
아ㅡㅡ 계절따라 변 화 하 는 대자위의경계 처 럼
아ㅡㅡ 만행하는 수 행 자 에 빈가슴에푸른 하 늘
아ㅡㅡ 견성하려 길 을 찾 는 큰길에는문이 없 네
바람자는푸른 하 늘 구름일어역사 하 듯
내마음에소망 하 나 ㅡ 멀고 먼부처님나 라

6-101

해조음 소리

덕 신 작사
김정란 작곡

♩= 80
넓 고 도 깊은바다 푸 르 고 푸른그빛은 —
짓 푸 른 쪽빛바다 바 람 이 불어오누나 —
청 련 화 맑고맑은 관 음의눈빛이어 라
청 량 한 그바람이 스 치고지나가는 데
바 닷 가 바 위 섬 에 — 파 도 가 몰 아 쳐 오 면
가 슴 을 비 워 주 는 — 무 심 의 바 람 소 리 는
하얗게— 솟구치 다 사 르르— 사 라 —져 가 는
관세음— 관 세음 의 묘 음이— 아 니 —였 던 가
바 다 가— 들려주는— 인 생 의 물 거 품 소 리
마 음 은— 관음도량— 님 계 신 보 타 낙 가 산
마 음 을— 비워주는— 관 음 의 해 조 음 소 리
파 랑 새— 한마리가— 석 굴 로 날 아 드 는 데
그 토 록— 몰 아 쳐 도— 가 슴 은 시 원 하 여 라 —
홀 연 히— 피 어 나 는— 순 백 한 연 꽃 의 향 기 —
그 토 록— 몰 아 쳐 도— 가 슴 은 시 원 하 여 라 —
홀 연 히— 피 어 나 는— 순 백 한 연 꽃 의 향 기 —

6-102

행복한 동행

한영재 작사
오영민 작곡
Slow Rock ♩= 74
불연으
어진마
로 맺은인 연 선 근 공 ―덕 일어나 고 법 성
음 베품으 로 고 통 없 ―고 약도 없 어 법 성
으 로 지킨공 덕 샷 된 마 ―음 사라지 네 숨
으 로 따르는공 양 귀 한 만 ―남 생겨나 네 영
쉬 는 하늘아 래 불 법 으 ―로 맺은정 은 머 무
원 한 약속같 은 불 법 으 ―로 맺은열 매 참 다
는 세상속 에 행 복 한 동 행 이 되어 ― 지혜로
운 인연속 에 행 복 한 동 행 이 되어 ― 자비로
운 새싹으 로 돋 아 나 게 하 소 서
운 새움으 로 싹 이 트 게 하 소 서

6-103

화엄등불 자비 등

(가사공모작)

이문자 작사
심순보 작곡
굿거리
올 ㅡ 리 세 올 ㅡ 리 세 오 색 연 등 올 ㅡ 리 세 ㅡ
올 ㅡ 리 세 올 ㅡ 리 세 오 색 꽃 등 올 ㅡ 리 세 ㅡ
휘 영 청 청 지 성 으 로 오 색 연 등 올 ㅡ 리 ㅡ 세 ㅡ
휘 영 청 청 지 성 으 로 오 색 꽃 등 올 ㅡ 리 ㅡ 세 ㅡ
(자진모리)
부 처 님 자 비 등 불 온 누 리 에 오 셨 으 니
부 처 님 가 피 은 혜 온 누 리 에 내 렸 으 니
가 람 에 는 화 엄 등 불 세 상 에 는 자 비 등 불
가 람 에 는 수 행 등 불 세 상 에 는 화 해 등 불
(굿거리)
올 ㅡ 리 세 올 ㅡ 리 세 자 비 등 불 올 ㅡ 리 세 ㅡ
밝 ㅡ 히 세 밝 ㅡ 히 세 화 엄 등 불 밝 ㅡ 히 ㅡ 세 ㅡ
밝 ㅡ 히 세 밝 ㅡ 히 세 화 엄 등 불 밝 히 ㅡ 세 ㅡ

아미타불의 본원(本願)을 믿고 나무아미타불을 염불한다면
누구든지 정토(淨土)에 태어나리라.
- 무량수경 -

7

절기, 행사, 장례

7-001

개산대재 거룩한 빛

임정진 작사
최선기 작곡

♩= 60
부 처 님 ― 을 ― 모 시 고 ― 서 ― 산 문 을 열 ― ― 고
탑 을 지 ― 어 ― 진 신 사 ― 리 ― 고 이 모 시 ― ― 고
여 래 말 ― 씀 ― 진 실 한 ― 법 ― 함 께 배 워 ― 요
산 문 열 ― 고 ― 중 생 교 ― 화 ― 빛 을 나 눠 ― 요
일 체 중 ― 생 ― 무 상 에 ― 서 ― 깨 어 나 도 ― ― 록
어 리 석 ― 은 ― 중 생 들 ― 을 ― 교 화 하 시 ― ― 니
산 문 열 ― 고 ― 법 석 여 ― 니 ― 공 덕 크 리 ― 라
거 룩 한 ― 뜻 ― 연 연 세 ― 세 ― 꽃 이 피 리 ― 라
불 국 정 토 서 원 하 신 조 사 큰 스 님
영 원 한 빛 연 꽃 으 로 공 덕 크 리 라

7-002

걷고 싶은길

백두현 작사
송 결 작곡
보통빠르게
삶 이란 한걸음 씩 길 을 걷 는 것
삶 이란 한걸음 씩 길 을 걷 는 것
정 해 진 인 생 길 을 걷 는 겁 니 ─ 다
뜻 밖 의 길 이 라 도 걷 는 겁 니 ─ 다
한 걸 음 씩 앞 으 로 또 ─ 앞 으 로
한 걸 음 씩 옆 으 로 가 끔 뒤 로 도
걷 다 보 면 더 나 은 길 나 오 ─ 겠 지 ─ 요
걷 다 보 면 나 쁜 길 도 나 오 ─ 겠 지 ─ 요
그 길 에 서 만 나 는 온 갖 유 혹 들
그 길 에 서 생 기 는 온 갖 질 투 들
계 속 해 서 쌓 이 는 끝 없 ─ 는 욕 ─ 심
계 속 해 서 쌓 이 는 시 기 ─ 와 의 ─ 심
(후렴) 버 리 면 서 걷 습 니 다 ─ 도 반 과 함 께
버 리 는 길 구 도 의 길 ─ 걷 고 싶 은 길

7-003

겨울 산사에서

허말임 작사
이태현 작곡
♩. = 44
꽃 이피고 잎 이지고 낙엽지 고눈 내려 도 ㅡ
지 ㅡ나온 시 간들은 돌아갈 수없 ㅡ는 데 ㅡ
내 안 을 닦 는기 도 쓸쓸하 지않 았어 요 ㅡ
화 내 고 어 리석음 부처님 이보 았어 요 ㅡ
외롭다는생각보 다 ㅡ 감사하 는마 음먼 저 ㅡ
버려야만채워주 는 ㅡ 산ㅡ사 의고 요함 은 ㅡ
그자 리에 행 복가 득 채워질 수있 ㅡ 어 요 ㅡ
그자 리가 행 복이 라 선정속 에들 게 해 요 ㅡ
때가 되면 내 려놓 는 자연 앞에서 면 ㅡ
겸 허해 진 마 음부 터 배우고배웁니 다 ㅡ

7-004

결혼 축가

박정우 작사
구완서 작곡

3
4
3
아름답 고귀한인 연 오 — 늘 을맺—— 어 행—복
이—세 상어디라 도 그 — 언 제라—— 도 소—중
의 보금자라 리 이——— — 룩하—나 니 일 편
하 게사랑하 며 서——— — 로아—끼 고 비 —
단 심지—켜 온 꿈 의 꽃 —동—— 산 장하여
바 람몰아쳐 도 절 — 개 를지—— 켜 영——
라 —그—광 명 길 이 빛 —나—— 리(후렴)부 — 처
겹 의그—뜻 을 빛 — — 내오—리 다
님 이한쌍 을 보 — — 살피—소 서 당신처
럼 큰—뜻 을 이 — — 룩하—도 록

7-005

관등놀이 호기놀이

곽영석 작사
이재석 작곡

춤을추듯 가볍게

연 등들고 꽃 등들고 길 을걸어 요
마 음마다 거 리마다 등 을걸어 요
부 처님이 오 신날에 길 을밝혀 요
부 처님이 오 신날에 길 을밝혀 요
집 집마다 오 색꽃등 문 앞에걸 고
축 복하는 마 음으로 꽃 등을걸 고
축 하해요 기 뻐해요 초파일 날 에
사 랑해요 축 하해요 초파일 날 에
관등놀이 호기놀이 면 옛날부 터
모 든사람 함 께해요 등을밝혀 요

7-006

관음재일의 노래

곽영석 작사
권상희 작곡

f
mp
신 통 력 이 자 재 하 여 간 절 하 게 기 도 하 면
수 만 겁 의 세 월 동 안 부 처 님 을 모 신 보 살
천 안 으 로 살 피 시 고 어 디 라 도 오 시 는 임
사 바 연 의 모 든 고 난 구 제 하 러 오 시 었 네
중 생 들 의 — 아 픈 곳 — 을 두 루 살 펴 안 으 시 — 고
중 생 위 해 — 고 행 하 — 신 높 고 높 은 그 원 력 — 이
삼 계 고 통 잊 고 살 게 대 원 력 을 펴 신 다 네
일 체 환 란 구 원 하 사 자 비 손 을 드 신 다 네
(후렴) 거 룩 할 손 관 — 세 음 자 비 로 운 임 이 시 여
공 양 하 며 예 배 하 니 굽 어 살 펴 주 옵 소 서

7-007

구원의 빛 수륙대재

인 각 작사
이태현 작곡

♩. = 52
불 보살과 역대—조사 법요석에모셔오고 — 오로단에
불 보살과 연각—선문 천장——지장보 살 — 수 륙 대 재
오방오제 좌정하고 돌아보 니 — 일 체유주 무주고혼
모셔놓고 공양하고 서 원할 재 — 일 체유주 무주고혼
춤을추며 오 시었 네 — 영 산작법 범패소—리 괘불속의 화 엄 성
감복하여 울 고있 네 — 나 비춤에 범패소—리 괘불속의 화 엄 성
중 — 무 주고혼 천 도서원 지심으로기도할 재 —
중 — 일 체중생 구 제서원 빛을내어오시어 서 —
거 룩 한 님 손 을들어 지장동 천 불 밝 히 네 —
대 자 비 로 보 듬으사 미륵하 늘 밝 아 오 네 —
♩= 120
괘 불탱 화걸 어놓고 — — — 오 래여 번세 워놓고 — — —
무 주— 고 혼— 영—가천도— 수 륙대 재성 만하 니 — — —
천 지간 에— — 성 긴인 연— 하늘세 상문 을여 네 — — —
천지 간 에— — 성 긴인 연 — 하 늘세 상문을여 네 — — —

7-008

나의 영혼 구원하사

곽영석 작사
서근영 작곡

흙 을 빛 어 세 운 몸 인연다해떠날 때
사 바 연 에 지는 해 이땅위에뉘어 져
이 내 몸 은 무 너 져 흙과물이될 때 에
가 이 없 는 내 영 혼 님의품에안 기 네
삼보 님 께ㅡ 귀ㅡ의 한 나의 영 혼ㅡ 은 혜 해
지은 업 식ㅡ 무량의 빛 서방 정 토ㅡ 비 추 사
아미 타 불ㅡ 잡ㅡ은 손 하늘세상나 시 라
천사 들 의ㅡ 찬양소리 반야용선타 시 라
상품상 생 대 진 언 아미타불관ㅡ세ㅡ 음
가 이 없 는 이 영 혼 구원하여주 소 서

7-009

눈내리는 산사

강병건 작사
최성덕 작곡

Waltz ♩= 86
함 박 눈 이 소 리 없 이 내 리 는 절 에
눈 내 리 는 겨 울 산 사 아 득 한 절 에
장 독 대 에 눈 부 처 님 앉 아 있 어 요
함 박 눈 이 눈 부 처 님 만 들 고 있 어 요
눈 꽃 들 이 만 ㅡ 드 는 아 기 부 처 님
지 붕 위 에 담 장 위 에 장 독 대 에 도
장 독 위 에 담 장 위 에 만 들 었 어 ㅡ 요
아 기 부 처 부 처 님 을 만 들 었 어 ㅡ 요
소 복 소 복 쌓 아 만 든 아 기 부 처 ㅡ 님
소 복 소 복 쌓 아 만 든 아 기 부 처 ㅡ 님
솔 바 람 이 염 불 외 며 찾 아 왔 어 ㅡ 요
솔 바 람 이 염 불 외 며 찾 아 왔 어 ㅡ 요

7-010

눈 덮인 설산에서

이순금 작사
조영근 작곡

Andante
깊 고깊은설산에 서 모 진고행하실적 에
눈 덮인—설산에 서 육 년고행하실적 에
선 지자를찾아가 도 답 을얻지못하셨 네
수 행자를찾아가 도 답 을얻지못하셨 네
나무아래— 앉은모—습 피골이상 접하 니
나무아래— 정좌한모습 피골이상 접하 니
혹—독한그모습 은 차 마보기어려워 라
어찌그리혹독할 까 차 마보기어려워 라
(후렴) 일념으로 정진하는 고타마싯다르 타
이루시라 이루시라 거룩한깨달음 을

7-011

다비장의 무지개

정송전 작사
강민영 작곡

장엄하게
고 운님이 가 시—던날 하 늘무지—— 개
고 운님이 가 시—던날 연 꽃그향—— 기
견 성하신 그— 자리에 꽃 이피었—— 네
다 비장에 어린 서—기 무 지개폈—— 네
산 천경 계 안—개—피 던 꽃 진그자—리 에
이 생전 생 오고가—던 향 인 연지으—— 니
고 운님—의 법향 기가 넘 쳐—납—니— 다
가 시는—길 꽃길 되어 왕 생—하—소— 서
(후렴) 생전육성을 듣다보 니 그정이너 무 그리 워
푸 른연—기 사 리—꽃이 피 었습니—— 다

7-012

다례재를 모시며

곽영석 작사
황옥진 작곡

추 모 하 며 그 립 니 다 예 경 하 며 기 도 합 니 다
임 의 말 씀 새 깁 니 다 크 신 자 취 기 억 합 니 다
부 처 님 의 법 장 지 혜 가 르 치 신 큰 스 님 께 부 도
일 체 중 생 구 제 서 원 발 원 하 신 큰 스 님 께 다 례
탑 을 돌 고 돌 며 ㅡ 추 모 하 며 그 립 니 다 감 로
재 를 모 시 면 서 ㅡ 추 모 하 며 그 립 니 다 크 신
차 와 오 곡 실 ㅡ 과 차 려 놓 고 염 불 하 며 ㅡ
종 적 사 자 후 ㅡ 가 산 천 경 계 흩 어 져 서 ㅡ
역 대 조 사 선 지 식 과 큰 스 님 을 추 모 합 니 다
깨 우 침 의 씨 앗 되 어 연 꽃 으 로 피 었 습 니 다

7-013

단오절에 소금묻기

곽영석 작사
강주현 작곡

흥겹게 ♩. = 52

단 오 절 에 소 금 묻 기 우 리 절 의 단 오 행 사
찰 밥 지 어 나 눠 먹 고 전 각 마 다 소 금 묻 는
옛 날 부 터 오 늘 까 지 우 리 전 통 — 불 교 행 사
옛 날 부 터 오 늘 까 지 전 해 오 는 — 불 교 행 사
부 처 님 이 계 신 절 에 화 재 예 방 다 짐 하 는
부 처 님 이 계 신 절 을 화 마 에 서 지 켜 내 는
소 금 묻 고 나 눠 주 는 아 름 다 운 전 통 행 사
단 오 절 에 전 통 행 사 우 리 절 에 단 오 행 사
바 다 향 기 소 금 모 아 악 마 쫓 아 절 지 키 고
도 반 들 과 정 나 누 는 아 름 다 —운 전 통 놀 이

7-014

동백꽃 피는 계절에

곽영석 작사
이종록 작곡

♪ = 76-80
mf
동 백 나 ― 무 동 백 꽃 ― 잎 피 어 나 는 이 ― 계 절 에 ―
검 ― 붉 은 꽃 동 백 꽃 ― 잎 마 음 모 아 공 양 하 ― 는 ―
소 슬 바 ― 람 품 에 안 ― 고 만 행 하 는 우 리 스 ― 님 ―
푸 른 계 ― 절 산 길 따 ― 라 만 행 하 는 우 리 스 ― 님 ―
mp
mf
오 솔 길 을 따 라 올 ― 라 ― 산 ― 정 상 에 올 라 서 ― 서 ―
대 숲 길 을 굽 이 굽 ― 이 ― 구 름 물 ― 든 산 행 길 에 ―
f
산 천 경 계 굽 어 보 고 법 계 하 늘 다 시 보 ― 네 ―
삼 천 대 천 법 장 세 계 산 길 따 라 펼 쳐 지 ― 네 ―
p
(후렴) 다 시 보 면 알 아 볼 ― 까 동 백 꽃 이 지 는 인 ― 연 ―
mf
rubat
풀 잎 위 에 맺 힌 이 ― 슬 대 우 주 가 담 겨 있 네

7-015

동백나무 동백꽃

허말임 작사
조영근 작곡

Andante
mp
mf
절마당에 동— 백 나 무 꽃공양에즐거웁 고
겨울이긴 동— 백 꽃 은 눈꽃속에피어나 서
염불소리 듣고 자 란 동백나무동 백꽃 들
풍경소리 한자 락 에 꽃망울을 열 었어 요
사 계절푸 른 마 —음 가지마다받쳐들 고
사 계절반 짝 이 —며 인연발길마중하 고
f
향 기 로운 꽃 송이를 부처님께 올렸어 요
노 랑 깃의 동 박새 는 소리공양 즐거워 요
(후렴) 후 회없 이 떨 어 져도 불심가득붉은마 음
법 향가 득 가 슴마다 꽃이되어타올라 요

7-016

동지기도

곽영석 작사
오세균 작곡
♩= 96
부 — 처 님 과 함 께 해 온 일 년 열 두 — 달
부 — 처 님 과 함 께 해 온 일 년 열 두 — 달
은 — 혜 로 운 하 루 하 루 가 피 가 넘 치 고
우 — 리 가 정 사 랑 으 로 안 — 아 주 시 고
동 지 기 도 올 리 면 서 새 해 를 다 짐 해 — 요
팥 죽 공 양 올 리 면 서 서 원 을 세 — 워 — 요
거 룩 하 신 부 — 처 님 우 리 부 처 님
새 해 에 도 올 해 처 럼 은 혜 가 득 히
지 — 나 온 날 회 향 하 고 새 날 을 — 맞 — 게
환 — 란 없 는 하 루 하 루 모 두 행 복 하 — 게
동 지 기 도 발 원 기 도 들 어 주 세 요
모 든 이 들 행 복 기 도 들 어 주 셔 요
(후렴) 붉 은 팥 죽 부 처 님 께 공 양 올 리 고
삼 재 팔 난 구 제 서 — 원 기 도 올 려 요

7-017

만다라 걷기명상

곽영석 작사
심순보 작곡

♪= 114 -118
부 처 님 의 걷 기 명 상 두 신 발 도 없 이 ─
불 가 전 통 걷 기 명 상 도 수 행 의 방 편 ─
아 침 일 찍 노 천 에 서 경 행 하 셨 죠 ─
걸 을 때 나 멈 출 때 나 선 명 한 지 혜 ─
걷 기 명 상 수 행 방 편 이 르 신 대 로 ─
대 념 처 경 경 전 속 에 이 르 신 말 씀 ─
염 불 행 선 화 두 행 선 배 운 그 대 로 ─
경 행 공 덕 되 새 기 며 함 께 걸 어 요 ─
(후렴) 마 음 에 켠 화 두 등 불 공 안 을 찾 아 ─
걸 어 가 며 드 러 나 는 지 혜 찾 아 요 ─

7-018

미묘 법력의 노래

강주현 작사
강주현 작곡
한마음 한뜻으로 ♩=68
ㅇㅇ은 산 이름을 넣어 부릅니다
ㅇㅇ산골짜기마 다 진리의등불환히 밝 으니
온누리미묘법펴 져 진리의등불손길 닿 으니
미묘법력의 기도소리 끊임없이이어 지네ㅡ
미묘법력의 대가람이 처처에자리잡 았네ㅡ
큰 ㅡ스님 미묘 법 력은 말법세상 구원 하리라ㅡ
신 심깊은 수행 발 ㅡ길 끊임없이 이어 지니ㅡㅡ
신 ㅡ실한 염원 의 불길 온천지에ㅡ번져 나가네ㅡ
경 이로운 불사 의 공덕 대자대비ㅡ원력 이네ㅡㅡ
마 음의 청정 한 도량 부처님께 바치 노라ㅡ
진리의영험한 대 가람 부처님께 바치 노라ㅡ

7-019

반야용선

이은희 작사
조광재 작곡

♩= 64
어 허ㅡ이 어 ㅡㅡ하 훠ㅡㅡㅡ이ㅡㅡ 훠 ㅡ 이
가 시 는 길ㅡ 금 ㅡ 강 반ㅡ야ㅡ용ㅡ선 타 ㅡ 고
머 나 먼 길ㅡ 금 ㅡ 강 반ㅡ야ㅡ용ㅡ선 타 ㅡ 고
하 늘 길 건너ㅡ갈 재ㅡ 반ㅡㅡㅡ야ㅡ의 깨 달 음
바 닷 길 건너ㅡ갈 재ㅡ 반ㅡㅡㅡ야ㅡ의 깨 달 음
(가볍고 사뿐하게)
아미타불ㅡ 부 처 님 찾ㅡ아 ㅡ서ㅡㅡ 가 ㅡ 네 인연두고가 신ㅡ님
아미타불ㅡ 부 처 님 찾ㅡ아 ㅡ서ㅡㅡ 가 ㅡ 네 사랑두고가 신ㅡ님
(가볍고 사뿐하게)
인로왕보살ㅡ님 인 도 하 소 서 인 도 하 소 서 서방 세계 극락 ㅡ정 토
인로왕보살ㅡ님 인 도 하 소 서 인 도 하 소 서 서방 정토 극락 ㅡ정 토
rit
극 락 왕 ㅡㅡ생 발원하옵니다ㅡ 발 원 하 옵 니 다 ㅡ
왕 생 극 ㅡㅡ락 기원하옵니다ㅡ 기 원 하 옵 니 다 ㅡ
나무아미ㅡ 타 ㅡㅡ불 부처님 이시ㅡ 여 나무아미ㅡ 타 ㅡ 불
부 처ㅡ님 이시ㅡ 여 오늘여 기ㅡ 영가중생 극 락ㅡ왕생도ㅡ우소서

7-020

반야용선 타시었네

곽영석 작사
강주현 작곡
슬픔을 가지고 ♩= 68
반야용선타 시었 네 사 랑 하 는임 이시 여
반야용선저 어가 네 정 다 웠 던우 리임 아
하늘세상가 시는 길 두 렵 지 가않 으셔 라
삼천대천하 늘길 이 무 섭 지 가않 으셔 라
아 미 타 불 ㅡ 앞 장 서 고 ㅡ 지 장 보 살 ㅡ 호 위 하 ㅡ 니
오 방 기 를 ㅡ 세 워 들 고 ㅡ 앞 에 서 신 ㅡ 아 미 타 ㅡ 불
서 방 정 토 꽃 ㅡ 무 지 개 햇살처럼밝아오ㅡ 네
서 방 정 토 극 ㅡ 락 정 토 대자비로이끄시ㅡ 네
지 장 보 살 ㅡ ㅡ 지 장 보 살 ㅡ 지 장 보 살 마 하 살
아 미 타 불 ㅡ 서 방 정 ㅡ 토 빛이되어열ㅡ리네 요

7-021

백중기도

허말임 작사
오해균 작곡

엄숙하고 장엄하게 ♩= 69

사 십구 일 극락왕생 백 중기도하는 날
사 십구 일 극락왕생 백 중기도하는 날
스 님의 축 원 기 도 법당에울려퍼졌ㅡ 네
스 님의 염 불 소 리 극락으로인도하셨 네
지 장보살염불하 며 먼 길떠난어머 니
가 는날은순서없 어 알 수없는인생 길
현 생에ㅡ서 닦 아놓은 부처님의가피일ㅡ까 요
얼 마나ㅡㅡ 기 도해야 업장소멸되는가ㅡㅡ 요
사바세계인연ㅡ공덕 극락세계로 상품상생하 소ㅡㅡ 서
생전인연놓으ㅡ시고 영원한국토 극락왕생하 소ㅡㅡ 서
백 중기 도ㅡ 하 는 날 정성다해잔올립니 다
참 회하 고ㅡ 참 회 하며 당ㅡ신께절올립니 다
나무지장보 살 지 장보살 당 신의큰 원력 은
중 생 들 의 빛 입니 다 중생들의빛입니 다

7-022

백중 재의 서원기도

곽영석 작사
강주현 작곡
정성을 다해서 ♪ = 90
백 중 재 에 영 가 위 패 모 ㅡ 신 제 단 에
무 주 구 천 어 둠 속 을 헤 ㅡ 매 던 영 가
들 고 나 는 저 영 혼 들 어 ㅡ 디 머 물 까
백 중 재 에 찾 아 와 서 감 ㅡ 사 하 여 라
무 명 업 식 서 로 몰 라 헤 ㅡ 매 이 다 가
밤 낮 없 이 들 고 나 며 오 ㅡ 가 던 영 가
부 처 님 전 귀 의 하 니 영 ㅡ 생 하 겠 네
이 공 양 을 받 아 들 고 천 ㅡ 도 하 소 서
해 탈 서 원 간 절 해 서 천 도 문 짓 고
백 종 진 미 차 려 놓 고 서 원 합 니 다

7-023

백팔산사 순례길

(가사공모작)

곽근성 작사
백승태 작곡

Andantino
mf
mp
우 리나라 큰ㅡ절 을ㅡ 찾ㅡ아 가 는 길ㅡ ㅡ
부 처님을 찾ㅡ아 서ㅡ 순ㅡ례 가 는 길ㅡ ㅡ
mf
백 팔산사 순례길 을ㅡ 떠ㅡ나보 아 요ㅡ ㅡ
백 팔산사 순례길 에ㅡ 함ㅡ께해 봐 요ㅡ ㅡ
f
아 름다운 산ㅡ과들ㅡ 멋ㅡ진계 곡 에ㅡ ㅡ
절 을지은 유ㅡ래와ㅡ 우ㅡ리문 화 재ㅡ ㅡ
mp
rit
부 처님 을 모ㅡ신절ㅡ 찾ㅡ아보 아 요ㅡ ㅡ
백 팔산 사 순 례 길에ㅡ 알ㅡ아보 세 요ㅡ ㅡ

7-024

백팔산사 순례 길에

곽영석 작사
지 범 작곡

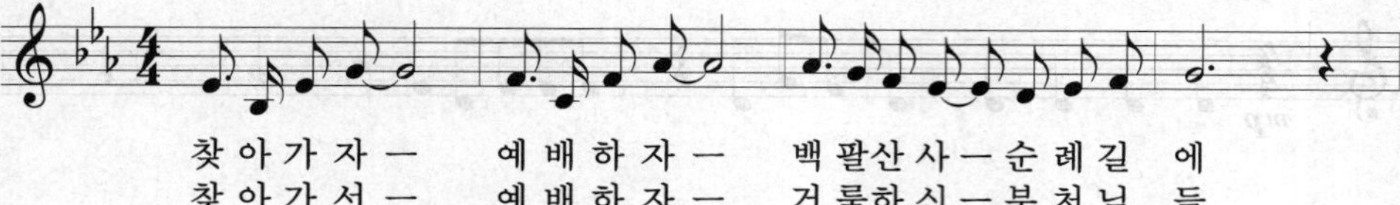

찾아가자ㅡ 예배하자ㅡ 백팔산사ㅡ순례길 에
찾아가서ㅡ 예배하자ㅡ 거룩하신ㅡ부처님 들

명산대찰ㅡ 부처님들ㅡ 찾아가서ㅡ예배하 자
아름다운ㅡ 길을따라ㅡ 부처님을ㅡ찾아가 자

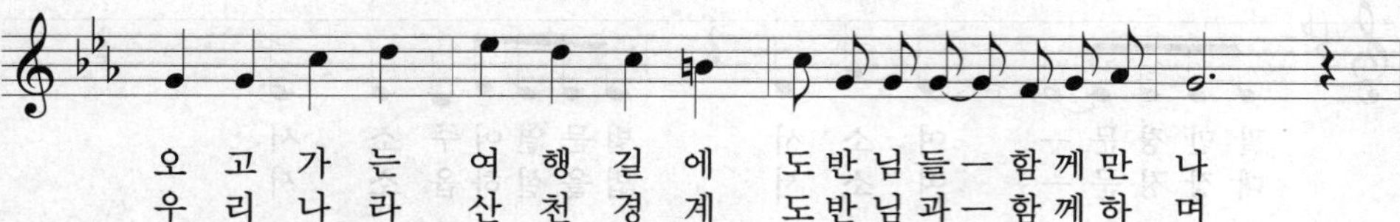

오 고 가 는 여 행 길 에 도반님들ㅡ함께만 나
우 리 나 라 산 천 경 계 도반님과ㅡ함께하 며

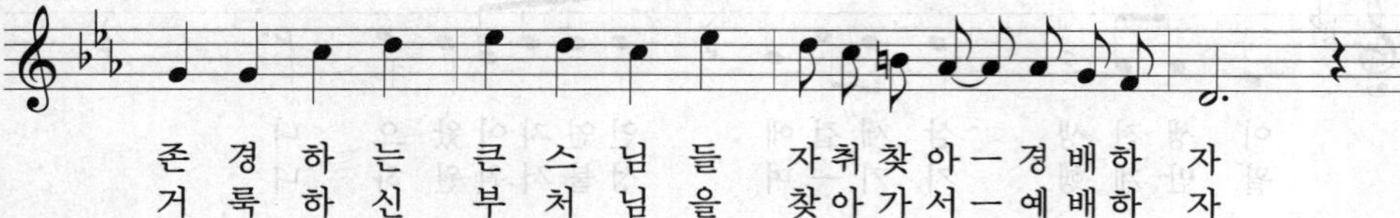

존 경 하 는 큰 스 님 들 자취찾아ㅡ경배하 자
거 룩 하 신 부 처 님 을 찾아가서ㅡ예배하 자

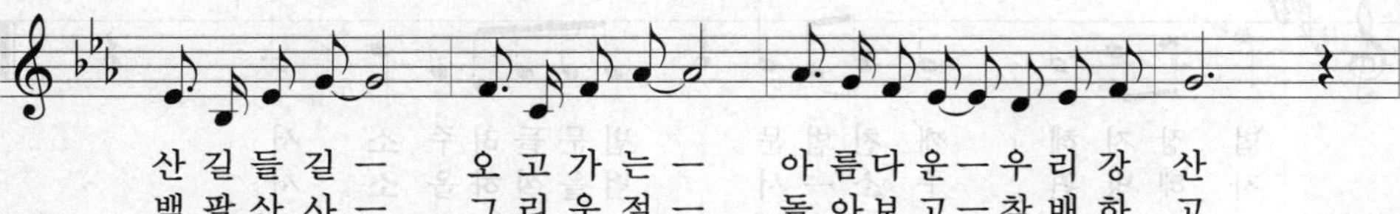

산길들길ㅡ 오고가는ㅡ 아름다운ㅡ우리강 산
백팔산사ㅡ 그리운절ㅡ 돌아보고ㅡ참배하 고

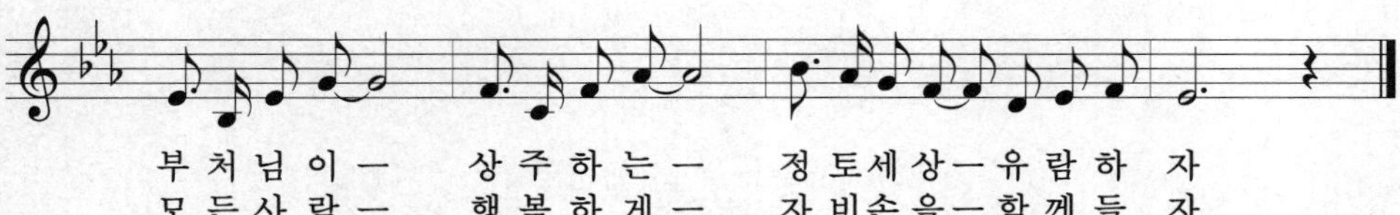

부처님이ㅡ 상주하는ㅡ 정토세상ㅡ유람하 자
모든사람ㅡ 행복하게ㅡ 자비손을ㅡ함께들 자

7-025

법문을 열어주소서

여영희 작사
김정란 작곡

♩= 92
mp
mp
덕 높 으 신 법 사 — 님 대 법 좌 에 오 르 시 어
고 귀 하 신 스 승 — 님 사 자 좌 에 오 르 시 어
팔 만 경 문 — 여 소 서 법 문 열 어 주 소 서
대 장 경 문 — 여 소 서 법 을 설 하 옵 소 서
이 생 전 생 삼 세 겁 에 인 연 지 어 왔 으 니
팔 만 계 행 지 키 — 며 성 불 서 원 원 하 니
mf
법 장 지 혜 깨 친 법 문 법 문 들 려 주 소 서
지 혜 방 편 주 소 — 서 법 을 설 하 옵 소 서

7-026

부처님 법 안에서

김미영 작사
김미영 작곡
Andantino
mf
mp
무 엇 이 저 를 하 염 없 ㅡ 이 합 장 하 게 합 니 까
무 엇 이 저 를 눈 물 로 ㅡ 써 기 도 하 게 합 니 까
깊 고 깊 은 곳 다 드 러 내 어 모 두 비 우 렵 니 다
멀 고 머 나 먼 과 거 생 부 터 모 두 비 우 렵 니 다
f
살 아 가 는 동 안 기 쁨 과 슬 픔 이 부 처 님 법 안 에 서
f
mp
생 겨 나 서 웃 고 멸 하 여 서 우 니 부 처 님 법 안 이 라
mp
기 쁨 과 슬 픔 생 과 멸 에 도 항 상 함 이 없 어 라
진 리 의 손 길 바 로 여 기 에 님 께 서 계 십 니 다

7-027

부처님앞에서

최동호 작사
김만석 작곡

♩= 100

애기 입술 같은 감 꽃이떨어져 열 반에 들 고

길 목에돌ㅡ하 나도 부처 님 마음 닮 아

하안거 ㅡ 묵언 하듯ㅡ ㅡ 좌 불 하 고 앉아 있네

천지신명이다모인 부처님 앞에서 남 몰래등이시린 나같은중생이여

♩. = 50

추녀 끝 에 풍ㅡ경은 왜 ㅡ저 리 우ㅡ는가 만 등 이

꺼 ㅡ지면 나 도같 이 울 고갈거나 속 시원 히 울고갈거나

♩= 100

애기 입술같은 감 꽃이떨어져 열 반에 들 고 길 목에 꽃ㅡ

하 나도부처 님 마음 닮 아 찾아 오는 눈길 마다ㅡ ㅡ

1. 향 기 롭 게 웃고있네 2. 향 기 롭 게 웃고 있네

rit.

7-028

부처님 오신 날

무 등 작사
최미선 작곡

금낭화고개숙이 며 — 보따리열어놓을 때 —
햇살이쏟아지는 언덕 너머 분홍색연등걸리 면 —
얼레지미소감추 며 — 돌틈새숨어지내 다 —
흐르는물길따라 고개내밀면 향기따라찾아오신 부 처 님
오 늘은부처님— 오 신 날 모든생명들이미소 짓 는 날
밝은세상고운세상 되 는 날 오—늘은부처님— 오 신 날

7-029

부처님 우리 결혼해요

류복희 작사
조영근 작곡
Moderato
하 늘 아 래 우 리 들 은 사 랑 으 로 만 났 어 요 ㅡ
이 땅 위 에 부 부 되 어 백 년 가 약 맺 었 어 요 ㅡ
눈 을 뜨 는 아 침 에 ㅡ ㅡ 도 ㅡ
눈 을 감 는 저 녁 에 ㅡ ㅡ 도 ㅡ
햇 ㅡ 살 같 ㅡ 은 기 쁨 으 ㅡ 로 ㅡ
별 ㅡ 빛 같 ㅡ 은 희 망 으 ㅡ 로 ㅡ
작 은 미 소 피 우 려 고 행 복 으 로 만 났 어 요 ㅡ
두 손 길 이 부 드 러 운 당 신 으 로 만 났 어 요 ㅡ
향 기 로 운 잎 새 마 다 단 비 같 은 원 앙 으 로 ㅡ
아 름 다 운 보 금 자 리 약 속 하 는 원 앙 으 로 ㅡ
무 지 개 꿈 고 이 안 고 바 라 보 며 살 겠 노 라 ㅡ
사 박 사 박 걸 음 마 다 걸 림 없 이 살 겠 노 라 ㅡ
부 처 님 ㅡ ㅡ 우 리 이 제 ㅡ ㅡ 결 혼 해 요 ㅡ ㅡ
부 처 님 ㅡ ㅡ 우 리 이 제 ㅡ ㅡ 결 혼 해 요 ㅡ ㅡ
잘 살 께 요 ㅡ ㅡ 광 명 으 ㅡ 로 ㅡ 비 춰 소 ㅡ 서 ㅡ
잘 살 께 요 ㅡ ㅡ 등 불 같 ㅡ 이 ㅡ 비 추 소 ㅡ 서 ㅡ
축 복 하 ㅡ 여 ㅡ 주 소 ㅡ 서 ㅡ

7-030

부처님은 아시리라

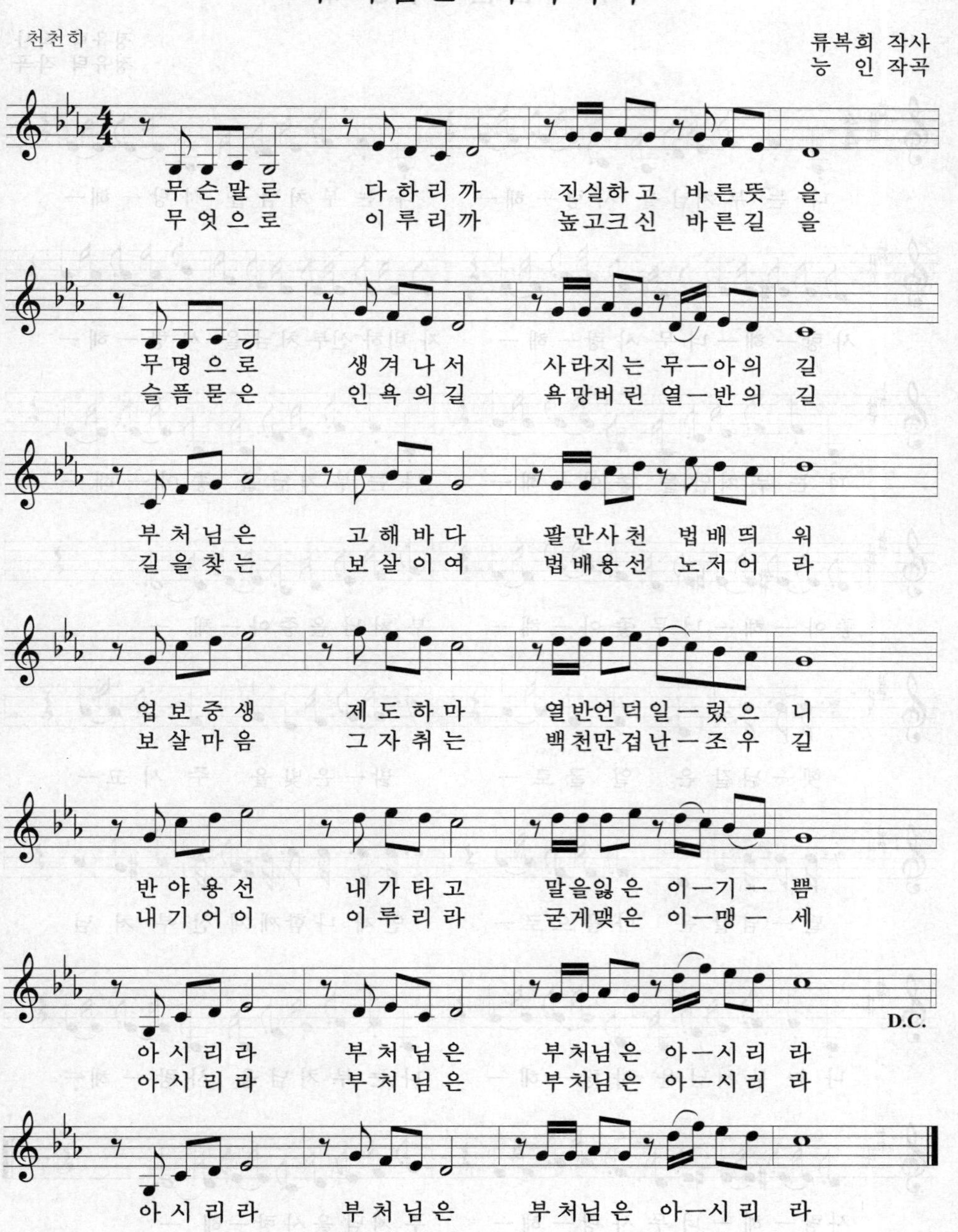

천천히
류복희 작사
능 인 작곡
무슨말로 다하리까 진실하고 바른뜻 을
무엇으로 이루리까 높고크신 바른길 을
무명으로 생겨나서 사라지는 무ㅡ아의 길
슬픔묻은 인욕의길 욕망버린 열ㅡ반의 길
부처님은 고해바다 팔만사천 법배띄 워
길을찾는 보살이여 법배용선 노저어 라
업보중생 제도하마 열반언덕일ㅡ렀으 니
보살마음 그자취는 백천만겁난ㅡ조우 길
반야용선 내가타고 말을잃은 이ㅡ기ㅡ 쁨
내기어이 이루리라 굳게맺은 이ㅡ맹ㅡ 세
아시리라 부처님은 부처님은 아ㅡ시리 라
아시리라 부처님은 부처님은 아ㅡ시리 라
D.C.
아시리라 부처님은 부처님은 아ㅡ시리 라

7-031

부처님을 사랑해

정유탁 작사
정유탁 작곡

나 는 부처님을 사랑ㅡ해ㅡ 나 는부처님을 사랑ㅡ해ㅡ
사랑ㅡ 해ㅡ너무 사랑ㅡ해ㅡ 자 비하 신부 처님 을 사랑ㅡ해ㅡ
나 는 부 처님을 좋아ㅡ해ㅡ 나 는부 처 님을 좋 아ㅡ해ㅡ
좋아ㅡ 해ㅡ너무좋아ㅡ해ㅡ 부 처님 을좋아ㅡ해 ㅡ
햇ㅡ님같은 얼 굴로ㅡ 밝ㅡ은빛을 주 시고ㅡ
달ㅡ님같은 마음으로ㅡ 언제 나함께계 신부 처 님
나 는부 처님을 사랑ㅡ해ㅡ 나는부 처 님을 사랑ㅡ 해ㅡ
사랑ㅡ 해 ㅡ너무 사랑ㅡ해ㅡ 부 처님을사랑ㅡ해 ㅡ

7-032

부처님의 예수재 말씀

곽영석 작사
강주현 작곡

참회하며 ♩= 80
열 반 경 의 부 처 말 씀 예 수 재 의 십 선 공 덕
부 처 님 의 최 후 법 문 예 수 재 의 십 선 공 덕
불 보 살 님 의 지 하 여 사 바 연 을 돌 아 보 고
살 아 생 전 업 장 지 워 정 토 세 상 드 는 그 길
이 생 에 서 업 장 지 워 정 토 세 상 태 어 나 라
나 를 위 한 참 회 시 간 불 연 지 어 가 려 하 네
방 생 하 고 보 시 하 고 참 회 기 도 재 올 릴 때
나 눔 보 시 자 비 방 생 업 장 소 멸 최 후 방 편
스 님 함 께 외 는 염 불 지 장 동 천 하 늘 열 고
나 비 춤 도 바 라 춤 도 지 장 동 천 하 늘 가 에
중 음 천 의 칼 산 지 옥 연 을 타 고 날 게 하 네
무 지 개 의 환 희 세 상 빛 을 놓 아 장 엄 하 네
처 절 히 간 절 하 면 부 처 님 을 만 나 뵐 까
예 수 재 의 최 후 방 편 방 생 하 여 찾 아 가 네

7-033

불 밝혀라 릴리리

전세준 작사
이창규 작곡
흥겨웁게 ♪. = 120
불 밝혀라 릴 ㅡ리 리 불 밝혀라 릴 ㅡ리 리
불 밝혀라 릴 ㅡ리 리 연 등 들고 릴 ㅡ리 리
부 처 님 이 오 신 이 ㅡ 날 춤 을 추 며 걸 어 보 자 ㅡ
부 처 님 을 찬 송 하 ㅡ 며 춤 을 추 며 함 께 걷 자 ㅡ
덩 실 덩 실 춤 을 추 며 연 등 들 고 랄 ㅡ 랄 라
둥 실 둥 실 춤 을 추 며 꽃 등 들 고 랄 ㅡ 랄 라
부 처 님 이 오 신 이 날 연 등 들 고 걸 어 보 자
성 탄 절 에 우 리 모 두 찬 송 하 며 걸 어 보 자
(후렴) 모 두 모 두 덩 실 덩 실 모 두 모 두 두 ㅡ 둥 ㅡ 실
빙 글 빙 글 둥 ㅡ 둥 실 어 깨 동 무 두 리 둥 실

7-034

빛으로 이끄소서

곽영석 작사
강주현 작곡
자비로운 마음으로 ♩= 92
만ㅡㅡ 생 ㅡ명의생ㅡ사 를 주 관 하 ㅡ신부처 님 모 든
죽ㅡㅡ 음 ㅡ고통면ㅡ할 까 지 혜 방 ㅡ편없을 까 사 망
중 생 사망에 서 구 원 하 ㅡ여 살 필 때 자 비 성
에 서 간ㅡ절 히 부 처 가 ㅡ피 원 할 때 삼 십 이
중 이 ㅡ 끄 사 사 망 고 ㅡ통 잊 겠 네 천 상 천
상 부 ㅡ 처 님 자 비 손 ㅡ길 드 시 네 온 법 계
하 부 ㅡ 처 님 거 룩 하 ㅡ신 부 처 님 지 장
에 자 재 하 신 거 룩 하 ㅡ신 부 처 님 일 체
동 ㅡ천 천 사 ㅡ 들 업 경 세 ㅡ워 살 필 ㅡ 때 빛 을
중 ㅡ생 사 망 에 서 불 러 세 ㅡ워 주 시 옵 고 대 자
나 ㅡ눠 주 시 ㅡ 사 반 야 용 선 타시었 네 (후렴) 자 비
비 ㅡ로 살 피 시 사 은 혜 하 여 주ㅡ소 서
하 ㅡ신 부 처 님 거 룩 하 ㅡ신 우 리 님 대 자
비 ㅡㅡ 로 이끄소 서 광 명 으 ㅡ로 이 끄 소 서

7-035

산사의 밤

안상민 작사
최선기 작곡

산문밖 을 ㅡ 서성이 는 ㅡ 별ㅡ그 ㅡ 립 자 ㅡ
산문밖 을 ㅡ 서성이 는 ㅡ 달ㅡ그 ㅡ 립 자 ㅡ
바람에 흔ㅡ들 리는건가ㅡ 풍경 소리에ㅡ마음을잡ㅡ지 못하 나ㅡ
구름에 숨ㅡ어 들려하나ㅡ 새벽 이슬에ㅡ마음이얼ㅡ어 붙었 나ㅡ
막는이도없 이 활ㅡ짝 열 린 일주문앞 에 서 서ㅡ
문짝조차없 이 활ㅡ짝 열 린 일주문앞 에 서 서ㅡ
어 이해ㅡ 넘 지 못하고 ㅡ 기웃거리기만 하ㅡ나ㅡ ㅡ 음 ㅡㅡ
어 이해ㅡ들어서지 못하고 ㅡ 서성거리기만 하ㅡ나ㅡ ㅡ 음 ㅡㅡ
무심ㅡ한 산 승의염불소 리 ㅡ 그칠줄 모 르 고 ㅡ
기다리다지친 촛불만ㅡ ㅡ 졸고 있 는산 사의 밤

7-036

산신대재의 노래

김정자 작사
강주현 노래

장엄하고 간절하게 ♩. = 42

mf
나 ─ 무 만덕고승 산왕대신 산왕대─ 신
mp
mf
삼 계가 열 리어 하늘땅이춤을추 니 삼라만상 꽃─으로
삼 계가 열 리어 산천초목노래하 니 사바세계 꽃─으로
f
가 득하─여 라 갖 가 지 공양물을 님에게올리 고
가 득하─여 라 갖 가 지 공양물을 님에게올리 고
mf
mp
지극정성 올 리는 산 신대 ─ 재 큰스님의 염불소리
지극정성 올 리는 산 신대 ─ 재 큰스님의 기도소리
mf
하늘을덮── 고 거룩하신 장삼자락 천상을수─놓 은
법계를넘── 고 거룩하신 장삼자락 천상을수─놓 은
f
mf
부처님의 영산회상 시방에고하노 니 님이시여
일체장엄 산신대재 시방에고하노 니 님이시여
1.
2.
이 정성 받 아주소 서 받 아 주 소 서
어 여 삐
mf
rit.
나 ─ 무 만덕고승 산 왕대신산왕대 ─ 신

7-037

산이 좋아 절이 좋아

권영주 작사
최선기 작곡

산 이좋아 산 에–가 요 절 이좋아 절 에–가 요
절 이좋아 절 에–가 요 산 이좋아 산 에–가 요

푸 른나무 새 소–리가 사 시사철 즐 거–운곳
목 탁소리 풍 경–소리 산 새소리 즐 거–운곳

산 속에 – 서 계 – 곡에서 흘 러가 – 는 구 – 름밑에
구 름끄 – 는 구 – 름따라 숲 속으 – 로 찾 – 아가서

풍경소리 – 즐거운–절 부처님이 – – 거기계셔 –
부처님도 – 만나보– 고 바람소리 – – 들어보고 –

맑 고맑 은 염 불소리 부 – 처님의 자 – 비법문

마 음열고 평 안하게 힐 링하며들어봐 요 –

7-038

새 법우 환영가

정다운 작사
서창업 작곡

1.부 처 님 의 은 덕으로 참 ― 나 를 찾 으 니
2.사 바 연 에 시 달린몸 다 ― 벗 어 던 지 고
3.먼 길 이 나 험 한길도 다 ― 같 이 도 우 며
오 늘 부 터 온 ― 우 주에 주 인 이되었 네
내 님 따 라 깊 ― 은 곳에 알 몸 으로와 서
우 리 들 은 형 ― 제 자매 손 잡 고갑시 다
어 진 맘 과 참 된 힘을 다 ― 받 쳐줄 법 우 들
그 립 던 님 품 에 안겨 한 ― 마 ―음 얻 으 니
서 로 서 로 사 랑 하고 서 로 용 ― 서 하 면 은
한 겨 레 의 질 ― 은 피로 보 련 화피우 네
세 세 생 생 인 ― 연 되어 잠 들 게하소 서
사 바 세 계 이 ― 대 로가 극 ― 락이라 네

7-039

새해 덕담 신년인사

곽근성 작사
김병학 작곡

새해덕 — 담 신년인 — 사 우리절의
신년인 — 사 정초인 — 사 우리절의
전통행 — 사 — 떡국끓 — 여
새해인 — 사 — 부처님 — 께
공양하 — 고 도반들과 나눠—먹— 고 —
공양하 — 고 떡국끓여 나눠—먹— 고 —
부처님 — 께 새해인— — 사 큰스님께
모든이 — 웃 건강하— — 게 우리가정
세배—하— 고 — 도반들과 덕담하며
안전—하— 게 — 부처님께 서원하며
한해건 — 강 빌어 — 봐— — 요 —
예배하 — 며 절을 — 해— — 요 —
아름다운 새해인사 설빔입 — 고 절을찾 — 아
예배하고찬송하—며 부처님께 서원해 — 요 —

생전예수재 아침에

곽영석 작사
최성덕 작곡

Waltz

동이트는 새벽하늘 바라보면서 ―
먼동트는 새벽하늘 고요한아침 ―
부처님께 합장하고 예배합니다 ―
두손모아 합장하고 예경합니다 ―
이생에서 내가지은 모든업장― 을 ―
이생전생 내가지은 모든과보― 를 ―
부처님께 참회하며 경배합니다 ―
부처님께 참회하며 서원합니다 ―

7-041

성도절 아침

곽영석 작사
오세희 작곡
Slow Rock ♩= 74
수 행 정
왕 궁 떠
진 아 름 다 워 마 왕 들 의 조 복 받 고 새 벽 별
나 육 년 고 행 중 생 위 한 큰 발 걸 음 고 해 바
을 바 라 보 고 대 진 리 를 깨 우 치 사
다 고 통 받 는 중 생 들 을 구 원 하 사
위 대 하 신 임 의 모 습 중 생 들 의 부 ― 처 님 길 ― 상
거 룩 하 신 임 의 이 름 자 비 로 운 부 ― 처 님 정 각 이
초 깔 고 앉 은 자 리 에 는 서 광 일 고 우 주 만
룬 그 자 리 에 대 법 열 이 흐 ― 르 고 만 중 생
유 뭍 중 생 들 찾 아 와 서 예 배 하 네 거 룩 해
이 찾 아 와 서 찬 송 하 며 예 배 하 네 존 귀 해
라 임 의 모 습 중 생 들 의 어 버 이 여
라 임 의 모 습 우 리 들 의 부 ― 처 님

성도절 아침이면

보통빠르기로 힘차게

박윤덕 작사
김남삼 작곡

부 처님 이 성 도하 신 이 월보 름 날
이 월보 름 샛 별보 고 깨 우 치 시 어
새 벽하 늘 바 라 보 다 모 두 깨 우 쳐
인 류스 승 부 처 님 이 되 신 태 자 님
인 류스 승 부 처님 이 되 시 었 어 요
인 연법 을 가 르 치 어 구 원 하셨 어 요
우 주법 계 삼 천 대 천 무 한 한 세 상
거 룩하 신 부 처 님 의 자 비 의 사 랑
인 연법 의 장 하 옵 신 거 룩 한 가 — 피
일 생 동 안 중 생 위 해 법 비 뿌 리 — 고
우 리 위 해 설 하 시 니 거 룩 하 여 라
인 연 지 어 사 는 법 을 가 르 쳤 어 요

7-043

성도하시던 날

(가사공모작)

곽종분 작사
김병학 작곡

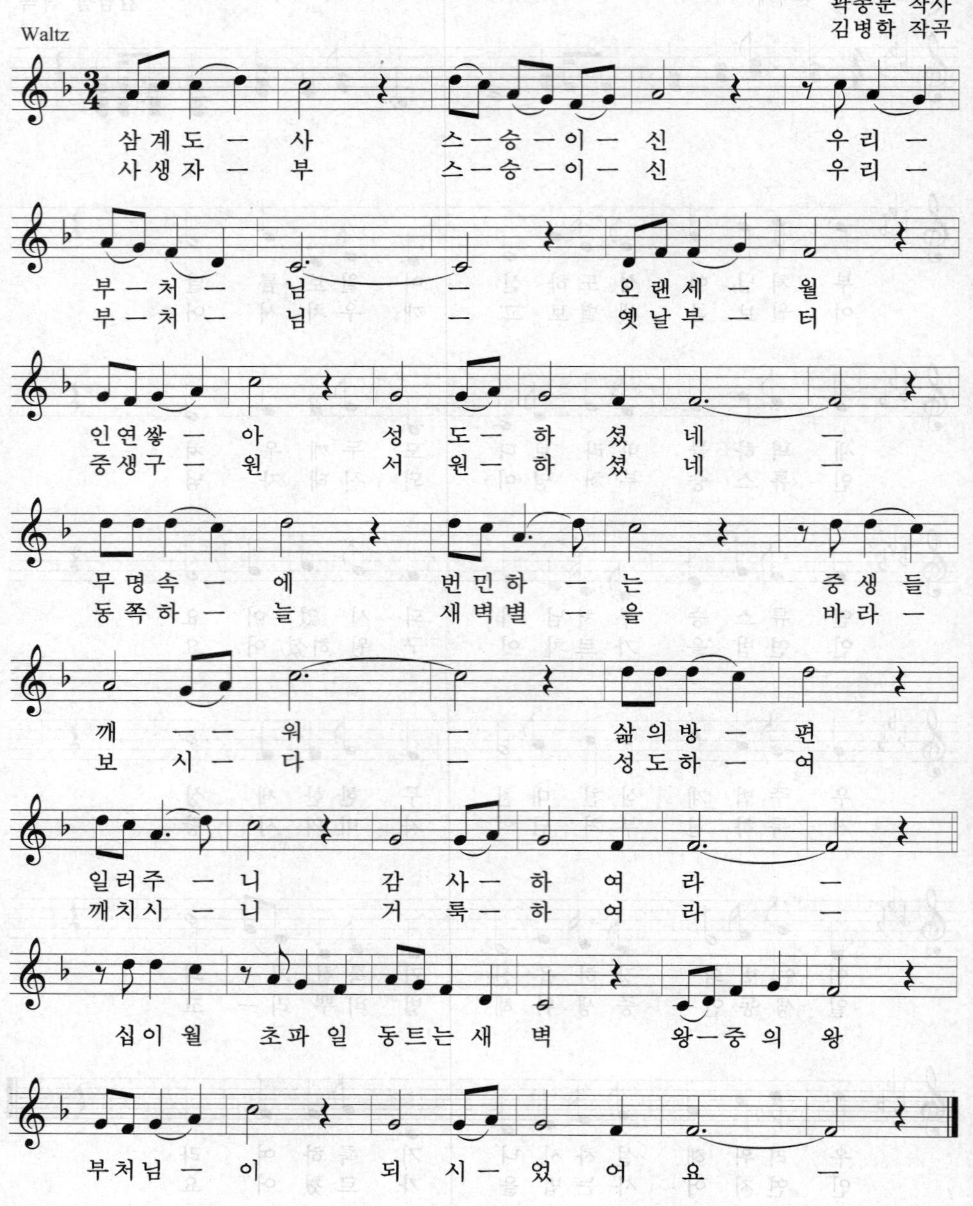
Waltz
삼계도 ㅡ 사 스ㅡ승ㅡ이ㅡ 신 우리 ㅡ
사생자 ㅡ 부 스ㅡ승ㅡ이ㅡ 신 우리 ㅡ
부ㅡ처ㅡ 님 ㅡ 오랜세 ㅡ 월
부ㅡ처ㅡ 님 ㅡ 옛날부 ㅡ 터
인연쌓 ㅡ 아 성 도ㅡ 하 셨 네 ㅡ
중생구 ㅡ 원 서 원ㅡ 하 셨 네 ㅡ
무명속 ㅡ 에 번민하 ㅡ 는 중생 들
동쪽하 ㅡ 늘 새벽별 ㅡ 을 바라 ㅡ
깨 ㅡㅡ 워 ㅡ 삶의방 ㅡ 편
보 시 ㅡ 다 ㅡ 성도하 ㅡ 여
일러주 ㅡ 니 감 사ㅡ 하 여 라 ㅡ
깨치시 ㅡ 니 거 룩ㅡ 하 여 라 ㅡ
십이월 초파일 동트는새 벽 왕ㅡ중의 왕
부처님 ㅡ 이 되 시ㅡ 었 어 요 ㅡ

7-044

성지순례 만행결사

김선화 작사
오세균 작곡
♩= 96
부 처 님 이 걸어가ㅡ신 성 지 를 찾 아
자 비 하 신 부처님ㅡ이 걸 어 오 신 길
길 떠나요 함께가ㅡ요 나 를찾 아 서
법 장진리 펼치셨ㅡ던 거 룩한 성 지
옛 날 부 터 오늘 까지 숭 고 한 결 사
함 께 가 요 그성 지에 부 처 님 찾 아
전 법 도 행 거룩한ㅡ뜻 함 께 새 겨 요
만 행 결 사 마음다ㅡ짐 함 께 해 봐 요

7-045

성지순례 백팔참회

곽영석 작사
조영근 작곡
Moderato
부처님을 ㅡ찾아가요 마음비우고
명산대찰 ㅡ찾아가요 나를찾아서
관음성지 ㅡ미타성지 지장도량에
선지식과 ㅡ큰스님이 머무는도량
예배하며찬송하며 도반들함ㅡ께
경배하고참회하며 서원세우ㅡ며
참회하며찾아가요 길을떠나요
백팔산사성지순례 함께떠나요
(후렴) 길을가다 ㅡ만남인연 발심수행ㅡ길
부처님의 ㅡ가피은혜 함께나눠요

7-046

성탄절의 노래

곽근성 작사
김상민 작곡

굿거리
우 ─ 리 오 늘 은 즐 거 운 날 부 처 님 ─ 이 오 ─ 신 ─ 날
사 ─ 월 초 파 일 성 탄 절 은 부 처 님 ─ 이 오 ─ 신 ─ 날
선 남 선 ─ 녀 너 나 없 ─ 이 석 가 탄 생 축 하 하 는 날 ─
고 통 받 ─ 는 우 릴 위 ─ 해 이 세 상 에 나 투 신 ─ 날 ─
풀 꽃 피 는 룸 비 니 ─ 동 산 거 룩 한 성 지 에 서 ─
하 늘 에 선 꽃 비 내 ─ 리 고 천 사 들 찬 송 소 리 ─
아 기 왕 자 싯 타 르 타 태 어 ─ 나 셨 어 ─ 요 ─
아 기 왕 자 싯 타 르 타 태 어 ─ 나 셨 어 ─ 요 ─
거 룩 하 ─ 신 부 ─ 처 ─ 님 존 귀 하 옵 신 우 리 부 처 님
두 손 모 ─ 아 성 탄 절 ─ 을 축 하 ─ 하 옵 니 다 ─

7-047

솔바람 산바람

김선화 작사
한광희 작곡

Andante ♩= 81-85
너 울—너 울—진 달 래 부 산 새잠깨 — 울 때
푹 국—풀 국—뻐 꾸 기 부 동 네처녀 부 를 때
산 허리 감아—도 는 그 소리 가 누 구인 가
마 당 귀 휘 돌아가 는 그 —소리 누 구 인 가
호 이 요 오호이요 오 소 이소소소이소 소
허 허 에 끼물렀거 라 사 람새가분명코 나
울 아버지심어—놓 은 솔 —바 람노래구 나
울 아버지산이—되 어 사 립문 을지키누 나

7-048

수계 받는 날

여영희 작사
강주현 작곡
참회하며 ♩= 68
법
불
명 으로 부처 님 —의 아 들 —이 되— 고 계 를
명 으로 부처 님 —의 딸 들 —이 되— 고 계 를
받 아부처님— 의 몸 — 이 —됩 니 다 계 율
받 아부처님— 을 닮 — 아 —갑 니 다 계 율
지 켜불자로— 서 마 — 음 —밝 히 고 이 미
지 켜법제자— 로 마 — 음 —밝 혀 서 전 법
쌓 은업 그림 자 털 — 어 버 려 요
도 생포 교의 길 걸 — 어 갑 니 다

7-049

수륙재를 모시며

(가사공모작)

최영묵 작사
최성덕 작곡

Waltz
육 도 중 생 나 고 지 고 생 사 의 바 다
생 사 윤 회 고 달 파 서 고 민 할 적 에
부 처 님 은 공 덕 지 어 벗 으 라 했 다
부 처 님 은 공 덕 쌓 아 끊 으 라 했 다
이 생 전 생 생 사 겁 을 벗 어 나 는 일
육 도 윤 회 벗 어 나 는 법 장 진 리 는
무 량 공 덕 쌓 고 쌓 아 업 장 벗 는 일
부 처 님 의 법 문 읽 혀 윤 회 끊 는 일
수 중 중 생 구 원 하 고 방 생 하 는 일
수 중 중 생 구 원 하 고 방 생 하 는 일
그 복 덕 은 크 고 많 아 영 생 하 리 라
그 복 덕 은 크 고 많 아 영 생 하 리 라

7-050

승시

여영희 작사
이재석 작곡
♩= 80
꽃 이
단 풍
피 는 사월이 면 꽃그 늘 에 서 나 눔
물 든 시월이 면 절마 당 에 서 풍 경
잔 치 승시마 당 우 리 절 마 당
소 리 들으면 서 나 눔 큰 잔 치
바 랑하 나 찻잔하나ㅡ 벼 룻돌ㅡ하 나
법 보시 도 정보시도ㅡ 마 음내ㅡ어 서
바 꿔쓰 고 정나누는ㅡ 우리 절승 ㅡ 시
서 로돕 고 정나누는ㅡ 우리 절승 ㅡ 시
어 간문 을 활 짝 열 고 부 처님 들 도
함 께하 는 장터마ㅡ당 우 리절 승 시

7-051

십재일의 노래

이순금 작사
한광희 작곡

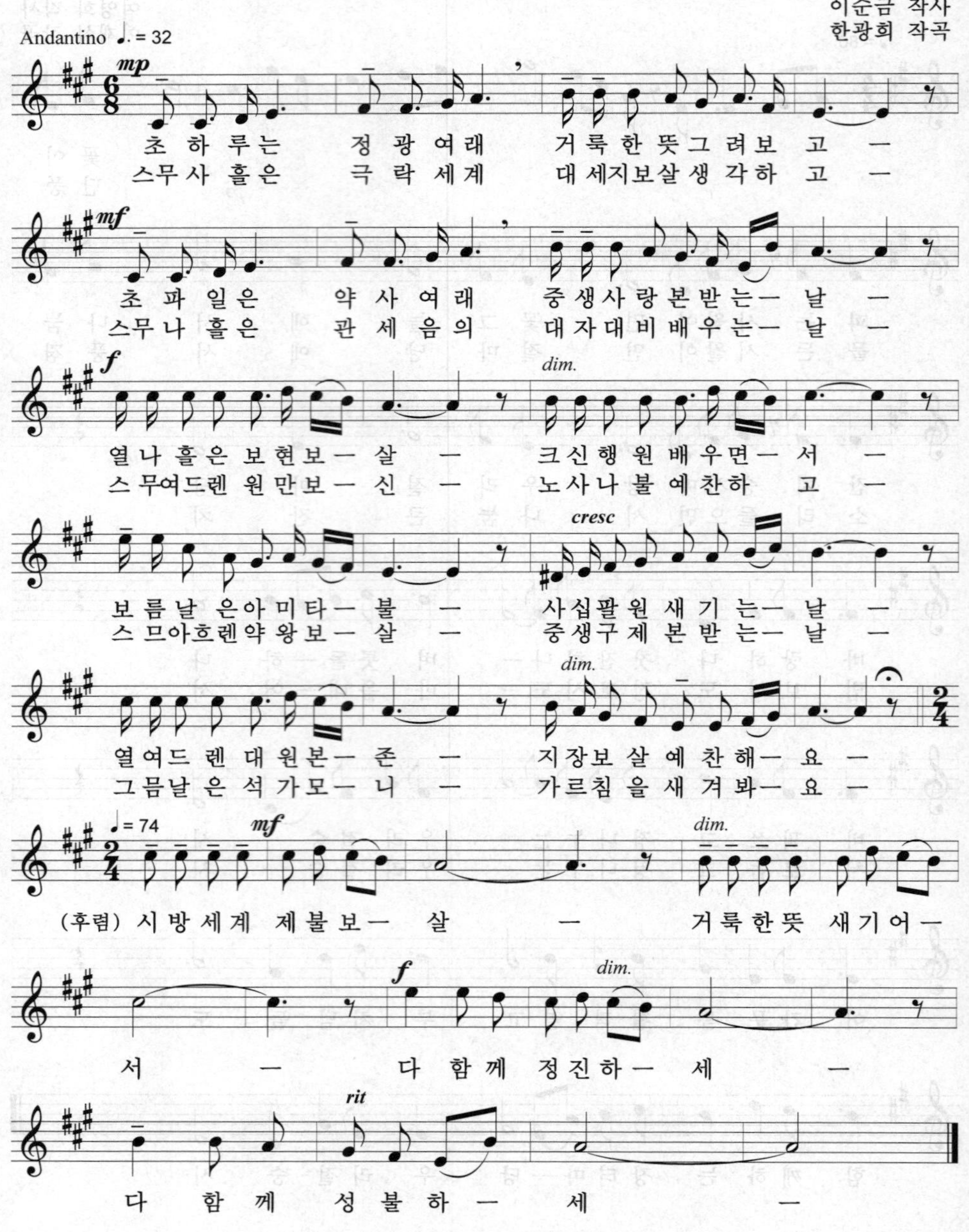
Andantino ♩. = 32
mp
초 하 루는 정 광 여래 거 룩 한 뜻 그 려보 고 —
스무사 흘은 극 락 세계 대 세지보살생 각하 고 —
mf
초 파 일은 약 사 여래 중 생사 랑 본 받 는— 날 —
스무나 흘은 관 세 음의 대 자대 비 배 우 는— 날 —
f
dim.
열 나 흘은 보 현보— 살 — 크 신 행 원 배 우면— 서 —
스 무여드렌 원 만보— 신 — 노 사 나 불 예 찬하 고 —
cresc
보 름날 은아 미타— 불 — 사 십팔 원 새 기 는— 날 —
스 므아흐렌약 왕보— 살 — 중 생구 제 본 받 는— 날 —
dim.
열여드 렌 대 원본— 존 — 지 장보 살 예 찬 해— 요 —
그 믐날 은 석 가모— 니 — 가르 침 을 새 겨 봐— 요 —
♩ = 74
mf
dim.
(후렴) 시 방 세 계 제 불 보— 살 — 거 룩 한 뜻 새 기 어—
f
dim.
서 — 다 함 께 정 진 하— 세 —
rit
다 함 께 성 불 하— 세 —

7-052

아기님 영가시여

류복희 작사
우한솔 작곡
경건하게 ♩. = 36
가 — 벼 운 사 랑 으 로 태 어 난 — 아 기 —
한 — 맺 힌 원 망 으 로 떠 나 간 — 아 기 —
모 진 생 각 앞 — 세 워 고 운 숨 결 거 — 두 고 —
따 뜻 한 정 버 — 리 고 눈 물 겹 게 다 — 가 온 —
어 둠 으 로 보 — 낸 죄 참 회 합 니 다 —
어 리 석 게 지 — 은 죄 참 회 하 나 니 —
눈 부 시 게 밝 — 은 빛 보 여 주 지 못 — 하 고 —
부 푼 가 슴 열 — 어 서 품 어 주 지 못 — 하 고 —
아 픈 길 에 새 — 겨 질 두 려 움 만 안 — 긴 죄 —
잊 지 못 할 상 — 처 로 먼 길 혼 자 보 — 낸 죄 —
속 죄 하 며 흐 — 르 는 이 눈 물 용 서 되 면 —
무 릎 꿇 어 빕 — 니 다 이 합 장 용 서 되 면 —
소 중 한 환 생 으 로 연 꽃 타 고 오 — 소 서 —
청 정 한 밝 음 으 로 아 름 답 게 오 — 소 서 —

7-053

아미타품에 드소서

법 륜 작사
정부기 작곡

♩= 72
인연 따라왔ㅡ다가 ㅡ 인연 따라 가 는인생 ㅡ
인연 따라왔ㅡ다가 ㅡ 인연 따라 가 는인생 ㅡ
물ㅡ처럼바람처럼 ㅡ 왔ㅡ 다가춘 몽같이 ㅡ
한ㅡ조각구름같아 ㅡ 왔ㅡ 다가이 슬같이 ㅡ
머물다 가시는 영ㅡ가 님이시여 태어난ㅡ자는죽고 만난자는헤어지는
머물다 가시는 영ㅡ가 님이시여 빈손으로왔ㅡ다가 빈손으로돌아가는
영가의ㅡ세상인연 ㅡ 무상한 이생인연 ㅡ
영가의ㅡ이승인연 ㅡ 덧없는 이승인연 ㅡ
훌훌벗어던지시고 생사의 바다건너 ㅡ 윤ㅡ회의세계를넘어
훌훌떨쳐버ㅡ리고 생사의 바다건너 ㅡ 윤ㅡ회의세계를넘어
(3번 반복)
ㅡ 어어 어어 ㅡ어어ㅡ 어어 ㅡ
ㅡ
한ㅡ없는광명의나라 ㅡ 끝ㅡ없는생명의나라ㅡ
서방정토극락세계 아미타품에잠드 소 서 어ㅡ 어ㅡ
ㅡ 어ㅡ어ㅡ ㅡ 어어 ㅡ 어ㅡ 어하ㅡ

7-054

아름다운 가을산사

허말임 작사
이종록 작곡

♩= 70-74
mp
rit.et
mf
a
가 을하늘 거 울보듯 마ㅡ음을 비 춰보ㅡ 면
언 ㅡ제나 마 음닦아 지혜롭게 감 사하ㅡ 며
f
마ㅡ음도 단 풍처럼 고운물이 들 ㅡ어 요
적선으로 보 는마음 편ㅡ견을 버 렸어 요
mf
멀 리서도 볼 수있는 선ㅡ정의 아 름다ㅡ 움
가 까이에 계 ㅡ시는 부처님께 의 지하ㅡ 며
mp
탐 욕을 버 린산사 거울처럼 비 춰봐ㅡ 요
물 들어 아 름다움 여유롭게 닮 아가ㅡ 요
poco a
(후렴) 불법승 에 의지하며 회 향 은 아 름답ㅡ 게
mf
탐 진치도 버 리면서 자 비 는 아 름답ㅡ 게

7-055

아름다운 꽃들이

이종명 작사
윤성중 작곡

Moderato
mp
1.아 름 다 — 운 꽃 들 이 피
2.무 우 수 — 꽃 향 기 가 넘
3.다 정 하 — 신 어 머 니 마
고 있 어 요 아 름 다 — 운
쳐 흘 러 요 흰 — 눈 — 에
— 야 부 인 갓 — 나 — 신
새 — 들 이 노 래 불 러 요
덮 인 산 이 보 고 있 어 요
아 기 부 처 바 라 보 면 서
mf
부 처 님 오 신 날
부 처 님 오 — 신
꽃 속 에 자 비 를
부 처 님 오 신 날 을
부 처 님 오 신 아 침
꽃 속 에 기 — 뻠 을
mp poco a poco
rit
기 다 리 — 고 있 겠 어 요
룸 — 비 — 니 그 — 아 침
뿌 — 려 — — 주 셨 어 요

7-056

아름다운 도량에서

최동호 작사
이창규 작곡

♪. = 120
부 처 님 의 참 된 성 ㅡ 품 이 루 시 더 니 ㅡ
출 세 간 의 모 든 선 ㅡ 근 가 르 치 시 어 ㅡ
법 신 청 정 위 대 하 고 거 룩 하 여 라 ㅡ
법 의 성 품 바 른 대 로 이 루 어 지 네 ㅡ
온 법 계 에 충 만 하 신 자 비 하 ㅡ 신 임 ㅡ
보 살 계 행 거 룩 하 여 모 두 따 ㅡ 르 고 ㅡ
찬 탄 하 며 공 경 하 며 예 ㅡ 배 한 다 네 ㅡ
찬 송 하 며 예 배 하 며 공 ㅡ 경 한 다 네 ㅡ
(후렴) 아 름 다 운 도 량 에 서 법 문 배 우 고 ㅡ
임 의 성 품 배 워 가 니 감 사 하 여 라 ㅡ

7-057

약사재일 아침에

(가사 공모작)

한영재 작사
오세희 작곡

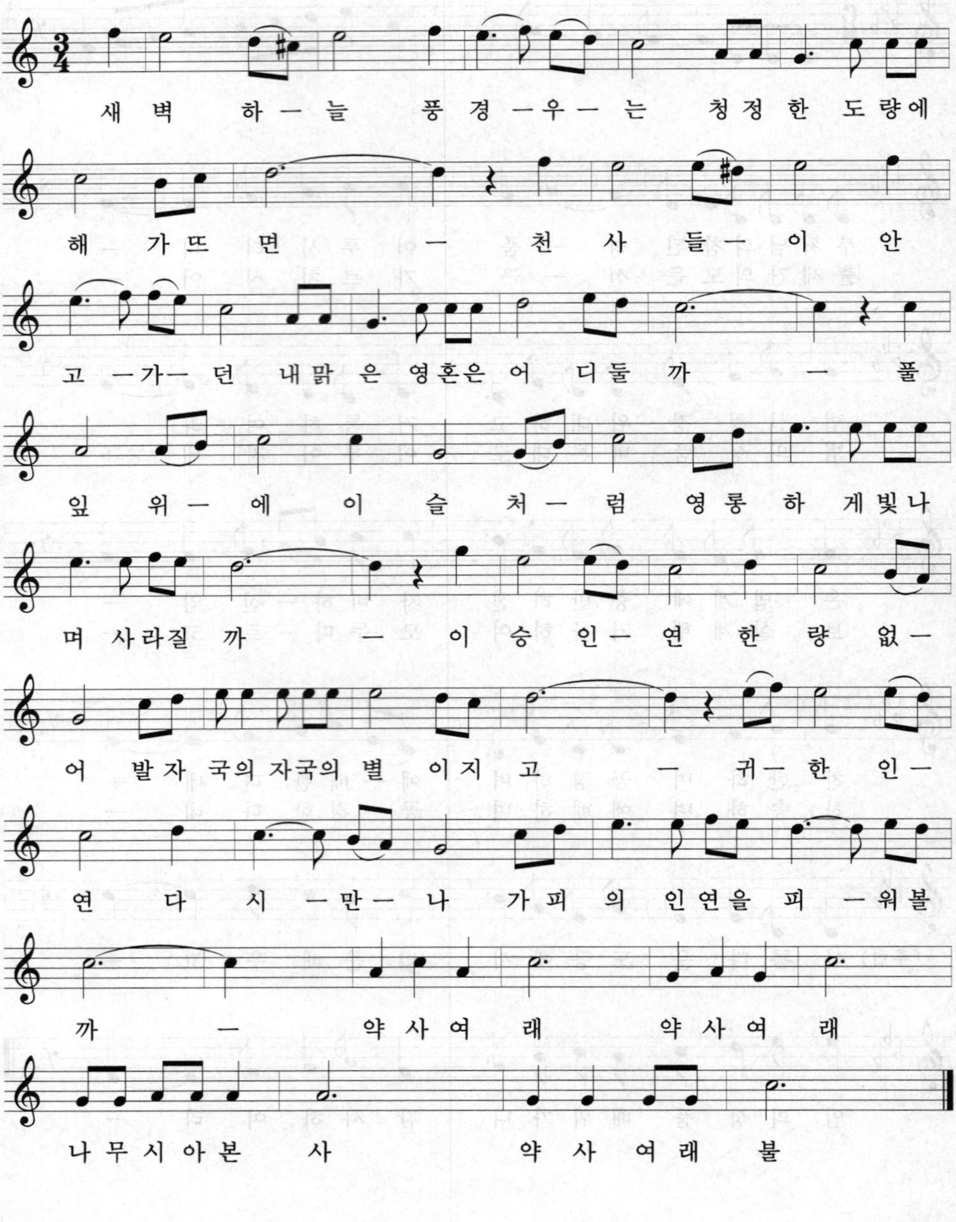
새 벽 하 ㅡ 늘 풍 경 ㅡ 우 ㅡ 는 청 정 한 도 량 에
해 가 뜨 면 ㅡ 천 사 들 ㅡ 이 안
고 ㅡ 가 ㅡ 던 내 맑 은 영 혼 은 어 디 둘 까 ㅡ 풀
잎 위 ㅡ 에 이 슬 처 ㅡ 럼 영 롱 하 게 빛 나
며 사 라 질 까 ㅡ 이 승 인 ㅡ 연 한 량 없 ㅡ
어 발 자 국 의 자 국 의 별 이 지 고 ㅡ 귀 ㅡ 한 인 ㅡ
연 다 시 ㅡ 만 ㅡ 나 가 피 의 인 연 을 피 ㅡ 워 볼
까 ㅡ 약 사 여 래 약 사 여 래
나 무 시 아 본 사 약 사 여 래 불

7-058

약사재일의 노래

곽영석 작사
백승태 작곡

Andante ♩= 72

mp

거 룩 할 손 약 사 여 래 자 비 하 신 임 이 시 여
자 비 로 운 약 사 여 래 거 룩 하 신 임 이 시 여

중 생 들 의 병 든 몸 을 살 피 시 사 나 투 시 었네
사 바 세 계 일 체 중 생 병 든 몸 을 살 피 신 다네

mf

육 도 중 생 모 진 환 난 전 생 업 이 근 원 이 라
이 생 전 생 얽 힌 업 을 근 기 살 펴 다 루 시 고

f

근 기 살 펴 자 비 손 을 펼 치 시 어 고 치 시 었네
바 라 밀 의 수 행 정 진 인 연 불 자 고 치 시 었네

mp

(후렴) 자 비 하 신 약 사 여 래 임 의 손 길 거 룩 하 사

공 양 하 며 찬 송 하 니 굽 어 살 펴 주 옵 소 서

rit

7-059

연등꽃등 만들기

여영희 작사
오재찬 작곡

Andante Mod ♩= 74
한 잎
곱 게
두 잎 꽃잎접 어 연 ― 등 ― 만 들 ― 어 절 마
물 든 꽃잎접 어 꽃 ― 등 ― 만 들 ― 어 부 처
당 과 가로길 에 불 ― 을 밝 ― 혀 요 부 처 님
님 이 오신계 절 등 ― 을 밝 ― 혀 요 도 반 들
이 오신계 절 푸 ― 른 ― 사 월 ― 에 거
과 함께모 여 연 ― 등 ― 만 들 ― 어 밤
리 마다 연등꽃 등 불 ― 을 밝 ― 혀 요
하 늘을 연등꽃 등 밝 ― 혀 보 ― 아 요
(후렴) 부 처님 이오신계 절 연 초록 사 ― ― 월 연
등 꽃등 높이걸 고 축 ― 하 해 ― 봐 요

7-060

연등놀이

(가사 공모 당선작)

이은희 작사
주천봉 작곡
♩= 96
오 늘은 기 쁜날 연 등놀 이하 는 날ㅡ
오 늘은 행 복날 연 등놀 이즐 거 운 날
손 에손 잡 고서 연 등놀 이하 여 보 세
사 람들 모 여서 연 등놀 이함 께 해 요
마 음모 아 정 성모 아 연 등꽃 불 밝 혀 요
마 음모 아 정 성모 아 연 꽃등 불 밝 혀 요
피 부 색 이 달 라 도 ㅡ 연 등 놀 이 함 께 해 요
지 구 촌 ㅡ 남 녀 노 소 연 등 놀 이 함 께 해 요
오 늘은 기 쁜날 연 등놀 이 행 복 해 요
오 늘은 좋 은날 연 등놀 이 행 복 해 요

7-061

연등 다는 날

최동호 작사
최백건 작곡

굿거리
어화 둥—둥 어 화둥—둥 오늘 같이 좋—은날
연 등 을 달—아요 연등 달아봐 요 —
경쾌하게 ♩= 120
오 늘 은행복한날— 연 둥 다—는 날
오 늘 은즐거운날— 연 등 다—는 날
사 랑 의 등 소 원 의 등 세 상을비추어 라
지 혜 의 등 자 비 의 등 세 상을비추어 라
별 보다— 찬 란한— 연 등을—달고 —
달 보다— 찬—란한— 연 등을—달고
우 리는— 부—른다— 축 제 의노—래를 —
이 행복— 영—원히— 함 께 누—리자 —

7-062

연등 들고 걸어요

곽영석 작사
김남삼 작곡

조금느리게 찬송의 마음으로

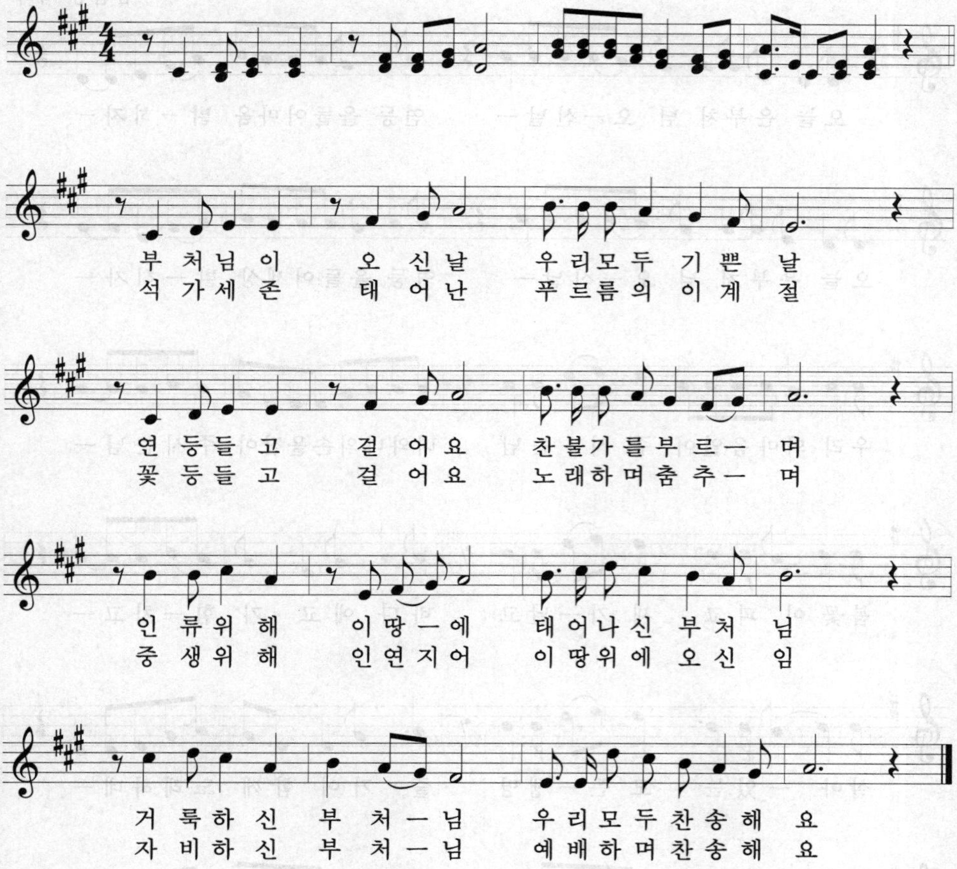

부 처님 이 오 신날 우 리모 두 기 쁜 날
석 가세 존 태 어난 푸 르름 의 이 계 절

연 등들 고 걸 어요 찬 불가 를 부 르 — 며
꽃 등들 고 걸 어요 노 래하 며 춤 추 — 며

인 류위 해 이 땅 — 에 태 어나 신 부 처 님
중 생위 해 인 연지 어 이 땅위 에 오 신 임

거 룩하 신 부 처 — 님 우 리모 두 찬 송해 요
자 비하 신 부 처 — 님 예 배하 며 찬 송해 요

7-063

연등 들어 밝히자

(공모수상곡)

김현성 작사
김현성 작곡

오늘 은부처 님 오ー신날ー 연등 을들어마음 밝ー히자ー
오늘 은부처 님 오ー신날ー 연등 을들어세상 밝ー히자ー
우리 의마음열어주 시ー는님 너와나의손을잡아 주시는님ー
봄꽃 이 피고 새 가ー날고 바다 에고 기 힘ー차고ー
살아 ー있는 모 든ー생명 즐 거이 함께 노래하네ー
오늘 은부처 님 오ー신날ー 연등 을들어마음 밝ー히자ー
오늘 은부처 님 오ー신날ー 연등 을들어세상 밝ー히자ー

7-064

연등을 들어요

전병호 작사
조광재 작곡
♩= 78
부 처 님 의 지 — 혜 — 로 밝 게 비 추어 주 세 — 요
부 처 님 의 자 — 비 — 로 모 두 를 안아 주 세 — 요
영 원 한 진 리 의 등 — 불 — 을 밝 혀 주 — 세 —— 요
따 —— 뜻 한 — 마 — 음으로 세 상을 품어 주 세 — 요
무 — 지 — 로 가 — 득 — 찬 어 두운 세 — 상
미 움으 — 로 가 — 득 — 찬 차 가운 세 — 상
번 — 뇌 로 어 — 지러운 우리사는세 — 상
시 — 기 와 질 — 투 — 로 등 — 돌린사 람 들
우 리 모 두 등을켜 — 요 연 — 등 을 들 어 — 요
우 리 모 두 등을켜 — 요 연 — 등 을 들 어 — 요
부 처 님 의 — 지 — 혜 — 로 밝은세상만 — 들어 — 요
부 처 님 의 — 자 — 비 — 로 따뜻한세상만 — 들어 — 요

7-065

연등불을 밝히자

김정자 작사
주천봉 작곡

보통빠르게

해 와 달 이 하 나 이 듯 너 와 내 가 하 나 이 고
세 상 만 물 하 나 이 듯 진 리 또 한 하 나 이 고
부 처 중 생 따 로 있 나 우 리 모 두 부 처 이 지
부 처 중 생 따 로 있 나 우 리 모 두 부 처 이 지
진 리 의 광 명 이 신 싯 — 달 태 자 — 오 신 날
이 세 상 기 쁜 — 날 부 — 처 님 이 — 오 신 날
자 비 의 연 등 불 온 누 리 에 밝 히 자
희 망 의 오 색 등 온 누 리 에 밝 히 자

7-066

연등축제

이은희 작사
오재찬 작곡
즐거운 마음으로 ♩= 110
장 엄 불을— 앞세우고— 도 반 님—들과 —
자 비 의등— 지혜의등— 함 께 들—고서 —
부 처 님이— 오신날을— 축 하 합—니다 —
부 처 님이— 오신날을— 경 축 합—니다 —
연 꽃 등에— 광명등에— 팔 모 수—박등 —
거 리 마다— 불밝히고— 모 든 사—람들 —
법 고 치며— 도반들과— 함 께 걸—어요 —
찬 송 하며— 발맞추어— 함 께 걸—어요 —
(후렴) 인 류 위해— 세상오신— 우 리 부—처님 —
목 탁 치며— 도반들과— 함 께 걸—어요 —

7-067

열반의 노래

이순금 작사
조영근 작곡

Andante
하 늘도 땅도우는— 한적한들 녁 에
천 지가 빛을잃은— 한적한들 판 에
사 라나무 두 그—루 슬—픔에잠겼— 네
사 라쌍수 사 이—로 몸을누인부 처— 님
가 사를 접어 깔 —고 그 위에누우신— 님
열 반의 순간 까 지도 중 생—사랑하시 네
아 난아 슬퍼마 라 모든것은변—하 니
수 행자 들—이 여 무엇이든물어보 라
게 으르지 말 ——고 정—진또정진하 라
오 로지— 정 진이니 쉬지말고정진하 라
스 스로 에 의 지하고 진 리에의지하 라
스 스로 에 의 지하고 진 리에의지하 라
(후렴) 부 처님의 은 혜를 가슴깊이새깁니 다
학수쌍존— 시아본사— 석가모니부 처 님

7-068

열반의 노래

이봉수 작사
김명표 작곡

보통빠르게

팔 십 년 한 평 생 에 중 — 생 을 제 도 하 고
육 신 을 내 라 하 고 믿 는 그 맘 어 리 석 다
우 — 주 의 대 광 명 을 모 두 보 게 하 신 다 음
영 — 원 의 긴 생 명 은 불 생 불 멸 하 는 것 을
생 로 병 사 못 면 함 을 알 려 주 게 하 시 려 고
집 — 착 을 벗 어 나 서 시 공 밖 의 대 자 유 를
사 라 쌍 수 사 이 에 서 무 여 열 반 드 시 었 네
마 — 음 것 누 리 는 것 그 게 바 로 열 반 일 세

7-069

열반절의 노래

곽영석 작사
강주현 작곡
Andante Mod ♩= 72
이 월 보
달 도 밝
름 달도밝 은 꽃 지 ——는 밤—— 에 대열반
은 이월보 름 별 지 ——는 밤—— 에 하늘에
의 —합창소—— 리 사 — 라 나 무—— 숲 생과멸
선 —천사들—— 이 꽃 — 불 켜 놓—— 고 중생계
이 사라진 곳 적 멸 ——의바—— 람 대우주
와 허공계 에 공 양 ——을받—— 던 거룩하
에 —울림소—— 리 열 반 ——이라—— 네 생 과
신 —부처님—— 이 열 반 ——하셨—— 네
멸 이 해탈이 라 적 멸 ——의순—— 간 천 상
계 ——의법바다 가 다 시 ——열리—— 네

7-070

열반절의 대서원

(가사공모작)

김관식 작사
권상희 작곡

♩= 92
이 생 에 태어나 서 지 은 업 장
사 바 의 모진업 장 돌 아 봐 도
많 고 많 아 육 도 윤 회 벗 어나 길
한 량 없 어 내 ㅡ 세 의 모 진시 련
진 심 으 로 원 합 니 다 염 불 하 며
어 찌 할 까 두 렵 습 니다 인 간 방 생
따 릅니 다 나 눔 으 로 함 께합니 다
하 렵니 다 대 자 비 로 살 겠습니 다
이 생 에 서 원세 워 정 토 세 상
이 세 상 서 원세 워 불 국 토 에
나 렵니 다 (후렴) 대 자 대 비
나 렵니 다
부 ㅡ 처 님 이 서 원 을 들 어주소 서 엎 드
려 비 옵니 다 두 손모 아 발 원합니 다

7-071

열반절의 새벽

곽영석 작사
이종록 작곡
♩= 68-73
범천왕의찬불소ㅡ 리 서리꽃은피어나ㅡ 고
열반지에찬송소ㅡ 리 삼천대천퍼져가ㅡ 고
여래법신성체위ㅡ 에 쏟아지는밝은달ㅡ 빛
밤을새워추모염ㅡ 불 별빛처럼반짝이ㅡ 네
청 정하 신 여래유 훈 자등명에법등명ㅡ 은
인 연으 로 오셨다 가 달빛처럼스러질ㅡ 때
일 체중 생 구제서 원 최 후법 문 말씀이ㅡ라
여 실한 법 자성찾 아 성 불하 라 이르셨ㅡ네
(후렴) 달 빛쫓 아 떠 나신임 별 똥별 은 쏟아지 고
천 사들 의 찬불소 리 새 벽하 늘 밝아오ㅡ네

7-072

영가시여 새로 나소서

이근숙 작사
최선기 작곡

3
0 0 0 영가시여 ㅡ
0 0 0 영가시여 ㅡ
이 제는ㅡ ㅡ세상사 잊 으 ㅡ시ㅡ ㅡ고 극락ㅡ ㅡ ㅡ왕ㅡ생하 ㅡ ㅡ소ㅡ서ㅡ
이 제는ㅡ ㅡ세상사 놓 으 ㅡ시ㅡ ㅡ고 극락ㅡ ㅡ ㅡ왕ㅡ생하 ㅡ ㅡ소ㅡ서ㅡ
한 세ㅡ ㅡ ㅡ상ㅡ 건 너 ㅡ시ㅡ ㅡ며 환 희 의ㅡ ㅡ웃ㅡ음꽃 ㅡ ㅡ피우소 서
한 세ㅡ ㅡ ㅡ상ㅡ 건 너 ㅡ시ㅡ ㅡ며 아 픔 의ㅡ ㅡ눈ㅡ물꽃 ㅡ ㅡ피우소 서
꿈 결같은ㅡ ㅡ한ㅡ시 절ㅡ ㅡ 돌아 보 지 마 ㅡ 시ㅡ 고
찰 나같은ㅡ ㅡ한ㅡ시 절ㅡ ㅡ 놓으 시 고 가 ㅡ 소ㅡ 서
이 영 ㅡ가 를 ㅡ호위하 사 정 토 세 상 나 게 하소 서
불 국 ㅡ정 토 ㅡ드ㅡ소 서 아 미 타 불 영 접 하소 서
아 미 타 불 관 세 ㅡ음 거 룩 하 신 님 이 시 여
이 영 ㅡ가 를 호위하 ㅡ사 ㅡ 정 토 세상나 게 하소 서

7-073

오늘같이 좋은 날

정영화 작사
정영화 작곡

오 늘같이좋은 날 오 늘은행 복한 날

오 늘같이좋은 날 오 늘은당신의생 일

잊 을순없을거야 오 늘 은 세 월이흘러간대 도

잊 을순없은거야 오 늘 은 오 늘은당신의생 일

오 늘같이좋은 날 오 늘은행 복한 날

D.S.

오 늘같이좋은 날 오 늘은당신의생 일

오 늘은당신의생 일 — — — —

7-074

오늘은 좋은날

황학현 작사
이종만 작곡

오늘은좋은 날 ㅡ ㅡ ㅡ 부처님오신 날 ㅡ

온갖꽃피어나는 ㅡ ㅡㅡ 만생명축복의날 ㅡ

오늘은기쁜 날 ㅡ ㅡㅡ 님께서오신 날 ㅡㅡㅡ

별담은새벽이슬 ㅡ ㅡㅡ 연꽃이피는 날 ㅡ

한 줄기 찬 ㅡ란한햇살ㅡ 이ㅡ 눈부셔 ㅡ ㅡ

온 세상 빛 ㅡ 이 되어 노 ㅡ ㅡ래하리 ㅡ

오늘은좋은 날 ㅡ ㅡ 부처님오신 날 ㅡ

진리의함성 이 ㅡ ㅡㅡ 온누리퍼지 네 ㅡ

환희에노래 로 ㅡ ㅡㅡ 온누리퍼지 네 ㅡ

7-075

오늘은 초파일

이순희 작사
이순희 작곡

♩= 84
아 침
햇 살
mp
mf
햇 살 눈 부 시 게 금 빛 되 어 내 리 ㅡ 면 오 ㅡ
가 득 영 롱 한 빛 금 빛 되 어 내 리 ㅡ 면 향 ㅡ
mp
색 빛 꽃 잎 들 이 꽃 보 라 되 어 날 리 고 하
긋 한 꽃 내 음 이 온 누 리 에 퍼 져 가 고 새
mf
늘 엔 뭉 게 구 름 고 운 자 태 뽐 ㅡ 내 면 님
들 도 화 답 하 네 하 ㅡ 늘 엔 꽃 ㅡ 구 름 님
향 한 나 의 마 음 은 한 순 간 에 밝 아 지 고 님
향 한 나 의 마 음 은 성 스 러 움 가 득 하 고 님
ff
향 한 이 ㅡ 환 ㅡ 희 온 ㅡ 누 리 가 득 하 네
향 한 이 ㅡ 환 ㅡ 희 찬 ㅡ 란 한 대 광 ㅡ 명

7-076

용왕대재의노래

김정자 작사
강주현 작곡

간절하게 ♩= 92
mp
아ㅡ 아 용 왕 대 신 용왕 대 신 이 여 오 늘
선 남자ㅡ선여인 이 온갖 정 성 으 로 갖가 지 공양 물
사 바의ㅡ중생들 이 온갖 정 성 으 로 갖가 지 공양 물
mf
을 당신 께 바 치 고 구고 방 생 범 패 로 선 망
을 당신 께 바 치 고 천수 바 라 승 무 로 선 망
조 상 극락왕생 과 속세 인 연 영 가 의 영혼 을 달래려 하
조 상 극락왕생 과 살아 있 는 미 물 의 생명 을 놓아주 노
니 용ㅡ 왕 대 신이 여 어여 삐 ㅡ여 기 사 윤 회
니 용ㅡ 왕 대 신이 여 어여 삐 ㅡ여 기 사 자 비
중 생 보리 심 을 증 득 하 는 인 연 과 베ㅡ 품 공 덕 으
방 생 공덕 으 로 사 람 으 로 태 어 나 보ㅡ 리 증 득 으
1.
2.
로 업 장 소 멸 이루게하소 서 여 기
로 마 장
장 해 소 멸 케 하 소
서 나 무 용왕 대 신 용왕 대 신 이 여

7-077

우란분절 공승재

(작곡공모작)

곽영석 작사
최선기 작곡

이 승 떠 난 조 상 님 들 ㅡ 재 를 모 시 ㅡ 고 ㅡ
우 란 분 절 조 상 천 도 ㅡ 재 를 모 시 ㅡ 고 ㅡ

스 님 위 해 공 승 재 를 ㅡ 모 셔 올 려 ㅡ 요 ㅡ
존 경 하 는 스 님 위 해 ㅡ 함 께 모 여 ㅡ 요 ㅡ

한 뜸ㅡㅡ 한 뜸 지 은 가 사 ㅡ 정 성 ㅡ 다 해 ㅡ 서 ㅡ
부 족ㅡㅡ 한 이 가 르 치 는 ㅡ 스 님 ㅡ 들 위 ㅡ 해 ㅡ

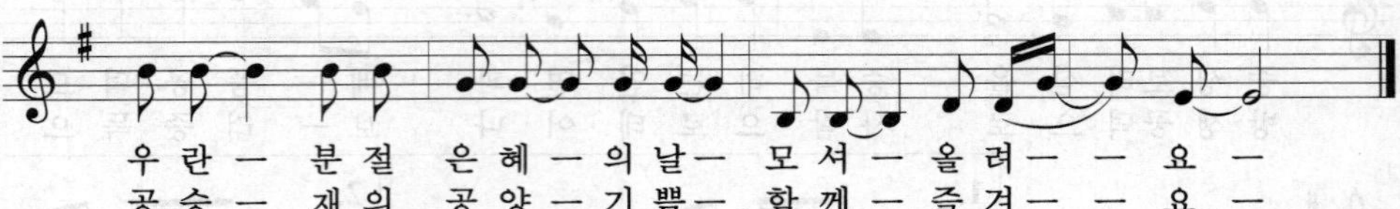

우 란 ㅡ 분 절 은 혜 ㅡ 의 날ㅡ 모 셔 ㅡ 올 려ㅡ ㅡ 요 ㅡ
공 승 ㅡ 재 의 공 양 ㅡ 기 쁨ㅡ 함 께 ㅡ 즐 겨ㅡ ㅡ 요 ㅡ

7-078

우란분재를 지내며

곽영석 작사
강주현 작곡

지극한 마음으로 ♩= 82
부 모
부 모
님 의은 혜입 어 세 상 ―에 나 서 건 강
자 식인 연지 어 이 땅 ―에 나 서 양 육
하 고지 혜롭 게 키 ― 워 주 셨 네 성 년
하 고가 르치 니 고 ― 마 우 셔 라 삼 세
되 어늙 은부 모 돌 ― 아 보 ― 니 가 엾
인 연거 룩하 여 감 ― 사 할 때 에 슬 프
어 라이승 인 연 접 ― 고 가 셨 네 우 란
구 나우리 부 모 떠 ― 나 가 셨 네 우 란
분 절칠월백― 중 혼 백 불 러재 올리 며 우 리
부 모극 락천 도 지 심 으 로 서원하 네

7-079

우리는 불자

김정빈 작사
이충자 작곡

연 꽃 이 이 슬 에 젖 지 않 듯 이
흰 달 이 구 름 을 벗 어 나 듯 이

바 람 이 그 물 에 걸 림 없 듯 이 큰
금 강 이 온 갖 것 깨 뜨 리 듯 이 이러

소 리 에 놀 라 지 않 는 사 자 와 같 이 비
하 ㅡ 고 또 이 러 하 니 깨 달 음 이 여 그러

화 살 두 려 워 않 는 코 끼 리 같 이 우
하 고 또 그 러 하 니 깨 달 음 이 여 우

리 는 불 ㅡ 제 ㅡ 자
리 는 수 ㅡ 행 ㅡ 자

7-080

우리 아기 영가에

곽영석 작사
강주현 작곡
그리움을 가지고 ♩= 68
금 빛
인 연
으 로 달ㅡ려왔 다 별 빛 처 럼 스ㅡ러져 간 우 리
지 어 찾ㅡ아왔 다 하 늘 강 가 노ㅡ는아 기 엄 마
아 가 밤하늘ㅡ 에 별 이 됐 나 구름됐ㅡ 나 풀 잎
이 름 부르면ㅡ 서 흘 린 눈 물 비가됐ㅡ 나 미 리
위 에맑은눈ㅡ 물 동 글 동 글뿌린눈ㅡ 물 엄 마
내 에노랑불ㅡ 빛 하 늘 나 라가로등ㅡ 빛 못 난
아 빠 부르다ㅡ 가 눈 물 먼 저흘렸구ㅡ 나 (후렴)지 장
엄 마 기다리ㅡ 며 탑 을 쌓 나성을짓ㅡ 나
동 천하늘가ㅡ 에 놀 고 있 는우리아ㅡ 기 불 보
살 님 살피셔ㅡ 서 새 인 연 을맺게하소 서 나ㅡ
무 귀의 아미 타ㅡ불 아 미 타 불관세음보 살

7-081

우리 절 도량석

허말임 작사
강주현 작곡
힘차게 ♩= 100
새 벽 별 이 쏟 아 지 는 청 정 한 절 마 당 에
새 벽 달 이 내 려 보 는 고 요 한 절 마 당 에
대 화 음 의 예 불 소 리 구 름 산 을 퍼 져 가 네
우 주 만 물 일 깨 우 는 범 종 소 리 퍼 져 가 네
대 중 화 합 먼 저 라 는 큰 스 님 의 말 씀 듣 고
초 발 심 을 다 짐 하 며 수 행 자 는 하 루 열 고
절 마 당 의 목 련 꽃 도 하 얀 미 소 합 장 하 네
절 마 당 에 소 나 무 도 변 함 없 이 청 정 하 네
간 절 서 원 예 쁜 소 리 환 희 심 에 가 슴 젖 고
대 우 주 의 기 운 처 럼 수 행 도 량 청 정 해 라

7-082

우리 절의 산신 제

여영희 작사
지 범 작곡

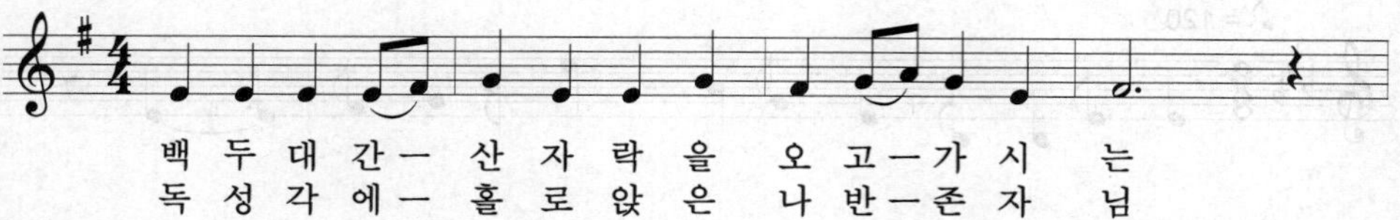
백 두 대 간— 산 자 락 을 오 고—가 시 는
독 성 각 에— 홀 로 앉 은 나 반—존 자 님

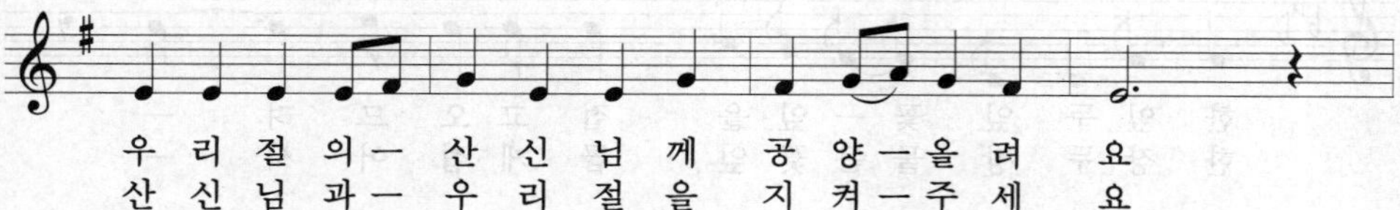
우 리 절 의— 산 신 님 께 공 양—올 려 요
산 신 님 과— 우 리 절 을 지 켜—주 세 요

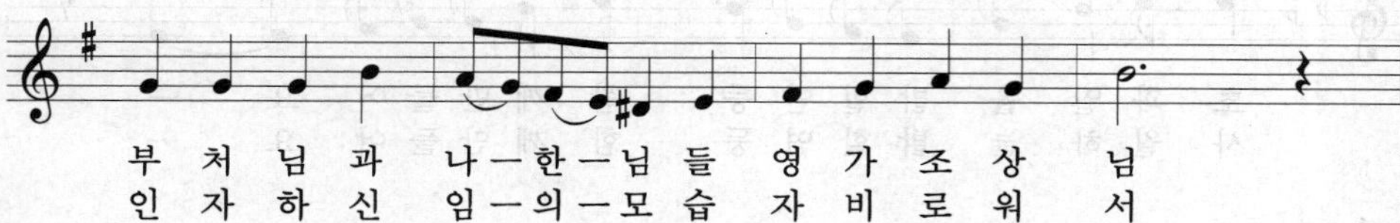
부 처 님 과 나—한—님 들 영 가 조 상 님
인 자 하 신 임—의—모 습 자 비 로 워 서

외 호 하 여 지—켜—주 는 우 리—산 신 님
예 배 하 며 공—양—하 고 찬 송—합 니 다

반 야 심 경— 천 수 경 도— 함 께 외 우 며

자 비 하 신— 산 신 제 를— 모 셔—올 려 요

7-083

우리들의 초파일

이근숙 작사
이창규 작곡

♪. = 120

한 잎 두 잎 꽃 — 잎 을 접 고 오 므 려 —
한 장 두 장 물 든 꽃 잎 곱 게 접 어 서 —
초 파 일 을 밝 힐 연 등 함 께 만 들 어 요 —
사 월 하 늘 밝 힐 연 등 함 께 만 들 어 요 —
일 체 중 생 구 원 하 사 이 땅 에 오 신 —
모 든 중 생 구 원 하 실 삼 계 의 도 사 —
부 처 님 의 탄 — 생 을 축 하 해 봐 요 —
부 처 님 이 오 — 신 날 축 하 해 봐 요 —
(후렴) 거 룩 하 신 그 — 이 름 석 가 모 니 부 — 처 님
연 등 들 고 축 하 해 요 우 리 들 의 초 파 일

7-084

우란분절의 아침

한승욱 작사
송 결 작곡

웅장하게 ♩= 100
햇 빛고와푸른 날 구 름이고운ㅡ 날
꽃 그늘에나비 떼 날 며노는아침 에
백중절에모 여ㅡ 서 조상천도비 온다 네
우란분절모 여ㅡ 서 천도재를준 비하 네
이 땅위에태어 난 수 백생의인연 겁
신 전십사성긴 업 인 연지어태어 나
연년세세이어 ㅡ 온 그은덕을찬 송하 네
자자손손이어 ㅡ 온 그은혜를예 배하 네
부 처님 의 위 신으로 새아침을여 시 사
제 불보 살 위 신으로 구천세계살 피 사
선 망부 모 그 영혼을 극락으로이끄소 서
가 엾으 신 그 영혼을 대자비로이끄소 서
(후렴) 백 종진 미 차려놓ㅡ고 선망부모기 리 니
자 비하 신 부 처ㅡ님 은혜하여주ㅡ소 서

7-085

우리 이별할 때는

곽영석 작사
이태현 작곡

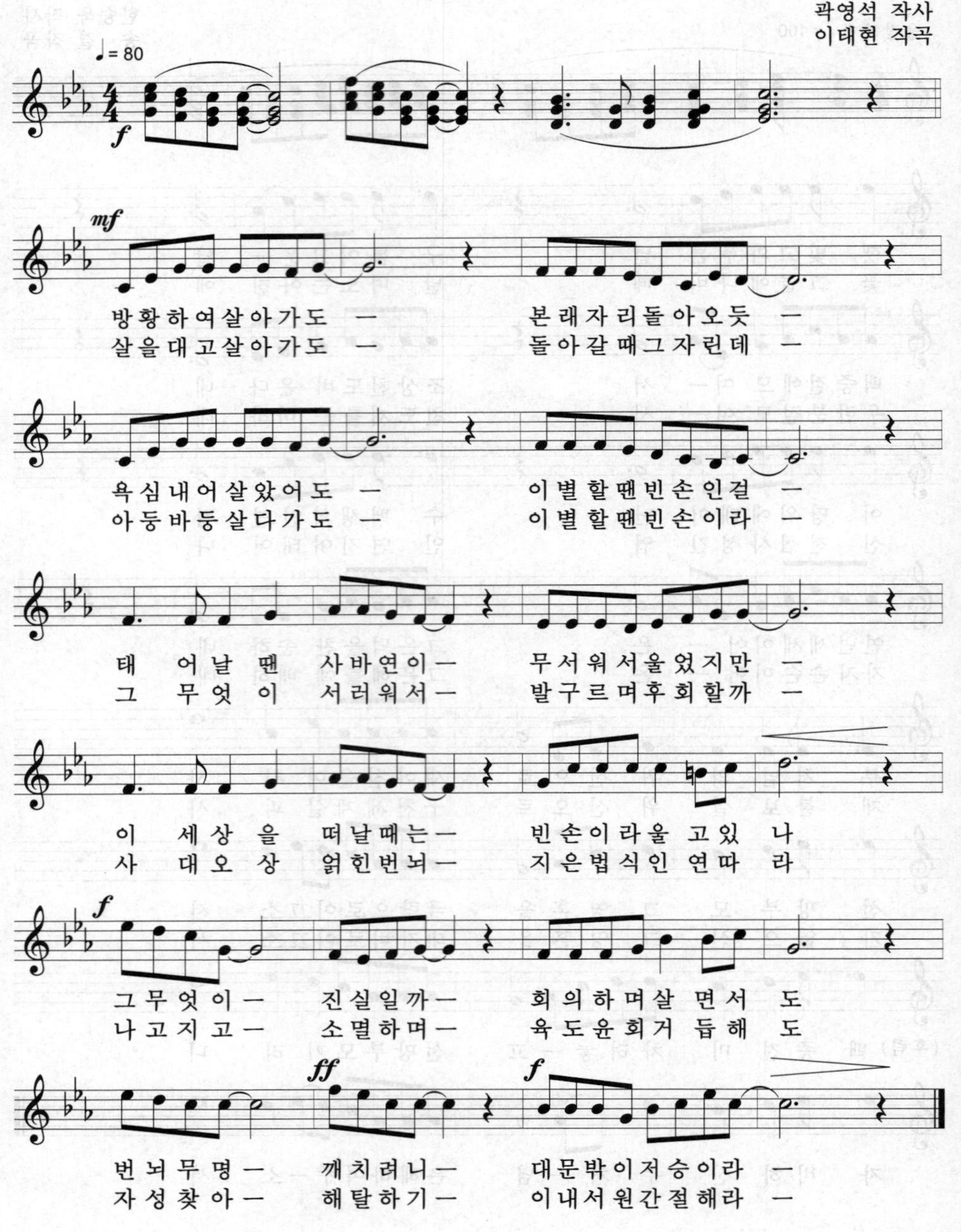
♩= 80
방황하여살아가도 ─ 본래자리돌아오듯 ─
살을대고살아가도 ─ 돌아갈때그자린데 ─
욕심내어살았어도 ─ 이별할땐빈손인걸 ─
아둥바둥살다가도 ─ 이별할땐빈손이라 ─
태 어날 땐 사바연이─ 무서워서울었지만 ─
그 무엇 이 서러워서─ 발구르며후회할까 ─
이 세상을 떠날때는─ 빈손이라울 고있 나
사 대오 상 얽힌번뇌─ 지은법식인 연따 라
그무엇이─ 진실일까─ 회의하며살 면서 도
나고지고─ 소멸하며─ 육도윤회거 듭해 도
번뇌무명─ 깨치려니─ 대문밖이저승이라 ─
자성찾아─ 해탈하기─ 이내서원간절해라 ─

7-086

우리절 승시

강태혁 작사
조영근 작곡

Andante
봄과가을 절 마당에 돗자리펴 ㅡ 고
계절마다 나 눔마당 우리ㅡ절 에 는
스님들과 ㅡ신도님들 마 음나 누 는
절마당에 ㅡ자리펴고 승 시를 열 어
우리절의 장 터 마 당 즐거운승 ㅡㅡ 시
헐벗은이 이 웃 사 랑 마ㅡ음모 아ㅡ 요
없는것이 없 답 니 다 승 시마 당 엔
함께하면 즐 거 워 요 승 시마 당 은
나눠주고 덤도주고 베풀어주 ㅡ 는
가진것을 나눠주고 행복을얻 ㅡ 는
아 름다ㅡ운 승 가 전 통 우 리절 승 시
승 가전ㅡ통 아 름 다 운 우 리절 승 시

7-087

우리 절의 승시 마당

여영희 작사
권상희 작곡

Allegro
우 리절 의 승 시마 당 부 처님 장 터
없 는것 이 없 답니 다 우 리절 승 시
돈 없이 도 정 을얻 는 마 음의 장 터
돈 없이 도 찾 는물 건 구 할수 있 죠
나 눠주 고 나 눔받 는 행 복한 장 터
나 눠주 고 나 눔받 는 행 복의 장 터
대 자비 가 넘 쳐 나 요 ㅡ
사 랑하 는 마 음 으 로 ㅡ
와 서 보 셔 요 ㅡ
이 웃 도 와 요 ㅡ

7-088

우리절의 승시대회

(가사 공모작)

원상연 작사
오세균 작곡
♩= 102
우 리 절 一 의 승 시 대 一 회 즐 거 一 운 마 당
승 시 대 一 회 즐 거 워 一 요 자 비 一 의 마 당
모 든 사 一 람 평 등 하 一 게 모 여 즐 기 는
옛 날 부 一 터 전 해 오 一 는 나 눔 의 자 리
함께하는참여마당 나눔의자리 어서와요함께해요 우리절에서
평등보시베푸는삶 가르침대로 실천해요마음내요 우리절에서
사 랑 으 로 함 께 하 는 자 비 의 마 당
사 랑 으 로 함 께 하 는 자 비 의 마 당
우 리 절 의 오 랜 전 통 평 등 보 시 회
우 리 절 의 오 랜 전 통 평 등 보 시 회

7-089

우리절 평등 보시회

곽영석 작사
김남삼 작곡

보시의 마음 담아 조금느리게
옛 날부터 전해오ㅡ는 절마당행ㅡ 사
계 절마다 잔치마ㅡ당 불교의전ㅡ 통
부 처님ㅡ의 자비사ㅡ랑 평 등보 시 회
나 눔사ㅡ랑 실천하ㅡ는 평 등보 시 회
헐 벗은 이 이웃사ㅡ랑 나 눔보 시 회
재 보시 와 법보시ㅡ와 무 의보 시 로
인 간방 생 실천하ㅡ는 평 등보 시ㅡ 회
자 비손 을 함께드ㅡ는 평 등보 시ㅡ 회
(후렴) 차 별 없 이 귀 천없ㅡ이 함께나ㅡ누ㅡ 는
아 름 다 운 불교전ㅡ통 평 등ㅡ보 시 회

7-090

우리 절 화전놀이

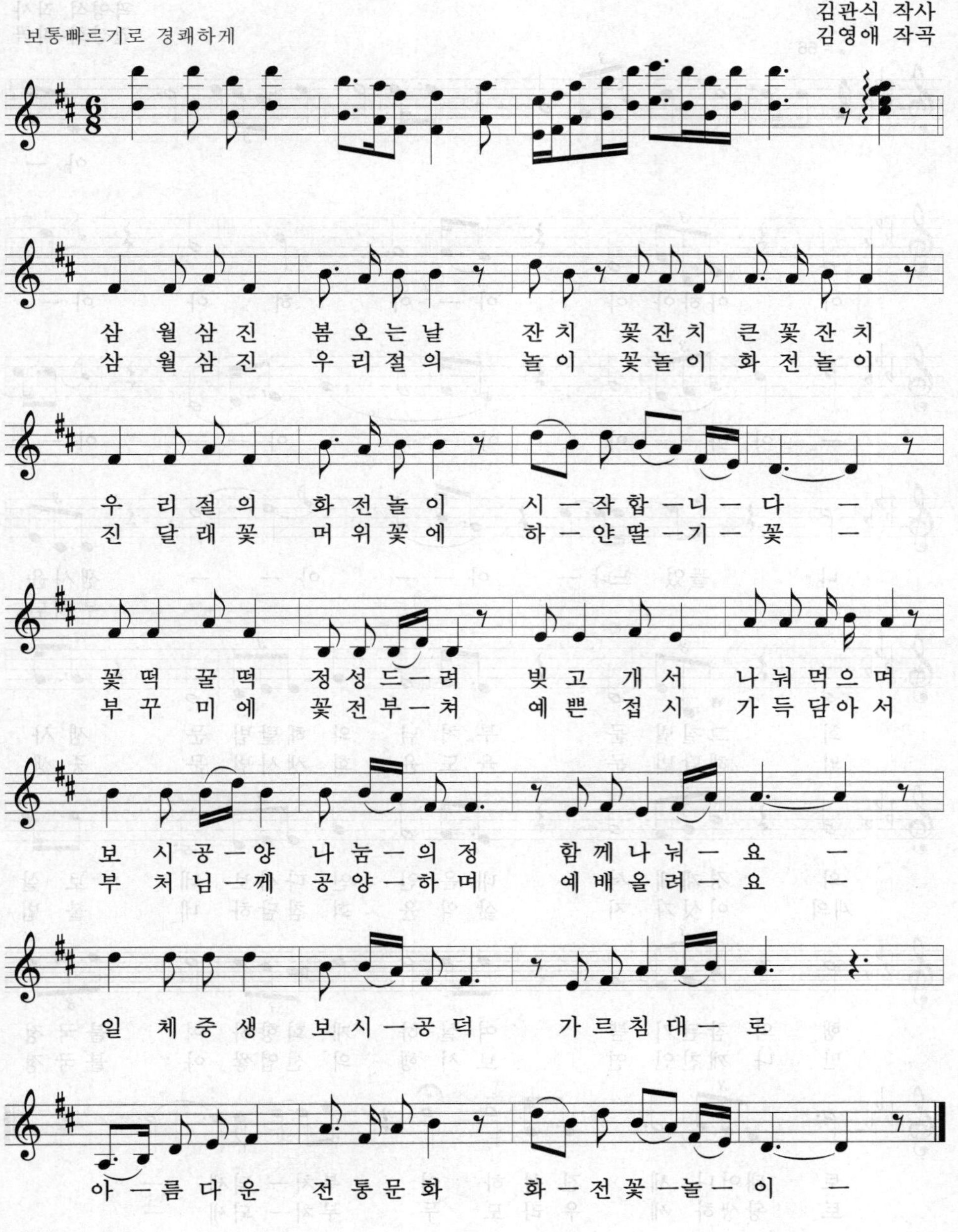
김관식 작사
김영애 작곡
보통빠르기로 경쾌하게
삼 월삼진 봄오는날 잔치 꽃잔치 큰꽃잔치
삼 월삼진 우리절의 놀이 꽃놀이 화전놀이
우 리절의 화전놀이 시—작합—니—다 —
진 달래꽃 머위꽃에 하—얀딸—기—꽃 —
꽃떡 꿀떡 정성드—려 빚고 개서 나눠먹으며
부꾸 미에 꽃전부—쳐 예쁜 접시 가득담아서
보 시공—양 나눔—의정 함께나눠—요 —
부 처님—께 공양—하며 예배올려—요 —
일 체중생 보시—공덕 가르침대— 로
아—름다운 전통문화 화—전꽃—놀—이 —

7-091

육도윤회 해탈가

곽영석 작사
권상희 작곡
♩= 66
아 ㅡ
아 아하아 아 아 ㅡ 아 하 아 아 ㅡ
ㅡ 아 아ㅡㅡ 아 아 ㅡ ㅡ ㅡ 아 ㅡ ㅡ 아 ㅡ 느
냐 들었 느냐 ㅡ 아 ㅡ ㅡ 아 ㅡ ㅡ 생사윤
부처님
회 그칠법 문 부 처 님 의 해탈법 문 생 사
의 해탈법 문 육 도 윤 회 생사법 문 중 생
의 경계에서 내 온 인 연 다시보 네 보 살
계의 여섯가 지 삶 의 윤 회 참담하 네 불 법
행 의 참된기 쁨 여 실 하 게 회향하 여 불국정
만 나 깨친인 연 보 시 행 의 선업쌓 아 불국정
토 태어나 세 견 성 하 여 부처ㅡ 되세 ㅡ
토 왕생하 세 우 리 모 두 부처ㅡ 되세 ㅡ

7-092

이 참좋은 계절에

(가사공모작)

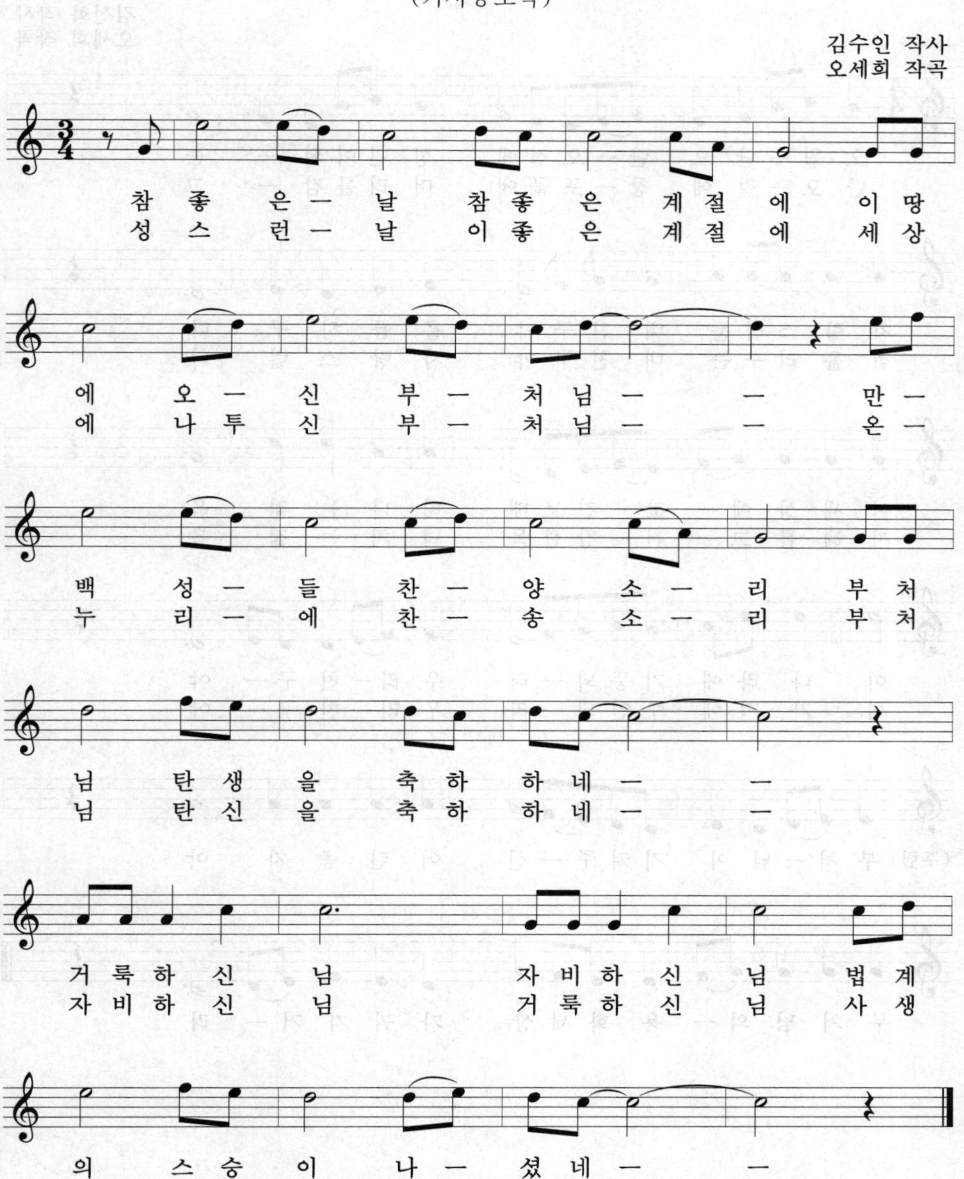

김수인 작사
오세희 작곡
참 좋 은 ㅡ 날 참 좋 은 계 절 에 이 땅
성 스 런 ㅡ 날 이 좋 은 계 절 에 세 상
에 오 ㅡ 신 부 ㅡ 처 님 ㅡ ㅡ 만 ㅡ
에 나 투 신 부 ㅡ 처 님 ㅡ ㅡ 온 ㅡ
백 성 ㅡ 들 찬 ㅡ 양 소 ㅡ 리 부 처
누 리 ㅡ 에 찬 ㅡ 송 소 ㅡ 리 부 처
님 탄 생 을 축 하 하 네 ㅡ ㅡ
님 탄 신 을 축 하 하 네 ㅡ ㅡ
거 룩 하 신 님 자 비 하 신 님 법 계
자 비 하 신 님 거 룩 하 신 님 사 생
의 스 승 이 나 ㅡ 셨 네 ㅡ ㅡ
의 자 부 님 나 ㅡ 셨 네 ㅡ ㅡ

7-093

자랑스러운 성년식

김선화 작사
오세희 작곡

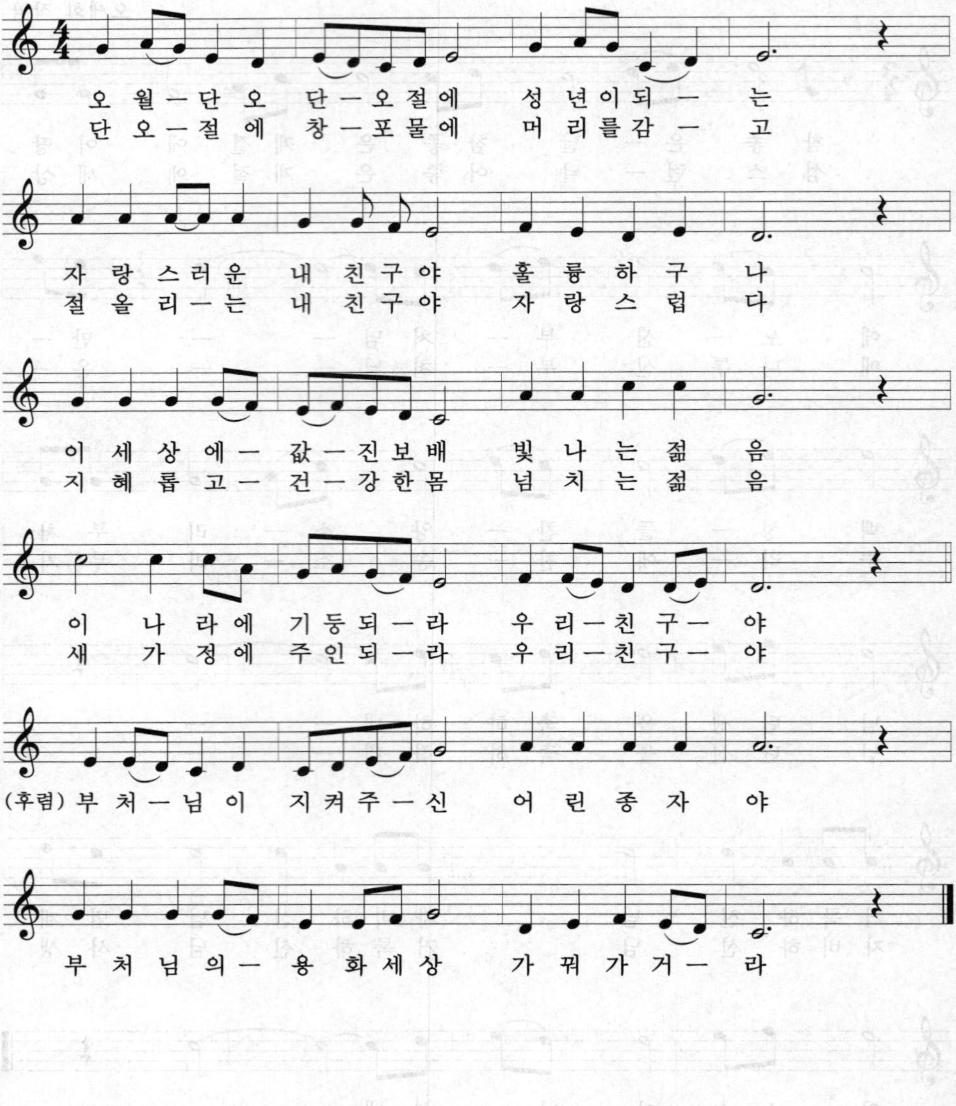

오 월 ― 단 오 단 ― 오 절 에 성 년 이 되 ― 는
단 오 ― 절 에 창 ― 포 물 에 머 리 를 감 ― 고

자 랑 스 러 운 내 친 구 야 훌 륭 하 구 나
절 올 리 ― 는 내 친 구 야 자 랑 스 럽 다

이 세 상 에 ― 값 ― 진 보 배 빛 나 는 젊 음
지 혜 롭 고 ― 건 ― 강 한 몸 넘 치 는 젊 음

이 나 라 에 기 둥 되 ― 라 우 리 ― 친 구 ― 야
새 가 정 에 주 인 되 ― 라 우 리 ― 친 구 ― 야

(후렴) 부 처 ― 님 이 지 켜 주 ― 신 어 린 종 자 야

부 처 님 의 ― 용 화 세 상 가 꿔 가 거 ― 라

자장스님의 영고 재

곽영석 작사
이재석 작곡

♩. = 42
구 월 구 일 중 양 절 에 올 리 는 다 례 ㅡ
개 산 조 당 거 룩 하 신 자 장 큰 스 님 ㅡ
자 장 스 님 크 신 은 혜 찬 탄 합 니 다 ㅡ
대 종 울 려 헌 향 하 고 예 배 합 니 다 ㅡ
자 장 스 님 영 정 모 셔 고 재 올 리 고 ㅡ
육 법 공 양 올 리 면 서 꽃 등 올 리 고 ㅡ
산 문 연 날 기 념 하 여 재 ㅡ 올 립 니 다 ㅡ
향 과 과 일 차 올 리 며 예 배 합 ㅡ 니 다 ㅡ

7-095

잠을 깨어라

남승인 작사
이태현 작곡

♩. = 44
f
mf
잠 을깨어라 깨침의아침 성 도절—아 침 —
깨 어있으라 깨침의아침 성 도절—아 침 —
먼 —동의 새—아침 하늘보고깨—쳐보 자 —
샛 별지고 먼동트는 하늘보고함께깨치 자 —
mp
mf
부 처님이 깨친법문 중생위한대——서 원 —
석 가모니 부처님이 성도하여대각을이 룬 —
f
십 이월의 초 파일 부처님의성도절 —
십 이월의 초 파일 부처님의성도 절 —

7-096

중양절의 부도 헌다 례

곽영석 작사
이재석 작곡

겸손과 정성을 담아서 ♪= 108

에 오 라 지 작 은 공 양 의 지 하 옵 고 —
중 양 절 에 햇 살 고 은 극 락 암 옛 절 —
선 대 조 사 거 룩 한 뜻 기 리 옵 니 다 —
삽 삼 조 사 추 모 재 를 올 리 옵 니 다 —
삽 삼 조 사 추 모 재 와 부 도 헌 다— 례 —
정 통 법 맥 이 어 오 신 거 룩 하 신— 임 —
전 승 역 사 여 법 하 게 올 리 옵 — 니 다 —
영 정 앞 에 엎 드 려 서 시 원 합 — 니 다 —
사 중 스 님 지 극 하 신 발 원 기 원 문 —
산 문 밖 에 무 지 개 로 피 어 납 니 다 —

7-097

지구의 주인

권대자 작사
정영화 작곡

내 인 생 의 주 인 이 돼 요 임 자 가 돼 요
내 인 생 의 주 인 이 돼 요 임 자 가 돼 요

내 가 잠 시 빌 려 쓰 는 소 중 한 지 구 자 ㅡ 원
내 가 한 때 빌 려 쓰 는 소 중 한 자 연 유 산 을

당 당 하 게 떳 떳 하 게 자 랑 스 러 운 주 인 으 로
풀 한 포 기 나 무 하 나 흙 한 줌 도 ㅡ 소 중 하 게

후 손 에 게 물 려 주 는 그 재 산 을 지 켜 봐 ㅡ 요
자 랑 스 레 사 랑 스 럽 게 지 켜 가 는 주 인 이 돼 요

이 땅 위 에 모 든 중 생 섬 기 는 그 런 주 인

나 는 나 는 지 구 의 주 인 주 인 이 돼 요

7-098

지장재일의 노래

곽영석 작사
권상회 작곡

♩= 92

생 사바 다 경 계에 서 중생들과계시 옵 고
삼 악도 의 깜 깜한 밤 등불되어지키 시 며

지 옥세 상 극 락으 로 바꿀서원고마 워 라
대 원대 비 원 력펴 신 자비손길감사 해 라

모 든중 생 제 도하 고 성불서원하신 은 혜 그
일 체중 생 괴 로움 을 내몸처럼살피 시 어 극

원 력이 높고 높아 찬탄하여기립 니 다
락 천도 이끄 시니 찬탄하여기립 니 다

(후렴) 자 비 하 신 지 장보 살 거 룩 하 신 임이 시 여

임의원력 빛 이되어 진 여의 등 불되소 서

7-099

찔레꽃

이연실 작사
박태준 작곡

Andantino ♩= 76
1.엄 마 일 가 는 길 에 하 얀 찔 레 꽃
2.밤 깊 어 까 ㅡ 만 데 엄 마 혼 자 서
3.가 을 밤 외 로 운 밤 벌 레 우 는 밤
찔 ㅡ 레 꽃 하 얀 잎 은 맛 도 좋 ㅡ 지
하 얀 발 목 바 ㅡ 쁘 게 내 게 오 시 네
초 ㅡ 가 집 뒷 ㅡ 산 길 어 두 워 질 때
배 고 픈 날 가 ㅡ 만 히 따 먹 ㅡ 었 다 오
밤 ㅡ 마 다 꾸 는 꿈 은 하 얀 ㅡ 엄 마 꿈
엄 마 품 이 그 ㅡ 리 워 눈 물 ㅡ 나 오 면
1.,2.
3.
엄 마 엄 마 부 ㅡ 르 며 따 먹 었 다 오
산 등 성 이 너 ㅡ 머 로 흔 들 이 는 꿈
마 루 끝 에 나 와 앉 아 별 만 셉 니 다

7-100

참꽃 피는 계절이 오면

한승욱 작사
정동수 작곡

환하고 곱게 ♩= 112
산 모통이 참 꽃피ㅡ고 종 달새ㅡ울ㅡ 면
구 름물든 산 골짜ㅡ기 봄 비내ㅡ리ㅡ 면
부 처님도 어 간문ㅡ을 활 짝열ㅡ어ㅡ 요
연 초록빛 나 뭇잎ㅡ이 반 짝거ㅡ려ㅡ 요
아 름다ㅡ운 꽃 동산ㅡ에 꽃 등을ㅡ달ㅡ 고
부 처님ㅡ이 오 신그ㅡ날 사 월초ㅡ파ㅡ 일
봄 나들이 범 종루ㅡ에 법 고를ㅡ쳐ㅡ 요
축 하하는 봄 노래ㅡ가 넘 쳐흘ㅡ러ㅡ 요

7-101

창밖에 비 내리고

곽영석 작사
백승태 작곡
Andante
mf
p
창 밖 에는 비 내 리 고 먼길 가는나그네 여
창 밖 에는 비 내 리 고 홀로 걷는나그네 여
mp
처 마 끝에 서 성 이 며 가 야 할길바라보 네
발 길 멈춰 돌 아 보 고 자성 찾아하늘보 세
mf
인 연 지어 걸 어 온길 무 상 하여다시보 니
살 아 온날 다 시 봐도 부 질 없는삶의욕 망
f
오 욕 속에 살 아 온날 발자 국만선명하 네
후 회 해도 업 그 림자 한량 없어눈물짓 네
mf
부처찾아ㅡ엎드려 서 살아온날ㅡ참회하 고
f
mp
비내리는ㅡ인생여 정 길을찾아ㅡ떠나가 네
f
길 을 찾 아 떠 나 가 네

7-102

천성산 야단법석

심교신 작사
백승태 작곡

Andantino
mf
p
비 오
천 성
mp
는 ㅡ어스름 에 내원계 곡 ㅡ오르자니 ㅡ 우산
산 ㅡ화엄벌 에 설법단을 ㅡ진설하니 ㅡ 들판
f
속 ㅡ울려오 는 빗방울의 ㅡ소ㅡ나타 ㅡ 댓잎
의 ㅡ온갖꽃 들 ㅡ 다투어서 ㅡ만발하고 ㅡ 수많
mf
에 ㅡ이는소 리 초목들의 ㅡ연주로 세 흐르
은 ㅡ중생들 이 구름같이 ㅡ모여드 네 신라
p
는 ㅡ계곡물 도 풍악소리 ㅡ흥겨웁 게 천성
의 ㅡ원효대 사 화엄경을 ㅡ강설하 니 그옛
mf
산 ㅡ대중들 이 야단법석 ㅡ열었으 니 대자연
날 ㅡ마갈타 국 영산회상 ㅡ같ㅡ아 서 동ㅡ참
의 ㅡ잔치소 리 천상세계 ㅡ법문일 세
한 ㅡ모든대 중 보리도에 ㅡ들었다 네

7-103

초파일 아침에

곽영석 작사
정동수 작곡

♩= 112
초 파일날 아ㅡ침ㅡ에 향 기로운 이 아침에
사 월팔일 오색연ㅡ등 빛 ㅡ나 는 이 아침에
부 처님의 탄ㅡ신ㅡ을 경 배하며 축복해ㅡ요
인 류위해 부처님ㅡ이 이 ㅡ땅 에 오셨어ㅡ요
사 생 자 부 스 승 이 신 우 리들 의 부처님 은
생 노 병 사 삶 의 고 통 살 ㅡ펴 서 구원하 사
꽃 이 피ㅡ는 봄 ㅡ 날ㅡ에 축 복속 에 오셨어 요
거 룩 하ㅡ신 부 처 님ㅡ이 이 ㅡ땅 에 오셨어 요
거 룩하 신 부 처 님 우 리 들 의 부 처 님
사 바세 계 중 생 들 을 구 원하 여 주 옵 소 서

7-104

초하루 보름날

곽영석 작사
심순보 작곡

Andantino ♩= 80

초 하 루 보 름 날 이 ─ 아 니 더 라 도 ─
초 하 루 보 름 날 이 ─ 아 니 더 라 도 ─
부 처 님 계 신 절 에 ─ 찾 아 갑 ─ 니 다 ─
큰 스 님 계 신 절 에 ─ 찾 아 갑 ─ 니 다 ─
마 음 속 에 그 리 운 님 찬 양 하 면 서 ─
마 음 속 에 고 이 모 신 거 룩 한 님 을 ─
두 손 모 아 예 배 하 고 기 도 합 니 다 ─
기 도 하 고 예 배 하 며 찬 양 합 니 다 ─
(후렴) 거 룩 하 신 부 ─ 처 님 우 리 부 처 ─ 님 ─
rit
나 의 서 원 나 의 기 도 들 어 주 소 서 ─

7-105

초파일 송가

광 덕 작사
정부기 작곡
보통빠르게
나무— 석가모니 불 나무— 석가모니 불
1.꽃 피 고 파랑새울고 상 서 구 름 피어오르고
2.연 꽃 — 가득한천지 평 화 환 희 노을지—니
3.하 늘 중 하늘오셨네 성 — 인 중 성인오셨네
룸 비니동산은 춤을—추었네 하 늘 은 꽃비내리고
눈 부신지—혜 하늘—을덮고 이 땅 — 구—하—실
생 명의물줄기 온누리덮히니 이 땅 — 부처님나라
감 ——로 를 비—내리고 (후렴)우 우 — 우 우
뜨거운자 비 피어났—네
우—— 리 는 불국의역군
오 찬란한 아 침이여 부 처—님 오 셨—네
진 리의태 양 생명의태양 솟 아 오—르—네
나무— 석가모니 불 나무— 석가모니 불

7-106

초하루 보름 법회

이연숙 작사
노순덕 작곡

Waltz
초 하 루 법 회 에 서 서 원 세 ㅡ 우 고 ㅡ
부 처 님 계 신 절 에 함 께 나 ㅡ 와 서 ㅡ
보 름 날 ㅡ 법 회 에 서 회 향 ㅡ 합 ㅡ 니 ㅡ 다
손 모 으 고 절 을 하 며 발 원 ㅡ 합 ㅡ 니 ㅡ 다
도 반 들 과 합 장 하 ㅡ 고 경 배 드 ㅡ 리 는
참 회 하 며 용 서 하 ㅡ 는 회 향 시 ㅡ 간 ㅡ
우 리 법 당 환 희 심 이 절 로 납 ㅡ 니 다
부 처 님 의 자 비 향 이 넘 쳐 납 ㅡ 니 다
(후렴) 거 룩 하 신 부 ㅡ 처 님 자비하신 부 ㅡ 처 님 ㅡ
어 리 석 은 이 중 생 을 구 ㅡ 원 하 소 서

7-107

축하합니다

권영주 작사
신민정 작곡

Moderato
축하합니 다 축하합니 다 새이름을받았으니 축하합니 다
축하합니 다 축하합니 다 부처님의제자됨을 축하합니 다
축하합니 다 축하합니 다 부처님만—나서 법 명받았으니
축하합니 다 축하합니 다 불가의새—이름 법 명받았으니
rit
축하합니 다 새로운탄—생— 을 축 하 합 니 다
축하합니 다 새로운탄—생— 을 축 하 합 니 다

7-108

칠월백중 우란분절

곽영석 작사
이태현 작곡
♩= 80
f
mp
저ㅡ
저ㅡ
mf
거 꾸로ㅡ매달려 서 고 통 받 는ㅡ중 생 이 여 대 원
거 꾸로ㅡ매달려 서 고 통 받 는ㅡ중 생 이 여 대 원
mp
본 존ㅡ지장보 살 칭 념 하 여ㅡ모 시 어 라 지 은
본 존ㅡ지장보 살 칭 념 하 여ㅡ모 시 어 라 삼 세
mf
업 장ㅡ태산같 아 업 풍 속 에ㅡ밀 려 와 서
인 연ㅡ다한뒤 에 지 은 죄 가ㅡ태 산 같 아
f
지옥도를ㅡ윤회하 니 속절없이 우 는 구 나
업풍속에ㅡ날려와 서 지옥계를 떠 도 나 니
피 를나 눈 역대조상ㅡ 천도하는우 란분 재
나 의조 상 어디있나ㅡ 영혼천도하려하 니
ff
mf
지 심으 로 간절하여ㅡ 부처님께의ㅡ지하 네
부 처시 여 나투시어ㅡ 이내서원이뤄주소 서

7-109

팔만대장경 정대불사

오인자 작사
이종록 작곡

♩= 80 -84
부 처님의 대장경 문 바 로배워 서
머 리위에 대장경 판 모 셔이고 서
사 바인 연 바로새 겨 성 불합시 다
탑 을돌 며 나의다 짐 바 로세워 요
세세천 년 인연가 피 끝 날때까 지
거룩하 신 부처말 씀 경 판에새 겨
바 로지 켜 보존해 요 부 처님말一 씀
천 년만 년 지켜가 요 대 장경말一 씀
(후렴) 대 장경 문 지켜가 는 불 자의다 집
정대불 사 함께모 여 회 향합니 다

7-110

평등보시 무차대회

곽영석 작사
최선기 작곡

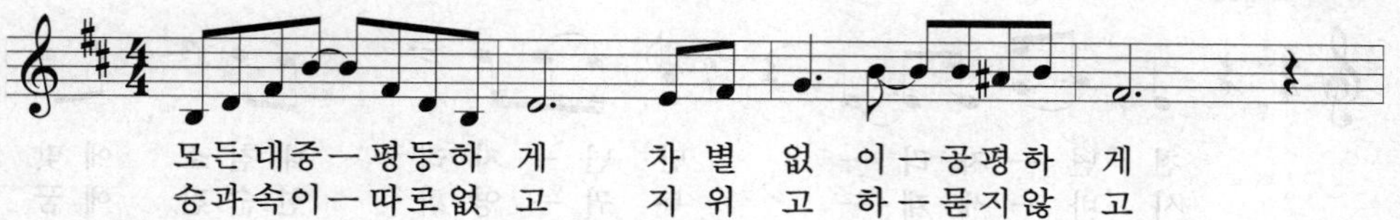
모든대중—평등하 게 차 별 없 이—공평하 게
승과속이—따로없 고 지 위 고 하—묻지않 고

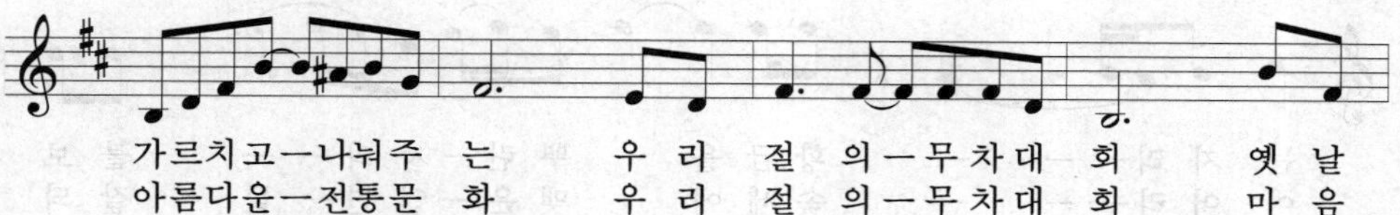
가르치고—나눠주 는 우 리 절 의—무 차 대— 회 옛 날
아름다운—전통문 화 우 리 절 의—무 차 대 — 회 마 음

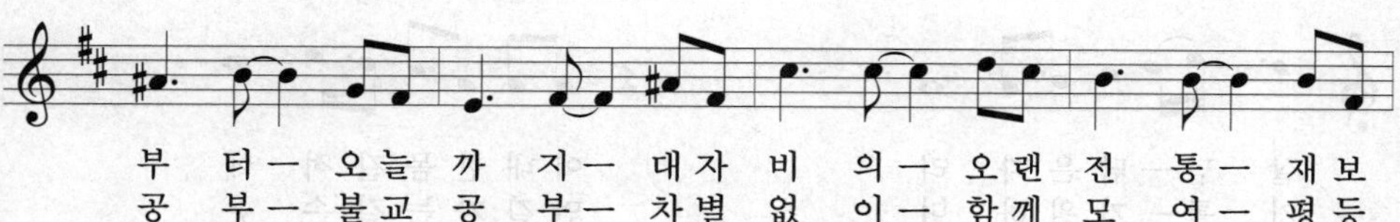
부 터— 오 늘 까 지— 대 자 비 의— 오 랜 전 통— 재 보
공 부— 불 교 공 부— 차 별 없 이— 함 께 모 여— 평 등

시 와— 법 보 시 로— 나 눔 사 랑— 실 천 해 요—
보 시— 자 비 사 랑— 자 비 법 회— 함 께 해 요—

있는것이—없음이 요 없 는 것 이—있음이 라

부처님법—실천하 는 자 비— 나 눔—무 차 대 회

7-111

피안의 노래

오해균 작사
오해균 작곡

Slow ♩= 65
천 년 ㅡ 자 리 ㅡ 만 년 ㅡ 자 리 내 침 소 에 맞
사 바 ㅡ 세 계 ㅡ 부 귀 ㅡ 영 화 한 순 간 에 꿈
는 자 리 ㅡ ㅡ ㅡ 황 금 을 ㅡ 뿌 린 ㅡ 자 리 ㅡ ㅡ 불 보
이 어 라 ㅡ ㅡ ㅡ 속 세 에 ㅡ 맺 은 ㅡ 인 연 ㅡ 들 잘 되
살 님 ㅡ 닦 은 자 리 이 내 한 몸 갈 적 에
기 를 ㅡ 기 원 하 며 먼 길 가 는 길 손 은
아 무 런 ㅡ 미 련 도 없 이 좋 은 날 좋 은 ㅡ 시 ㅡ 에 자 는
호 사 한 ㅡ 반 야 선 타 고 피 안 에 아 르 ㅡ 르 ㅡ 니 우 담
잠 에 인 도 하 소 서 ㅡ ㅡ 나 무 아 미 타 ㅡ 불 ㅡ 나 ㅡ 무 아 미 타
바 라 만 발 하 구 나 ㅡ ㅡ
D.C. al Fine
불 나 무 아 ㅡ 미 타 아 ㅡ 불 ㅡ

하늘 길

일 감 작사
박범훈 작곡

♩= 68
혼자 가더라도—
하늘 길이———
고삐잡—고 당당하게가거라— 친구야 —
멀고멀어도 당당하게가거라— 친구야 —
세상고통모두놓고— 잘가라 친구여 하늘마차—
세상번뇌모두놓고— 잘가라 친구여 하늘길에—
올랐으니— 하늘에서태어나— 좋은벗들다시만나—
올랐으니— 서방정토태어나— 아미타국불국토에—
영원히— 영원히 — 잘살거라 —
영원히 — 영원히 — 잘살거라 —
친구여 — 혼자 가더라도— 고삐잡—고
친구여 — 하늘 길이——— 멀고멀어도
당당하게 가거라— 친구야 —
당당하게 가거라— 친구야 —

7-113

함박눈은 소리 없이

김선화 작사
강주현 작곡
보통빠르기로 ♩= 96
사라나무숲길위ㅡ 에 함박눈은소리없ㅡ 이
바람결에날개젖ㅡ 는 하얀나비나비처ㅡ 럼
지나온길발자국ㅡ 을 새하얗게덮습니ㅡ 다
함박눈이소리없ㅡ 이 내마음을덮습니ㅡ 다
빛이있는 자리 마 다 ㅡ 그림자가남아있ㅡ 듯
길을잃고 헤매 다 가 ㅡ 고개들어하늘보ㅡ 니
새하얀빛도화지ㅡ 에 내그림자새깁니 다
서산마루해그림ㅡ 자 찬란하게빛납니 다
함박눈이 역사한 곳 꽃진자리 자리마 다
내일이면 다시떠 날 준비없는 여정에 도
찰ㅡ나에 스러져 갈 그인연을기억합니 다
누구일까 기다릴 까 길을찾아떠납니ㅡ 다
(후렴) 부질없는 인간 사 가 ㅡ 고달프고외로워ㅡ 도
진여찾아가는그ㅡ 길 행복ㅡ합 니ㅡ 다

7-114

헌화가

곽영석 작사
정동수 작곡
온 법계에 자제하신 우 리부처 님
세 상만유 중생들의 사 생자부 님
걸 림없는 중생계와 허 공계까 지
삼 계화택 고난살펴 미 래겁까 지
많 은생명 구원ㅡ하사 공 덕크시 니
시 방삼세 출현ㅡ하사 은 혜크시 니
아 름다운 꽃을들어 공 양합니 다
정 갈한꽃 꽃을들어 공 양합니 다
삼 매공덕 지혜광명 두 루비치 니
온 법계에 꽃이피어 공 양합니ㅡ 다

남을 미워하기보다

내가 먼저 참회(懺悔)하는 마음으로 살아라.

내가 지은 모든 선악(善惡)의 결과는 반드시 내게 돌아오느니라.

- 불설, 삼세인과경(佛說, 三世因果經) -

8

참회, 회향

8-001

가꾼 대로 뿌린 대로

이순금 작사
이태현 작곡

♩. = 48
콩 심은데 콩 ㅡ 나 고 ㅡ 팥 심은데 팥 ㅡ 나 듯 ㅡ
뿌린대로 가꾼대 로 ㅡ 거 ㅡ 두 는 인 ㅡ 연 법 ㅡ
세 세생 생따라오 는 ㅡ 인 연 의 씨 ㅡ 앗 들 ㅡ
언 ㅡ 제 나좋은일 만 ㅡ 꿈 꾸 며 살 ㅡ 지 만 ㅡ
무 엇 하 나 빠 짐 없이 고루싹을 틔 ㅡ 우 네 ㅡ
웃 ㅡ 음 도 눈 ㅡ 물도 함 께싹을 틔 ㅡ 우 네 ㅡ
끝 없 이 돌고도는 윤 회 의 수 레 바 퀴 ㅡ
아 득 한 겹 ㅡ 돌고 우 리 의 업 ㅡ 연 들 ㅡ
대 비 주 를 염 송하며 참회기 도 올 립 니 다 ㅡ
부 처 님 전 예 배하며 참회기 도 올 립 니 다 ㅡ
자 비 하 신 시 방삼세 제불보 살 님 이 시 여 ㅡ
무 명 의 그 림자를 벗어나 게 하 옵 소 서 ㅡ

8-002

가시는 길 꽃길되어

곽영석 작사
오세희 작곡

Allegro
해— 님 따 라 가 시 나 요 — 사—
달— 님 따 라 가 시 나 요 — 정—
랑 하— 는 우 리 님 아 — 사— 바 연—
다 웠— 던 우 리 님 아 — 인— 연 놓—
의 인— 연 놓— 고 하— 늘 세— 상 가 시 나
고 가— 시 는— 길 외— 롭 지— 는 않 으 시
요 — 자— 비 광— 천 극 락 의— 문 찬—
나 — 임— 의 행— 적 자 비 로— 워 제—
송 하 며 가 시 나 요 — 함— 께 했— 던 사—
불 보 살 반 기 시 니 — 우— 리 모— 두 찬—
바 —의— 연 추 모 찬 송 부 릅 니 다 —
송 —하— 며 극 락 왕 생 비 옵 니 다 —
(후렴) 자 비 하 신— — 지 장 보 살— — 거 룩 하 신— — 아 미 타 불—
이 영 가 를— — 살 피 시 사— — 천 도 하 여— — 주 옵 소 서— —

8-003

가슴에 뜨는 달

곽영석 작사
이순희 작곡

Con espressione ♩= 88
mp
mp
꿈을
눈감
mf
mp
꾸 면다ㅡ시볼 까 기 다 림 은별빛 되 어 가 ㅡ
으 면떠ㅡ오를 까 그 리 움 의얼굴 들 은 가 슴
mf
mp
슴 에타ㅡ고지 다 풀 ㅡ 잎 위에이슬맺ㅡ 네 기 다
안 에그ㅡ리다 가 스 ㅡ 러 지는눈물방ㅡ 울 간ㅡ
mf
리 면다ㅡ시올 까 혹 시 라 도그ㅡ자리 에 빈 ㅡ
절 한마ㅡ음이 면 마 른 자 리싹ㅡ이돋 고 바 ㅡ
f
mf
포 구에 등대 불 빛 그 림 자 는ㅡ서 있을 까 (후렴) 범 종
위 틈새 벼랑 에 도 뿌 리 내 려ㅡ꽃 이피 네
f
mf
소 ㅡ리 바람 타 고 꽃잎 처 럼ㅡ흩 어져 도 그 리
f
rit.
움 이가득한ㅡ 절 가 슴 위 에달이뜨 네

8-004

가슴에 피는 눈물꽃

(가사공모작)

이은자 작사
강주현 작곡
아름답게 ♩= 72
내 가 살 아 오 ㅡ 는 ㅡ 동 ㅡ 안 수 많 은 갈 ㅡ 등 ㅡ 을
너 와 살 아 오 ㅡ 는 ㅡ 동 ㅡ 안 가 슴 에 눈 ㅡ 물 ㅡ 꽃
얼 마 나 지 우 고 얼 마 나 피 우 며 살 았 을 까
얼 마 나 피 우 고 얼 마 나 지 우 며 살 았 을 까
세 월 가 고 나 이 들 어 내 가 걸 어 온 그 ㅡ 길
이 ㅡ 마 에 주 름 살 이 세 월 흔 적 을 보 여 도
부 끄 럽 고 어 설 퍼 내 가 슴 이 아 픕 니 다
어 리 석 게 살 아 온 그 계 절 이 슬 픕 니 다
살 면 서 웃 음 꽃 은 피 울 수 록 기 쁘 고 가 슴 으 ㅡ 로
우 는 꽃 눈 물 꽃 은 나 를 키 ㅡ 워 눈 물 꽃 은 나 를 키 워

8-005

구업으로 지은 죄

곽영석 작사
강주현 작곡
참회하는 마음으로 ♩= 80
내 ㅡ
지 금
일 생 ㅡ 무 지 하 여 법 을 모 르 고 시 방
까 지 ㅡ 내 가 지 은 모 든 말 들 이 신 구
삼 계 모 든 인 ㅡ 연 참 ㅡ 회 합 니 다 구 업
삼 업 업 장 으 ㅡ 로 남 ㅡ 았 습 니 다 이 제
으 로 일 군 영 ㅡ 토 모 ㅡ 래 성 같 ㅡ 아 참 회
내 가 부 처 님 ㅡ 께 참 ㅡ 회 하 오 ㅡ 니 어 리
하 며 예 배 하 니 거 ㅡ 둬 주 소 서 (후렴) 미 래
석 은 이 중 생 을 구 ㅡ 원 하 소 서
세 상 구 업 과 ㅡ 보 받 ㅡ 을 지 라 도 오 늘
만 난 인 연 으 로 구 ㅡ 원 하 소 서

8-006

꽃 길

(수상곡)

강용숙 작사
강주현 작곡

Moderato Cantabile ♩= 72
a piacere
a tempo
춘하추
사랑하
동 ㅡ법성향 은 우 리 마 ㅡ음참회주 시 고 시방정
는 ㅡ정토향 은 이 내 몸 ㅡ을반겨주 시 고 사바세
토 ㅡ사랑의선행 은 행ㅡ복 한 ㅡㅡㅡ 꽃ㅡ 길 세 상
계 ㅡ사랑의불심 은 영ㅡ원 한 ㅡㅡㅡ 꽃ㅡ 길 세 속
사 인연떠 나 정 토 길 ㅡ찾으려ㅡ하 나 중 생
을 이별하 고 연 꽃 을 ㅡ찾으려ㅡ하 나 내 생
subito
계 ㅡ한번인 데 덕행으 로 ㅡ무 명 지ㅡ우 고 인
길 ㅡ다시올 까 공덕으 로 ㅡ업 보 지ㅡ우 고 이
생 사 영원무궁 없 으니 탐진치지 우ㅡ 며 이 생
내 몸 영원한것 없 으니 애착심지 우ㅡ 며 이 생
a tempo
을 자성의 공덕 행 으 로 행복한꽃길 찾으 소ㅡ서
을 자성의 공덕 행 으 로 행복한꽃길 찾으 소ㅡ서

8-007

꽃 진 자리

(가사공모작)

정송전 작사
오헌수 작곡
Andantino ♩= 88
꽃 진자리 영근 자리 둥 지 그—자— 리
화 려했던 지난 날도 둥 지 그—자— 리
꽃 씨자라— 영근 자리 사 랑그—자— 리
꽃 진자리— 그자 리에 열 매맺—혀— 요
오 고가 는 인연 속에 꽃 진자 리— 에
바 람으 로 떠돌 다가 다 시만 나— 서
성 긴인 연 꽃진 자리 열 매맺—어— 요
인 연지 어 그자 리에 종 자가—돼— 요
(후렴) 돌 고도는 인생 사도 저 꽃들처— 럼
바 람으로 다시만나 종 자가 —돼— 요

8-008

꿈같은 우리의 삶

권문자 작사
오현수 작곡
Moderato ♩= 110
꿈 속에서 꿈 을꾸 ─ 듯 ─
아 등바등 다 투면 ─ 서 ─
허 ─망한 우 리 의 삶 ─
할 퀴면서 사 는 생 활 ─
부 귀영화 재 물 욕 도 ─ ─
사 바세계 시 절 인 연 ─ ─
꿈 과같은 욕 심 이 라
낮 잠같은 찰 나 의 삶 ─
앞 만보 ─ 고 달 려가 ─ 다
자 고나 ─ 면 허 망해 ─ 도
그 대꿈을 잊 지 말 고 ─
내 모습의 그 림 자 니 ─
내 자성 ─ 을 불 러내 ─ 어
주 인공 ─ 을 책 망하 ─ 며
잠 을깨워 정 진 하 라 ─
정 진하여 성 불 하 세 ─

8-009

꿈결 속에 오신 그님

곽영석 작사
이종록 작곡
♩= 80-84
서 원듣고 오셨을까 꿈 결 속 에 오신그ㅡ님
간 절하 면 이뤄질 까 꿈 결 속 에 오 신 그 ㅡ 님
반 가워 서 영접하며 예 배 하 며 찬송하 네
합 장한 손 엎드려 서 예 배 하 며 모셨다 네
이 생전생 삼세겁에 인 연지 어 태ㅡ어ㅡ나ㅡ 서
시 절인연 수상하여 걸 어왔던 지ㅡ난ㅡ날ㅡ 이
지 은업 장 태산같 아 서 원기ㅡ도ㅡ 간절했 네
대 윤회 의 법장인 연 지 혜방ㅡ편ㅡ 찾 아왔 네
(후렴) 임 의가 피 임의손 길 이 법계 에 두루미 쳐
삼 재환 란 극복하고 성 불하ㅡ게ㅡ 하 옵 소 서

8-010

거울 앞에 서서

(가사공모작)

곽근성 작사
오재찬 작곡

♩= 74
거울
거울
앞 에 바로서서 내 진 면목바라보아 요 거울
앞 에 바로서서 내 가 온길돌아보아 요 가시
앞 에 바로서서 내모 습 을바라보아 요 탐진
밭 길 고운꽃길 거 친 숲 길바라보아 요 지름
치 로얼ㅡ룩진 몸 가 면 속 의내참모습 을 자 성
길 이아ㅡ니라 도 걸 어 왔 던그길가에 서 소 망
하 며바ㅡ라보 며 내 가 온 길바라보아 요
기 원작ㅡ은꽃 씨 자 라 는 지바라보아 요

8-011

그대 떠난 하늘 길에

공현혜 작사
백승태 작곡

Andante
mf
mf
그 대 ㅡ 떠 난 하 늘 길 ㅡ 에 노 을 빛 은 찬 란 하 ㅡ 고 ㅡ
그 대 ㅡ 떠 난 하 늘 길 ㅡ 에 별 이 먼 저 돋 아 나 ㅡ 고 ㅡ
고 단 ㅡ 했 던 내 그 림 ㅡ 자 문 에 기 대 눕 습 니 다 ㅡ
혼 자 ㅡ 남 은 시 간 마 ㅡ 다 야 위 어 서 꿈 이 됩 니 다 ㅡ
mp
f
보 고 픔 에 주 름 지 던 함 께 했 던 그 순 간 들
기 다 림 이 있 었 으 니 헤 어 짐 도 따 뜻 하 고
mf
그 리 ㅡ 움 에 꽃 을 피 ㅡ 워 보 고 픔 을 잊 습 니 다 ㅡ
바 람 ㅡ 오 는 길 목 에 ㅡ 서 그 대 얼 굴 그 립 니 다 ㅡ
다 가 가 면 멀 어 지 고 눈 감 으 면 다 가 오 는
그 대 떠 난 하 늘 길 에 무 지 개 가 떴 습 니 다

8-012

그대 웃네요

박순조 작사
안경수 작곡

♩. = 56
mp
mf
어젯밤꿈속에 서 — 부처님뵈 옵 고 — 앙상한손 —
마주잡고 삼배를올렸는 지 — 초점잃은눈동자 로 —
여래처럼웃—네 요 — 어머니잠드—신 — 대웅사밀다랑이
밭 — 눈감고도다—녔던 — 망개꽃핀꼬부랑 길 —
이—제는 오디보다 검—은추 억 이 — 걸 음멈추어
도 — 아무일없다는 듯 — 여래처럼웃 네 요
f
먼먼날 그대다만시난다 면 — 면경알—같은 마음으로
나를보고웃어 주 오 — 나 를보 고 웃어주 오
오늘도그—대 는 — 여래처럼웃—네요 — 나도그냥 웃 네 요

8-013

그리운 청담스님

곽영석 작사
송성헌 작곡
천천히
어 릴때 는ㅡ 눈이커ㅡ서 부 엉이ㅡ라ㅡ 고
학 창시 절ㅡ 항일운ㅡ동 선 두에ㅡ서ㅡ 고
얼 름깨 고 좌선하ㅡ던 인 욕ㅡ보ㅡ살 님
출 가하 여 스님되ㅡ어 견 성ㅡ이ㅡ뤘 네
정 화불 사 이끄시 고 횃 불ㅡ드 시 니
정 화불 사 횃불되 어 나 를ㅡ사 루 어
조 계종 풍 바로잡 아 등 불ㅡ되 셨 네
불 국정 토 염원하 신 청 담ㅡ큰 스 님
거룩해라ㅡ 고마 워 그 리 운 스ㅡ 님
불 교위해 평 생사신 청 담 큰 스 님

8-014

길은 멀어도

최동호 작사
황옥경 작곡
♩. = 42
산 아 래 작 은 등 불 — 달 빛 보 다 고 운 산 사 —
산 아 래 작 은 등 불 — 달 빛 보 다 고 운 산 사 —
천 리 길 밖 에 서 도 — 들 리 는 풍 경 소 리 —
천 리 길 밖 에 서 도 — 들 리 는 목 탁 소 리 —
산 — 넘 고 물 — 건 너 어 딘 들 못 가 리 오
산 — 넘 고 물 — 건 너 어 딘 들 못 가 리 오
오 늘 은 누 가 와 서 예 불 하 시 나
오 늘 은 누 가 와 서 법 문 하 시 나
길 은 멀 어 도 길 은 멀 어 도 눈 에 선 합 니 다 —
길 은 멀 어 도 길 은 멀 어 도 눈 에 선 합 니 다 —

8-015

길을 잃은 자

이연숙 작사
최선기 작곡
Andante Mod
길을잃고 헤매는자 들어보아라 샛별처
거친황야 헤매는자 빛을보아라 나도너
럼 구원의빛 여기있느니라
도 행복한길 여기있느니라
길을잃고헤매는자 인의성품갖췄으니
갈곳몰라헤매어도 길은하ㅡ나ㅡ이니
부처님의법장진리 자성찾아ㅡ깨치어라 길을잃
부처님의대장경문 배워익혀ㅡ깨치어라 거친황
고 헤매는자 들어보아라 샛별처
야 헤매는자 빛을보아라 나도너
럼 구원의빛 여기있느니라
도 행복한길 여기있느니라

8-016

길을 잃은 운수납자

서은희 작사
황옥진 작곡

♩= 108
잠 못 드 ― 는 사 람 에 ― 게 밤 은 길 ― 고 요
일 이 힘 ― 든 사 람 에 ― 게 하 루 는 ― 길 고
지 쳐 있 ― 는 사 람 에 ― 게 길 은 멀 ― 어 라
일 월 광 ― 천 그 은 혜 ― 도 소 용 없 ― 어 라
바 른 법 을 모 르 는 자 어 리 석 으 니
부 처 님 의 은 혜 가 피 태 산 같 아 도
나 고 죽 는 생 사 윤 회 아 득 하 여 라
그 릇 없 어 받 지 못 해 한 탄 하 노 라
진 리 등 ― 불 켜 놓 으 ― 신 우 리 부 ― 처 님
어 리 석 ― 은 우 리 중 ― 생 깨 쳐 주 소 서

8-017

길을 찾아 행복합니다

곽영석 작사
백승태 작곡

Andante
mf
mp
절을하며예배합니 다 두손모아서원합니 다
길을찾아행복합니 다 법을만나즐겁습니 다
mf
이생에오—신 인 연 감사하며예배합니 다
부처님을만났 으 니 감사하며예배합니 다
mp
부처님의여—실한 법 배웠으니감사합니 다
진실하여깨—우친 법 만났으니행복합니 다
mf
눈을들어찬탄합니 다 길을찾아반갑습니 다
찬송하며경배합니 다 나를찾아길을갑니 다
f
이 생에서만난인 연 감사하며찬탄합니 다
부 처님을만난인 연 감사하며찬탄합니 다
이 생에서만난인 연 감사하며찬탄합니 다
부 처님을만난인 연 감사하며찬탄합니 다
mp
이생전생—삼세겁 에
f
인 연 지어다시 만난 —
mp
부처님과—함께하 는
f
rit.
인 연 가피행복 하네 —

8-018

김 서린 유리창에

가곡풍으로

곽영석 작사
능 인 작곡

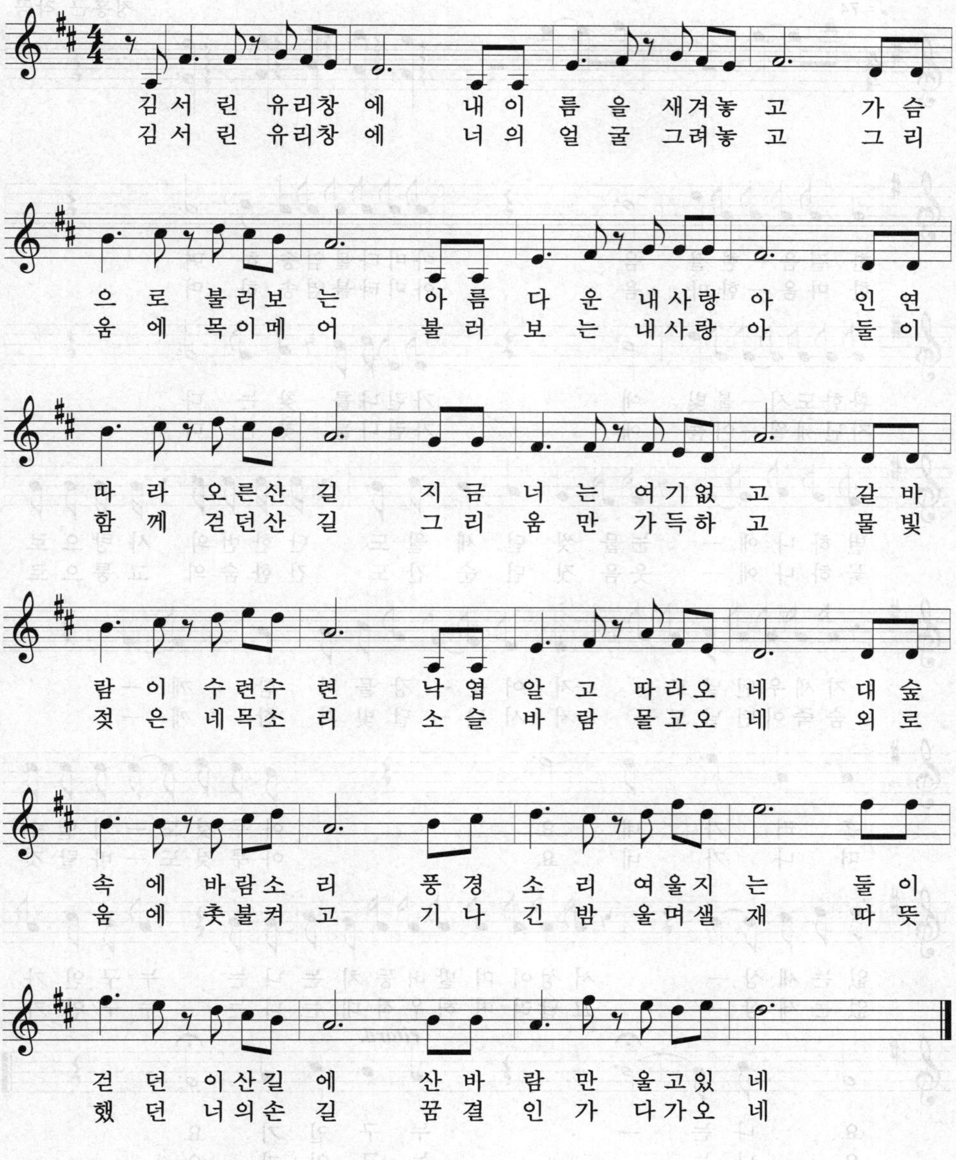

김서린 유리창에 내이름을 새겨놓고 가슴
김서린 유리창에 너의얼굴 그려놓고 그리

으로 불러보는 아름다운 내사랑아 인연
움에 목이메어 불러보는 내사랑아 둘이

따라 오른산길 지금너는 여기없고 갈바
함께 걷던산길 그리움만 가득하고 물빛

람이 수런수런 낙엽알고 따라오네 대숲
젖은 네목소리 소슬바람 몰고오네 외로

속에 바람소리 풍경소리 여울지는 둘이
움에 촛불켜고 기나긴밤 울며샐재 따뜻

걷던 이산길에 산바람만 울고있네
했던 너의손길 꿈결인가 다가오네

8-019

나는누구인가요

(가사공모작)

김영민 작사
정홍근 작곡
♩= 74
한 걸음ㅡ한걸 음 아미타불염송 하 며
한 마음ㅡ한마 음 아미타불염송 하 며
환한도시ㅡ불빛 에 가린나를 찾 는 다
지난세월ㅡ어둠 에 가린나를 찾 는 다
별하나에ㅡ 눈물 씻 던 세 월도 단한번의 사랑으로
꽃하나에ㅡ 웃음 짓 던 순 간도 긴한숨의 고통으로
지새우던날도ㅡ 저 어 둔ㅡ강 물 과 함 께ㅡ
숨죽이던날도ㅡ 저 시 린ㅡ달 빛 과 함 께ㅡ
흘 러 가 네 요 아무것도ㅡ기댈수
떠 나 가 네 요 아무것도ㅡ바랄것
없는세상ㅡ 서성이며발버둥치는나는 누구인가
없는세상ㅡ 끄달리며허우적대는나는 누구인가
ritard.
요 나는 ㅡ 누 구 인 가 요
요 나는 ㅡ 누 구 인 가 요

8-020

나무 한 그루 풀씨 한 톨이

곽영석 작사
오세균 작곡

♩= 96
산 에심 은 나 무 하 나 숲 을이 루 듯
푸 른숲 의 나 무 하 나 인 연지 어 서
풀 씨들 이 모 여 모 여 초 원이 되 죠
태 산준 령 굽 이 굽 이 절 경이 되 죠
한 그 루 의 종 자 나 무 산 이 되 듯 이
풀 씨 들 이 어 울 려 서 초 원 되 듯 이
인 연으 로 어 울 려 서 절 경 만 들 어 요
인 연으 로 어 울 려 서 절 경 만 들 어 요
나 무 한 그 루 풀 씨 한 톨 이 숲 을 이 루 듯
나 무 한 그 루 풀 씨 한 톨 이 숲 을 이 루 듯
우 리모 두 불 교 나 무 되 어 봐 요
우 리모 두 불 교 나 무 되 어 봐 요

8-021

날마다 좋은 날

(수상곡)

혜 봉 작사
이재인 작곡
Disco ♩= 136
무 진 — 삼 매 — — 무 진 — 해탈이 요 — —
눈 으로 보 니 — — 일 월 광명여래 요 — —
무 진 생명 — — 무 — 진 — 열반이니 — —
귀 로 들으니 — 무 — 량성 — 여래요 — —
무 진 자 유 — — 무 진 극락이요 —
코 로 맡 으니 — 향 적 여 — 래요 —
얼 씨구 — 좋 다 절 씨구 — 좋을시 고 — — —
얼 씨구 — 좋 다 지 화자 — 좋을시 고 — — —
우리모두 — 노 래 부르 니 — 음 성 공 양이 여래로다 — 음 성 공 양의
— 향 기 — 온 — 누리에울려퍼져 라 — — 우리모두 — 벗 어 버리 고 —
훨 훨 — 춤 을 추어 요 — 탐 욕도훨 — 훨 번 뇌도 — 훨 — 훨 — —
—
D.C.
어 제도 — 오늘도 좋을시고 — 날 이면 — 날마다 좋을시고 —
훨 훨 — — — 춤을 추 — — 어 요 — — —

8-022

내가 교만할 때

여영희 작사
정동수 작곡

♩= 120
교 만 하 고 어리석어ㅡ 세 상 모 를 때
탐 진 치 로 교만하고ㅡ 세 상 모 를 때
겸 손 하 고 부끄러움ㅡ 알 게 하 셨 네
무 명 깨 워 부끄러움ㅡ 알 게 하 셨 네
법모르고ㅡ 방황하며ㅡ 자 만 할 적 에
인과법칙ㅡ 여실한법ㅡ 익 히 게 하 여
나의심성ㅡ 살피시어ㅡ 가 르 치 셨 네
나의자만ㅡ 교정하여ㅡ 알 게 하 셨 네
자 비하 신 부 처 님 거 룩하 신 부 처 님
나 의교 만 용 서하 사 지 혜주 소 서

8-023

내가 머문 그 자리에

곽영석 작사
최선기 작곡

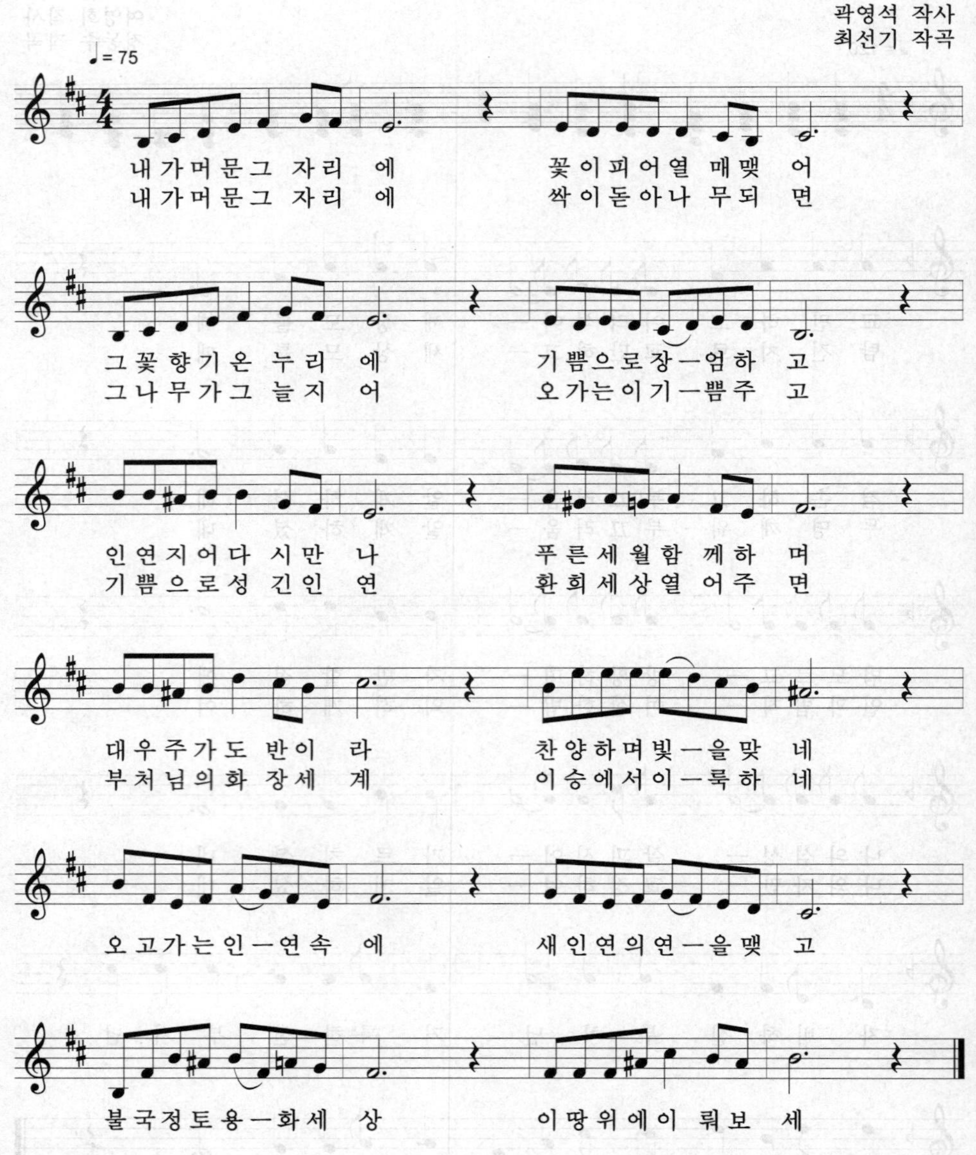
♩= 75
내가머문그 자리 에 꽃이피어열 매맺 어
내가머문그 자리 에 싹이돋아나 무되 면
그꽃향기온 누리 에 기쁨으로장ㅡ엄하 고
그나무가그 늘지 어 오가는이기ㅡ뻠주 고
인연지어다 시만 나 푸른세월함 께하 며
기뻠으로성 긴인 연 환희세상열 어주 면
대우주가도 반이 라 찬양하며빛ㅡ을맞 네
부처님의화 장세 계 이승에서이ㅡ룩하 네
오고가는인ㅡ연속 에 새인연의연ㅡ을맺 고
불국정토용ㅡ화세 상 이땅위에이 뤄보 세

8-024

내 영혼의 깊은곳에

(가사공모작)

조재일 작사
오영민 작곡
Adagio ♩= 68
탐진치의— 어리 석음—— 깨치려고하옵나 니
번뇌무명을 떨— 치려—— 님앞에서원하오 니
제불보살— 나투 시사 — 나를은혜하— 시 네
무진법문— 베푸 시사 — 나를은혜하옵 소 서
천하종사선지 식 이 일러주신법장진 리
가진것은없 — 어 도 청정한맘비워놓 고
받아지녀 불국토 를 장엄하는꽃 이되 리
삼보공양 보시공 덕 번뇌업장사 라지 네
내영혼의깊은곳 에 님의가피채우시 사
내영혼의깊은곳 에 부처님이이르시 어
사 바연의 큰 — 인 연 꽃이피게하 —소 서 (후렴) 나
나 를은혜 하 — 시 니 찬양하며나아가 네
무 관음 관 세음 관 세음 — 보 살 나
무 관음 관 세음 관 세음 — 보 살

8-025

눈물로 짓는 은혜

곽영석 작사
강주현 작곡

빠르지 않게 ♩= 80
유 정 무 정 인 연 지 어 살 아 온 그 ㅡ 날
돌 아 보 면 아 득 하 고 눈 물 이 막 ㅡ 혀
악 연 으 로 나 의 본 성 무 너 ㅡ 지 었 네
은 혜 로 운 부 처 님 께 기 도 ㅡ 합 니 다
부 처 님 께 엎 드 려 도 눈 물 ㅡ 만 앞 서
살 아 온 날 내 본 성 이 아 득 ㅡ 하 여 서
자 비 하 신 부 처 님 께 의 지 합 니 다
참 회 하 며 엎 드 려 서 서 원 합 니 다
거 룩 하 신 부 처 ㅡ 님 나 의 부 처 님
이 중 생 의 ㅡ 참 회 눈 물 거 둬 주 소 서

8-026

눈물의 뜨개질

대 우 작사
심순보 작곡

♩= 108 -112
안 보면보고 싶 은 내 사랑당신 이 여
오 늘도어제 처 럼 미 안한당신 이 여
보 면은주고 싶 은 고 마운당신 이 여
어 제도오늘 처 럼 고 마운당신 이 여
숨 어서익어 가 는 그 리운당신—이 여
수 줍은그리 움 에 뜨 거운눈물지어 도
눈 물로그리 려 다 꿈만꿈만꾸 었 네
꿈 마다그리 면 서 눈물눈물짓 네 요
(후렴) 눈 물의뜨개 질 은 언 제나마 칠 까
1.
내 사랑그 리 운 감 사 한 사 랑
2.
내 사랑그 리 운 감 사 한 사 랑

8-027

뉘우칩니다

곽영석 작사
오세균 작곡

♩= 96
미 소 짓 는 부 처님께 두 손 모 으 고
향 불 냄 새 가 득一한 대 웅 전 에 서
저 의 잘 못 간 절하게 뉘 우 칩 니 다
머 리 숙 여 부 처님께 예 배 합 니 다
성을내 고 다툰일 을 뉘 우 치 오 니
친구끼 리 다투고 서 뉘 우 치 오 니
아 버 지 의 마음으로 용 서 하 소 서
뉘 우 치 는 저희마 음 받 아 주 소 서

8-028

늙은 돌장승 부부

이정석 작사
이창규 작곡

♩= 110
향 기진 한 꽃 보따리 갖 고싶 거 든
백 일홍 과 초 롱꽃이 어 울려 피 는
운 흥사 지 돌 장승 을 찾 아오 세 요
나 주다 도 운 흥사 에 놀 러오 세 요
따 뜻하 신 웃 음꽃 이 떨 어지 는 곳
입 구에 서 반 겨맞 는 돌 장승 부 부
초 의선 사 다 녀가 신 운 흥사 입 구
짖 궂으 신 농 담해 도 그 냥오 세 요
초 의선 사 출 가하신 우 리의 옛 절
mf
바 닷물 이 출렁이 는 다 도의 사 찰

8-029

님께로 가는 길

조용하 작사
조영근 작곡

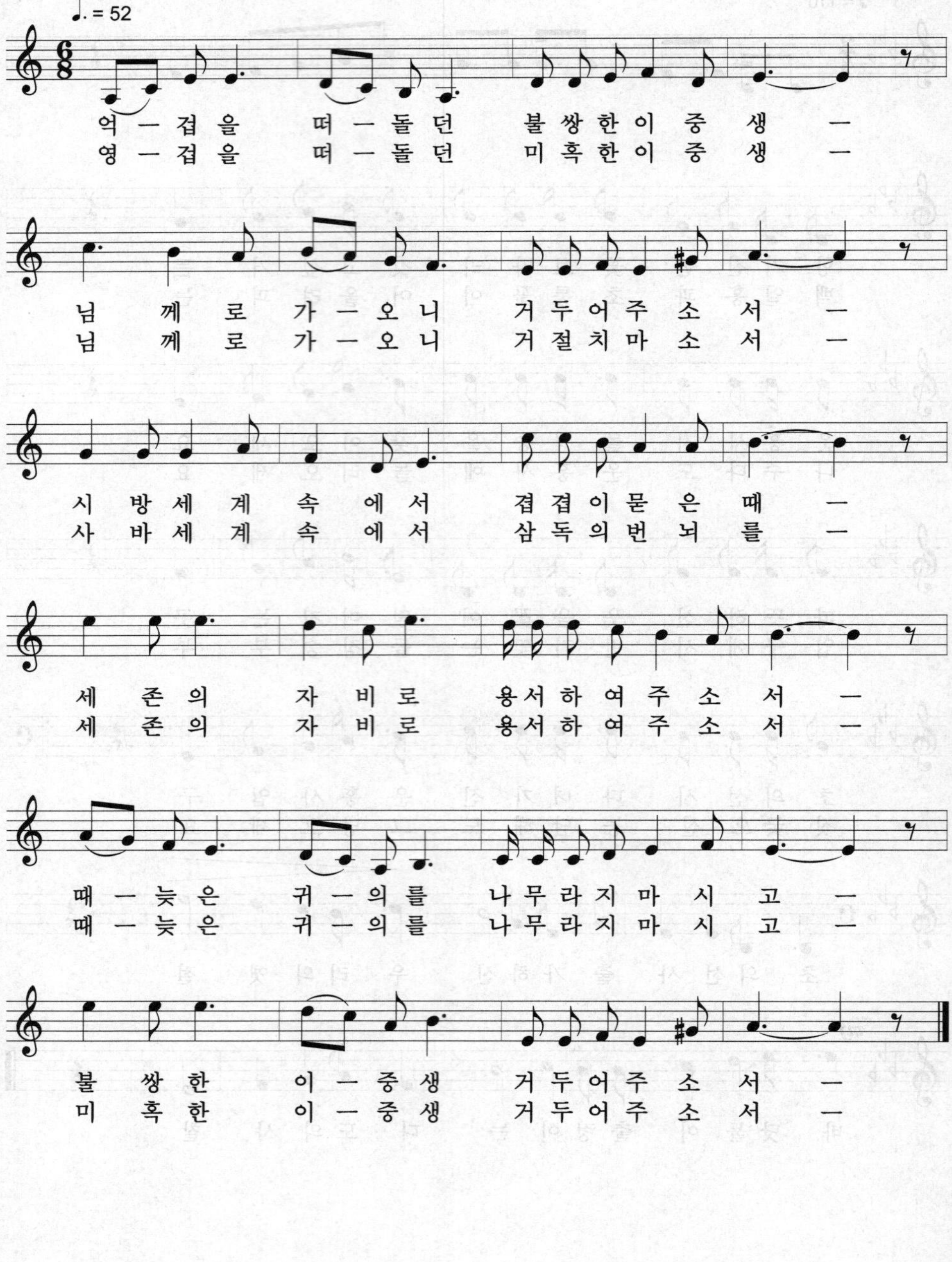

♩. = 52

억 — 겁 을 떠 — 돌 던 불 쌍 한 이 중 생 —
영 — 겁 을 떠 — 돌 던 미 혹 한 이 중 생 —

님 께 로 가 — 오 니 거 두 어 주 소 서 —
님 께 로 가 — 오 니 거 절 치 마 소 서 —

시 방 세 계 속 에 서 겹 겹 이 묻 은 때 —
사 바 세 계 속 에 서 삼 독 의 번 뇌 를 —

세 존 의 자 비 로 용 서 하 여 주 소 서 —
세 존 의 자 비 로 용 서 하 여 주 소 서 —

때 — 늦 은 귀 — 의 를 나 무 라 지 마 시 고 —
때 — 늦 은 귀 — 의 를 나 무 라 지 마 시 고 —

불 쌍 한 이 — 중 생 거 두 어 주 소 서 —
미 혹 한 이 — 중 생 거 두 어 주 소 서 —

다생으로 지은 죄

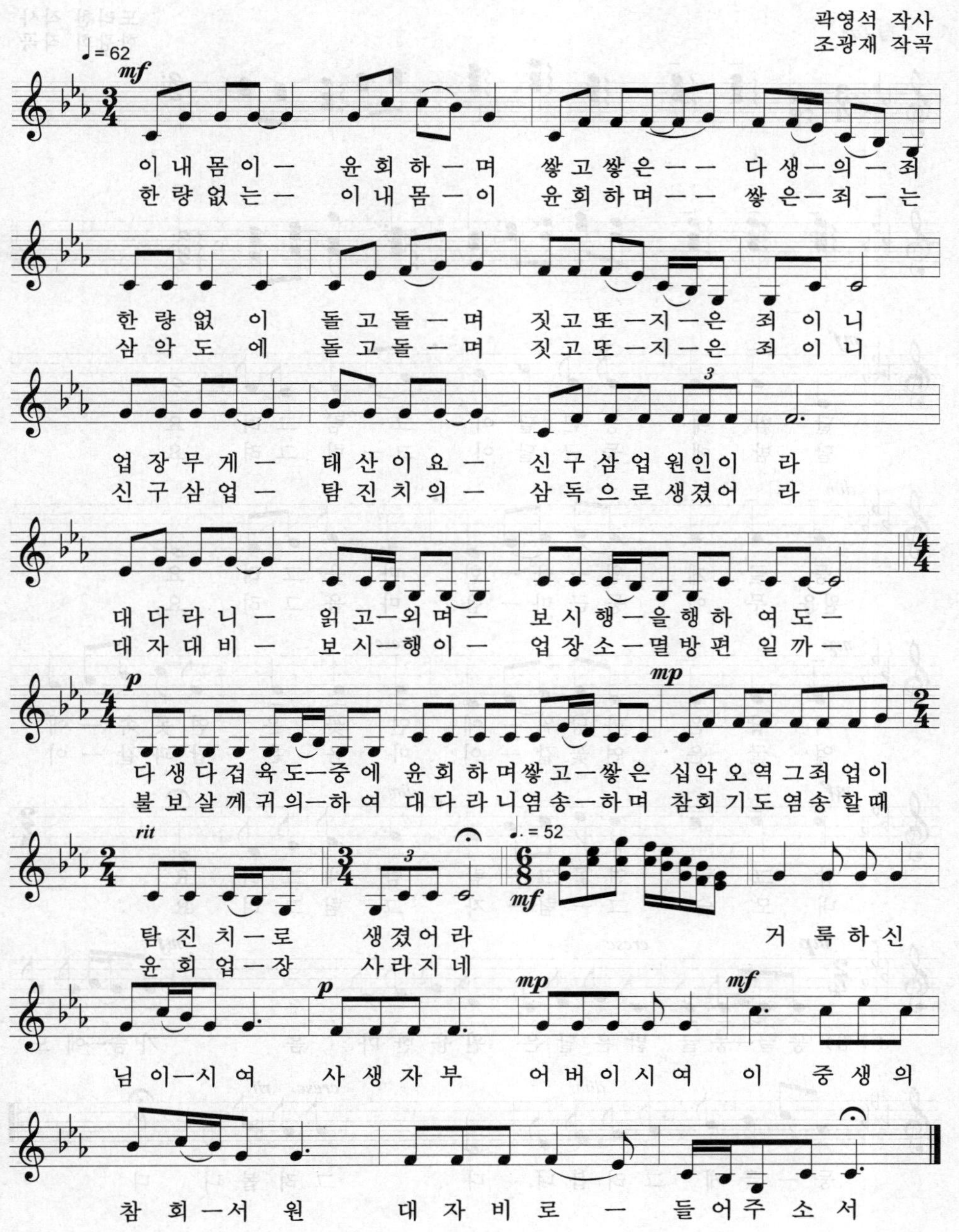
곽영석 작사
조광재 작곡
♩= 62
mf
이 내 몸 이 ㅡ 윤 회 하 ㅡ 며 쌓 고 쌓 은 ㅡ ㅡ 다 생 ㅡ 의 ㅡ 죄
한 량 없 는 ㅡ 이 내 몸 ㅡ 이 윤 회 하 며 ㅡ ㅡ 쌓 은 ㅡ 죄 ㅡ 는
한 량 없 이 돌 고 돌 ㅡ 며 짓 고 또 ㅡ 지 ㅡ 은 죄 이 니
삼 악 도 에 돌 고 돌 ㅡ 며 짓 고 또 ㅡ 지 ㅡ 은 죄 이 니
3
업 장 무 게 ㅡ 태 산 이 요 ㅡ 신 구 삼 업 원 인 이 라
신 구 삼 업 ㅡ 탐 진 치 의 ㅡ 삼 독 으 로 생 겼 어 라
대 다 라 니 ㅡ 읽 고 ㅡ 외 며 ㅡ 보 시 행 ㅡ 을 행 하 여 도 ㅡ
대 자 대 비 ㅡ 보 시 ㅡ 행 이 ㅡ 업 장 소 ㅡ 멸 방 편 일 까 ㅡ
p
mp
다 생 다 겁 육 도 ㅡ 중 에 윤 회 하 며 쌓 고 ㅡ 쌓 은 십 악 오 역 그 죄 업 이
불 보 살 께 귀 의 ㅡ 하 여 대 다 라 니 염 송 ㅡ 하 며 참 회 기 도 염 송 할 때
rit
3
♩. = 52
mf
탐 진 치 ㅡ 로 생 겼 어 라 거 룩 하 신
윤 회 업 ㅡ 장 사 라 지 네
p
mp
mf
님 이 ㅡ 시 여 사 생 자 부 어 버 이 시 여 이 중 생 의
참 회 ㅡ 서 원 대 자 비 로 ㅡ 들 어 주 소 서

8-031

달이 그리는 그림

도리천 작사
한광희 작곡
♩= 71
mf
달 밤 에 둥 근 달 이 그 ㅡ 림 그 려 요
달 밤 에 둥 근 달 이 그 ㅡ 림 그 려 요
dim.
둥 글 게 원 ㅡ 융 ㅡ 한 마 음 그 려 요
원융 무 애 둥 근 마 ㅡ 음 마 음 그 려 요
mp
cresc
석 탑 은 마 당 위 ㅡ 에 연 꽃 은 연 못 속 ㅡ 에
얼 굴 은 연 꽃 같 ㅡ 이 마 음 은 탑 과 같 ㅡ 이
mf
dim.
탑 그 림 연 꽃 그 ㅡ 림 밤 새 그 려 요
내 모 습 그 ㅡ 림 ㅡ 자 그 림 그 려 요
mp
cresc
mf
(후렴) 둥 글ㅡ둥 글 밝 은 달 은 원 융 한 마 음 가 슴ㅡ에 도
dim.
cresc
rit
둥 ㅡ 글 게 그 려 봅 니 다 그 려 봅 니 다

8-032

덕주사의 마애불

김미지 작사
곽영석 작곡

Waltz
mp
신 라 부 흥 다 짐 하 던
미 륵 태 자 마 애 공 주
마 의 태 자 ㅡ 덕 주 공 ㅡ 주 ㅡ
망 국 의 한 ㅡ 서 러 움 ㅡ 을 ㅡ
와 신 상 ㅡ 담 절 치 부 ㅡ 심
그 뉘 라 ㅡ 서 알 ㅡ 리 ㅡ 오
천 ㅡ 년 ㅡ 세 월 모 진 풍 ㅡ 상 ㅡ
천 ㅡ 년 ㅡ 세 월 모 진 풍 ㅡ 상 ㅡ
청 풍 명 월 쉬 어 가 는 ㅡ 월 악 영 봉 산 자 락 에 ㅡ
웃 ㅡ 는 듯 우 ㅡ 는 듯 ㅡ 애 ㅡ 달 픈 슬 픈 미 소 ㅡ
한 ㅡ 맺 힌 석 불 되 어 ㅡ 남 북 으 로 마 주 보 는 ㅡ
권 토 중 래 일 장 춘 몽 ㅡ 바 람 결 에 흩 어 지 거 ㅡ
오 누 이 ㅡ 의 슬 ㅡ 픈 ㅡ 사 ㅡ 연
무 ㅡ 심 ㅡ 한 안 ㅡ 개 ㅡ 구 ㅡ 름
소 쩍 새 도 울 고 가 ㅡ 네 ㅡ
월 악 산 을 감 돌 아 드 네 ㅡ

8-033

도반의 길

김선화 작사
안경수 작곡

♩. = 56
걸 어 보 세 걸 어 보 세 명 상 의 숲 걸 어 보 세
들 어 보 세 들 어 보 세 귀 를 열 고 들 어 보 세
온 화 한 ― 미 소 로 숲 길 저 만 치 가 네
다 ― 정 한 미 소 로 강 길 저 만 치 가 네
다 정 히 ― 부 르 는 손 짓 눈 짓 따 라 ―
내 ― 가 슴 깊 은 곳 울 림 소 리 따 라 ―
가 만 가 만 숨 소 리 낮 ― 추 어 ― 걸 어 가 보 세 ―
가 만 가 만 큰 소 리 숨 ― 죽 여 ― 들 어 나 보 세 ―
내 ― 딛 는 걸 음 걸 이 황 소 걸 음 일 지 라 도
우 리 함 께 두 손 모 아 걸 어 가 보 세 ―

8-034

동백꽃 지던 날

(가사공모작)

전병호 작사
정영화 작곡
조금느리게 ♩= 90
온 곳이 없는데 갈 곳이 있다더냐
바람이 불어도 동백꽃 떨어지고
스님께서 물으시는데 그만 말문이 막혀—
바람불지 않—아—도 동백 꽃떨—어져—
절마당의 동백꽃처럼 나 얼굴만 붉혔습니다
몸을 맡긴 동박새—가 밤 새—워 울고웁니다
온 곳이 없는데 갈 곳이 있다더 냐
D.C.
봄 밤이 다 지새도록— 동박 새가 웁니 다
봄 밤이 다 지새도록— 동박 새가 웁니 다

8-035

마 음

김창현 작사
조영근 작곡

Moderato
비 우 면ㅡ 부 처 이 고ㅡ 못 비 우 면 중 생 이 니
팔 만 의ㅡ 대 장 경 도 ㅡ 그 본뜻 은 단 한 마 디
마 음 하 나 비 우 기 가ㅡ 이 ㅡ 렇 게 어 렵 구 나
깨 달 았 다 못 했 다 는ㅡ 어 려 운 말 상 관 마 소
극 ㅡ 락 과 ㅡ 화 탕 지 옥 이 마 음 먹 기 달 ㅡ 렸 네
마 ㅡ 음 속 ㅡ 삼 독 버 리 면 모 두 부 처 되 는 것 을
극 ㅡ 락 과 ㅡ 화 탕 지 옥 이 마 음 먹 기 달 ㅡ 렸 네
마 ㅡ 음 속 ㅡ 삼 독 버 리 면 모 두 부 처 되 는 것 을
흐 린 물 맑 은 물 이 원 래 같 은 물 이 어 서
탁 하 고 흐 린 경 계 마 음 속 에 생 겨 난 다
날 마 다 청 정 연 꽃 을 마 음 속 에 그 려 보 세
날 마 다 청 정 연 꽃 을 마 음 속 에 그 려 보 세

만행

(가사공모작)

권문자 작사
황옥경 작곡

Waltz ♩. = 40
산 ㅡ 빛 따 ㅡ 라 산 에 올 라 구 름 길 을 다 시 보 고
구 ㅡ 름 따 ㅡ 라 산 에 올 라 산 줄 기 를 굽 어 보 고
대 ㅡ 나 무 ㅡ 밭 부 서 지 는 바 람 소 리 따 라 걷 네
바 ㅡ 람 소 ㅡ 리 쉬 어 넘 는 고 갯 길 을 걸 어 가 네
속 삭 이 는 숲 이 야 기 귀 를 모 아 들 어 보 ㅡ 고
수 풀 속 의 뭇 생 명 들 삶 의 애 기 들 어 보 ㅡ 고
유 정 무 정 뭇 생 명 의 삶 의 애 기 살 ㅡ 펴 보 네
유 정 무 정 오 신 인 연 인 연 가 피 살 ㅡ 펴 보 네
(후렴) 잊 혀 질 까 다 시 보 고 그 리 워 서 찾 아 보 고 ㅡ
구 름 걸 린 산 마 루 에 구 름 밭 을 갈 고 있 네 ㅡ

8-037

무상

곽영석 작사
백영운 작곡
♩= 70
1.허 공에달ㅡ가듯 이 나뭇잎에 바람일듯 이 밟 고온내ㅡ그림
은 혜의무ㅡ진법 문 내가살길등대이어 라 이 생에지ㅡ은업
2.연 못에달ㅡ그림 자 실바람에 일렁이듯 이 마 음에새ㅡ긴눈
영 원한참ㅡ된진 리 무진법문깨쳐익히 라 인 연의수ㅡ레바
1.
2.
자 세월속에던져버리 고 지고갈까끌고갈거 나 하늘
장
물 허공속에던져버리 고 얽힌번뇌어찌풀거 나 밤하
퀴
에 구 름 일 듯 연 못 위 에물결이일 듯 언제
늘 별 빛 지 듯 아 침 이 슬사라지듯 이 열반
나 마음속 에 번뇌 망상ㅡ 피어오르 고 욕심 에 이끌리
의 대역사 가 사바 세계ㅡ 피고또지 고 무상 의 바른법
어 진면 목 을잃고헤맸 어 지혜 의 눈을들어 행동
문 온누 리 에가득차있 어 집착 의 어리석음 환희
바 른모습으로 서 이제 는 걸림 없 이 해탈 세 계나고싶어
바 다떨쳐버리 고 이제 는 걸림 없 이 해탈 세 계나고싶어
라 생사에 ㅡ걸림없 는 해탈 세 계나고싶어 라
라 생사에 ㅡ걸림없 는 해탈 세 계나고싶어 라
D.S.

8-038

무상계의 노래

이근숙 작사
정동수 작곡

위엄있게 ♩= 96
무 상 을 노 래하 는 앞 산소 나 무
무 명 의 시 방세 계 함 께살 아 온
긴 세 월 예 불소 리 듣 고자 랐 네
앞 산 의 소 나무 로 부 처지 었 네
목 불 로 태 어나 서 예 배받 더 니
서 원 의 기 도소 리 하 늘에 미 쳐
피 안 의 해 탈세 계 꿈 을꾸 시 나
열 반 의 범 종소 리 치 고계 시 나
석 등 에 불 을켜 고 예 배할 적 에
목 불 의 사 자후 가 하 늘을 여 네

8-039

반월성에 뜨는달

(수상곡)

곽영석 작사
박이제 작곡

Andante
mp
서라 벌——공—성위 에 — 소 슬 바 —람높이불 고 — 몽
반월 성—에달—이뜨 면 — 검 은 바 —다달려오 고 — 만
mf
개 —구름 일고지 는 — 천 — 년 —하늘 쪽빛이 라 — 철—
파 —식적 피리소 리 — 풍 — 경 —소리 함께논 다 — 분 황
mp
mf
당 —간에 패불걸 고 — 야단법 석 여 는 마 당 — 법—공
사 ——절 마—당 에 — 울고있 는 대 북 소 리 — 무—애
mp
안 이 무엇이 라 — 화엄벌 엔 ——대 북 소 리 고 고
행 이 무었이 랴 — 원효성 사 ——대 통 법 문 천—
한 ——능—원길 엔 — 벚 꽃 향 —기 스 러 지 고 — 반월성
년 —이하—루같 이 — 별 빛 흘 —러 스 러 지 고 — 반월성
mf
에 푸 른달—— 빛 — 천 년 —역사 비—추 네 —
에 아 우성—— 이 — 자 명 —고로 울려온 다 —
Moderato ♩= 82 espressivo
mp
mf
a
(후렴) 내가온길— 흔적없고— 나의갈길— 아득해도— 지—은
mf
업 식 인연따 라 — 꽃 길 —되어 열려있 네 —

8-040

방하착

(수상곡)

곽영석 작사
이재인 작곡
가곡풍으로 ♩= 75
사 바 연 의 모 든 것 은 생 기 하 다 사 라 ― 지 고
이 세 상 의 모 든 삶 은 꿈 과 같 고 그 림 자 같 아
인 연 지 어 다 시 나 서 무 량 겁 을 윤 회 하 니
인 연 지 어 다 시 나 는 윤 회 겹 의 연 속 이 니
지 고 가 랴 놓 고 가 랴 방 하 착 이 최 상 이 라
지 고 가 랴 놓 고 가 랴 방 하 착 이 살 길 이 라
있 는 것 이 없 음 이 요 없 는 것 이 최 상 이 라
우 리 들 이 무 량 겁 을 다 시 나 서 법 모 르 면
인 간 사 는 꿈 과 같 고 번 개 같 은 찰 라 의 연
과 거 인 연 오 는 인 연 불 퇴 전 의 정 진 행 도
번 뇌 욕 심 내 려 놓 는 방 하 착 이 마 음 자 리
착 득 거 의 비 명 소 리 방 하 착 이 마 음 자 리

8-041

백년을 살지라도

황학현 작사
김정란 작곡
♩. = 38
비록백년을살지라도 — 슬기롭지못하고 어리석으면
지혜를지니—고 — 하루를사는것만 못—하고
비록백년을살지라도 — 게으르고노력하지 않 으면
정진하는사 람 의 — 하루를사는것만 못하리라
비록백년을살지라도 — 나고죽는법칙을 모 르면
생멸을깨닫고 하루사는것만 하루사는것만못—하 며 —
비 록백년을 살지라도 니르바나의길을 모—르면
불멸의길 을 알—고 하루를사는것만 못—하리라

8-042

번뇌는 구름처럼

(가사공모작)

김 화 작사
오세희 작곡
Cha Cha Cha ♩= 132
사 바 연 에 지 친 마 ─ ─ 음
살 다 보 면 죄 도 짓 ─ ─ 고
기 댈 곳 이 어 ─ 디 ─ 련 가 ─
가 슴 치 며 후 ─ 회 ─ 했 지 ─
임 을 찾 아 엎 드 려 도 근 심 걱 정 끝 이 ─ 없 고 새 록 ─ 새 록
먼 발 치 에 부 처 님 을 예 배 하 고 돌 아 ─ 서 도 나 의 ─ 행 실
피 는 회 한 통 성 기 도 기 쁨 ─ 이 라 ─
나 의 삶 을 어 찌 하 면 벗 어 ─ 날 까 ─
부 처 앞 에 간 절 ─ 하 면 부 처 님 은 일 어 ─ 서
삼 계 번 뇌 씻 어 ─ 줘 도 삼 계 번 뇌 씻 어 ─ 줘
서 ─ 백 호 ─ 광 명 빛 을 ─ 내 어
도 ─ 사 바 ─ 연 에 거 친 ─ 삶 이
안 개 같 은 번 뇌 ─ 망 상 ─ 씻 어 주 고
나 의 업 장 키 워 ─ 주 고 ─ 바 른 행 실
지 워 주 ─ 고 기 쁨 가 득 안 겨 주 ─ 네 ─
자 비 실 ─ 천 공 덕 행 이 최 상 이 ─ 라 ─

8-043

법고소리

김정자 작사
조영근 작곡

mp
mf
여명이하 늘— 열 ——어 청정도량깨 우 -- 면
대웅전용 마— 루 ——에 석양빛이물 들 -- 면
mp
우 리 — 절 — 법 고 소 리 사 바 에 울 린 — 다
우 리 — 절 — 법 고 소 리 사 바 를 깨 운 — 다
mf
f
무 명 속 에 잠 들 은 중 생 들 아 깨 어 나 라
무 명 속 을 헤 매 는 중 생 들 아 깨 어 나 라
mf
mp
오 탁 과 무 명 의 바 다 를 건 너 — 서
바 람 에 흔 들 려 떨 어 진 열 매 — 가
mf
진 리 가 파 도 치 는 반 야 의 세 계 로 오 라
계 절 을 오 가 면 서 꽃 피 는 윤 회 의 진 리
mp
지 나 간 어 제 를 후 회 하 지 말 — 고
어 둠 이 짙 으 면 별 은 더 욱 밝 — 고
mf
f
다 가 올 내 일 도 두 려 워 말 고
얼 었 던 땅 에 도 새 봄 이 오 듯
mf
mp
rit.
mf
사 랑 이 넘 치 는 진 리 의 바 다 로 오 라
희 망 이 싹 트 는 진 리 의 바 다 로 오 라

8-044

부처님께 가는 길

(공모작)

강용숙 작사
강주현 작곡

Allegro con brio ♩= 96
법보전에연등 달 고 경전한―소절읽으 며
삼보전을우러 르 며 두손모아합장하― 고
합 장하 고 예경하―며 탐진치를지―우― 며
내 ―행 을 자성하―며 나―항상기도하오 며
대자대비부처님 께 간―절히비옵나― 니
은혜로운부처님 께 정성모아공양하― 니
사 바세 계 중생들―을 자―비로이끄소― 서
사 바세 계 불자인―연 향기롭게이끄소― 서
우리들―의 부 처―님 광 명세 상 여 시 네
우리들―의 부 처―님 시 방정 토 여 시 네
선 행공 덕 중생계―가 부처님께가는길이 네
인 연공 덕 중생계―가 내가가야할―길이 네

8-045

분 향
(수상곡)

운 문 작사
이찬우 작곡

Andantino
청 정 한 한 줄 기 의 맑 은 — 향 — 을 —
귀 중 한 한 줄 기 의 보 배 — 향 — 을 —
거 룩 하 신 님 앞 에 올 리 — 옵 나 니
존 엄 하 신 님 앞 에 사 르 — 옵 나 니
원 컨 — 대 — 이 향 — 의 연 기 가 널 리 퍼 — 져
원 컨 — 대 — 이 향 — 의 성 스 런 그 훈 기 — 가
만 생 령 의 흐 린 — 맘 을 맑 히 게 하 소 서
온 시 방 에 사 라 — 지 지 않 게 — 하 소 서

8-046

산사로 가자

곽영석 작사
김정란 작곡

♩= 110
푸른숲과바람이는 산사로가자 ㅡ
푸른빛이싱그러운 산사에가자 ㅡ
풍경소리아름다ㅡ운 산사에가자 ㅡ
고요한절숲속마ㅡ당 산사에가자 ㅡ
근심걱정 다 버리고 마음평안ㅡ히
번거로운 일 상에서 털고일어ㅡ나
대웅전에 홀 로 앉아 명상해보 자
마음닦는 명 상 수련 함께해보 자

8-047

빛이 있게 삽시다

곽종분 작사
이태현 작곡
Moderato
♩= 108
세 상 만 사 ― 갈 팡 질 팡 ― 헤 매 이 며 살 ― 아 도 ―
사 바 세 계 ― 갈 팡 질 팡 ― 헤 매 이 는 우 ― 리 들 ―
부 처 님 을 ― 믿 고 부 터 ― 줏 대 있 게 살 ― 아 요 ―
내 욕 심 에 ― 남 의 것 을 ― 취 하 면 서 사 ― 나 요 ―
내 본 성 을 속 이 면 서 ― 탐 욕 스 레 살 ― 아 도 ―
마 음 비 면 모 든 것 이 ― 허 ― 망 한 그 ― 림 자 ―
내 품 성 은 본 래 부 터 ― 보 시 행 이 천 성 이 라 ―
내 본 성 을 찾 아 내 어 ― 빛 이 있 게 살 ― 아 요 ―
목 을 놓 아 참 회 해 도 ― 그 림 자 는 헛 개 비 라 ―
발 구 르 며 살 아 온 날 ― 후 회 하 지 맙 ― 시 다 ―

8-048

산사에 들어

(수상곡)

오해균 작사
오해균 작곡

Slow GoGo ♩= 82

허 공중ー에 아스라ーー한 나를내게되ー돌리 려
줄 기줄ー기 하얀설ーー움 텅비워진내ー가슴 을

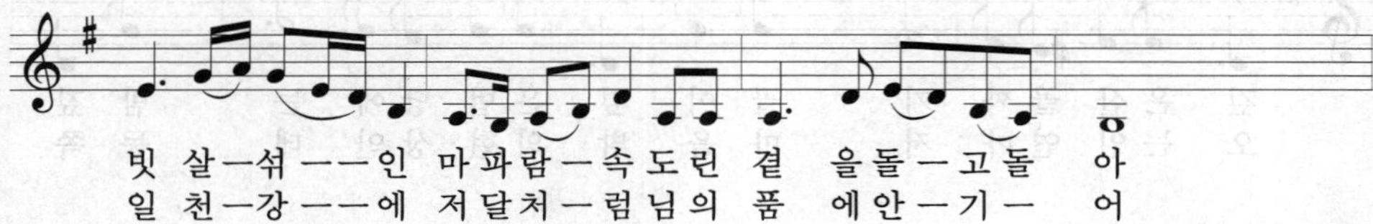
빗살ー섞ーー인 마파람ー속도린 결 을돌ー고돌 아
일 천ー강ーー에 저달처ー럼님의 품 에안ー기ー 어

열 린문에 발ー디디면 언제나날반기시 네
합 장하며 돌ー아서면 언제나날반기시 고

백 팔배 로 솟는땀ー을 극락도량감로순 가 ー
백 팔배 로 기도할ー때 내빈가슴채워지 네 ー

씻겨저간마음만큼 업장소멸되옵거든 병ー그는연 꽃ー 속

해 탈길 로 해탈길ー로 날 인도하옵소ー 서

8-049

산사의 법당에는

도 일 작사
최선기 작곡
어 둠
가 고
깊 은산 골짜 기 골이 깊 은법 당에 는 밤 깊
오 는인 연마 저 마음 밖 의현 상인 데 동쪽
도 록염 불소 리 목탁 소 리낭 랑하 네 구름
하 늘비 친별 빛 눈물 짓 는풍 경소 리 내마
따 라찾 아와 서 나를 찾 는정 진기 도 밤은
음 에들 고나 는 활법 없 는스 승이 여 시절
이 미삼ㅡ경인 데 법의 성 품찾ㅡ고있 네
인 연기ㅡ우는 데 내걸 망 은무ㅡ겁구 나

살며 사랑하며

방자경 작사
최선기 작곡

♩= 70
사랑하며 살 아갑니 다 원망하며 살아갑니 다
원망하며 살 아갑니 다 사랑하며 살아갑니 다
내인생의 언ㅡ덕에 서 후회하며 돌아봅니 다
내윤회의 여ㅡ정에 서 후회하며 돌아봅니 다
살 며지은모든 일 이 돌 아보면그림 자 처 럼
살 아가며만남 이 들 많 고많은그인 연 들 이
내 인생의길가 에 서 회개 하며눈물짓습니ㅡ다
이 제그만눈을 돌 려 참회 하며예ㅡ배합니ㅡ다

8-051

석불의 빈손

곽영석 작사
우덕상 작곡

간절한 마음으로 ♩. = 30
인 연 지 어 찾 아 왔 ㅡ 다 지 은 업 식 태 산 같 ㅡ 아 ㅡ
간 절 ㅡ 한 마 음 열 ㅡ 고 임 의 가 피 청 하 올 ㅡ 재 ㅡ
대 자 대 비 서 원 기 도 참 회 하 며 회 향 할 때 ㅡ
대 법 계 에 윤 회 하 는 법 의 실 상 님 의 법 문 ㅡ
님 의 법 향 연 꽃 향 기 은 혜 되 어 넘 쳐 나 ㅡ 네 ㅡ
대 다 라 니 읽 고 외 며 삼 보 귀 명 다 짐 하 ㅡ 네 ㅡ
사 바 연 의 시 절 인 ㅡ 연 허 상 쫒 는 내 그 림 자 ㅡ
역 대 조 사 천 하 종 ㅡ 사 선 지 식 이 가 르 치 신 ㅡ
부 질 없 ㅡ 고 가 슴 시 ㅡ 려 통 성 기 도 성 만 할 재 ㅡ
법 장 세 ㅡ 계 대 진 리 ㅡ 가 등 불 처 럼 밝 아 오 고 ㅡ
석 조 여 래 빈 손 위 에 법 계 하 늘 들 려 있 ㅡ 네 ㅡ
나 를 찾 는 구 도 의 길 여 래 손 길 들 려 있 ㅡ 네 ㅡ
(후렴) 해 탈 서 원 무 상 보 ㅡ 리 ㅡ 보 살 행 은 아 득 하 ㅡ 고 ㅡ
천 년 세 월 참 구 해 온 석 불 여 래 빈 손 이 ㅡ 라 ㅡ

8-052

세상에서 가장 아름다운 사람

유 정 작사
한광희 작곡
Andante ♩= 71
mf
mp
누 가 뭐 래 도 무슨말을하더라 도
멀 리 떠 나 서 그어디에있더라 도
mf
수만번을들어 도 기 — 분이좋 — 은
내맘속에잠시 도 떠 — 나지않 — 는
f
dim.
세상에서가 — 장 아름다운사 — 람
세상에서가 — 장 아름다운사 — 람
cresc
거룩하신붓 다 가 아 닐까 — 요
은혜로운붓 다 가 아 닌가 — 요
f
dim.
아 — — 난 — 참 행 — 복 — 합니 다
아 — — 난 — 참 행 — 복 — 합니 다
한량없이붓 다 를 섬 길수있 음 에
한량없이붓 다 를 섬 길수있 음 에

8-053

아라 연꽃 활짝

(수상곡)

곽영석 작사
송 결 작곡

천천히

아라연꽃— — 피었어요— 가야국의— — 함안땅에—
칠백년을— — 꿈꿨어요— 가야땅에— — 아라연꽃—
아유타국— — 황옥공주— 배를타고왔던그 땅
철기문화— — 찬란했던— 육가야가있던그 땅
김수로왕— — 나라세운— 역사깊은— — 그터전에—
나라사랑— — 이웃사랑— 대자비로— — 살던사람—
옛이야기— — 숨겨안고— 곱게곱게피 었어 요
우리조상— — 심고보던— 아라연꽃피 었어 요
(후렴) 하 늘 구 름 닮았을까— 보 름 달 을 닮았을까—
동 실 동 실 아 라 연 꽃 잠을깨고피었어— 요

어둠이 비껴가는 그 날까지

곽영석 작사
이재성 작곡

정진하는 마음으로 ♩= 75

사는동 안 모든것 이 어렵고 도 힘들어 도 부처님
나의일 상 모든것 이 인연따 라 오는것 을 눈을감
을 의지해 서 나는이 길 걸어가 네 온갖고
고 부정해 도 업그림 자 내가보 네 푸른하
난 괴로움 이 매일같 이 다가와 도 내가지
늘 구름일 듯 크고작 은 모든일 이 내가짓
은 업장이 라 생각하 며 따릅니 다 (후렴) 그어둠
는 번뇌욕 망 어둠되 어 다가와 요
이 비껴가 는 그날까 지 정진하 면 이생에
서 지은업 이 눈이녹 듯 사라질 까 ㅡ

8-055

에밀레종

곽영석 작사
강주현 작곡
Slow Rock ♩= 78
한번더 다시 한 번ㅡ 몸을던져소리 친 다 ㅡ
한번더 다시 한 번ㅡ 몸을던져소리 친 다 ㅡ
성 덕 대 왕 혼 불 ㅡ 피 워 ㅡ 신 라 하 늘 다 시 연 다
에 밀 레 ㅡ 종 잠 이 깨 어 ㅡ 천 년 하 늘 다 시 연 다
한 번 더 다 시 한 ㅡ 번 불 연 깊 은 옛 성 터 에 ㅡ
한 번 더 다 시 한 ㅡ 번 가 슴 으 로 소 리 치 며 ㅡ
호 국 의 지 불 태 우 ㅡ 던 신 라 사 람 성 쌓 는 ㅡ 다 ㅡ
부 처 님 의 법 화 향 ㅡ 기 온 누 리 에 퍼 져 간 ㅡ 다 ㅡ
대 작 불 사 범 종 지 어 온 누 리 가 평 안 ㅡ하ㅡ 게
성 덕 대 왕 신 종 지 어 국 태 민 안 나 라 ㅡ안ㅡ 녕
성 덕 대 왕 대 원 ㅡ 력 ㅡ이 천 년 바 람 일 깨 운 ㅡ 다
대 원 력 의 범 종 ㅡ 소 ㅡ리 가 슴 으 로 울 고 있 ㅡ 다
한 번 더 다 시 한 ㅡ 번 소 리 쳐 ㅡ 외 쳐 본 다 ㅡ
천 년 바 람 법 향 기 ㅡ 가 온 누 리 에 퍼 져 간 ㅡ 다 ㅡ
한 번 더 다 시 한 ㅡ 번 그 목 소 리 영 원 하ㅡ 리

8-056

연꽃 향기

최동호 작사
조원행 작곡

♩= 60
mp
mp
새 벽
달 ㅡ 기울 면 ㅡ은 승천 하는ㅡ 아 침 이ㅡ슬ㅡ 얼어
별 ㅡ 사라 지 ㅡ면 승천 하는ㅡ 아 침 이ㅡ슬ㅡ 얼어
붙은 내심 장 ㅡ을 다녹 이는 연ㅡ꽃ㅡ향ㅡ기 눈 물
붙은 내심 장 ㅡ을 다녹 이는 연ㅡ꽃ㅡ향ㅡ기 눈 물
mf
mp
나 ㅡ는 서ㅡ러움도 모두 다ㅡㅡ 잊 어버 리고ㅡ 마 음
나 ㅡ는 괴ㅡ로움도 모두 다ㅡㅡ 털어 ㅡ버 리고ㅡ 마 음
mf
f
1.mp
에 ㅡ빈 자ㅡㅡ리 에 너ㅡ 를ㅡㅡ 채워 버 리라ㅡ 새벽
에 ㅡ빈 자ㅡㅡ리 에 너ㅡ 를ㅡㅡ 채워 버
2.mp
리라ㅡ 영원 히 영 원 히 너를 모두 다 채 우
리 영원히 영원 히 너를모두다 채 우 리

8-057

옛 고향집

강용숙 작사
오해균 작곡

Slow GoGo ♩= 72
저
저
맑 은하늘아ㅡ 래 산 넘 고 강 건너 면
밝 은달빛아ㅡ 래 귀 뚜 라미우 는동 네
수 숫대울타리초 가ㅡ집 우 리살 던ㅡ 집
돌 담길울타리초 가ㅡ집 우 리살 던ㅡ 집
아 름다운들향 기 솔 솔피ㅡ어나 고
여 름밤집마당 에 가 족이모여앉 아
이 른아침새들이찾 아와 조잘조잘인 사하 네
우 리들이밤하늘별 세다 잠이오면토 닥토 닥
할 머ㅡ니 먹 이주면 고맙다고지 지배 배
할 머ㅡ니 할 아버지 자장가를불 러주 던
그 모습그리ㅡ 운 내가살던옛 고향 집
그 모습그리ㅡ 운 우리살던옛 고향 집

8-058

옛 절터에서

이종천 작사
강주현 작곡
빠르지 않게 ♩= 68
푸 른
어 제
하 늘구름일— 어 장 엄 —하—듯— 이 한—
불 던천년바— 람 변 함 —없—건— 만 사—
시 절에대 가 람도, 스—러지었 네
대 오상성 긴 인연 유—한하여 라
유정무 정 법계진—리 변—함없건 만 일체
부처님 의 법장진—언 거—룩한지 혜 두손
중 생구름일— 듯 나— 고 지 누 나 (후렴) 번뇌
으 로모아들— 고 예— 배 합 니 다
무 명일고지— 고 지 혜 —방 편 도 불퇴
전 의정 진으 로 가 피 —얻—으— 리

8-059

욕심을 내려놓고

배정순 작사
박문희 작곡

Slow & Beat ♩= 66

산 해 진 ㅡ 미 ㅡ 앞 에 서 욕 심 하 나 내 려 ㅡ 놓 았 어 요 ㅡ
진 수 성 ㅡ 찬 ㅡ 앞 에 서 욕 심 하 나 지 워 ㅡ 버 렸 어 요 ㅡ
그 자 리 에 ㅡ 건 ㅡ 강 한 몸 과 마 음 이 ㅡ
그 자 리 에 ㅡ 건 ㅡ 강 한 몸 과 마 음 이 ㅡ
진 귀 ㅡ 한 보 석 앞 에 서 탐 욕 하 나 거 두 ㅡ 었 어 요
값 비 ㅡ 싼 황 금 앞 에 서 탐 욕 하 나 내 려 놓 았 어 요
그 자 리 ㅡ ㅡ 에 건 강 한 ㅡ 몸 과
그 자 리 ㅡ ㅡ 에 건 강 한 ㅡ 몸 과
정 신 이 새 롭 고 건 강 한 마 음 으 로 ㅡ 충 만
정 신 이 새 롭 고 건 강 한 마 음 으 로 ㅡ 충 만
해 지 며 부 처 님 께 한 걸 음 다 가 갑 니 다
해 지 며 부 처 님 께 가 까 이 다 가 갑 니 다

8-060

용서를 구하노니

곽종분 작사
최성덕 작곡

Waltz
대자대비 부처님 영명하신 우 리 임ㅡ
은혜로운 부처님 사랑하는 우 리 임ㅡ
대환란의 고 통 을 이겨내게 하 셨ㅡ 네 ㅡ
삼계화택 삼 재 를 이겨내게 하 셨ㅡ 네 ㅡ
3
내가비록 우ㅡ둔해 방황하고 헤 매ㅡ 도 ㅡ
내가비록 법ㅡ몰라 부처님을 잊 어ㅡ 도 ㅡ
법장지혜 빌 어 서 환란의불 껐 다ㅡ 네 ㅡ
천안으로 살 피 사 구원하여 주 셨ㅡ 네 ㅡ
자비하신 부 처 님 용 서하소 서 ㅡ
어리석은 이 중 생 구 원하소 서 ㅡ

8-061

우리나라 적멸보궁

곽영석 작사
조영근 작곡

Moderato
우 리 나 라 적 멸보 궁 불 — 교 성 — — 지 —
부 처 님 의 진 신사 리 받 들 어 모 — — 신 —
부 처 님 의 진 신사 리 모 시 고 있 — 어 요 —
적 멸 보 궁 어 디있 나 찾 — 아 보 — 세 요 —
금 강 산 의 건 봉 사 와 옛 절 상 — 원 사 —
태 백 산 의 정 암 사 와 대 구 용 — 현 사 —
사 자 산 의 법 흥사 와 설 악 봉 — 정 암 —
통 도 사 의 금 강 계 단 구 미 도 — 리 사 —
거 룩 하 신 석 가 모 니 우 리 부 — 처 님 —
예 배 하 며 그 가 르 침 깊 히 새 겨 요 —

8-062

운주사

(수상곡)

김홍근 작사
김기범 작곡

Waltz
운 주 사 돌고돌— 아 — 천 불 미소에
천 불 산 돌고돌— 아 — 와 불 고요한
빠 져—드— 니 이내마음어느곳도 —
풍 경—소— 리 이내몸— 갈곳잃어 —
물 이 어라 구름이 어라 — —
산 이 어라 바람이 어라 — —
흘 러 흘 러 잘도 간 다 절 로 절로—
절 로 절 로 잘도 간 다 허 이 허이—
잘 도 간 다 사랑도 눈물도 부질없는 욕심도
잘 도 간 다 중생에 지은죄 싯을길이 없어라
천 불에— 보내리라— 천 탑에— 보내리라—
천 불 천 탑 운—주 사— 여 —

8-063

윤회의 바다에서

이순금 작사
강주현 작곡
간절한 마음으로 ♩= 82
생노병ㅡ 사 끊임없 이 돌아가 는 수레바 퀴
나도모르 게 쌓ㅡ아 온 인연의 ㅡ 무ㅡ게 를
쉼ㅡ없 는 정ㅡ진으로 벗어나 라 하신말ㅡ씀
내려놓 고 벗ㅡ어나라 이르신 ㅡ 대ㅡ법문들
그 대 가 부 처 이 니 바로보아깨 치 라 고
그 대 가 부 처 이 니 자성불을찾 으 라 고
이 르 신 그 법 문 내마음을두 드 리 네
이 르 신 그 말 씀 저멀리서들 려 오 네
(후렴) 윤ㅡ회 의 바 다에서 길을잃 은 저희들 을
관음이 여 도 우소서 구원하 여 주 옵 소 서

8-064

이심전심 염화미소

김진광 작사
최성덕 작곡
♩= 134
부처ㅡ 님 영ㅡ산에 서 연꽃을 들어 보ㅡ이
우리스 님 법ㅡ당에 서 연등을 가리 켰ㅡ는
자 ㅡ 아 무도 영문을몰라 어리둥절 했 을ㅡㅡ
데 ㅡ 아 무도 영문을몰라 어리둥절 했 을ㅡㅡ
때 ㅡ 십대제자 중 에 가섭만 이 미 소ㅡ지었
때 ㅡ 우리법우 중 에 ㅡ문수 가 미 소ㅡ지었
지 ㅡ 옳 구나 두 타ㅡ제일ㅡ 가 섭이알고 있
지 ㅡ 옳 구나 법 당ㅡ잘닦는 문 수가알고 있
어 부ㅡ 처님(후렴) 때 ㅡㅡ때로 아무말 없 이
어 우리 스님
마음에 서ㅡ 마 음ㅡ으로 말씀전 했 지 언 제나
빙 그래 미소짓는 부 처님을쳐다보면 ㅡ 마음에 서ㅡ
마 음ㅡ으로 우리에 게 말 씀ㅡ하 시 네 ㅡ

8-065

익산 미륵사지

강병건 작사
강민영 작곡

Waltz
미 래 에 오실 미 륵 — 부 처 님
상 주 하 시 는 익 산 미 륵 사 — 지 —
부 처 님 의 가 르 침 배 우 고 — 익 히 는
거 룩 한 성 지 가 르 침 의 도 량 —
약 속 의 땅 서 방 정 토 미 륵 — 세 계 에
우 리 모 두 가 태 어 나 요 서 로 손 잡 고
옛 날 부 터 오 늘 까 지 정 성 기 도 하 면 서
익 산 땅 에 미 륵 부 처 님 기 — 다 립 니 다

8-066

일주문 그 앞에 서서

손민희 작사
조영근 작곡
Andante
산허리굽이돌— 아 다다른그 —— 곳
덧없는인생살— 이 흘러온세 —— 월
삼 라 만 — 상 어 지 러움 에 복잡한마 ——— 음
후 회 만 — 이 가 득 —— 한 세월 — 텅 빈 이 내 맘
따 뜻 하 게 불 어 오 는 서 풍 에 몸 을 씻 — 고
낙 엽 지 는 그 가 을 날 구 름 에 몸 을 담 — 고
부처님품 에 — 안 기 우 려 여 기 에 섰 — 네
부처님품 에 — 안 기 우 려 여 기 에 섰 — 네
넓 고 크 신 가 슴 으 로 품 어 주 소 — 서
사 랑 과 희 생 으 — 로 안 아 주 소 — 서

8-067

일주문에 서서

(가사공모작)

한승욱 작사
노영준 작곡

범 종 소 리 신 묘 하 여 찾 아 — 왔 던 — 길
풍 경 소 리 따 라 와 서 부 처 — 님 보 — 고
부 처 님 을 친 견 하 고 경 배 — 하 였 네
부 처 님 을 보 고 나 서 예 배 — 하 였 네
두손모아합장하고 절 을 올 리 며 자비하신부처님께 서 원 합 니 다
나도몰래합장하고 절 을 올 리 며 거룩하신부처님께 귀 의 합 니 다
일 주 — 문 앞 에 서 서 두 손 모 으 — 면
환 희 심 에 찬 탄 하 며 예 배 합 니 — 다

8-068

잃어버린 시간

곽영석 작사
신민정 작곡

Andante
1. 햇 별이누운자 리 그 림자하ㅡㅡ나 바
언 제쪼일어날 까 다 시올그여름에 나
2. 달 빛이누운자 리 그 림자하ㅡㅡ나 발
언 제쯤일어설 까 다 시올그계절에 너
1.
람 결에 뒤척이 다 구 름 처럼 일어나 네
이 ㅡ제 서ㅡ러
걸 음에 뒤척이 다 먼 지 처럼 일어나 네
이 ㅡ제 그ㅡ리
2.
워 요 왔 던 길 을 돌 아ㅡ가 네
워 그 자 리 에 서 있ㅡ는 데
바 람에 날ㅡ려 온 그 시 절의낙엽 들 모
그 리움 간ㅡ절 해 김 서 린유리창 에 다
닥 ㅡ불 한ㅡ쪽 에 불 씨 ㅡ만 살려놓 고
시 ㅡ금 그ㅡ이 름 하 얗 ㅡ게 써놓았 네
(후렴) 잃 어 버린그시 간 다 시 오 면찾ㅡ을 까 긴
긴 밤을 설레어 서 꽃 핀 자 리와 서ㅡ보 네

8-069

임의 뜻 따라 살면

백두현 작사
김병학 작곡
살 다 보 면 가 ― 끔 씩 비 바 람 이 불 어 와
삶 의 담 장 어 ― 쩌 다 눈 보 라 가 불 어 와
그 때 마 다 불 을 켜 모 락 모 락 피 워 요
그 때 마 다 불 을 켜 따 사 롭 게 피 워 요
바 람 이 란 계 절 따 라 불 게 마 련 인 거 죠 ― ―
눈 보 라 는 사 연 따 라 불 게 마 련 인 거 죠 ― ―
불 을 피 워 보 아 요 행 복 을 피 워 봐 ― 요
온 기 일 궈 보 아 요 둥 지 를 만 들 어 ― 요
이 모 든 ― 게 행 ― 이 ― 요
이 모 든 게 복 ― 이 ― 죠 ―
임 의 뜻 따 라 살 면 삶 ― 이
행 복 ― 해 져 요 ―

8-070

자등명 법등명

김성학 작사
조광재 작곡
Waltz ♩= 84
부 처 님 의 전 법 포 ㅡ 교 거 룩 한 자 ㅡ 취
열 반 하 신 부 처 님 ㅡ 이 남 기 신 말 ㅡ 씀
거 룩 하 신 법 장 유 ㅡ 훈 바 로 새 겨 ㅡ 요
수 행 자 들 마 음 등 ㅡ 불 밝 혀 놨 어 ㅡ 요
자 명 등 에 법 등 명 은 진 리 의 등 ㅡ 불
자 등 명 에 법 등 명 은 부 처 님 유 ㅡ 훈
마 음 밝 혀 실 천 해 ㅡ 요 정 진 하 ㅡ 세 요
바 로 새 겨 실 천 해 ㅡ 요 진 리 에 ㅡ 말 씀

8-071

저녁예불 종소리

윤동기 작사
최선기 작곡

배롱나무 아름다운 우리절—에 서
접시꽃이 아름다운 우리절—에 서
범종소리 사물소리 울려퍼—져 요
대북소리 운판소리 울려퍼—져 요
우리절의 예불소리 목탁소—리 에
산속깊이 예불소리 금북소—리 에
산새들도 저녁예불 즐겁답—니 다
풍경소리 즐거워서 소리칩—니 다
종소리에 한잎두잎 떨어지—는 꽃
부처님도 예쁜미—소 짓고계—셔— 요

8-072

절에 갑시다

곽영석 작사
지 범 작곡

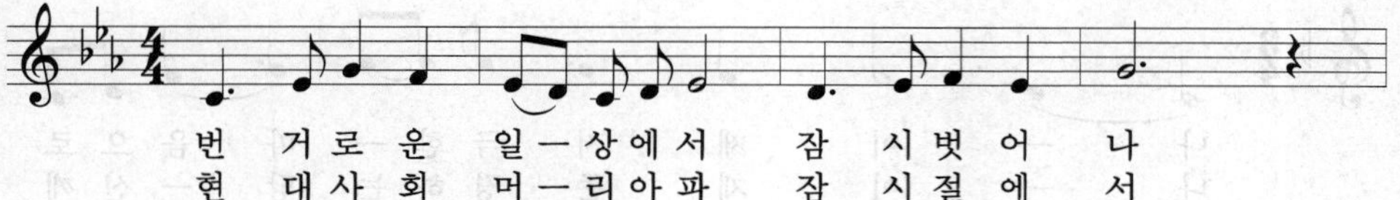
번 거로운 일―상에서 잠 시벗어 나
현 대사회 머―리아파 잠 시절에 서

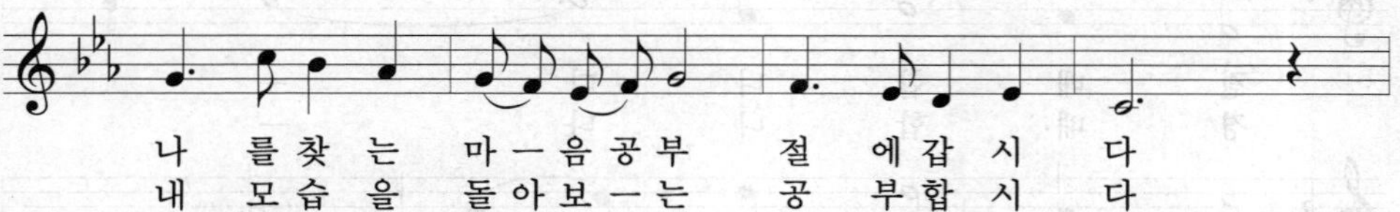
나 를찾는 마―음공부 절 에갑시 다
내 모습을 돌아보―는 공 부합시 다

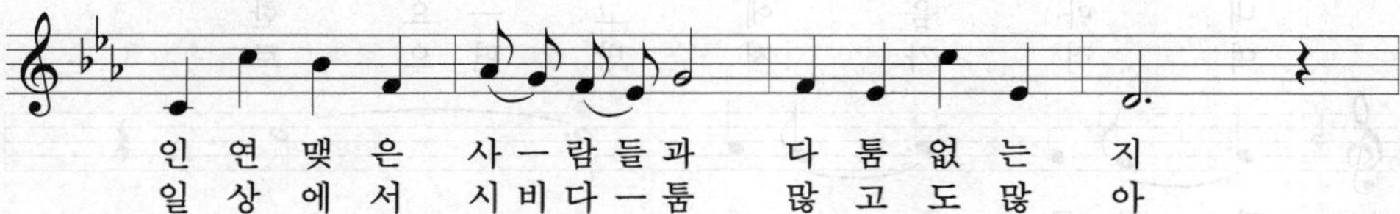
인 연 맺 은 사―람들과 다 툼 없 는 지
일 상 에 서 시비다―툼 많 고 도 많 아

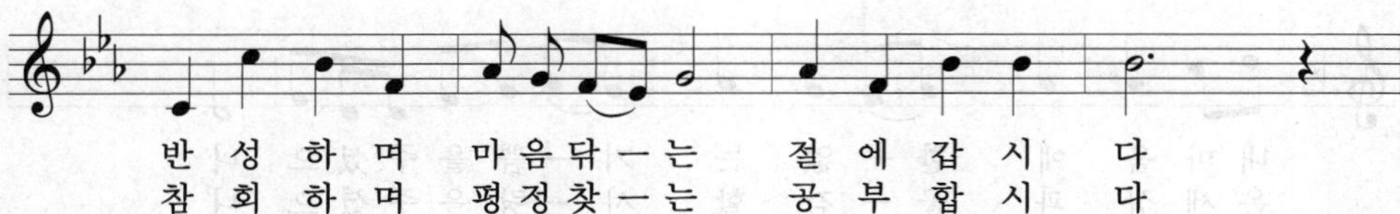
반 성 하 며 마음닦―는 절 에 갑 시 다
참 회 하 며 평정찾―는 공 부 합 시 다

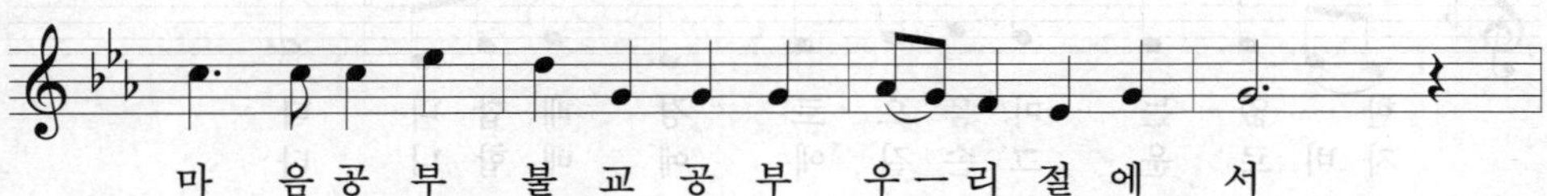
마 음공부 불교공부 우―리절에 서

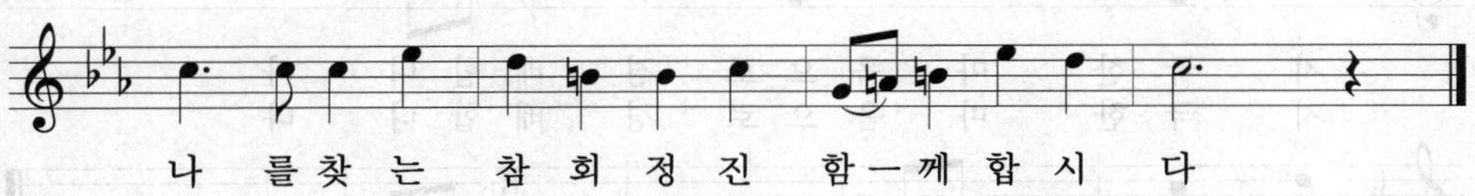
나 를찾는 참회정진 함―께합시 다

8-073

지극한 마음으로 경배합니다

심교신 작사
곽영석 작곡
경건한 마음으로
나 ― 이 제 지 극 한 ― 마 음 으 로
나 ― 이 제 존 경 하 는 당 ― 신 께
경 배 합 니 다 ―
경 배 합 니 다 ―
내 마 음 에 고 ― 요 한
여 러 가 지 방 편 으 로
평 화 를 주 ― 시 고 ―
믿 ― 음 주 ― 시 고 ―
내 마 음 에 한 ― 없 는 기 ― 쁨 을 주 셨 으 니
온 세 상 과 공 ― 감 할 사 ― 랑 을 주 셨 으 니
한 ― 없 는 마 음 으 로 경 배 합 니 다
자 비 로 운 그 손 길 에 예 배 합 니 다
지 극 한 마 음 으 로 경 배 합 니 다
지 극 한 마 음 으 로 경 배 합 니 다
손 모 아 우 러 르 며 예 배 합 니 다
손 모 아 우 러 르 며 예 배 합 니 다

지혜법문 한량없어

곽영석 작사
정영화 작곡

지 혜 복 덕 구 비 하 신 임 의 성 품 한 량 없 어 ㅡ
자 비 하 신 임 의 성 품 온 누 리 에 가 득 차 고 ㅡ
대 장 경 의 법 문 말 씀 대 자 비 의 법 음 일 세 ㅡ
삼 천 대 천 제 불 보 살 찬 탄 하 는 염 불 소 리 ㅡ
두 손 모 아 합 장 하 고 예 배 하 며 돌 아 봐 도 ㅡ
삼 보 님 께 귀 의 하 고 일 심 으 로 정 진 할 때 ㅡ
천 지 간 에 온 법 계 가 부 처 님 의 세 상 이 라 ㅡ
출 세 간 에 불 국 토 가 여 실 하 게 밝 아 오 네 ㅡ
오 고 가 는 인 연 속 에 ㅡ 새 인 연 을 맺 고 이 어 ㅡ
생 사 윤 회 큰 길 에 서 ㅡ 도 반 으 로 다 시 나 세 ㅡ

8-075

참회의 게송하나

곽영석 작사
최선기 작곡
우리들 이 옛날부 터 크ㅡ고 작은모든악ㅡ 업 어리석
지난세 상 오는세 상 내ㅡ가 지은업그림ㅡ 자 탐진치
어 그업장 을 면ㅡ치 못해헤매었ㅡ 네 인연
로 생겼으 니 이ㅡ생 에서지워보ㅡ 리 몸과
맺 ㅡ은 모든일 이 어리 석 ㅡ고 박복하 여 몸과
마 ㅡ음 행동으 로 법 장 계 ㅡ율 실천하 며 보시
마 ㅡ음 뜻에따 라 지 혜 배 워참회하 네 옴
행 ㅡ의 자비실 천 참 회 하 며회향하 리
살바못자모지 사 다 야 사 바 하 옴ㅡ
살바못자모지 사 다 야 사 바 하

8-076

참회의 과보

(가사공모작)

권영주 작사
강주현 작곡
참회하는 마음으로 ♩= 76
참 ― 회
참 ― 회
는 참 ― 회 는 번 뇌 를 태 우게하 고 참 회
는 참 ― 회 는 보 리 를 꽃 피게하 고 참 회
는 참 ― 회 는 하 늘 세 ― 상을 열게한 다 참 ― 회
는 참 ― 회 보 대 원 경 ― ― 지 보게한 다 참 ― 회
는 참 ― 회 는 상 락 궁 ― 에 들게하 고 참 회
는 참 ― 회 는 보 배 로 운 세 상을열 고 참 회
는 참 ― 회 는 삼 계 감 ― 옥 열게한 다 참 회
는 참 ― 회 는 사 선 의 낙 을 얻게한 다
의 ― 그 ― 과 보 일 월 과 ― 도같나 니 기 쁨
도 ― 슬 ― 픔 도 마 음 먹 ― 기 달렸 ― 어 라

8-077

참회 기도

용 산 작사
범 능 작곡

미 워 ㅡ 했던 ㅡ 마 ㅡ 음 참회하게하ㅡ 소 서
참회하는미음마 ㅡ 저 참회하게하ㅡ 소 서
사랑했던마음마ㅡ 저 참회하게하ㅡ 소 서
전생금생지은죄ㅡ 업 참회하게하ㅡ 소 서
태 우 렵 니 다 약 했 던 마 음 부 처 되 는 마 음
태 우 려 는 마 음 마 ㅡ 저 태 우 ㅡ 렵 니 다
오늘내게ㅡ 참회 공덕이 있다 면 나보다도ㅡ 더
가난하고ㅡ 나보 다도ㅡ 더 외로운 이에 게
회향하게하ㅡ소ㅡ 서 회향하게하ㅡ 소 서

8-078

참회의 기도

곽영석 작사
최선기 작곡
♩. = 40
속 절없이 살 아온날 지 는해가서러워 서 —
어 둠지면 두 려움에 눈 을감고살아 온 날 —
내 그림자 밟 고나서 참회기도올립니 다 —
임 의품에 돌 아와서 울어본들소 용 있 나 —
알 면서 도 지 은죄 와 눈 을감 고 저 지른 죄
모 든인 연 업 연따 라 윤 회하 며 다 시나 듯
나 의업 장 두 터워 서 참 회하 며 절합니다
씨 뿌린 땅 앉 은자 리 참 회눈 물 흘립니다
돌아보면 부끄럽고 앞을보면 아득하여
부처님전 엎드려서 참회기도올립니 다 —

8-079

참회의 기도염불

이근숙 작사
최선기 작곡
♩= 68
거 룩
자 비
하 신 임 앞 에 두 ㅡ 손 을 모 으 고 내 가
하 신 임 앞 에 호 계 합 장 하 고 서 지 혜
밟 고 온 지 난 세 월 눈 물 로 비 옵 니 다
없 ㅡ 이 잘 못 한 일 태 산 처 럼 많 네 요
무 명 세 월 ㅡ ㅡ 하 염 없 이 ㅡ ㅡ 어 리 석 게 ㅡ 살 아 온 날
다 시 나 도 ㅡ ㅡ 나 의 죄 업 ㅡ ㅡ 어 찌 하 면 ㅡ 회 개 할 까
후 회 해 도 ㅡ ㅡ 변 치 않 는 ㅡ ㅡ 그 순 간 이 ㅡ 괴 롭 네 요
보 시 나 눔 ㅡ ㅡ 지 금 부 터 ㅡ ㅡ 계 행 지 켜 ㅡ 따 를 까 요
(후렴) 아 자 비 하 신 부 처 님 ㅡ ㅡ 사 생 의 아 버 지 여
3
3
아 이 중 생 의 참 회 기 도 ㅡ 들 ㅡ 어 주 옵 소 서

8-080

참회하는 마음

Andante
♩= 70
곽영석 작사
박이제 작곡
mf
mp
몸 — 과 마 음 생 각 으 로 짓 는 죄 업 — 한 량 없 어
말 — 과 행 동 모 든 것 이 사 바 연 의 — 업 장 쌓 아
부 — 처 님 께 나 — 아 가 엎 — 드 려 서 원 하 네 이 —
부 처 님 세 상 나 려 할 재 수 미 산 이 가 로 막 네 사 —
mf
땅 위 에 오 신 인 연 살 — 며 지 은 윤 회 업 장 참 —
람 으 로 태 — 어 나 자 — 비 복 덕 갖 — 추 어 화 —
회 하 며 자 비 보 시 이 — 승 에 서 회 향 하 리 (후렴) 님 —
장 세 계 부 처 세 상 참 — 회 할 때 이 뤄 지 리
의 법 문 한 결 같 고 법 — 장 세 상 아 득 해 도 님 —
을 찾 는 참 회 기 도 하 — 늘 세 상 밝 아 오 네

8-081

참회하는 생활

(가사공모작)

최영묵 작사
심순보 작곡
♩= 88 -92
몸과마음행 동으 로 지 은 죄 가태 산같 아
마음으로지 은죄 도 돌 아 보 면셀 수없 고
하늘이고살 면서 도 눈 을 들 지못 했네 요 무 진
땅을밟고살 면서 도 참 회 생 활못 했네 요 한 량
세 월쏜 살같 이 달 려 가 는바 람같 아 회 향
없 는그 세월 이 후 회 해 도늦 었을 까 부 처
하 는참 회자 리 내 눈 물 이비 가돼 요 (후렴) 거 룩
님 께엎 드려 서 염 주 알 만굴 립니 다
하 신부 처시 여 자 비 하 신임 이시 여 자 비
종 자이 중생 을 대 자 비 로살펴주소 서

8-082

참회하는 시간

이종완 작사
조광재 작곡
♩= 100
이 몸 과 마 ㅡ 음 ㅡ 초 발 심 을 따 라 가
정 신 과 물 ㅡ 질 ㅡ 공 부 하 며 살 아 가
면 ㅡ 그 림 자 같 은 번 ㅡ 뇌 들
면 ㅡ 메 아 리 같 은 고 ㅡ 통 들
조 금 씩 덜 어 지 고 ㅡ 참 회 하 여
조 금 씩 덜 어 지 고 ㅡ 방 생 하 여
손 을 뻗 어 건 져 주 는 시 간 ㅡ
억 압 에 서 벗 어 나 는 시 간 ㅡ
(후렴) 염 불 하 고 참 선 하 며 지 혜 의 눈 을 뜨 면
진 리 를 담 는 그 릇 에
마 음 가 라 앉 히 네 ㅡ

8-083

참회하며 엎드리니

곽근성 작사
정동수 작곡

♩= 120
나 이제 엎드려서 부처님전에
나 지금 부처님께 서원하오니
출세간에 지은업장 참회합니다
삶의갈등 악연지어 회계합니다
삼계인연 윤회업식 떨치지못해
허공계와 중생계를 다살지라도
참회하며 엎드리니 지혜주소서
부처님의 가피은혜 원하옵니다

8-084

참회합니다

허말임 작사
조영근 작곡

Andante
삼보전에 엎드려서 참회기도올립니 다
삼보전에 엎드려서 감사기도올립니 다
알면서도지—었 고 모르고도지은죄 가
마음으로지은죄 와 몸으로도지은죄 를
태 산같은 어리석—음 무—명을깨우치 려
부 처님의 인연가—피 손모아서서원하 며
삼 보전에 엎 드려— 참회기도올립니 다
삼 보전에인 연지어 감사기도올립니 다
옴 살바 못 쟈모지 사다야사바 하
옴 살바 못 쟈모지 사다야사바 하
옴 살바 못 쟈모지 사다야사바 하

8-085

채우려는 욕심에

곽영석 작사
곽영석 작곡

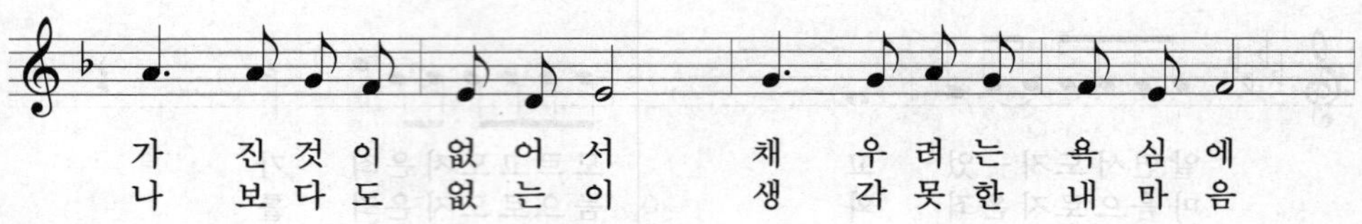
가 진것이 없어서 채 우려는 욕심에
나 보다도 없는이 생 각못한 내마음

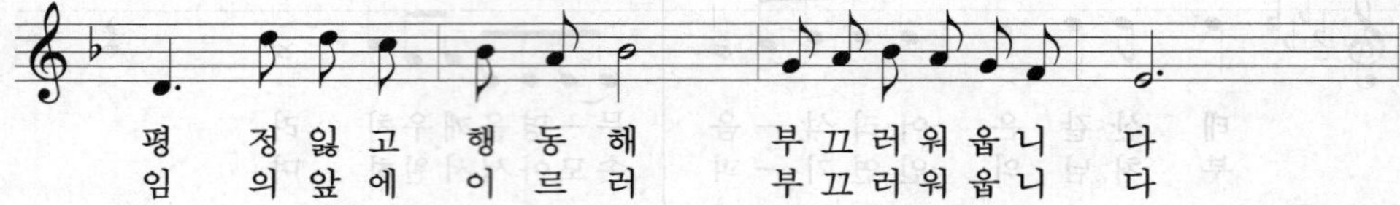
평 정잃고 행동해 부끄러워웁니 다
임 의앞에 이르러 부끄러워웁니 다

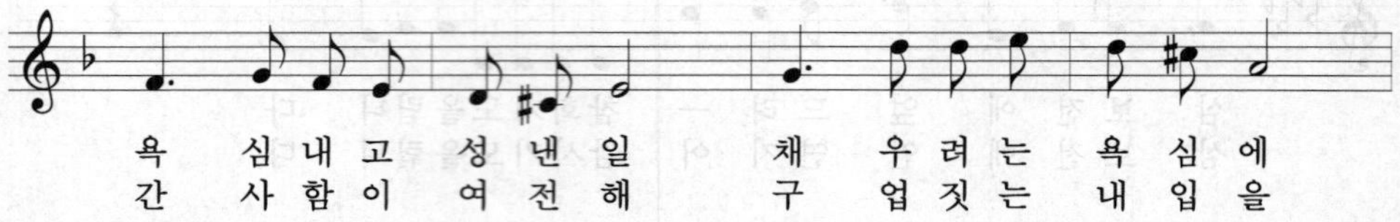
욕 심내고 성낸일 채 우려는 욕 심에
간 사함이 여전해 구 업짓는 내 입을

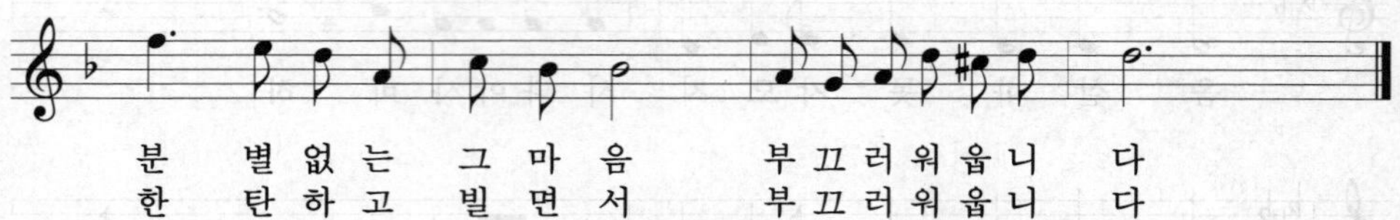
분 별없는 그마음 부끄러워웁니 다
한 탄하고 빌면서 부끄러워웁니 다

8-086

천강이 바다가 되듯

전세준 작사
강주현 작곡

일념으로 ♩= 82
백천강
모든강
이 흘러 흘— 러 바다에서 한몸 되 듯 불법으
이 흘러 흘— 러 바다에서 한몸 되 듯 수행자
로 무장 한— 몸 모든성 품 하나 이— 라 속세인
의 진면 목— 은 자성성 불 방책 이— 라 화두하
연 다버 리— 고 나를찾 이 정진 하— 는 수행자
나 참구 하— 며 나를찾 아 정진 할— 때 역대조
의 앉은 자 리 꽃진자 리 향기 롭 네 부처계
사 선지 식 의 활구법 문 향기 롭 네 제불보
신 옛날 부— 터 큰깨달 음 변함 없 고 견성이
살 일러 주— 신 법계실 상 바로 보 고 무명밝
를 마음 공— 부 성품따 라 다를 지— 니
혀 나를 찾— 는 연화대 의 푸른 연— 꽃

8-087

청정본심

(가사공모작)

안상민 작사
김정란 작곡

♩= 100
mp
미워하는마 음 도 원망하는마 음ㅡ 도
좋아하는마 음 도 사랑하는마 음ㅡ 도
모 두 가 번뇌망 상 번뇌망상이 라ㅡ 네
모 두 가 번뇌망 상 번뇌망상이 라ㅡ 네
mf
구름에흘러 간다고 달이흘러가는것 이니듯 아ㅡ니 듯
안개에가려 진다고 해가없어지는것 아니듯 아ㅡ니 듯
우리의청 정 본 ㅡ성 원 래 그 대 로 그 대 로 라ㅡㅡ 네
우리의청 정 본 ㅡ성 월 래 그 대 로 그 대 로 라ㅡㅡ 네
f
마 하 반 야 바 라 밀 일 심 으 로 염 송 하 며
기 도 하 나ㅡ 니
mf
마 음 의 구 름 걷 히 고
본 래 청 정 반 야 심 만 이 오 롯 이 오ㅡ롯 이
드 러 나ㅡ 네 드 러 나ㅡ 네

8-088

촛불의 노래

전병호 작사
백승태 작곡
Andante ♩= 96
가 부 좌 하 고 당 신 만 을 우 러 러 바 라 보 ― ― 는
기 쁠 때 나 ― 슬 플 때 나 당 신 을 바 라 보 ― ― 는
내 눈 에 가 득 고 ― ― 인 눈 물 을 보 았 나 ― ― 요
내 눈 에 가 득 고 ― ― 인 눈 물 을 보 았 나 ― ― 요
바 람 앞 에 꺼 질 듯 외 롭 게 흔 들 리 지 만
모 두 잠 든 이 ― 밤 홀 로 지 새 우 ― 지 만
온 몸 을 태 워 서 더 밝 게 빛 나 는 나 는
온 몸 을 태 워 서 더 밝 게 빛 나 는 나 는
(후렴) 당 신 이 지 켜 주 는 작 은 촛 불 입 ― 니 다
당 신 의 밤 을 밝 ― 히 는 한 자 루 촛 불 입 니 다

8-089

춘몽(春夢)

곽영석 작사
강주현 작곡

간절한 마음으로 ♩. = 46
꿈속
사랑
에 서꿈을꾸 며 ㅡ 꿈속 길 을걷다보 니 ㅡ 인간 사 의모든것
해 서미워하 고 ㅡ 미워 해 서원망하 는 ㅡ 한순 간 의성긴인
이 ㅡ 한자 락 의꿈이어 라 ㅡ 부 질 없는 근 심 걱정 미
연 ㅡ 꿈결 같 은찰나이 라 ㅡ 부 질 없는 삿 된 욕망 부
워 하는 속 마 음도 한순 간 의찰라의 연 ㅡ 고집하 니서러워
귀 영화 꿈 을 꿔도 모래 탑 을쌓고허 는 ㅡ 그수고 가허무해
라 ㅡ 사 바세상살면서 도 ㅡ 저 승세상꿈을꾸고 ㅡ 하루
라 ㅡ 꿈 인줄도모르고 서 ㅡ 행 복하다웃음짓 다 ㅡ 윤회
살 이 꿈 속 에 서 ㅡ 환희 세 상꿈 을꾸 나 ㅡ(후렴) 부
바 다 언 덕 에 서 ㅡ 내눈 물 로호 수 짓 네 ㅡ
처 만난 인 연 으로 법 장 세계 알 고 나니꿈속에 서꿈을꾸 다 ㅡ 나의
미 혹깨어나 서 ㅡ 미 륵불의용 화세 상 ㅡ 북을치 며걸어가 네 ㅡ

8-090

칠보의 노래

송 운 작사
오인혁 작곡

북 악 산 솔 바람삼 청 에옥 수
보 아 라 천년 묵은 느ㅡ 티 ㅡ에 거 목
억 겹 이 다하 도록변 함 이 없 는
칠 보 에 자비 광명 영ㅡ 원 ㅡ하 리 라 연 꽃
처 럼 ㅡ피어나는 칠ㅡ 보 에불 자 들 칠ㅡ
보 ㅡ에장엄 으 로 영ㅡ 원 ㅡ하 리 라

8-091

태자영가 천도가

곽영석 작사
노영준 작곡

♩= 54

인 연 으 로 찾 아 왔 다 떠 나 가 버 ㅡ 린
이 승 계 와 저 승 계 에 꽃 동 산 에 ㅡ 서

이 름 없 는 우 리 아 가 별 이 되 었 나
우 리 아 가 꽃 이 되 어 살 고 있 느 냐

삼 천 대 천 이 우 주 에 가 피 가 내 려
이 승 인 연 불 과 같 아 꺼 져 버 리 니

이 슬 처 럼 별 이 되 어 반 짝 이 누 나
새 인 연 의 가 피 받 아 다 시 오 너 라

지 장 보 살 아 미 타 불 거 룩 한 비 원
지 장 보 살 아 미 타 불 거 룩 한 비 원

이 름 없 는 우 리 아 가 지 켜 주 소 서
이 름 없 는 우 리 아 가 지 켜 주 소 서

8-092

하늘고기 물고기

곽영석 작사
강주현 작곡
보통빠르게 ♩= 100
천년세월울 었을 까 한백년은울 었을 까
다라니를외 우는 가 정토염불외 우는 가
처마끝에하 늘고 기 입이없는아 기고 기
처마끝에하 늘고 기 귀가없는아 기고 기
찾 는 이 가 없 어 도 염 불 소 리 한 결같아
도 반 들 이 없 어 도 기 도 소 리 한 결같아
땡 그 렁 땡 그 렁 울고있는ㅡ하늘고 기
땡 그 렁 땡 그 렁 염불하는ㅡ하늘고 기
바 람골 의 길 목에서 그누구를기 다리 나
땡 그 렁 땡 그 렁 울고있는하늘고 기

8-093

한 생각 바른 생각이

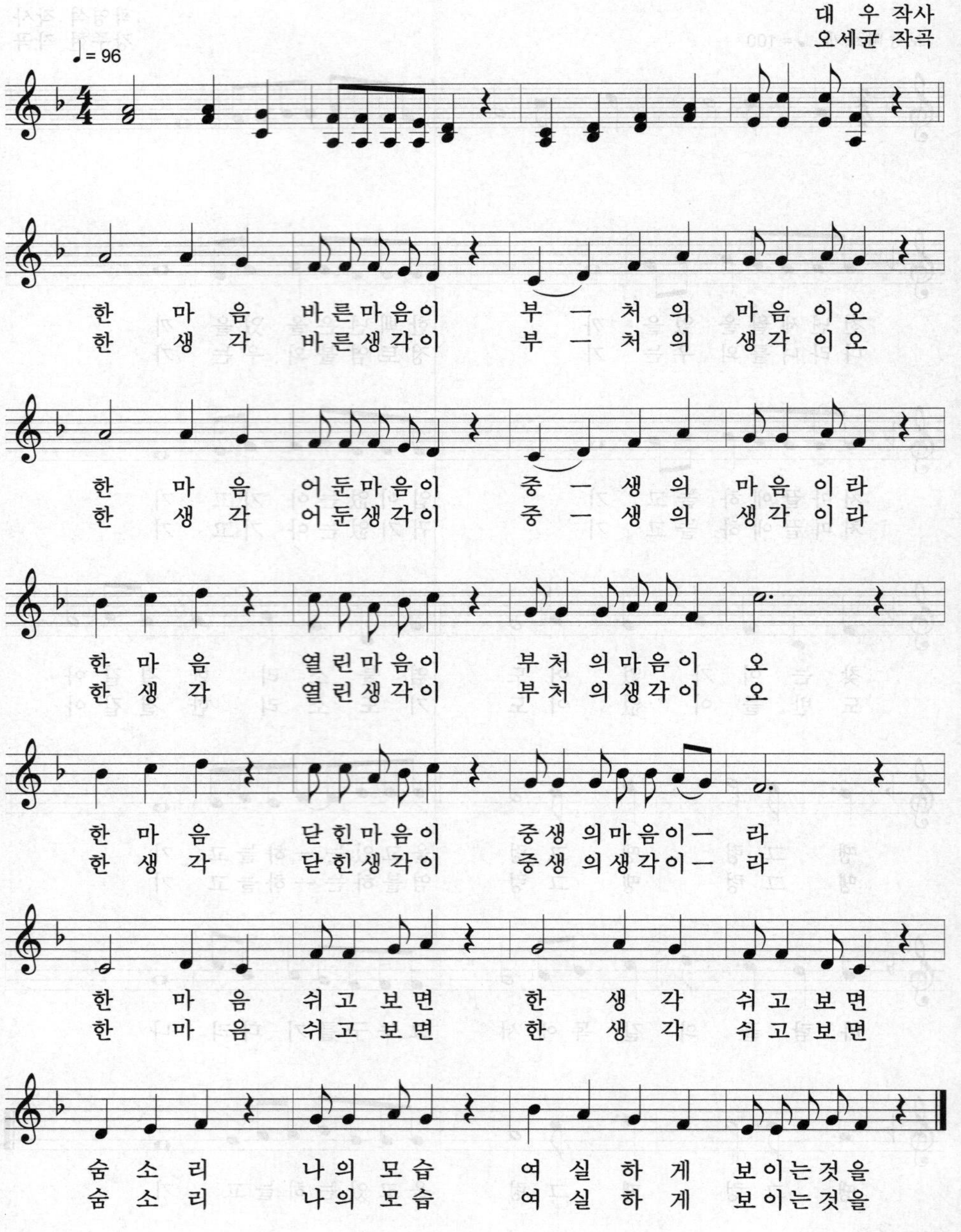
대 우 작사
오세균 작곡
♩= 96
한 마 음 바른마음이 부 — 처의 마음이오
한 생 각 바른생각이 부 — 처의 생각이오
한 마 음 어둔마음이 중 — 생의 마음이라
한 생 각 어둔생각이 중 — 생의 생각이라
한 마 음 열린마음이 부처 의마음이 오
한 생 각 열린생각이 부처 의생각이 오
한 마 음 닫힌마음이 중생 의마음이— 라
한 생 각 닫힌생각이 중생 의생각이— 라
한 마 음 쉬고 보면 한 생 각 쉬고 보면
한 마 음 쉬고 보면 한 생 각 쉬고보면
숨 소 리 나의 모습 여 실 하 게 보이는것을
숨 소 리 나의 모습 여 실 하 게 보이는것을

8-094

합장하고 참회하오니

곽영석 작사
권상희 작곡

♩= 92
두 손모아 합장하고 참 회합니 다
금 강같은 마음으로 참 회합니 다
신 구의 삼업 으로 지 은그 죄 를
탐 진치 삼독 으로 지 은그 죄 를
엎 드려서 참회 하며 절 을합니 다
무 명깨쳐 참회 하며 예 배합니 다
이생 전생 살 아 온 무한 한세 ― 월
지난 세상 나도몰 래 지은 ―죄 ― 를
지 은죄 가 한량 없어 ― 참 회합니 다
초 발심 의 마음 으로 ― 참 회합니 다
(후렴) 시방 삼세 부 처 님 참 회합 니 다
옴 살바 못 자 모지 사다야 사 바 하
옴 ― 살바 못 ― 자 모지 사다야 사 바하 ―

8-095

해원의 등불

최동호 작사
김병학 작곡

삼다 ― 도 궁노 루 가 뛰어놀던 산―마 ―
청보 ― 리 일어 서 고 유채꽃― 환한꽃 ―
루 를 ― 무―명 ― 의 형제들 ― 이
섬 를 ― 천―궁 ― 의 다리건 ― 너
얼 마나 울었던― 가 ― 가는 ― 길
임 은― 오고있을 까 ― 꿈에 ― 도
곳곳마 ―― 다 얼룩 진 눈물 자 욱 ―
보고싶 ―― 은 임이 여 임이 시 여 ―
임의얼 굴 다시보 듯 곱―게 ― 핀 들 ― 꽃 이―
저해원 에 등불꽃 이 눈―부 ― 신 하 늘 이 시―
여 ― 꿈에라 ― 도 보고싶― 은
여 ―
그리 운 임 이 시 여 ― 해원 의 등불꽃 이
눈―부 ― 신 하 늘 이 시― 여 ―

8-096

해탈 꽃

이순금 작사
한광희 작곡
Andantino
mf
햇 별 이 따 스 하— 고 — 바 람 도 고 — 운 — 날 —
하 늘 도 푸 르 른— 날 — 풍경소 리 그 을 한 — 곳 —
돌 계 단 을 올 라 서 니 정 갈 한 마 당 가— 에 —
돌 계 단 을 올 라 서 니 대 웅 전 마 당 가— 에 —
mp
cresc
붉 디 붉 은 작 약 꽃 — 이 해 탈 웃 음 터 트 리 — 네
해 탈 웃 음 터 트 리 — 는 고 운 빛 깔 작 — 약 — 꽃
f
dim.
rit
긴 세 월 하 루 같 — 이 보 탑 향 해 정 진 하 여
굳 건 한 서 원 으 — 로 부 처 님 전 정 진 하 여
a tempo
mf
걸 림 없 는 부 처 님— 법 — 모 두 통 달 하 시 었— 네 —
걸 림 없 는 무 상 법— 문 — 모 두 깨 달 으 — 셨— 네 —
rit
아 — — 아 원 만 하 신 보 리 살 타 의 향 기 시— 여 —
아 — — 아 원 만 하 신 보 리 살 타 의 향 기 기— 여 —

8-097

해탈의 기쁨

(수상곡)

송 운 작사
오인혁 작곡

조금느리게

mp
한 생 각바로에— 려 얽 힌 번 뇌 끊고보 니 천 상
윤 회 의고해에— 서 피 안 언 덕 이르르 니 어 두
천 하넓은우— 주 걸 릴 것 이하나없— 고 평
웠 던나의마— 음 한 순 간 에밝아지— 고 본
mf
등 한성품속— 엔 너 와 내 가따로없— 네 대—
래 의천진면— 목 진 실 하 게드러나— 네 위—
mp
자 재 유아독 존 바 로 이 것 인—것 을 해
없 는 님의진 리 영 원 한 빛 가운데 에 열
mf
mp
탈 의참된기— 쁨 사 바 세 계가득하— 네
반 의대합창— 이 온 누 리 에가득하— 네

8-098

해후

(가사공모작)

여영희 작사
최선기 작곡

♩= 66
바 람 처 럼 흘 러갔다 모 래 처 럼 모 아 지 고
강 물 처 럼 흘 러 가 다 인 연 지 어 멈 춘 자 리
불 꽃 처 럼 타 오 르 다 한 줌 흙 이 되 었 다 가
꽃 이 되 고 나 무 되 고 숲 이 되 어 앉 아 있 네
부 처 님 의 연 기 설 화 누 구 라 도 알 수 있 는
부 처 님 의 윤 회 말 씀 누 구 라 도 알 수 있 어
인 연 가 피 따 라 가 니 언 제 인 가 다 시 만 나
인 연 지 어 따 라 가 니 본 래 자 리 그 자 리 라
어 제 내 가 네 가 되 고 — 네 가 다 시 내 가 되 는 —
대 우 주 의 — 윤 회 질 서 — 우 리 다 시 만 나 보 세

8-099

향를 피우며

배정순 작사
황옥경 작곡

마 음 모 아— 두 손 모 아— 부 처 님 전 에 —
두 손 모 아— 합 장 하 고— 부 처 님 전 에 —

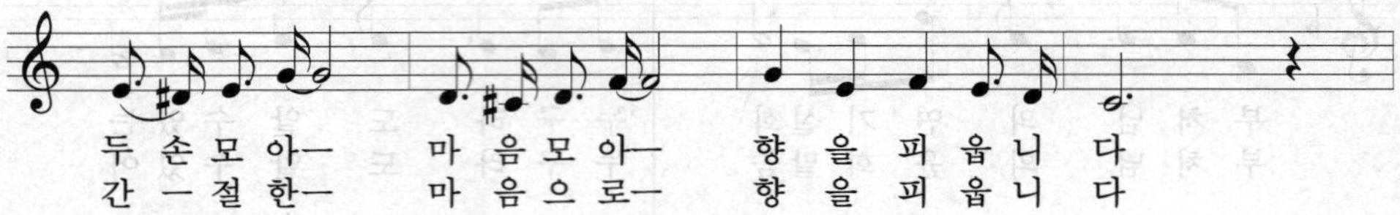
두 손 모 아— 마 음 모 아— 향 을 피 웁 니 다
간 — 절 한— 마 음 으 로— 향 을 피 웁 니 다

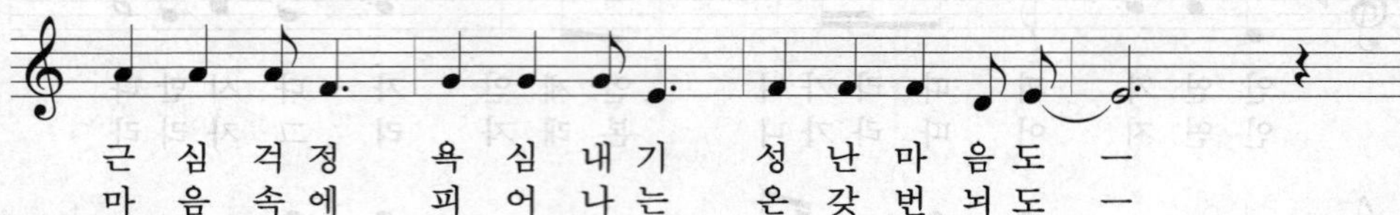
근 심 걱 정 욕 심 내 기 성 난 마 음 도 —
마 음 속 에 피 어 나 는 온 갖 번 뇌 도 —

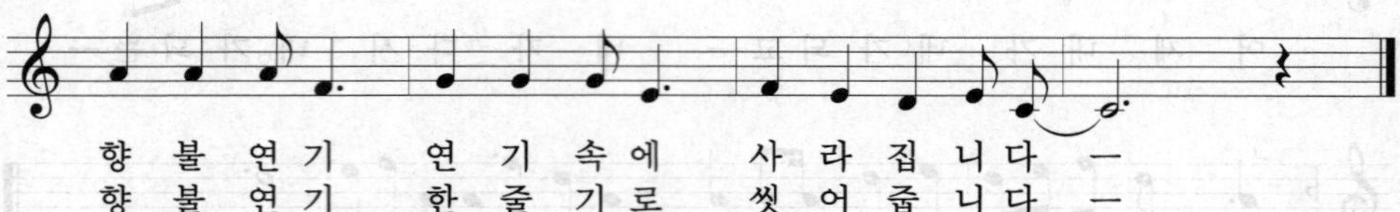
향 불 연 기 연 기 속 에 사 라 집 니 다 —
향 불 연 기 한 줄 기 로 씻 어 줍 니 다 —

8-100

향일 암 가는 길

이슬기 작사
오헌수 작곡

TROT(in 4) ♩= 58

향일암 가는길목 에
동백꽃이곱게피었 네
한 려수 도거울같이맑은— 물 —에
마 음먼저씻 어 놓 고
원효대사숨결찾— 아
관음보살미소찾— 아
백 팔번 뇌
업 장소멸
걸음마다빌고빌면 서
돌계단바윗길 을
굽이굽이찾아가는 데
어서오라나를부르 는
아— 향일암의종 소— 리

8-101

허상

김종상 작사
오세균 작곡

♩= 96
조각난거울을 들여다보면 내얼굴산산이 깨져 보이지만
맑—은호수를 들여다보면 내몸이호수에 빠져 있—지만
실제의내얼굴 깨진곳없고 그거울밖 에 있 지요
실제의내몸은 빠지지않고 그호수가 에 있 지요
거울보면서 얼굴때문에 슬퍼하지말아 요
물속을보며 내가빠졌나 의심하지말아 요
거울에비친 내—얼굴은 내가아닌허상이지 요
호수에빠진 내—몸통은 내가아닌허상이지 요
우리모—두 허상말—고 진상따라살아갑시 다
우리모—두 허상말—고 진상따라살아갑시 다

홍련백련 피는 연못에

박정희 작사
김남삼 작곡

조금느리고 간절함이 느껴지게

임그리는 햇살마―음 가슴에 안― 고
착한마음 연꽃마―음 하얀연 꽃― 을
두 손으―로 안았어―요 붉 은연―꽃― 등
두 손으―로 안았어―요 하 얀연―꽃― 등
백 중날 을 기다리―다 마음간―절― 해
칠 월칠 석 기다리―다 마음간―절― 해
연 못가 에 둥둥 서서 연 꽃들 어 요
연 못가 에 바지 걷고 꽃 을안 아 요
밤 이와 도 홍련백―련 꽃 피워 놓 고
홍 등백 등 손에들―고 웃 고있 어 요

8-103

회향

(수상곡)

함 현 작사
김대성 작곡

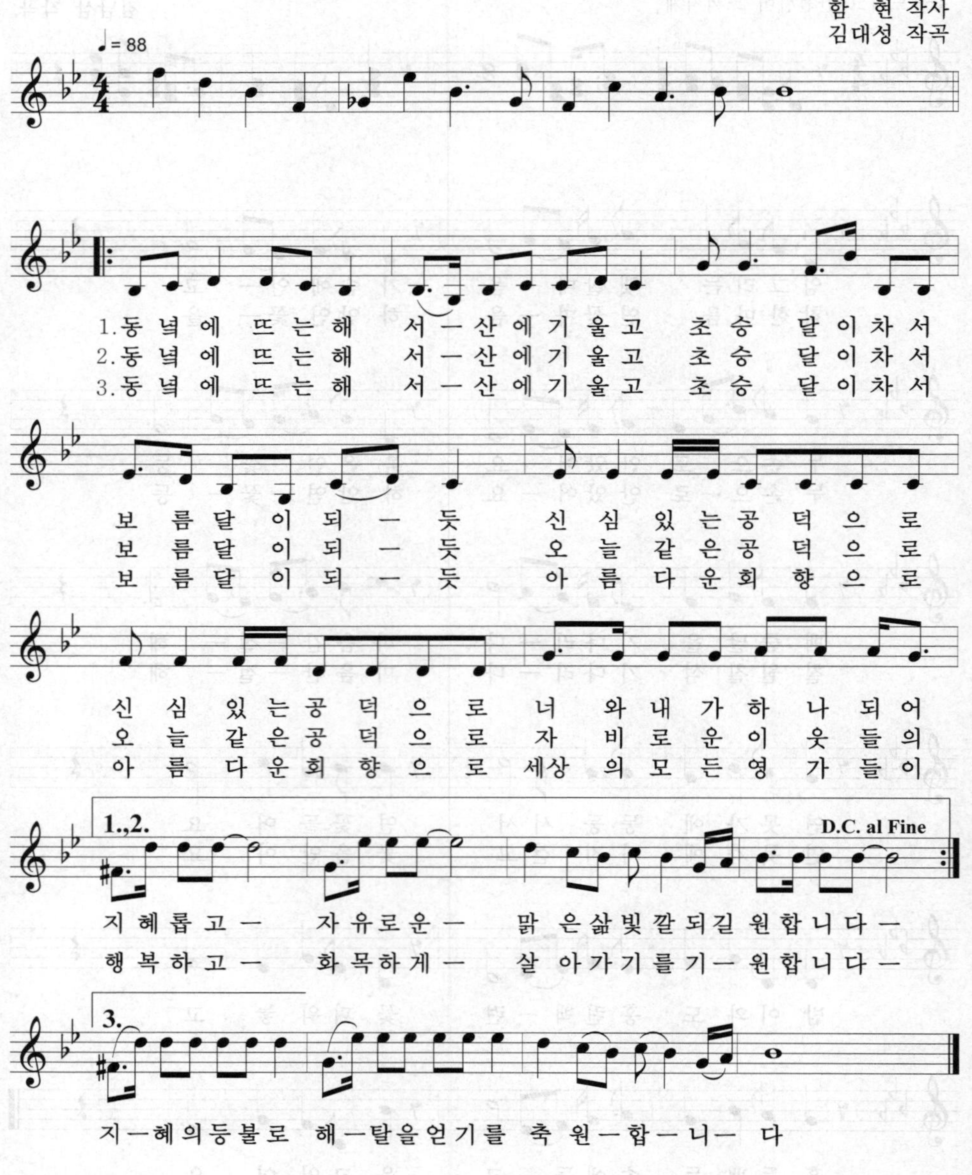
♩= 88
1.동녘에 뜨는해 서—산에기울고 초승 달이차서
2.동녘에 뜨는해 서—산에기울고 초승 달이차서
3.동녘에 뜨는해 서—산에기울고 초승 달이차서
보름달이되—듯 신심있는공덕으로
보름달이되—듯 오늘같은공덕으로
보름달이되—듯 아름다운회향으로
신심있는공덕으로 너와내가하나되어
오늘같은공덕으로 자비로운이웃들의
아름다운회향으로 세상의모든영가들이
1.,2.
D.C. al Fine
지혜롭고— 자유로운— 맑은삶빛깔되길 원합니다—
행복하고— 화목하게— 살아가기를기— 원합니다—
3.
지—혜의등불로 해—탈을얻기를 축원—합—니— 다

8-104

회향발원

곽영석 작사
백승태 작곡
Andante ♩= 68
mp
우 리 들 이 인 연 지 어 지 은 공 덕 과
우 리 들 이 부 처 님 을 예 경 하 면 서
mf
몸 과 마 음 계 행 지 켜 회 향 합 니 다
선 근 종 자 발 원 하 며 경 배 합 니 다
f
부 처 님 과 삼 보 님 께 공 경 하 옵 고
중 생 들 을 자 비 로 서 돕 고 베 풀 어
공 양 하 고 예 배 하 며 발 원 합 니 다
부 처 님 과 삼 보 전 에 회 향 합 니 다
mp
f
(후렴) 불 자 들 이 계 행 지 켜 쌓 은 공 덕 — 을
mp
f
부 처 시 여 임 하 시 어 증 거 하 — 소 서

8-105

회향 발원가

곽종분 작사
김병학 작곡

오 늘 제 가 부 처 님 을 친 견 하 옵 고
오 늘 제 가 공 양 하 고 예 배 하 면 서
다 시 없 는 보 리 도 에 회 향 합 니 다
계 행 지 켜 쌓 은 공 덕 회 향 합 니 다
몸 과 마 음 입 으 로 도 공 덕 을 지 어
시 방 세 계 중 생 들 을 도 운 공 덕 을
거 룩 하 신 삼 보 님 께 올 리 옵 니 다
부 처 님 과 신 중 단 에 회 향 합 니 다
아 뇩 다 ㅡ 라 아 뇩 보 ㅡ 리
대 도 를 위 하 ㅡ 여 ㅡ
거 룩 하 ㅡ 신 부 처 님 ㅡ 께
회 향 합 니 ㅡ 다 ㅡ

8-106

회향 발원가

곽영석 작사
이태현 작곡

♩= 88
원 하오 니 이공덕이— 법 계에—미— 쳐
원 하오 니 이서원이— 법 계에—미— 쳐
모 든중 생 아미타불— 뵙 게하 소— 서
모 든중 생 성불하게— 도 와주 소— 서
보 시행 과 자비행이— 하 늘문 열— 어
바 른생 각 몸과마음— 진 실하 오— 니
무 량수 불 계신곳에— 나 게하 소— 서
무 량수 불 친견하고— 성 불하 리— 다
(후렴) 나무 관음 아미타불— 나무 무량수— 불
원 하오 니 서원대로— 이 뤄주 소— 서

8-107

회향합니다

이순금 작사
정영화 작곡

조금느리게

날마다 산 길따라 부처님 을뵈러 갔어요
날마다 길 을찾아 부처님 을뵈러 갔어요
법당에 향 올리고 절하면 서보낸 그시간
법당에 불 밝히고 간절하 게기도 했지요
삼업의 괴로움을 부처앞 에내려 놓고서
몸과맘 괴로움을 촛불위 에사르 면ㅡ서
희망을 그리면서 간절하 게기도 했지요
희망을 안으려고 간절하 게서원 했어요
(후렴)그언제나ㅡ 베푸시는ㅡ 가없는 자비사랑
고마운 그은혜를 감사하 며회향 합니다

8-108

환 생

종 실 작사
최백건 작곡

간절한 마음으로
인간으로태어 나 기쁨도 잠 시 온갖고
통 역경속ㅡ 에 불 법 진 리 만났도 다 축복속
에 ㅡ축 복 이 요 경사중경ㅡ사로 다
오 로 지 정 진 함 도 그 또 한 거 룩 하 네 이 러 한
인 연 으 로 인 도 왕 생 해 부 처 님 진 리 로
부 처 님 진 리 로 부 디 성 불 하 소 서

수행(修行)은 극단을 벗어난 중도(中道)의 실천이다.

- 사십이장경(四十二章經) -

찬불가 가사 속의 불교용어 설명

가릉빈가: 경전 속에 나오는 신묘한 새로 부처님이 이 땅에 새로 오실 때 출현하여 부처님의 덕을 찬탄하며 노래한다는 새.
가사: 스님들이 입는 옷을 말한다.
가사십리: 가사를 착용하므로 얻는 열 가지의 이익.
가지력: 중생들 위에 가해지는 부처님의 위신력.
가피: 불보살이 자비의 마음으로 돕는 보이지 않는 힘을 총칭하여 말한다.
각타: 다른 사람을 깨닫게 하기 위해 생사의 괴로움을 여의게 하는 것.
간다라: 인도 인더스 강 중류에 있는 폐샤위르 주변의 옛 이름.
건달바: 불교의 법을 보호하는 여덟 명의 신으로 '팔부신중'이라고도 부른다.
견성: 자기가 가지고 있는 본성을 깨달아 보는 것이라는 말로 자각이라는 말이기도 하다.
견성성불: 자기가 가지고 있는 본래의 불성을 깨우쳐 의심을 깨트리고 자기의 본래모습을 깨닫는다는 의미이다.
걷기정진: 천천히 걸으면서 마음과 걷는 동작에 집중시키는 수행법.
겁: 어떤 시간의 단위로도 헤아릴 수 없는 무한히 긴 시간을 말함.
게송: 부처님의 가르침이나 공덕을 읊어놓은 시로 '게'라고 부른다.
고해: 괴로움과 근심이 끝없이 많은 이 세상을 바다에 비유한 말이다.
과거칠불: 석가모니 부처님 이전에 출현하시었던 7분의 부처님들.
관념염불: 아미타불을 관찰하며 마음으로 생각하는 것.
공덕수: 부처님께 공양이 끝나면 물을 따르는 행위로 공양올린 불자의 공덕을 축복한다. 물이 흐를 때 끊어지지 않듯이 이 공덕도 끊어지지 않기를 바란다는 의미를 가지고 있다.
공안: 부처와 조사가 그 깨달음을 열어 진리를 나타내 보여주는 것으로, 깨달음을 얻게 하기위해 문제를 던져주는 것을 말한다.
공양: 승단이나 스님들께 음식을 비롯하여 올리는 것을 뜻하며, 음식을 먹는 것을 말할 때도 공양한다고 말한다.
교외별전: 강술이나 언어문자의 수단에 의하지 않고 마음에서 마음으로 직접 전하는 것을 말한다.
과보: 모든 행위에 결과를 뜻하는 말로 착한 행위에는 좋은 과보가 악한 행위에는 나쁜 과보가 따른다는 불교의 가르침을 말한다.
괘불: 당간에 내어 걸 수 있는 대형 부처님 상을 그린 탱화를 말한다.
구병시식: 병든 사람을 위하여 귀신에게 음식을 보시하고 법문을 일러주는 의식.
구원겁: 긴 시간을 뜻하는 말
구품연대: 정토에 왕생하는 이가 앉는 9가지의 연화대를 말한다. 그리고 염불수행의 깊고 얕음에 따라 9품으로 나눠 염불하는 것을 구품염불이라 한다.
귀의와 삼귀의: '귀의'는 의지하여 가겠다는 뜻이며, '삼귀의'는 부처님의 가르침을 따르는 불자들이 의지해야 할 '부처님'과 '부처님의 가르침'과 '스님'등 3가지를 뜻하는 말이다.
극락전: 미타전, 아미타전이라고도 하고 격을 높여 극락보전이라고 부른다.
극락정토: 아미타불의 세상. 사바세계에서 서쪽으로 10만 억의 불국토를 지나서 존재하는 아미타불이 다스리는 나라.
길상: 좋은 것과 반가운 것을 뜻한다.

나반존자: 천태산에서 혼자 도를 깨우쳐 정각을 이룬 분으로 독성이라고도 부르며 나한전이나 독성각에 모시고 있다.
나유타: 인도에서 수학에서 수량을 구분하는 단위로 큰 수를 말한다.
나투다: '나타나다'는 말
나한전: 흔히 응진전이라고 부르는데 부처님의 제자들인 나한들을 봉안한 전각이다.
내원궁: 도솔천 미륵보살이 머무는 집을 말한다.
녹야원: 부처님이 깨달으신 뒤 처음으로 다섯 비구들을 상대로 설법하신 곳.
니제: 분뇨를 수거하는 청소부로 부처님이 그를 제도하여 대아라한이 되었다.
다례재: 이 의식은 조상이나 신, 부처님에게 차를 다려 바치는 예의범절로 우리나라에서는 신라시대부터 전래되어 왔다.
다비식: 다비는 죽은 망자의 몸을 자연으로 돌려준다는 의미로 불에 태우는 의식을 말한다.
당간지주: 당간을 지탱하기 위해 세운 기둥을 말한다.
대다라니: 범어를 번역하지 않고 소리대로 옮기어 읽는 것을 말한다. 구절이 긴 것을 또 대다라니라고 부르기도 한다.
대비주: 천수다라니의 별칭.
대웅전: 석가모니부처님을 본존불로 좌우 협시불로 문수보살과 보현보살을 모시거나 아미타불과 약사여래불을 삼존불로 모시기도 한다.
대원본존: 지장보살과 같이 일체중생을 제도한 후 부처가 되겠다는 큰 원을 지니고 있는 보살.
대적광전: 비로자나 부처님을 본존불로 모시거나 아미타 부처님, 혹은 석가모니부처님을 함께 봉안한 전각을 말한다.
대조당; 선원에서 조사의 위패를 모시고 있는 전각.
대천세계: 불교의 우주관에 설명되어있는 삼천 대천 세계의 약칭이다. 이 세계를 다스리는 왕이 범천이라고 하였다.
독성각: 나반존자 일명 독성존자 상을 봉안한 전각을 말한다. 천태 산에서 지금도 홀로 수행하고 있다는 존자이다.
동사섭: 불보살이 중생들을 제도함에 있어 중생의 근기에 따라 교화하는 것을 말한다.
라후라: 부처님이 성도하시던 날 태어난 부처님의 속가 아들. 후에 출가하여 10대 제자가 됨.
룸비니; 석가모니 부처님이 태어난 곳으로 카필라성의 동쪽에 있는 사슴동산.
마니주: 옥으로 만든 구슬로 악을 버리고 머리를 맑게 한다는 의미로 염주처럼 손목에 걸거나 헤아리며 외는 주문으로 재난을 피하는 덕이 있다고 알려져 있다.
마야부인: 부처님을 낳은 어머니의 이름이다.
마애불: 암석의 노출된 석면에 부처님의 입상을 새겨놓은 것을 말한다.
마하살: 부처님을 제외하고 중생 가운데 제일 윗자리에 있는 분을 뜻하며 보살의 미칭으로 부른다.
마하지관: 천태종의 교리를 기술한 것으로 귀주 옥천사에서 간행하였는데 20권으로 되어있다.
만겁: 지극히 오랜 시간을 말함.
면벽구년: 선종의 개조인 달마대사가 소림사에서 벽을 마주하고 9년 동안 참선했다는 고사를 말함.
묘법연화경: 법화경을 뜻함.
무량수불: 수명이 한량없는 부처의 덕을 찬양하는 말이다.
무명: 사물이 있는 그대로를 보지 못하는 어리석음을 뜻함.
무문: 수행자를 가르침에 특정한 관문을 세우지 않는 것.

무애: 걸림이 없는 상태를 말하며, 마음에 항상 부족함이 없는 만족을 얻어서 다시 바랄 것이 없는 상태를 뜻하기도 함.
무여열반: 육체등 생존의 제약에서 완전히 이탈한 상태.
무진: 끝이 없는 것을 말함.
묵조선: 선의 수행법은 임제 대사에 이르기까지 공안을 제자에게 직접주어서 공부시키지 않고 제자가 의문을 물어올 경우에만 알려주곤 하였다. 선은 가르치고 베푸는 것이 아니라 교외별전이라 하여 묵묵히 앉아서 모든 생각을 끊고 조선하는 것으로 화두를 갖지 않고 수행하는 방법을 묵조선이라 하였다.
미타여래: 아미타불을 가리킴.
바라춤: 바라춤은 불교의식무용으로 의식절차에 따라 천수바라춤, 명 바라춤, 사다라니바라춤, 간 욕계 바라춤, 내림 계 바라춤, 막바라 춤으로 구분하는데, '바라'라는 의식용 악기를 시연자가 지참하고 동작과 춤사위에다라 연주한다.
반야경: 반야바라밀의 깊은 이치를 설한 경전의 총칭.
발원: 자기의 소원, 희망, 소망을 세우는 것을 말한다.
발우: 스님들이 이용하는 나무로 만든 밥그릇.
방생: 살아있는 물고기나 짐승 등을 자유스럽게 풀어주는 행위를 말한다.
백고좌법회란: 강의하는 스님의 자리를 100개 좌석을 만들어 설법을 듣는 법회를 말한다.
백중맞이 불공: 7월15일 백중날에 절에서 이미 사망한 망자를 위해 음식을 차려놓고 명복을 비는 불공행사를 말한다.
백팔번뇌: 중생이 지니는 번뇌의 수를 108개로 세는 것.
번뇌: 중생의 몸이나 마음을 번거롭게 하고 괴롭히고 미혹하게 하여 더럽히게 하는 정신작용을 총칭하는 말이다.
법계: 불교를 믿는 수행자의 수행 정도의 높고 낮음에 따른 등급.
법보시: 부처님의 가르침을 대중들에게 대중에게 들려주는 것을 말한다.
법안: 진리를 이해하는 안목을 뜻하며, 불교에서 법안은 관념이 아닌 수행을 통해서 얻어진다고 가르치고 있다.
변상도: 부처님과 제자들의 설화와 정토세계, 지옥계를 그림으로 그린 내용을 총칭하여 말함.
불교의 사물: 사물로 연주되는 소리는 부처님의 말씀을 상징하는데 ① 시간을 알리거나 집회를 알리고 인간의 제도를 위해 타종하던 범종과, ② 예불을 드릴 때와 의식을 진행할 때 주로 사용하던 법고(북)이 있으며, ③ 참선이나 예불을 올릴 때 그 시간을 알리거나 날개를 가진 미물과 허공계의 중생을 구제하기 위한 의미로 치는 운판, ④ 물고기의 모양으로 만들어 치는 목어로 이 목어는 물속 수생생물의 제도를 위해 사용하는 기구이다.
불립문자: 문자를 세우지 않는다는 뜻
붓다: 진리를 깨달은 분 부처님을 뜻한다.
사경: 경전을 다시 쓰는 일을 말함.
사대: 인간의 몸을 구성하는 네 가지 요소로 '땅, 물, 불, 바람'을 뜻한다.
사바세계: 현재 우리가 살고 있는 욕계의 세상을 말한다.
사부대중: 부처님의 가르침을 따르는 제자들을 총칭하는 말로 '비구스님'과 '비구니스님', '남자신도'와 '여자신도'를 사부재둥이라 한다.
사홍서원: 모든 보살이 일으키는 소원이므로 총원이라고 하는데 네 가지의 원을 뜻한다. ① 모든 중생을 제도하고 ② 모든 불법을 배어 깨치기를 원하고 ③ 모든 유혹을 끊기를 원하며 ④ 완벽한 깨달음을 위해 서원한다는 내용 등이다.

자신도', '여신도'를 아울러 말할 때 쓰는 용어이다.

사미와 사미니란: 사미는 출가하여 10계를 받은 남자를 말하고 구족계를 받아 비구가 되기 전의 수행자를 지칭하는 말이다. 사미니는 여자스님으로 비구니 스님이 되기 전의 수행하는 스님을 지칭한다.

사성제: 인간이 겪는 괴로움과 고통의 원인을 해결책으로 밝혀준 불교의 핵심사상으로 ① '고'-인간의 현실적 존재는 생로병사의 괴로움이며 ② 그 괴로움의 원인은 집착 '집'이며 ③ 번뇌와 고통이 모두 사라진 해탈 열반의 세계를 '멸'이라고 하였고 ④ 그 괴로움을 없애는 방법으로 8가지의 길을 '도'라고 가르쳤다.

삼법인: 부처님이 깨달으신 사물의 본질적인 세 가지 특성을 말하는 것으로, 첫째 '제행무상'은 이 세상의 모든 사물은 끊임없이 일어나고 사라지며, 다시 일어난 과정을 거친다. 그래서 조건을 지어 생성되는 일체의 사물은 덧없다는 말이다. 둘째, '일체개고'로 이와 같은 제행무상은 그 개체들이 바라는 바가 아니므로 고통스럽다는 것이며 셋째, '제법무아'로 이와 같은 진실로 보아 사물들 속에는 영속적이고 불변하는 어떤 주체도 없다는 뜻이다.

삼보: 불자들이 의지하는 세 가지 보배로 '부처님'과 '불교의 경전', '승단(스님)' 이 세 가지를 말한다.

삼장: 부처님의 가르침을 '경', 부처님이 가르치신 윤리와 도덕적인 실천규범을 '계'라 하고, 부처님의 가르침에 대해 논리적으로 설명해 놓은 철학 체계를 '론'이라하고 하였다. 그리고 이 세 가지를 창고에 비유하여 각각 '경장', '율장', '논장'이라 하며, 이를 총칭하여 말할 때 삼장이라고 한다.

서방정토: 아미타불이 다스리는 극락세계를 뜻함.

생전예수재: 살아있는 사람을 위한 제사로 자신의 49재를 살아있을 때 미리 지내는 것으로 자신이 명복을 스스로 닦는다는 의미를 가지고 있다.

수륙재: 인간뿐만 아니라 강, 호수, 바다 등의 물과 육지에 머무르는 모든 살아있는 생명체를 대상으로 하는 제사를 말한다.

수미산: 불교의 우주관에서, 우주의 중심에 있다는 거대한 산

시절인연: 불교의 업설과 인과응보설에 의한 것으로 사물은 인과의 법칙에 의해 특정한 시간과 공간의 환경이 조성되어야 일어난다는 뜻이다

신통력: 우리 인간의 생각과 마음으로 헤아리기 어려운 초월적인 힘을 말한다. 부처님이 가르친 신통력에는 육신통이라 해서 6가지의 신통력이 있다.

여래: 부처님을 지칭하는 열 가지 이름 가운데 하나이다.

여래장: 모든 중생의 번뇌 가운데 가려져 있는 본래 맑은 여래법신을 말함.

연등회: 연등은 부처님을 위해 등을 밝혀 그 공덕을 기린다는 의미를 가지고 있다. 우리나라에서는 매년 초파일을 전후하여 종단행사로 진행하고 있다.

연화장세계: 『화엄경』과 『범망경』을 근거로 비로자나불과 큰 연꽃 속에 일체의 국토와 사물을 간직한 불국토를 가리키는 불교교리

염주: 예배할 때 손에 걸거나 돌리며 그 수를 헤아리며 잡념을 없애고 정신을 집중하기 위해 사용하는 법구 중에 하나로 108염주와 1000염주, 7개, 16개, 21개의 손목용 단주가 있다.

염화미소: 부처님이 설법 중에 제자들에게 자신의 법문 내용을 물었을 때 가섭존자가 미소 지은 일을 말하는 것이다.

영취산: 고대인도 왕사성 인근에 있던 산으로 이 산에서 부처님은 법화경을 설하였다

영산전: 통상 팔상전이라고 부르는데 부처님의 일대기를 여덟 가지로 구분하여 그린 팔상도를 봉안한 건물이다.

오계: 부처님의 가르침을 따르는 사람들이 지켜야 하는 다섯 가지 기본적인 윤리 도덕적인 규범, 즉, 일체의 생명을 해치지 않고 널리 사랑하며, 남이 주지 않는 물건은 갖지 않으며, 청정한 생활과 거짓말을 하지 않으며, 맑은 정신을 유지하는 일을 지칭한다.

오온: 인간을 구성하는 다섯 가지의 원인을 말하는 것으로, 물질(색)과 느낌(감각), 지각표상 능력(상), 의지와 구상능력(행), 인식능력(식)을 총칭하는 말이다.

오체투지: 양팔과 양 무릎 그리고 이마를 땅에 대어 올리는 최상의 예배행위를 말한다.

옴마니반메훔: 라마신자들이 부르는 주문으로 '육자대명왕진언'이라고도 부른다. 극락을 그리며 이 주문을 외우면 사망 후에 6도 윤회를 거치지 않고 극락에 태어나는 공덕을 얻는다고 하였다.

우담바라화: 불교의 꽃으로 전륜성왕이 태어 날 때 가릉빈가라는 새와 함께 피어난다는 전설의 꽃이다.

윤회: 끊임없이 생을 이어받아 죽었다가 살아나기를 반복하며 짐승이나 남녀를 바꿔가며 이 세상에 태어나는 행위를 말한다.

일주문: 사찰의 입구에 양쪽에 하나씩의 기둥으로 세워진 건물로 이 문을 경계로 속계와 부처님의 세상인 진계로 구분한다.

장엄: 아름다운 금은보화로 장식하는 것을 말함.

적멸보궁이란: 부처님의 진신사리를 모시고 있는 사찰을 지칭하는 말로 적멸은 모든 번뇌가 남김없이 소멸되어 고요해진 열반의 상태를 말한다. 우리나라 5대 적멸보궁은 양산통도사, 정선 태백산 정암사, 영월 사자 산 법흥사, 오대산 상원사, 설악산 봉정암 등이다.

죽비: 참선과 입정과 출정을 알리기 위해 사용하는 대나무 제품으로 대나무를 두 쪽으로 갈라지게 만든 것으로 장군장비는 대중들이 참선할 때 졸음을 쫒는 기구로 사용하기도 한다.

천도재: 죽은 이의 영혼이 다시 태어날 세상에 안전하게 안착하기를 바라는 마음에서 기원하는 제사의식이다.

천왕문: 부처님의 세계를 지키는 사천왕을 세워놓은 문, 일명 봉황문이라고도 한다. 일주문과 같은 성격이다.

팔상성도: 부처님이 중생들을 제도하기 위하여 여덟 가지로 나타나신 일화를 그림으로 설명한 것을 말한다.

탁발: 불교의 수행방법 중에 하나로 이른 아침에 밥그릇을 들고 집집마다 찾아다니며 음식을 얻어먹는 일로 그 행위를 탁발이라 하였다.

피안: 고통스런 중생의 현실을 언덕으로 비유하여 고통이 없는 위없는 행복의 이상적인 깨달음의 경지를 말한다.

합장: 두 손바닥을 하나로 마주 모으는 자세를 말한다.

해탈: 일체의 번뇌로부터 자유롭게 되는 것으로, 부처는 자신의 모든 가르침이 해탈의 한 맛으로 일관되어 있다고 하였다.

해탈문: 선종사찰에서 많이 세우는 문으로 설치위치는 일주문과 같이 절의 입구에 세운다.

◆ **편집후기**

이 책을 엮기까지 모두 66권의 불교성가악보집과 타종교단체가 만든 98종의 찬송가와 미사곡도 리듬의 차용여부를 가리기 위해 전반적 검토 자료로 살폈습니다.

초대 불교음악원장을 역임하신 홍 윤식 박사께서 전해주신 6권의 악보집을 포함해 8,812곡 중에서 5차 사정에 걸쳐 520곡을 1차 선정하고, 1998년 이후 가사공모와 작곡 공모당선작 88편, 그리고 각 종단 산하 불교음악 관련부서와 가창지도 단체에서 추천한 곡을 포함하여 868곡을 최종 골랐습니다.

초기부터 제8집까지 수록한 3,220여 곡은 현재 의식 곡을 제외하고 사용 빈도가 전무하여 역사자료로서만 보존하기로 하였으며, 현재 선정곡도 지나치게 음조가 높거나 변주가 심한 곡은 시간을 두고 정비하여 보급판을 보완 제작할 예정입니다.

아래는 이 책을 만들기까지 수고하신 분입니다.

◆ **편집자문위원**

경암, 도각, 밀운, 법공, 법일, 성일, 지공, 진경, 혜봉, 혜총, 홍윤식

혜총스님

◆ **가사정비**

곽영석, 효종, 대우, 법산, 송운, 아산

◆ **작곡정비**

강주현, 권상희, 김남삼, 김영애, 김정란, 노영준, 박수남, 백승태, 박문희,

박이제, 심순보, 오세균, 오해균. 이순희, 정홍근, 이재석, 이창규, 정동수,

정홍근, 조광재, 조영근, 최선기, 황옥경, 한광희

◆ **가창지도 및 지휘**

유훈석, 박민, 반야심, 보리심, 선혜, 백련화, 연화심, 이현정, 이민아,

최미숙, 보련화, 이애숙, 자행화, 보등화, 김정자, 이준형, 이정혜, 곽찬석,

정영화, 대각행, 자비행, 차경미, 천경수, 천진화, 최성혁

◆ **악보교정 및 사경**

오헌수, 곽민석, 이성혜, 한영신

◆ **악보분류와 수집정리**

조영근 위원장, 강용숙, 최동호, 권영주, 이근숙, 허말임, 이순금

◆ **대외 협력, 인지 발행, 종단별 문화팀 관리, 총괄 진행**

곽영석, 박민화, 김희영

◆ **악보편집과 보급**

오윤정, 김수인(보급), 여영희(경리)

◆ 엮은이

月谷 곽영석은 충북 청주에서 출생하여 71년 MBC라디오드라마, 73년 한국일보신춘문예로 등단하여 작품 활동을 시작하였다. 현대인물전기 김지태, 이원만, 한태현, 김재걸, 청담스님 등 87권과 아동·청소년극본집 14권, 전래동화 78권, 산문집 5권, 시집 18권, 문화, 홍보, 교육영화 284편을 집필하였으며, KBS편성제작부와 교육TV기획관리실장을 거쳐 진흥개발홍보부장, 수도권개발, 중부종합토건 회장을 역임하였다.

통일정책시론으로 통일부장관상, 인형극 및 희곡으로 여가부장관상, 문체부장관상 4회, 탐미문학상과, 관광문학상, 불교아동문학상 김영일아동문학상을 수상했다. 대한교육신문사제정 방송교육유공자대상, 청소년교육유공자로 태고종종정표창, 전국비구니회장표창을 받았다.

현재, 한국방송감청관리소 소장, 불교청소년문화진흥원 사무총장으로 일하고 있으며, 1982년부터 불교음악공동체 대한불교찬불가제정위원회를 만들어 그동안 찬불가 악보집 37권, 12,121곡을 만들었다. 월곡포교원, 동림정사, 불일방생선원 등 폐사지 및 종교부지 매입 및 복원을 통해 26개 사암을 증·개축하여 위탁관리 중이다.

한국불교성가

초 판 발 행 일 불기2535(1991)년 11월 1일 (1판 1쇄)
증보2차보정판 불기2544(2000)년 7월 1일
증보3차보정판 불기2555(2011)년 12월 1일
증보4차보정판 불기2565(2021)년 7월 25일
기 획 한국불교청소년문화진흥원
편 집 인 대한불교찬불가제정위원회
엮 은 이 곽영석 (010-2110-5336)
발 행 처 도서출판 고글
서울시 용산구 한강로2가 144-2
T) 02-794-4490
ISBN:
값 30,000원

ISBN 979-11-85213-94-1

후원계좌 : 국민은행 442802-01-159336 (곽영석)
e-mail : kbm0747@hanmail.net

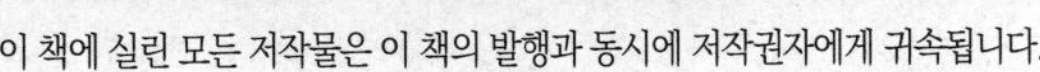

사성제(四聖諦)와 팔정도(八正道)

* 사성제(四聖諦): 네 가지의 성스러운 진리, 즉 고(苦), 집(集), 멸(滅), 도(道)를 말한다.

(1) 고(苦) : 인간의 현실적 존재는 괴로움

- 사고(四苦) : 생.노.병.사(生老病死)
- 팔고(八苦) : 생노병사 사고(四苦)에 아래의 4가지를 더한 것.
- 원증회고(怨憎會苦) : 미워하는 것을 만나는 괴로움.
- 애별리고(愛別離苦) : 사랑하는 것과 헤어지는 괴로움.
- 구부득고(求不得苦) : 구하는 바를 얻지 못하는 괴로움.
- 오음성고(五陰盛苦) : 육체의 본능에 의한 괴로움.

(2) 집(集) : 괴로움의 원인인 집착

(3) 멸(滅) : 번뇌와 고통이 모두 없어진 해탈, 열반의 세계

(4) 도(道) : 괴로움을 없애는 방법

* 위의 고통을 없애는 방법이 아래의 팔정도이다. 따라서 해탈에 이르기 위한 8가지의 바른 길을 말한다.

1. 정견(正見) : 편견 없이 바로 보는 것
2. 정사유(正思惟) : 바른 생각
3. 정어(正語) : 바른 말
4. 정업(正業) : 바른 행동
5. 정명(正命) : 바른 생활
6. 정정진(正精進) : 바른 노력
7. 정념(正念) : 바른 마음의 수행
8. 정정(正定) : 바른 집중